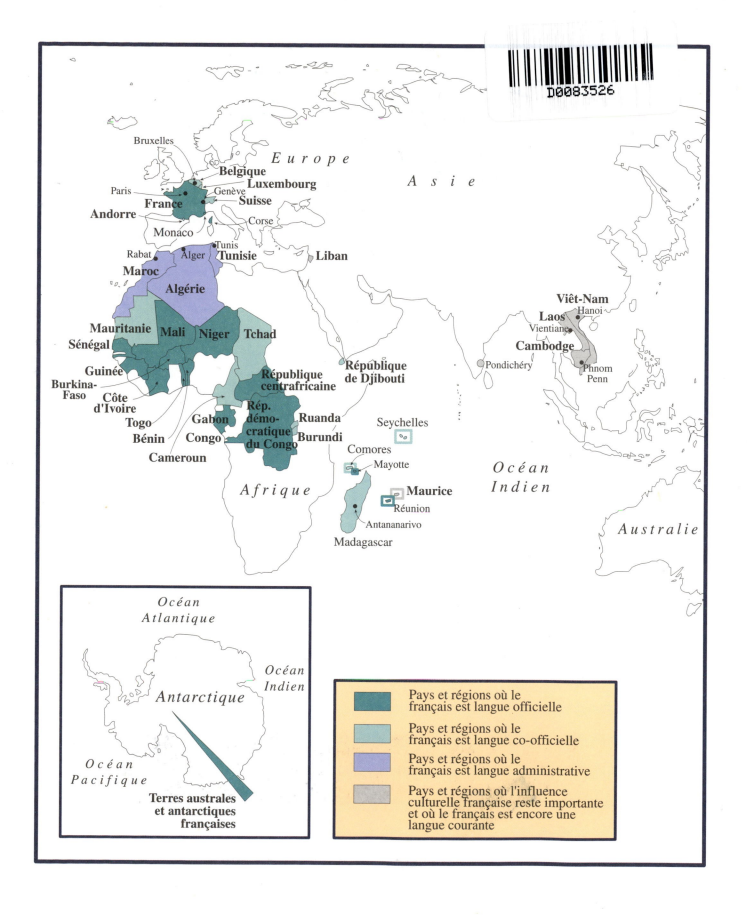

Bruxelles

Europe

Belgique
Luxembourg

Paris
Genève
France
Andorre
Monaco
Corse

Asie

Tunis
Rabat
Alger
Tunisie
Liban
Maroc
Algérie

Viêt-Nam
Hanoi
Laos
Vientiane

Mauritanie
Mali
Niger
Tchad
Cambodge

Sénégal
Guinée
Pondichéry

Burkina-
Faso
République
centrafricaine
République
de Djibouti

Côte
d'Ivoire
Togo
Gabon
Rép.
démo-
cratique
du Congo
Ruanda
Seychelles

Bénin
Congo
Burundi

Cameroun
Comores
Mayotte

Océan
Indien

Afrique

Maurice
Réunion

Antananarivo

Australie

Madagascar

Océan
Atlantique

Océan
Indien

Antarctique

Océan
Pacifique

Terres australes
et antarctiques
françaises

	Pays et régions où le français est langue officielle
	Pays et régions où le français est langue co-officielle
	Pays et régions où le français est langue administrative
	Pays et régions où l'influence culturelle française reste importante et où le français est encore une langue courante

Voilà!

An Introduction
to French

Fifth Edition

L. Kathy Heilenman
University of Iowa

Isabelle Kaplan
Bennington College

Claude Toussaint Tournier
Northwestern University

THOMSON

HEINLE

Australia • Canada • Mexico • Singapore • Spain • United Kingdom • United States

THOMSON

HEINLE

Voilà!
Fifth Edition
Heilenman • Kaplan • Toussaint Tournier

Editor in Chief: PJ Boardman
Acquisitions Editor: Lara Semones
Senior Production Project Manager: Esther Marshall
Assistant Editor: Arlinda Shtuni
Editorial Assistant: Morgen Murphy
Marketing Manager: Lindsey Richardson
Marketing Assistant: Rachel Bairstow
Advertising Project Manager: Stacey Purviance
Manufacturing Manager: Marcia Locke

Compositor: Pre-Press Company, Inc.
Project Management: Pre-Press Company, Inc. & Sev Champeny
Photo Manager: Sheri Blaney
Photo Researcher: Christina Micek
Interior Designer: Linda Beaupré
Cover Designer: Diane Levy
Cover & Text Printer: CTPS
Cover Photo: © Robert Morris/Alamy

Printed in China by CTPS
3 4 5 6 7 09 08 07 06

For more information about our products, contact us at:
Thomson Learning Academic Resource Center
1-800-423-0563
For permission to use material from this text or product, submit a request online at http://www.thomsonrights.com.
Any additional questions about permissions can be submitted by email to thomsonrights@thomson.com.

Library of Congress Control Number: 2004116032

Student Edition: ISBN 1-4130-0521-7
Annotated Instructor's Edition: ISBN 1-4130-0525-X

Credits appear on pages 584–590, which constitute a continuation of the copyright page.

Thomson Higher Education
25 Thomson Place
Boston, MA 02210-1202
USA

Asia (including India)
Thomson Learning
5 Shenton Way
#01-01 UIC Building
Singapore 068808

Australia/New Zealand
Thomson Learning Australia
102 Dodds Street
Southbank, Victoria 3006
Australia

Canada
Thomson Nelson
1120 Birchmount Road
Toronto, Ontario M1K 5G4
Canada

UK/Europe/Middle East/Africa
Thomson Learning
High Holborn House
50–51 Bedford Road
London WC1R 4LR
United Kingdom

Latin America
Thomson Learning
Seneca, 53
Colonia Polanco
11560 Mexico
D.F. Mexico

Spain (including Portugal)
Thomson Paraninfo
Calle Magallanes, 25
28015 Madrid, Spain

Table des matières

Preface to the Student

Voilà!: An Introduction to French, Fifth Edition, is a complete program for teaching introductory French at the college level. It embodies a contemporary approach to language learning, one that is based on the most relevant current knowledge about language acquisition. At the same time, it draws upon a variety of proven methods, approaches, and materials.

Voilà! provides a balanced program that promotes proficiency in listening, speaking, reading, and writing. Since learning French also involves learning about people who speak French, *Voilà!* presents a wealth of cultural materials in photographs, authentic documents, activities, cultural notes, and maps found throughout the book, devoted to the French-speaking world.

Every lesson of *Voilà!* is built around a theme that provides a meaningful focus for new material. Vocabulary is presented visually and in brief narratives that provide a natural and engaging context for its acquisition. Vocabulary notes teach the distinction between formal and informal vocabulary and give insight into the cultural aspects of language.

The grammar explanations in *Voilà!* are written in clear, concise English. They help you understand how languages work in general as well as how French works in particular. The variety of practice materials in *Voilà!* expands and reinforces your growing linguistic abilities. These materials include structured exercises that lead you toward grammatical accuracy, contextualized activities that provide meaningful practice, and open-ended activities that develop communicative skills.

Voilà! teaches reading and writing as active processes using authentic contemporary materials from francophone newspapers, magazines, literature, and other documents to train you in strategies that will make you an independent reader. It takes a unique approach to teaching writing skills, with activities that guide you step-by-step through the process of writing.

The language in *Voilà!* is fresh, familiar, and vital. It reflects the way French is actually spoken and written. With *Voilà!* you learn French that has the ring of authenticity and a spark of humor.

How *Voilà!* Is Organized

Each lesson in *Voilà!* is organized as follows:

Chapter Opener Introduces the current lesson's theme with authentic documents and accompanying activities while reviewing language and culture learned in previous lessons

En bref Introduces the thematic content of each lesson

Vocabulaire Introduces vocabulary in context, using photographs, drawings, and narrative storylines

Mise en pratique Offers practice with new vocabulary and grammar structures through comprehension exercises as well as communicative and open-ended activities

Autres mots et usages Provides additional vocabulary and useful expressions related to the theme of the lesson

Les mots et la culture Contains information about the words, language patterns, and cultural issues presented in each lesson

Structures Presents grammatical points in English, in a clear, student-oriented manner accessible to all

Le français parlé Illustrates the characteristics of spoken French and practices listening and speaking skills

Découvertes linguistiques Provides the opportunity to reflect on language and to learn how to analyze linguistic data

Découvertes culturelles Focuses on an authentic document that serves as a means to explore, investigate, and reflect on the nature of cultural products and practices

Lecture Includes poems, short texts, and literary excerpts related to the theme of the lesson, as well as activities that encourage the development of reading strategies and analytical skills

Listes de vocabulaire Contains a list of active vocabulary as well as a list of supplementary vocabulary for passive recognition

Interlude: Chansons francophones Features over 20 songs by a variety of French-speaking artists and engaging activities based on those songs

Supplements to *Voilà!*

Voilà! is supported by a complete learning package that includes the following:

- The **Cahier d'activités écrites** section of the Workbook/Lab Manual contains exercises and activities that use the vocabulary and structures of each lesson, **thème et version** exercises, and a guided writing activity. A list of words that expands on those in the textbook (**Vocabulaire facultatif**) concludes each lesson of the workbook. The Workbook/Lab manual is also available electronically on QUIA™.

- The **Cahier d'activités orales** section of the Workbook/Lab Manual contains pronunciation practice, focused listening activities, practice with the vocabulary and structures for each lesson, and contextualized listening-for-gist activities.

- The **Lab Audio CDs**, fully coordinated with the laboratory manual, are available for duplication by adopters or for individual student purchase. There are 13 Lab Audio CDs.

- The two **Text Audio CDs**, packaged with each copy of *Voilà!*, provide the dialogues from the **Le français parlé** sections as well as the words contained in the **Vocabulaire de base** read aloud for practice.

- The **Student Multimedia CD-ROM** contains exercises based on structures presented in the Fifth Edition textbook; it also includes games, quizzes, creative writing activities, and video viewing with comprehension questions based on the new video program.

- The *Voilà!* **Website** features grammar and vocabulary exercises, illustrations, and a self-correction feature. In addition, the *Voilà!* Website guides students through Internet cultural expansion activities that ask students to research an aspect of the lesson's theme.

- *Système-D 4.0: Writing Assistant for French,* a software program for writing in French, can be used with the writing activities in *Voilà!* that are correlated to *Système-D.*

Acknowledgments

À Michel, Dan et Harold

We would like to thank the following instructors, whose suggestions and criticisms were invaluable in developing *Voilà!*: Pat Menard, Juliette Parnell-Smith, Virginie Delfosse-Reese, Terri Nelson. In addition, we would like to thank the many teaching assistants, instructors, and students at Northwestern University, Louisiana State University, Bennington College, the University of Michigan, and the University of Iowa whose questions and comments during classroom testing added immeasurably to the effectiveness of the materials in *Voilà!*

Voilà! **Fifth Edition** is the result of the time, inspiration, and energies of many people besides the authors. To all those behind the scenes, our sincere appreciation. And to Lara Simones, Esther Marshall, and Sev Champeny our eternal gratitude for your patience, long hours, support, and expertise. Our thanks go to the other people at Heinle and freelancers involved with the production of this edition, and in particular: Sheri Blaney, Christina Micek, Sylvie Pittet, Katy Faria, Linda Beaupré, Jackie Rebisz, Dianne Harwood, Valérie Simondet, Christian Hiltenbrand. Thanks all! Without you, it would never have happened one time, much less five!

L. Kathy Heilenman
Isabelle Kaplan
Claude Toussaint Tournier

Phillip Bailey, *University of Central Arkansas*
Margaret Dempster, *Northwestern University*
Stayc DuBravac, *Florida Atlantic University*
Sabine Gabaron, *University of Michigan, Ann Arbor*
Mary Gutermuth, *Sam Houston State University*
Elizabeth Guthrie, *University of California, Irvine*
Jennifer Hall, *Mt Union College*
Françoise Arnaud Hibbs, *Salt Lake Community College*
Matthew Hilton-Watson, *University Michigan, Flint*
Cheryl Krueger, *University of Virginia*
Terri Nelson, *California State University, San Bernardino*
Kate Paesani, *Wayne State University*
Barbara Rusterholz, *University of Wisconsin*
Jean Marie Schultz, *University of California at Santa Barbara*
Leslie A. Sconduto, *Bradley University*
Kathryn Stewart, *Oakland Community College*
Todd Strauss, *Santa Rosa Junior College*
Annette Zakharian, *Arkansas Tech University*

Voix de France

1. Can you identify countries outside of France where French people have chosen to reside?

2. Can you imagine why two million French people have chosen to live abroad?

3. Do you know in which countries French is the main spoken language?

4. Compare this map with the map of Francophone countries on the inside cover of *Voilà!* Now imagine other reasons why some French people may have chosen to live in the countries indicated on this map.

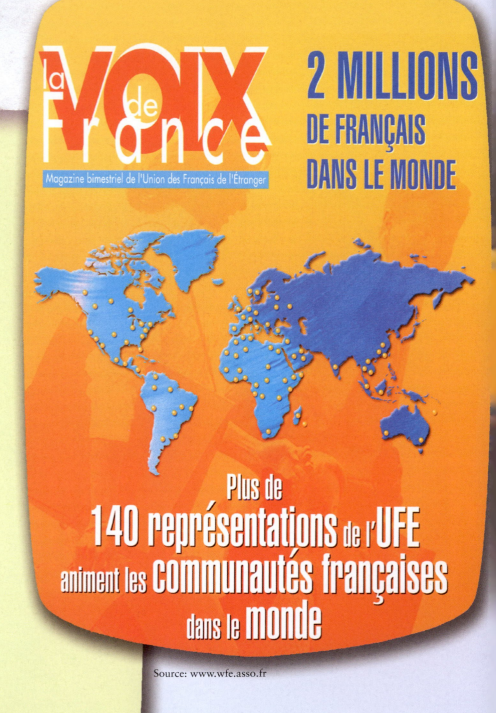

la VOIX de France

Magazine bimestriel de l'Union des Français de l'Étranger

2 MILLIONS
DE FRANÇAIS
DANS LE MONDE

Plus de
140 représentations de l'**UFE**
animent les **communautés françaises**
dans le **monde**

Source: www.wfe.asso.fr

Leçon

Qui êtes-vous?

Communautés françaises dans le monde

Vocabulaire

A. Bonjour. Au revoir.

—Salut (1), Anne-Françoise, ça va? (2)
—Oui, ça va, et toi?
—Pas mal... Salut, à tout à l'heure.
—Oui, à tout à l'heure.

Les mots et la culture

In *Les mots et la culture* footnotes, you will find cultural and linguistic information about some of the words in the vocabulary for each lesson. You should always study them carefully.

1 Les niveaux de langue. The language you use is never completely neutral. Your choice of words, expressions, and structures, as well as your tone of voice or gestures, all reflect social values and social relationships. These registers, or levels of language **(niveaux de langue),** exist in all languages.

For example, you certainly talk and write differently to an adult you do not know very well than you do to a friend your own age whom you have known for a long time. In the first conversation above, **salut** is used informally to say both *hello* and *good-bye* between two students who know each other. However, in the two following conversations, the more formal **bonjour** to say *hello* and **au revoir** to say *good-bye* are used between a student and a teacher. In general, the French you are learning to use here is standard French. It is relatively neutral in that it represents the French least likely to give offense or to sound either too familiar or too formal. If, however, you have the opportunity to interact with French-speaking people, you will rapidly realize that there are many different registers or levels in use. Gradually, if you pay attention, you will learn how to vary your French according to the situation in which you find yourself.

2 Comment poser une question. There are several ways to ask questions in French. The easiest and the one found most frequently in informal conversation is the use of intonation. As in English, a statement can be turned into a question simply by raising your voice at the end.

    Ça va?
    Oui, ça va.

—Merci, madame. Au revoir.
—Au revoir, Patrick. À bientôt.

—Bonjour, madame. (3)
—Bonjour, Patrick.
—Comment allez-vous?
—Très bien, merci, et vous?
—Bien, merci.

    —Tu (4) t'appelles comment?
    —Stéphane, et toi?
    —Géraldine. Tu es d'où?
    —De Lyon, et toi?
    —De Marseille.

—Et vous, monsieur?
—Moi?
—Oui, vous! Comment vous appelez-vous? (5)
—Je m'appelle Stéphane Abiragi.
—Stéphane comment?
—Abiragi.
—Avec un H?
—Non, non... A-B-I-R-A-G-I.
—D'accord! (6) Merci.

■ Et vous, ça va? Vous vous appelez comment? Vous êtes d'où?

Les mots et la culture

3 **Monsieur, madame, mademoiselle. Monsieur** is used to address a man. **Madame** is used to address a married woman, and **mademoiselle** to address a young or unmarried woman. Older women are addressed with **madame** whether they are married or not. When greeting or saying good-bye to someone, you should use **bonjour** or **au revoir** plus **monsieur, madame,** or **mademoiselle.** Do not use the family name.

Bonjour, monsieur. *Hello.* (to a man); Bonjour, madame. *Hello.* (to a woman); Au revoir, mademoiselle. *Good-bye.* (to a young woman)
[See **Les mots et la culture** *4, 5, and 6 on page 6.*]

L'alphabet français

Although French is written using the same alphabet as English, the sounds corresponding to many of the letters are different.

a (ah)	j (ji)	s (es)
b (bé)	k (ka)	t (té)
c (cé)	l (el)	u (u)
d (dé)	m (em)	v (vé)
e (euh)	n (en)	w (doublevé)
f (ef)	o (o)	x (iks)
g (gé)	p (pé)	y (igrec)
h (ach)	q (ku)	z (zed)
i (i)	r (er)	

Les mots et la culture

4 **Niveaux de langue:** *tu* **ou** *vous*? An example of levels of language in French is found with the use of **tu** or **vous**. Your choice of either **tu** or **vous** when addressing someone indicates the status of your relationship with that person. In the dialogues on page 5, can you guess why **tu** or **vous** was used?

Use **tu:**
- with people with whom you are on a first-name basis
- with children
- with animals
- with students your own age

Use **vous:**
- with people you address by their last name
- with people you are just meeting
- with people who are older than you

If in doubt, use **vous**—better too much respect than too little!

5 **Anglais/français.** As you have probably already realized, French is not simply English written in code. Learning a language is more than learning simple vocabulary equivalents. For example, if you want to ask someone what his or her name is, you have to ask, **Comment vous appelez-vous?**, which in English has the literal meaning of *"How do you call yourself?"*! Although you can frequently come up with acceptable (or at least understandable) French by plugging French words into an English sentence, you should be aware that this is not always the case.

6 **Mots et contexte.** When we speak, we frequently depend on context, intonation, gesture, and other such devices to make our meaning clear.

Expressions in French (and in English) can have more than one meaning depending on the context and intonation in which they're used. Compare the following:

D'accord.   *OK. (I agree.)*
D'accord?   *OK? (Do you agree?)*

B. Les chiffres et les mots (7)

un professeur

deux chiens

trois affiches

quatre fleurs

cinq étudiants

six voitures

sept livres

huit stylos

neuf chats

dix poissons

0 zéro	13 treize	30 trente
1 un	14 quatorze	31 trente et un
2 deux	15 quinze	32 trente-deux
3 trois	16 seize	33 trente-trois
4 quatre	17 dix-sept	...
5 cinq	18 dix-huit	39 trente-neuf
6 six	19 dix-neuf	
7 sept	20 vingt	
8 huit	21 vingt et un	
9 neuf	22 vingt-deux	
10 dix	23 vingt-trois	
11 onze	...	*[See Les mots et la culture 7*
12 douze	29 vingt-neuf	*on page 8.]*

Prononcer les chiffres. The pronunciation of numbers depends on whether they are said in isolation, followed by a word beginning with a consonant, or followed by a word beginning with a vowel (or a silent **h**). Letters with a slash through them (~~s~~) are not pronounced. The letters between slashes (/s/) indicate pronunciation.

NUMBER ALONE	NUMBER + CONSONANT	NUMBER + VOWEL
un	un chat	un‿hôtel *(hotel)* /n/
deu~~x~~	deu~~x~~ chiens	deux‿années /z/
troi~~s~~	troi~~s~~ stylos	trois‿affiches /z/
quatr~~e~~	quatre professeurs	quatr~~e~~‿hôtels
cinq /k/	cin~~q~~ fleurs	cinq‿années /k/
six /s/	si~~x~~ poissons	six‿affiches /z/
sep~~t~~	sep~~t~~ cahiers /t/	sep~~t~~‿étudiants /t/
huit /t/	hui~~t~~ livres	huit‿affiches /t/
neuf /f/	neuf chats /f/	neuf‿étudiants /f/
dix /s/	di~~x~~ chiens	dix‿hôtels /z/

Les mots et la culture

7 **Les mots et ce qu'ils représentent.** Words do not exist in a vacuum. They are an integral part of the life, customs, habits, and surroundings of the people who use them. For example, if you look in a French–English dictionary or phrase book to find out how to say the word *bread,* you will certainly find the word **pain.** If you stop there, however, you have barely scratched the surface. Look at the two pictures. Can you explain why the French word **pain** is only a rough equivalent of the English word *bread*?

Les chiffres 7 et 1. In French handwriting, sevens are barred to distinguish them from ones:

7   1

C. Les jours de la semaine

lundi   mardi   mercredi   jeudi   vendredi   samedi   dimanche

D. Les mois de l'année

janvier	avril	juillet	octobre
février	mai	août	novembre
mars	juin	septembre	décembre

SEPTEMBER/SEPTEMBRE

SUNDAY	MONDAY	TUESDAY	WEDNESDAY	THURSDAY	FRIDAY	SATURDAY
				1	2	3 ☾
4	5	6	7	8	9	10
11 ●	12	13	14	15	16	17
18	19 ☽	20	21 LA FÊTE À FLOYD	22	23	24
25 ☽	26	27	28	29	30 FESTIVALS ACADIENS LAFAYETTE, LOUISIANA	

OCTOBER/OCTOBRE

						1
2 ☾	3	4	5	6	7	8
9	10 ●	11	12	13	14	15
16	17	18 ☽	19	20	21	22
23	24	25 ☽	26	27	28	29
30	31		FULL MOON ☽	FIRST QUARTER	NEW MOON ●	LAST QUARTER ☽

| DIMANCHE | LUNDI | MARDI | MERCREDI | JEUDI | VENDREDI | SAMEDI |

■ C'est quel jour, aujourd'hui? Quelle est la date, aujourd'hui? C'est quand, votre anniversaire?

Les mots et la culture

Le calendrier français

a. Dates are written differently in French and in English.

    6.3   Le six mars, c'est l'anniversaire de Candide.

    12.9   Le douze septembre, c'est l'anniversaire d'Alceste.

b. Days of the week and months are not capitalized in French.

C'est lundi?	*Is it Monday?*
Non, c'est mardi.	*No, it's Tuesday.*
Et la date?	*And the date?*
C'est le 24 octobre.	*It's October 24.*

c. English has two ways to express dates, French only one. The *of* in English is never translated.

    le 21 octobre   *October 21, the 21st of October*

d. Use **premier** for the first day of a month.

    C'est le premier mai.   *It's May 1. It's the first of May.*

E. Paris et les saisons de l'année

le printemps

l'hiver

l'été

l'automne

F. Alceste et Candide

CANDIDE: J'adore l'automne!
ALCESTE: Pas moi.
CANDIDE: Tu aimes le printemps? avril? mai?
ALCESTE: Pas du tout!
CANDIDE: Et l'hiver?
ALCESTE: Ah non! Et je déteste l'été aussi.
CANDIDE: Je ne comprends pas!

■ Et vous, vous aimez l'automne? le printemps? l'hiver? l'été?

■ Vous aimez janvier? juin? juillet? décembre?

G. Autres mots et usages

The *Autres mots et usages* section contains useful words and expressions not included in the preceding vocabulary presentation. In some lessons, it also contains information about the use of some of the words in the vocabulary. You should always study them carefully.

à demain	*see you tomorrow*
bon week-end	*have a nice weekend*
ça dépend	*that depends*
un cahier	*notebook*
Ça y est!	*That's it/done/finished!*

j'aime*	*I like*
je comprends	*I understand*
je ne sais pas	*I don't know*
mademoiselle (Mlle)	*miss, Miss*
moi aussi	*me too, so do I*
moi non plus	*me neither, neither do I*
pour	*for, in order to*

*Note that in **j'aime** and **tu aimes**, the words **aime** and **aimes** sound alike.

Mise en pratique

Each lesson contains several activities using the words and expressions you have learned. First, you have to recognize and understand new vocabulary words, then you are asked to speak or write them in a limited way, and finally, you have the opportunity to express yourself both orally and in writing.

1. À vous. Which photo goes with which caption?

Objectives, Act. 1–3: receptive vocabulary learning, problem solving, making cultural associations, limited production of greeting expressions

a.

b.

c.

d.

1. —Salut, à bientôt!
   —Oui, à bientôt.
2. —Ça va?
   —Oui, oui, ça va, et toi?
3. —Comment vous appelez-vous?
   —Arlette Brasseur.
4. —Bonjour, monsieur, comment allez-vous?
   —Très bien, merci, et vous?

2. En français

a. **Répondez.** What might you expect to hear as a response to each of the following?

1. Bonjour, mademoiselle.
2. Tu t'appelles comment?
3. À tout à l'heure.
4. Salut, Anne!
5. Comment allez-vous?
6. Comment ça va?
7. Tu es d'où?
8. Bon week-end.

b. *Tu ou vous?* Can you characterize the degree of familiarity between the speakers in each situation in part **a**? Would each speaker be likely to use **tu** or **vous** to address the person he or she is talking to? Are there cases where you cannot tell?

3. Des listes. Find the following in the list of words below.

1. les jours de la semaine
2. les mois
3. les saisons
4. les chiffres
5. les personnes
6. les objets

novembre	chien	mardi	jeudi
six	mars	quatorze	professeur
stylo	un	livre	chat
dimanche	septembre	samedi	juin
dix	décembre	avril	fleur
janvier	automne	douze	poisson
printemps	seize	juillet	étudiant
vendredi	mercredi	affiche	vingt-neuf
lundi	mai	hiver	été
août	octobre	anniversaire	février
vingt	cahier	huit	trente

Objective, Act. 4–6: practicing numbers

4. Combien de... ? Look at the picture. How many are there of each of the following?

1. professeurs
2. étudiants
3. chats
4. chiens
5. fleurs

5. Combien font... ? Do the arithmetic for these incomplete bills.

Musée Carnot
$$\begin{array}{r} 4 \\ -1 \\ \hline \end{array}$$
Total

Fleurs et Bouquets
$$\begin{array}{r} 6 \\ +2 \\ \hline \end{array}$$
Total

Supermarché Carrefour
$$\begin{array}{r} 25 \\ +11 \\ \hline \end{array}$$
Total

Café du Commerce
$$\begin{array}{r} 14 \\ +14 \\ \hline \end{array}$$
Total

Banque de Paris
$$\begin{array}{r} 20 \\ -2 \\ \hline \end{array}$$
Total

6. L'année en chiffres. Complete the following:

1. un mois = _____ jours
2. un mois = _____ semaines
3. une année = _____ mois
4. une semaine = _____ jours
5. une saison = _____ mois
6. un week-end = _____ jours
7. un mois = _____ week-ends

7. Quelle est la saison? What season is it?

> **Modèle:** le huit octobre
> *C'est l'automne.*

1. le vingt février
2. le dix mai
3. le vingt-cinq novembre
4. le quatorze juillet
5. le trente mars
6. le quinze juin

8. Les dates. On what dates were these letters sent?

> **Modèle:** 2.12
> *le deux décembre*

1. 20.3
2. 16.8
3. 24.11
4. 26.10
5. 12.4
6. 3.2

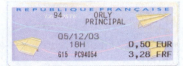

9. Dates importantes de l'année. When do you celebrate the following holidays?

Halloween	Veteran's Day *Nov 11*
Thanksgiving *22 Nov.*	Lincoln's Birthday
New Year's Day *Jan 1*	the last day of the academic year
St. Valentine's Day *Feb 14*	graduation day

10. Les anniversaires

a. **Quelle saison?** Find all the students in the class who have birthdays in each season.

1. le printemps
2. l'automne
3. l'hiver
4. l'été

b. **Quel mois?** Now group all the students in the class by the month of their birthday.

c. **Quel jour?** Are there students who were born on the same day in your class?

11. J'aime/je déteste.

a. **Les mois.** Put the months of the year along the scale below according to your own personal preferences.

> j'adore   j'aime   je déteste

b. **Et les saisons?** Put the seasons along the scale below according to your own personal preferences.

> j'adore   j'aime   je déteste

c. **On est d'accord?** With a partner, find out about each other's preferences. Don't forget to use expressions such as **et toi?, moi aussi, moi non plus,** and **pas moi** to make your conversation more interesting.

12. Mais qu'est-ce qu'ils disent?
Write a dialogue for each photo.

Marine et Christophe

Monsieur Martin et Monsieur Petit

Objective, Act. 7: receptive vocabulary activity with limited production of new words

Objectives, Act. 8–9: reading and practicing dates in French, limited oral production

Objectives, Act. 10–11: beginning to create with language, interacting orally

Objective, Act. 12: developing simple writing in context

Les phrases et les mots

A sentence (**une phrase**) contains a subject (**un sujet**) and a verb (**un verbe**).

> *subject* = the person or thing the sentence is about (who or what performs
> the action)
> *verb* = what the person or thing is doing, how the person or thing is
>
> Je comprends.   *I understand.*
> S   V   S   V
>
> Je ne comprends pas.   *I don't understand.*
> S   V   S   V
>
> Tu aimes le printemps?   *Do you like spring?*
> S   V   S
>   V
>
> A sentence may also contain a complement (**un complément**), which
> completes the thought of the sentence.
>
> J'aime l'été.   *I like summer.*
>   C   C
>
> Je ne comprends pas le professeur.   *I don't understand the teacher.*
>   C   C
>
> Il s'appelle Paul.   *His name is Paul. (He calls himself Paul.)*
>   C   C

Une phrase complète?

People usually use complete sentences when they write. When speaking, however, it is frequently acceptable to use a few words or a fixed expression instead of a complete sentence. In the following dialogue, there is only one complete sentence. Can you find it?

—Bonjour, monsieur. Comment allez-vous?
—Bien, merci, et vous?
—Très bien.

1. Les phrases complètes. Look again at the dialogue between Candide and Alceste, reproduced below. Pick out the complete sentences. When are incomplete sentences used? Can you explain why?

—J'adore l'automne.
—Pas moi.
—Tu aimes le printemps? avril? mai?
—Pas du tout!
—Et l'hiver?
—Ah non! Et je déteste l'été aussi.

Objective, Act. 1: identifying sentence components

 2. Le dialogue continue! Here are portions of an exchange that took place between Alceste and Candide. Decide whether Candide (**l'optimiste**) or Alceste (**le pessimiste**) said each line. Then put the lines in order so that they make sense.

—Je ne sais pas.
—JE NE SAIS PAS!
—C'est quel jour aujourd'hui?
—Pardon? Comment?
—D'accord! Ça va! Ce n'est pas important!

Objective, Act. 2: processing language for meaning

Structure 2

Les articles définis: *le, la, l', les*

In English, the definite article has only one form, *the*. In French, the definite article has four forms—**le, la, l', les.** The form you use depends on the gender, number, and initial sound of the noun it precedes.

Genre

All nouns in French belong to one of two groups: *masculine* or *feminine*. This group membership is called *gender* and is indicated by the form of the article used with the noun.

le + masculine singular nouns	**le** professeur, **le** chat
la + feminine singular nouns	**la** fleur, **la** saison, **la** semaine
l' + masculine or feminine singular nouns beginning with a vowel sound	**l'**étudiant *(m.),* **l'**affiche *(f.),* **l'**année *(f.)*

Note de prononciation

Most French words beginning with an **h** are considered to begin with a vowel since the **h** is not pronounced.

l'hiver   **l'histoire**   **l'hôtel**

The gender of each noun is indicated in the vocabulary list and in the end vocabulary. You should learn the gender of a noun along with its meaning. The simplest way to do this is to learn the article along with the noun—learn **la fleur** or **le professeur,** for example, rather than **fleur** *(f.)* or **professeur** *(m.).*

Nombre

Number refers to whether a word is singular or plural. The definite articles **le, la,** and **l'** are used in front of singular nouns. The definite article **les** is used in front of all plural nouns, both masculine and feminine.

les + all plural nouns	**les** chiens, **les** fleurs, **les** affiches

When **les** is used in front of a noun beginning with a vowel sound, the **s** of **les** links with the vowel and is pronounced like a **z**.

les chiens	*but*	les_affiches
		/z/
les chats	*but*	les_hôtels
		/z/

Le pluriel des noms

As a general rule, the plural of a noun is formed by adding **s** to the singular. If the singular form of a noun already ends in **s** (for example, **le mois**), do not add an additional **s** (for example, **les mois**).

The final **s** in plural words is not pronounced. This means that you have to listen to the article at the front of the word to find out if you are dealing with one or more than one, not the end of the noun as in English.

le chat	les chats	la fleur	les fleurs
l'affiche	les affiches	l'hiver	les hivers

Remember that the **s** of **les** is silent before a consonant (**les chiens**) but is pronounced like a **z** when followed by a noun that starts with a vowel sound (**les_hôtels**).
/z/

Objective, Act. 1–2: focusing on articles marking gender and number followed by a focus on meaning

Mise en pratique

1. **On parle!** For each underlined word, decide whether it is masculine singular, feminine singular, or plural. Then rearrange the sentences to make a dialogue.

   1. C'est le <u>premier</u> mai. Ah, j'adore le <u>printemps</u>!
   2. Moi, je déteste le <u>printemps</u>!
   3. Non, je déteste les <u>fleurs</u>!
   4. Tu n'aimes pas les <u>fleurs</u>?
   5. Quelle est la <u>date</u> aujourd'hui?

2. **Masculin? féminin? pluriel?** Read the following list and add the appropriate definite article (**le, la, l', les**) in front of each noun.

fleur	cahier	hiver	week-end	affiche
anniversaires	saisons	printemps	automne	chats
stylos	chien	date	mois	professeur
poisson	étudiantes	jours	semaines	voiture
année	livre			

Structure 3

L'usage de l'article défini

In French, as in English, the definite article is used to refer to a person or object that has already been specified.

C'est **le** professeur?	*Is that **the** teacher?*
Oui, c'est **le** professeur!	*Yes, that's **the** teacher.*

In French, however, unlike English, the definite article is also used to refer to things in general, to abstract concepts, or to things you like or do not like. English uses no article in such cases. Compare:

Objective, Act. 1: understanding the use of the definite article in an authentic context

J'aime **le** printemps.	*I like spring.*
Tu détestes **les** chats?	*Do you hate cats?*
C'est **la** vie.	*That's life.*

Mise en pratique

1. Page perso. Samuel. Mes passions!

> *Je suis passionné de formule 1 et je regarde tous les grands prix en direct à la télé. Sinon, j'adore la nature et les animaux. J'ai également une passion pour les livres...*

a. Read over the excerpt from a **page perso (page personnelle)**. What does Samuel like? Choose from this list: **les fleurs, les posters, les livres, les professeurs, les voitures, les stylos, les chiens, le week-end, les chats.**

Objective, Act. 2: using the definite article to express personal opinions

b. Pourquoi? Look again at what Samuel wrote. Find examples of the use of the definite article to express likes/dislikes.

2. Réagissez. With a partner, say what you like, don't like, and hate.

> **Modèle:** l'hiver
> —*Tu aimes l'hiver?*
> —*Non, je déteste l'hiver. / Oui, j'aime l'hiver.*

1. les voitures
2. les chiens
3. les professeurs
4. les chats
5. les mercredis
6. les dimanches
7. l'été
8. les vendredis

Scène de vie

—Bonjour... Pierre?
—Moi? Non, non. Michel! Je m'appelle Michel.
—Moi aussi!
—Comment?
—Oui, oui, je m'appelle Michèle aussi!
—Et tu es d'où?
—De Montréal. Et toi?
—De Marseille.
—Ah oui? Moi, j'aime
  Marseille!
—Et moi, j'adore Montréal!
—Eh bien... Salut, Michel!
—Salut, Michèle, à bientôt?
—Oui, d'accord, à bientôt!

Objectives: *meeting people; using incomplete sentences, omission of sounds in informal and rapid speech*

Pour écouter. When people speak, they often use a different form of French. This French is more informal and familiar than the French they use when they write. The degree of informality depends on the relationship between the people speaking and the context of the speech act. For example, college students talk differently if they speak to each other than if they are speaking to a professor, or giving a class presentation. Since informal French speech can be very different from its written equivalent, you need to be aware of the characteristics of spoken, familiar French in order to be able to understand it. For example, when they speak, people don't speak in full sentences, which is characteristic of all oral interactions. Can you underline each sentence that is not complete in the conversation above? Also, in informal contexts, people omit words or sounds, which is characteristic of relaxed, rapid speech. Listening to your audio CD or your instructor, can you underline in the conversation above when spoken French is different from its written form?

 ### Parlons!

Time to meet each other!

1. Using the French you have learned in this lesson, take a few moments to write down questions you would like to ask your classmates.

2. Working in pairs, find out as much as you can from each other. Take a few notes so you can tell the class one or two interesting things about your partner.

Découvertes *linguistiques*

Objective: reflecting on the role of word frequency in languages and in language learning

Learning a second language (L2) certainly involves learning vocabulary, structure, and pronunciation. Learning an L2 also involves, however, learning about how languages work and how people learn languages, as well as how cultures work and how people deal with cultural differences *(Découvertes culturelles).* The *Découvertes linguistiques* sections help you think about both issues concerning language and language learning. Here, there are no answers to memorize; there are, however, lots of things to think about.

Vocabulaire de base? Fréquence?

1. **En anglais.** What are the most important words in a language? Here are the six most frequent words from a corpus of English (a corpus is a collection of oral or written language that can be searched and counted using various kinds of software). What kinds of words are these? Why do you think these words are so frequent?

   The *Brown Corpus.* Here are the six most frequent words from The *Brown Corpus.* (1,015,945 total words)

Word	Frequency	% of total
the	69,970	6.9
of	36,410	3.6
and	28,854	2.8
to	26,154	2.6
a	23,363	2.3
in	21,345	2.1

2. **En français?** How about French? What are the most frequently used words? Here are the six most frequently used words and the six least frequently used words from three corpora of French.

   Le Monde, **2000.** This reflects the contents of all issues of *Le Monde* (a major French newspaper) for the year 2000. This corpus contains 30,743,512 words.

Word	Frequency	% of total
de	147,880	4.8
la	79.862	2.6
le	63,605	2.1
à	50,598	1.6
les	50,121	1.6
et	48,433	1.5
faveur	2,948	.001
présidence	2,947	.001
moyenne	2,939	.001
sociaux	2,938	.001
ouvert	2,933	.001
action	2,930	.001

   ■ What kinds of words are most frequently used? least frequently used? Which ones do you already know?

The French Television Corpus. This is a corpus of transcripts taken from French television documentaries and morning talk shows of the 1980s and 1990s. There are 521,421 words in this corpus.

Word	Frequency	% of total
de	19,063	3.7
la	12,346	2.4
et	10,972	2.1
le	10,744	2.1
les	8,745	1.7
à	8,176	1.6
rire	52	.001
semble	52	.001
sent	52	.001
soient	52	.001
télé	52	.001
afin	51	.001

- What kinds of words are most frequently used? the least frequently used? Do you think there might be a difference between the kind of language found in the *Le Monde* Corpus and this one?

The Situations Corpus. This is a transcribed corpus of service encounter (**à l'hôtel, au restaurant,** etc.) role plays performed by native and near-native speakers of French in 2001. There are 6,517 words in this corpus.

Word	Frequency	% of total
je	241	3.7
vous	208	3.2
pas	144	2.2
c'est	140	2.1
euh	125	1.9
la	123	1.9
ressemblent	1	.02
resté	1	.02
resterez	1	.02
restez	1	.02
retrouvons	1	.02
revenez	1	.02

- Is the distribution of words the same in this corpus as in the other two? What might account for this?

3. **Mes mots à moi.** What kinds of words do you think are most important for you to learn in French? Is frequency the most important criterion? How do you learn words in English? in French? Are there special things to do to help you learn words?

Découvertes culturelles

Calendrier du mois

Objectives: *gaining familiarity with the French calendar, with the organization of days and weeks, with dates, with French first names and their variety; understanding the concept of* **fête** *in French culture; developing cultural curiosity*

Présentation: The *Découvertes culturelles* are integrated language learning activities based on the study of an authentic document (a document produced for and by a French or Francophone population). The purpose of this section is essentially an exploration of and inquiry into cultural concepts. In all lessons, this section asks you to examine the norms and values of French and Francophone cultures. As a student, you will be asked to use the language you have learned in previous chapters, to reflect on and analyze the data found in the document, to infer cause and effect, and to make comparisons between these data and similar data in your own culture. These activities ask you to engage your mind to solve problems, to think critically, and to use language to express your findings and conclusions. Note that many of these activities do not have right or wrong answers. They are intended to help initiate a thinking process in French. At first you will have to use English when issues are complex but later you will be able to do them entirely in French. These activities are based on general knowledge and critical analysis, so try to draw connections to things you already know and think through the issues raised to find your own conclusions.

SEPTEMBRE

Les jours diminuent de 1 h 42

1	D	Gilles	
2	L	Ingrid	36
3	M	Grégoire	
4	M	Rosalie	DQ ◗
5	J	Raïssa	
6	V	Bertrand	
7	S	Reine	
8	D	Nativité de N.-D.	
9	L	Alain	37
10	M	Inès	
11	M	Adolphe	
12	J	Apollinaire	NL ●
13	V	Aimé	
14	S	Sainte Croix	
15	D	Roland	
16	L	Edith	38
17	M	Renaud	
18	M	Nadège . QT	
19	J	Émilie	
20	V	Davy	PQ ◖
21	S	Matthieu	
22	D	Maurice/Aut.	▦
23	L	Constant	39
24	M	Thècle	
25	M	Hermann	
26	J	Côme/Damien	
27	V	Vincent de P.	PL ○
28	S	Venceslas	
29	D	Michel/Gabr./Raph.	
30	L	Jérôme	40

LA POSTE

Objectives precede each unit in every lesson and outline learning expectations for language and culture. They are meant to help you focus your attention on specific issues and to make connections between French or Francophone cultures and your own. They are graded linguistically, which means they go from easier (at the word level) to more complex (expressing yourself and your ideas in sentences), and they include the linguistic skills you will be using and developing as you work with these materials.

1. **Les dates.** Give the dates for the following days:

   les mardis   les jeudis   les vendredis   les mercredis

2. **Les semaines.** Compare the way weeks are presented in France and in your country.

	En France	Ici
Le premier jour de la semaine, c'est...		
Le dernier jour de la semaine, c'est...	dimanche	
Les jours de classe sont...		

Since these documents were written for French-speaking populations, you will not know all the words. You should try to guess them, or if they seem unimportant skip them in order to keep your focus on what the activity asks you to do. Try not to translate.

3. **Les fêtes.** Calendar days are usually associated with names of saints.

   - Identify the dates associated with masculine names, and those associated with feminine ones.
   - Identify the following days in the month of September.

   Modèle: la Sainte-Ingrid
                C'est le 2 septembre

   la Saint-Gilles
   la Saint-Bertrand
   la Saint-Renaud
   la Sainte-Émilie
   la Sainte-Inès

   - Find out which names are not originally French, and guess which cultures they may have come from.

This is the type of activity where you have to make an educated guess and rely on your knowledge of the world.

4. **Questions.** Prepare three questions on the way the week is organized and on the way people are named in France.

   You will often be asked to raise or ask questions. Learning to ask questions puts your focus on what you don't know, prevents you from rushing to judgment, and helps you develop a curiosity about other cultures. Asking questions often forces you to think outside the box and not take anything for granted, which is often the only way to approach the study of culture. The final activities will often ask you to use the French you have learned previously, therefore helping you review and integrate vocabulary and grammar topics.

La ronde des prénoms

Aujourd'hui c'est ma fête
Et je m'appelle Mariette
Qu'est-ce que tes parents t'achètent?
Une trottinette et une bicyclette,
Ça c'est chouette!

Moi, je m'appelle Daniel
Comment est-ce qu'on épelle
Ton nom, Daniel?
D-A-N-I-E-L, Daniel!
Mon nom c'est Daniel!

Possessions

À qui est ce cahier?
Est-ce qu'il est à Renée?
Il n'est pas à Renée
Il est à Dorothée.

À qui est ce joli chat?
Est-il à Amanda?
Non, non, il n'est pas
À Amanda
Il est à moi!

À qui est ce bel oiseau?
Il est à Roméo
Et aussi à Marco
À Roméo et à Marco?
C'est bien trop!
Bravo! Bravo!

1. **Préparation.** Look at these texts. What four English words might characterize them? Whom do you think these texts were written for?

2. **La ronde des prénoms**

a. **Les noms.** Identify the names mentioned in these poems. How many boys' names? girls' names? Why did the author select these names in the poems? Do you know other names with the same endings in your native language that could be substituted in the poems?

b. **Épeler.** How is the alphabet used in these rhymes? Why is it used?

3. **Les voix**

a. Identify oral exclamations and guess what they mean. Then read the poems and decide how many people are speaking in each one. Mark the places where the speaker changes. Then, with a partner, read each poem aloud.

b. **Le style.** What type of literature is this? How do you know? Look at the last syllables of each line. What do they have in common?

c. **La fonction poétique.** Where or on what occasions do you think these poems might be heard in France?

Le Jardin des Tuileries

Vocabulaire de base

CD1-3

The *Vocabulaire de base (basic vocabulary)* for each lesson contains the words and expressions that you are responsible for learning to use in speaking and in writing. (NOTE: *m. = masculine; f. = feminine*).

les chiffres de 0 à 39 (voir page 7)
les mois de l'année (voir page 9)
les jours de la semaine (voir page 9)
les saisons de l'année (voir page 10)

Noms

le cahier *notebook*
le chat *cat*
le chien *dog*
l'étudiant *(m.)*, l'étudiante *(f.) student (male), student (female)*
le livre *book*
le professeur *teacher*
le stylo *pen*
la voiture *car*

Divers

à bientôt *see you soon*
à demain *see you tomorrow*
au revoir *good-bye*
aussi *also*
avec *with*
bien *fine, good, well*
bonjour *hello*

Ça va? *How's it going?*
C'est le huit janvier. *It's January 8. / It's the eighth of January.*
C'est le premier octobre. *It's October 1. / It's the first of October.*
C'est lundi. *It's Monday.*
Comment allez-vous? *How are you? (formal)*
Comment ça va? *How's it going?*
d'accord *all right, OK*
de *of, from, about*
et *and*
et toi? *what about you? (to a friend)*
et vous? *what about you? (to an adult)*
j'adore *I love*
j'aime *I like, I love*
je déteste *I hate*
je m'appelle *my name is*

je ne comprends pas *I don't understand*
je ne sais pas *I don't know*
madame (Mme) *ma'am, Mrs.*
mademoiselle (Mlle) *miss, Miss*
mais *but*
merci *thank you*
moi *me*
monsieur (M.) *sir, Mr.*
non *no*
oui *yes*
pardon *excuse me*
pas mal *not bad*
pour *for, in order to*
premier *first*
salut *hi, bye*
très bien *fine, good, very good*
tu adores *you love*
tu aimes *you like, you love*

Note de prononciation

Les signes diacritiques. French uses five diacritical marks: **l'accent aigu** (´), **l'accent grave** (`), **l'accent circonflexe** (^), **la cédille** (ç) and **le tréma** (¨). Omitting, misplacing, or misusing a diacritical mark is the same as misspelling a word in French.

The **accent aigu** (´) is found only over the letter **e**. It marks the sound represented by the **é** in the word **étudiant**.

The **cédille** (ç), or *cedilla*, is found only under the letter **c**. It marks a soft **c** or **s** sound.

    cave   no cedilla = hard **c** or **k** sound
    ça   cedilla = soft **c** or **s** sound

The other diacritical marks are explained in *Leçon 2.*

Vocabulaire supplémentaire

The *Vocabulaire supplémentaire* for each lesson contains words and expressions that you should be able to recognize when you hear them or when you read them. You may want to learn some of these words and expressions and start using them when you speak and write.

Noms

l'affiche *(f.) poster*
l'année *(f.) year*
l'anniversaire *(m.) birthday*
la date *date (calendar)*
la fleur *flower*
le jour *day*
le mois *month*
le poisson *fish*
la saison *season*
la semaine *week*
le week-end *weekend*

Divers

à tout à l'heure *see you later*
aujourd'hui *today*
Bon week-end! *Have a nice weekend!*
Ça dépend. *That depends.*
Ça y est! *That's it/done/finished!*
C'est quand, ton anniversaire? *When's your birthday? (to a friend)*
C'est quel jour, aujourd'hui? *What day is it today?*
Comment? *What did you say?*
Comment t'appelles-tu? / Tu t'appelles comment? *What's your name? (to a friend or a child)*

Comment vous appelez-vous? *What's your name? (to someone you don't know well)*
je comprends *I understand*
moi aussi *me too, so do I*
moi non plus *me neither, neither do I*
pas du tout *not at all*
pas moi *not me*
Quelle est la date, aujourd'hui? *What's the date today?*
Tu es d'où? *Where are you from?*
Vous aimez... ? *Do you like . . . ?*
Vous êtes... ? *Are you . . . ?*

Le français tel qu'on le parle

This section contains words and expressions characteristic of spoken French. Spelling for some of these words and expressions is not standardized and you will not find them in dictionaries. This is similar to the situation in English for words like *gonna* or *whatcha,* which are common in spoken English. These are presented here in order to help you understand French as you will hear it both in and out of the classroom. For more details, see the *Le français parlé* section in each lesson.

   j'm'appelle = je m'appelle
   t'es d'où? = tu es d'où?

Le français familier

This section contains words and expressions characteristic of the informal French spoken by friends, within families, or by young people. Although it is probably not advisable for learners of French as a second language to use these words and expressions until they are very sure of their nuances, you may need to be able to understand them.

   le bouquin = le livre
   le prof = le professeur

On entend parfois...

Although English is spoken in the United States, Canada, and Great Britain, there are some differences, particularly in vocabulary. For example, in the United States you rent an *apartment* and you buy *gas* for your car. In Great Britain, however, you rent a *flat* and you buy *petrol.* There are similar differences in countries where French is spoken. The section **On entend parfois...** *(You sometimes hear . . .)* contains a selection of words along with the French-speaking country where they are used.

   bonjour (Canada) = au revoir (as well as hello)
   la fin de semaine (Canada) = le week-end
   la fête (Canada) = l'anniversaire

Français, comment êtes-vous?

L'EXPRESS

Archaïques,

novateurs,

affaiblis,

différents,

inquiets,

dérangeants...

Comment
le monde
nous juge

1. **Décoder.** Using cognates (words that look approximately the same in English and in French), which of these words do you understand and recognize? What type of words are these words?

2. **Comprendre.** Whom do you think the words in the left column refer to? Which of these adjectives would you agree with?

3. **Et nous?** If you were asked to select five adjectives to describe your fellow citizens, which adjectives would you choose?

Leçon 2

Comment êtes-vous?

Stéréotypes ou réalités?

Vocabulaire

In French, adjectives change their form according to the gender of the noun they go with, or modify. Traditionally, the masculine singular form is the base form (the form used for dictionary entries) and feminine and plural forms are derived from it. To make things easier, this vocabulary section deals with masculine singular and plural forms only. Feminine singular and plural forms are presented in *Structure 3*.

A. Ils sont...

— Voilà!
— Merci!

Voilà Patrick. Il est grand et brun. Il est sérieux, travailleur et raisonnable. Il est sympathique aussi parce qu'il est équilibré et généreux. (1)

— Non, non et non!

Voilà Jean-Paul. Il est petit et blond. Maintenant, il est méchant, pénible et égoïste. Pourquoi? Parce qu'il est fatigué.

Voilà Michel. Il est mince. Aujourd'hui, il est malade donc (2) il est fatigué et il est déprimé aussi (2).

— Bertrand!
— Oui, oui!

Voilà Bertrand. Il n'est pas très (3) âgé mais il n'est pas jeune. Il est intelligent mais il est paresseux. Il est sociable et équilibré aussi.

— Oui, oui!
— Non, non!

Voilà Robert. Il est beau mais il est trop (3) timide et il est très naïf.

Voilà Émile. Il est laid, bizarre et bête. Mais il est très amusant!

— Je déteste l'été.
— Je ne comprends pas!

Voilà Candide et Alceste. Candide est heureux mais Alceste est malheureux.

— Oui, d'accord, ça va!

Voilà Pierre. Il est sportif et très occupé.

Voici Napoléon.
Il est français.

Voici Daniel Boone.
Il est américain.

Voici John Macdonald. (4)
Il est canadien.

■ Patrick est plus (5) sympathique que Jean-Paul. Émile est moins (5) beau que Robert et que Pierre. Et Alceste? Il est aussi (5) beau que Robert? Qui est plus mince, Michel ou (6) Bertrand? Qui est plus grand, Napoléon ou Daniel Boone? Qui est moins sportif, Pierre ou Bertrand? Qui est aussi heureux que Candide aujourd'hui? Qui est aussi malheureux qu'Alceste? Comment est Napoléon? Comment est Daniel Boone? Comment est John Macdonald?

Les mots et la culture

1 **Parce que.** The **e** of **que** is dropped when **parce que** is used in front of a word beginning with a vowel sound.

Michel est malheureux **parce qu'**il est malade.
Michel is unhappy because he's sick.

2 **Aussi / donc. Aussi** is an adverb and means *also* or *as*. **Donc** is a conjunction (it coordinates clauses) and means *so* or *therefore*. Use **donc** to introduce a conclusion or consequence, as in Descartes' famous **Je pense donc je suis** (*I think therefore I am*). Use **aussi** to express *also* or *as* in a comparison of equality. **Aussi,** in these uses, is never found at the beginning of a sentence or clause.

Alceste est malade **donc** il est malheureux et déprimé.
Alceste is sick, so he's unhappy and depressed.

Candide est **aussi** malade qu'Alceste mais il n'est pas **aussi** malheureux.
Candide is as sick as Alceste, but he's not as unhappy.

Moi, je suis malade **aussi**!
I'm sick too!

3 **Très / trop. Très** and **trop** are adverbs that can be used to qualify an adjective.

Il est **très** intelligent.
He's very intelligent.

Il est **trop** généreux.
He's too generous.

4 **Sir John Macdonald.** Sir John Macdonald was the first prime minister of Canada. He led Canada through its period of consolidation in the nineteenth century.

5 **La comparaison.** Use **plus/plus... que, moins/moins... que,** and **aussi/aussi... que** to make comparisons.

Qui est **plus** mince, Michel ou Bertrand?
Who's thinner, Michel or Bertrand?

Jean-Paul est **plus** égoïste **que** Patrick et il est **moins** sympathique.
Jean-Paul is more selfish than Patrick, and he is less likable.

Michel est **aussi** malheureux **qu'**Alceste aujourd'hui.
Michel is as unhappy as Alceste today.

6 **Ou / où. Ou** (no accent) means *or;* **où** (with an accent) means *where.*

—Où est Michèle?   *Where's Michèle?*
—Michel ou Michèle?   *Michel or Michèle?*

B. Qui aime... (7)

les cours?

les devoirs? (8)

les examens?

les fêtes? (9)

la musique classique?

le jazz ou le rock?

l'université?

les vacances? (8)

■ Et vous, vous aimez les cours? le rock? les fêtes? la musique classique?

Les mots et la culture

7 **Aimer / aimer bien.** If you want to say that you love someone, use the verb **aimer.** If, however, you want to emphasize the fact that you like that person as opposed to loving them, use **aimer bien.**

> J'**aime bien** Marc mais c'est Christophe que j'**aime.**
> *I like Marc but I love Christophe.*

8 **Singulier ou pluriel?** Some words that are used in the singular in English are used in the plural in French, and vice versa.

Le devoir / les devoirs. A **devoir** is an assignment. **Les devoirs** refers to homework in general.

> Je déteste **les devoirs.**
> *I hate homework.*
> **Le devoir** de maths est bizarre!
> *The math assignment is strange!*

Les vacances. The word **vacances** is always plural in French.

> J'adore **les vacances.**
> *I love vacation(s).*

9 **Les fêtes.** The word **fête** may refer to a holiday or simply to a party.

C. Autres mots et usages

Here are some useful words and expressions not included in the preceding vocabulary presentation.

c'est bizarre	*that's weird (odd, strange)*	il/elle adore	*he/she loves*
		il/elle aime	*he/she likes, he/she loves*
c'est normal	*that's normal*	il/elle déteste	*he/she hates*
		où	*where*
c'est tout	*that's all*	plus ou moins	*more or less*

Note de prononciation

Spelling differences do not always indicate differences in pronunciation. In the following example, the words in boldface type are pronounced alike.

Il **aime** le jazz? Tu **aimes** le rock?

The same is true for j'**adore**, tu **adores**, and il/elle **adore**; je **déteste**, tu **détestes**, and il/elle **déteste**; **ou** and **où**; **Michel** and **Michèle**, for example.

Mise en pratique

 1. Positif ou négatif? Decide which of the following adjectives have positive or negative connotations. Are there some adjectives that are both negative and positive or that are otherwise difficult to classify?

amusant	sportif	timide	naïf	déprimé	méchant
beau	bête	bizarre	égoïste	grand	généreux
intelligent	sérieux	malade	heureux	malheureux	équilibré
occupé	paresseux	pénible	raisonnable	sociable	sympathique
travailleur	normal				

Objectives, Act. 1: receptive vocabulary learning, critical thinking

Adjectifs positifs	Adjectifs négatifs	Adjectifs difficiles à classer

2. Qui est... ?

1. Qui est plus intelligent, Émile ou Patrick?
2. Qui est plus âgé, Jean-Paul ou Patrick?
3. Qui est moins sportif, Daniel Boone ou Bertrand?
4. Qui est moins beau, Napoléon ou Pierre?
5. Qui est plus heureux, Candide ou Michel?
6. Qui est plus malheureux, Robert ou Alceste?
7. Qui est plus sérieux, Bertrand ou John Macdonald?
8. Qui est aussi mince que Pierre?

Objectives, Act. 2: receptive vocabulary learning, recognizing comparison expressions

3. Expliquez!

Modèle: Yves est méchant.
Donc il est pénible, égoïste...

1. Xavier est sérieux.
2. Arnaud est amusant.
3. Jérôme est sociable.
4. Alexandre est bizarre.

5. Alain est heureux.
6. Olivier est malheureux.
7. Maxime est équilibré.
8. Laurent est pénible.

4. Qui est-ce?

a. Choose a character from the vocabulary section on pages 30–31 and take a few moments to write a short description of this character.

b. Work in pairs. Describe your character without giving his name and have your partner identify whom you selected.

Modèle: —*Il est français et il est petit.*
—*Napoléon!*

5. Comparez. Compare the following people from the vocabulary presentation.

1. Michel et Bertrand
2. Patrick et Jean-Paul
3. Pierre et Alceste

4. Robert et Candide
5. Napoléon et Daniel Boone
6. Émile et vous

6. On est comment?

a. **Il est...** Describe each person below. Base your description on what you know. Then add other possible characteristics.

1. Alceste
2. Candide
3. Émile
4. Bertrand

5. Votre *(Your)* athlète préféré
6. Votre acteur préféré
7. Votre politicien préféré
8. L'étudiant sur la photo *(in the picture)*

b. **Il aime...** For each of the people in **Act. 6a**, make a list of three things they probably like.

Suggestions: les chiens, les chats, les poissons, les vacances, les devoirs, les fêtes, les fleurs, les cours de français, les livres, l'université, les examens, la musique classique, le rock, le jazz, l'hiver, l'été, les voitures

c. **Ils sont** *(They are)* **sympathiques?** Now, group the people according to how you feel about them. Be ready to justify your opinion.

Modèle: *Patrick est sympathique parce qu'il est généreux et parce qu'il aime les fêtes.*

Et lui, comment est-il?

Patrick et Pierre sont sympathiques:
Jean-Paul et Alceste ne sont pas très sympathiques:

d. **Et vous?** In pairs, interview each other about your likes and dislikes. Be ready to report back to the class.

Le verbe *être*

Here are the forms of the verb **être** *(to be)*.

je suis	*I am*
tu es	*you are (familiar)*
il est	*he (it) is*
elle est	*she (it) is*
on est	*one is*
nous sommes	*we are*
vous êtes	*you are (formal or plural)*
ils sont	*they are*
elles sont	*they are*

Use **ils** to refer to any group that includes at least one male. Use **elles** to refer to groups composed exclusively of females.

Note de prononciation

The **s** of **vous** is pronounced as a **z** in front of the vowel ê in **êtes**.

> vous_êtes
> /z/

The **s** of **ils** and **elles** is not pronounced in front of a consonant.

> Ils sont occupés. (**s** of **ils** is not pronounced)

There are also three *imperative*, or *command*, forms of the verb **être.**

Sois raisonnable!	*Be reasonable! (said to a person you would address using **tu**)*
Soyez raisonnable(s)!	*Be reasonable! (said to a person you would address using **vous** or to more than one person)*
Soyons raisonnables!	*Let's be reasonable!*

Mise en pratique

1. C'est qui? Choose the correct pronoun in parentheses to complete each sentence.

1. (Vous / Ils / Nous) sommes américains.
2. (Tu / Vous / Elles) êtes sympathique.
3. (Je / Il / Nous) suis malade.
4. (Elle / Ils / Tu) es timide.
5. (Nous / Elles / Vous) sommes raisonnables.
6. (Je / Tu / Elle) est bête!
7. (Il / Ils / Je) est occupé.
8. (Il / Ils / Vous) sont malades.
9. (Vous / Tu / Nous) êtes pénibles!

2. Je suis comme je suis. Sometimes people and animals are just as they are! Use elements from the two columns and a form of **être** to make complete sentences. Work with a partner to create as many sentences as possible. Pay attention to adjective endings.

je	bêtes
tu	bizarre
Alceste	malade
Candide	mince
le professeur	pénibles
nous	raisonnable
Bertrand et toi, vous	sociables
les chiens	sympathique
les chats	timides

Structure 2

La forme négative (comment dire non)

To make a verb negative in French, put **ne** in front of the verb and **pas** after it.

ne + verb + **pas**

Here are the negative forms of **détester.**

je **ne** déteste **pas**	*I don't hate*
tu **ne** détestes **pas**	*you don't hate*
il elle } **ne** déteste **pas**	*he she } doesn't hate*

Note de prononciation

The **e** of **ne** is dropped in front of a verb form beginning with a vowel or vowel sound.

—Tu **n'**es pas heureux?

—Non. Ça ne va pas du tout. Patrick **n'**aime pas les chats et moi je **n'**aime pas les chiens!

Mise en pratique

1. **Oui ou non?** Read the exchanges. Is the reply **oui** or **non**? You won't know all the words, but you should be able to guess the general intent.

   1. —C'est clair? Tu comprends?
      —_____, je comprends maintenant.

   2. —Vous permettez que je fume?
      —_____, je suis désolé mais ce n'est pas permis.

   3. —Jeanne est là?
      —_____, elle n'est pas là.

   4. —Ça va? Vous êtes d'accord?
      —_____, ça va, je suis d'accord.

   5. —Tu sais où est le supermarché?
      —_____, je ne sais pas.

Objective, Act. 1–2: processing the form/function relationship involved in negation in context

2. L'esprit de contradiction. Candide sees life through rose-colored glasses. Alceste does not. In pairs, play the roles of Candide and Alceste.

Modèle:　CANDIDE:　Je suis heureux!
　　　　　　ALCESTE:　*Et moi, je ne suis pas heureux.*

1. CANDIDE: J'aime les chats!
2. CANDIDE: Les chiens sont amusants!
3. CANDIDE: L'automne est beau!
4. CANDIDE: Le professeur est très intelligent!
5. CANDIDE: Les étudiants sont sérieux!
6. CANDIDE: J'aime le printemps!
7. CANDIDE: Je suis généreux!
8. CANDIDE: Ça va!

*Objectives, Act. 3:
personalizing, practicing form*

3. J'aime... Et vous, est-ce que vous aimez... With a partner, find out what each of you likes and dislikes.

Modèle:　les chats?
　　　　　　Oui, j'aime les chats. / Non, je n'aime pas les chats.

1. les chiens?
2. les poissons?
3. les vacances?
4. les examens?
5. les fêtes?
6. les devoirs?
7. la musique classique?
8. le rock?
9. les professeurs?
10. les cours?

4. Présentations. Now, introduce the person you have interviewed to the rest of the class.

Modèle:　*Voilà Max. Il aime..., mais il n'aime pas...*

La formation des adjectifs

In French, adjectives agree in number and gender with the person or object to which they refer. Thus adjectives may change form depending on whether the person or object they refer to is singular or plural, masculine or feminine.

Paul est **grand** et **beau.**   Nicole est **grande** et **belle.**

Paul et Marc sont **grands** et **beaux.**   Nicole et Marie sont **grandes** et **belles.**

Adjectifs comme *mince*

Adjectives whose masculine singular form ends with a mute **e** (an e that is not pronounced) are spelled identically in the masculine and feminine forms. They add **-s** to form the plural. These changes affect spelling only; all four forms are pronounced identically.

	Masculine	Feminine
Singular	Il est mince.	Elle est mince.
Plural	Ils sont minces.	Elles sont minces.

Other adjectives like **mince** are **bête, bizarre, égoïste, malade, raisonnable, sociable, sympathique,** and **timide.**

Adjectifs comme *fatigué*

Adjectives that end in **-é** form their feminine by adding a silent **e.** Their plurals end in a silent **s.** Changes involve spelling only; all four forms are pronounced identically.

	Masculine	Feminine
Singular	Il est fatigué.	Elle est fatiguée.
Plural	Ils sont fatigués.	Elles sont fatiguées.

Other adjectives like **fatigué** are **âgé, déprimé, équilibré,** and **occupé.**

Adjectifs comme *grand* et *français*

The majority of adjectives that end in a silent consonant (rather than a mute **e** or an **é**) form their feminine by adding **-e.** The addition of this **e** causes the preceding consonant to be pronounced.

	Masculine	Feminine
Singular	Il est grand.	Elle est grande.
	(*d* not pronounced)	(*d* pronounced)
	Il est français.	Elle est française.
	(*s* not pronounced)	(*s* pronounced)

Les consonnes finales

Generally, final consonants are silent in French. A consonant followed by an **e** is pronounced.

gran**d**
d not pronounced

grand**e**
d pronounced

Four consonants, **c, r, f,** and **l** (think of the word *CaReFuL*), are frequently pronounced even when they are at the end of a word. In the words listed below, the letters in boldface are pronounced.

par**c**   devoi**r**   sporti**f**   norma**l**

Frequently, the final consonant of French words adopted from other languages is also pronounced. The letters in boldface in the following words are pronounced.

tenni**s**   ga**z**   campu**s**   shor**t**

Finally, note that the **r** of words ending in **-er** is usually not pronounced.

aime**r**   janvie**r**

Activité

Chassez l'intrus. Read each list aloud to find the words whose final consonant is pronounced.

1. étudiant / fleur / heureux / blond
2. intelligent / français / animal / laid
3. cahier / devoir / février / détester
4. travailleur / janvier / gros / chat

Plurals are formed by adding **-s** to the singular form (unless that form already ends in **-s** or **-x,** in which case nothing is added). The plural **s** is never pronounced.

	Masculine	**Feminine**
Plural	Ils sont grand**s**.	Elles sont grande**s**.
	Ils sont français.	Elles sont françaises.

Other similar adjectives include **américain, amusant, blond, brun, content, intelligent, laid, méchant,** and **petit.**

D'autres adjectifs

Some adjectives have feminine and/or plural forms that do not fall into the three categories just discussed. The forms of adjectives that do not follow one of these three patterns are always given in the vocabulary list. You should learn them as you encounter them.

Here are the forms of the irregular adjectives presented in this lesson.

Masc. sing.	Fem. sing.	Masc. pl.	Fem. pl.
-eux	**-euse**	**-eux**	**-euses**
généreux	généreuse	généreux	généreuses
paresseux	paresseuse	paresseux	paresseuses
sérieux	sérieuse	sérieux	sérieuses
-s	**-sse**	**-s**	**-sses**
gros	grosse	gros	grosses
-f	**-ve**	**-fs**	**-ves**
naïf	naïve	naïfs	naïves
sportif	sportive	sportifs	sportives
-ien	**-ienne**	**-iens**	**-iennes**
canadien	canadienne	canadiens	canadiennes
-eur	**-euse**	**-eurs**	**-euses**
travailleur	travailleuse	travailleurs	travailleuses
-al	**-ale**	**-aux**	**-ales**
normal	normale	normaux	normales
beau	belle	beaux	belles

The forms of the adjective **beau** (**belle**) are irregular.

Mise en pratique

1. **Vous parlez de quoi?** Use the pronouns and adjective endings to decide what each person is talking about.

   1. Il est beau! (le chat ou l'affiche?)
   2. Elles sont laides! (les livres ou les fleurs?)
   3. Il est grand! (l'étudiant ou l'université?)
   4. Elle est belle! (l'affiche ou le livre?)
   5. Elles sont bizarres! (les fleurs ou les chats?)
   6. Il est âgé! (Monsieur Dumont ou Madame Vital?)

Objective, Act. 1: recognizing noun/pronoun/adjective agreement

2. Des jumeaux et des jumelles. Here are some sets of twins. You already know what one twin is like. What is the other twin probably like?

Modèle: Sophie est intelligente. Et Marc?
Il est intelligent.

1. Jacques est timide. Et Jacqueline?
2. Béatrice est sociable. Et Bernard?
3. Monique est sportive. Et Marie?
4. Paul est laid. Et Pierre?
5. André est généreux. Et Anne?
6. Claudine est grosse. Et Charles?

3. Comment sont... ? Refer to Activity 2 to tell what each pair of twins is like.

Modèle: Sophie et Marc?
Ils sont intelligents.

1. Jacques et Jacqueline?
2. Béatrice et Bernard?
3. Monique et Marie?
4. Paul et Pierre?
5. André et Anne?
6. Claudine et Charles?

 4. Et les sœurs? Look at the pictures on page 30. Each of these people has a sister. What are the names of these sisters? With a partner, decide what each sister is like. Use your imagination!

Modèle: *Jean-Paul? Il est petit et blond. Il est méchant et égoïste.*
Et sa (his) sœur? C'est Marie-Jeanne. Elle n'est pas petite.
Elle est grande et blonde. Elle est sympathique et sociable.

 5. Comment est... ? With a partner or in groups, find out as much as possible about each other, using the vocabulary you already know. Find out where your classmates are from, what they like and do not like, and what they are like. Be ready to tell the class one or two interesting thing(s) about the people to whom you have been talking.

Le français parlé

CD1-4

Objectives: *talking about yourself; other instances of sound omission in informal and rapid speech*

Scène de vie

—Voilà... tu es grand et brun...
—Oui, oui, et mince aussi.
—Ah oui, mince!
—Et je suis intelligent, sérieux...
—Mais sociable?
—Oui, très sociable, pas timide, non.
—Tu aimes la musique?
—Oui, le rock, mais pas la musique classique.
—Oui... Et le sport, tu aimes?
—Plus ou moins...
—Et les fêtes?
—Ah oui, j'adore! Et les vacances aussi!
—C'est tout?
—Oui, c'est tout.

Pour écouter. As you saw in *Leçon 1,* when people speak in informal settings, they often omit words or sounds. Listening to your audio CD or your instructor, can you underline in the conversation above when spoken French is different from its written form?

Parlons! À la recherche de l'âme sœur

You would like to meet your soul mate and, as fate would have it, one of your friends has a knack for writing personal ads.

a. Using the French you have learned in this lesson, take a few moments to write a description of yourself as well as of your likes and dislikes (keep in mind that absolute truth may not be to your advantage in this situation).

b. Working in pairs and using the conversation above as a model, play both roles. Be ready to tell the class two or three things you have learned about your partner.

Je-tu-il-elle-nous-vous-ils-elles—les pronoms sujets

Objective: developing the ability to think about language analytically by giving students the opportunity to investigate the distribution of subject pronouns across varieties of discourse in French

1. **Réfléchissons.** What subject pronouns do you already know in French? How do you think they might be distributed? Which ones might be the most or the least frequently used?

2. **Analysons.** Here is a table showing the percent frequency of subject pronouns in the three corpora described in *Leçon 1*. Are subject pronouns equally distributed in each? Are there certain subject pronouns that are more or less frequent? Can you speculate about possible reasons for this?

Subject pronoun	% *Le Monde* (newspaper)	% French documentary / morning television	% Service situations
je (j')	0.13	1.65	5.30
tu	0.0	0.31	0.0
il	0.46	1.01	1.21
elle	0.12	0.26	0.05
nous	0.14	0.47	0.17
vous	0.04	0.75	3.19
ils	0.08	0.26	0.02
elles	0.03	0.06	0.05

3. **Des conclusions?** From the data above, it would appear that the pronoun **tu** is not very widely used. Is this a legitimate conclusion? It would also appear that **il** is much more frequent than **elle.** Would this indicate that the French refer to males much more often than females?

Découvertes *culturelles*

Toujours plus grands

La taille des Français

Objectives: *learning about the metric system, preparing to discuss sizes; using numbers, computing in French, identifying and understanding data on a chart; making connections to other knowledge, thinking about and analyzing facts*

1. Le système métrique

How tall are you? The French have been using the metric system since the French Revolution. Compute your height so that it could be understood by someone raised in France. [1 meter = 39.37 inches]

2. Toujours plus grands

Toujours plus grands				
Évolution de la taille moyenne par sexe en fonction de l'âge (en cm) :				
	Hommes		Femmes	
	1970	2000	1970	2000
20-29 ans	172	177	162	165
30-39 ans	171	176	161	164
40-49 ans	170	175	161	162
50-59 ans	169	173	160	161
60-69 ans	168	171	160	160
70 ans et +	168	170	160	159
Ensemble	**170**	**175**	**160**	**162**

Look at the chart and compare the size of French men and women according to age over the past thirty years. Compute the following in French:

En 2000:

Les hommes de plus de 70 ans ont _____ cm de plus.
Les hommes de 50 à 60 ans ont _____ cm de plus.
Les hommes de 30 à 40 ans ont _____ cm de plus.
Les hommes de 20 à 30 ans ont _____ cm de plus.
Les femmes de plus de 70 ans ont _____ cm de moins.
Les femmes de 50 à 60 ans ont _____ cm de plus.
Les femmes de 20 à 30 ans ont _____cm de plus.

3. Pourquoi? Can you imagine why men and women are taller in 2000 than in 1970? What are some possible reasons for this?

Objectives: *scanning to gain information, identifying a context, making decisions, understanding and reviewing French ways of expressing dates, using French expressions of congratulations, recycling adjectives, describing moods and aspects, writing in French, using language to interact and gain information, using imagination, recycling language*

Le Capitaine Bruno Beth et Madame née Hélène Claret ont la joie de vous annoncer la naissance et le Baptême de

Matthieu

23 Mai - 2 Juin 2005

8, Allée des Rosiers
04400 Barcelonnette
04.92.81.31.31.

❶

Monsieur Christian Debay et Madame née Françoise Beth, laissent à Benoist, Marie et Arnauld la joie de vous annoncer la naissance et le baptême de leur petite sœur

Alix

les 8 et 13 Février 2005

14, rue des Condamines
78000 Versailles

❷

Le Lieutenant et Madame Frédéric Beth laissent à Bénédicte la joie d'annoncer la naissance et le baptême de

Guillaume

14 - 29 Avril 2005

7, avenue Maréchal Fayolle
56380 Coëtquidan

❸

1. Informations. Select the kind of information given on these announcements.

baptême	prénoms (*first names*)	religion
saison	professions	événement
famille	adresse	nationalité
chiffres	noms (*last names*)	date

2. Quelques détails

Complete the chart to map out the information contained in these three announcements. What do these announcements have in common?

	QUI?	QUOI? (What?)	QUAND? (When?)	OÙ?
Faire-part 1				
Faire-part 2				
Faire-part 3				

3. Devinez l'événement. Guess the event announced for each date.

le 14/4   le 23/5   le 2/6

4. Réponse. Imagine that you have just received one of these announcements. Select which one and prepare a reply to the parents using some of the following expressions: **Bravo pour... Félicitations pour... X est probablement... Et Y et Z sont très...**

5. Une bonne nouvelle. Create what could have been a French birth announcement for one of your classmates. Prepare at least 6 questions to obtain information on your friend's date of birth, address, telephone number, and the names of his/her brothers, sisters and/or parents. Let your artistic talent guide you to make a smashing announcement.

Vocabulaire de base

CD1-5

Noms

le cours *course, class*
le devoir (les devoirs) *assignment (homework)*
l'examen *(m.) test, exam*
la fête *holiday, party*
le jazz *jazz*
la musique *music*
le rock *rock (music)*
l'université *(f.) university, college*
les vacances *(f.pl.) vacation*

Adjectifs

américain(e) *American*
beau, belle, beaux, belles *beautiful, good-looking, handsome*
bête *dumb, stupid*
bizarre *weird, strange, odd*
blond(e) *blond*
brun(e) *dark-haired*
canadien, canadienne *Canadian*
fatigué(e) *tired*
français(e) *French*
généreux, généreuse *generous*
grand(e) *tall*
gros, grosse *big, fat*
heureux, heureuse *happy*
intelligent(e) *smart, intelligent*
laid(e) *ugly*
malade *sick*
malheureux, malheureuse *unhappy*
mince *slim, thin*
naïf, naïve *naive*
occupé(e) *busy*
paresseux, paresseuse *lazy*
pénible *obnoxious*
petit(e) *short (stature), small*
raisonnable *reasonable, sensible*
sociable *sociable, gregarious*
sportif, sportive *athletic*
sympathique *nice, congenial, likable*
timide *shy*
travailleur, travailleuse *hardworking*

Verbe

être *to be*

Divers

• aussi... que *as . . . as*
il/elle adore *he/she loves*
il/elle aime *he/she likes, he/she loves*
il/elle déteste *he/she hates*
• donc *thus, so, therefore*
maintenant *now*
• moins (moins... que) *less (less . . . than)*
• ou *or*
où *where*
• parce que *because*
• plus (plus... que) *more (more . . . than)*
• très *very*

Note de prononciation

Les signes diacritiques (ˆ) et (¨). The **accent circonflexe** (ˆ) indicates a letter was dropped from an earlier (historically) form of the word. Often the letter (usually an **s**) that disappeared in French still remains in the related English word. This accent does not change the pronounciation of the vowel over which it appears. Do you recognize these words?

forêt   hôpital   arrêt   bête   château   maître

The **tréma** (¨) indicates that both vowels are pronounced separately.

égoïste (é-go-ïste)   **naïf** (na-ïf)   **Noël** (No-ël)

Vocabulaire supplémentaire

Nom
la musique classique *classical music*

Adjectifs
âgé(e) *old, elderly*
amusant(e) *fun, funny*
déprimé(e) *depressed*
égoïste *selfish*
équilibré(e) *well-adjusted*
jeune *young*
méchant(e) *mean*
normal(e) *normal*
sérieux, sérieuse *serious, hardworking*

Divers
c'est tout *that's all*
• Comment est Jean? *What is Jean like?*
plus ou moins *more or less*

Pourquoi? *Why?*
qui *who*
trop *too (too much)*
voilà *there is/are (here is/are), there!*

Le français tel qu'on le parle
chuis = je suis
t'aimes = tu aimes
ouais = oui

Le français familier[1]
branché(e) *"with it," hip*
crevé(e) = très fatigué(e)
la fac = l'université
marrant(e) = amusant(e)
sympa *(invariable)* = sympathique
trop = très

On entend parfois...
une ambiance (République Démocratique du Congo) = une fête
assez, ben (Canada) = très
bolé(e) (Canada) = intelligent(e)
cagou (Antilles) = malade
fatigué(e) (Maghreb) = malade
minçolet(te) (Suisse) = très mince
les tâches *(f.pl.)* (Suisse) = les devoirs
l'univ (pronounced l'unif)
    (Belgique) = l'université

---

[1] Le français familier (L'argot). Many of the words in this section are slang words (argot). In French, as in English, slang defines speakers in relationship to their age group, social class, and other affiliations. It is unstable and it changes from generation to generation and from group to group.

Words that are common slang expressions in today's French are included in the lists that appear in the *Le français familier* section. Such words include, for example, **bouquin, branché, crevé,** and **marrant.** As is the case with informal French, you will want to be able to recognize these words, but you should be careful about using them with French speakers since such use may seem insensitive or inappropriate.

Un meuble important!

Le lit est de plus en plus important pour le confort et pour la taille. Depuis dix ans, les lits doubles de 160 cm sont de plus en plus nombreux et on compte 5 millions de matelas achetés en un an...

1. **Les illustrations.** What objects do you recognize in the illustrations? What adjectives could be used to describe each room?

2. **Le sujet.** Look at the illustrations and the classified ads. What is the general topic?

3. **Les coupures.** In the newspaper clippings, which words do you recognize, either because you know them or because they are cognates?

4. **Quelle chambre aimez-vous?** Which room do you like best? Why?

PETITES ANNONCES CLASSÉES
CHAMBRES / APPARTEMENTS
001. Loue chambre meublée, tout confort, pour étudiant de préférence. Tél. 01.35.26.12.10.

002. Chambre meublée 2 personnes tt confort, près université, étudiant(e)s 01-10/01-07. Tél. 01.35.18.16.04

Leçon

3

Comment est votre chambre?

Individualisme et personnalisation dans le choix des meubles. La décoration suit moins la mode et on mêle les styles dans la même pièce...

En bref

- Décrire sa chambre
- Parler de ses affaires
- Les couleurs
- Les articles indéfinis: *un, une, des*
- Les articles après *ne... pas*
- La possession: le verbe *avoir*
- Trouver une chambre d'étudiant
- Lecture: Chambres littéraires

51

Vocabulaire

A. Voilà (1) la chambre de Monsieur et Madame Mercier.

une fenêtre
des rideaux
une commode
un fauteuil
un tapis
une table de nuit
un tiroir
un tableau
un mur
un réveil
un lit
une porte

— Denise!
— Oui? Qu'est-ce qu'il y a?

Dans la chambre de Monsieur et Madame Mercier, il y a (1) une porte (2) et une fenêtre avec des rideaux (3). Il y a aussi des meubles: un lit, deux tables de nuit, un fauteuil et une commode avec des tiroirs. Sur le mur, il y a un tableau et sur la table de nuit, il y a un réveil. Par terre, il y a un tapis. Et les couleurs? Les murs sont blancs, les rideaux et le fauteuil sont verts, le chat est noir et blanc, le tapis est bleu et vert, et les fleurs sont rouges.

- La chambre est grande ou petite? Elle est claire ou sombre? Elle est belle ou laide? Vous aimez les couleurs de la chambre?
- Quels *(What)* meubles sont grands? petits? pratiques? beaux?
- Vous aimez les tapis rouges? les murs verts? les rideaux noirs? les chats blancs? les fauteuils bleus?

Les mots et la culture

1 Voilà / Il y a. Voilà is used to point out something or someone. It can mean either *there is/there are* or *here is/here are*. **Il y a** is used to state that someone or something exists, to enumerate, and to describe. It does not point out. **Il y a** can mean either *there is* or *there are*.

Voilà la chambre d'Anne. *There's Anne's room.*
Il y a deux chaises, un lit... *There are two chairs, a bed . . .*

2 Porte ouverte ou porte fermée? In many cultures the open door is a sign of friendliness. In France, there is a feeling that private areas of a home should remain private. For most French people, a closed door is a quite natural way of delineating private space. In a French home, it means that entering the room must be negotiated. A knock on the door and an invitation to come in are necessary and expected.

3 Le pluriel des noms irréguliers. A small number of nouns do not form their plural by adding **-s.** These plurals are always given in vocabulary lists. Here are the nouns you already know that have irregular plural forms:
un bureau / des bureau**x**, un rideau / des rideau**x**, un tableau / des tableau**x**.

B. Voilà la chambre de Jessica et de Susan.

un placard   une étagère   un réfrigérateur

une télévision

un dictionnaire

une chaîne hi-fi

une cassette

un téléphone

une corbeille à papier

une chaise   un bureau

—Ça va?
—Non! J'comprends pas!

Jessica est la camarade de chambre de Susan. Dans la chambre de Jessica et de Susan, il y a un placard, deux chaises, deux bureaux et deux étagères. Sur les bureaux, il y a un téléphone, une télévision, un dictionnaire et une cassette. Sur les murs, il y a des affiches et par terre, sous la chaise, il y a deux livres. Dans la chambre, il y a aussi une chaîne hi-fi, un réfrigérateur et une corbeille à papier, mais il n'y a pas de fauteuil. Et les couleurs? Le téléphone est orange, les bureaux sont marron (4), les rideaux sont jaunes, les chaises sont orange (4) et la corbeille à papier est blanche.

- La chambre de Jessica et de Susan est agréable? Elle est en ordre ou en désordre? Elle est grande ou petite pour deux personnes? Vous aimez les couleurs de la chambre?

- Quels *(What)* objets sont grands? petits? pratiques?

- Quels objets et meubles de la chambre sont blancs? orange? jaunes? marron? rouges? verts? bleus?

- Jessica et Susan sont françaises ou américaines?

C. Voilà la chambre de Jean-Pierre (5).

Dans la chambre de Jean-Pierre à la page 54, il y a un lavabo et un miroir. Il y a aussi une photo, une guitare, une radio et un téléphone portable. Sur le bureau, il y a une lampe et un ordinateur portable. Et il y a une armoire dans la chambre? Peut-être, c'est possible. Mais il n'y a pas de réfrigérateur et il n'y a pas de télévision!

Les mots et la culture

4 **Orange / marron.** The adjectives **orange** and **marron** are invariable. They have only one form, even in the plural.

Les cahiers de Jean-Pierre sont **orange**.
Jean-Pierre's notebooks are orange.

La porte est **marron**.
The door is brown.

5 **La vie d'étudiant.** What do you think of when you think about university life? Traditionally, French universities have been urban institutions that were centers of higher learning rather than centers of student life. Although newer universities were built in the suburbs outside Paris in the 1950s, most are not organized in campuses where students move in for a period of time to live, study, and have fun before entering the professional world.

- Toi, toi, toi, tu es trop belle pour moi...

une lampe
un miroir
une photo
un lavabo
une radio
un ordinateur portable
une guitare
un téléphone portable
une table

■ La chambre de Jean-Pierre est en ordre ou en désordre? Elle est grande ou petite? Elle est agréable? confortable? belle? pratique?

■ De quelle couleur sont les rideaux? et la guitare? et le lavabo? et la lampe? et la chaise?

■ Quels *(What)* objets importants pour vous ne sont pas dans la chambre?

■ Vous aimez la chambre? les couleurs de la chambre?

■ Jean-Pierre est français ou américain? étudiant ou professeur? travailleur ou paresseux?

■ Qu'est-ce qu'il aime? Qu'est-ce qu'il n'aime pas?

■ Comparez les trois chambres: J'aime la chambre de... parce qu'il y a..., mais je n'aime pas la chambre de... La chambre de... est plus/aussi/moins... que la chambre de...

D. Voilà le bureau de Mme Bernstein.

un télécopieur
un ordinateur
une imprimante
un crayon
une clé
un sac
une calculatrice

■ Qu'est-ce qu'il y a dans le bureau de Madame Bernstein? Le bureau est clair ou sombre? normal ou bizarre? Il est agréable? pratique? confortable?

■ De quelle couleur sont les fleurs? et l'ordinateur? et le sac? et le téléphone? et la chaise?

■ Quels objets et meubles sont jaunes? marron? rouges? bleus?

E. Objets pour aujourd'hui

DISQUES COMPACTS (CD)

RADIO STÉRÉO avec lecteur de CD et lecteur de cassettes

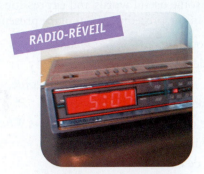

RADIO-RÉVEIL

TÉLÉPHONE RÉPONDEUR

LECTEUR DE DVD

BALADEUR

DISQUETTES : 50 disquettes 2 MB

JEU ÉLECTRONIQUE

PHOTOCOPIEUSE

- Quels objets sont pour les étudiants? pour les professeurs?
- Quels objets sont dans votre *(your)* chambre? ne sont pas dans votre chambre?

F. Autres mots et usages

1. Here are some useful words and expressions not included in the preceding vocabulary presentation.

un(e) colocataire	*co-tenant*
impossible	*impossible*
on	*one, they, people, we*
une personne	*person*
Qu'est-ce que c'est?	*What's this? / What's that?*
une machine à écrire	*typewriter*
une salle de classe	*classroom*

2. **On. On** is a third-person singular subject pronoun (like **il** and **elle**) that corresponds very roughly to the English *one*. **On** is commonly used in spoken French instead of **nous** or in cases where it is easily understood to whom the **on** refers.

On parle français en Martinique.	*One speaks French in Martinique. They speak French in Martinique. French is spoken in Martinique.*
On a un examen aujourd'hui?	*Do we have a test today?*

Mise en pratique

Objectives, Act. 1–3: practicing new vocabulary, solving problems orally

1. **Les meubles, les objets et vous.** Classify the furniture and objects that you have learned about in this lesson, using the following categories:

   - Ils sont pratiques:
   - Ils sont confortables:
   - Ils sont très importants pour moi:
   - Ils ne sont pas très importants pour moi:

2. **Une chambre d'étudiant.** Make two lists:

   1. the things in a typical dorm room before (**avant**) a student moves in
   2. the things that are added after (**après**) a student moves in

3. **Lieux et objets.** Qu'est-ce qu'il y a dans...

   1. une chambre d'hôtel?
   2. une salle de classe?
   3. le bureau d'un professeur?
   4. un sac à dos *(backpack)*?

Objectives, Act. 4–5: reviewing colors, thinking creatively

4. **Couleurs et associations**

   a. **Les couleurs et les voyelles: vision du poète**

      «*A noir E blanc I rouge U vert O bleu: voyelles
      Je dirai quelque jour vos naissances latentes...* » —*Arthur Rimbaud* [1]

      Et pour vous? Quelles couleurs pour les voyelles? Comparez avec les étudiants de la classe.

---

[1]**Arthur Rimbaud** was a famous 19th century poet who, by the age of 19, had produced his entire body of work.

b. Les couleurs et les moments de l'année. Pour vous, de quelle(s) couleur(s) sont les lundis? les samedis? le printemps? l'été? l'automne? l'hiver? les vacances? les examens?

c. Les couleurs et les émotions. What emotions or feelings do you associate with each color?

bleu / rouge / vert / noir / blanc / jaune

Modèle: *bleu = déprimé*

5. Les couleurs et vous

a. Préférences. What is your favorite color? Compare with your classmates. What is the favorite color in the class?

 b. Comment êtes-vous? Get in groups according to your favorite color. What are the people in your group like?

Modèle: *On aime le vert. On est sportif, on n'est pas malheureux...*

 ### 6. Décrivez

a. Une chambre. Avec un(e) partenaire, répondez aux questions suivantes: Qu'est-ce qu'il y a dans la chambre? La chambre est comment? C'est la chambre d'un étudiant? d'une étudiante? d'un professeur? Comment est-il/elle?

b. Les couleurs de la chambre. De quelle couleur sont les objets de la chambre?

c. Et votre chambre? Does your partner's bedroom look like the one in the picture? Ask each other questions to find out.

*Objectives, Act. 6–7: describing, reviewing **il y a**, interacting and presenting orally, finding information, making comparisons*

 ### 7. La chambre idéale.
What would the ideal bedroom (dorm room) be like? Make a drawing and label as many items as you can. Don't forget to indicate colors.

Structure 1

Les articles indéfinis

In English, the indefinite articles *a (an)* and *some (any)* are used to refer to persons or objects whose identity is not specified. In French, the indefinite articles **un, une,** and **des** are used the same way. Note the pronunciation of **des** before a vowel sound.

un + masculine singular noun	un livre; un hôtel
une + feminine singular noun	une chaise; une affiche
des + plural nouns	des livres; des chaises
	des_hôtels; des_affiches
	/z/ /z/

Dans **une** chambre, il y a **un** lit,   *In a room, there are a bed, a lamp,*
     une lampe et **des** livres.   *and some books.*

In French, unlike English, the article must be used.

Il y a **des** chiens et **des** chats.   *There are (some) dogs and (some) cats.*

Remember that when you are talking about things that you like or do not like (using verbs like **aimer, adorer,** and **détester**) or about things in general, you must use the definite article (**le, la, l', les**) in French, even though no article is used in English.

J'aime **les** chats mais je déteste **les** chiens.   *I like cats, but I hate dogs.*

Mise en pratique

Objective, Act. 1: focusing on form within a context

1. **Chassez l'intrus.** In each list, one word does not belong because of its number (singular or plural) or its gender (masculine or feminine). Read each list aloud, adding the appropriate article (**un, une,** or **des**) in order to find the intruder.

   Modèle: chaise / photo / étudiante / livres
              une chaise / une photo / une étudiante / ~~des livres~~

   1. rideau / crayon / porte / livre   3. lit / radios / chat / cahier
   2. sac / table / étudiante / porte   4. bureaux / étagères / tiroir / affiches

Objectives, Act. 2: practicing indefinite articles in context, recycling vocabulary

2. **Inventaire.** Work with a partner to inventory the contents of your classroom.

   Modèles: professeur? *—Il y a un professeur? / —Oui, il y a un professeur.*
              table?   *—Il y a une table? / Non, il y a des tables.*

   1. chaise?   4. bureau?   7. stylo?
   2. étudiante?   5. porte?   8. étudiant?
   3. fenêtre?   6. livre?   9. mur?

Objective, Act. 3: using indefinite and definite articles in a discourse-level context

3. **La chambre de Candide.** Use indefinite articles (**un, une, des**) and definite articles (**le, la, l', les**) to find out what Candide's room is like.

   Il y a _____ fleurs dans ma *(my)* chambre. Pourquoi? J'aime _____ fleurs, voilà pourquoi! Il y a aussi _____ radio pour _____ musique. Et il y a _____ affiches de Louis Armstrong sur _____ mur (j'adore _____ jazz).

   Sur _____ bureau, il y a _____ stylos, _____ crayons et _____ dictionnaire. Il y a aussi _____ livres. _____ livres sont par terre! Et _____ chambre? Comment est-elle? Elle est en désordre!

Structure 2

Les articles après *ne... pas*

Un, **une**, and **des** become **de** (**d'**) after a negative expression like **ne... pas**.

> Il y a **un** chat? Non, il n'y a pas **de** chat.
> Il y a **des** crayons? Non, il n'y a pas **de** crayons.

The definite articles (**le, la, l', les**) always stay the same.

> J'aime **les** chiens. Je n'aime pas **les** chats.

Mise en pratique

1. **Vrai ou faux?** C'est (probablement) vrai ou faux?

   1. Dans la salle de classe, il y a des bureaux mais il n'y a pas de lits.
   2. À l'université, il y a des étudiants mais il n'y a pas de professeurs.
   3. Sur le bureau de M. Charaudeau, il y a des crayons mais il n'y a pas de chien.
   4. Sur le bureau de Mme Besco, il y a un ordinateur mais il n'y a pas de télévision.
   5. À l'université, il n'y a pas de professeurs sympathiques.

Objective, Act. 1: focusing attention on the contrastive use of **il n'y a pas de** within a context

2. **Alceste n'est pas content.** Alceste is surveying the state of his room and he is not happy. Play the role of Alceste.

   Modèle: Il y a une machine à écrire *(typewriter)*, mais...
   il n'y a pas d'ordinateur!

Objectives, Act. 2–3: practicing **il n'y a pas de...** recycling vocabulary

   1. Il y a une chaise, mais...
   2. Il y a des disques, mais...
   3. Il y a des livres, mais...
   4. Il y a une radio, mais...
   5. Il y a une table, mais...
   6. Il y a une commode, mais...

3. **Une chambre bizarre.** What is and is not in this dorm room?

4. Chambres d'étudiants. Tell what is and what is not in each room. Then give your overall impression of the rooms and of their occupants.

Il y a un/une/des...
Il n'y a pas de...
La chambre est...
L'étudiant(e) est...

Matthieu, étudiant en biologie, Toulouse

Géraldine, étudiante en anglais, Louvain-la-Neuve (Belgique)

La possession: le verbe *avoir (to have)*

LA FORME AFFIRMATIVE		LA FORME NÉGATIVE	
j'**ai**	nous **avons**	je n'ai **pas**	nous n'avons **pas**
tu **as**	vous **avez**	tu n'as **pas**	vous n'avez **pas**
il elle on } **a**	ils elles } **ont**	il elle on } n'a **pas**	ils elles } n'ont **pas**

Note de prononciation

Note the pronunciation of the plural forms of the liaison in the verb **avoir.**

nous‿avons ils‿ont
/z/ /z/

vous‿avez elles‿ont
/z/ /z/

Remember that the articles **un, une,** and **des** become **de (d')** after a negative.

J'ai un baladeur mais *I have a walkman, but*
je n'ai pas **de** radio. *I don't have a radio.*

There are also three imperative, or command, forms for the verb **avoir.** These forms are not in common usage except in certain expressions (for example, **avoir peur** *[to be afraid]*, **avoir de la patience** *[to be patient]*, **avoir du courage** *[to be brave]*) that you will learn later.

Aie plus de patience! *Have more patience! (said to a person you would address using **tu**)*

N'ayez pas peur! *Don't be afraid! (said to a person you would address using **vous** or to more than one person)*

Ayons du courage! *Let's be brave!*

Mise en pratique

Objective, Act. 1: focused production of the forms of avoir

1. **Les possessions.** Use the verb **avoir** and items from the two columns to tell what everybody owns or does not own.

le professeur de français	une chaîne hi-fi
les étudiants	un radio-réveil
je	un(e) camarade de chambre
elles	des affiches
ils	un dictionnaire de français
Alceste	un baladeur
tu	une télévision
vous	un chien
nous	des CD de rock
	des cassettes de Sinatra

Objectives, Act. 2–5: practicing the forms of avoir in context, recycling familiar and new vocabulary, thinking creatively

2. **Qu'est-ce qu'ils ont?** What might each person logically own? not logically own?

   Modèle: Sophie aime les cours.
   Elle a des livres de français. Elle n'a pas de livres amusants.

   1. Martine et Michel aiment les livres classiques.
   2. Paul aime la musique classique.
   3. Julien aime le jazz.
   4. Marie-Laure aime les animaux *(animals).*

 3. **Qui a... ?**

   a. List the names of four or five students in your class and make a guess as to what they have.

   Modèle: *Elle a des étagères, une affiche de Céline Dion, un téléphone portable, etc.*

   b. Ask the students you selected to find out if your list is correct.

   Modèle: STUDENT A: *Est-ce que tu as des étagères? Est-ce que tu as... ?*
   STUDENT B: *Oui, j'ai des étagères, non je n'ai pas de téléphone portable.*

4. **Nous avons tous...** In groups of three or four, find out what objects all of you own (for example, each person in the group has some CDs). Report to the class.

   Modèle: *J'ai un ordinateur portable, Lisa a une guitare et nous avons tous des téléphones portables.*

5. **Et le professeur?** Find out what your instructor's office is like. Ask as many questions as possible.

   Modèle: VOUS: *Vous avez une table?*
   LE PROFESSEUR: *Oui, j'ai une table.*

CD1-6

Scène de vie

—Ça va, toi?

—Je ne sais pas... Non, pas trop, je n'aime pas ma chambre!

—Ah non?

—Elle est trop sombre. Et les murs sont verts. Je n'aime pas le vert!

—Moi, les murs sont blancs et il y a deux fenêtres.

—Deux fenêtres? Moi, il y a une fenêtre et elle est petite! Et il n'y a pas de rideaux!

—Pas de rideaux? Je ne comprends pas!

—Moi non plus! Et pas d'étagère, pas de fauteuil, pas de table...

—Mais tu as un lit, un bureau, une chaise?

—Oui, mais pas très confortables! Je ne suis pas heureuse!

Pour écouter. When people speak in informal settings, not only do they omit sounds, they can also omit whole words. For example, the **ne** is often dropped in a negative sentence. This is why, to know if a speaker is speaking in the negative, it is useful to listen for the negative word that follows the verb, such as **pas,** which is never omitted. Another word that is often dropped is the **il** in the expression **il y a.** Listen to your audio CD or your instructor and note how negation and the expression **il y a** sound in spoken French. Can you also find other instances where what you hear is different from what you read?

Parlons! Ma chambre

a. Do you like your room? Take a few moments to make a list of what you like and dislike in your room.

b. What about your classmates? Working in pairs, find out everything you can about your partner's room. Be ready to tell the class two or three things you have learned about your partner's room.

Découvertes linguistiques

«Il n'y a pas les bons d'un côté, les méchants de l'autre»

(Bibliothèque électronique, Liaison Rwanda, N° 22–mars 1999)

1. **En anglais?** What would you say if someone asked you to explain when to use the words *some* and *any* in English? Do you know a rule? Can you figure one out?

2. **En français**

a. Can you explain the "rule" you have learned about the use of the indefinite article (**un, une, des**) in negative sentences in French? Can you give examples?

b. Here are some samples of French taken from various websites. Does the "rule" you explained in **Part a** seem to apply here? Can you think of any way to account for the various uses of French given here?

«CE NE SONT PAS DES OFFRES, CE SONT DES DEMANDES»	(Titre du *Refus global*, article de Sophie Doucet, *La Presse*, 16 août 2002)
Libre opinion: Il n'y a pas un bon clonage et un mauvais clonage.	(Abby Lippman, *Le Devoir*, 25 février 2003)
IL N'Y A PAS D'HOMMES AU PARADIS de Mireille Best	(Roman français, publié chez Gallimard, 1995)
SURPOPULATION *Il n'y a pas une minute à perdre!*	(Dossier pollution, Marcel Chaput et Tony Le Sauteur, Éditions du jour)
CE N'EST PAS UNE VIE	(Chanson de Charles Aznavour)
Je n'ai pas de vacances cette année!	(Comment ne pas déprimer au boulot? Quelques conseils de Pascale Lemaire, psychologue.)
On n'est pas des anges.	(Marque de tee-shirts, pulls, etc.)
Il n'y a pas d'amour heureux.	(Chanson de Louis Aragon)
Ceci n'est pas une pipe.	(Tableau de Magritte)
Un hacker n'est pas un pirate.	(Site Web)

3. **Qu'est-ce qu'une «règle»?** Are there rules for language use the way there are rules for driving a car (traffic regulations)? Why do you think the "rules" you find in grammar books always seem to have exceptions? As a learner, what kinds of "rules" are most useful to you?

Découvertes *culturelles*

Chambres à louer

Objectives: *preparing to study student housing in France, scanning for main information, analyzing content of information, raising cultural issues, comparing cultures, using what we know and don't know to find cultural information, imagining oneself in another culture, using language orally to gain information, recycling lesson vocabulary and asking questions*

1. **Où est votre chambre?** Where do you live while you are in school? What are the options for students in your country? Why is housing organized in this way? Are there advantages? disadvantages?

PETITES ANNONCES CLASSÉES

001   À louer: chambre meublée, 12 m², lavabo, dans maison calme. Quartier latin. Idéal pour étudiant(e). Non fumeur. 220 € + charges. Caution 2 mois. Disponible 15/09. Tél 01.35.16.13.15

002   Étudiante cherche colocataire pour partager grande chambre sympa, 20 m², bien équipée, tout confort, kitchenette, parking facile, calme, proche Sorbonne, octobre à juillet. 240 € par personne. Tél 06.24.04.14.24

003   À louer: grande chambre meublée, 16m², salle de bains, claire, confortable. Proche Fac Médecine. 320 € + charges. Caution 2 mois. Disponible 01/10. Tél 06.10.37.05.34

004   À louer: superbe studio meublé, 25 m², tt confort, Paris centre, petite terrasse, parking. 600 € + charges. Caution 2 mois. Disponible 01/10. Tél 01.35.18.39.12

---

2. **Chambres à louer.** What are these texts about? Where are these rooms located? When are they available for rent?

3. **Où loger?** Prepare questions that these ads bring to mind as you think of student housing in France.

 4. **Comment est votre chambre, s'il vous plaît?** With a partner select one of these ads and role-play the situation.

a. Student A: Prepare questions you would ask the landlord/landlady to get more information. Is this room suitable for you? Why?

   Modèle: *Il y a des rideaux? La chambre est confortable?*

b. Student B is the landlord/landlady renting the room: Make a list of what is and what is not in the room and other characteristics such as colors, windows, etc., to be ready to answer questions from possible renters.

   Modèle: *Il y a des rideaux bleus, un lavabo...*

Chambres littéraires

1. Préparation. Design Juliet's bedroom for the stage set of *Romeo and Juliet*. Select the time period and the colors you think will be most effective.

Les bonnes

La chambre de Madame. Meubles Louis XV. Au fond, une fenêtre ouverte sur la façade de l'immeuble en face. À droite, le lit. À gauche, une porte et une commode. Des fleurs à profusion. C'est le soir. L'actrice qui joue Solange est vêtue d'une petite robe noire de domestique. Sur une chaise, une autre petite robe noire, des bas de fil noirs, une paire de souliers noirs à talons plats.

Claire, debout, en combinaison, tournant le dos à la coiffeuse[1]...

1 une coiffeuse est une commode avec un miroir

Jean Genet

Jean Genet, *Les bonnes,* © Éditions Gallimard

Le balcon

Au plafond, un lustre[1] qui demeurera le même[2], à chaque tableau.
Le décor semble représenter une sacristie, formée de trois paravents[3] de satin, rouge sang. Dans le paravent du fond une porte est ménagée. Au-dessus, un énorme crucifix espagnol, dessiné en trompe l'œil... Sur la paroi[4] de droite un miroir... Un lit défait...
Une table avec un broc[5].
Un fauteuil jaune.
Sur le fauteuil, un pantalon noir,...
L'évêque[6], assis dans le fauteuil, au milieu de la scène...

1 une lampe
2 will stay the same

3 un mur de séparation artificiel

4 le mur
5 pitcher

6 un personnage de la hiérarchie catholique

Jean Genet

Jean Genet, *Le balcon,* © Éditions Gallimard

Haute surveillance

Le décor: une cellule de forteresse

L'intérieur de la cellule en maçonnerie, dont les pierres[1] taillées sont apparentes, doit faire supposer à la prison une architecture très compliquée. Au fond, un vasistas[2] grillé dont les pointes sont dirigées vers l'extérieur. Le lit est un bloc de granit où s'entassent quelques couvertures[3]. À droite, une porte grillée.

Quelques indications:
... Donner aux décors et aux costumes[4] des couleurs violentes. Choisir des blancs et des noirs très durs...

Jean Genet

[1] un bloc de construction

[2] une petite fenêtre

[3] une couverture est sur le lit

[4] sélectionner

Jean Genet, *Haute surveillance,* © Éditions Gallimard

2. Première lecture. Identify the words you recognize in each of these passages even if you aren't sure of their meaning. What sort of room is the first one? the second? the third? Where can they be found in real life?

3. Étude. What sort of scenes do these rooms introduce? Try to visualize these rooms. What is specific to each one that makes it different from the other? What atmosphere does each one produce? What do you expect to happen on the stage in each scene?

4. Un dialogue. Imagine who is on the stage after these openings, give these characters names, and write the first line or two that will be uttered in each scene. Who will speak these lines?

Vocabulaire de base

CD1-7

Quel article? Beginning with this lesson, words are listed with either the definite article (**le, la, l', les**) or with the indefinite article (**un, une, des**). Generally speaking, it is more natural, in a list, to use the indefinite article with things you can count (**une chaise, deux chaises**, etc.) and the definite article with things you do not usually count (**le jazz, la musique**, etc.). Remember that you can use either article with any noun; it depends on what you want to say.

> Candide aime **les** animaux. Il a **un** chat et **un** chien.
> Alceste déteste **le** chat de Candide. Il n'aime pas **les** animaux.

Noms

une affiche *poster*
un bureau, des bureaux *desk(s), office(s)*
un(e) camarade de chambre *roommate*
une chaîne hi-fi *stereo*
une chaise *chair*
une chambre *bedroom*
une clé *key*
un crayon *pencil*
un disque compact (un CD) *compact disc, CD*
une étagère *bookcase, shelf*
une fenêtre *window*
une fleur *flower*
un lavabo *sink*
un lit *bed*
un ordinateur *computer*
une photo *photograph*
un placard *closet*
une porte *door*

une radio *radio*
un réveil *alarm clock*
un sac *sack, bag, purse*
une salle de classe *classroom*
une table *table*
un tapis *area rug*
un téléphone *telephone*
une télévision *television*

Adjectifs

agréable *agreeable, nice, pleasant*
grand(e) *big, tall*
petit(e) *little, small, short*

Adjectifs de couleur

blanc, blanche *white*
bleu(e) *blue*
brun(e) *brown, dark-haired*
jaune *yellow*
marron *(invariable) brown*

noir(e) *black*
orange *(invariable) orange*
rouge *red*
vert(e) *green*

Verbe

avoir *to have*

Divers

dans *in, within*
il y a / il n'y a pas de *there is (there are) / there is no (there are no)*
on *one, they, people, we*
peut-être *maybe, perhaps*
Qu'est-ce que c'est? *What is this/that?*
sous *under*
sur *on, on top of*
voilà *there is, there are, here is, here are*

Note de prononciation

Le signe diacritique (`)

The **accent grave** (`) represents the sound you hear for the second **e** in the word **étagère** and it can also be found over letters other than **e**. In these cases, it serves to distinguish the written forms of several homonyms.

> **à** *(to, at)* **a** *(has)*   **là** *(there)* **la** *(the)*   **où** *(where)* **ou** *(or)*

Vocabulaire supplémentaire

Noms

une armoire *wardrobe*
une calculatrice *calculator*
un(e) colocataire *co-tenant*
une commode *chest of drawers*
une corbeille à papier *wastepaper basket*
une couleur *color*
un dictionnaire *dictionary*
un disque *record*
un fauteuil *armchair*
une guitare *guitar*
une lampe *lamp*
un lecteur de DVD *DVD player*
une machine à écrire *typewriter*
un meuble *piece of furniture*
un miroir *mirror*
un mur *wall*
un objet *object*
une personne *person*
un réfrigérateur *refrigerator*
un rideau, des rideaux *curtain(s)*
une table de nuit *nightstand, night table*
un tableau, des tableaux *painting(s)*
un tiroir *drawer*

Adjectifs

clair(e) *bright, full of light*
confortable *comfortable*
important(e) *important*
impossible *impossible*
possible *possible*
pratique *practical*
sombre *dark*

Divers

De quelle couleur est/sont... ?
   What color is/are . . . ?
en désordre *messy*
en ordre *straight, neat*
par terre *on the floor*
Qu'est-ce qu'il y a dans... ?
   What is there in . . . ?

Objets pour aujourd'hui
Pour l'ordinateur:

un cédérom (CD-ROM) *CD-ROM*
une disquette *diskette, floppy disk*
une imprimante *printer*
un jeu électronique *electronic game, video game*
un lecteur de CD-ROM *CD-ROM player/drive*
un (ordinateur) portable *laptop*

Pour le téléphone:

un répondeur *answering machine*
un télécopieur *fax machine*
un (téléphone) portable *cellular phone*

Pour la musique:

un baladeur *walkman*
une cassette *cassette*
un lecteur de CD *CD player*
un lecteur de cassettes *tape player*
un radio-réveil *clock radio*

Pour le bureau:

une photocopieuse *copy machine*

Le français tel qu'on le parle

chais pas = je ne sais pas
chuis pas = je ne suis pas
j'comprends pas = je ne comprends pas
Qu'est-ce qu'il y a? *What's the matter?*
t'as = tu as / t'as pas = tu n'as pas
y a = il y a / y a pas = il n'y a pas

Le français familier

un amphi = une salle de conférence à l'université
un dico = un dictionnaire
un fax = un télécopieur
un frigo = un réfrigérateur
un ordi = un ordinateur
une piaule = une chambre
un poster (6) = une affiche
une télé = une télévision
un walkman = un baladeur

On entend parfois

un auditoire (Belgique) = une salle de classe
une boîte à portraits (Louisiane) = une télévision
un GSM (Belgique) = un téléphone portable
une sacoche (Canada, Belgique) = un sac

Les mots et la culture

6 **Le franglais.** Here are some English words and expressions that have come from French and some French words that have come from English. Can you add to the lists?

   French to English: restaurant, gauche, lingerie,...
   English to French: un poster, le football, le rock,...

When two languages come into contact, there is a mutual borrowing of words, though meanings and pronunciation may be altered. This is the case with English and French. Although many people in France, including those in government, may try to avoid using **franglais,** the mutual borrowing of words between French and English has been going on for centuries.

Les sports sont de plus en plus pratiqués par les Français.

Depuis 20 ans, les Français sont de plus en plus sportifs. Trente-six millions de Français entre 15 et 75 ans déclarent qu'ils pratiquent au moins un sport.

Les Français, spectateurs d'activités culturelles. Une étude du Ministère de la Culture montre que les adultes et les enfants sont de grands consommateurs de...

En France, on écoute la radio 3 heures 10 en moyenne, du lundi au vendredi. Les auditeurs de 15 ans et plus écoutent la radio au moins une fois par jour...

Films à la télévision plutôt qu'au cinéma? Les statistiques montrent que la télévision est privilégiée pour regarder les films et révèlent une diminution de la fréquentation des cinémas.

Théâtre amateur: 2% des Français ont des activités théâtrales. Une étude révèle qu'un Français sur cinquante a participé à des activités théâtrales l'année dernière.

1. **Les titres.** Look at the headlines, the chart and the photos. Use words you recognize on this page to identify the topic of this chapter.

2. **Comprendre les mots.** What might **activités culturelles** be? Which words do you associate with this expression?

3. **Réactions et comparaisons.** Which headlines surprise you? For each headline, tell whether the situation is approximately the same where you live. Using the texts and photos on this page, rank the activities according to preference/ popularity among the French. Then do the same for people where you live to reflect how they would be ranked.

Fous de foot		
Evolution du nombre de licenciés des principales disciplines (en milliers):		
	1980	**2000**
- Football	1554	2150
- Tennis	787	1048
- Judo-jujitsu, kendo	352	530
- Basket-ball	304	437
- Equitation	134	428
- Pétanque	426	416
- Golf	39	292
- Rugby	209	264
- Handball	149	240
- Natation	—	200
- Karaté et arts martiaux	—	190
- Ski	544	183
- Tennis de table	—	175

Leçon

Qu'est-ce que vous aimez?

Beaucoup de tennis, peu de golf.

En bref

- **Les loisirs des Français**
- **Une famille française: les Dubois**
- **Les prénoms et les noms de famille**
- **Décrire des personnes**
- **On aime et on n'aime pas: les goûts**
- **Parler de ses activités**
- **Les verbes en *-er***
- **Exprimer la possession: les adjectifs possessifs**
- **Poser des questions**
- **Loisirs de tous les jours**
- **Lecture: Lettre de Léopold Sédar Senghor**

Vocabulaire

A. Voilà Vincent Dubois (1), agent immobilier.

Il a beaucoup d'amis. Pourquoi? C'est une personne sociable et sympathique. Il aime beaucoup parler et danser. Il aime mieux sortir que travailler et il n'aime pas rester à la maison, surtout le samedi et le dimanche (2). Il y a une fête aujourd'hui et Vincent parle avec Jean-Pierre:

—Moi, j'adore boire et fumer, pas toi?
—Ah non, moi, je déteste l'alcool et les cigarettes!
—C'est vrai? Tu es sérieux?

Vincent aime les films amusants (3) parce qu'il adore rire. Il adore aussi manger et il aime beaucoup la cuisine française! C'est un homme très généreux et il aime donner des cadeaux. Il est le père de deux enfants: Céline et Jean-Marc.

—Moi, je déteste l'alcool.
—C'est pas vrai!

■ Qu'est-ce que Vincent aime? Qu'est-ce qu'il n'aime pas?
Il a des enfants? Il est sympathique? Pourquoi?

Les mots et la culture

1 Les noms de famille

MALAKOFF Andrée	20 rue Aristide Briand	04-66-25-18-33
MAMMOUD Ali	5 allée des Lilas	04-66-25-16-18
MANCINI Paul	12 rue Gambetta	04-66-23-52-15
MARTIN Jules	19 rue Voltaire	04-66-25-45-70
MARTINEZ Anna	31 avenue Robespierre	04-66-23-29-51
MATTHIEU Sylvie	48 boulevard Raspail	04-66-25-60-34

Where were your grandparents born? Your great-grandparents? How can you guess someone's origins? As this excerpt from a French phone book shows, names can indicate people's origins. The name Dubois is typically French, but many family names in France have diverse ethnic origins. Can you identify the possible origins of these names? What can you conclude about the population of France? Note that 04 is the area code for the southeast quadrant of France.

2 Le samedi. Use the definite article **le** in front of a day of the week to express the idea of *every Saturday*, etc.
Je suis à l'université **le lundi, le mercredi** et **le vendredi.**
I'm at the university (on) Mondays, Wednesdays, and Fridays.

3 La place des adjectifs. In general, adjectives in French follow the noun they modify.
C'est un homme **intelligent.** *He's an intelligent man.*
C'est une étudiante **sérieuse.** *She's a serious student.*

B. Voilà Thérèse Dubois (4), psychologue.

C'est une femme très intelligente et équilibrée. Elle est intellectuelle et elle adore écrire des lettres et lire des livres sérieux. Elle aime aussi le théâtre classique et le cinéma et elle adore marcher et voyager. Elle parle anglais (5) et elle étudie l'espagnol parce qu'elle pense que c'est important pour voyager. C'est une personne très occupée et heureuse, mais elle déteste le ménage. Et les cigarettes de Vincent!

—Vincent, pas de cigarettes dans la maison! Je n'aime pas ça!
—Oui, oui, je sais!

Thérèse Dubois est la mère de Céline et de Jean-Marc.

■ Comment est Thérèse Dubois? Elle est comme Vincent ou non?

Les mots et la culture

4 Le nom des femmes mariées

Nom:	**LEDOUX**
Épouse:	**DUBOIS**
Prénom:	**THÉRÈSE**
Née le:	**20/10/1968** à **Rouen**
Adresse:	**12, rue des Roses**
	55240 Cinet

Do women change their name when they marry in your country? Officially, Thérèse has two names: Ledoux, her father's name, which she received at birth and is considered her official name, and Dubois, her husband's name by which she is generally known in society and which is mentioned in papers preceded by the word **épouse** *(spouse)*. Although traditionally French women have taken their husband's name. they do so less and less. In any case, a French woman also keeps her maiden name all her life on official documents.

5 Parler français. When you want to talk about *speaking a language,* the name of the language directly follows the verb **parler.** There is no article. When you want to talk about doing something else with a language, such as studying it, use the definite article. Compare the following:

Il parle français et il étudie l**'**anglais. *He speaks French and he's studying English.*

C. Voilà Céline Dubois.

Elle adore les animaux et donc elle a un chien, Youki, et un oiseau, Nestor. C'est une fille sportive et très sociable. Elle aime regarder (6) les matchs de football à la télévision. Elle aime aussi chanter et elle adore écouter (6) des chansons à la radio.

—Maman! Maman! Écoute! Une chanson de Céline Dion!
—Oui, oui, Céline ...

—Chouette, c'est samedi!

Et étudier? Elle pense que ce n'est pas drôle, surtout étudier le français! Mais elle aime les mathématiques. Céline est la sœur de Jean-Marc.

■ Céline a des frères et sœurs? Elle est comme Vincent ou comme Thérèse? Pourquoi?

D. Voilà Jean-Marc (7) Dubois.

Jean-Marc! Et le tennis?

Oui, oui, Papa!

C'est le frère de Céline et il pense que Céline est un peu pénible.

—Jean-Marc, on joue?
—Pas maintenant, je suis occupé!

Jean-Marc est un garçon sérieux et un peu timide. Il n'aime pas trop le sport. Il aime mieux lire et écouter des concerts à la radio. Il n'aime pas beaucoup les chiens, mais il aime les chats. Il a un chat, Minou. Il adore Minou et Minou adore dormir sur le lit de Jean-Marc. Jean-Marc aime étudier et il adore le français, mais il n'aime pas trop les maths et les sciences. Et il déteste ranger. Il est un peu comme Thérèse, n'est-ce pas?

■ Jean-Marc est un peu comme Thérèse. Pourquoi?

■ Et vous, vous êtes comme Vincent, Thérèse, Céline ou Jean-Marc? Pourquoi?

■ Vous aimez danser? Vous aimez fumer? Vous aimez le cinéma? Et le sport?

■ Vous aimez mieux sortir ou rester à la maison? Vous aimez mieux la cuisine française ou la cuisine américaine? les films amusants ou les films sérieux? le football ou le tennis? les chats ou les chiens? les mathématiques ou l'anglais? les sciences ou le français?

Les mots et la culture

6 **Écouter / regarder. Écouter** means *to listen to*; **regarder** means *to look at*. The *to* and the *at* are already included in the verb in French. You do not have to add them.

—Tu **regardes** la télévision? *Are you looking at (watching) television?*
—Non, j'**écoute** la radio. *No, I'm listening to the radio.*

7 **Les prénoms.** French people often have compound first names, such as **Anne-Françoise** or **Marie-Christine**, and **Jean-Paul** or **Pierre-Yves.** French children are also often given one or more additional names (**Olivier Xavier René Dugué**, for example).

E. Autres mots et usages

1. Here are some useful words and expressions not included in the preceding vocabulary presentation.

un(e) camarade de classe	*classmate*
drôle	*funny, amusing*
faux (fausse)	*false, untrue*
un nom (un nom de famille)	*name (last name)*
par exemple	*for example*
un prénom	*first name*
Qu'est-ce que tu aimes?	*What do you like?*
Votre nom, s'il vous plaît?	*Your name, please?*

2. **Beaucoup / beaucoup de.** Beaucoup means *a lot* or *much.* It is placed after the verb.

Il aime **beaucoup** le cinéma.	*He likes the movies a lot.*
Il n'aime pas **beaucoup** le théâtre.	*He doesn't like the theater much (a lot).*

    Beaucoup de means *a lot of.* It is followed by a noun with no article. If the noun begins with a vowel sound, the **e** of **de** is replaced with an apostrophe.

Elle a **beaucoup de** livres.	*She has a lot of books.*
Il n'a pas **beaucoup d'amis.**	*He doesn't have a lot of (many) friends.*
Il n'a pas **beaucoup de** devoirs.	*He doesn't have a lot of (much) homework.*

3. **L'usage de l'infinitif.** Certain verbs (for example, **aimer, adorer,** and **détester**) can be followed by an infinitive. This is similar to English usage. Note that the **ne... pas** goes around the conjugated verb.

J'aime **parler.**	*I like to talk.*
Je n'aime **pas travailler.**	*I don't like to work.*

    When you want to use the infinitive by itself (as in making a list, for example), **ne pas** is placed in front of the infinitive, as in this list of things to do.

AUJOURD'HUI	TODAY
étudier	*study*
lire *L'Étranger*	*read* The Stranger
ne pas regarder la télé	*not watch* TV
ne pas fumer!	*not smoke!*

	c'est	il est/elle est
être + noun	C'est une femme. C'est un chien. C'est un livre.	X
être + name	C'est Paul. C'est Paris.	X
être + profession, nationality, religion	+ *article* C'est un professeur.	*no article* Il est professeur.
être + **moi, toi,** etc.	C'est moi.	X
être + adjective	Ça, c'est beau. *(in general, nonspecific reference; adjective is always masculine singular)*	Elle est belle, ta chambre. *(for specific reference; adjective agrees with noun it refers to)*

4. **C'est ou il/elle est?** Both **c'est** and **il/elle est** can mean *he/she/it is.* The table above gives some rules of thumb to help you use these structures appropriately.

5. **Verbes à ne pas conjuguer.** Many verbs can be used in conjunction with other verbs, such as **aimer** and **détester.** It is very useful for you to know the infinitive form of certain verbs even though you do not yet know how to conjugate them. For the moment, use the following verbs only in the infinitive form.

boire *to drink*	dormir *to sleep*
écrire *to write*	lire *to read*
rire *to laugh*	sortir *to go out*

Mise en pratique

1. Catégories. Organisez ces activités par catégorie.

sortir / travailler / rester à la maison / parler / boire / fumer / danser / manger / rire / donner des cadeaux / écrire des lettres / lire / marcher / voyager / parler anglais / étudier / regarder la télévision / écouter la radio / ranger / dormir / penser

1. activités d'intérieur ou d'extérieur
2. activités physiques ou intellectuelles
3. mes activités préférées

2. Associations. Which items do you associate with the following verbs?

Modèle: écouter
un CD, la radio, etc.

voyager	écouter	étudier	chanter	écrire
danser	manger	sortir	penser	boire
regarder	travailler	ranger	rire	fumer
marcher	donner	lire	parler	dormir

un CD	la radio	une chanson	la télévision	un restaurant
un livre	les devoirs	l'été	un cadeau	un placard
un lit	la cuisine	une guitare	une table	une cigarette
un professeur	une lettre	des amis	un match de tennis	le théâtre
un film	une fête	un ordinateur	un téléphone	les vacances
un animal				

3. Des stéréotypes. Use **aimer** and **ne pas aimer** to characterize these groups.

Modèle: *Les chiens aiment manger et dormir. Ils n'aiment pas les chats.*

1. les filles
2. les garçons
3. les Américains
4. les Français
5. les étudiants
6. les professeurs
7. les chats
8. les oiseaux
9. les parents
10. les musiciens

4. Des goûts et des couleurs

a. **Associations.** For each activity, find another activity that is either the opposite or that can be associated with it.

Modèle: boire   *manger*

1. regarder la télévision _____
2. lire une lettre _____
3. sortir _____
4. voyager _____
5. ranger _____
6. écouter la radio _____
7. parler français _____
8. chanter _____
9. étudier les mathématiques _____
10. penser _____

 b. **Préférences.** Working in pairs, use the list above to find out what your classmate prefers for each item and take notes to report back to the class.

Modèle: — *Tu aimes mieux boire ou manger?*
— *Boire. / Manger. / Ça dépend.*

 c. **C'est comment?** Say how you evaluate each one of the preceding activities.

Modèle: *Manger, c'est important.*

5. Un peu, beaucoup, pas du tout!

a. **Mes goûts.** Make three lists, one of the activities you like to do a lot, one of those you don't like to do much, and the third one of those you don't like to do at all.

Beaucoup:

Pas beaucoup:

Pas du tout:

b. **Mes possessions.** Make three lists, one of the things you have a lot of, one of those you don't have a lot of, and the third of those you don't have at all.

Beaucoup de:

Pas beaucoup de:

Pas du tout de:

 c. **Interview.** Find out what one of your classmates has a lot of, a little of, or not at all, and ask what he/she likes a lot, a little, or not at all. Then decide what type of person he/she is.

*Objectives, Act. 5: practicing **beaucoup (de)**, categorizing, recycling vocabulary, expressing possession, finding out information*

Objectives, Act. 6: *preparing for discourse, beginning to create with language, making deductions, using new vocabulary productively*

6. Personnalités

a. **Comment sont les Dubois?** Working in small groups, review the descriptions of the Dubois family. Then say what each member of the Dubois family has a lot of and say why you think so.

> **Modèle**: *Thérèse a beaucoup de livres parce qu'elle est très intellectuelle.*

Et Vincent?

Et Céline?

Et Jean-Marc?

b. **Et votre *(your)* famille?** Décrivez *(Describe)* votre père, votre mère, votre sœur ou votre frère, ou votre meilleur(e) *(best)* ami(e).

Mon *(My)* père:

Ma mère:

Ma sœur/Mon frère:

Mon/Ma meilleur(e) ami(e):

c. **Et les autres?** Qu'est-ce qu'ils ont? Qu'est-ce qu'ils aiment? Qu'est-ce qu'ils n'aiment pas? Make three sentences for each.

1. un étudiant paresseux
2. un étudiant travailleur
3. un étudiant bizarre
4. un étudiant sérieux
5. un étudiant amusant
6. un étudiant égoïste

> **Modèle**: un étudiant paresseux: *Il n'a pas beaucoup de livres, il n'aime pas étudier.*

Objectives, Act. 7: *personalizing, developing writing*

7. **Dis-moi ce que tu aimes, je te dirai qui tu es.** Write a paragraph about yourself. What do you like? dislike? Why? What do you have? not have? Why?

8. **Les loisirs des Français.** Voilà les objets de loisirs des Français en 2002 (en %):

a. Qu'est-ce que les Français aiment surtout, d'après le tableau?

Objectives, Act. 8: *recycling vocabulary, comparing native and target cultures*

Télévision	99
Radio	98
Chaîne hi-fi	76
Lecteur de CD	70
Téléphone portable	63
Ordinateur personnel	36
Baladeur/walkman	31
Lecteur DVD	13

D'après *Francoscopie* 2001, 2003

b. D'après vous, dans une famille française, quelle personne utilise le plus ces objets?

c. Et vous? Quels objets de loisirs avez-vous dans votre chambre?

Structure 1

Les verbes en -er

A large number of French verbs have infinitives that end in -er. These verbs are called *first conjugation* or *-er verbs*. Some examples are verbs like **aimer, détester,** and **travailler.** The infinitive ending, -er, is pronounced like the é in **étudiant.** The **r** is never pronounced.

To write the forms of an -er verb, simply take off the infinitive ending (-er) and add the following endings:

je travaill**e**	nous travaill**ons**
tu travaill**es**	vous travaill**ez**
il/elle/on travaill**e**	ils/elles travaill**ent**

Note de prononciation

In spoken French, the forms ending in -e, -es, and -ent sound alike. Although you can distinguish among five forms in written French, you hear only three in spoken French.

je parle
tu parles
il/elle/on parle   These verb forms are all pronounced identically.
ils/elles parlent

Note de prononciation

All -er verbs that begin with a vowel sound (for example, **aimer** or **écouter**) drop the **e** of **je** and allow the **s** of **nous, vous, ils,** and **elles** to link across to the vowel with a **/z/** sound.

j'aime
nous_aimons
　　/z/
vous_aimez
　　/z/
ils/elles_aiment
　　　/z/

The **nous** form of verbs ending in -ger adds an e in front of the -ons ending. This spelling change retains the soft g sound throughout the verb conjugation.

je mange	nous mang**e**ons
tu ranges	nous rang**e**ons
il voyage	nous voyag**e**ons

To make **-er** verbs negative, put **ne** in front of the verb form and **pas** after it, just as you did for **être** and **avoir.** Remember to drop the e of **ne** in front of verb forms beginning with a vowel sound.

Ils **ne** travaillent **pas.**	*They don't work.*
Je **n'**écoute **pas.**	*I'm not listening.*

Note that the present-tense form of these verbs can be translated several different ways in English.

Elle **parle** français.	*She speaks French.*
	She does speak French!
	She is speaking French.

There are also three imperative, or command, forms of **-er** verbs.

Écoute!	*Listen!* (said to a person you would address using **tu**)
Écoutez!	*Listen!* (said to a person you would address using **vous** or to more than one person)
Écoutons!	*Let's listen!*

Note the spelling difference.

Tu écoute**s**?	*Are you listening?* (verb form ends in **-s**)
Écoute!	*Listen!* (no **s**)

Mise en pratique

Objective, Act. 1: *focusing on form within a context*

1. Je suis comme ça!

a. Read the ad below. Who wrote it? Why do you think it was written?

b. Find the verb forms. Which ones are **-er** verbs? For each **-er** verb form, identify the subject and the verb ending.

> J'ai 17 ans et ma sœur 21. Nous aimons lire. Nous aimons aussi les aventures et les voyages. Ma sœur aime la photo et moi, la musique rap. Je joue du banjo et du saxophone. Nous désirons correspondre avec des jeunes (sans distinction d'âge ou de sexe).
>
> Joëlle et Georges Lejeukaf
> Chez Madame Rouban
> BP 5350 Yaoundé, Cameroun

Objective, Act. 2: *focusing on form and sound-spelling connections*

2. Chassez l'intrus. Find the verb form that is pronounced differently.

1. écoute	écoutes	écouter
2. regardez	regardent	regarder
3. parlons	parles	parlent
4. étudie	étudient	étudions
5. aimes	aime	aimez

3. **C'est vrai ou c'est faux?** Use the words below to make complete sentences about yourself. Then, for each sentence, say if it is true (**c'est vrai**) or false (**c'est faux**). If the sentence does not describe you, say so!

Objectives, Act. 3–5: using -er verbs at the sentence level, using language creatively, constructing a description

Modèle: étudier / beaucoup   *J'étudie beaucoup. Oui, c'est vrai!*
OR
J'étudie beaucoup. Non, c'est faux.
Je n'étudie pas beaucoup.

1. fumer / trop
2. manger / beaucoup
3. danser / bien
4. regarder la télévision / trop
5. chanter / bien

4. **Voilà Julie!** Use the words and phrases from the four columns to write sentences about Julie's life. You can use these words and phrases more than once. Once you have written as many sentences as you can, reorganize and combine your sentences to make a brief paragraph.

Ma *(My)* camarade de chambre	étudier dans la chambre	beaucoup	le week-end
		un peu	le lundi
Je	aimer	trop	en été
Mes *(My)* amis	écouter		en décembre
Olivier	regarder		dans un restaurant
	voyager		la télévision
	détester		des disques
	manger		lire et écrire des lettres
	fumer		espagnol
	être malade		dans la chambre
	s'appeler		
	marcher		
	parler		
	penser		

Julie

5. **Comme tout le monde!**

a. **Activités communes.** Use -er verbs in the infinitive form to make a list of ten activities that all students in the class probably do or don't do. Add details as appropriate.

Modèle: *écouter la radio, ne pas fumer, regarder la télévision le week-end,* etc.

b. **Faire des phrases.** Now create as many sentences as you can to describe the activities of your class. Add details as appropriate.

Modèle: *Nous travaillons trop. Nous détestons étudier le week-end.*

c. **Les étudiants.** Identify six activities that seem characteristic of the life of a student where you go to school. Prepare a report to introduce students from other countries to student life at your school.

Modèle: *Ici, les étudiants aiment le sport. Ils travaillent beaucoup mais pas le samedi.*

d. **Activités personnelles.** Divide the activities mentioned in your report into lists of those that do and do not apply to you. Use your list to write a paragraph.

Modèle: *J'adore chanter. Je fume trop. Je n'écoute pas les matchs à la radio parce que je déteste le sport mais je...*

Structure 2

Les adjectifs possessifs

Possessive adjectives are one way of specifying ownership. In English, a possessive adjective is a word such as *his* or *my*. The forms of the possessive adjectives in French are given below.

Masculin Singulier	Féminin Singulier	Pluriel	
mon	ma	mes	*my*
ton	ta	tes	*your (familiar)*
son	sa	ses	*his/her*
notre	notre	nos	*our*
votre	votre	vos	*your (formal or plural)*
leur	leur	leurs	*their*

In French, *possessive adjectives have the same gender and number as the noun they modify.*

> **Son** père est agent immobilier et **sa** mère est psychologue.
> *There's Céline Dubois! **Her** father is a real estate agent and **her** mother is a psychologist.*

> **Leurs** enfants sont raisonnables mais **leur** chien est pénible.
> *Their children are sensible but their dog is obnoxious.*

There is no way to distinguish in French between *her book* and *his book* or *her mother* and *his mother* simply by using a possessive adjective.

> C'est **son** livre?   *That's her/his book?*
> C'est **sa** mère?   *That's his/her mother?*

The context usually prevents any misunderstanding since the people involved generally know who **son, sa,** or **ses** refers to.

Another way to express possession in French is to use the preposition **à** plus a noun or a pronoun, such as **qui, moi,** or **toi.** Note the following expressions:

> C'est **à qui?**   *Whose is it?*
> C'est **à toi?** C'est **à Alice?**   *Is it yours? Is it Alice's?*
> Non, c'est **à moi!**   *No, it's mine!*

Note de prononciation

French uses several different devices when a noun beginning with a vowel sound is preceded by a word ending in a vowel sound. For example, the **-e/-a** of **le/la** is dropped (**l'ami, l'enfant**) or the underlying /z/ sound of **vous/nous/les** appears as a "liaison" consonant (**nous aimons, vous écoutez, les affiches**).

Possessive adjectives use masculine singular forms in front of feminine nouns beginning with a vowel sound.

> **Ton** amie est sympathique!   *Your friend is nice!*
> Marie, c'est **son** enfant?   *Is Marie his/her child?*
> C'est **mon** affiche.   *That's my poster.*

Mise en pratique

1. Me voilà! What can you tell about these two people? Where are they from? How old are they? What do they like to do? What are their goals?

Objectives, Act. 1: becoming aware of possessive adjectives used in context and gender/number agreement

---

Prénom: *Tassembedo*
Âge: *17 ans*
J'aime: *le football, la musique*
«Je désire représenter mon pays, le Burkina Faso, dans des compétitions athlétiques.»

Prénom: *Rachid*
Âge: *15 ans*
J'aime: *les chevaux*
«J'ai la passion des chevaux. Pendant mes vacances, je vais à l'hippodrome avec mes parents et ma sœur. C'est mon plus grand plaisir.»

---

 2. C'est à qui? Look back at the pictures of the rooms of **Céline, Thérèse,** and **Jean-Marc** (pages 73–74). With a partner, say who owns each of the following items. Follow the model.

Objective, Act. 2–4: controlled production of possessive constructions within a context

Modèle: une affiche de Mozart
  — *C'est à Jean-Marc?*
  — *Oui, c'est son affiche.*

1. une affiche de Shakespeare
2. un oiseau
3. une table
4. un chat
5. une radio
6. un chien

 3. Où sont...? Where do you put your belongings? With a partner, use words from the lists below to find out where each of you puts things.

Suggestions: dans mon sac / dans ma chambre / sur mon lit / sur mon tapis / dans mon placard

Modèle: — *Où est ton cahier? (Où sont tes clés?)*
  — *Mon cahier? Il est sur le lit. (Mes clés? Elles sont dans mon sac.)*

chat	photo	voiture
crayon	stylo	téléphone
livre	réveil	clés

4. Une famille idéale. Use **son, sa,** or **ses** to complete this portrait of an "ideal" family.

1. Chantal adore _____ frère Bernard.
2. Bernard adore _____ sœur Chantal.
3. Chantal adore _____ père et _____ mère.
4. Chantal a un oiseau. Elle adore _____ oiseau aussi.
5. Bernard a un chat. Il adore _____ chat. Et _____ chat adore l'oiseau de Chantal!

Structure 3

Questions à réponse affirmative ou négative
(yes-no questions)

There are three ways to ask questions that can be answered by *yes* or *no*: intonation, the use of **est-ce que**, and inversion.

Intonation

To ask a question using intonation, raise your voice at the end. In writing, add a question mark. If you expect to get a *yes* answer, **n'est-ce pas** can be added at the end. Questions with intonation are typical of informal, spoken French.

Tu parles français?	*(Do) you speak French?*
Il regarde la télévision, **n'est-ce pas**?	*He's watching television, isn't he?*

Est-ce que

You can use **est-ce que** to ask a yes-no question by placing it at the beginning of the sentence statement. The final **e** in **est-ce que** is dropped in front of a vowel sound.

Est-ce que tu parles français?	*Do you speak French?*
Est-ce qu'il aime danser?	*Does he like to dance?*

Inversion

You can also invert the verb and subject pronoun to ask a yes-no question. Inversion questions are typically found in writing and in formal contexts.

Parlez-vous français?	*Do you speak French?*
Est-elle sympathique?	*Is she nice?*

In addition, inversion is frequently used in fixed questions dealing with greetings, name, age, and time. Here are some of the questions using inversion that you have already seen.

Comment **allez-vous**?	D'où **est-il**?
Comment vous **appelez-vous**?	Comment t'**appelles-tu**?

Note that:

1. Inversion is not generally used with **je.**

Est-ce que j'ai les clés? ... Oui!	*Do I have the keys? . . . Yes!*

2. If the written form of a third-person singular verb does not end in **-d** or **-t,** a **t** is placed between the verb and the subject.

A-**t**-elle la clé?	*Does she have the key?*

3. If the sentence has a noun subject, the word order is: (1) noun subject + (2) verb + (3) pronoun.

Patrick et Paul ont-ils un chien?	*Do Patrick and Paul have a dog?*

Mise en pratique

1. **Trouvez les formes interrogatives.** Here is an excerpt from an interview with Caroline, a French actress who immigrated to Quebec to find work.

—Vous aviez un engagement quand vous êtes arrivée?

—Non, pas du tout!

—Vous aviez un travail à Paris?

—Oh non, à Paris, c'est pas possible.

—C'est pour ça que vous êtes à Montréal?

—Oui, et pour changer d'air aussi.

—Vous êtes contente, alors?

—Oh, ben ça, oui!

—Pourquoi?

—Depuis dix mois, c'est dingue! Je travaille sans arrêt.

—Quand êtes-vous arrivée?

—En octobre 2005.

—Avec quoi?

—Ben avec mes livres, mes pulls et ma convention de stage avec un théâtre.

—Des amis?

—Oh oui, j'en ai beaucoup. Ici, c'est sympa, pas de préjugés!

—Est-ce que vous aimez le Québec?

—J'adore, mais il fait pas chaud en hiver!

—Vous allez rentrer en France?

—Je n'sais pas ... pas tout de suite!

—Qu'est-ce que vous faites en ce moment?

—Je joue dans la Compagnie médiévale.

—Comment l'avez-vous trouvée?

—Par lettres! De Paris, j'ai fait des lettres, la compagnie m'a répondu et maintenant je suis là!

—Des lettres à qui?

—À des directeurs de troupes de théâtre.

—Beaucoup de lettres?

—30 lettres en six mois!

—Quel est votre statut au Québec?

—Je parle français, donc, pas de problèmes.

—Est-ce que Paris vous manque?

—Pas encore. Paris, c'est la culture, mais moi, j'ai envie d'apprendre, d'aller vers les gens. Alors ici, ça me va bien!

(D'après une interview de Marcelline Puget, journaliste à Montréal)

Je joue dans la Compagnie médiévale.

2. Posez des questions. Use **est-ce que** and the suggestions given below to find out information about your classmates as well as the characters you read about in this lesson.

> **Modèle:** Tu chantes bien.
> —*Martha, est-ce que tu chantes bien?*
> —*Non, je chante mal.*

1. Vous étudiez beaucoup.
2. Tu aimes le cinéma.
3. Jean-Marc a un chat.
4. Vous êtes américain.
5. Vincent et Thérèse aiment sortir.
6. Le professeur est pénible.
7. Les jeunes voyagent beaucoup.
8. C'est une salle de classe agréable.

3. Portrait d'un(e) camarade de classe

a. **Qu'est-ce qu'il/elle aime? Quelles activités?** Make a list of things you think one of your classmate likes and doesn't like to do.

> **Modèle:** *Il/Elle aime sortir.*
> *Il/Elle n'aime pas (déteste) le cinéma.*

b. **Dis-moi...** Ask about the activities that you have identified. Use rising intonation, **est-ce que**, or **n'est-ce pas?** to form your questions. Take notes.

> **Modèle:** *Lisa, tu aimes danser?*
> *Lisa, est-ce que tu aimes sortir?*
> *Lisa, tu aimes sortir le samedi, n'est-ce pas?*

c. **Présentation.** Use your notes to give the class a short description of your classmate. Your classmate can agree or disagree, using **C'est vrai!** or **Ce n'est pas vrai!**

4. Devinez: un personnage célèbre

a. **Comment est-il/elle?** In groups of two or three, select a well-known person and describe him/her using at least six sentences.

b. **Qui est-ce?** Try to guess the identity of the people described by the other groups.

> **Questions utiles:** Est-ce que c'est un homme ou une femme? Il/Elle est américain(e)/français(e)? D'où est-il/elle?

5. Les objets de loisir et vous

a. Use the objects in the chart on page 78 to prepare an interview to find out which leisure objects students in the class own.

b. In pairs, role-play the interview.

c. Tally the results and compare with the French results.

Le français parlé

CD1-8

Scènes de vie

—Vincent, ta cigarette!
—Ma cigarette?
—Tu fumes, n'est-ce pas?
—Moi? Ben … Non, non, pas du tout!
—Tu n'es pas raisonnable!
—Oh, tu es pénible!

Deux minutes après

—Bonjour, Vincent. Ça va?
—Non, pas du tout!
—Ah? Pourquoi?
—Ben, j'aime fumer et Thérèse n'aime pas ça!
—Euh… Je comprends Thérèse, moi… Marie fume aussi et je déteste ça!
—Vous n'êtes pas drôles!

Pour écouter. When people speak, they hesitate, they pause, they want to gain time, and they want to express feelings. In doing so, they often use words or sounds that are called fillers, such as the words **euh, oh, ah,** and **ben** in the preceding conversations. Given the context of the two dialogues, can you guess why the speakers use these various fillers?

Parlons!

Smoking seems to be a big problem in the Dubois household. How do you feel about it? If you were sharing a room or an apartment with a roommate, are there other things that would irritate you? Are there things that are important to you in a roommate situation?

a. Take a moment to make a list of 5 things that you would like in a roommate and 5 things that you couldn't stand.

b. Working in pairs, ask questions to find out about each other's tastes and habits and decide if you could be compatible roommates. Be ready to tell the class why you could or could not be roommates.

Découvertes linguistiques

> **Mon Amérique à moi c'est une route sans feux rouges**
> **Depuis l'Hudson River jusqu'en Californie**
>
> Extrait d'une chanson de Johnny Hallyday, 1982

Objectives: *using possessive constructions in French to give students an opportunity to reflect on how form and function relate in languages*

1. **En anglais.** Languages have various ways of indicating who owns what (possession). Take a few minutes to think of the various ways you can express possession in English.

2. **En français?** How does French indicate possession? Give some examples.

3. **Mes idées à moi!** Below are examples taken from various websites of yet another way French uses to express possession. Can you describe how this construction works?

> Quel est votre Everest à vous?

> Bonne Fête à notre Reine à nous: Grand-Mère Odile Thibodeau de Brantville qui aura 90 ans le 4 décembre 2001 !!!!!!!!!!!!!!!

> Il était simple et bon et il était mon père, mon père, mon père, mon père, mon père, mon père à moi.
> (*Mon Père à moi*, chanson de Gilbert Bécaud)

> Je serai ta femme à toi pour la vie sans être mariée...
> (*Ta femme à toi sans être mariée!*, poème de Gin Val)

> *Sa vie à elle*
> Film français (1995). Comédie dramatique. Durée: 1h30 mn.
> Réalisé par Romain Goupil

4. **Récapitulation.** Here is a chart of possessive adjectives and stress pronouns (**moi, toi, vous, nous**) used to indicate possession in French. Use the examples in Activity 3 as well as what you already know to fill in the missing words and phrases.

Adjectif possessif Masculin singulier	Adjectif possessif Féminin singulier	Adjectif possessif Pluriel	Pronom tonique
mon	_____	mes	à _____
ton	ta	_____	à _____
_____	sa	ses	à lui/à elle
notre	notre	nos	à _____
votre	votre	_____	à _____
_____	leur	leurs	à eux/à elles

Découvertes *culturelles*

Loisirs de tous les jours

Objectives: identifying French leisure activities, comparing cultures and making cultural hypotheses, recycling leisure vocabulary and numbers, reviewing question formation, using critical thinking, writing and speaking

1. Préparation

a. Activités de loisirs de tous les jours. In French, make a list of leisure activities for the following people: your parents, a CEO, a manual worker, an office worker, and yourself. Determine how many minutes per day each person devotes to each activity, and write this down.

b. Les loisirs préférés. Rank order these leisure activities from the ones taking the most time to the ones taking the least time for each group. Overall, what is the average amount of leisure time for each group?

2. Les loisirs des Français

Loisirs au jour le jour	
Temps consacré en tout ou en partie à des activités de loisirs (1999, en minutes par jour) :	
ACTIVITÉS DE LOISIR:	
- Télévision	127
- Lecture	25
- Promenade et tourisme	20
- Conversations, téléphone, courrier et autres (non-professionnel)	17
- Visites à des parents et connaissances	16
- Jeux (enfants, adultes)	16
- Pratique sportive	9
- Autres sorties	7
- Ne rien faire, réfléchir	7
- Participation associative et activités civiques	6
- Spectacles	5
- Radio, disques, cassettes	4
- Participation religieuse	2
- Jardinage	13
- Soins aux animaux	7

a. **Étude des loisirs français.** Which words do you associate with each of the activities listed on the chart?

   Modèle: télévision
   regarder, chambre, écouter, films, sports, etc.

b. **Étude comparative.** Compare this chart with the results from Activity 1.

■ Which activities are absent on the French list? Which have more priority?

■ Which activities are missing on your own list? Which have more priority?

■ Which culture has more leisure time?

c. **Conclusion.** What kinds of conclusions might be drawn from the information you have? To which culture do the following sentences best apply: your own or French culture?

   Il y a beaucoup de loisirs.
   Les loisirs sont très physiques.
   Les loisirs sont très sociaux.
   Les loisirs sont très spirituels.
   Les loisirs sont très individuels.
   Les loisirs sont très «famille».
   Les loisirs sont très intellectuels.
   Les loisirs coûtent beaucoup d'argent.

Léopold Sédar Senghor

1. Préparation. Make a list of important dates (month and year) in your life (events, meetings, honors, successes, etc.) and list the events. When you are finished, say why you chose them as important.

Objectives: *learning about a franco-phone poet and famous politician, skimming the text to obtain biographical information, identifying cultural information, scanning the text to find out about the poet's main philosophy and ideas, preparing biographical information about someone*

Année	Mois	Événement	Lieu (Place)

Note that the months are spelled with the first letter uppercase based on the original document.

Dakar, le 18 Septembre 1970

Cher Monsieur,

Comme suite à votre lettre du 29 Août 1970, je réponds à votre demande de renseignements[1] biographiques.

5   1) Renseignements biographiques: Je suis né le 9 Octobre 1906 à Joal, Séné-gal. J'ai commencé[2] mes études pri-maires en Octobre 1914. J'ai été reçu au Baccalauréat ès lettres[3] "latin-grec" en
10   Juin 1928. Je suis entré au Lycée Louis le Grand (Paris) en Octobre 1928 en classe de première supérieure pour préparer l'Ecole Normale Supérieure et la licence[4] ès lettres en Sorbonne. En
15   1931, j'ai été reçu, à la licence ès lettres de langues classiques. En 1932, j'ai été reçu, avec mention bien, au diplôme d'études supérieures de lettres clas-siques, avec un mémoire sur "l'Exotisme chez Baudelaire".

En 1933, j'ai été admissible à l'agrégation[5] de grammaire [...] et j'avais suivi des cours à l'Institut d'Ethnologie de Paris et à l'Ecole Pratique des Hautes
20   Etudes (section linguistique négro-africaine).

De 1935 à 1938, j'ai été professeur de lettres et grammaire au Lycée[6] Descartes à Tours (France). De 1938 à 1944, j'ai été professeur de lettres et grammaire au lycée Marcellin Berthelot, à Saint-Maur-des-Fossés, dans la banlieue parisienne.

25   En 1944, j'ai obtenu une bourse du C.N.R.S.[7] pour préparer une thèse de doctorat sur "les formes verbales dans les langues du groupe sénégalo-guinéen". Thèse que je n'ai pas eu le temps d'achever, étant entré dans la politique, en 1945. Malgré[8] cela, j'ai enseigné les langues et civilisations négro-africaines, tout en étant parlementaire français de 1945 à 1958, année de l'autonomie du Sénégal. [...] J'allais oublier de dire que j'étais de religion
30   catholique.

[1] **renseignements:** information

[2] **commencer:** débuter *(begin)*

[3] **Baccalauréat ès lettres:** un examen qui sanctionne la fin des études secondaires: ès lettres: latin-grec, ès lettres modernes: langues, ès science: mathématiques et sciences

[4] **la licence ès lettres:** un diplôme qui sanctionne les études universitaires

[5] **l'agrégation:** un examen pour devenir professeur spécialisé

[6] **un lycée:** une institution d'études secondaires

[7] **Centre national de la Recherche scientifique:** *a famous research institute in Paris that includes a multitude of disciplines and is funded by the government and overseen by the Ministry of Education*

[8] **Malgré:** En dépit de *(In spite of)*

12 **J'entends:** *I mean, I understand*
13 **l'ensemble des valeurs:** *all the values*
14 **en premier lieu:** *first of all*

15 **chaque:** *each*
16 **a voulu:** *wished, wanted*

17 **un écrivain:** *a writer*
18 **enraciné:** *rooted*
19 **le sol:** *here, the country*

35

2) Mes œuvres[9] s'adressent, naturellement, d'abord à mes concitoyens[10], mais, par-delà, à tous les hommes. Dans mon cas particulier, j'écris d'abord pour les Négro-Africains, ensuite pour les Africains nègres du monde[11], mais aussi pour tous les hommes de bonne volonté. [...]

J'entends[12] par "Négritude", comme je l'ai souvent dit, "l'ensemble des valeurs[13] de civilisation du monde noir". [...] En poésie, mes modèles, ce sont, en premier lieu[14], les poètes populaires de mon ethnie sérère. Je me situe dans la tradition des mouvements nationalistes du XIXième siècle, où chaque[15] peuple, se détournant de l'influence française ou anglaise, a voulu[16] exprimer les vertus de sa nation.

40

Je pense qu'un écrivain[17] africain ne peut pas exprimer sa personnalité profonde ni la civilisation de son peuple s'il ne s'est d'abord enraciné[18] dans le sol[19] natal, c'est-à-dire dans la tradition orale. [...]

Léopold Sédar Senghor

Le Président de la République

2. Première lecture. Identify the events that mark what Léopold Sédar Senghor considers as major in his life. Give the month and the place when possible.

Mois	Année	Événement	Lieu
Octobre	1906	Né	Joal, Sénégal

3. Analyse

a. **Renseignements biographiques.** What are important moments in this writer's life? What does he select in the **Renseignements biographiques**? Choose and rank the following options and say which are probably French, which are probably African, and which are probably neither.

origine	université	richesse	nationalité
parents	succès scolaires	race	famille
succès financier	école	culture	succès politique
sport	religion	succès artistique	politique
ancêtres	sports	traditions	diplômes
France	Afrique	monde	Sénégal
philosophie	histoire	géographie	art

b. **Œuvres.** What are important elements of this writer's work? What does he select in talking about his work? Choose and rank the preceding options and say which are specific to him. Explain which values **"Négritude"** might encompass according to what he selects.

4. Portrait. According to this letter, what type of man is Leopold Sédar Senghor? Provide a brief portrait of him.

Vocabulaire de base

CD1-9

Noms

un ami, une amie *friend*
un animal, des animaux *animal(s)*
un cadeau, des cadeaux *present(s),*
    gift(s)
un(e) camarade de classe *classmate*
le cinéma *movie theater, the movies*
un(e) enfant *child*
une femme *woman*
une fille *girl*
un frère *brother*
un garçon *boy*
un homme *man*
une mère *mother*
un nom *name*
un père *father*
une personne *person*
une sœur *sister*
le sport *sports*

Adjectifs

amusant(e) *fun, funny*
anglais(e) *English*
espagnol(e) *Spanish*

sérieux (sérieuse) *serious,*
    hardworking
vrai(e) *true, right*

Verbes

adorer *to love*
aimer *to like, to love*
aimer mieux (que) *to like better*
    (than), to prefer
chanter *to sing*
danser *to dance*
détester *to hate*
donner *to give*
écouter *to listen to*
étudier *to study*
fumer *to smoke*
manger *to eat*
marcher *to walk*
parler *to talk, to speak*
penser (que) *to think (that)*
ranger *to straighten up, to clean up*
regarder *to look at, to watch*
travailler *to work*
voyager *to travel*

Divers

beaucoup *a lot, much*
beaucoup de *a lot of, many, much*
c'est / ce n'est pas *it is, he is, she is /*
    it isn't, he isn't, she isn't
c'est vrai / ce n'est pas vrai (!) *that's*
    true / that's not true (you're
    kidding!)
comme *like, as*
n'est-ce pas? *isn't it? / isn't he? / isn't*
    she?, etc.
parler anglais *to speak English*
parler espagnol *to speak Spanish*
parler français *to speak French*
rester à la maison *to stay home*
trop *too (too much)*
un peu *a little*
Votre nom, s'il vous plaît? *Your*
    name, please?

Vocabulaire supplémentaire

Noms

un agent immobilier *real estate agent*
l'alcool *(m.) alcohol*
une chanson *song*
une cigarette *cigarette*
un concert *concert*
la cuisine *cooking, cuisine*
un film *film, movie*
le football *soccer*
une lettre *letter*
une maison *house*
un match *game*
les mathématiques *(f.pl.) mathematics*
le ménage *housework*
un nom de famille *last name*
un oiseau, des oiseaux *bird(s)*
un prénom *first name*
un(e) psychologue *psychologist*
les sciences *(f.pl.) science*
le tennis *tennis*
le théâtre *theater*

Adjectifs

drôle *funny, amusing*
faux (fausse) *false*
intellectuel (intellectuelle) *intellectual*

Verbe

jouer *to play*

Verbes à ne pas conjuguer *(verbs that are not to be conjugated at this point)*

boire *to drink*
dormir *to sleep*
écrire *to write*
lire *to read*
rire *to laugh*
sortir *to go out*

Divers

C'est à qui? C'est à moi, etc. *Whose is it? It's mine, etc.*
Je n'aime pas ça. *I don't like it/that.*
Je pense que oui. *I think so.*
Je pense que non. *I don't think so.*
par exemple *for example*
Qu'est-ce qu'il/elle aime? *What does he/she like?*
Qu'est-ce que tu aimes? *What do you like?*
surtout *especially*

Le français tel qu'on le parle

C'est pas vrai! *Really! No kidding!*
Chouette! *Great!*
Tu es sérieux (sérieuse)? *You mean it?*
Tu n'es pas drôle. *You aren't funny.*
Note also the conversation fillers euh, oh, ah and ben (see the section Le français parlé in this lesson).

Le français familier

bosser = travailler
bûcher = étudier
le ciné = le cinéma
un copain, une copine = un ami, une amie
le foot = le football
un gars = un homme
un(e) gosse = un(e) enfant
maman = mère *(mom, mommy)*
les maths = les mathématiques
papa = père *(dad, daddy, pop)*
un(e) psy = un(e) psychologue
rigoler = rire
snob *(invariable)* = *snobbish*
un type = un homme

On entend parfois

boumer (République Démocratique du Congo) = danser

Chanson 1: Madeleine

This song by Jacques Brel has both the pathos of a popular ballad and the ironic touches of the outside observer.

1. Écoutons. Listen to the song and focus on the rhythm and melody. At which points do you hear touches of pathos? touches of irony?

2. Mots et expressions. Now focus on the words. Which words do you hear repeated? Which words do you recognize? Which words resemble those in your own language or another language that you know?

3. Les noms. As you listen to the song one more time, try to identify the names of the people who are mentioned in the song.

Chanson 2: On n'oublie rien

Another Jacques Brel song but this time more serious, almost existential. It tells of our resignation when memory endures and serves to remind us of unpleasant events.

1. Écoutons. As you listen to the song, try to identify what characterizes the rhythm and the lyrics. What quality does it give the song?

2. Mots et expressions. As you listen another time, count the number of times you hear the words **ne, ni,** and **rien** (all words that express negation in French).

Chanson 3: Détention universitaire

This contemporary singer complains with humor about impersonal life in a large crowded university dorm.

1. Écoutons. What is the melody of this song like? What impressions does it convey?

2. Mots et expressions. As you listen again, you will recognize several words. Note them and organize them in categories. What is the topic of the song?

3. Chambre universitaire. What seems to be the main complaint of the author of the song? Compare with your own situation.

Chanson 4: Ma Louisiane

*A lovely nostalgic ballad by a French Cajun singing about his love for **la Louisiane**, the heaven of the Acadians who fled British oppression in Canada.*

1. Écoutons. As you listen, identify what makes this song a popular Cajun ballad.

2. Mots et expressions. As you listen to the song again, what words or expressions do you recognize?

3. L'histoire et la chanson. There are four stanzas in this song. Which stanza is (a) a hymn to beautiful Louisiana, (b) a narrative of past Cajun immigration, (c) a call to remember the past, (d) an attention getting call?

Adolescence, le plus bel âge?

Sortir de l'enfance, pas facile! La marche vers l'âge adulte est difficile et semée de risques et de souffrances que les parents ne comprennent pas toujours.

1. **Elle.** Elle a quel âge? 14 ans? 16 ans? 18 ans? Comment est-elle? Elle est heureuse ou malheureuse? Pourquoi?

   Modèles: *Elle est heureuse parce que...*

   Elle est malheureuse parce qu'elle n'est pas...

   Et vous, quand êtes-vous heureux (heureuse)? malheureux (malheureuse)?

2. **L'adolescence, c'est un bel âge ou non?** Dans le texte, quels mots sont associés à l'adolescence? D'après le texte, l'adolescence, c'est un bel âge ou pas?

   Et pour vous, est-ce que l'adolescence est un bel âge? Pourquoi?

   Modèles: *Oui, parce qu'on est jeune, on a...*

   Non, parce qu'on est déprimé, on est...

3. **L'âge de l'adolescence.** Êtes-vous adolescent(e)? Dans votre culture, à quel âge est-ce qu'on est adolescent? (à 15 ans? à 16 ans? à 17 ans?) Quand est-ce qu'on n'est plus *(no longer)* adolescent? (à 16 ans? à 18 ans? à 20 ans? à 21 ans?) Quelle est la différence entre l'enfance et l'adolescence? Et entre l'adolescence et l'âge adulte? Est-ce que l'âge de l'adolescence varie avec la culture?

Leçon 5

Les âges de la vie

Que vais-je devenir?

Vocabulaire

A. Les chiffres de 40 à 100

40	quarante	70	soixante-dix
41	quarante et un	71	soixante et onze
42	quarante-deux	72	soixante-douze
50	cinquante	80	quatre-vingts
60	soixante	81	quatre-vingt-un

82 quatre-vingt-deux
90 quatre-vingt-dix
91 quatre-vingt-onze
92 quatre-vingt-douze
100 cent

Départements (1)

01 Ain
02 Aisne
03 Allier
04 Alpes-de-Haute-Provence
05 Hautes-Alpes
06 Alpes-Maritimes
07 Ardèche
08 Ardennes
09 Ariège
10 Aube
11 Aude
12 Aveyron
13 Bouches-du-Rhône
14 Calvados
15 Cantal
16 Charente
17 Charente-Maritime
18 Cher
19 Corrèze
20 Corse
21 Côte-d'Or
22 Côtes-d'Armor
23 Creuse
24 Dordogne
25 Doubs
26 Drôme
27 Eure
28 Eure-et-Loir
29 Finistère
30 Gard
31 Haute-Garonne
32 Gers
33 Gironde
34 Hérault

35 Ille-et-Vilaine
36 Indre
37 Indre-et-Loire
38 Isère
39 Jura
40 Landes
41 Loir-et-Cher
42 Loire
43 Haute-Loire
44 Loire-Atlantique
45 Loiret
46 Lot
47 Lot-et-Garonne
48 Lozère
49 Maine-et-Loire
50 Manche
51 Marne
52 Haute-Marne
53 Mayenne
54 Meurthe-et-Moselle
55 Meuse
56 Morbihan
57 Moselle
58 Nièvre
59 Nord
60 Oise
61 Orne
62 Pas-de-Calais
63 Puy-de-Dôme

64 Pyrénées-Atlantiques
65 Hautes-Pyrénées
66 Pyrénées-Orientales
67 Bas-Rhin
68 Haut-Rhin
69 Rhône
70 Haute-Saône
71 Saône-et-Loire
72 Sarthe
73 Savoie
74 Haute-Savoie
75 Ville de Paris
76 Seine-Maritime
77 Seine-et-Marne
78 Yvelines
79 Deux-Sèvres

80 Somme
81 Tarn
82 Tarn-et-Garonne
83 Var
84 Vaucluse
85 Vendée
86 Vienne
87 Haute-Vienne
88 Vosges
89 Yonne
90 Territoire de Belfort
91 Essonne
92 Hauts-de-Seine
93 Seine-Saint-Denis
94 Val-de-Marne
95 Val-d'Oise

■ Paris est dans le département de la Ville de Paris, 75. Marseille est dans le département des Bouches-du-Rhône, 13. Et Lyon? Et Strasbourg?

B. Les enfants

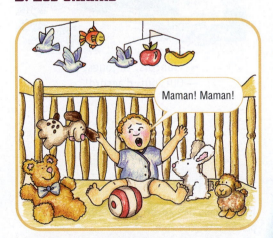

Voilà Guillaume Firket. Il a 18 mois et il est très mignon. Il mange tout le temps et il aime dormir. C'est un bébé facile. Il est toujours content, mais il pleure quand il est fatigué.

■ Comment est Guillaume? Il a quel âge? Qu'est-ce qu'il aime? Est-ce qu'il pleure souvent?

Les mots et la culture

1 Les départements. Metropolitan France is divided into 96 administrative **départements** that, in turn, are grouped into 22 **régions.** The system of **départements** has existed since the late 1700s, and the names of many **départements** are derived from geographical features. In fact, 60 **départements** are named after rivers and 13 after mountains. **Départements** are listed alphabetically and postal codes incorporate **département** numbers. Someone who lived in **Finistère,** for example, would have a postal code that begins with 29. The department number also used to be the last set of digits on cars' license plates, but this is being phased out starting in 2007.

Voilà Sylvie Mabille. Elle a onze ans (2). Elle est jolie, mais c'est une enfant gâtée et difficile. Elle n'est pas souvent (3) sage et c'est une petite fille mal élevée. Elle adore jouer mais elle n'a pas beaucoup d'amis parce qu'elle est égoïste: elle n'aime pas partager. Elle déteste l'école, mais elle aime l'histoire et la géographie. Aujourd'hui, elle est fâchée parce qu'elle est punie.

■ Comment est Sylvie? Elle a quel âge? Pourquoi est-ce qu'elle est gâtée? Qui aime les enfants gâtés? Pourquoi est-ce qu'ils n'ont pas beaucoup d'amis? Qu'est-ce qu'elle n'aime pas? Quand n'est-elle pas contente?

Voilà François Pinel. C'est un petit garçon de six ans typique. Très actif, il adore jouer et il a beaucoup d'amis parce qu'il est gentil. Il est sage et bien élevé. C'est un enfant heureux et équilibré. Comme Guillaume, il est toujours content.

■ Quel âge a François? Est-ce qu'il est heureux ou malheureux? Pourquoi? Pourquoi est-il typique? Il est plus jeune ou plus âgé que Guillaume?

— François, tu joues?
— Oui, oui, d'accord!

Les mots et la culture

2 **L'âge.** Use the verb **avoir** to say how old someone is. Be sure to include the word **ans.**
  Elle **a** soixante **ans.** *She's sixty (years old).*

To ask how old someone is, use these questions: **Quel âge avez-vous? Quel âge as-tu?**

3 **La place des adverbes.** Adverbs are usually placed after the verb.
  Ils parlent **trop!** *They talk too much!*
  Il ne pleure pas **souvent.** *He doesn't cry often.*

C. Les jeunes

Voilà Cédric Rasquin. Il a seize ans et il habite chez (4) sa mère, à (5) Toulouse. Il est parfois de bonne humeur et parfois de mauvaise humeur, et il n'est pas facile. C'est normal pour un adolescent, non? Il a des problèmes et il est malheureux. Il n'aime pas le lycée mais il aime lire et il adore la littérature. Il aime aussi les bandes dessinées! Il aime être seul, mais il joue de la guitare avec ses copains. Il est timide avec les filles et il n'a pas de petite amie.

Pas mal, ça!

■ Quel âge a Cédric? Il habite où? Est-ce qu'il est content de sa vie? Expliquez (Explain) ses problèmes. Qu'est-ce qu'il aime? Qu'est-ce qu'il n'aime pas?

Voilà Suzanne Mabille. Elle a dix-huit ans (6). Sa famille est française mais habite à Bruxelles et donc Suzanne étudie le droit à Bruxelles. Elle est souvent de bonne humeur. Elle est intellectuelle et elle adore parler, mais c'est aussi une jeune fille sportive et elle aime beaucoup le tennis. Elle ne mange pas trop parce qu'elle est au régime. Mais son copain, Hakim, adore manger et fumer! Il est marocain et il étudie la médecine à Bruxelles aussi.

Alors, on joue?

Maintenant???

■ Quel âge a Suzanne? Elle étudie où? Est-ce qu'elle est française? Et Hakim? Qu'est-ce que Suzanne aime? Qu'est-ce qu'elle n'aime pas? Pourquoi? Et Hakim, qu'est-ce qu'il aime? Pourquoi est-il à Bruxelles?

Les mots et la culture

4 Chez. The preposition **chez** means *at the house or home of.*
> Il est **chez** Marie. *He's at Marie's (house).*
> Je suis **chez** moi. *I'm at home.*

5 Habiter (à) + ville. Use **habiter** with or without the preposition **à** to say that someone lives in a city.
> Éric **habite** à Lomé. *Éric lives in Lomé.*
> Vous **habitez** Genève? *Do you live in Geneva?*

6 At 18, is Suzanne an adult? Although she might still be considered a young person, under French law, she has become an adult, and like all French citizens, she can vote, get a driver's license, and make decisions regarding her place of residence, studies, work, travel, marriage, finances, and so forth. A woman can marry at age 15 with her parents' permission, but the legal age is 18 for a man, except under special circumstances. Although alcohol cannot legally be sold to minors in France (except for beer and wine, which can be sold to minors over the age of 16), attitudes toward alcohol, especially beer, wine, and champagne, are relatively relaxed and many teenagers drink wine and beer at home with their family or in **cafés** and **discothèques** with their friends. Campaigns against alcohol use by young people in France target driving or health matters rather than age.

Soyez sages!

—Damien! Damien! Regarde!
—Eh! Du calme!

D. Les adultes

Voilà Béatrice Dubois. Elle a trente-sept ans et elle habite Toulouse (7). Elle aime être élégante. Elle n'est pas pauvre mais elle n'est pas très riche. C'est une femme énergique et débrouillarde, mais têtue. Elle a trois enfants. Avec ses enfants, elle est sévère mais compréhensive. Elle adore les langues étrangères et elle est professeur d'anglais dans un lycée. Elle a parfois des problèmes avec les adolescents de sa classe. Ils ne sont pas méchants, mais ils ne sont pas toujours polis et ils adorent rire.

■ Où habite Béatrice Dubois? Elle est jeune ou vieille? Combien d'enfants (8) est-ce qu'elle a? Est-ce qu'elle est très occupée? Pourquoi? Pourquoi est-ce qu'elle n'est pas très riche? Comment sont les adolescents de sa classe?

Toulouse

Les mots et la culture

7 **La France.** Look at the map of France on page 99. Can you find Toulouse? What part of France is it in? Is it close to Paris? What French cities do you know by name? Draw a line between the cities of Brest, Calais, Strasbourg, Nice, Perpignan, and Biarritz. Can you see why France is often referred to as **l'Hexagone**? The concept of France as an ordered, geometric space with definite boundaries satisfies the French taste for a geometric ordering of space and gives a sense of natural destiny as well as a feeling of safety and protection.

8 **Combien de.** To ask how many or how much a person has of something, use one of the following constructions:

Elle a **combien de** chats?
Combien de chats est-ce qu'elle a?   *How many cats does she have?*
Combien de chats a-t-elle?

Voilà Jean Rasquin, dentiste, quarante-cinq ans. C'est le père de Cédric et il habite à Paris. Il est très bavard et il déteste être seul, mais il est souvent ennuyeux. Il adore les voitures, les vacances et les week-ends.

■ Qui est Jean Rasquin? Il a quel âge? Est-ce qu'il est comme Cédric? Pourquoi? Qu'est-ce qu'il aime? Vous pensez qu'il est sympathique?

Voilà Jacques Dubois. Il habite Nice, il a soixante-huit ans et il est retraité. C'est une personne âgée, mais il marche beaucoup et donc il est en forme. Il est calme, réservé et un peu pessimiste. Il est triste parce qu'il est seul et vieux.

—Ah, Maria, pourquoi, pourquoi?

— La vie est belle!

Voilà Paulette Gilmard. Elle habite à Nice et elle est retraitée aussi, mais elle n'est pas comme Jacques: c'est une femme enthousiaste, sociable et optimiste. Elle aime la vie et elle n'est pas souvent déprimée. Elle a soixante-six ans, mais elle n'est pas vieille, n'est-ce pas?

Nice

■ Quel âge a Jacques Dubois? Il est jeune ou il est vieux? Il habite où? Est-ce qu'il a beaucoup d'amis? Pourquoi est-ce qu'il est triste?

■ Quel âge a Paulette Gilmard? Vous pensez qu'elle est jeune ou vieille? Et elle, elle pense qu'elle est vieille? Où habite-t-elle? Qu'est-ce qu'elle aime? Est-elle optimiste? Est-ce que c'est normal d'être optimiste quand on est vieux? Est-elle comme Jacques?

■ Et vous, quel âge avez-vous? Est-ce que vous êtes en forme aujourd'hui? Est-ce que vous êtes de bonne humeur ou de mauvaise humeur aujourd'hui? Est-ce que vous êtes débrouillard(e)? Est-ce que vous êtes optimiste ou pessimiste?

■ Dans la classe, qui joue de la guitare? Qui aime les bandes dessinées? Qui aime les voitures?

E. Les prépositions (9)

Paulette est loin de Jacques.

Paulette est derrière Jacques.

Paulette est près de Jacques.

Paulette est devant Jacques.

Paulette est sur le banc.

Vous permettez?

Je vous en prie!

Jacques est sur le banc à côté de Paulette.

Je n'aime pas être seule.

Moi non plus!

Les deux chiens sont sous le banc.

Les mots et la culture

9 **Près de, à côté de, loin de...** These prepositions all relate to space and distance. These concepts are not neutral — our perception of distance and space is culturally conditioned. When you watch a French movie or if you observe French people interacting, note how the French tend to stand closer to one another than would be comfortable for most people raised in the United States. In fact, someone from the United States talking to a French person often moves back to regain a comfortable distance, while the French person steps closer for exactly the same reason!

- Est-ce que Jacques et Paulette sont amis maintenant?

- De quelle couleur est le chien de Paulette? Et le chien de Jacques? Est-ce que les deux chiens sont amis?

- Et dans la salle de classe, qui est près de la fenêtre? Qui est près de la porte? Qui est loin du professeur? Qui est devant le professeur?

F. Autres mots et usages

1. **De.** The preposition **de** can be used to express possession, to say where someone is from, or to qualify a noun. **De** is also used as a part of longer prepositions and to express the idea of playing a musical instrument.

   a. **De** + noun expresses possession. This is the equivalent of *'s* in English.

C'est le cahier de Michel.	*It's Michel's notebook (the notebook of Michel).*

   b. **De** + indication of place expresses origin.

D'où êtes-vous?	*Where are you from?*
Je suis **de** Dallas.	*I'm from Dallas.*

   c. **De** + noun acts as an adjective and qualifies a noun.

C'est le professeur d'anglais.	*It's the English teacher (the teacher of English).*
Où est mon livre **de maths**?	*Where is my math book?*

   d. **Prepositions ending in de.** Certain prepositions end in **de**.

Il est **à côté de** la fille.	*He's next to the girl.*
Vous habitez **près de** Fort Worth?	*Do you live near Fort Worth?*
J'habite **loin de** l'université.	*I live far away from school.*

   e. **Jouer de** + musical instrument.

Tu joues **de la guitare**?	*Do you play the guitar?*

2. **De + definite article.** The combination **de** + **le** contracts to become **du**. The combination **de** + **les** contracts to become **des**.

   de + le = du
   de + les = des

C'est le chat **du** garçon.	*It's the boy's cat.*
Je joue **du** piano.	*I play the piano.*
Il est à côté **du** professeur.	*He's next to the teacher.*
Les chats n'aiment pas être près **des** chiens.	*Cats don't like to be near dogs.*

Il joue de la guitare.

C'est le chien de la fille.

Mise en pratique

Objective, Act. 1: practicing numbers

1. Dans l'ordre. Read each item aloud to find the number that does not belong. Once you have found the number that doesn't belong, reread the items, adding the number that *does* belong.

Modèle: 40, 41, **46**, 43
   quarante, quarante et un, quarante-trois
   quarante, quarante et un, quarante-deux, quarante-trois

1. 47, 48, 43, 50, 51
2. 58, 59, 60, 67, 62
3. 9, 10, 16, 12, 13
4. 69, 70, 71, 75, 73
5. 79, 80, 89, 82, 83
6. 88, 89, 90, 91, 99

Objectives, Act. 2–5: recycling vocabulary, recognizing new words and semantic fields, thinking critically, sharing opinions

2. Chassez l'intrus. Find the word that does not belong.

1. un bébé / un enfant / un banc / un adolescent / un adulte
2. une chambre / une école / un lycée / une université
3. bavard / drôle / sociable / timide
4. triste / content / fâché / déprimé
5. actif / énergique / réservé / enthousiaste
6. mignon / gâté / sage / bien élevé
7. méchant / gentil / égoïste / pénible
8. une bande dessinée / le droit / la médecine / les langues étrangères

3. C'est comment? Choose at least two of the following expressions to describe each statement: **c'est normal / c'est bizarre / c'est facile / c'est difficile / c'est drôle / c'est amusant / c'est triste / c'est ennuyeux.**

Modèles: étudier le français   *C'est facile et c'est amusant.*
   ne pas avoir de voiture   *C'est normal mais c'est difficile.*

1. être seul à 80 ans
2. être vieux à 20 ans
3. parler espagnol
4. avoir 50 chats
5. ne pas avoir la télévision dans sa chambre
6. ne pas aimer les fleurs
7. avoir un(e) camarade de chambre quand on est un(e) étudiant(e) américain(e)
8. habiter chez ses parents à 45 ans
9. être malade tout le temps
10. avoir 15 ans

4. Devinez qui. Which persons do the following?

Suggestions: les adultes, les jeunes, les jeunes filles, les petit(e)s ami(e)s, les personnes âgées, les enfants, les bébés

1. Ils aiment beaucoup dormir.
2. Ils ne jouent pas beaucoup.
3. Ils parlent beaucoup au téléphone.
4. Ils aiment beaucoup sortir avec leurs amis.
5. Ils aiment partir en vacances seuls.
6. Ils jouent tout le temps.
7. Ils regardent beaucoup la télévision.
8. Ils sont à l'école.
9. Ils étudient à l'université.

5. Comment sont-ils? What adjectives would you use to describe each word? Compare your results with those of your classmates.

1. un(e) adulte
2. les jeunes
3. une jeune fille
4. une école
5. un lycée
6. une personne âgée
7. un petit ami, une petite amie
8. un problème
9. la vie

6. Les villes de France. C'est vrai ou c'est faux? Corrigez les phrases fausses.

Modèle: Cannes est près de Paris.
C'est faux. Cannes est loin de Paris.

1. Nice est à côté de Cannes.
2. Nîmes est loin de Paris.
3. Rouen est loin de Paris.
4. Bordeaux est à côté de Strasbourg.
5. Avignon est à côté de Nîmes.

Objectives, Act. 6: using prepositions, learning about French geography

7. À quel âge? Where you live, how old are people usually when they do the following things?

Modèle: habiter seul
À 18 ans.

1. boire du vin *(wine)*
2. sortir avec une fille/un garçon
3. voyager seul à l'étranger *(abroad)*
4. avoir son permis de conduire *(driver's license)*
5. travailler dans un restaurant
6. voter
7. se marier *(to get married)*
8. étudier le droit ou la médecine

Objectives, Act. 7–8: talking about age, comparing cultures, sharing opinions

8. L'âge. Pour vous, quel âge a quelqu'un *(someone)* qui est...

1. très jeune
2. jeune
3. adulte
4. vieux

Take a few moments to decide for yourself, then compare your answers in groups and give examples of people you know.

9. Les gens et les âges. How old are they? Who are they in relation to each other? What are they like? What do they like/dislike? In groups, choose a photo and write a brief story about the people in the photo. Be ready to present your story to the class.

Objectives, Act. 9: describing, interacting orally, developing writing, presenting orally

Robert Tournier, Stéphane Tournier et Michel Tournier (Toulouse, France)

François et Paloma Toussaint (Bruxelles, Belgique)

Madame Pinel, Madame Tournier et Monsieur Silici (Lavaur, France)

Monsieur et Madame Dumoulin (Paris, France)

Stéphanie Perrin et Khadiatou Diouf (Jardin du Luxembourg, Paris)

Les verbes *sortir, partir, dormir*

Sortir *(to go out)* and two other common verbs, **partir** *(to leave)* and **dormir** *(to sleep)*, have identical endings in the present tense.

sortir

je sor**s**	nous sort**ons**
tu sor**s**	vous sort**ez**
il } sort elle	ils } sort**ent** elles

partir		**dormir**	
je par**s**	nous part**ons**	je dor**s**	nous dorm**ons**
tu par**s**	vous part**ez**	tu dor**s**	vous dorm**ez**
il } part elle	ils } part**ent** elles	il } dort elle	ils } dorm**ent** elles

Note de prononciation

The singular forms of the verbs **sortir**, **dormir**, and **partir** sound identical. In the plural, the **m** and the **t** of the stem are pronounced.

il dort	(**t** *not pronounced*)
elle sort	(**t** *not pronounced*)
ils dorment	(**m** *pronounced*)
elles sortent	(**t** *pronounced*)

Note that the stem in the plural forms is the same as in the infinitive.

Sortir indicates movement out of a place or going out, as in going out alone, with others, or on a date. **Partir** simply means *to leave.*

Suzanne **sort** du bureau du professeur.
Suzanne's coming out of the professor's office.

Cédric est timide et il n'aime pas **sortir**.
Cédric is shy and he doesn't like to go out.

Mes copains et moi, nous **partons** pour New York demain.
My friends and I are leaving for New York tomorrow.

Here are the imperative, or command, forms of verbs like **sortir.**

Dors bien!	*Sleep well!* (said to a person you would address using **tu**)
Partez maintenant!	*Leave now!* (said to a person you would address using **vous** or to more than one person)
Sortons avec Mamadou ce soir!	*Let's go out with Mamadou this evening!*

Mise en pratique

Objectives, Act.1: processing idiomatic meanings, comparing cultures

1. Des expressions. Here are some expressions with **dormir, sortir,** and **partir.** Match each one with its English equivalent. Then, identify each verb form as a present tense form, an infinitive, or an imperative.

1. Qui dort dîne.
2. partir de zéro
3. Ça part du cœur.
4. dormir profondément
5. bien/mal dormir
6. Partir, c'est mourir un peu.
7. À vos marques! Prêts? Partez!
8. sortir du lit
9. J'ai trop à faire, je ne m'en sors pas!

a. to sleep soundly
b. Sleeping is as good as eating.
c. Leaving is very difficult.
d. to start from scratch
e. On your mark! Get set! Go!
f. to get out of bed
g. I've got too much to do. I'll never get done!
h. to sleep well/badly
i. That's straight from the heart.

Objective, Act. 2–4: practicing new verb forms in context

2. La famille Dubois. Complete each sentence with a form of **sortir, partir,** or **dormir.** In some cases, there may be more than one possibility.

1. Cédric parle à sa mère: «Mais non, maman! Je ne _____ pas en cours d'anglais.»
2. Jean Rasquin _____ pour Tahiti en juin.
3. Jacques Dubois parle avec ses enfants: «Alors, vous _____ bien, ici?»
4. C'est Paulette et Jacques qui parlent: «Nous _____ avec Pierre et Marie le week-end.»
5. Suzanne parle à Hakim: «Tu ne _____ pas avec des amis demain?»
6. Béatrice parle à Jacques et à Paulette: «Vous _____ pour Montréal?»
7. Cédric _____ avec Stéphanie mais il aime Aurélie.
8. Paulette parle à Jacques: «À demain! _____ bien!»

3. Petit sondage. Qui dans la classe...

1. dort souvent devant la télévision?
2. sort souvent le lundi soir?
3. sort toujours le week-end?
4. part souvent chez ses parents le week-end?
5. dort parfois en classe?
6. part toujours en vacances avec ses parents en été?
7. part parfois en vacances avec ses amis en été?
8. dort parfois quand il/elle regarde un match de baseball à la télé?

4. Et vous? Parlez de vous avec un(e) partenaire.

1. Quand est-ce que vous dormez beaucoup?
2. Quand est-ce que vous ne dormez pas beaucoup?
3. Quand est-ce que vous sortez beaucoup?
4. Avec qui est-ce que vous sortez?
5. En quel mois est-ce que vous partez en vacances?
6. Est-ce que vous aimez mieux dormir ou sortir le week-end?

Structure 2

Où placer les adjectifs

Adjectifs qui suivent le nom

Most adjectives that are used to describe nouns follow the nouns they modify.

Martine aime **la musique anglaise.**
Martine likes English music.

C'est **une chambre agréable.**
It's a pleasant room.

Adjectifs qui précèdent le nom

A small group of adjectives usually precede the noun they modify. You already know some of these. Others, as they occur, are marked in the vocabulary list.

beau	*good-looking, beautiful*
grand	*big, tall*
gros	*big, thick, fat*
jeune	*young*
joli	*pretty*
petit	*small*
pauvre	*poor (to be pitied)*
vieux	*old*

C'est une **petite** chambre.   *It's a small room.*
La **pauvre** Monique!   *Poor Monique!*

Bel et vieil

The adjectives **beau** and **vieux** have alternative forms, **bel** and **vieil,** that are used before a masculine singular noun beginning with a vowel sound. They are pronounced the same as the feminine forms **belle** and **vieille.**

Minou est un **vieux** chat.   *Minou is an elderly (old) cat.*
Minou est un **vieil** animal.   *Minou is an old animal.*
Oscar est un **beau** chien.   *Oscar is a good-looking dog.*
Oscar est un **bel** animal.   *Oscar is a good-looking animal.*

Mise en pratique

1. Vrai ou faux?

1. Les professeurs aiment les étudiants sérieux.
2. Les gros chiens aiment les petits chats.
3. Paulette aime les vieilles chansons françaises.
4. Les petits oiseaux aiment les gros chats.
5. Émile (le monstre) aime les jolies fleurs.

Objective, Act. 1–5: practicing contrasting adjectives that precede and follow nouns

2. Les goûts. With a partner, discuss what you like and dislike. Pay attention to the agreement and placement of adjectives.

Modèle: les films (bizarre / amusant / classique / beau)
J'aime les beaux films classiques. Je n'aime pas les films bizarres.

1. la musique (anglais / espagnol / américain / français / classique)
2. les professeurs (sympathique / raisonnable / bête / paresseux / travailleur / intelligent)
3. les chambres (vieux / joli / laid / petit / grand / clair)
4. les chiens (grand / petit / méchant / gentil)
5. les hommes (compréhensif / blond / brun / sportif / intellectuel / naïf / riche)
6. les femmes (compréhensif / blond / brun / sportif / intellectuel / naïf / riche)
7. les copains (égoïste / généreux / paresseux / sérieux / sociable / têtu / timide)
8. les voitures (grand / petit / américain / français / vieux / beau)
9. les livres (petit / gros / amusant / sérieux / classique)

 3. Émile. Use adjectives from the list to rewrite the following paragraph about Émile to make it more descriptive.

jeune	sympathique	beau	petit	blond
grand	fâché	canadien	clair	vieux
pauvre	américain	joli	travailleur	gros
français	énergique	laid	sombre	

Modèle: Paul, l'ami d'Émile, est un étudiant en médecine. C'est un homme.
Paul, l'ami d'Émile, est un jeune étudiant français. C'est un homme sympathique et travailleur.

Émile est un monstre. Il a une chambre. Il aime sa chambre parce qu'il y a une fenêtre et des rideaux. Il a une amie, Ernestine. C'est une femme. C'est une étudiante. Elle étudie l'histoire et la littérature.

 4. La réalité. Comment sont...

1. les enfants bien élevés?
2. les enfants mal élevés?
3. les adolescents de 15 ans?
4. les étudiants de l'université?
5. les professeurs de l'université?

 5. Et le rêve. Comment est...

1. la femme idéale?
2. l'homme idéal?
3. l'enfant idéal?

Objectives, Act. 6–7: recycling vocabulary and structure, using language creatively

 6. Et elle? Qui est-elle? Comment s'appelle-t-elle? Quel âge a-t-elle? Où est-ce qu'elle habite? Comment est-elle? Qu'est-ce qu'elle aime? Qu'est-ce qu'elle n'aime pas?

7. Le copain de Suzanne. Describe Suzanne's boyfriend from the viewpoint of Suzanne, her parents, and her sister (Hakim's picture is at the beginning of this lesson, on p. 101).

Structure 3

Les pronoms comme *moi, toi,* etc.: les pronoms toniques

Pronouns in French have separate *tonic,* or stress pronouns.

moi	*me, I*
toi	*you (familiar/singular)*
lui	*him, he*
elle	*her, she*
nous	*us, we*
vous	*you (formal/plural)*
eux	*them, they (all-masculine or mixed group)*
elles	*them, they (all-feminine group)*

Stress pronouns are used in the following situations:

1. When there is no verb:

   —**Moi?**   *Me?*   —**Moi** aussi?   *Me too?*
   —Oui, **toi!**   *Yes, you!*   —Oui, mais pas **moi!**   *Yes, but not me!*

2. When they are the object of a preposition:

   —Il part **avec nous?**   *Is he leaving with us?*
   —Non, **avec eux.**   *No, with them.*

   —Elle est **chez lui?**   *Is she at his house?*
   —Non, il est **chez elle!** *No, he's at her house!*

3. After **c'est:**

   —**C'est toi?**   *Is that you?*   —Oui, **c'est moi.**   *Yes, it's me.*

4. For emphasis:

   —**Moi,** je déteste danser.   *I hate dancing.*
   —Mais tu danses bien, **toi!**   *But you dance well!*

5. When the subject of a sentence contains a noun + a pronoun. Note the use of a subject pronoun in front of the verb:

   —**Toi** et Nicole, vous   *You and Nicole, are you going*
   allez en ville?   *into town?*

6. After **c'est à** to indicate possession:

   —**C'est à eux?**   *Is it theirs?*
   —Non, **c'est à nous.** *No, it's ours.*

   —**C'est à qui?**   *Whose is this?*
   —**C'est à moi.**   *It's mine.*

C'est à qui? can also mean *Whose turn is it?* or *Who's next?* **C'est à moi** can also mean *It's my turn* or *I'm next.*

Objective, Act. 1–3: using stress pronouns in context

1. La vie de Jean Rasquin. Choose the noun that corresponds to each stress pronoun to find out more about the life of Jean Rasquin.

Modèle: Il voyage avec lui. (son père / son père et sa mère)
son père

1. Il parle avec eux. (Cédric Rasquin / ses copains)
2. Il sort avec elle. (sa copine / Marie-France et Sonia / ses enfants)
3. Il mange chez lui. (sa mère et son père / son copain Marc)
4. Il part en vacances avec eux. (Cédric / Paul et Monique)

2. La vie de Jean Rasquin (suite). Now, use stress pronouns to talk further about Jean Rasquin's life.

Modèle: Il joue au tennis avec Rudolph.
Il joue au tennis avec lui.

1. Il habite avec *des amis.*
2. Il sort le week-end avec *Jeremy et Jimmy.*
3. Il écoute de la musique romantique avec *Mélanie.*
4. Il sort au restaurant avec *Mathilde et Maude.*
5. Il part aux États-Unis avec *Samantha.*

 3. Qui... ? Guess the preferences of your classmates. The person about whom you're talking confirms or denies your guess. Use stress pronouns where possible.

Modèle: Qui aime étudier?
— *Lui! Lui, il aime étudier!* (pointing to another student)
— *Moi? Non! Pas moi! / C'est vrai. Moi, j'aime étudier.*

1. Qui aime chanter?
2. Qui aime danser?
3. Qui étudie tout le temps?
4. Qui travaille beaucoup?
5. Qui regarde souvent la télévision?
6. Qui écoute toujours le professeur?
7. Qui parle une langue étrangère?
8. Qui aime les mathématiques?

Objective, Act. 4: focusing on form and function in a connected text

 4. Les Dubois. In groups, rewrite the paragraph below, replacing some (but not all) of the nouns in italics with pronouns. Use either subject pronouns (**je / tu / il / elle / on / nous / vous / ils / elles**), the pronoun **ce**, or stress pronouns (**moi / toi / lui / elle / nous / vous / eux / elles**).

Voilà Vincent Dubois. *Vincent* est un homme sociable et *Vincent* adore sortir. *Vincent* a une femme. *Sa femme* s'appelle Thérèse. *Thérèse* n'aime pas sortir avec *Vincent*. Pourquoi est-ce que *Thérèse* n'aime pas sortir avec *Vincent*? Parce que *Vincent* adore boire, manger, parler et fumer. Et *Thérèse* aime lire et regarder des films classiques à la télé... et *Thérèse* déteste les cigarettes! Demain, *Vincent et Thérèse* partent pour New York. *Vincent* est content parce que *Vincent* adore New York. Et *Thérèse*? *Thérèse* est contente aussi. Pourquoi? Parce que *Thérèse* aime parler anglais et *Thérèse* adore voyager.

Le français parlé

CD1-10

Scène de vie

—Et voilà ma sœur, Sima.
—Sima?
—Oui, ma mère est de Téhéran.
—Ah oui? Et ton père?
—Non, lui, il est de Perpignan.
—Elle est plus âgée que toi, ta sœur?
—Oui, elle a vingt-deux ans.
—Elle est élégante!
—Oui, et jolie aussi, non?
—Oui, c'est vrai... C'est où, la photo?
—À Paris, je pense. Sima habite à Paris.
—Elle travaille?
—Non, elle étudie la médecine. Elle est très intelligente!
—Et elle est sympa?
—Oui, très! Toujours de bonne humeur! Et toi, tu as des frères et sœurs?
—Oui, j'ai deux frères... Regarde...

Sima

Pour écouter. When you listen to French, some words sound as if they were one word because of **liaison. Liaison** *(Linking)* is characteristic of spoken French and occurs when the final consonant of one word is pronounced along with the beginning vowel sound of the following word. This **liaison** consonant (the one pronounced) is silent when it is followed by another consonant.

Comment‿allez-vous?   Comment ça va?
     liaison t   **silent t**

The liaison consonants **s** and **x** are pronounced /z/.

les jeunes   les‿écoles   deux‿enfants
  silent s   /z/   /z/

The letter **h** is silent, making **liaison** possible with the vowel that follows.

les‿hommes   deux‿hommes
  /z/   /z/

Listen to the conversation above and indicate the liaisons with link marks.

 Parlons! Une photo

a. Bring to class a photo of someone you know: your mother, your father, your brother, your sister, or one of your friends. Take a moment or two to write a few things about that person.

b. Working in pairs, ask questions to find out everything you can about the person in your partner's photo. Be ready to present your partner's photo to the class and to mention two or three things you have learned about the person in the picture.

Découvertes linguistiques

Objectives: using the distribution of **moi/je** to reflect on patterns that occur as well as patterns that do not occur in languages, drawing conclusions based on data and formulating descriptive "rules" for French

Moi je chante, toi tu chantes, nous nous chantons...

(Titre d'un article sur le chant en Bretagne (19 novembre 2003))

1. *Moi et je.* The lines below were taken from a corpus, or collection, of French as spoken in French television documentaries and on morning talk television. This is not a continuous text and it is **not** meant to be read for meaning. Each line comes from a different place in the corpus and each line is not necessarily one sentence (the corpus contains a total of 521,421 words).

1.	Reste calme! Astérix! JE suis calme! Obélix...
2.	Et moi, je m'appelle Claire.
3.	...habiter encore maintenant. Ça je sais pas, mais aller comme ça...
4.	... et encore maintenant... euh, je continue à pas aimer ça.
5.	Oui ben, moi, je travaille pas tout l'été hein...
6.	Non, moi non. Moi, je n'ai pas de réminiscences...
7.	... a été très très difficile pour moi. Je ne sais pas comment il a été pour...
8.	Hein, Barbara. Moi, je trouve que c'est très joli.
9.	Ben, moi, je suis d'accord avec Natalie.
10.	Et que moi, bon, je reste là. Qu'est-ce que...

a. Look at the following table. What kinds of information do you need to complete the table based on the corpus lines?

b. Choose any six additional lines to complete the table. What kinds of words is the personal pronoun **je** found with? What patterns do you find?

Line #	2nd word to the left of *je*	1st word to the left of *je*	JE	1st word to the right of *je*	2nd word to the right of *je*
9	ben	moi	je	suis	d'accord
			je		
			je		
			je		
			je		
			je		
			je		

2. **Analysons.** Look at the table you just completed. Can you pick out any patterns in the use of **moi** and **je**? Are there some combinations that don't occur? What title would you give this table?

3. **Pour apprendre le français.** Do the patterns you've just worked with make sense to you? Do they "sound right?" Do the patterns that don't occur in the data sound "right" or "wrong" to you? Where do you think these feelings are coming from? Can you extend this distribution to other pronouns (**tu/toi**, for example)?

Découvertes culturelles

Comment sont les Français?

Objectives: reviewing vocabulary, analyzing data and thinking critically, solving problems, comparing opinions and cultures, reflecting on personal and cultural attitudes

 1. Défauts et qualités

a. **Catégories.** Organize the following adjectives into two categories: negative and positive.

sympathique	bavard	intelligent	content de soi
travailleur	froid	accueillant	entêté
débrouillard	hypocrite	énergique	propre
honnête	vieux jeu	menteur	malhonnête
sérieux	agressif	paresseux	courageux

b. **Défauts ou qualités?** Which of these adjectives are negative in some cases but positive in others? What criteria did you use to decide whether an adjective was positive or negative?

• QUELLES SONT LES PRINCIPALES QUALITÉS DES FRANÇAIS?	• QUELS SONT LES PRINCIPAUX DÉFAUTS DES FRANÇAIS?
Sympathiques ..38%	**Bavards 21%**
Intelligents 33%	**Contents d'eux 20%**
Travailleurs.....28%	**Froids, distants 16%**
Accueillants 22%	**Entêtés 14%**
Débrouillards ..19%	**Hypocrites 13%**
Énergiques 19%	**Vieux jeu 11%**
Propres..........16%	**Agressifs 10%**
Honnêtes........16%	**Menteurs 8%**
Sérieux 14%	**Paresseux 5%**
Courageux 12%	**Malhonnêtes 4%**
Sans opinion ...32%	**Sans opinion ...45%**
(Réponses à l'aide d'une liste.)	(Réponses à l'aide d'une liste.)

Figaro Magazine

 2. Observer

a. **Principaux défauts et qualités.** What are the three main positive characteristics of the French according to Americans? the three main shortcomings?

b. **Choisir.** Do you see any contradictions? Which ones? Does this choice correspond to what you thought?

3. Analyser

a. **Les stéréotypes.** Does this list reflect reality or only a perception of reality? Where does this perception come from? What characteristics do Americans like in other people? What do they not like? Why?

b. **Et les Américains (ou les Canadiens), comment sont-ils?** Make a ranked list (by order of importance) of the positive characteristics and shortcomings of Americans/Canadians according to how people of other nationalities see them.

Un poème

Objectives: *reading poetry in French, discovering free verse in French, using familiar words to make sense of a short text and to identify thematic elements, establishing parallels, using imagination, reading for deep meaning, looking for poetic effects, making personal interpretations and using language to translate feelings and emotions*

La Chanson de la vie

		Le temps passe
sun		Le soleil°
ground, earth		Brûle le sol°
		Et apporte l'angoisse
	5	Mais un jour
rain		La saison des pluies°
		Arrive
trees bud out		Et les arbres bourgeonnent°
		Et les manguiers
	10	Les citronniers
		Les goyaviers
		Offrent leurs parfums
		Les hibiscus
		Exhibent leur beauté
a tree with flame-colored flowers	15	Les flamboyants°
		Dansent dans le vent
		Et toute la savane
		Chante
		Et les hommes
	20	Dansent
		Et le Masque
		Danse
		Et le tam-tam
		Bat la cadence
	25	De la vie
wins		Qui gagne° toujours
		La vie
		Qui revient
		Encore et encore
	30	Car les hommes
		Meurent
		Et naissent
		Meurent
		Naissent
	35	Et renaissent
until		Jusqu'à° la fin
		Des temps

Véronique Tadjo, Côte d'Ivoire, Abidjan 1990.

1. **Préparation: La vie.** What are the different phases of life . . .

   ■ for an individual?
   ■ in nature?

   Modèles: *Être petit, enfant, jeune, etc.*
   Il y a les fêtes, les mois de l'année...

2. **Première lecture.** Which words in the text refer to the life of nature? Which ones refer to the life of human beings? What are some of the key words for each theme of the poem (nature and mankind)?

3. **À la recherche des détails**

a. Which words change as the poem unfolds? Divide the poem into its component elements. How is it composed? Could you divide it into stanzas?

b. Which words come from the poet's experience with nature? from her personal life experience? How does she see her country, and what do you learn about this country? Which of the five senses are referred to in the poem? How do you know?

4. **Analyse**

a. **Les émotions.** Which words refer to sad emotions and negative feelings? to happy or positive feelings? What is the prevalent emotion of the poem? Use quotations from the poem to support your answer.

b. **Figure littéraire.** What role does nature play in the poem? Select from the list below.

   une métaphore
   une illustration
   une évocation
   un symbole
   une comparaison
   une référence

   Explain your decision. Why is this poem called a **chanson**?

5. **Ma chanson de la vie.** What is your outlook on life like? Positive or negative? Is life an endless new beginning, or is it final? Create a set of associations that translate how you feel, using the words you know and if you want, some symbolic references from your personal experience.

   Modèle: *La vie est belle, la vie est un livre, etc.*

Vocabulaire de base

CD1-11

Les chiffres de 40 à 100 (voir page 98)
Les formes toniques des pronoms (voir page 113)

Noms

un(e) adulte *adult*
un an *year*
une école *school*
une guitare *guitar*
les jeunes *(m.pl.) young people*
une jeune fille *girl (between about 15
    and 25, not married)*
un lycée *high school*
une personne âgée *older person,
    senior citizen*
un petit ami, une petite amie
    boyfriend, girlfriend
un problème *problem*
la vie *life*

Verbes

dormir *to sleep*
habiter *to live (inhabit)*
jouer (à/de) *to play*
partir *to leave*
sortir *to go out*

Adjectifs

âgé(e) *old, elderly*
bavard(e) *talkative*
compréhensif, compréhensive
    understanding

content(e) *glad*
débrouillard(e) *resourceful*
déprimé(e) *depressed*
difficile *difficult, hard to get along
    with*
drôle *funny, amusing*
égoïste *selfish*
équilibré(e) *well-adjusted*
facile *easy*
gentil, gentille *kind, nice*
intellectuel, intellectuelle *intellectual*
jeune *(precedes noun) young*
joli(e) *(precedes noun) pretty*
méchant(e) *mean*
mignon, mignonne *cute*
normal(e) *normal*
pauvre *(precedes noun) poor
    (to be pitied)*
riche *rich*
seul(e) *alone*
triste *sad*
vieux (vieil), vieille, vieux, vieilles
    (precedes noun) old

Adverbes

parfois *sometimes*
souvent *often*
toujours *always*

tout le temps *all the time*

Prépositions

à *in, to, at*
à côté de *next to, beside*
chez *at the house of*
derrière *behind, in back of*
devant *in front of*
loin de *far from*
près de *near (to)*

Divers

avoir... ans *to be . . . years old*
C'est à qui? *Whose is it? Whose turn
    is it?*
combien de *how many, how much*
moi (toi...) aussi *me (you . . .) too,
    so do I (you . . .)*
moi (toi...) non plus *me (you . . .)
    neither, neither do I (you . . .)*
pas moi (toi...) *not me (you . . .)*
quand *when*

Vocabulaire supplémentaire

Noms

un adolescent, une adolescente *adolescent, teenager*
un banc *bench*
une bande dessinée *comic strip, comic book*
un bébé *baby*
un(e) dentiste *dentist*
le droit *law*
les études *(f.pl) studies*
la géographie *geography*
l'histoire *(f.) history*
les langues étrangères *(f.pl.) foreign languages*
la littérature *literature*
la médecine *medicine*
un retraité, une retraitée *retired person*

Verbes

partager *to share*
pleurer *to cry*

Adjectifs

actif, active *active*
bien élevé(e) *well-mannered*
calme *calm*
élégant(e) *elegant*
énergique *energetic*
ennuyeux, ennuyeuse *boring, annoying*
enthousiaste *enthusiastic*
fâché(e) *angry, mad, disgruntled*
gâté(e) *spoiled*
impoli(e) *impolite*
mal élevé(e) *ill-mannered, rude*
marocain(e) *Moroccan*
optimiste *optimistic*
pessimiste *pessimistic*
poli(e) *polite*
puni(e) *punished*
réservé(e) *reserved, quiet*
sage *well-behaved*
sévère *strict*
têtu(e) *stubborn*
typique *typical*

Divers

être au régime *to be on a diet*
être de bonne humeur *to be in a good mood*
être de mauvaise humeur *to be in a bad mood*
être en forme *to be in shape, to feel great*
jouer de la guitare *to play the guitar*
Quel âge as-tu (avez-vous)? *How old are you?*

Le français tel qu'on le parle

Alors (on joue)? *Well, so (are we playing or not)?*
C'est pas drôle! *It's not funny! That's no fun!*
Du calme! *Be quiet!*
Eh! *Hey!*
je vous en prie *please do, of course (formal)*
Pas mal! *Not bad!*
Soyez sages! *Behave! Be good!*
Vous permettez? *May I? (formal)*

Le français familier

un(e) ado = un(e) adolescent(e)
une bagnole = une voiture
un bahut = un lycée
barbant(e) = ennuyeux, ennuyeuse
une BD = une bande dessinée
c'est pas marrant = c'est pas drôle
un copain, une copine = un petit ami, une petite amie *(meaning depends on context)*
fauché(e) = très pauvre
un gamin, une gamine = un(e) enfant
la géo = la géographie
un(e) intello = un(e) intellectuel(le)
roupiller = dormir

On entend parfois...

une blonde (Canada) = une petite amie
chéri-coco, chérie-coco (Sénégal) = un(e) petit(e) ami(e)
un chum, un tchomme (Canada) = un petit ami
être jaguar (Bénin, Togo) = être élégant(e)
être jazz (République démocratique du Congo) = être élégant(e)
huitante (Suisse) = quatre-vingts
jasant(e) (Canada) = bavard(e)
un (petit) mousse (Canada) = un petit garçon
niaiseux, niaiseuse (Canada) = pas très débrouillard, un peu bête
nonante (Suisse, Belgique) = quatre-vingt-dix
septante (Suisse, Belgique) = soixante-dix

Vacances à la carte!

1. **Le document.** C'est pour des vacances ou pour le travail? C'est pour voyager ou pour travailler? C'est pour des familles ou pour des enfants? C'est en France ou sur un autre continent? C'est pour l'été ou pour l'hiver?

2. **Photos et texte.** Quels mots du texte associez-vous avec la photo 1? la photo 2? la photo 3? la photo 4? Décrivez les photos. Combien d'offres de vacances est-ce qu'il y a? Pour quelle(s) saison(s)?

3. **Des questions.** Vous partez en vacances avec **Vacances à la carte**. Décidez où et quand. Préparez trois questions pour l'agent de **Vacances à la carte** pour avoir plus de détails.

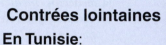

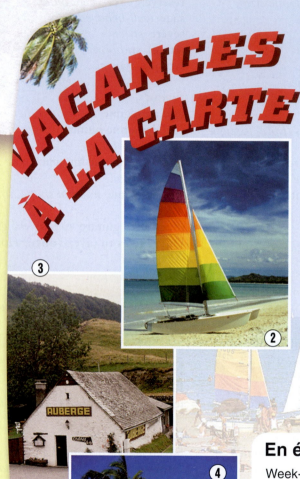

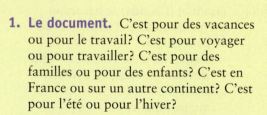

VACANCES À LA CARTE

① Contrées lointaines

En Tunisie:
Climat et prix très doux!
50 à 100 euros de réduction pour vous

Promotion
Les Bermudes
Réduction de 35 euros par personne quand vous partez entre le 15 octobre et le 3 mai

En été

Week-ends à la montagne

Voyages de groupes

En hiver

Bord de mer

Campagne

Contrées lointaines

Bonnes affaires

Leçon

L'espace et le temps

**Quand partir?
Où partir?**

En bref

- Vacances à la carte
- L'heure, les horaires et les emplois du temps
- Place et lieu: les prépositions *dans* et *en*
- Ville et campagne; mer et montagne
- Avoir froid, chaud et sommeil
- Destinations et activités: le verbe *aller*
- Les prépositions *à* et *de* et l'article défini
- Questions pour demander des renseignements
- Les loisirs des Français
- Lecture: *La Leçon*

Vocabulaire

A. L'heure (1)

1. L'heure et les villes. Quelle heure est-il...

à New York?
Il est huit heures du matin. (2)

—Oh là là, 8h! C'est l'heure!

à Chicago?
Il est sept heures du matin.

à Denver?
Il est six heures du matin.

à San Francisco?
Il est cinq heures du matin.

J'ai trouvé!

à Paris?
Il est deux heures de l'après-midi. (3)

—Bon, allons-y!

Les mots et la culture

1 **L'heure d'été.** In France, daylight savings time **(l'heure d'été)** begins on the last Sunday in March and ends on the last Sunday in October.

2 **Matin / après-midi / soir.** To specify *morning, afternoon,* or *evening,* use the following expressions:

Il est quatre heures **du matin.** *It's four in the morning.*
Il est une heure **de l'après-midi.** *It's one in the afternoon.*
Il est dix heures **du soir.** *It's ten in the evening (at night).*

3 **Les vingt-quatre heures.** What do you notice about the way train departure times are indicated in France? At what time is the train for Perpignan leaving? the train for Bordeaux? In much of the world, including many French-speaking countries, official time

Trains au départ				
Départ	Destination		Train No	Quai
20h57	Perpignan	TGV	7064	3
21h00	Bordeaux	TGV	4345	1
21h05	Lyon	TGV	5245	2

schedules are based on a 24-hour rather than a 12-hour clock. When using the 24-hour clock, the expressions **et quart, et demie,** and **moins le quart** are not used. Note these different ways to express time in French:

à Moscou?
Il est quatre heures de l'après-midi.

à Tokyo?
Il est dix heures (4) du soir.

à Sydney?
Il est onze heures du soir.

■ Il est huit heures du matin et on mange à New York. Mais à Denver, il est six heures du matin et on dort. Est-ce qu'on dort à Paris à deux heures de l'après-midi? Est-ce que les enfants sont en classe à Moscou à quatre heures de l'après-midi? Quelle heure est-il à Tokyo? C'est le jour ou la nuit? Et à Sydney? Cherchez: On mange à New York. Dans quelle ville est-ce qu'on mange aussi? On dort à Denver. Dans quelle ville on dort aussi? On travaille à Paris. Dans quelle ville on travaille aussi?

■ Pour chaque *(each)* ville, on est en quelle saison? C'est pendant la semaine ou le week-end?

Les mots et la culture

24-hour clock (official)	12-hour clock (familiar)
12h00 (midi)	midi
13h00 (treize heures)	1h (une heure) (de l'après-midi)
14h15 (quatorze heures quinze)	2h15 (deux heures et quart) (de l'après-midi)
15h30 (quinze heures trente)	3h30 (trois heures et demie) (de l'après-midi)
17h45 (dix-sept heures quarante-cinq)	5h45 (six heures moins le quart) (de l'après-midi *or* du soir*)
19h00	7h (sept heures) (du soir)
23h10	11h10 (onze heures dix) (du soir)
0h00 (minuit)	minuit

4 **L'heure, c'est l'heure!** If you're invited to dinner, do you arrive exactly on time? If you're five minutes late for an appointment, should you worry? Just as space is perceived and used in different ways in different cultures, so is time. In North American culture, promptness is usually seen as a virtue. In France, however, this is not necessarily the case. The French instead obey their own set of culturally determined rules. Hosts, for example, do not expect their guests to arrive exactly on time, and guests would never think of arriving early. However, arriving more than 30 minutes late is considered "being late" and requires an excuse **(Je suis en retard, excusez-moi).** Appointments, on the other hand, require promptness. If you are to meet someone in his or her office at 3:00, you should be there at 3:00.

*When to say **l'après-midi** or **le soir** depends on the season (in winter, evening comes earlier).
How would you say the following in official time: **huit heures et quart du soir? quatre heures et demie de l'après-midi? sept heures moins le quart du soir?** How would you say the following in familiar time: 23h15? 21h45? 13h30?

2. Quelle heure est-il?

Il est une heure.

Il est une heure cinq.

Il est une heure et quart.

Il est une heure vingt.

Il est une heure et demie.

Il est deux heures moins le quart.

Il est deux heures moins trois.

Il est deux heures.

3. Midi ou minuit?

Il est midi à Bruxelles.

Il est minuit à Paris.

- C'est quel (5) jour, aujourd'hui? Et quelle est la date? Quelle heure est-il maintenant? Et quelle heure est-il à Los Angeles? Et à Montréal (c'est comme à New York)? Et à Bruxelles (c'est comme à Paris)? Et à Tokyo? À Sydney maintenant, c'est aujourd'hui ou demain? Téléphoner (6) à Paris maintenant, ça va? Pourquoi? Et téléphoner à Sydney?

- Et vous? À quelle heure est-ce que vous commencez les cours le lundi? le mardi? le vendredi? À quelle heure est-ce que vous terminez les cours le lundi? le mardi? le vendredi? Vous êtes en (7) cours à 7h du matin? Et à midi? À quelle heure est-ce que vous mangez le matin? le soir?

Note de prononciation

Commencer

In order to retain the soft /s/ sound in the verb **commencer,** a cedilla is added to the **c** before the ending **-ons.**

je commence   nous commençons

Les mots et la culture

5 Quel. Quel means *what* or *which.* It is an adjective. **Quel** may be separated from its noun by a form of the verb **être.** Like other adjectives, its form depends on the number and gender of the noun it modifies.

C'est **quel jour**? *(masculine singular)*
Quelle est **la date,** aujourd'hui? *(feminine singular)*
Vous avez **quels livres**? *(masculine plural)*
Quelles couleurs est-ce qu'il préfère? *(feminine plural)*

Note the use of **quel** to express an exclamation.
Quel hiver! *What a winter!*
Quelles vacances! *What a vacation!*

6 Téléphoner à + personne. The verb **téléphoner** is followed by the preposition **à** to mean *to telephone (to call) someone.*

Il **téléphone à** Paul. *He's calling Paul.*
Téléphone à ta mère aujourd'hui! *Call your mother today!*

7 Dans / en. The English preposition *in* can be translated in French by either **dans** or **en,** depending on the context. In general, **dans** is used when it means or implies *within* or *inside of* **(dans la chambre),** whereas **en** is used in fixed expressions where there is no article **(en ville).**

The English prepositions *to* and *at* can usually be translated by the French preposition **à (à la plage).** In certain fixed expressions, however, **en** (with no article) is used **(en classe).** These expressions must simply be memorized.

Here are the most common fixed expressions using **en.**

en ville *in town, downtown*
en vacances *on vacation*
en classe *in class*
en cours *in class*
en juillet, en avril, etc. *in July, in April,* etc.
en automne *in autumn*
en hiver *in winter*
en été *in summer*
BUT: **au printemps** *in spring*

B. Où?

1. En ville

Voilà Cinet, une petite ville française. À Cinet, il y a des maisons, des appartements, une gare, une église, un parc, un supermarché, un hôpital, une piscine, des magasins, des banques, un hôtel, des restaurants, des cafés, une poste et une bibliothèque.

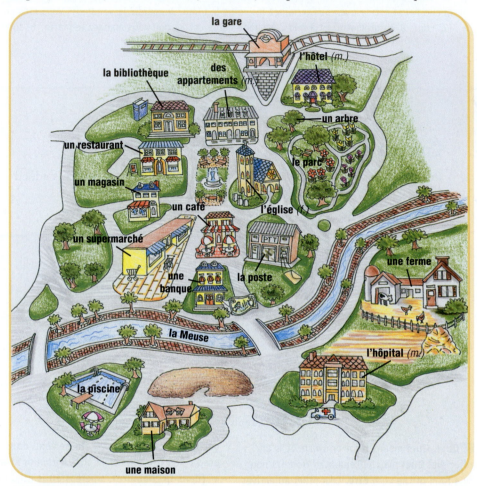

la gare

l'hôtel *(m.)*

la bibliothèque

des appartements *(m.)*

un arbre

un restaurant

le parc

un magasin

un café

l'église *(f.)*

un supermarché

une ferme

une banque

la poste

la Meuse

l'hôpital *(m.)*

la piscine

une maison

■ Est-ce que l'église est près du café? Est-ce que la poste est à côté de la bibliothèque? Est-ce que le parc est loin de l'hôpital? Et où est la bibliothèque?

Sur la photo, il y a un champ avec des vaches.
Il y a aussi un village.

2. À la campagne

Qu'est-ce qu'il y a sur la photo? De quelles couleurs sont les vaches? C'est quelle saison? Quel mois? Quelle est la couleur principale *(main)* dans la photo? Quelle est l'atmosphère de la photo? (Donnez un adjectif.)

■ Dans le village, est-ce qu'il y a une église? un super-marché? des appartements? des fermes? Il y a combien de maisons?

■ Imaginez la journée (8) d'un habitant *(inhabitant)* du village. Où est-il à 5 heures du matin? à 10 heures? à 14 heures? à 19 heures? à 23 heures?

3. À la montagne

C'est quelle saison? Il est quelle heure? Est-ce qu'il y a des fermes sur la photo? une église? des vaches? des fleurs? Est-ce qu'on skie sur la photo? Pourquoi ou pourquoi pas? Donnez une autre *(other)* activité sportive à la montagne.

■ Est-ce que vous aimez la neige à la montagne? en ville? à la campagne?

À la montagne, il y a... des montagnes! Sur la photo, il y a aussi un lac mais il n'y a pas de neige parce que c'est l'été.

4. À la mer

C'est quelle saison? quel mois? Il est quelle heure? Est-ce qu'on nage? Est-ce qu'on joue? À la plage, qu'est-ce qu'on regarde? Quel âge ont les personnes sur la plage?

À la mer, il y a... la mer! Sur la photo, il y a aussi une plage et des bateaux. Aujourd'hui, le ciel est bleu et le soleil brille. C'est une belle journée (8).

■ Et vous, vous habitez où? Qu'est-ce qu'il y a chez vous? Qu'est-ce qu'il n'y a pas? Qu'est-ce que vous aimez chez vous? Qu'est-ce que vous n'aimez pas chez vous?

■ Quel est votre endroit préféré pour un pique-nique? pour les vacances? pour habiter et travailler? pour être retraité?

■ Est-ce que vous préférez (9) la campagne ou la ville? la mer ou la montagne? Pourquoi?

Les mots et la culture

8 **Jour / journée, an / année.** The words **jour** and **an** refer to periods of time that are countable.

> Il y a **sept jours** dans une semaine.
> *There are seven days in a week.*
> Il a **14 ans.** *He's 14 (years old).*

Journée and **année** refer to periods of time thought of as a whole.

> Voilà **la journée** de Mme Dupont.
> *That's Mrs. Dupont's day.*
> Quelle **année!** *What a year!*

Rappel **Le lundi / lundi. Je travaille à la bibliothèque** *le* **lundi** means *I work in the library every Monday.*

Je travaille à la bibliothèque *lundi* means *I am working in the library **on Monday*** *(this coming Monday only).*

9 **Préférer.** The verb **préférer** is a spelling-change verb. The **accent aigu** over the second **e** becomes an **accent grave** in all singular forms and in the third-person plural.

je préf**è**re	nous préférons
tu préf**è**res	vous préférez
il ⎫ elle ⎭ préf**è**re	ils ⎫ elles ⎭ préf**è**rent

Other verbs that have the same spelling changes as **préférer** will be marked in the vocabulary lists.

C. Avoir froid, chaud et sommeil

Alceste a froid.

Candide a chaud.

Alceste et Candide ont sommeil.

■ Et vous? Où est-ce que vous avez froid? À la piscine? à la plage? En quelle saison est-ce que vous avez froid? en quel mois? à quelle heure? Et où est-ce que vous avez chaud? Quand? Quand est-ce que vous avez sommeil? À quelle heure? Où?

D. Autres mots et usages

Here are some useful words and expressions not included in the preceding vocabulary presentation.

une cité universitaire	*dormitory*
un laboratoire	*laboratory*
une minute	*minute*

un moment	*moment*
s'il te plaît	*please (familiar)*
trouver	*to find*
Vous avez l'heure?	*Do you have the time?*
(Tu as l'heure?)	*What time is it?*

Mise en pratique

Objectives, Act 1–2: recycling vocabulary from previous lessons, recognizing new vocabulary words, clustering words, and associating new and familiar vocabulary by meaning

1. **Classons.** In groups, classify the following words in categories and compare your categories with those of other groups.

ciel / supermarché / lac / vacances / lycée / lundi / mois / laboratoire / octobre / magasin / poste / juillet / dormir / nager / mer / matin / plage / ville / février / froid / café / chaud / affiche / camarade de chambre / skier / habiter / mars / mercredi / soir / minuit / parc / pique-nique / fête / hiver / mai / décembre / dimanche / heure / hôtel / jour / campagne / cours / gare / ferme

2. Chassez l'intrus. Trouvez le mot qui ne va pas avec les autres mots.

1. université / maison / cours / bibliothèque / cité universitaire
2. vache / ville / village / campagne / champ
3. plage / mer / août / nager / noir
4. école / examen / cahier / juillet / laboratoire
5. café / restaurant / hôtel / supermarché / ciel
6. neige / chaud / hiver / skier / montagne
7. poste / mer / hôtel / magasin / banque / gare

3. À votre avis. C'est normal, c'est bizarre ou ça dépend?

1. être à l'église le dimanche
2. avoir un cours de français le dimanche
3. être au théâtre le lundi matin
4. être en classe le mercredi
5. trouver des enfants à la piscine à deux heures du matin
6. être à la banque le vendredi
7. être à la poste le dimanche
8. sortir le samedi soir
9. avoir froid l'été

Objectives, Act. 3: reviewing time and place vocabulary in context, making decisions, expressing opinions

4. Les sensations. Quelles sont vos réactions dans les situations suivantes? Vous avez froid? chaud? sommeil?

> **Modèle:** Vous êtes au Pôle Nord.
> *J'ai froid.*

1. Il est deux heures du matin et vous étudiez.
2. Aujourd'hui, la température est de −30 degrés.
3. Vous êtes à Miami en juillet.
4. Vous êtes à une fête très ennuyeuse et il est trois heures du matin.
5. Vous nagez dans un lac en Alaska.

Objective, Act. 4: practicing expressions with **avoir** in context

5. À quelle heure? Indiquez l'heure de ces activités et comparez avec vos camarades.

1. Je mange _____.
2. La nuit, je dors de _____ à _____.
3. Le soir, j'étudie de _____ à _____.
4. Je suis dans ma chambre de _____ à _____.
5. Je suis de mauvaise humeur _____.
6. Je suis à la bibliothèque à _____.
7. Je pars à _____ le matin.
8. Je suis en classe de _____ à _____.

Objectives, Act. 5–6: practicing time expressions, expressing personal experience, using language orally, comparing experiences with others

6. Et vous? In pairs, discuss the following questions.

1. À quelle heure est-ce que vous commencez à étudier le soir?
2. Dans votre université, où est-ce qu'on trouve des professeurs? Quand? Où est-ce qu'on ne trouve pas de professeurs?
3. À quel âge est-ce qu'on commence l'école? le lycée? l'université? des études de médecine?
4. À quel âge est-ce qu'on commence à travailler?
5. Où est-ce qu'on trouve un livre? des clés? une chambre? une affiche? un cadeau?

Objectives, Act. 7: *reviewing time expressions, finding information in a document, comparing cultures*

7. Horaires d'ouverture *(Business hours).* In groups, look at the picture and answer the following questions.

1. Quel jour est-ce que Pierre Marin ne travaille pas? Quels jours est-ce que Pierre Marin ne travaille pas l'après-midi?
2. Que fait-il *(What does he do)* le dimanche, à votre avis *(in your opinion)*? Et le samedi après-midi? À votre avis, où est-il le mercredi après-midi? À quelle heure est-ce qu'il mange à midi? Et le soir?
3. Quelle est sa profession, à votre avis (dentiste / médecin / psychologue / professeur / électricien / plombier)?
4. Quelles sont les heures de travail en France d'après *(according to)* la photo? Comparez avec les heures de travail chez vous. Est-ce qu'on travaille plus ou moins chez vous?
5. Chez vous, de quelle heure à quelle heure est-ce qu'on mange à midi? Et le soir, à quelle heure est-ce qu'on mange?

Pierre Marin
Tél: 04.66.52.76.93

HEURES
Lundi, mardi, jeudi, vendredi
9h30 à 12h30
14h30 à 19h00
Mercredi, samedi
9h30 à 12h00

Objectives, Act. 8: *reviewing the verb **préférer**, interacting orally, learning about French culture, observing cultural data, making cultural deductions, comparing cultures*

8. Leur week-end, votre week-end! Voilà les moments préférés des Français le week-end.

> 39% des Français préfèrent le dimanche après-midi; 32% préfèrent le samedi soir; 27% préfèrent le dimanche à midi; 24% préfèrent le dimanche matin; 21% préfèrent le samedi après-midi; 14% préfèrent le vendredi soir; 11% préfèrent le dimanche soir; 8% préfèrent le samedi matin; 4% préfèrent le samedi à midi.

From: Gérard Mermet, *Francoscopie*

Quels sont les trois moments préférés des Français? Pourquoi, à votre avis *(in your opinion)*? Et quels sont les trois moments qu'ils n'aiment pas beaucoup? Pourquoi? Imaginez les activités des Français le dimanche après-midi, le dimanche matin, le samedi soir et le dimanche à midi.

Et chez vous? Qu'est-ce qu'on fait *(do)* chez vous le dimanche après-midi? le samedi soir? Quels sont les moments préférés du week-end dans votre culture? Est-ce que ce sont les mêmes *(same)* moments que chez les Français? Pourquoi ou pourquoi pas?

Modèle: *Chez nous, on préfère... parce qu'on aime...*

9. L'emploi du temps de François. François a 20 ans et il est étudiant en communication à Bruxelles. Voilà son emploi du temps pour le semestre d'automne.

Objectives, Act. 9: practicing time expressions in a cultural context, comparing cultures, learning about Belgian higher education, observing and analyzing cultural data, expressing preferences, writing in French

	LUNDI	MARDI	MERCREDI	JEUDI	VENDREDI
9h à 10h		Initiation à la découverte des communications	Psychologie		Histoire
10h à 11h		Initiation à la découverte des communications	Psychologie		Histoire
11h à 12h		Initiation à la découverte des communications --- Recherche de documents	Intro à l'univers des médias		
12h à 13h		Recherche de documents	Intro à l'univers des médias		
13h à 14h		--- Philosophie			--- Écriture
14h à 15h	Actualités et médias	Philosophie	Sociologie	Sociologie	Écriture
15h à 16h	Actualités et médias	Philosophie --- Anglais Intermédiaire	Sociologie	Sociologie --- Droit public et institutions européennes	
16h à 17h	Économie	Anglais Intermédiaire	Droit public et institutions européennes	Droit public et institutions européennes	
17h à 18h	Économie	Anglais Intermédiaire	Droit public et institutions européennes	Droit public et institutions européennes	

François Toussaint, Bruxelles, Belgique

a. **Les horaires.** Combien de temps durent les cours en général *(How long are the classes in general)*? Combien d'heures de cours François a-t-il par semaine? C'est beaucoup? Quels jours est-ce que François est très occupé? À quelle heure commencent les cours le matin? jusqu'à *(until)* quelle heure? Combien de temps François a-t-il pour manger à midi? À quelle heure est-ce qu'il commence sa journée le lundi? Et le mardi? Et les autres *(other)* jours? À quelle heure est-ce qu'il termine sa journée le lundi? Et les autres jours?

b. **Les cours.** Est-ce que François a les mêmes *(same)* cours tous les jours *(every day)*? tous les deux jours *(every other day)*? Quels cours sont importants ce semestre? À votre avis *(In your opinion)*, qu'est-ce que François étudie en cours d'écriture?

c. **Vos préférences.** Dans l'emploi du temps de François, quel(s) cours préférez-vous? Quel(s) cours n'aimez-vous pas? Quel(s) jour(s) préférez-vous? Quel(s) jour(s) n'aimez-vous pas? Pourquoi?

d. **Et chez vous?** Comparez l'emploi du temps de François et votre emploi du temps: quelles sont les grandes différences entre les deux? Écrivez trois phrases *(Write three sentences)* pour expliquer à François l'organisation des cours dans votre université.

Structure 1

Le verbe *aller*

The verb **aller** *(to go)* is irregular.

je **vais**	nous **allons**
tu **vas**	vous **allez**
il/elle **va**	ils/elles **vont**

Aller can be followed by an infinitive to indicate future time or to express intention.

Nous **allons étudier.**   *We're going to study.*

In the negative, **ne... pas** is placed around the conjugated form of **aller.**

Elle **ne** va **pas** aller à la plage.   *She's not going to go to the beach.*

 Aller is also used to say how you are or to ask how someone else is.

—Comment **allez**-vous?   *How are you?*
—Je **vais** bien, merci.   *I'm fine, thanks.*

—Ça **va?**   *How's it going?*
—Oui, ça **va.**   *OK.*

The imperative, or command, forms of **aller** are **va, allons,** and **allez.**

Va dans ta chambre!   *Go to your room!*
Allons manger!   *Let's go eat!*
Allez étudier à la bibliothèque!   *Go study in the library!*

Here are some useful expressions with **aller.**

On y **va?**	*Shall we go?*
On y **va.**	*Let's go.*
Allons-y!	*Let's go!*
J'y vais.	*I'm going, I'm leaving*
Vas-y (Allez-y).	*Go on, go ahead.*
Allez! Au revoir!	*OK! Good-bye!*
Allez!	*Go on, hurry up!*

Mise en pratique

1. Soyons optimiste! Here is an excerpt from a French blog. Read through it. Do you agree with the author of the blog? Can you write a brief response to this blog note?

*Objective, Act. 1–3: processing and practicing forms of **aller** in context*

> *jeudi 24 novembre*
>
> *Je vais bien tout va bien, je vais bien tout va bien, je vais bien tout va bien, je vais bien tout va bien, je vais bien tout va bien, je vais bien tout va bien, je vais bien tout va bien.*
>
> *Voilà, ça va! À bas le pessimisme!*

2. On y va! Use the suggestions to say where each person is going. Then evaluate each destination, from your own point of view, using one of the following: **c'est/ce n'est pas amusant; c'est/ce n'est pas agréable; c'est/ce n'est pas pénible; c'est/ce n'est pas raisonnable; c'est/ce n'est pas normal; c'est/ce n'est pas ennuyeux.**

Modèle: Candide / chez les parents d'Alceste
Candide va chez les parents d'Alceste. C'est/Ce n'est pas pénible!

1. Anne / à la plage
2. Tu / à l'hôtel pour le week-end
3. Nous / chez nous après les cours aujourd'hui
4. Vous / à l'hôpital
5. Marie-Paule et Geneviève / manger en ville
6. Léon / en classe
7. Je / à Paris demain
8. On / à la bibliothèque pour étudier

3. Projets! Make a list of five things that you are doing or not doing this year. Then make a list of five things that you are going to be doing or not going to be doing a year from now. Compare your answers with those of a classmate.

Modèle: *Maintenant: J'étudie le français, je ne joue pas au tennis...*
Dans un an: Je vais étudier le droit, je ne vais pas étudier l'espagnol...

Structure 2

Les prépositions *à* et *de* et l'article défini

The prepositions **à** and **de** combine with two forms of the definite article, **le** and **les**, to form contractions. They do not contract with **la** or **l'** or when no definite article is present.

à + le = au

Il va **au** restaurant.	*He's going to the restaurant.*

de + le = du

C'est le livre **du** professeur.	*It's the teacher's book.*

à + les = aux

Elle parle **aux** plantes!	*She talks to plants!*

de + les = des

Où est la photo **des** professeurs d'anglais?	*Where's the picture of the English teachers?*

Note de prononciation

Note the pronunciation of **aux** and **des** when followed by a vowel sound.

Il va parler **aux** enfants. /z/	*He's going to talk to the children.*
Voilà l'école **des** enfants de Marie. /z/	*There's Marie's children's school.*

Do not confuse the plural indefinite article **des** with the contraction of the preposition **de + les = des.** Although they are identical in spelling, they function very differently.

- **des** = plural, indefinite article

Il y a **des** affiches sur le mur.	*There are some posters on the wall.*

- **des** = de + les

Le professeur est à côté **des** étudiants.	*The teacher is next to the students.*

Mise en pratique

Objectives, Act. 1–3: processing and using contracted forms in a meaning-ful context, recycling vocabulary and the forms of **aller**

1. Heureux ou malheureux? Read each item. Where are these people going? Do you think the people are probably **heureux** or **malheureux**? Why?

Modèle: Il est onze heures du matin et Paulette sort.
—*Elle (Paulette) va au parc.*
—*Elle est heureuse parce que Jacques est au parc.*

1. Candide va manger avec des amis ce soir. Il va...
2. Alceste va manger avec Candide et ses amis. Il va...
3. Patrick cherche un livre pour son cours de philosophie. Il va...
4. Les professeurs parlent des étudiants. Ils vont...
5. Émile (le monstre) est à côté du lac de Chicago et il fait très froid. Il va...
6. C'est le dernier *(last)* jour des vacances. Les étudiants et les professeurs vont...

2. Endroits. Où sont-ils?

Modèle: *Ils sont au parc.*

1.

2.

3.

4.

5.

6.

3. Où va Vincent Dubois? The line on the map represents Vincent Dubois' activities. In pairs, first, identify all the places he went by matching places to numbers. Choose from: **le café, le restaurant, le parc, la banque, la bibliothèque, la gare, le restaurant, chez lui.** Then, describe Vincent Dubois' movements for the day.

Modèle: *D'abord (First of all), il va de chez lui à la banque. Puis (Then),...*

1. 2 ⇒ 3
2. 3 ⇒ 4
3. 4 ⇒ 5
4. 5 ⇒ 6
5. 6 ⇒ 7
6. 7 ⇒ 8

*Objectives, Act. 4–5: using contracted articles, forms of **aller,** and time expressions*

4. Où est-ce qu'il va? Look at Pierre's schedule and answer the questions.

1. Quel(s) jour(s) est-ce que Pierre va en ville?
2. Quel(s) jour(s) est-ce que Pierre va à l'université?
3. Quel(s) jour(s) est-ce que Pierre va sortir avec une jeune fille?
4. Où est Pierre vendredi après-midi? lundi soir? jeudi matin? dimanche matin? dimanche après-midi?
5. Comment est Pierre? (Draw as many conclusions as you can from what you've learned about him.)

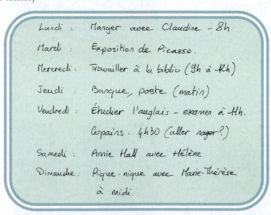

 5. Vos horaires. With a partner, find out where each of you is and what you are usually doing at each of the following times.

Modèle: —*À cinq heures, dimanche matin?*
—*(À cinq heures, dimanche matin), je suis au lit. Je dors.*

1. à six heures, lundi matin
2. à minuit, mercredi soir
3. à onze heures, dimanche matin
4. à vingt heures trente, samedi soir
5. à trois heures, mardi après-midi
6. à une heure, samedi matin

Questions pour demander des renseignements

Information questions ask for information. In order to indicate what kind of information you are asking about, you need to use a question word (*how, what, when, where,* etc.). Here are some information questions. Can you find the question words?

Tu es d'où?	*Where are you from?*
Où est-ce que tu vas?	*Where are you going?*
Comment est Sébastien?	*What is Sébastien like?*
Pourquoi est-ce que tu es fatigué?	*Why are you tired?*
Quand part-il?	*When is he leaving?*
Vous avez combien de chats?	*How many cats do you have?*

You can use intonation, **est-ce que**, or inversion to form information questions, much as you do to form yes-no questions. The only difference is the addition of a question word.

Intonation

The question word can appear before or after the verb.

Comment tu t'appelles?   Tu t'appelles **comment**?

Est-ce que

The question word is placed in front of **est-ce que**.

> question word + **est-ce que** + rest of sentence

Quand est-ce que tu pars?	*When do you leave (are you leaving)?*
Comment est-ce qu'on va à la bibliothèque?	*How do you get to (go to) the library?*

Inversion

The question word is placed at the beginning of the sentence.

D'où est-elle?	*Where is she from?*
Quand pars-tu?	*When are you leaving (do you leave)?*
Comment va-t-on à la bibliothèque?	*How do you get to (go to) the library?*

Mise en pratique

Objective, Act. 1: developing awareness of questions in an authentic document

1. Six questions... What are these questions about? What question forms are used?

> **Six questions à vous poser avant d'acheter un animal pour votre enfant**
>
> 1. Est-ce que j'achète sur un coup de cœur?
> 2. Quelles influences l'animal peut-il avoir sur mon enfant?
> 3. Quelle place doit tenir l'animal dans la famille?
> 4. L'animal peut-il avoir une incidence sur la santé physique de l'enfant?
> 5. Quels sont les inconvénients de garder un animal à la maison?
> 6. Pourquoi faire dresser son chien?
>
> *(Adapté de Canoë: Famille)*

Objectives, Act. 2: developing metalinguistic awareness (language awareness) and recognizing various ways of asking questions

2. Pour poser une question... Find the question part in each exchange. How did you recognize it? How many different ways to ask a question can you find?

1. —Bonjour, monsieur.
   —Bonjour, Aline. Comment allez-vous?
   —Bien merci, et vous?

2. —Pardon, madame. Où est la poste, s'il vous plaît?
   —À côté de la banque, là.
   —Merci, madame.

3. —Hakim, c'est où la poste?
   —La poste? À côté de la banque, non?
   —OK, merci.

4. —Quand est-ce que tu pars?
   —Demain. Toi aussi?
   —Non, non, aujourd'hui.

Objectives, Act. 3–4: asking questions in a controlled context, recycling vocabulary and structures

 3. C'est vous le professeur! Read the paragraph. What questions can you ask about it? See if your instructor or your classmates can answer your questions without looking at the text.

Alain et Annette habitent à la campagne, dans une petite maison très agréable. Alain a trente ans; il est grand, mince et blond. Annette est plus jeune. Petite et blonde, elle a vingt-six ans. Ils ont deux enfants (Adrien et Jean-Philippe), deux chiens (Olaf et Sacha) et un chat (Ouistiti). Alain est professeur dans un lycée en ville. Le matin, il part à six heures et demie parce que le lycée est loin de la maison. Les enfants ne sont pas toujours faciles et Alain est souvent fatigué le soir. Annette parle anglais et elle travaille avec des Américains. Le week-end, Annette et Alain aiment rester chez eux. Ils mangent souvent avec des amis le samedi soir et ils adorent dormir tard *(late)* le dimanche matin. Mais c'est difficile parce que les enfants aiment jouer et ils ne sont pas toujours calmes! Alain et Annette ne sont pas très riches, mais ils sont heureux parce qu'ils aiment la campagne, leurs enfants et leurs animaux!

Alain et Annette

 4. Emploi du temps. Take a moment to think about your weekly schedule. Then use these questions to find out about the weekly schedules of a partner or of other people in your class.

1. Combien d'heures de cours avez-vous?
2. Combien d'heures de laboratoire avez-vous?
3. Combien d'heures de sciences avez-vous? d'anglais? de français?
4. À quelle heure est-ce que vous allez au restaurant universitaire? à la bibliothèque? en cours le matin?
5. Où est-ce que vous êtes à 7h du matin? à 3h de l'après-midi? à 5h du soir? à 10h du soir? à minuit?
6. Quel jour est-ce que vous préférez? Quel jour est-ce que vous détestez? Pourquoi?

Scène de vie

—Florence!
—Christine! Tu es en ville?
—Oui, pour le week-end.
—Tu habites où, maintenant?
—À Toulouse. Et toi, toujours à Orléans?
—Ben oui... Écoute, j'habite à côté... Tu as un moment?
—Pas maintenant, je cherche un cadeau pour ma mère. C'est son anniversaire.
—Elle va bien, ta maman?
—Oui, oui, elle est en forme...
—Et à onze heures et demie, ça va?
—Ben non, on va au restaurant avec maman à midi.
—Et l'après-midi?
—Euh... Non, on va à la piscine avec les enfants... Le soir, peut-être?
—Non, ce n'est pas possible, nous allons manger chez ma sœur. Tu pars quand?
—Demain après-midi...
—Demain matin, ça va?
—Oui, demain matin, ça va. À quelle heure?
—Oh, à onze heures, onze heures et demie... Chez nous, avec Pierre et les enfants, d'accord?
—Oui, d'accord. À demain!
—À demain!
—Hé, Florence, comment on va chez toi???

Pour écouter. In spoken French, questions are often more informal than in writing, especially between friends and acquaintances. Intonation is the most common way to ask a question. When there is a question word, it can be found either at the beginning or at the end of the sentence (**Où tu vas? Tu vas où?**). This type of question would be inappropriate in more formal, written contexts but it is common in informal speech. Listen to the conversation above and underline all the questions. How would you know they are questions when listening (and thus not seeing the question mark at the end)?

Parlons! Pour trouver un moment...

It is Friday and you are going to be very busy this weekend. Will you find the time to meet with a friend for a cup of coffee?

a. Take a few moments to write down your schedule for this weekend. Find as many things to do as possible and be specific about the time for each activity.

b. Working in pairs, try to find a time to meet, based on your schedule. Be ready to tell the class when and where you'll meet or why you won't be able to meet.

Découvertes linguistiques

> **Questions de français**
>
> **questions (formulation des):** L'inversion verbe-sujet est souhaitable, du moins par écrit. Tout dépend du niveau de langue.

1. **Quand la réponse n'est pas facile.** Sometimes you will have questions about how French works that don't have easy answers. The use of the question forms (intonation, **est-ce que,** inversion) is one of these. Although most people and books agree that intonation questions are more frequent in conversation than in formal writing, that **est-ce que** questions are seldom found in formal written French, and that inversion is most commonly found in written French, beyond that, little is certain. It does seem reasonable that there are semantic (meaning) and pragmatic (how people do things with language) constraints on the use of various question forms, but no one knows for sure what these might be or how they might work.

   The table below shows the distribution of these three question forms in the *Situation Corpus* (a small corpus [6,519 words] of French spoken in situations such as at a restaurant or in a hotel). Can you formulate any tentative hypotheses about the use of these three forms in this context? Are the numbers in the table representative of French in general?

	Frequency	Percent of total
Intonation	71	75%
Est-ce que	21	22%
Inversion	3	3%

2. **Un exemple.** Here is an excerpt from the *Situation Corpus*. A person who is sick is talking to a pharmacist (in France, pharmacists give health advice). What kind of question forms can you find? Can you find any reasons why the speaker might have chosen one form over another?

   > PHARMACIENNE: Donc, hum, mal à la gorge, à l'estomac...
   > CLIENT: Et... Oui, à l'estomac, oui, c'est ça.
   > PHARMACIENNE: Vous avez des maux de tête?
   > CLIENT: Euh, par contre, non, pas de maux de tête, non.
   > PHARMACIENNE: Non? Est-ce que vous avez de la fièvre?
   > CLIENT: Oui, un peu, oui, j'ai de la fièvre, oui.

3. **Quand il n'y a pas de règle?** Do you think that there are "rules" for everything about French (or any language)? Are there things that people know about language that they can't explain? Can you, for example, explain how to form tag questions (questions at the end of sentences such as, *It's nice out, isn't it?*)? Is the only or the best way to learn a language to memorize all the rules?

Découvertes culturelles

Les loisirs des français

Objectives: scanning a document to gain information, using familiar language and reviewing vocabulary, developing analytical skills, using critical thinking, inferring from data, comparing cultures, using cultural information to develop writing skills, using oral language and idiomatic expressions, using someone's point of view

1. **Observation.** What category of information is included here?

a. **Les personnes.** Say their age and what they are doing.

b. **L'environnement.** Describe the landscape, the season, and the weather.

c. **Où passer ses vacances?** Use the pie chart to rank the order of favorite vacation places for the French and write two sentences.

   Modèle: *Les Français aiment surtout les vacances à la mer...*

2. **Les valeurs.** Use the list below to rank the order of the most important values that can be inferred from this document and compare with your own culture.

le sport	la famille	l'esprit de groupe	le luxe
la nature	la liberté	la richesse	les spectacles

L'Art de vivre ses loisirs

> Des vacances plus souvent...
Taux de départ (en %)

... mais moins longtemps
Congés d'été par personne (en jours)

> Ils se mettent au vert
81 % des vacanciers français sont partis en France au cours de l'été. Où sont-ils allés ?

Montagne **14 %**   Mer **46 %**

Campagne **23 %**   Villes, autres **9 %**   Circuit **8 %**

Le sport prend une place croissante dans la vie des Français : de 14 à 65 ans, plus de 2 sur 3 en font. Les mentalités ont changé : priorité à la détente, aux activités de plein air, à la nature, aux sports individuels mais pratiqués en group

10 millions de Français pratiquent la randonnée. 1 vacancier sur 4 en a effectué au moins une au cours de l'été.

L'Express International

3. **Échanges**

Think of this document as a cartoon and create speech bubbles for each character.

Lecture

La Leçon

Objectives: *learning about apologies and compliments, making short statements, skimming to find information focusing on familiar language, discovering how the passage develops, using linguistic cues to analyze characters, to evaluate the tone of the scene, and to gain understanding of the purpose of the play, using apologetic language*

1. Préparation. Use French to describe situations when...

a. an apology would be in order.

b. you would expect to receive a compliment.

    Modèles: a. *À mon professeur de français parce que je n'ai pas mon livre de français.*

                b. *De mon professeur parce que j'écoute bien en classe.*

2. Première lecture. Read through this passage and find the information you need to answer these questions.

a. Qui parle à qui? Où sont-ils? C'est en quelle saison?

b. Quel est le sujet de la conversation? de la leçon?

c. Quel mot est le plus utilisé dans ce dialogue?

3. Analyse

a. **Les personnes.** Use each character's language to analyze his/her personality. Who is in charge of the conversation? Does the language used coincide with the role we expect each character to play?

b. **La conversation.** What is the purpose of this conversation? How does it sound? What is bizarre? What sort of lesson is this? What is the author trying to say in this scene?

4. Mes excuses. Create a short dialogue in which you apologize for a mistake. Use expressions and language from the scene.

Le professeur
Bonjour, mademoiselle... C'est vous, c'est bien vous, n'est-ce pas, la nouvelle élève?
L'élève[1]
Oui, monsieur. Bonjour monsieur. Vous voyez, je suis venue à l'heure. Je n'ai pas
5 **voulu être en retard.**
Le professeur
C'est bien, mademoiselle. Merci, mais il ne fallait pas vous presser[2]. Je ne sais comment m'excuser... Je m'excuse... Vous m'excuserez...
L'élève
10 **Il ne faut pas[3], monsieur. Il n'y a aucun mal, monsieur.**
Le professeur
Mes excuses... Vous avez eu de la peine[4] à trouver la maison?
L'élève
Du tout... Pas du tout...
15 **Le professeur**
Il y a trente ans que j'habite la ville. Vous n'y êtes pas depuis longtemps[5]!
Comment la trouvez-vous[6]?
L'élève
Elle ne me déplaît nullement. C'est une jolie ville, agréable, un joli parc, un
20 **pensionnat, un évêque, de beaux magasins, des rues, des avenues...**
Le professeur
C'est vrai mademoiselle. Pourtant j'aimerais autant vivre[7] autre part[8]. A Paris, ou au moins à Bordeaux.
L'élève
25 **Vous aimez Bordeaux?**
Le professeur
Je ne sais pas. Je ne connais[9] pas.
L'élève
Alors vous connaissez Paris?
30 **Le professeur**
Non plus, mademoiselle, mais si vous me le permettez, pourriez-vous me dire,
Paris, c'est le chef-lieu[10] de... mademoiselle?
L'élève
C'est le chef-lieu de... la France?
35 **Le professeur**
Mais oui, mademoiselle, bravo, mais c'est très bien, c'est parfait. Mes félicitations.
Vous connaissez votre géographie nationale sur le bout des ongles.
L'élève
Oh! Je ne les connais pas tous encore, monsieur, ce n'est pas si facile que ça, j'ai du
40 **mal à les apprendre[11].**
Le professeur
Oh ça viendra... Du courage... mademoiselle... Je m'excuse... de la patience...
Doucement, doucement... Vous verrez, ça viendra... Il fait beau aujourd'hui... ou
plutôt pas tellement... Oh! Si quand même. Enfin, il ne fait pas trop mauvais, c'est
45 le principal... Euh... euh... Il ne pleut pas, il ne neige pas non plus.
L'élève
Ce serait bien étonnant, car nous sommes en été.
Le professeur
Je m'excuse mademoiselle,...

Eugène Ionesco, *La leçon*, © Éditions Gallimard

[1]étudiante

[2]*you didn't have to hurry up*

[3]*It is not necessary*

[4]de la difficulté

[5]*for a long time*
[6]Quelle est votre opinion de cette ville?

[7]habiter / [8]*somewhere else*

[9]**connaître:** *to know*

[10]la ville principale, la capitale d'un département

[11]*to learn*

Vocabulaire de base

CD1-13

Noms

une année *year*
un appartement *apartment*
un après-midi *afternoon*
une bibliothèque *library*
un café *café*
la campagne *country, countryside*
une cité universitaire *dormitory*
une heure *hour*
un hôtel *hotel*
un jour *day*
une journée *day (period of time)*
un lac *lake*
un magasin *store*
une maison *house*
le matin *morning*
la mer *sea, ocean*
un mois *month*
la montagne *mountain(s)*
la neige *snow*
la nuit *night, darkness*
un parc *park*
une piscine *swimming pool*
une plage *beach*

la poste *post office*
un restaurant *restaurant*
une semaine *week*
le soir *evening*
le soleil *sun*
un supermarché *supermarket*
un village *village (rural)*
une ville *city, town*

Verbes

aller *to go*
chercher *to look for, to search (for)*
commencer (à + infinitif) *to begin (to), to start (to)*
préférer *to prefer*
téléphoner (à quelqu'un) *to telephone, to call (someone)*
terminer *to finish, to end*
trouver *to find*

Adjectif

quel, quelle, quels, quelles *which, what*

Divers

à... heure(s) *at . . . o'clock*
À quelle heure? *At what time?*
aujourd'hui *today*
avoir chaud *to be hot*
avoir froid *to be cold*
avoir sommeil *to be sleepy*
C'est quel jour aujourd'hui? *What day is it today?*
comment *what, how*
demain *tomorrow*
en *in*
pendant *during*
pourquoi *why*
Quelle est la date, aujourd'hui? *What's the date today?*
Quelle heure est-il? (Vous avez l'heure?) *What time is it? (Do you have the time?)*
s'il te plaît *please (familiar)*
s'il vous plaît *please (formal, plural)*

Vocabulaire supplémentaire

Noms

un arbre *tree*
une banque *bank*
un bateau, des bateaux *boat(s)*
un champ *field*
le ciel *sky*
une église *church*
un endroit *place, spot*
une ferme *farm*
une gare *train station*
un hôpital *hospital*
un laboratoire *laboratory*
une minute *minute*
un moment *moment*
un pique-nique *picnic*
un restaurant universitaire *college cafeteria, dining hall*
une vache *cow*

Verbes

briller *to shine*
nager *to swim*
skier *to ski*

Adjectif

préféré(e) *preferred, favorite*

Le français tel qu'on le parle

J'ai trouvé! *I've got it! I've found it!*
C'est l'heure! *It is time! Time's up!*

Expressions avec *aller*
  Allez! *Go on, hurry up!*
  Allons-y! *Let's go!*
  J'y vais! *I'm leaving! I'm going!*
  On y va? *Shall we go?*
  Vas-y! (Allez-y!) *Go on! Go ahead!*

Le français familier

un appart = un appartement
l'aprèm = l'après-midi
une BU = une bibliothèque universitaire
une cité-u = une cité universitaire
un labo = un laboratoire
un restau, un resto = un restaurant
un restau-u = un restaurant universitaire

On entend parfois...

le serein (Guadeloupe) = le soir

L'album de photos

Une famille en photo

L'Album de famille

Les Olliers-1938
Papa, Maman, Tante Madeleine, Tante Jeanne Parrain,
Zab et Pierrot-Taou

Grand-père 1919

L'année du bac! Taou, grand-père, grand-mère, Zab

Zab 1939

Tante Madeleine
1938

Maman 1950

Zab 1936

1. **Leurs âges.** Regardez les dates sur les photos. Quel âge ont-ils au moment de ces photos? Aujourd'hui, quel âge ont-ils?

2. **Instantanés.** Quelles sont leurs activités? Où sont-ils? Pourquoi? Est-ce que chaque photo représente une occasion spéciale?

3. **Leurs relations de famille.** Quelles sont leurs relations de famille? Est-ce qu'il y a une personne sur beaucoup de photos? Quelle personne? Sur quelles photos?

4. **Leurs pensées.** Qu'est-ce qu'ils pensent au moment des photos?

Leçon 7

Famille, familles...

Une famille, trois générations

Vocabulaire

A. La famille (1) Dubois en 2006 (2)

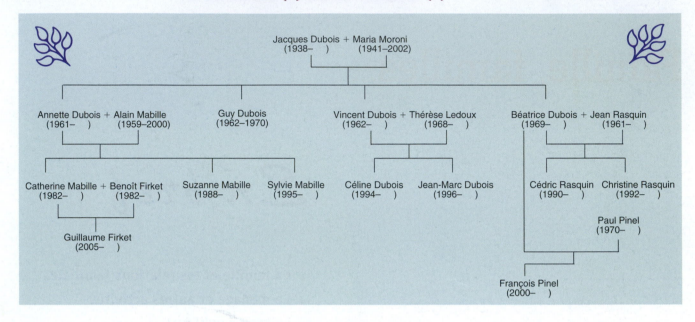

Jacques Dubois + Maria Moroni
(1938–   )   (1941–2002)

Annette Dubois + Alain Mabille
(1961–   )   (1959–2000)

Guy Dubois
(1962–1970)

Vincent Dubois + Thérèse Ledoux
(1962–   )   (1968–   )

Béatrice Dubois + Jean Rasquin
(1969–   )   (1961–   )

Catherine Mabille + Benoît Firket
(1982–   )   (1982–   )

Suzanne Mabille
(1988–   )

Sylvie Mabille
(1995–   )

Céline Dubois
(1994–   )

Jean-Marc Dubois
(1996–   )

Cédric Rasquin
(1990–   )

Christine Rasquin
(1992–   )

Guillaume Firket
(2005–   )

Paul Pinel
(1970–   )

François Pinel
(2000–   )

Les mots et la culture

1 **La famille et l'état civil** *(legal status).* Here are two essential documents for French families. What information do you think they contain? What might each one be useful for? Do families in your country have a **livret de famille**? What does the existence of a **livret de famille** suggest about the relationship between state and individuals? about the role of the state in the individual lives of its citizens and their families?

The **livret de famille, carte d'identité,** and **registre d'état civil** are documents that record an individual's birth, marriage(s), children, divorce(s), and death. Highly centralized and socially minded, the French government is concerned with many areas of family life, as is reflected by existing family subsidies to help raise and educate children. For the French this is a right even though it entails a great deal of bureaucratic paperwork.

2 **Les dates.** Here is one way to express years:

1715 (dix-sept cent quinze)
1950 (dix-neuf cent cinquante)
1988 (dix-neuf cent quatre-vingt-huit)
2000 (deux mille)
2006 (deux mille six)

Jacques Dubois   François Pinel   Vincent + Thérèse Dubois   Céline Dubois   Jean-Marc Dubois

Sylvie Mabille

Cédric Rasquin   Béatrice Dubois   Suzanne Mabille

Je m'appelle Vincent Dubois et je suis né en 1962. Je suis le fils de Jacques et de Maria Dubois. Je suis marié. Ma femme (3), qui (4) s'appelle Thérèse, et moi, nous avons deux enfants. Nous avons aussi six neveux et nièces: Catherine, Suzanne, Sylvie, Christine, Cédric et François. Je suis leur oncle et ma femme est leur tante.

■ Qui sont les enfants de Vincent et de Thérèse? Qui sont les sœurs de Vincent? Qui est le frère de Vincent? Quand est-ce que son frère est né? Quel âge a Vincent?

Les mots et la culture

3 **Les personnes.** In French, the word **femme** can mean either *wife* or *woman*. Similarly, the word **fille** may mean either *daughter* or *girl*.

There are separate words to designate *husband* (**mari**) and *man* (**homme**) as well as *son* (**fils**) and *boy* (**garçon**).

Do not confuse **mari** (*husband, a noun*) with **marié(e)** (*married, an adjective*).

4 **Qui.** The word **qui** is used in two ways:
■ To ask questions referring to people

Qui est fatigué aujourd'hui?
Who's tired today?

■ To join two ideas together. Here **qui** can refer to people or to things.

C'est lui **le professeur qui** parle anglais?

Les livres qui sont sur la table sont à moi.

Je m'appelle Annette Dubois et je suis née en 1961. Je suis la fille de Jacques et de Maria Dubois et je suis l'aînée de leurs enfants. Je suis veuve: mon mari, Alain Mabille, est mort en 2000.

Et voici Guillaume Firket, mon petit-fils qui est né en 2005 et qui est le plus jeune de la famille Dubois. Je suis sa grand-mère. Ses parents sont ma fille Catherine et son mari Benoît Firket. Guillaume n'a pas de frère et il n'a pas de sœur. Il n'a pas de cousins mais sa mère, Catherine, a deux cousines, Céline et Christine, et trois cousins, Jean-Marc, Cédric et François.

■ Quel âge a Annette? Est-ce qu'elle a des enfants? Combien? Est-ce qu'elle a une petite-fille? Est-ce que c'est la tante de Vincent? Combien de neveux et de nièces est-ce qu'elle a?

■ Est-ce que les grands-parents de Guillaume sont en vie?

Je m'appelle Jacques Dubois et je suis né en 1938. Je suis veuf: ma femme, Maria, est morte en 2002. Je suis grand-père: Catherine, Suzanne, Sylvie, Céline, Jean-Marc, Cédric, Christine et François sont mes petits-enfants. J'ai une femme de ménage pour ranger la maison parce que je déteste faire le ménage.

■ Est-ce que la femme de Jacques est en vie? Combien de petits-enfants est-ce qu'il a?

■ Qui range la maison chez lui?

Je m'appelle Jean Rasquin et je suis né en 1961. Je suis célibataire maintenant parce que je suis divorcé. Je suis le père de Cédric et de Christine. On ne m'aime pas beaucoup dans la famille Dubois. On pense que je ne suis pas très sérieux et que Béatrice a beaucoup de problèmes avec moi. Mais je ne suis pas d'accord!

■ Quel âge a Jean Rasquin? Est-ce que c'est le père de François? Qui est le père de François?

■ Et vous, vous avez une grande ou une petite famille? Combien de cousins est-ce que vous avez? Combien de cousines? Combien d'oncles? Combien de tantes? Est-ce que vous avez des neveux et des nièces? Quel âge ont-ils?

B. Grand-père arrive.

Dans la salle de séjour des Dubois:

Grand-père arrive demain avec... Paulette Gilmard... ?

Papa! Demain! Avec une femme!

Dans la cuisine:

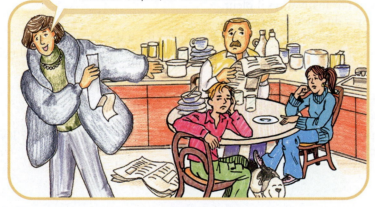

Écoutez! On va faire le ménage! Céline et Jean-Marc, vous allez faire la vaisselle et les lits. Vincent, range la maison et passe l'aspirateur! Moi, je vais faire les courses... et après, on va faire la cuisine.

Dans la salle de séjour:

Thérèse! Ils sont là!

DRING!

■ Et vous, vous aimez faire le ménage? Est-ce que vous aimez faire votre lit le matin? Est-ce que vous rangez souvent votre chambre? Vous préférez faire la cuisine ou faire la vaisselle? faire les courses ou faire la cuisine? ranger la maison ou faire la lessive? passer l'aspirateur ou faire les lits? faire la lessive ou repasser? Vous repassez souvent?

C. Le temps (5)

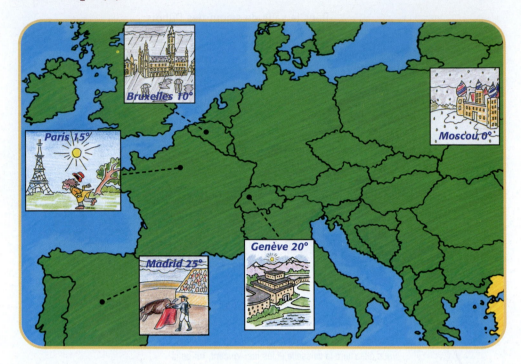

À Paris, il fait beau, mais il fait frais et il y a du vent.
À Bruxelles, il fait mauvais et il pleut.
À Genève, il y a du soleil et il fait bon.
À Madrid, il fait chaud et lourd, mais il fait gris: il y a des nuages.
Et à Moscou, il ne fait pas froid aujourd'hui? Mais si (6), il fait froid... Il neige!

- Quelle est la saison? Pourquoi?
- Et aujourd'hui, quel temps fait-il? Et chez vos parents?
- Et quelle est la météo pour demain? Il va faire beau? Il va neiger? Il va pleuvoir? Il va y avoir du vent? Il va faire chaud?

Les mots et la culture

5 **Le temps.** In French, when referring to the weather, the verb **faire** is generally used.

| Il **fait** beau! | It's nice! |
| Il ne **fait** pas froid. | It's not cold. |

Faire is not used with the verbs **pleuvoir** and **neiger.**

Il **pleut.**	It's raining.
Il va **neiger**?	Is it going to snow?
Il va **pleuvoir**?	Is it going to rain?

Il y a is usually used with nouns.

Il **y a** du soleil.	It's sunny.
Il **y a** du vent.	It's windy.
Il **y a** des nuages.	It's cloudy.

6 **Si / Oui.** Use **si** instead of **oui** to answer *yes* to a negative question or to contradict a negative statement.

—Tu n'aimes pas chanter?	You don't like to sing?
—**Si,** j'adore chanter.	Yes (on the contrary), I love to sing.
—Il n'est pas raisonnable, lui.	He's not reasonable.
—**Si,** il est raisonnable!	Yes, he is!

Mise en pratique

Objectives, Act. 1–2: practicing new vocabulary in a receptive way, finding information in a document

1. L'état civil. Dans les familles Dubois, Mabille, Rasquin et Pinel...

1. qui est marié?
2. qui est célibataire?
3. qui est divorcé?
4. qui est mort?

2. Les relations de famille. Vrai ou faux?

1. Jacques Dubois est l'oncle de Céline Dubois.
2. Guillaume Firket est le fils de Benoît Firket.
3. Céline Dubois est la sœur de Jean-Marc Dubois.
4. Jacques Dubois est le grand-père de Vincent Dubois.
5. Annette Dubois est la grand-mère de Guillaume Firket.
6. Céline Dubois est la tante de Sylvie Mabille.

Objectives, Act. 3: practicing family vocabulary, making connections, extracting information from a document, recycling possessive adjectives

3. D'autres relations de famille. Quelles sont les relations de parenté entre *Catherine Mabille* et les autres membres de la famille?

Modèle: Suzanne Mabille?
　　　　　C'est sa sœur.

1. Guillaume Firket?
2. Benoît Firket?
3. Alain Mabille?
4. Maria Moroni?
5. Annette Dubois?
6. Jacques Dubois?
7. Béatrice Dubois?
8. Céline Dubois?
9. Vincent Dubois?
10. François Pinel?

Objectives, Act. 4: practicing dates, making connections between history and language learning

4. Lire les dates. Quelle date est associée à quel événement?

1. Première Guerre mondiale
2. Neil Armstrong marche sur la lune
3. John F. Kennedy est assassiné
4. Déclaration d'Indépendance des États-Unis
5. Samuel de Champlain fonde Québec
6. Commencement de la Révolution française
7. Deuxième Guerre mondiale
8. Défaite de Napoléon à Waterloo

a. 1608
b. 1776
c. 1789
d. 1815
e. 1914–1918
f. 1939–1945
g. 1963
h. 1969

5. Oui ou si? Answer using either **oui**, **non**, or **si**.

1. Il ne fait pas chaud à Nice en été?
2. Il ne neige pas à Québec en juillet?
3. Il pleut à Paris au printemps?
4. Il ne fait pas froid en hiver à Montréal?
5. Il pleut en hiver à Bruxelles?
6. Il va neiger aujourd'hui?
7. Il n'y a pas de nuages aujourd'hui?
8. Il n'y a pas de vent en hiver à la mer?

Objectives, Act. 5: recognizing weather expressions, practicing **oui** and **si** in context

6. La météo

a. Nous sommes en janvier: Quel temps fait-il...

    1. à Montréal?   3. chez vous?

    2. à Dakar (au Sénégal)?

b. Nous sommes en juillet: Quel temps fait-il...

    1. dans la Vallée de la Mort?   3. chez vous?

    2. à Saint-Pierre-et-Miquelon?

c. Nous sommes en avril. Quel temps fait-il...

    1. en Louisiane?   3. dans les îles des Caraïbes?

    2. à Québec?

7. La météo en France et en Europe.
Look at the two maps and answer the following questions. You will have to guess the names of the cities that have been abbreviated.

1. Quel temps fait-il à Paris?
2. Quel temps fait-il à Rennes?
3. Quel temps fait-il à Nice?
4. Où est-ce qu'il y a du vent?
5. Où est-ce qu'il pleut?
6. Où est-ce qu'il y a du soleil?
7. Est-ce qu'il fait chaud à Madrid?
8. Où est-ce qu'il fait bon?
9. Où est-ce qu'il fait frais?
10. Où est-ce qu'il fait froid?
11. Quelle est la saison, d'après vous?

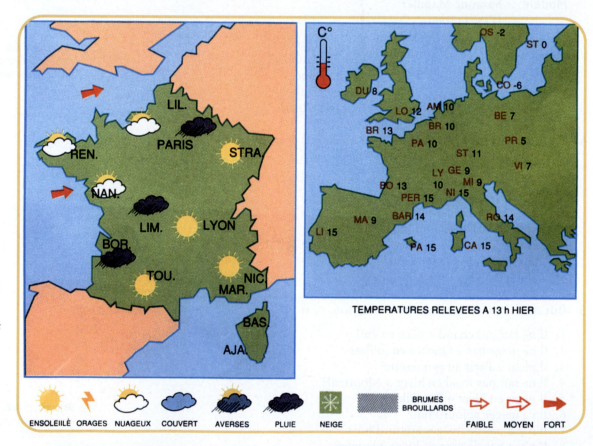

TEMPERATURES RELEVEES A 13 h HIER

ENSOLEILLÉ ORAGES NUAGEUX COUVERT AVERSES PLUIE NEIGE BRUMES BROUILLARDS FAIBLE MOYEN FORT

8. Généalogies célèbres.
In groups, pick one famous family (real or fictional) and combine your knowledge to say as much as you can about them. Be ready to write a short paragraph on the family you have chosen.

9. La famille de Delphine. Voilà des photos de Delphine Cunill (une étudiante à l'université d'Orléans) et de sa famille. Regardez les photos, puis répondez aux questions à la page 158.

De gauche à droite: Laure Cunill, Michel Tournier, Christine Pauzies, Paulette Pauzies, Simone Toussaint, Maria Tournier, Robert Tournier, Christiane Cunill

Laure Cunill

Delphine Cunill

Raymond Cunill

Christiane Cunill

1. À votre avis, quelles sont les relations de parenté (sœur? frère? père?, etc.) entre *(between)* Delphine et Christiane Cunill? entre Christiane et Raymond Cunill? entre Christiane et Laure Cunill? Qui est plus âgée, Delphine ou Laure? Quel âge a Delphine? Et Laure? Comment sont toutes ces personnes?

2. Regardez la photo de la famille en vacances. Où sont-ils? Quel temps fait-il? Combien de personnes est-ce qu'il y a sur la photo? C'est une grande ou une petite famille? Qui n'est pas sur la photo? Qui sont les autres personnes sur la photo, à votre avis? Comment sont-elles? Qu'est-ce qu'elles aiment? Qu'est-ce qu'elles n'aiment pas?

Objectives, Act. 10: recycling vocabulary from this and previous lessons, personalizing, interacting orally, using personal attitudes and knowledge, comparing cultures

10. La famille et vous. Qu'est-ce que c'est, la famille?

44% des Français pensent que la famille, c'est surtout les grands-parents, les enfants, les petits-enfants, les frères et les sœurs, les oncles et les tantes, les cousins et les cousines; 40% pensent que la famille, c'est les parents et les enfants; 15% pensent que la famille, c'est les grands-parents, les enfants et les petits-enfants.

D'après un sondage de l'Ifop «Le Nouvel esprit de famille».

1. Quelles personnes constituent votre famille pour vous? Est-ce que vos grands-parents sont importants? Et vos oncles et vos tantes? Et vos cousins? Êtes-vous comme les 44% de Français, comme les 40% ou comme les 15%?

2. Avec qui est-ce que vous aimez surtout parler dans votre famille?

3. Après l'université, où est-ce que vous allez habiter? Chez vos parents? Près de chez vos parents? Pourquoi ou pourquoi pas?

4. Quelles activités sont typiques de votre famille?

5. Quels adjectifs associez-vous aux membres de votre famille en général? Qui est sévère, affectueux, etc.?

Le verbe *faire*

The verb **faire** means both *to make* and *to do*. Its conjugation is irregular.

je fais	nous faisons
tu fais	vous faites
il elle } fait	ils elles } font

Faire is used in many expressions referring to the weather. In similar cases, English uses the verb *to be*.

Il **fait** chaud aujourd'hui.   *It's hot today.*

ATTENTION: A question using **faire** does not always require an answer using **faire**.

Question: Qu'est-ce que tu fais?
Réponses possibles: Je travaille. J'étudie. Je parle au téléphone. Je vais en ville. Je fais le ménage., etc.

The imperative, or command, forms of **faire** are identical to its present tense forms.

—**Fais** la vaisselle!   *Do the dishes!*
—Et toi, tu ne fais pas la   *What about you, you're not doing the dishes*
  vaisselle ce soir!?   *tonight!?*

—**Faites** les courses aujourd'hui! *Do the shopping today!*
—Et vous, vous faites les   *And you're doing the shopping tomorrow!*
  courses demain!

—**Faisons** le ménage.   *Let's do the housework.*
—Oh non, nous ne faisons pas   *Oh no, we don't do housework on Sundays!*
  le ménage le dimanche!

Mise en pratique

1. Chez Candide et Alceste. Qui fait quoi? Un X indique la personne qui est responsable du travail.

1. Candide...   2. Alceste...   3. Candide et Alceste...

	faire la cuisine	faire la vaisselle	faire la lessive	faire les courses	ranger	passer l'aspirateur
Candide		X	X			
Alceste	X					X
Candide et Alceste				X	X	

*Objective, Act. 1: using the forms of **faire** in a meaningful context*

2. Que fait une personne «au pair» en Grande-Bretagne? Suzanne is interested in applying to be an au pair in Great Britain in order to improve her English. She found the following information on the Web. Use this information to fill in the blanks in the conversation Suzanne is having with her mother Annette on the telephone. Does being an au pair sound like something you might like to do?

ÊTRE AU PAIR

L'objectif d'être au pair est d'offrir à des jeunes gens (garçons aussi!) âgés de 17 à 27 ans la possibilité d'apprendre une langue étrangère et de découvrir une nouvelle culture avec une famille. En échange d'une chambre et des repas, un jeune qui travaille au pair s'occupe *(takes care)* des enfants ainsi que de certaines tâches ménagères *(housework)*. Il a aussi chaque semaine de l'argent de poche *(pocket money)*.

Pour être au pair en Grande-Bretagne, vous devez *(must)*:

- Être célibataire et sans personne à votre charge
- Rester au minimum 3 mois en Grande-Bretagne
- Avoir de l'expérience avec les enfants. Des références sont demandées.
- Participer dans les tâches ménagères (faire la vaisselle, le ménage, le repassage *[ironing]*, les lits, passer l'aspirateur, faire les courses...). Souvent les jeunes au pair font le petit déjeuner et le dîner des enfants.
- N'avoir aucune conviction criminelle
- Avoir votre permis de conduire (optionnel)—Certaines familles exigent un au pair avec le permis de conduire *(driver's license)*.
- Ne pas fumer (ou ne pas fumer dans la maison). Les familles demandent souvent des jeunes au pair non fumeurs.

SUZANNE: Être au pair, c'est une bonne idée. J'adore les enfants et c'est très bien pour l'anglais.

ANNETTE: Oui, mais tu vas aussi _____ le ménage, non? Et ça, tu _____ !

SUZANNE: Oui, c'est vrai. On _____ la _____ et on _____ les lits et...

ANNETTE: Et le ménage. Toi, tu vas _____ le _____ !?

SUZANNE: Oui! Pourquoi pas? Moi, je _____ le ménage chez _____ et je _____ le repassage aussi!

ANNETTE: Et qu'est-ce qu'on demande d'autre?

SUZANNE: On ne doit *(should)* pas fumer... pas de problème. Je ne _____ pas. Et j'_____ un permis de conduire. C'est optionnel mais quand même... et je _____ célibataire... et c'est tout.

ANNETTE: Alors, tu vas _____ en Grande Bretagne _____ au pair pendant combien de temps?

SUZANNE: Au moins _____ mois.

ANNETTE: Et Hakim?

SUZANNE: On accepte les _____ comme au pair aussi! On _____ aller en Grande-Bretagne ensemble *(together)*.

3. Chez vous. Travaillez avec un(e) partenaire: chez vous, qui fait quoi?

*Objectives, Act. 3–4: practicing the forms of **faire**, personalizing*

> **Modèle:** la cuisine?
> *Mon père fait la cuisine.*

1. la vaisselle?
2. les lits?
3. la cuisine?
4. les courses?
5. le ménage?
6. la lessive?

 4. Activités. Travaillez avec un(e) partenaire. Qu'est-ce que vous faites...

> **Modèle:** le vendredi soir?
> *Je travaille, j'étudie, je téléphone à ma sœur, je fais les courses...*

1. le vendredi à midi?
2. le dimanche matin?
3. le samedi soir?
4. le mercredi à minuit?
5. le dimanche soir?
6. pendant le cours de français?

 5. Qu'est-ce qu'ils font? How do average French university and high school students spend their time? Use the information in the chart to fill in the blanks.

*Objective, Act. 5: processing cultural information and practicing the forms of **faire** in context*

1. Ils _____ beaucoup.
2. Les femmes passent plus de temps *(spend more time)* à _____ le ménage que les hommes.
3. Ils _____ la télévision à peu près *(about)* deux heures par jour.
4. Les hommes passent plus de temps à _____ que les femmes.
5. Les hommes _____ plus de sport que les femmes.
6. Ils passent à peu près quatre heures par jour à _____.

Une journée moyenne en France En heures et minutes par jour		
	Étudiant/Lycéen	**Étudiante/Lycéenne**
Dormir	9h21	9h27
Études	4h04	4h00
Ménage, cuisine, linge, courses, etc.	0h38	1h23
Télévision	1h58	1h52
Jeux	0h40	0h16
Sport	0h25	0h10

INSEE

Structure 2

Le verbe *vouloir*

Vouloir means *to want*. Its conjugation is irregular.

je veux	nous voulons
tu veux	vous voulez
il elle } veut	ils elles } veulent

To be more polite, use the following forms:

je **voudrais**	*I would like*
tu **voudrais**	*you would like*
il/elle **voudrait**	*he/she would like*
nous **voudrions**	*we would like*

Mise en pratique

Objective, Act. 1: meaningful processing of the forms of **vouloir**

1. Soyons raisonnables. Avec un(e) partenaire, décidez si **c'est raisonnable, ce n'est pas raisonnable** ou **ça dépend.**

1. Alceste veut du calme. (Candide parle beaucoup.)
2. Candide veut la clé de la chambre d'Alceste.
3. Cédric Rasquin veut habiter avec son père à Paris. (Ses parents sont divorcés.)
4. Jacques Dubois a un chien. Il veut aussi un chat.
5. Guillaume Firket est un bébé. Il veut manger et dormir!
6. Vous voulez la clé de la voiture de vos parents. (de votre mari / votre femme / votre sœur, etc.)

Objectives, Act. 2–3: practicing the forms of **vouloir** *in a meaningful context, recycling verb forms*

2. Qu'est-ce qu'un chat? Use various forms of the verbs **vouloir**, **être**, and **écouter** to say what a cat is.

> a. Les chats font ce qu'ils ———— bien faire.
> b. Ils vous ———— rarement.
> c. Ils ———— totalement imprévisibles (*unpredictable*).
> d. Quand vous ———— jouer, ils ne ———— pas.
> e. Quand vous ———— être tranquille, ils ———— jouer.
> f. Un chat ———— la compréhension totale de la personne avec qui il habite.
> g. Ils ———— d'humeur changeante.
>
> Et ils laissent (*leave*) des poils (*hair*) partout dans la maison!

3. Et vous? Travaillez avec un(e) partenaire. Qu'est-ce que vous voudriez faire ce week-end?

> **Modèle**:   lire?
> *Oui, je voudrais lire. / Non, je ne voudrais pas lire.*

1. sortir?
2. travailler à la bibliothèque?
3. aller au cinéma?
4. aller danser?
5. dormir?
6. étudier?
7. regarder la télévision?
8. parler avec vos parents?
9. passer l'aspirateur?
10. faire la lessive?

4. Samedi matin chez les Dubois. Voilà ce que différentes personnes de la famille Dubois font ce matin. Travaillez avec un(e) partenaire pour imaginer ce qu'elles veulent faire à la place *(instead)*.

> **Modèle**:   Vincent Dubois fait la vaisselle, mais *il veut aller jouer aux cartes avec des copains.*

1. Thérèse Dubois fait les courses, mais...
2. Céline et Jean-Marc Dubois font leurs devoirs, mais...
3. Jacques Dubois fait la lessive, mais...
4. Suzanne Mabille range sa chambre, mais...

*Objectives, Act. 4–5: using **vouloir** and **je voudrais / il/elle voudrait** creatively in a context, recycling vocabulary*

5. Pour mon anniversaire... In groups, make lists of what different people would like for their birthdays. Report to the class.

> Je voudrais...
>
> (Michel) voudrait...

Structure 3

Les pronoms d'objet direct

Many sentences have a subject, a verb, and a direct object. The direct object is a noun or pronoun that receives the action of the verb. It answers the question *what?* or *whom?* after the verb. A direct object may be either a person or a thing.

Il regarde sa fille.		*He's watching his daughter.*
s	v	do

Il regarde sa fille.   *He's watching his daughter.*
s   v   do   s   v   do

Il cherche le parc.   *He's looking for the park.*
s   v   do   s   v   do

 Nouns used as subjects and nouns used as direct objects may be replaced by pronouns. The use of pronouns allows speakers and writers to avoid being repetitious and to link ideas across sentences.

Suzanne aime les chiens.   *Suzanne likes dogs.*
Elle aime les chats aussi.   *She likes cats, too.*

Here are the forms of direct object pronouns (**les pronoms d'objet direct**) in French.

me (m')	*me*	nous	*us*
te (t')	*you (familiar, singular)*	vous	*you (formal or plural)*
le (l')	*it, him*	les	*them*
la (l')	*it, her*		

Direct object pronouns replace nouns used as direct objects. In French, direct object pronouns directly precede the verb they are the object of.

—Tu **m'**aimes?   *Do you love me?*
—Oui, je **t'**adore!   *Yes, I adore you!*

Study the placement of direct object pronouns in the following sentences. Note the placement of **ne** and **pas** in the negative.

1. **Present tense.** The direct object pronoun is placed directly in front of the present tense verb.

   Je déteste les examens.   Je ne déteste pas les examens.
   Je **les** déteste.   Je **ne les** déteste **pas.**

2. **Infinitive constructions.** The direct object pronoun is placed directly in front of the infinitive.

   Je vais chercher mes clés.   Je ne vais pas chercher mes clés!
   Je vais **les** chercher.   Je **ne** vais pas **les** chercher!

3. **With *voici / voilà.*** The direct object pronoun is placed directly in front of **voici** or **voilà.**

   Voilà mes clés!
   Les voilà!

4. With imperative, or command, forms. The direct object pronoun follows the affirmative imperative. It is placed in front of the negative imperative. Note the hyphen that connects the verb form and the pronoun in the affirmative. Note also the use of **moi** and **toi** for **me** and **te** in the affirmative.

—Mais où sont mes clés?	*Where are my keys?*
—Euh, je ne sais pas, mais	*Uh, I don't know, but look for them*
cherche-**les** dans la cuisine.	*in the kitchen. Don't look for them*
Ne **les** cherche pas dans mon sac.	*in my bag!*
Regarde-**moi!**	*Look at me!*
Ne **me** regarde pas!	*Don't look at me!*

 You are also familiar with stress pronouns (**moi, toi, lui, elle, nous, vous, eux, elles**). These pronouns replace nouns standing alone, nouns after prepositions, and nouns used after **c'est.**

Qui est là? C'est Paul.	Il étudie avec Marc et **moi.**
Qui est là? C'est **lui.**	Il étudie avec **nous.**

Mise en pratique

1. Les bébés, on les aime! Here are some Web postings of births in a French-Canadian city. Read through them and then complete the information in the table for each declaration of love. Not every announcement contains the same information. If you can't find the information, put a question mark in the appropriate box of the table.

Objectives, Act. 1: processing direct object pronouns within an authentic context, providing cultural information, recycling vocabulary and structure

On les aime!	Date/heure de naissance	Maman/ Papa	Nom du bébé / garçon ou fille?	Autres détails
Je t'❤ plus que tout...				
Je t'aime.				
... nous l'aimons beaucoup				
Je t'aime, mon amour.				
Nous l'adorons!!!				

1. Maintenant, je suis une des mères les plus heureuses au monde. Je t'❤ plus que tout ma poupoune. xxx —Aëlis
2. Notre petit miracle a vu le jour le 25 avril 2002. Elle fait vraiment la joie de son entourage et celle de ses parents. Je t'aime, Amélie!
3. Antoine est né le 25 juin 2003 à 14h15 et le bébé va très bien. C'est un bébé tranquille, vigoureux et nous l'aimons beaucoup. C'est mon 5e enfant. —Mya
4. Ma pouchinette est née le 20 août 2003 à 14h58!!! Je t'aime, mon amour!!!
5. Mon petit bébé d'amour, Zacharie, est né le 12 mai 2003 à 6h20 du matin. C'est un bébé merveilleux!!! Il pesait 7lbs et 11oz et mesurait 19 1/2 pouces! Nous l'adorons!!! —Sylvie

2. On aime ou on fait? With a partner, decide if you *do* or if you *like* each of the following.

> **Modèle:** Le printemps? On le...
> *On l'aime.*

1. Les courses? On les...
2. Les belles fleurs? On les...
3. La vaisselle? On la...
4. Les vacances? On les...

5. Les lits? On les...
6. La cuisine? On la...
7. La piscine? On la...
8. La lessive? On la...

3. Oui ou non? For each item, decide which noun the direct object pronoun logically refers to and reconstruct the sentence. Opinions may differ.

> **Modèle:** On les aime! (les fleurs, les devoirs)
> *On aime les fleurs.*

1. On les aime! (les examens, les fleurs)
2. On les adore! (les pique-niques, les devoirs)
3. On la déteste! (la musique, la bibliothèque)
4. On ne l'aime pas! (le réveil, la plage)
5. On ne les aime pas! (les cadeaux, les devoirs)

4. Les goûts et les couleurs. Travaillez avec un(e) partenaire. Est-ce que vous les aimez ou est-ce que vous ne les aimez pas?

> **Modèle:** ma sœur
> *Je l'aime. / Je ne l'aime pas.*

1. mes amis
2. les animaux
3. l'hiver
4. la campagne

5. la mer
6. la montagne
7. la neige
8. les vaches

5. Et ce soir? Qu'est-ce que vous allez faire ce soir? Qu'est-ce que vous n'allez pas faire? Travaillez avec un(e) partenaire.

> **Modèle:** commencer mes devoirs
> *Je vais les commencer. / Je ne vais pas les commencer.*

1. écouter mes amis
2. étudier le français
3. faire la vaisselle

4. faire la lessive
5. regarder la télévision
6. écouter la radio

6. Trop de noms! Here is a story about Candide and Alceste. Rewrite it, replacing some of the nouns with pronouns (subject, direct object, stress). When you've finished, reread your version to make sure you haven't removed too many nouns. (There is no one right way to do this.)

Candide et Alceste veulent aller en vacances! Mais où? Candide adore les villes et la montagne mais Alceste déteste les villes et la montagne. Alceste aime la campagne et la mer mais Candide n'aime pas la campagne et la mer! Quel problème! Finalement Candide et Alceste vont rester chez Candide et Alceste!

Le français parlé

CD1-14

Scène de vie

—Frédéric, c'est toi?

—Béatrice! Ce n'est pas possible! Ça fait des années!

—Ben, oui... Bien 10 ans, non?

—Oui, je pense... Comment vas-tu?

—Très bien, et toi?

—Ça va. Et Jean?

—Jean? Tu ne sais pas? Mais on est divorcé! Et maintenant, je suis mariée avec Paul Pinel.

—Ah bon, c'est vrai? Et tu habites toujours Paris?

—Non, Toulouse. Paul est de Toulouse.

—Je comprends... Et tes enfants, ils sont grands maintenant?

—Cédric et Christine sont des adolescents! Regarde, j'ai une photo. Le grand brun, c'est Paul, mon mari. Et à côté, c'est Cédric, mon aîné. Il a seize ans maintenant. Devant, c'est Christine, quatorze ans. Et le petit, c'est François, six ans.

—Tu as un enfant de 6 ans?

—Oui, avec Paul... Mais, et toi? Qu'est-ce que tu fais? Tu habites où?

—Moi, je suis professeur de français à Toronto.

—À Toronto? Tu es marié avec une Canadienne?

—Non, non, je suis toujours célibataire... et très heureux comme ça!

—Et c'est bien, le Canada?

—Ah oui, j'adore!

—Frédéric! C'est toi?
—Béatrice!

Pour écouter. In general, French avoids two contiguous vowels across word boundaries. This is why, when the **e** or **a** in words such as **le, la, ne, je,** or **que** is followed by a vowel sound, the **e** or **a** is dropped. This is called **élision** and it appears in spoken and written French. In writing, an apostrophe shows that **élision** has occurred. Can you underline all the **élisions** marked by apostrophes in the conversation above?

Élision may also occur in informal spoken French without being marked in spelling by an apostrophe. For example, the **u** of **tu** is frequently dropped in front of a following vowel sound. Listen to the conversation. Can you find examples of **élision** that occur in speech but are not marked in writing?

Parlons! Ma famille...

a. Take a few moments to write down as much as you can about your family: How many people are there? What is their relationship to you? How old are they? Who is the oldest? the youngest? Where do they live? What are they like?

b. Working in pairs, find out everything you can about your partner's family. Be ready to tell the class two or three things you have learned.

Découvertes linguistiques

> **Most French very common verbs, as well as some obsolescent verbs, are irregular [...]**
>
> (Rebecca Posner, 1997. Linguistic Change in French)

1. **En anglais.** What verbs do you think are likely to be the most frequent in English? Make a list of ten verbs you would expect to be very frequently used in English. Why do you think they are so frequent?

2. **Et en français?** Here are the ten most common verbs overall in French:

   > être, avoir, faire, dire, pouvoir, aller, voir, savoir, vouloir, venir

   How many of these verbs have you already studied? How many of them are irregular? (Look at the verb tables in the back of *Voilà!* for the verbs you haven't already studied.) How could you explain this?

3. **Significations.** Dictionary entries for verbs vary widely in their length. Look at the table below. Why do you think this range exists?

Verb	Number of lines in a French dictionary
avoir	45
aimer	16
faire	71
fumer	7
vouloir	23
visiter	8

4. **C'est pratique?** To what extent should the vocabulary you learn reflect frequency counts? What verbs are most important to learn?

28 ans et encore chez papa maman

1. L'illustration. Regardez la photo. Quel âge ont ces personnes? Où sont-elles? Que font-elles? Quelle est la relation de parenté? Elles sont chez qui? Justifiez votre réponse.

Objectives: scanning a document to gain cultural information, using familiar language, describing in short sentences, making decisions, making inferences, correcting statements, using information to compare lifestyles and traditions, making comparisons, using personal experience, developing statements and expressing opinions, interacting in French

28 ANS ET ENCORE CHEZ PAPA MAMAN
Longues études, parents indulgents, difficile de trouver du travail, confort familial et soutien parental... Résultat: on est adulte plus tard, et le premier travail ne signifie pas toujours l'indépendance ou la séparation.

2. Vrai ou faux? Lisez le texte à côté de la photo et choisissez la réponse correcte.

Les jeunes adultes habitent chez leurs parents parce que (qu')...

... ils n'ont pas de travail	V	F
... c'est plus facile	V	F
... ils n'aiment pas être indépendants	V	F
... ils font leurs études	V	F
... ils ne trouvent pas d'appartement	V	F
... c'est plus confortable	V	F
... leurs parents sont compréhensifs avec eux	V	F
... leurs parents veulent qu'ils restent chez eux	V	F
... ils n'aiment pas être seuls	V	F
... ils n'ont pas d'amis avec qui partager un appartement	V	F

3. Sondage sur le logement. Regardez les chiffres de ce sondage. Comparez ces pourcentages avec les habitudes des jeunes de votre pays. Comparez les prix avec le prix des locations *(rent)* dans votre ville.

Modèle: *En France, plus d'étudiants habitent en location seuls.*

Les logements des étudiants universitaires: 14% en logement étudiants, 40% en location seuls, 22% en location couple, 11% en location à plusieurs, 13% en logement personnel. Les prix mensuels: en cité universitaire entre 120 et 200€, hors résidence entre 322 et 460€ par mois.

4. Débat. Logement étudiant: chez les parents ou en location? Préparez cinq arguments pour et cinq contre chaque option.

Lecture

La famille wolof

Objectives: *gaining geographic and ethnological information, learning from a map, making deductions, identifying the gist of the passage, skimming the text to gain general information using familiar words, making comparisons, using personal knowledge, reflecting on family structures, learning about other cultures by observation and analysis, using family vocabulary and making short oral statements, developing a research approach to a cultural topic, working collaboratively, identifying cultural components and differences, learning to inquire and raise questions*

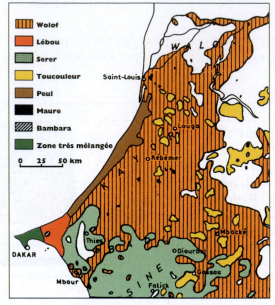

1. Les Wolofs. Combien de groupes ethniques est-ce qu'il y a dans cette région? Quelle est l'ethnie prédominante?

 2. La famille wolof

a. **Introduction.** Regardez la première phrase du texte. À quelle question est-ce qu'elle répond? D'après la deuxième phrase, que signifie *waa-jur* en wolof: père, mère ou parent?

b. **Le sujet.** Quels mots sont les plus fréquents dans ce texte? Comptez combien de fois ils sont cités. D'après ces mots, quel est le sujet du texte?

c. **Les personnes.** D'après ce passage, en combien de catégories les membres d'une famille wolof sont-ils classés? Combien de personnes sont inclues dans ces catégories? Utilisez ces informations pour donner un titre plus précis au passage.

3. Analyse: Chez les Wolofs

a. **Généalogie.** Trouvez Mamoud (l'enfant X) sur sa généalogie familiale. Combien de pères (*baay*) et de mères (*ndey*) l'enfant a-t-il?

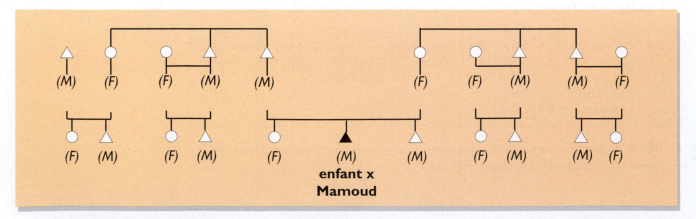

enfant x
Mamoud

Abdoulaye-Bara Diop

La famille wolof

KARTHALA

Éditions Karthala
22–24 boulevard Arago
75013 Paris

La famille wolof

Il n'existe pas de terme propre pour dire parent au sens de père ou mère, L'expression *waa-jur* désigne ces deux personnes à la fois...

Baay comprend le père, ses frères et cousins, généralement les hommes de cette génération, à l'exception de l'oncle maternel.
...

Ndey ou *yaay*: désigne la mère, ses sœurs, cousines et les femmes de la même génération, à l'exception de la tante paternelle.
...

Magu-ndey et *rakku-ndey*: désignent, respectivement, la grande sœur et la petite sœur de la mère.
...

Bajjan: sœur du père..., ou sa cousine; plus généralement, les femmes de la génération du père.
...

Nijaay: frère de la mère ou cousin de celle-ci, et tout parent de la mère et de sa génération.
...

Doom: pour l'homme, désigne ses enfants, ceux de ses frères. Pour la femme, c'est non seulement ses enfants, ceux de ses sœurs mais aussi ceux de ses frères et cousins.

b. **La famille de l'enfant wolof.** En wolof, le même mot peut désigner plusieurs membres de la famille car ce mot décrit leur relation avec l'enfant et non pas leurs relations de parenté. Quelle est la conséquence pour l'enfant? D'après ces relations familiales, quel type de famille est la famille wolof?

c. **Comparaisons.** Comparez avec votre situation personnelle.

Combien de personnes appelez-vous **père**? Et **mère**?
Combien de personnes sont responsables de l'enfant dans votre famille?
Qui s'occupe de *(take care of)* lui?
Comparez le système familial dans votre culture et le système wolof.
Y a-t-il une famille typique dans votre culture? Si oui, comment est-elle? Sinon, pourquoi?

4. Échanges: Recherche sur la famille dans les sociétés africaines
Préparez une étude sur la famille dans les société africaines francophones.

■ Identifiez le pays, l'ethnie et les domaines d'étude.

■ Choisissez un domaine d'étude précis et préparez dix questions.

■ Comparez vos questions avec celles des groupes qui ont choisi le même sujet et éliminez celles qui sont répétées ou celles qui sont moins importantes.

■ Parmi toutes les questions proposées par la classe, identifiez celles qui traitent des éléments constitutifs d'une famille d'après votre optique personnelle ou culturelle.

Père, mère et fille.
Saint-Louis, Sénégal.

Habitat rural, Sénégal.

Une famille urbaine.
Dakar, Sénégal.

Vocabulaire de base

CD1-15

Noms
La famille
l'aîné(e) *oldest, first-born (daughter or son in family)*
un cousin, une cousine *cousin*
une famille *family*
une femme *wife, woman*
une fille *daughter, girl*
un fils *son*
une grand-mère *grandmother*
un grand-père *grandfather*
des grands-parents (m.) *grandparents*
un mari *husband*
un neveu *nephew*
une nièce *niece*
un oncle *uncle*
des parents (m.) *parents, relatives*
un petit-fils *grandson*
une petite-fille *granddaughter*
des petits-enfants (m.) *grandchildren*
le (la) plus jeune *youngest*
une tante *aunt*

Autres noms
une cuisine *kitchen*
une salle de séjour *living room, family room*
le temps *weather*
le vent *wind*

Adjectifs
célibataire *single, unmarried*
divorcé(e) *divorced*
marié(e) *married*
mort(e) (en) *dead (in)*
né(e) (en) *born (in)*
veuf, veuve *widower, widow*

Activités
faire les courses *to do grocery shopping*
faire la cuisine *to cook*
faire le ménage *to do housework*
faire la vaisselle *to do the dishes*

Le temps
il fait beau *it's nice out*
il fait chaud *it's warm, it's hot*
il fait froid *it's cold*
il fait mauvais *it's nasty out*
il neige *it's snowing*
il pleut *it's raining*
il y a du soleil *it's sunny*
il y a du vent *it's windy*

Verbes
arriver (à) *to arrive (at), to get (to)*
faire *to do, to make*
vouloir *to want, to wish*

Divers
après *after, afterwards*
je voudrais, tu voudrais *I would like, you would like*
il/elle voudrait *he/she would like*
là *there, here*
nous voudrions *we would like*
si *yes (on the contrary)*

Vocabulaire supplémentaire

Noms
une femme de ménage *cleaning lady*
la météo *weather forecast*
un nuage *cloud*

Verbes
neiger *to snow*
pleuvoir *to rain*
repasser *to iron*

Divers
être d'accord *to agree*
être en vie *to be alive*
faire la lessive *to do the laundry*
faire les lits *to make the beds*
il fait bon *it's pleasant (mild)*
il fait frais *it's cool*
il fait gris *it's overcast*

il fait lourd *it's hot and humid*
il/elle s'appelle *his/her name is*
il y a des nuages *it's cloudy*
passer l'aspirateur *to vacuum*
Quel temps fait-il? *What's the weather like?*
qui *who, that (relative pronoun)*

Le français tel qu'on le parle
Je suis là! *I'm here!*
Qui est là? *Who's there?*
sérieux, sérieuse *trustworthy, reliable, responsible*

Le français familier
ça caille = il fait très froid
faire du shopping = faire des courses*

un frangin = un frère
une frangine = une sœur
mémé, mamie, bonne-maman = grand-mère
pépé, papi, bon-papa = grand-père

On entend parfois...
une avalasse (Louisiane) = beaucoup de pluie
il drache (Belgique) = il pleut beaucoup
il neigeote (Suisse) = il neige un peu
il tombe (Rwanda et Burundi) = il pleut
magasiner (Canada) = faire des courses

*Note that there is a difference between **faire les courses** *(to do grocery shopping)* and **faire des courses** *(to do errands)*.

En randonnées, à pied ou à vélo, parcourez les sentiers et redécouvrez la faune et la flore de nos campagnes. Ce sera pour vous l'occasion de pratiquer votre sport favori.

Découverte Active

Pêche au saumon, à la truite et au black bass
Béarn - Pays Basque - Navarrenx
Sur le Gave d'Oloron, vous pêcherez la truite et le saumon, et visiterez une région riche en patrimoine, gastronomie et traditions.

à partir de 156€/pers 1 week-end (2jours/2nuits)

En savoir plus

Balade à bicyclette en liberté
Vallée du Loir - De Vendôme à Angers
Circuit de randonnée à bicyclette de 5 jours/4 nuits, avec hébergement en demi-pension en hôtels Logis de France deux étoiles de tradition.

248€/personne

En savoir plus

Séjour sports d'hiver et détente
Gérardmer - Vosges
Formule de 8 jours/7 nuits (du samedi au samedi) durant laquelle vous découvrirez toutes les richesses des Hautes Vosges.

à partir de 434€ par personne

En savoir plus

Une terre d'enchantement
Sud du département de la Dordogne
Randonnée pédestre au travers d'itinéraires qui vous mèneront vers de prestigieux sites préhistoriques, châteaux forts et cités médiévales dans un décor naturel verdoyant.

à partir de 520€/pers 8 jours/7nuits

En savoir plus

1. **Quelle excursion pour:**
   Un père qui aime les rivières?
   Une famille qui adore les promenades à la campagne?
   Un groupe de jeunes cyclistes?
   Des grands-parents qui aiment l'architecture ancienne?
   Des étudiants qui aiment le ski?

2. **Où?** Sur une carte *(map)* de France, trouvez où sont situées les 4 excursions proposées. Regardez les textes et les photos. Quels mots correspondent aux photos?

3. **Et pour vous, quelle excursion?**
   Quelle excursion préférez-vous? Pourquoi? Imaginez que vous allez là-bas *(over there)*. Avec qui est-ce que vous êtes? Qu'est-ce que vous faites? Comparez vos choix avec un(e) partenaire.

Leçon 8

Vous êtes artiste ou sportif?

Détendez-vous au cœur d'une nature accueillante.

En bref

- Régions françaises et activités
- Les vacances: activités et sports
- Les loisirs des jeunes: musique et sports (le verbe *jouer*)
- Quelques expressions au passé
- *Pouvoir, devoir*: possibilité et obligation
- Poser des questions (les pronoms interrogatifs)
- Les expressions pour dire non
- Le temps libéré
- Lecture: Eux aussi ont quitté les stades

Vocabulaire

A. Des projets de vacances

Ce (1) soir, Jacques Dubois est là avec son amie Paulette. Il a rencontré Paulette à Nice et maintenant, ils sont chez son fils Vincent. Au dîner, ils parlent des vacances d'été. Jacques voudrait aller en vacances avec ses enfants et petits-enfants, mais c'est difficile parce que tout le monde veut faire des choses différentes:

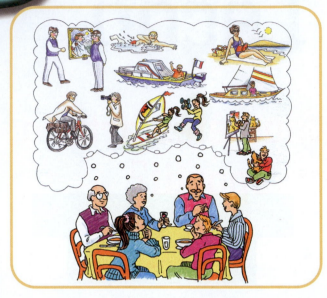

JACQUES: Moi, j'ai envie d'aller (2) dans une grande ville pour faire les musées. Mais j'adore aussi faire de la marche (3). Et toi, Paulette?

PAULETTE: Oui, moi aussi j'aime marcher, mais je préfère faire du vélo. J'ai envie d'aller à la campagne. J'aime les beaux paysages et j'adore faire de la photo. Et vous, Vincent?

VINCENT: Moi, je n'aime pas beaucoup la campagne, c'est trop ennuyeux. Je voudrais bien aller à la mer. J'adore nager et je voudrais faire du bateau et de la natation. Et toi, Thérèse?

Les mots et la culture

1 **Ce, cet, cette, ces.** Use the adjective **ce** to express the English *this* or *that* and *these* or *those*.

Je n'aime pas **ce** livre. *(masculine singular)*

Tu n'aimes pas **cet** hôtel? *(masculine singular before a vowel sound)*

Il n'aime pas **cette** musique. *(feminine singular)*

Vous n'aimez pas **ces** photos? *(plural)*

If it is necessary to distinguish between two items, the suffix **-ci** *(here, nearer)* or **-là** *(there, farther)* may be added to the noun.

Tu préfères **cette** voiture-**ci** ou **cette** voiture-**là**?

Do you prefer this car or that car?

2 **Avoir envie de + infinitif.** The expression **avoir envie de + infinitif** is used to mean *to feel like*.

Tu as envie de faire une promenade? *Do you feel like taking a walk?*

3 **Les jeux et les sports.** When talking about sports or games, the verb **jouer** plus the preposition **à** is generally used to refer to sports or games played by two or more people.

Vous aimez **jouer au** tennis ou vous préférez **jouer aux** cartes?

Do you like to play tennis or do you prefer playing cards?

The verb **faire** + **de la, de l'**, or **du** is used to describe participation in a sport or activity. In general, **faire** + **activité** corresponds to the verb indicating that activity in English.

Il adore **faire du ski** et **faire du jogging** mais il déteste **faire de la marche.**

He loves to ski and to jog, but he hates walking.

THÉRÈSE:	Moi aussi, je voudrais aller à la mer. Rester sur la plage pour lire, c'est merveilleux! Et je voudrais faire de la voile aussi. Et vous, les enfants?
CÉLINE:	Allons à la mer! J'ai envie de faire de l'exercice et de la planche à voile.
JEAN-MARC:	Moi, ça m'est égal, mais je ne veux pas partir sans Minou! Et je veux faire de la peinture et du dessin.
THÉRÈSE:	Jean-Marc, c'est l'artiste de la famille!

■ Dans la famille Dubois, qui est artiste? sportif? intellectuel? Qui aime faire des choses fatigantes? Qui n'aime pas faire des choses fatigantes?

■ Et vous, vous êtes artiste? Vous aimez les musées? Qui fait de la photo? du dessin? de la peinture?

■ Vous faites du sport? Souvent ou parfois? Qui fait de la marche? du vélo? de la natation? de l'exercice? de la voile? de la planche à voile?

B. Maintenant, qu'est-ce qu'ils font?

Qui joue aux cartes (3)? Qui regarde un match de football à la télévision? Qui joue du piano? (5) Qui joue du violon? Qui chante? Thérèse n'est pas là. Est-ce qu'elle est dans la cuisine? Mais non, elle fait une promenade (6) avec les chiens.

■ Est-ce que Jacques et Paulette sont heureux? Et Vincent? Pourquoi? Pensez-vous que Paulette chante bien ou mal? Qui gagne aux cartes? Est-ce que les trois chiens sont à Thérèse?

■ Et vous, vous préférez faire du sport ou faire de la musique? faire de la musique ou écouter de la musique? faire du sport ou regarder du sport à la télévision? faire une promenade ou jouer aux cartes?

Les mots et la culture

4 **Une vieille chanson française.** *Auprès de ma blonde* is an old French song from the 17th century. **Une blonde** still means *girlfriend* in Canada today.

5 **La musique.** When talking about playing musical instruments, use the verb **jouer** plus the preposition **de**.
Il **joue du** piano et elle **joue de la** guitare.
He plays the piano and she plays the guitar.

6 **Faire une promenade. Faire une promenade** means *to take a walk*. **Faire de la marche** means *to walk for exercise*. **Faire une randonnée** means *to hike*. If you are simply *going some place on foot (walking there)*, use **aller à pied.**

Tu **fais de la marche**?	*Are you going walking?*
J'aime **faire des promenades**.	*I like to take walks.*
Nous **allons** en classe **à pied**.	*We walk to class.*
Béatrice voudrait **faire une randonnée** à la montagne.	*Béatrice would like to hike in the mountains.*

C. Et les autres membres de la famille?

Après le dîner, Jacques Dubois téléphone aux autres membres de la famille.
Qu'est-ce qu'ils veulent faire pendant les vacances?

SYLVIE: Papi, moi je veux faire du ski! Je skie bien maintenant, je ne tombe pas souvent! On va faire du ski?

JACQUES: Pas question! Le ski, c'est pour l'hiver, pas pour l'été!

FRANÇOIS: Moi, ça m'est égal, Papi, mais je voudrais jouer au football. C'est génial, le football. Je suis membre d'une équipe à l'école et on gagne souvent! C'est formidable! Un jour, je vais être un joueur célèbre!

CÉDRIC: Papi, allons à la mer! La plage, c'est bien pour rencontrer des filles!

SUZANNE: Je voudrais être avec mon copain. Tu veux bien? Hakim et moi, on a envie de jouer au tennis et de faire de la plongée sous-marine.

BÉATRICE: Papa, n'allons pas à la mer cette année! Moi, j'adore faire des randonnées à la montagne... C'est beau, la montagne! Et il fait moins chaud! Ou bien la campagne... La campagne, c'est bien pour faire du jogging, non?

■ Dans la famille, qui veut aller à la montagne? Pourquoi? Qui veut aller à la mer? Pourquoi? Et vous, vous préférez la mer, la campagne ou la montagne? Où est-ce que vous ne voulez pas aller en vacances? Pourquoi?

■ Pour vous, quel sport est important? génial? horrible? trop fatigant? Est-ce que vous êtes membre d'une équipe de sport à l'université? Est-ce que votre équipe gagne souvent?

■ Quel est votre passe-temps préféré à l'université? Et chez vous? Et en vacances? en été? en hiver?

D. Autres mots et usages

1. Here are some useful words and expressions not included in the preceding vocabulary presentation.

aller à pied à *to walk to*
à pied *on foot*
un bateau à voile *sailboat*
faire du bricolage *to do odd jobs around the house*
faire du jardinage *to work in the garden, to garden*
faire du patin à roulettes *to roller-skate*
faire du roller *to rollerblade*
faire du patin à glace *to ice-skate, to go ice skating*
ici *here*
jouer au basket-ball *to play basketball*
jouer au golf *to play golf, to golf*
pratiquer un sport *to play a sport*
voici *here is, here are*

2. **Parler au passé.** You will learn how to form the past tense of verbs in French in *Leçons 10, 11,* and *12.* In this lesson, however, you learn a few past tense forms of selected verbs that are frequently found in the past, for example, **rencontrer** and **gagner.** You have also seen the expression **j'ai trouvé** in *Leçon 6.* For the moment, just learn these forms as vocabulary words.

Jacques **a rencontré** une femme merveilleuse!
Jacques met/has met a fantastic woman!

j'ai rencontré	*I met*
tu as rencontré	*you met*
il/elle a rencontré	*he/she met*

J'ai gagné! *I won!*

j'ai gagné	*I won*
tu as gagné	*you won*
il/elle a gagné	*he/she won*

3. **Les faux amis.** Since French and English share a linguistic history, many words are approximately the same in both languages. These words are known as *cognates.*

FRENCH	ENGLISH
animal	*animal*
bleu	*blue*
problème	*problem*

Some French words, however, have evolved differently and have meanings quite different from words they resemble in English. As a result, they may look the same but have very different meanings. Such words are called **faux amis** *(false friends).* Here are some examples:

FRENCH	ENGLISH	RELATED ENGLISH WORD
rester	*to stay*	*to rest*
sympathique	*nice*	*sympathetic*
chambre	*bedroom*	*chamber*
formidable	*great, super*	*formidable*

Mise en pratique

1. **Pour qui? Pour quand?** Classez les activités suivantes en catégories.
   Catégories suggérées: activités pour les jeunes / activités pour les personnes âgées / activités d'hiver / activités d'été / activités du week-end / activités de la semaine / activités agréables, etc.

faire du jardinage	faire de la natation	faire du bateau
faire du ski	faire du vélo	faire les musées
faire de la marche	faire une randonnée	faire du jogging
faire de la photo	faire de la planche à voile	jouer au golf
faire de la plongée sous-marine	jouer au football	jouer au football américain
	jouer aux cartes	
jouer du piano	jouer de la guitare	jouer du violon
faire de la peinture	faire du bricolage	

Objective, Act. 1: learning vocabulary receptively

2. **À mon avis.** Avec un(e) partenaire, évaluez ces activités. Utilisez **c'est fatigant, c'est horrible, c'est merveilleux** ou **c'est important.**

Modèle: *Étudier, c'est important!*

1. faire du jogging pendant six heures
2. faire une promenade sur la plage le soir
3. faire la vaisselle pour 20 personnes
4. jouer au football américain
5. faire du sport à 5 heures du matin
6. faire une randonnée à la montagne
7. faire du ski à Chamonix
8. faire de l'exercice pour être en forme
9. aller à la banque à pied quand il fait très froid
10. avoir des professeurs compréhensifs

Objectives, Act. 2–3: recycling vocabulary, learning new vocabulary receptively, attaching words to different contexts and personalizing them

3. **Activités.** Avec un(e) partenaire, décidez quel verbe va avec les activités ci-dessous: **gagner, rencontrer, rester** ou **tomber**. Puis évaluez ces activités: c'est agréable ou ce n'est pas agréable?

Modèle: le président
Rencontrer le président. C'est agréable.

1. à la maison le dimanche matin
2. un match de football à l'université
3. des personnes importantes
4. dans la neige
5. à la maison le samedi soir
6. à la maison quand il fait froid
7. des garçons et des filles sympathiques
8. faire du vélo
9. un match de tennis

*Objectives, Act. 4: practicing **avoir envie de** in context, recycling vocabulary, personalizing, interacting orally*

4. Le désir et la réalité

a. Qu'est-ce que vous faites pendant la journée? Faites une liste. Et qu'est-ce que vous avez envie de faire maintenant? Faites une autre liste.

Modèle: *Je mange, j'étudie...*
Maintenant, j'ai envie de manger. Je n'ai pas envie d'étudier.

Objectives, Act. 5–6: integrating new vocabulary, productively recycling vocabulary, sharing personal information, interacting orally, getting information from a document, comparing cultures

 b. Comparez vos listes avec un(e) partenaire. Faites-vous les mêmes *(same)* choses? Aimez-vous les mêmes choses?

 ## 5. La famille et les week-ends

a. **Chez vous.** Discutez en groupes. Le week-end, quel est le passe-temps préféré de...

1. votre grand-père?
2. votre grand-mère?
3. votre mère?
4. votre père?
5. vos frères et sœurs?
6. vous?

Act. 5b: EXPLICATIONS: **le déjeuner en famille**, c'est quand la famille mange ensemble *(together)* à midi; **la grasse matinée**, c'est quand on reste au lit le matin; **les câlins à deux**, ce sont des gestes tendres.

b. **Et les Français?** Voilà un sondage *(survey)* sur les activités préférées des Français le week-end.

Le déjeuner du dimanche en famille

Les week-ends des Français	
«Pour vous, qu'est-ce qui symbolise le plus le week-end?»:	
Le déjeuner en famille	36%
Les moments passés avec les enfants ou les petits-enfants	35%
La promenade à la campagne	30%
Les travaux ménagers, le bricolage, le jardinage	21%
La grasse matinée	19%
La sortie du samedi soir	15%
Les câlins à deux	14%
Les courses du samedi	9%
La messe	8%
Le jogging du matin	3%

Madame Figaro/Sofres

Associez les activités du sondage aux mots appropriés.

aimer quelqu'un *(someone)*   la famille
marcher   le cinéma
manger   l'église
faire de l'exercice   le ménage
le lit   sortir

c. Quelles sont les trois activités du week-end les plus importantes pour les Français? Quelles autres activités ont les Français pendant le week-end?

d. Quelles sont les activités qui sont les moins populaires le week-end?

e. Et dans votre culture, qu'est-ce qui symbolise le week-end? Regardez vos listes de l'**Activité 5a** et classez les 10 activités par ordre d'importance dans votre culture. Est-ce qu'il y a d'autres activités à ajouter *(add)*? Est-ce qu'il y a des activités à supprimer *(delete)*?

6. Les sports et les saisons. Faites des listes des sports et des activités qu'on pratique chez vous aux moments indiqués.

Modèle: En hiver?
On joue au basket-ball. On fait du ski. On va au cinéma.

1. En automne?
2. En hiver?
3. Au printemps?
4. En été?
5. Le week-end?
6. En vacances?

7. La classe en chiffres

1. Choisissez cinq ou six catégories de loisirs (par exemple, le sport, la musique, les musées, etc.).
2. En groupes de quatre ou cinq, choisissez une catégorie de loisirs et préparez six questions pour vos camarades de classe.
3. Faites votre questionnaire et posez vos questions.
4. Présentez vos résultats à la classe.
5. Quelles sont vos conclusions? (La classe est sportive, n'aime pas beaucoup la musique classique, etc.)

Objectives, Act. 7: asking about and sharing personal information, preparing for writing and discourse

Objectives, Act. 8: *getting objective information from a document and making deductions, comparing cultures, using new vocabulary productively, sharing personal information*

8. Le sport en été. Voilà un sondage *(survey)* sur le sport en été en France.

a. **Regardez le sondage.**

■ Quels sports est-ce qu'on pratique à la mer? à la campagne? à la montagne? en ville? partout *(everywhere)*?

■ D'après vous, quels sports sont pour tout le monde? pour les jeunes? pour les adultes? pour les retraités?

■ **Les Français et le sport en été.** Quels sont les cinq sports que les Français aiment beaucoup pratiquer en été? Et quels sont les sports que les Français ne pratiquent pas beaucoup en été? Pourquoi, à votre avis *(in your opinion)*?

b. **Et vous?**

■ Quels sont les sports que vous aimez pratiquer en été? Quels sont les sports que vous n'aimez pas pratiquer en été? Pourquoi?

■ Comparez avec les Français. Est-ce que vous aimez pratiquer les mêmes *(same)* sports? Est-ce qu'il y a des sports sur la liste que les Américains ou les Canadiens ne pratiquent pas? Quels sports importants pour les Américains ou les Canadiens ne sont pas sur la liste?

Quels sports allez-vous pratiquer cet été?

	en %
Natation	45
Randonnée pédestre/marche à pied	40
VTT	19
Tennis	16
Jogging/course à pied	13
Football	9
Planche à voile	9
Plongée sous-marine	7
Volley ou beach-volley	7
Bateau à voile	6
Équitation	5
Gymnastique/aérobic/musculation	5
Rafting/canyoning/canoë/kayak	5
Basket	4
Deltaplane/parapente/parachute	4
Pêche	4
Surf/body board	4
Golf	3
Pétanque	3
Roller	3
Ski nautique	3
Alpinisme/varappe/escalade	2
Badminton	2
Bateau à moteur	2
Tennis de table	2
Scooter des mers/jet-ski	2
Ski d'été	1

VTT = vélo tout terrain *(mountain bike)*
deltaplane = *hang gliding* / parapente = *paragliding*
varappe et escalade = *rock climbing*

Sondage IPSOS: «Ce que sera votre été sportif»

Structure 1

Pouvoir, devoir: possibilité et obligation

Here are the forms of the verbs **pouvoir** *(to be able to, can)* and **devoir** *(to have to, must)*.

pouvoir		devoir	
je peux	nous pouvons	je dois	nous devons
tu peux	vous pouvez	tu dois	vous devez
il / elle } peut	ils / elles } peuvent	il / elle } doit	ils / elles } doivent

Both **pouvoir** and **devoir** may be followed by an infinitive. Note also the various possible English equivalents.

Je ne **peux** pas **parler** maintenant.	*I'm not able to talk now.*
Tu ne **peux** pas **partir**!	*You can't leave!*
Vous **devez téléphoner** à vos parents.	*You've got to call your parents.*
Tu **dois fumer** moins.	*You have to (must) smoke less.*

Mise en pratique

1. **Associations.** Quel verbe—**vouloir, pouvoir** ou **devoir**—associez-vous avec ces activités? Pourquoi?

   1. faire vos devoirs
   2. être au régime
   3. téléphoner à vos parents
   4. dormir
   5. faire du sport
   6. sortir pendant la semaine
   7. parler à vos grands-parents
   8. faire le ménage

2. **D'après vous.** Vrai ou faux?

   1. Un enfant de deux mois peut étudier.
   2. Tout le monde doit faire de l'exercice.
   3. Les membres de l'équipe de football (américain) veulent faire les musées.
   4. On peut jouer du piano dans un parc.
   5. Si *(If)* on veut un passe-temps agréable, on fait la vaisselle.
   6. Les professeurs doivent être sympathiques.
   7. Les étudiants doivent étudier le week-end.
   8. Un homme de 80 ans peut jouer au football.

*Objectives, Act. 1–2: meaning-based experience with forms and semantics of **pouvoir** and **devoir**, recycling **vouloir***

Objectives, Act. 3–4: *personalizing sentences using **devoir**, **pouvoir**, and **vouloir**, recycling direct object pronouns*

3. **Ma vie.** Faites une liste d'activités pour chaque *(each)* verbe.

1. Je veux... (dormir / manger / étudier, etc.)
2. Je peux... (nager / faire du vélo, etc.)
3. Je dois... (travailler / manger moins / ne pas fumer / ranger, etc.)

 4. **Je dois / je peux / je veux.** Est-ce que vous **devez** le faire, vous **pouvez** le faire ou vous **voulez** le faire? Peut-être les deux? ou les trois?

> **Modèle:** aller à la bibliothèque
> *Je peux le faire et je dois le faire mais je ne veux pas le faire!*

1. faire de la photo
2. étudier davantage *(more)*
3. faire du jogging
4. jouer de la guitare
5. faire de la natation
6. parler au professeur
7. ranger ma chambre
8. aller à la bibliothèque
9. faire du vélo
10. manger moins

Objective, Act. 5: *using **devoir** and **pouvoir** in an authentic context*

 5. **Rédiger un CV.** Voilà des conseils pour rédiger un CV. En groupes, trouvez les formes des verbes **pouvoir** et **devoir**. Quels sont leurs équivalents en anglais?

Conseils pour rédiger un CV

■ Le CV doit détailler votre parcours tant au niveau des études que de vos diverses expériences. Vous devez expliquer avec votre CV pourquoi vous êtes adapté au poste.

■ Le CV ne doit pas avoir de fautes d'orthographe.

■ Le CV doit être clair, propre et conforme à la réalité.

■ En général, le CV doit tenir sur une seule page, mais il peut être exception-nellement sur 2 pages.

■ Le CV a au moins deux rubriques: la formation et l'expérience profession-nelle. Ces deux rubriques sont chronologiques. Les dernières expériences, ou études, doivent être les premières à apparaître.

■ Il est très important de signaler si vous parlez des langues étrangères. Jugez bien votre niveau. Si vous savez juste dire «hello» et «good-bye» en anglais, ne mettez pas *anglais courant.*

■ Il est aussi important de signaler votre connaissance informatique. Vous pou-vez aussi ajouter «maîtrise d'Internet».

Poser des questions (les pronoms interrogatifs)

Use interrogative pronouns (question words that stand for nouns) to ask about people and things.

Questions about direct objects

1. Use **qui** to ask about *people*.

> **qui** + **est-ce que** + rest of question

Qui est-ce que Paul aime?	*Who(m) does Paul like?*
Qui est-ce que tu cherches?	*Who(m) are you looking for?*

2. Use **que** to ask about *things*.

> **que (qu')** + **est-ce que** + rest of question

Qu'est-ce que Jean-Luc regarde?	*What is Jean-Luc watching?*
Qu'est-ce que tu fais?	*What are you doing?*

Questions about subjects

1. Use **qui** to ask about *people*.

> **qui** + verb + rest of question

Here, you do not need **est-ce que.** Note that the third-person singular (the **il** form) of the verb is used with **qui** as a subject. The **i** of **qui** is never dropped.

Qui est là?	*Who's there?*
Qui veut manger?	*Who wants to eat?*

2. Use **qu'est-ce qui** to ask about *things*.

> **qu'est-ce qui** + verb + rest of question

Qu'est-ce qui arrive?	*What's happening (going on)?*
Qu'est-ce qui est important pour toi?	*What's important for you?*

Questions about objects of prepositions

1. After a preposition (**avec, sur, à, de, chez**, etc.), use **qui** to ask about *people*. Unlike English, the question has to start with the preposition.

> preposition + **qui** + **est-ce que** + rest of question

À qui est-ce que tu veux parler? *Who(m) do you want to talk to?*
Avec qui est-ce qu'elle sort? *Who's she going out with?*
          (With whom is she going out?)

2. Use **quoi** to ask about *things*. Again, the question starts with the preposition.

> preposition + **quoi** + **est-ce que** + rest of question

De quoi est-ce que vous voulez parler? *What do you want to talk about?*
Avec quoi est-ce que tu joues? *What are you playing with?*

Note that **quoi** may be used alone to ask for clarification or to express surprise or indignation. To be a bit more polite, use **comment.**

—Je vais avoir un enfant. *I'm going to have a baby.*
—**Quoi?!** *What?!*

—Je m'appelle Émeric Vanderstichele. *My name is Émeric Vanderstichele.*
—**Comment?!** *Excuse me?!*

You can also use inversion to ask questions such as these:

1. **Qui** aimez-vous?   Chez **qui** vas-tu?
   Que fait-il?   De **quoi** parle-t-il?

Of course, when **qui** is the subject of the question, there is no inversion.

Qui veut jouer au tennis? **Qui** dort?

2. **Quel** is an adjective. It must be used to modify a noun.

—**Quel chien** est-ce que *What dog are you looking at?*
 tu regardes?
—Je regarde le chien près *I'm looking at the dog next*
 de l'arbre.   *to the tree.*

—**Qu'est-ce que** tu regardes? *What are you looking at?*
—Je regarde le chien près *I'm looking at the dog next*
 de l'arbre.   *to the tree.*

Mise en pratique

1. Une enquête. Voilà les résultats d'une enquête sur l'emploi d'Internet par 2.880 adolescents québécois et leurs parents. Regardez la grille et complétez l'interview en-dessous en ajoutant des pronoms interrogatifs dans les espaces vides.

Objective, Act. 1: using interrogative pronouns in context

Objective, Act. 2: moving from a focus on form to producing a short paragraph

activité	adultes québécois	adolescents québécois
télécharger de la musique	17%	70%
avoir utilisé Internet la semaine précédente	54%	88%
jouer aux jeux en ligne	11%	56%
utiliser le courriel	63%	81%

— _____ utilise Internet pour communiquer avec des amis?
— Les deux, mais c'est surtout les adolescents qui le font.
— _____ les adolescents québécois font le plus souvent sur Internet?
— Ils téléchargent de la musique.
— À _____ les adolescents québécois jouent?
— Aux jeux en ligne, mais leurs parents jouent très peu aux jeux en ligne.
— _____ font les adultes le plus souvent sur Internet?
— Ils utilisent le courriel.
— Et _____ utilise Internet le plus souvent, les adolescents ou leurs parents?
— C'est clair, les adolescents!

2. Une personne ou une chose? Avec un(e) partenaire, (1) décidez si la réponse à chaque question est une personne ou une chose. (2) Inventez des réponses aux questions sur Malika (utilisez votre imagination). (3) Qui est Malika? Comment est-elle?

1. Qu'est-ce que Malika veut?
2. Qui sort avec Malika?
3. Avec qui est-ce que Malika parle?
4. De quoi est-ce que Malika parle?
5. Qui est-ce que Malika cherche?

3. La famille Martin. Posez des questions sur la famille Martin!

Objective, Act. 3–4: reviewing and using interrogative forms

Les Martin habitent à Genève. Philippe Martin a cinquante ans et sa femme Nadine a quarante-huit ans. Ils ont trois enfants: Luc, vingt-six ans, Isabelle, vingt ans, et Marie-Claude, dix-huit ans. Ils habitent un bel appartement moderne en ville. Philippe Martin est professeur à l'université de Genève. Nadine ne travaille pas, mais elle veut écrire un livre. Luc travaille dans une banque. Il aime beaucoup la campagne et il voudrait avoir beaucoup de chiens et de chats. Mais c'est difficile parce que sa femme n'aime pas les animaux. Isabelle est à l'université où elle étudie l'anglais. Elle va souvent à Londres parce que son petit ami est anglais. Marie-Claude commence l'université. Elle adore sortir avec ses amis et elle parle souvent de politique avec eux.

Why Don't You Ask How Bad It Is

4. C'est quelle photo? Jouez avec un(e) partenaire. Choisissez *(Choose)* une photo. Votre partenaire va vous poser des questions pour trouver la photo que vous avez choisie.

Modèle:
— *Il y a combien de personnes?*
— *Deux.*
— *Qu'est-ce qu'elles font?*
— *Elles jouent de la musique.*
— *C'est la photo C?*
— *Oui, c'est ça.*

A

B

C

D

Les expressions pour dire non

To talk about what people or things are not or what they do not do, or to express ideas such as *never*, *no more*, or *nothing*, you need to learn how to use negative expressions.

1. **In complete sentences.** In complete sentences, negative expressions have two parts: **ne** (**n'**) in front of the conjugated verb and **pas** or another negative word after the verb.

ne... pas *(not)*	Il **ne** chante pas **bien.** *He doesn't sing well.*
ne... jamais *(never)*	Il **ne** chante **jamais.** *He never sings.*
ne... plus *(not anymore, no longer)*	Je **n'**habite **plus** chez eux. *I don't live with them anymore.*
ne... rien *(not anything, nothing)*	Nous **ne** faisons **rien.** *We're not doing anything.*
ne... personne *(no one, nobody)*	Il **n'**y a **personne**! *There's no one!*

2. **In incomplete sentences.** Frequently the idea of *no* is expressed without using a complete sentence. In these cases, **ne** does not appear. Note the following expressions:

Jamais.	*Never.*	**Personne.**	*No one.*
Jamais de la vie.	*Not on your life.*	**Rien.**	*Nothing.*
Pas question.	*No way.*	**Pas moi.**	*Not me. (Not I.)*

—Qui aime travailler?	*Who likes to work?*
—**Personne.**	*Nobody.*

—Qui aime les examens?	*Who likes tests?*
—**Pas moi!**	*Not me! (Not I!)*

Toc, toc.	*Knock, knock.*
—Qu'est-ce que c'est?	*What is it?*
—**Rien, rien.** Excusez-moi!	*Nothing, nothing. Excuse me!*

3. Use **de** (**d'**) (rather than **un**, **une**, or **des**) after *all* negative expressions.

Il **n'**y a **plus de** fleurs?	*There aren't any more flowers?*
Elle **n'**a **jamais de** stylo!	*She never has a pen!*
Vous **n'**avez **pas d'**animaux dans votre appartement?	*You don't have any animals in your apartment?*

Mise en pratique

Objectives, Act. 1–5: *contextualized and personalized use of negative expressions, personalizing*

1. Ni oui ni non *(Neither yes nor no).* Répondez aux questions. N'utilisez pas le mot **oui** ou le mot **non**!

Modèle: Vous chantez?
Jamais! / Dans ma chambre. / Pas beaucoup.

1. Vous téléphonez à vos parents?
2. Vous sortez le lundi soir?
3. Vous parlez avec vos amis?
4. Vous faites de l'exercice?
5. Vous jouez du piano?
6. Vous gagnez aux cartes?
7. Vous allez à l'université à pied?
8. Vous avez envie d'étudier le samedi soir?
9. Vous voulez rester à l'université pendant les vacances de Noël?

2. Vrai ou faux? Faites des phrases. Ensuite *(Then)* décidez si la phrase est vraie ou fausse. Si la phrase est fausse, refaites la phrase pour la rendre *(make)* vraie.

1. les étudiants / ne jamais / être / fatigués
2. mes copains et moi, / nous / jouer / aux cartes le dimanche matin
3. je / rester / à la maison / le week-end
4. le professeur / ne jamais / être / de mauvaise humeur
5. on / ne rien / faire / dans le cours de français
6. nous / ne pas / avoir / de problèmes
7. je / ne plus / regarder / la télévision le samedi matin
8. les professeurs / ne personne / écouter / en classe

3. Je ne fais jamais... Faites une liste de trois choses que vous ne faites jamais.

Modèle: *Je ne chante jamais.*

4. Je ne vais plus... Faites une liste de trois choses que vous n'allez plus faire.

Modèle: *Je ne vais plus fumer.*

5. Jouer à «ni oui ni non». Inventez cinq questions à poser à vos camarades de classe. Ils doivent répondre mais ils ne peuvent pas utiliser le mot **oui** ou le mot **non**.

Modèle: —*Est-ce que tu fumes?*
—*Jamais, pas beaucoup,* etc.

Le français parlé

CD1-16

Scène de vie

—Matthieu? C'est Papa!

—Papa? Tu vas bien?

—Oui, très bien, oui... Qu'est-ce que tu fais ce week-end?

—Ce week-end? Ben, euh, rien de spécial... Pourquoi?

—J'arrive!

—Tu arrives? Mais quand?

—Demain matin.

—Demain matin? Et à quelle heure?

—À 10 heures chez toi... Ça va?

—Chez moi? Euh... Oui, oui, ça va!

—Tu ne dois pas trop étudier?

—Non, non... Pas de problème!

—On va en ville?

—D'accord! Tu voudrais faire quoi?

—Ben, il y a une rétrospective Magritte au musée. Tu as envie?

—Oui, j'adore Magritte!

—Et on peut aller au restaurant après, d'accord?

—Il y a un petit restaurant sympa à côté, un restaurant marocain. Ça va?

—Oui, c'est bien... Et le soir, il y a le match France–Portugal à la télévision, on peut le regarder chez toi, non?

—Euh... non... euh... ce n'est pas possible... euh... je sors demain soir...

—Tu sors? Avec qui?

—Ben, avec des amis...

—Ils n'aiment pas le foot, tes amis?

—Ben si, je pense...

—Eh bien, on mange des pizzas et on regarde le match avec tes amis chez toi...

—Euh, oui, euh, pourquoi pas... Ben, oui, d'accord... Je vais téléphoner à tout le monde. Est-ce que tu vas rester dormir après?

—Non, non, je pars après le match... J'ai des choses à faire dimanche... À demain, Matthieu!

—À demain, Papa!

 Pour écouter. As you saw in *Leçon 6,* questions are often more informal in spoken French than in writing. Listen to the conversation above and underline all the questions. What different ways to ask questions are used in this conversation?

Parlons! Une visite pour le week-end

Someone you know is coming for a surprise visit this weekend. What are you going to do?

a. With a partner, decide who the visitor is (parents? another family member? a friend? an acquaintance?) and divide the roles between you.

b. Take a few moments to write down the following:

- If you are the host: What is there to see/do in the area? Give at least five suggestions. Are there other things that you have to do this weekend?

- If you are the visitor: Decide when you are coming and for how long. Are there things that you would like to see/do? Give at least five possibilities.

c. With your partner, make plans for the weekend. Be ready to tell the class two or three of the most interesting things that you'll do.

Objectives: *reflecting on the concept of correct language (double negatives in English) and looking at how French and English encode negation*

Mon amour jamais plus rien jamais ne nous séparera
(Chanson de Claude François)

1. **En anglais? en français?** In standard English, there is only one negative word per sentence. Although "double negatives" are found in informal English, they are usually considered an error in standard and especially written English. In French, however, the use of more than one negative expression in a sentence is part of the standard language. You already know about the use of **ne + pas/jamais/rien/plus**. But what happens when **ne** + more than one negative word is used? Can you propose English equivalents for the following sentences? How many negative words are needed in English?

> Personne n'habite plus à côté des Martin.
> Il ne fait jamais rien!

2. **En français?** Grammar books tell us that **pas** cannot be combined with negative expressions such as **jamais** or **rien**. Other negative expressions (**jamais, rien, personne, plus**), however, can be combined in any order. Is this true? Look at the table below. It summarizes searches of the *Television Corpus* and the *Le Monde 2000 Corpus*. What tentative conclusions regarding the use of multiple negative expressions in French can you propose?

	Television Corpus	*Le Monde* 2000 Corpus	Totals
pas jamais/jamais pas	0 (0%)	0 (0%)	0 (0%)
pas rien/rien pas	0 (0%)	0 (0%)	0 (0%)
pas jamais	0 (0%)	0 (0%)	0 (0%)
jamais rien	4 (80%)	88 (87%)	92 (87%)
rien jamais	0 (0%)	3 (3%)	3 (3%)
jamais personne	1 (20%)	7 (7%)	8 (7%)
personne jamais	0 (0%)	3 (3%)	3 (3%)
Totals	5 (100%)	101 (100%)	**106 (101%)**

3. **À vous!** What do you do when you need to find out something about a language? Make a list of resources. Which of these resources are most easily available? most helpful? most authoritative? Which ones do you use? Explain.

Le temps* libéré

Objectives: reviewing vocabulary for daily activities and expanding concepts into real-life experience, creating a framework of reference for the study of time use, using numbers in French, reviewing dates, reporting, examining statistics and making comparisons between the elements of a chart, developing hypotheses and investigative questions on cultural issues

*time
**temps pour les loisirs
***longévité
****le contraire de temps endormi

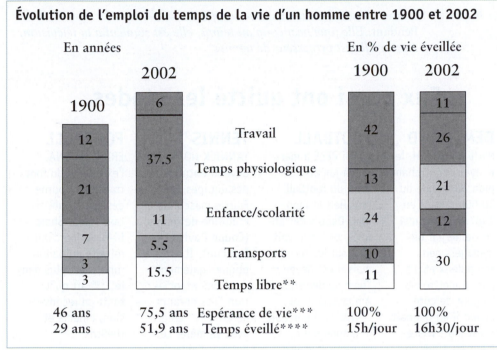

Évolution de l'emploi du temps de la vie d'un homme entre 1900 et 2002

	En années			En % de vie éveillée	
	1900	2002		1900	2002
Travail	12	6		42	11
Temps physiologique	21	37.5		13	26
Enfance/scolarité	7	11		24	21
Transports	3	5.5		10	12
Temps libre**	3	15.5		11	30
Espérance de vie***	46 ans	75,5 ans		100%	100%
Temps éveillé****	29 ans	51,9 ans		15h/jour	16h30/jour

G. Mermet, *Francoscopie 2003*, © Larousse/VUEF2002

 1. Associations. Ce tableau parle de **cinq** catégories: travail, temps physiologique, enfance/scolarité, transports et temps libre. Quels mots associez-vous à ces catégories?

Modèle: travail: *aller à l'université, lire, écrire, parler, un ordinateur*, etc.

 2. Analyse. Regardez le tableau. Qu'est-ce qui a le plus changé entre 1900 et 2002? Pourquoi, à votre avis?

Modèle: *On travaille plus en 1900 qu'en 2002. Peut-être parce qu'on a beaucoup de vacances maintenant?*

 3. Comparaisons. À votre avis, dans quelle(s) catégorie(s) est-ce qu'il y a le plus de différences entre la France et votre culture? Imaginez une journée typique pour un homme et une femme de 30 ans chez vous et en France et leurs activités d'heure en heure.

 4. Questions. À votre avis, quelles sont les questions du sondage *(survey)*?

Modèle: *Combien d'heures dormez-vous par nuit?*

Lecture

Eux aussi ont quitté les stades

Objectives: talking about sports and careers, reviewing vocabulary, preparing short written statements, identifying the main meaning, skimming a news article, extracting specific information, making inferences, gaining cultural understanding, comparing and evaluting data, making decisions, developing critical thinking in French, using the main information to summarize an article, writing in French

1. La carrière d'un athlète. Citez trois athlètes de sports différents et étudiez leur carrière: avant *(before)* d'être célèbre, pendant leur carrière sportive, et quand ils cessent les compétitions.

Modèle: Avant: *Elle joue au tennis avec son père.*
Pendant: *Elle joue beaucoup au tennis, elle est souvent à la télévision.*
Après: *Elle est professeur de tennis.*

Eux aussi ont quitté les stades...

DEMI FOND

PAUL KIPKOECH, le Kenyan, était champion du monde du 10 000 mètres en 1987. Il a été mal conseillé par des managers peu scrupuleux et n'a pas su mettre de l'argent de côté quand il en gagnait. Il est mort tristement en 1995 de malaria. Il n'avait plus d'argent pour s'acheter ses médicaments.

JAVELOT

ODETTE KINGBO MISTOUL Directrice des Sports au Gabon, Odette a participé à plusieurs jeux Olympiques en Athlétisme dans ces disciplines: le poids, le javelot et le disque. Elle a même été Championne d'Afrique centrale dans ces lancers de 1979 à 1984.

FOOTBALL

Le roi PELÉ a marqué à jamais l'histoire du football brésilien et mondial. Depuis des années, on ne le voit plus sur les terrains mais il est devenu "homme de terrain". Ambassadeur de l'UNICEF, il parcourt le monde pour soutenir la cause des enfants. Homme d'affaires, il s'est lancé dans l'immobilier, les placements, la publicité...

RUGBY

Deux des plus grands joueurs de rugby français des années 80 ont choisi leur reconversion: JEAN-PIERRE RIVES s'est lancé dans la peinture et la sculpture. SERGE BLANCO lui a ouvert un centre de thalasso.

TENNIS

YANNICK NOAH est devenu entraîneur des équipes de France masculine et féminine de tennis (Coupe Davis et la Fed Cup). Il s'implique également dans une association "Les enfants de la Terre" créée avec sa mère. Leur but est d'aider les jeunes en difficulté grâce à des matchs de tennis de promotion.

FOOTBALL

ERIC CANTONA, l'ex-rebelle du foot français a tourné des spots publicitaires pour Sharp, hi-fi. Aujourd'hui retraité du ballon rond, c'est plus dans le 7ème art qu'il tente sa reconversion, cinéma et théâtre.

TENNIS

JOHN MCENROE était adoré. Son sale caractère faisait ressortir la qualité de son jeu ! Sur les courts, les spectateurs (et spectatrices) retenaient leur souffle lorsqu'il piquait une colère. Aujourd'hui, il se défoule dans un groupe de rock et joue les commentateurs sportifs lors des tournois.

Texte de Kidi BEBEY © *Planète Jeunes*, Association Planète Jeunes, 1998

2. Première lecture

   a. **Le titre.** **Quitter** signifie **partir.** Trouvez dans chaque segment le nom des personnes qui sont les «**Eux**» du titre.

   b. **Les athlètes.** Faites la liste des athlètes cités ici. Quelle est leur nationalité? Quelle est leur spécialité sportive? Quelle est leur nouvelle occupation?

3. Analyse

   a. **Sports favoris.** *Planète Jeunes* est un magazine pour les jeunes Africains. Quels sports est-ce que les lecteurs préfèrent? Pourquoi, à votre avis?

   b. **La vie après la gloire.** Groupez les athlètes d'après leur carrière après leur retraite *(retirement)* sportive. Décidez quels athlètes bénéficient de leur célébrité et quels athlètes sont défavorisés par leur célébrité. Comment évaluez-vous le futur des athlètes? Est-il facile de terminer une carrière jeune? Pourquoi?

4. Sommaire. Écrivez un court sommaire pour décrire le sujet de cet article.

Yannik Noah

Lance Armstrong

Vocabulaire de base

CD1-17

Les pronoms interrogatifs (voir pages 185–186)
Les expressions négatives (voir page 189)

Noms
un(e) artiste *artist*
un bateau, des bateaux *boat*
une chose *thing*
un musée *museum*
un projet *plan, project*
un vélo *bike*

Adjectifs
autre *(precedes noun) other*
différent(e) *different*
fatigant(e) *tiring*
important(e) *important*

Verbes
devoir *must, to have to*
gagner *to win*

nager *to swim*
pouvoir *can, to be able to*
rencontrer *to meet*
rester *to stay (somewhere)*
skier *to ski*
tomber *to fall*

Activités
faire de la marche *to walk (for exercise)*
faire de la natation *to swim*
faire de l'exercice *to exercise, to get some exercise*
faire du bateau *to go boating*
faire du jogging *to jog*
faire du ski *to ski*
faire du sport *to participate in a sport for exercise*
faire du vélo *to ride a bike, to cycle*
faire les musées *to visit museums*
faire une promenade *to take a walk*
faire une randonnée *to hike*

jouer au football *to play soccer*
jouer au tennis *to play tennis*
jouer aux cartes *to play cards*
jouer de la guitare *to play the guitar*
jouer du piano *to play the piano*
jouer du violon *to play the violin*

Divers
à pied *on foot*
avoir envie de + infinitif *to feel like (doing something)*
ce, cet, cette *this, that*
ces *these, those*
ici *here*
mal *badly*
sans *without*
tout le monde *everybody, everyone*
voici *here is, here are*

Vocabulaire supplémentaire

Noms
le basket-ball *basketball*
un bateau à voile *sailboat*
une carte *card*
le dîner *dinner*
une équipe *team*
le football américain *football*
le golf *golf*
un joueur, une joueuse *player*
un membre *member*
un passe-temps *pastime*
un paysage *scenery, landscape*

Adjectifs
célèbre *famous*
génial(e) *fantastic, great*
horrible *horrible*
merveilleux, merveilleuse *wonderful, marvellous*

Activités
faire de la musique *to make music*
faire de la peinture *to paint*
faire de la photo *to do photography*

faire de la planche à voile *to windsurf*
faire de la plongée sous-marine *to go scuba diving*
faire de la voile *to go sailing*
faire du bricolage *to do odd jobs around the house*
faire du dessin *to draw*
faire du jardinage *to work in the garden, to garden*
faire du patin à glace *to ice-skate, to go ice skating*
faire du patin à roulettes *to roller-skate*
faire du roller *to rollerblade*
jouer au golf *to play golf*
pratiquer un sport *to play a sport*

Divers
aller à pied à *to walk to*
être membre (de) *to be a member (of)*
j'ai (tu as, il/elle a) rencontré... *I (you, he/she) met . . .*

Le français tel qu'on le parle
Ça m'est égal. *I don't mind. / I don't care.*
Formidable! *Super! Great!*
J'ai gagné! *I won!*
Pas mal! *Not bad!*
Qu'est-ce qu'ils sont fatigants! *They are so tiring (irritating)!*
rien de spécial *nothing in particular*
Tu es (T'es) sûr(e)? *Are you sure?*

Le français familier
le basket = le basket-ball
faire du footing = faire du jogging
faire du VTT = faire du vélo tout terrain *(mountain bike)*
faire une balade = faire une promenade
le foot = le football
un truc = une chose

On entend parfois...
le soccer (Canada) = le football
le football (Canada) = le football américain

Chanson 5: J'ai pas de temps

This song by Souad Massi tells of the desperate loneliness of an immigrant in a strange impersonal city.

1. Écoutons. Listen to the song, and identify the characteristics of the rhythm and the melody.

2. Mots et expressions. As you listen again, try to catch some familiar adjectives as well as other words you recognize.

3. Désespoir et solitude. At what point does the song move to a more desperate beat and expression?

Chanson 6: Les bonbons

In this song Jacques Brel tells the sad story of a shy and naïve admirer who brings candy to a young woman when he invites her for a walk in town.

1. Écoutons. What does the music of this song express?

2. Mots et expressions. In this song, identify the words that are used as the following: a greeting, a time, a woman's first name, a musician's name, a man's name. What other words do you recognize?

3. Pauvre amoureux! After you have read the translation, analyze the relationship between the music and the words.

Chanson 7: Les amoureux des bancs publics

Lovers kissing in public causing aggravation to bourgeois pedestrians—such is the topic of Georges Brassens' song, as he celebrates the public benches of Paris.

1. Écoutons. As you listen to the song, decide what sort of music it reminds you of.

2. Mots et expressions. As you listen to the song, try to pick out some adjectives you hear.

3. Point de vue. Use the translation as you listen to this song once more. What do you think is the point of view of the songwriter?

Chanson 8: La bohême

Charles Aznavour sings of his nostalgia for the bohemian life of poor young artists in Montmartre.

1. Écoutons. What mood does the singer convey in this song?

2. Mots et expressions. How many stanzas do you count as you listen? How often is the refrain repeated? What words do you recognize in the refrain? Which words change?

3. La bohême. What is **la bohême** according to Aznavour? Why is he nostalgic for it?

Français, êtes-vous gourmets ou gourmands?

Il y a trois siècles, c'est la création de la «haute cuisine» et deux siècles plus tard, c'est celle des restaurants gastronomiques! Mais...

Mais le goût pour les bonnes choses, c'est simple! Alors est-ce que le monde moderne change nos habitudes et avec elles notre palais?

Faut-il manger pour vivre ou vivre pour manger? Voici la grande question! Trois siècles après la création de la «haute cuisine» et deux siècles après celle des restaurants gastronomiques, l'image des Français à table est ternie… Seulement 12% d'entre vous distinguez les quatres saveurs élémentaires et 88% sont incapables de citer les saveurs de base.

1. **Les illustrations.** Décrivez les illustrations de cet article. Pour chaque *(each)* illustration, identifiez les personnes, les occasions, l'heure et la saison.

2. **Monologue intérieur.** Pour chaque illustration, imaginez ce que les personnes présentes sur l'image pensent.

3. **Le texte.** Quels mots dans le texte se réfèrent à la «cuisine»? Quels mots se réfèrent à «manger»? Quelles expressions se réfèrent à l'histoire?

4. **Les saveurs.** D'après vous, quelles sont les quatre saveurs élémentaires? Quelles sont les saveurs de base? D'après l'auteur, qui est responsable de l'image ternie des Français à table?

Leçon 9

Qu'est-ce qu'on mange?

Faut-il manger pour vivre ou vivre pour manger? Voici la grande question!

En bref

- Les Français et la nourriture
- Boire et manger: les repas et la nourriture
- Les verbes *boire* et *prendre*
- Exprimer la quantité: l'article partitif
- L'article partitif et l'article défini après une expression négative
- Le goût et les aliments en France
- Lecture: Un dîner littéraire

Vocabulaire

A. M. Delvaux

1. un rôti de bœuf
2. des petits pois (m.)
3. des pâtes (f.)
4. un pain
5. un croissant
6. une tarte aux pommes
7. un gâteau au chocolat
8. des bonbons (m.)

Oh là là, j'ai faim maintenant, moi!

«Et pour demain? Pour le petit déjeuner, un pain. Il est très bon ici. Et pour le déjeuner (1)? J'ai un rôti de bœuf, des petits pois, des pâtes. Ça va. Je vais acheter une tarte aux pommes pour le dessert. Et un gâteau au chocolat pour le goûter, à quatre heures. Des bonbons aussi, pour quand j'ai faim entre les repas. Oh là là, j'ai faim maintenant, moi! Je vais prendre un petit quelque chose… un croissant? Bonne idée! Oh, ils sont chauds… Délicieux! Et pour ce soir? Je n'ai pas envie de faire la cuisine. Il y a un bon restaurant chinois pas loin… »

■ Comment est M. Delvaux? Qu'est-ce qu'il aime? Est-ce qu'il mange bien ou mal? Pourquoi?

■ Et vous, vous aimez les petits pois? Et les pâtes? Vous préférez le rôti de bœuf ou le rôti de porc? le pain ou les croissants pour le petit déjeuner? un gâteau au chocolat ou une tarte aux pommes pour le dessert? les restaurants chinois ou les restaurants français? les restaurants chinois ou les restaurants japonais?

Les mots et la culture

1 Les repas en France. What is the most important meal of the day where you live? What is usually eaten at each meal? Traditionally, the noon meal is the most important meal of the day in France. French people take at least an hour to eat and then some time after the meal to drink coffee and read the paper. They often start the meal with a first course (raw vegetables, **charcuterie,** soup, etc.), followed by the main dish (meat or fish plus vegetable), then a salad, and finally cheese and/or dessert.

The evening meal, eaten around eight, is lighter and might consist of soup, **charcuterie,** leftovers, an **omelette,** or pasta. This is the general pattern, but you encounter many differences depending on region and family circumstances. Moreover, things are changing, especially in larger cities, where people often have lunch at work or at school. Although lunchtime is shorter, people still often have an appetizer, a main dish, a salad, and cheese or dessert. The evening meal is then considered the main meal.

Note de prononciation

The verb **acheter** adds an **accent grave** over the middle **e** in forms where the ending is silent.

j'achète	nous achetons
tu achètes	vous achetez
il } achète elle	ils } achètent elles

B. Mieng Lao

«Bon, pour être en forme, il faut manger des légumes et des fruits… c'est bon pour la santé! Ah, et je voudrais des yaourts et des œufs aussi… Pas de pain, c'est mauvais pour le régime! Et pour être en bonne (2) santé, pas de bonbons et pas de gâteaux! J'ai soif (3)! Je vais acheter un jus de pomme… non, c'est trop sucré. Un jus de pamplemousse, mais sans sucre: c'est meilleur pour la santé.»

1. le jus de pamplemousse
2. l'eau minérale (f.)
3. le vin
4. le champagne
5. la bière
6. le thé
7. le café
8. des légumes (m.)
9. des fruits (m.)
10. un yaourt
11. des œufs (m.)

J'ai soif!

■ Comment est Mieng Lao? Qu'est-ce qu'elle aime? Elle est en bonne ou en mauvaise santé? Pourquoi?

■ Et vous, vous mangez comme Mieng Lao ou comme M. Delvaux?

■ Vous aimez les fruits? les légumes? les yaourts? les œufs? Vous préférez le jus de pomme ou le jus de pamplemousse? Les œufs, c'est bon ou c'est mauvais pour la santé?

Les mots et la culture

2 Bon / mauvais / meilleur. The adjectives **bon** and **mauvais** are placed in front of the noun.

Les professeurs aiment les **bons étudiants**, mais les **mauvais étudiants?** C'est un problème!

When you want to say that something or someone is better, use **meilleur(e)** or **meilleur(e)… que.**

Est-ce que les fromages français sont **meilleurs que** les fromages américains?
Are French cheeses better than American cheeses?

Le vin, c'est bon, mais le champagne, c'est **meilleur**!
Wine is good, but champagne is better!

3 J'ai faim! J'ai soif! Avoir faim and avoir soif are expressions with **avoir** similar to **avoir sommeil, avoir chaud,** and **avoir froid.**

| Quand M. Delvaux **a faim,** il mange des bonbons. | *When Mr. Delvaux is hungry, he eats candy.* |
| **J'ai soif**! Je vais boire un Coca-Cola. | *I'm thirsty! I'm going to have a Coke.* |

1. des fraises (f.)
2. des haricots verts (m.)
3. une banane
4. une pêche
5. une pomme
6. une orange
7. un citron
8. la glace à la vanille
9. les frites (f.)
10. un poulet
11. un steak
12. un jambon
13. un saucisson

Voyons...j'ai des fraises...

C. Mme Baldini

«Est-ce qu'il y a quelque chose à manger pour ce soir? Je vais faire une soupe de tomates. Il y a aussi des restes dans le réfrigérateur et j'ai une pizza dans le congélateur. Ça va, tout le monde adore la cuisine italienne, pas de problème. Est-ce que j'achète des steaks ou un poulet pour dimanche midi? Un poulet! Pour six, c'est plus facile. Avec des haricots verts et des frites… les frites surgelées sont excellentes ici. Ah, il faut (4) aussi deux melons. Comme entrée froide, c'est délicieux, le melon avec le jambon cru*! Il faut un dessert… Voyons… j'ai des fraises et un gâteau, ça va. Ah, je vais aussi acheter des jus de fruit pour les enfants… »

* **Cru** *(Raw)* is the opposite of **cuit** *(cooked)*. **Le jambon cru** is cured, dried ham that is frequently served in thin slices with melon.

■ Comment est Mme Baldini? Est-ce qu'elle habite seule? Combien de personnes est-ce qu'il y a dans sa famille? Qu'est-ce qu'ils vont manger ce soir? Et dimanche?

■ Dans votre famille, est-ce qu'on aime le melon comme entrée? Est-ce qu'on l'aime avec le jambon cru? Est-ce qu'on fait un repas de famille le dimanche à midi? Quand est-ce qu'on fait un repas de famille?

■ Vous préférez le steak ou le poulet? Vous aimez la pizza? Vous l'aimez chaude ou froide? Vous aimez la cuisine italienne?

Note de prononciation

Le h aspiré. In general, words beginning with an **h** in French are treated as if they began with a vowel.

Anne déteste l'hiver.   (élision)
Les‿hivers sont froids ici.   (liaison)
  /z/

A few words, largely of non-French origin, that begin with an **h** are treated as if they began with a consonant. The **h** is silent, but **élision** and **liaison** do not occur. These words are marked in dictionaries with an asterisk.

*hamburger   Veux-tu des frites avec le **hamburger**?
*haricots verts   Qui aime les **haricots verts**?

Les mots et la culture

4 Il faut. To say that one needs something or has to do something, use **il faut** + *noun* or **il faut** + *infinitive*.

Après le dîner, **il faut un dessert**!
After dinner, one needs dessert!

Pour être en bonne santé, **il faut manger** des légumes.
In order to be healthy, one needs to eat vegetables.

D. Philippe Martin

«Bon, pour ce soir… Pour l'apéritif (5), avant le dîner, des chips et des crackers. Comme entrée, des crudités: des carottes et des tomates. C'est bien pour Sébastien, qui est au régime. Et surtout pas de mayonnaise pour lui! C'est trop gras. Une vinaigrette? Oui, mais je vais la faire, c'est meilleur que quand on l'achète. Bon, maintenant, comme plat principal… une omelette, peut-être… avec des champignons. Surtout pas de viande et pas de poisson, avec Anne qui est végétarienne! Après (6), une salade, deux ou trois fromages… Ah, je n'ai pas de dessert. Il faut acheter un dessert… Voyons, une glace? Oui, bonne idée! Caroline adore la glace au chocolat, et moi aussi. Ça va être un bon petit dîner. Et comme boisson? J'ai des bières dans le réfrigérateur. Tout le monde aime la bière, pas de problème… »

Bon, pour ce soir…

1. des chips (f.)
2. une carotte
3. une tomate
4. une laitue
5. un fromage
6. des conserves (f.)
7. le beurre
8. le lait

- Comment est Philippe Martin? Quel âge a-t-il? Il est étudiant ou il travaille? Il est marié ou célibataire? Pourquoi est-ce qu'il fait les courses? Qui sont Sébastien, Caroline et Anne? Qu'est-ce qu'ils vont manger? Ça va être bon? C'est vrai que tout le monde aime la bière?

- Et vous, vous aimez les crudités? Vous préférez les carottes ou les tomates? Vous préférez la vinaigrette ou la mayonnaise avec les crudités? Vous préférez les fromages français ou les fromages américains? Avec une omelette, vous préférez la bière, le vin ou l'eau? Et avec le fromage?

- Chez qui (Philippe Martin, Mme Baldini, etc.) voulez-vous manger ce week-end? Pourquoi?

- Vous préférez manger des choses sucrées ou salées? Quelle est votre boisson préférée? votre légume préféré? votre fruit préféré? votre dessert préféré?

Les mots et la culture

5 **L'apéritif.** Look at the picture. What meal is this? What time of day is it? Who are these people? What's on the table? Does this look like a scene that you might find where you live? Some friends are invited over for a drink. What time will they arrive? What will be served?

In France, **l'apéritif** refers both to a drink taken before lunch or dinner and to the convivial time that people share before a meal. When guests are present, **l'apéritif** is served with crackers, chips, nuts, or other snacks. One can be invited for **l'apéritif** by itself, before lunch, or before dinner. In that case, the guest is expected to leave early enough for the family to have time for their meal, especially if it is lunch. Friends can also meet in a café before going home for their meal. **L'apéritif** is then perceived as a transitional time between work and home.

6 **Avant / après; devant / derrière.** Note the difference in usage of these prepositions.

avant / après = *before / after (in time)*
devant / derrière = *in front of / in back of (in space)*

Est-ce que tu étudies **avant** ou **après** le dîner?
Do you study before or after dinner?

Il y a quelqu'un **derrière** toi!   *There's someone behind you!*
Il n'y a personne **devant** moi.   *There's nobody in front of me.*

L'apéritif

La nourriture (Food)

Les légumes:

des asperges (f.)	asparagus
des épinards (m.)	spinach
une pomme de terre	potato
un oignon	onion

Les fruits:

une poire	pear
une prune	plum
le raisin	grapes

La viande:

le bœuf	beef
le porc	pork
le mouton	mutton
la dinde	turkey
la charcuterie	cold cuts
le pâté	pâté
un steak haché	hamburger

■ Quelles choses sont su-crées? salées? Qu'est-ce que vous aimez? Qu'est-ce que vous n'aimez pas?

Le poisson:

le thon	tuna
le saumon	salmon
une crevette	shrimp

Pour le petit déjeuner:

le café au lait	coffee with milk
les céréales (f.)	cereals

Pour le goûter(7):

la confiture	jam
le chocolat	chocolate

Pour un pique-nique:

un sandwich (au jambon, au fromage)	sandwich (ham, cheese)
le Coca-Cola, le coca	Coca-Cola, Coke

Et aussi:

l'huile (d'olive)	(olive) oil
la moutarde	mustard
le poivre	pepper
le sel	salt
le vinaigre	vinegar
le riz	rice

Les mots et la culture

7 **Le goûter** refers to food eaten in the late afternoon and is the equivalent of British afternoon tea (the French equivalent of the English expression *to have a snack* is **prendre quelque chose** or **prendre un petit quelque chose;** to eat between meals is **grignoter**). Since dinner is eaten late in France, French children have a **goûter** when they arrive home from school around five o'clock. Most often, they have bread with jam or chocolate and a cup of hot chocolate or milk. Older children and adults may have a cup of coffee or tea. For their birthday, French children can invite their friends to a **goûter d'anniversaire** featuring cakes and pies.

F. Autres mots et usages

Here are some useful words and expressions not included in the preceding vocabulary presentation.

épicé(e)	*spicy*	prendre un verre	*to have a drink*
inviter	*to invite*	quelqu'un	*somebody, someone*
		une soirée	*party*
		une recette	*recipe*

Mise en pratique

1. Chassez l'intrus. Quel mot ne va pas avec les autres à cause du sens *(meaning)*?

1. une pomme de terre / une tomate / le jambon / des haricots verts / une carotte
2. un steak / un rôti / une pomme / un saucisson / un poulet
3. des asperges / une poire / une pêche / une fraise / un pamplemousse
4. le petit déjeuner / le goûter / des crudités / le dîner / le déjeuner
5. le beurre / la confiture / le café au lait / le pain / les épinards
6. une glace / un pâté / le raisin / un gâteau / une tarte
7. le riz / le lait / le thé / la bière / le Coca-Cola
8. des asperges / des petits pois / le sucre / des oignons / des épinards
9. le bœuf / le porc / le mouton / un steak haché / la moutarde
10. la dinde / le saumon / le thon / les crevettes / un poisson

Objectives, Act. 1: recognizing new vocabulary, solving lexical problems

2. Quand? Discutez avec un(e) partenaire. Pour quels repas sont les boissons et les plats suivants? [SUGGESTIONS: le petit déjeuner, le déjeuner, le goûter, le dîner]

Modèle: le café au lait?
Le petit déjeuner, pas le dîner…

1. une bière?
2. le jambon?
3. une pizza?
4. une glace au chocolat?
5. un sandwich?
6. une omelette?
7. le café?
8. le fromage?

Objectives, Act. 2–4: recognizing food items, linking vocabulary from previous lessons to food, making associations with food, expressing opinions, comparing cultures and traditions

3. Ça va bien ensemble ou pas? Qu'est-ce qui va bien ensemble *(goes well together)*? ne va pas bien ensemble?

1. les pêches au thon
2. les frites et la mayonnaise
3. les tomates aux crevettes
4. le thé au lait
5. les œufs et la confiture
6. les tartes et la glace
7. les céréales et le jus d'orange
8. le coca avec le dîner

4. Qu'est-ce que c'est? Voilà des devinettes *(riddles)*. Quelles sont les réponses?

1. Il est bon quand il est un peu vieux. Qu'est-ce que c'est?
2. Elles sont bonnes quand elles sont rouges. Qu'est-ce que c'est?
3. Il est blanc avec le poisson et rouge avec le steak. Qu'est-ce que c'est?
4. Elles sont vertes, jaunes ou marron. Qu'est-ce que c'est?
5. Ils sont verts et ils sont délicieux quand ils sont très petits. Qu'est-ce que c'est?

5. Qu'en pensez-vous? Avec un(e) partenaire, décidez si c'est bon, c'est mauvais, c'est bon pour la santé, c'est mauvais pour la santé, c'est bon pour le régime, c'est mauvais pour le régime.

1. un gâteau au chocolat
2. le lait chaud
3. un steak-frites
4. le café au lait
5. le sucre
6. le fromage
7. le vin
8. le jus d'orange
9. les conserves
10. les épinards
11. la charcuterie
12. l'huile d'olive

Objectives, Act. 5: linking words to different contexts, interacting orally, sharing and comparing opinions

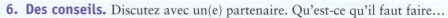

6. Des conseils. Discutez avec un(e) partenaire. Qu'est-ce qu'il faut faire…

> **Modèle:** … quand on a soif?
> *Il faut boire!*

1. … quand on a faim?
2. … quand on a sommeil?
3. … quand on a chaud?
4. … quand on a un examen?
5. … quand on a des problèmes?
6. … quand on est au régime?

7. Les goûts

a. Faites des listes pour les catégories suivantes:

1. les légumes:
2. la viande et le poisson:
3. les desserts:
4. les fruits:
5. les boissons:

b. Parlez de vos préférences avec un(e) partenaire.

> **Modèle:** *Tu aimes les haricots verts ou pas?*

8. Les Français et la nourriture. Regardez ce que mangent les Français en 2001 en comparaison avec 1980.

Explications: La volaille, c'est par exemple le poulet, la dinde et le canard *(duck)*. Les crustacés, ce sont les crevettes, par exemple. Les vins courants, ce sont les vins de table (pour boire tous les jours). Les vins AOC (vins d'appellation d'origine contrôlée), ce sont les bons vins.

En groupes, discutez ou répondez aux questions suivantes.

1. Quels sont les trois aliments préférés des Français en 1980? Et en 2001? Sont-ils dans le même *(same)* ordre?
2. Faites deux listes: les choses que les Français aiment plus maintenant et les choses qu'ils aiment moins. Qu'est-ce qui est beaucoup moins important? Qu'est-ce qui est beaucoup plus important?
3. Dans le tableau, qu'est-ce qui est bon pour la santé? Qu'est-ce qui est mauvais pour la santé? Est-ce que les Français mangent mieux maintenant qu'avant? Pourquoi?
4. Faites une liste des 10 aliments préférés dans votre culture et comparez-les avec les préférences des Français.
5. Dans votre liste, qu'est-ce qui est bon pour la santé? Qu'est-ce qui est mauvais pour la santé? À votre avis, qu'est-ce qu'il faut manger souvent pour être en bonne santé? Qu'est-ce qu'il faut boire? Et qu'est-ce qu'il ne faut pas manger ou boire trop souvent? Faites des listes et comparez-les avec le reste de la classe.

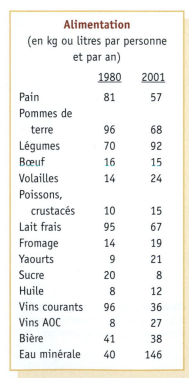

Alimentation (en kg ou litres par personne et par an)		
	1980	**2001**
Pain	81	57
Pommes de terre	96	68
Légumes	70	92
Bœuf	16	15
Volailles	14	24
Poissons, crustacés	10	15
Lait frais	95	67
Fromage	14	19
Yaourts	9	21
Sucre	20	8
Huile	8	12
Vins courants	96	36
Vins AOC	8	27
Bière	41	38
Eau minérale	40	146

G. Mermet, *Francoscopie 2003*,
©Larousse/VUEF 2002

Structure 1

Les verbes *boire* et *prendre*

The verb **boire** means *to drink*. Its conjugation is irregular.

je bois	nous buvons
tu bois	vous buvez
il elle } boit	ils elles } boivent

Qu'est-ce qu'**on boit**?　　　　　　*What's everybody drinking?*

The verb **prendre** means *to take*. Its conjugation is irregular. Note the double **n** in the *third-person plural.*

je prends	nous prenons
tu prends	vous prenez
il elle } prend	ils elles } prennent

Je sors et **je prends** mon vélo. 　*I'm going out and I'm taking my bike.*
Tu vas **prendre** ton dictionnaire 　*Are you going to take your dictionary*
　ou pas? 　　　　　　　　　　　　*or not?*

Prendre is also used to express the idea of having a meal or having something to eat or drink.

À quelle heure est-ce qu'**on prend** 　*What time do you eat breakfast at*
　le petit déjeuner chez toi? 　　　*your house?*
Tu prends ton café sans sucre? 　*Do you take your coffee without sugar?*
Je prends un croissant, et toi? 　*I'll have a croissant. How about you?*

The imperative, or command, forms of **boire** and **prendre** are identical to their present tense forms.

Bois ton lait! 　　　　　　　　*Drink your milk!*
Vite, **buvez** votre café, on y va! 　*Quick, drink your coffee, we're leaving!*
Il fait chaud. **Buvons** un jus de fruit. 　*It's hot. Let's drink a fruit juice.*

Prends ton vélo! 　　　　　　　*Take your bike!*
Prenez le bus! 　　　　　　　　*Take the bus!*
Prenons un café. 　　　　　　　*Let's get a cup of coffee.*

Mise en pratique

1. Ça se boit ou ça se mange? Boire ou manger? Choisissez.

	boire	manger
1. les carottes		x
2. le fromage		
3. les œufs		
4. le café		
5. le riz		
6. la bière		
7. le thé		
8. l'eau		
9. la viande		
10. le jus de fruit		

2. En famille. C'est le matin et la famille Durieux se prépare *(is getting ready)* à partir. Qui dit quoi? Utilisez le verbe **prendre** pour compléter chaque phrase.

Modèle: Tu / tes cahiers?
Tu prends tes cahiers? (C'est la mère qui parle à un enfant.)

1. Je / le sac pour aller au supermarché.
2. Sophie! Paul! Vous / vos vélos?
3. Martine! Ton père / la voiture?
4. Les enfants / leurs livres?
5. Oui, oui maman! Nous / nos sandwichs!

3. Faites des phrases. Boire ou prendre… ou les deux? Faites des phrases.

Modèle: Tu ne _____ rien? Tu n'as pas soif?
Tu ne bois rien?

1. Elle a soif. Elle va _____ un thé.
2. Est-ce qu'il y a quelque chose à _____ dans le réfrigérateur? J'ai très soif!
3. Quand j'ai très faim, je _____ une pomme.
4. Qu'est-ce qu'ils _____ au petit déjeuner?
5. M. Pinard _____ beaucoup de vin rouge le soir.

4. Un sondage. Posez des questions à vos camarades de classe et à votre professeur pour déterminer quand ils prennent leurs repas.

Quand est-ce que tu prends (vous prenez)…			
NOM	**le petit déjeuner?**	**le déjeuner?**	**le dîner?**

Structure 2

L'article partitif

To talk about a part of something that you cannot count, use the partitive article.

MASCULINE	FEMININE	BEFORE A VOWEL
du riz	**de la** bière	**de l'**eau
(some) rice	*(some) beer*	*(some) water*

In many cases, the English *some* or *any* can be used to translate the partitive article. Frequently, however, it is omitted.

Est-ce qu'il y a **de la bière** dans le frigo?	*Is there (any) beer in the fridge?*
Non, mais il y a **du Coca.**	*No, but there's (some) Coke.*

If whatever you're talking about is countable, use an indefinite article: **un, une, des.**

Tu veux **un sandwich**?	*Do you want a sandwich?*
Oui, et **des frites**, et après, **une glace** à la fraise! J'ai très faim!	*Yes, and some (French) fries, and then a strawberry ice cream (cone). I'm really hungry!*

Note that some objects can be either counted or not, depending on the context.

Tu veux **du café**?	*You want (some) coffee?*
Tu veux **un café**?	*You want (a cup of) coffee?*
Tu bois **de la bière**?	*Are you drinking beer? (some beer, not all the beer in the world!)*
Je veux **une bière**.	*I want a (can of, bottle of) beer.*
Comme dessert, il y a **une tarte aux pommes**.	*For dessert, there's an apple pie.*
Tu veux **de la tarte**?	*Do you want some pie?*

Mise en pratique

1. **Poires à la cannelle.** Voilà une recette pour faire des poires à la cannelle *(cinnamon)* mais il y a un problème. Dans la liste des ingrédients, il y a des ingrédients qui ne sont pas nécessaires. Trouvez-les!

Objective, Act. 1: focusing on partitive articles in a meaningful context

---

Poires à la cannelle

Pour faire des poires à la cannelle, il faut: des pommes, des bananes, des poires, de la cannelle, de la glace, des œufs, du vin, du yaourt, du sucre, du poivre, du jus de citron, du jus de pêche, de l'eau, du lait

- Pelez les poires.
- Dans une casserole, versez l'eau, le vin, le sucre et la cannelle. Portez à ébullition à feu doux.
- Quand le mélange est sirupeux, enlevez la casserole du feu et laissez les poires refroidir dans le sirop.

---

2. Au restaurant universitaire. Voilà des étudiants qui mangent au restaurant universitaire aujourd'hui. Qu'est-ce qu'ils prennent? Comment sont-ils?

Modèle: JEAN-PIERRE: steak, frites, glace au chocolat, eau minérale
Il prend un steak (du steak), des frites, une glace au chocolat (de la glace au chocolat) et de l'eau minérale (une eau minérale). Il a très faim et il n'est pas au régime!

1. PAULINE: œuf, asperges, fromage
2. MICHEL: jambon, poisson, carottes, pommes de terre, salade, pain, fromage, tarte aux fraises, café
3. FRANÇOIS: crudités, pâtes au fromage, pain, poire, jus de fruit
4. SOLANGE: sandwich au fromage, thé
5. ANNE: poulet, frites, salade, pain, fromage, glace, café

3. Dans le frigo. Qu'est-ce qu'il y a…

1. dans votre réfrigérateur?
2. dans le réfrigérateur de votre professeur?
3. dans le réfrigérateur à la Maison Blanche?
4. dans le réfrigérateur de… ?

4. Boissons typiques. Qu'est-ce qu'ils boivent?

1. les Chinois?
2. les Allemands *(Germans)*?
3. les Français?
4. votre grand-mère?
5. vous avec vos amis?
6. vous avec vos parents?

5. Habitudes alimentaires. Qu'est-ce qu'ils mangent?

1. les Japonais?
2. les Italiens?
3. les Français au petit déjeuner?
4. les étudiants devant la télévision?
5. votre grand-père?
6. un joueur de football américain?
7. une personne au régime?
8. les enfants français au goûter?

 6. La classe et les repas. Que prennent vos camarades de classe aux différents repas? Posez des questions.

Modèle: —*Qu'est-ce que tu prends au petit déjeuner?*
—*Du pain, de la confiture et du café.*

Structure 3

L'article partitif et l'article indéfini après une expression négative

The partitive article, like the indefinite article, is reduced to **de (d')** when it follows a negative expression.

Qu'est-ce qu'il y a dans le frigo?
On a **des** pommes mais on **n'a pas de** poires. On a du **vin** mais on **n'a plus de** lait. On a **de la** confiture mais il n'y a **jamais de** beurre.

What's in the fridge?
We have (some) apples but we don't have (any) pears. We have (some) wine, but we don't have any more milk. We have (some) jam, but there's never any butter.

Les articles définis, indéfinis et partitifs

	Les articles définis	Les articles indéfinis	Les articles partitifs
Masculin	le (l')	un	du (de l')
Féminin	la (l')	une	de la (de l')
Pluriel	les	des	

1. Use definite articles:

    ■ *To talk about preferences* (with verbs like **aimer, détester, préférer,** etc.).

    J'aime **le thé** mais je préfère **le café.**   *I like tea but I prefer coffee.*

    ■ *To talk about things in general.*

    Les légumes sont bons quand on est au régime.   *Vegetables are good when you're on a diet.*

    ■ *To refer to something specified or already mentioned.* English uses definite articles in the same way.

    —On mange une pizza ce soir?   *How about a pizza tonight?*
    —Oui, d'accord.   *Sure, OK.*
    —Bon, alors, qui achète **la pizza,** toi ou moi?   *Good, who's buying the pizza, you or me?*
    —Moi, et toi, tu achètes **le coca** et **la bière.**   *Me, and you're buying the cola and the beer.*

    Definite articles do not change after a negative expression.

    Candide **n'aime pas les tomates.**   *Candide doesn't like tomatoes.*

2. Use indefinite articles to refer to unspecified things that you can count. Indefinite articles become **de (d')** after a negative expression.

    —Tu veux **une pomme?**   *Do you want an apple?*
    —Non, je **ne** veux **pas de pomme.**   *No, I don't want an apple.*

3. Use partitive articles to refer to unspecified things that you do not count. Partitive articles become **de (d')** after a negative expression.

—Est-ce qu'il y a **du fromage?**   *Is there any cheese?*
—Non, il **n'**y a **pas de fromage**   *No, there isn't any cheese, but there's*
mais il y a **de la glace.**   *some ice cream.*
—Je **ne** veux **pas de glace.**   *I don't want ice cream.*
—Est-ce qu'il y a **du yaourt?**   *Is there any yogurt?*
—Oui, il y a **du yaourt.**   *Yes, there's some yogurt.*

Mise en pratique

Objectives, Act. 1–4: processing articles for information, practicing articles, and reviewing food vocabulary

1. Alceste est végétarien mais pas Candide. Décidez qui parle, Alceste ou Candide. Ensuite *(Then)*, décidez avec qui vous voulez dîner.

Modèle: Je prends du porc.
              C'est Candide.

1. Le matin, j'ai très faim. Je prends du café, du pain et, de temps en temps, du jambon et des œufs.
2. Je déteste les desserts et je ne prends jamais de glace. Les fruits, ça va, mais je ne prends jamais de viande.
3. Un sandwich au fromage et une salade, c'est bon! Un sandwich au jambon, non merci!
4. Le dîner idéal? Euh, un rôti de bœuf, des pommes de terre, des haricots verts, du vin et, bien sûr, une tarte aux pommes pour terminer.

2. Chez moi! Chez vous, qu'est-ce qu'on prend et qu'est-ce qu'on ne prend pas à chaque occasion?

Modèle: au petit déjeuner
              des œufs, pas de pizza, du café, pas de glace, etc.

1. au petit déjeuner
2. au déjeuner
3. au dîner
4. à l'anniversaire d'un enfant
5. à la plage
6. pour un pique-nique

3. Le régime de M. Delvaux. M. Delvaux est trop gros. Qu'est-ce qu'il doit manger? Qu'est-ce qu'il doit boire? Donnez-lui des conseils *(Give him some advice)*.

Modèle: *Mangez des légumes. Ne buvez pas de bière.*

4. Mlle Lao est végétarienne. Mlle Lao ne prend pas de viande et elle ne prend pas de poisson non plus. Qu'est-ce qu'elle prend au déjeuner?

Modèles: —Vous prenez des œufs?
               —*Oui, je prends des œufs.*

             —Vous prenez du jambon?
               —*Non, je ne prends pas/jamais de jambon!*

1. Vous prenez du pain?
2. Vous prenez du saucisson?
3. Vous prenez des frites?
4. Vous prenez des oranges?
5. Vous prenez du chocolat?
6. Vous prenez du pâté?
7. Vous prenez de la soupe?
8. Vous prenez du thon?

5. Les Français et les repas. Voilà ce que font les Français. Est-ce que c'est comme chez vous? (MOTS UTILES: chez nous aussi; pas chez moi; mais, chez moi, on… ; pas chez nous parce que…)

*Objectives, Act. 5–6: using articles in a cultural context, reviewing **boire** and **prendre** in context, practicing food vocabulary*

a. On fait les courses très souvent.

b. Au petit déjeuner:

   1. On prend souvent du café au lait.
   2. On prend souvent du pain avec du beurre et de la confiture.
   3. On prend parfois des croissants.

c. À midi:

   1. On mange souvent à la maison en famille.
   2. On prend souvent du vin avec le repas.
   3. On prend une entrée, un plat principal, un légume, une salade, du fromage et un dessert.
   4. On mange la salade après le plat principal.
   5. On prend le café après le repas.
   6. Pendant le repas, on regarde parfois les informations *(news)* à la télévision.

d. Entre 4 et 5 heures:

   1. Les enfants prennent le goûter (souvent du pain et du chocolat).
   2. Les enfants boivent souvent du chocolat chaud.
   3. Les adultes boivent du café ou du thé.
   4. On prend souvent le goûter à la cuisine.
   5. Les enfants font des goûters d'anniversaire.
   6. Pour un goûter d'anniversaire, il y a des tartes et des gâteaux.

e. L'apéritif:

   1. On prend parfois l'apéritif dans un café.
   2. On prend l'apéritif avant le déjeuner et avant le dîner quand on a des invités.
   3. On invite souvent des amis à prendre l'apéritif.

f. Le dîner:

   1. On mange toujours en famille.
   2. On mange souvent des restes le soir.
   3. On prend le dîner entre sept heures et neuf heures du soir.
   4. Pendant le dîner, on regarde parfois les informations de 20 heures à la télévision.
   5. Quand on va à un dîner, on apporte des fleurs ou des chocolats.

C'est quel repas? Qu'est-ce qu'ils mangent? Qu'est-ce qu'ils boivent?

6. Manger au restaurant. Regardez le menu.

1. Combien de plats est-ce qu'on peut manger si on prend le menu à 20 euros?
2. Qu'est-ce qu'il y a comme boissons?
3. Qu'est-ce qu'il y a comme dessert?
4. Si on n'a pas envie de dessert, est-ce qu'il y a autre chose après le plat principal?
5. Devinez ce que c'est: un avocat, du bœuf grillé, la suggestion du jour, une pâtisserie maison.
6. Qu'est-ce que vous allez prendre?
7. Qu'est-ce que vous n'allez pas prendre?

Scène de vie

Objectives: talking about food; language registers, lexical abbreviations, fillers and exclamations

—M. Delvaux, vous avez trop de sucre et trop de cholestérol!

—Oh là là, Docteur, qu'est-ce qu'il faut faire?

—Un petit régime, je pense… Voyons… Qu'est-ce que vous prenez au petit déjeuner?

—Au p'tit déj? Ben, des croissants avec du beurre et de la confiture.

—Des croissants? C'est trop gras. Prenez un yaourt et un fruit. Et pour le déjeuner, vous mangez bien?

—Oui, oui, de la viande, des légumes…

—Pas de frites?

—Euh, si, parfois… J'aime bien le steak-frites!

—Le steak, ça va, les frites, non! Une pomme de terre à l'eau, des pâtes ou du riz avec la viande ou le poisson, ça va, mais sans beurre, n'est-ce pas? Prenez beau-coup de légumes! Et il faut boire de l'eau, beaucoup d'eau.

—Et du vin, je peux?

—Un peu de vin, oui, ça va, mais pas trop, hein! Et mangez des fruits pour dessert.

—Des fruits? Oh, Docteur! Moi qui aime les gâteaux et les glaces!

—Ah non, plus de gâteaux, plus de glace! Bon, le dimanche, vous pouvez… Mais soyez raisonnable, n'est-ce pas? Et l'après-midi, vous grignotez?

—L'aprèm? Ben oui, je prends du chocolat ou des bonbons, quand j'ai faim…

—Il ne faut rien manger entre les repas, et surtout rien de sucré. Si vous avez faim, prenez un cracker ou deux. Et avant le dîner, vous prenez un apéritif?

—Un apéro? Euh… oui, parfois, avec des amis. Mais jamais seul, non…

—Pas trop souvent, donc?

—Euh… ben… j'ai beaucoup d'amis…

—Hum… Prenez de l'eau minérale, pas d'alcool! Et surtout pas de chips!

—Et le soir, Docteur?

—Le soir? Une soupe de légumes, des crudités sans mayonnaise, une salade avec de l'huile d'olive, un peu de pain ou de pâtes. Mais pas de charcuterie. Et pas plus de trois œufs par semaine.

—Oh, Docteur, comment je vais faire? Et le resto? Je peux aller au resto? Il y a un bon resto chinois à côté de chez moi…

—Un restaurant chinois? Oui, ça va, pas de problème.

—Ouf!

Pour écouter

a. Listen carefully as M. Delvaux and his doctor talk. Who speaks in a more informal way? How do you know?

b. When speaking, the French have a tendency to abbreviate words, such as **resto** for **restaurant.** Can you find other words that have been abbreviated in this conversation?

c. Finally, there are a few fillers and exclamations in this conversation. First, underline them in the text and then listen to the conversation. Does the tone of the speakers' voice help you understand why the fillers and exclamations were used in each case?

Parlons! Qu'est-ce que vous mangez?

a. Prenez 5 minutes pour faire la liste de ce que vous mangez pendant une journée typique: Qu'est-ce que vous mangez le matin? à midi? le soir? Est-ce que vous grignotez entre les repas? Qu'est-ce que vous prenez?

b. Avec un(e) partenaire, comparez ce que vous mangez et discutez les questions suivantes: Est-ce que c'est bon? Est-ce que c'est bon pour la santé? Qu'est-ce qu'il faut manger pour être en bonne santé? Qu'est-ce qu'il ne faut pas manger?

Découvertes linguistiques

Il faut qu'une porte soit ouverte ou fermée
(Pièce d'Alfred de Musset, 1845 et film
de Benoît Jacquot, 1994)

Objective: analyzing syntactic patterns in French while previewing the concept of the subjunctive

1. **Il faut.** You already know that the expression **il faut** can be followed by a noun or by an infinitive in order to express obligation.

Pour faire une pizza, il faut du fromage.	*To make a pizza, we need (have to have) cheese.*
Pour être en bonne santé, il faut manger des légumes.	*To be in good health, you have to (need to) eat vegetables.*

What else can you figure out about the expression **il faut**? Look at the table of words that precede and follow the word **faut** in the *Television Corpus* (total number of occurrences of **faut** is 910).

two words to the left	one word to the left	faut	one word to the right	two words to the right
22 et	687 il	(faut)	100 que	147 articles (le, la, les, de, une, un)
19 mais	19 ne	(faut)	87 pas	54 que

- In what way is the verbal form **faut** different from other verbs you have studied?
- Can you think of a reason why there are more examples of **faut** than there are of **il**?
- What is the **que** following **faut**?

2. **Des exemples.** Here are some examples of uses of the verbal form **faut** in the *Television Corpus*. (Remember that here, these sentences are taken from different places in the corpus and do not make a coherent text!) What observations can you make? (Note: **fasse** is a form of the verb **faire**. **Soit** is a form of the verb **être**.)

1. Ben mangez, hein. Il faut manger tout ça.
2. Dis, t'as eu Paris, faut que je fasse le point avec eux.
3. À ce tableau de la France gelée, il faut ajouter la neige qui tombe sur…
4. … il faut qu'il soit motivé…
5. Il faut trouver cet homme.
6. … Il n'y a pas d'autre solution; il faut qu'elle soit enfermée…
7. … il faut qu'on fasse des films, disons, de qualité…
8. … et vous savez qu'il faut être excessivement prudent.
9. Une seule condition: il faut que ce soit de l'argent du pays…
10. … parce qu'il faut savoir jouer.

Le goût et l'alimentation

Objectives: *reviewing descriptive adjectives and names of food, talking about food using personal experience, creating a framework to discuss food and compare cultures, analyzing and explaining cultural data and values, using keywords to identify cultural concepts, developing cultural connotations and understanding, using dates to trace changes in cultural attitudes, making comparisons, reflecting on one's culture, using critical thinking to organize words*

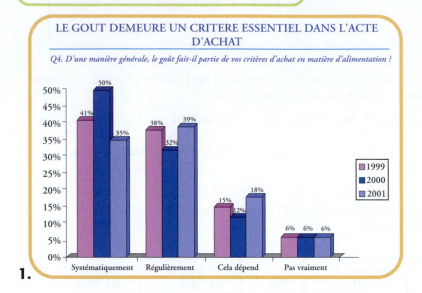

LE GOUT DEMEURE UN CRITERE ESSENTIEL DANS L'ACTE D'ACHAT

Q4. D'une manière générale, le goût fait-il partie de vos critères d'achat en matière d'alimentation ?

1.

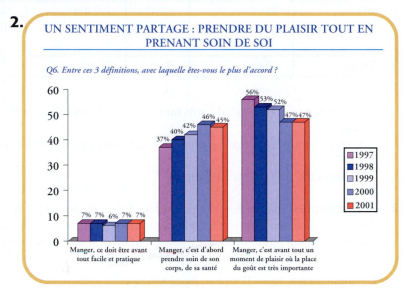

2.

UN SENTIMENT PARTAGE : PRENDRE DU PLAISIR TOUT EN PRENANT SOIN DE SOI

Q6. Entre ces 3 définitions, avec laquelle êtes-vous le plus d'accord ?

1. **Critères de consommation.** Quand vous choisissez *(choose)* de la nourriture, quels sont vos critères? Organisez ces critères par ordre d'importance.

   Modèle: *Pour moi, la nourriture doit être: délicieuse, bonne pour la santé, naturelle, etc.*

2. **Qu'est-ce que c'est, manger?** D'après le graphique 2, quels sont les critères utilisés dans cette étude? Avec quel mot les Français associent-ils le mot **goût**? D'après les chiffres, qu'est-ce que c'est, manger, pour les Français? Est-ce qu'il y a des changements entre 1997 et 2001?

3. **Comparaisons culturelles.** Comparez les graphiques 1 et 2 avec vos critères personnels. Faites deux listes: **Eux** et **Nous.** Écrivez dans chaque liste les critères par ordre d'importance. Quelles sont vos conclusions sur les différences?

Lecture

Un dîner littéraire

Objectives: *reflecting on personal food experiences, using familiar vocabulary about food and family to identify the context, skimming and using primary information to gain understanding, focusing on details and organizing information to gain better understanding, establishing connections between language and meaning, developing analytical skills in French, reflecting on the meaning of the scene, analyzing the author's message, focusing on ideas and style to gain deeper appreciation of the text*

CD1-19

SCÈNE 1

Intérieur bourgeois, anglais, avec des fauteuils anglais. Soirée anglaise. M. Smith, Anglais, dans son fauteuil et ses pantoufles[1] anglaises, fume sa pipe et lit un journal anglais, près d'un feu[2] anglais. Il a des lunettes[3] anglaises, une petite moustache grise anglaise. À côté de lui, dans un autre fauteuil anglais, Mme Smith, Anglaise, raccommode des chaussettes[4] anglaises. Un long moment de silence anglais. La pendule anglaise frappe dix-sept coups anglais.

Mme Smith
Tiens, il est neuf heures. Nous avons mangé de la soupe, du poisson, des pommes de terre au lard, de la salade anglaise. Les enfants ont bu de l'eau anglaise. Nous avons bien mangé, ce soir. C'est parce que nous habitons dans les environs de Londres et que notre nom est Smith.

M. Smith, continuant sa lecture, fait claquer sa langue[5].

Mme Smith
Les pommes de terre sont très bonnes avec le lard, l'huile de la salade n'était pas rance[6]. L'huile de l'épicier[7] du coin est de bien meilleure qualité que l'huile de l'épicier d'en face, elle est même meilleure que l'huile de l'épicier du bas de la côte. Mais je ne veux pas dire que leur huile à eux soit mauvaise.

M. Smith, continuant sa lecture, fait claquer sa langue.

Mme Smith
Pourtant, c'est toujours l'huile de l'épicier du coin qui est la meilleure.
M. Smith, continuant sa lecture, fait claquer sa langue.

Mme Smith
Mary a bien cuit les pommes de terre, cette fois-ci. La dernière fois, elle ne les avait pas bien fait cuire. Je ne les aime que lorsqu'elles sont bien cuites.

M. Smith, continuant sa lecture, fait claquer sa langue.

Mme Smith
Le poisson était frais… J'en ai pris deux fois. Non, trois fois. J'ai mieux mangé que toi, ce soir…

M. Smith, continuant sa lecture, fait claquer sa langue.

Mme Smith
Cependant, la soupe était peut-être un peu trop salée. Elle avait plus de sel que toi. Ha! Ha! Ha! Elle avait aussi trop de poireaux et pas assez d'oignons. […] Notre petit garçon aurait bien voulu boire de la bière. […] Mais moi j'ai versé dans son verre de l'eau de la carafe. Il avait soif et il l'a bue. Hélène me ressemble. Elle ne demande jamais à boire de la bière. C'est comme notre petite fille, elle ne boit que du lait et ne mange que de la bouillie. La tarte aux coings[8] et aux haricots a été formidable. On aurait bien fait peut-être de prendre un petit verre de vin de Bourgogne australien mais je n'ai pas apporté le vin à table. Il faut apprendre aux enfants à être sobre et mesuré dans la vie.

M. Smith, continuant sa lecture, fait claquer sa langue.

---

[1] **pantoufles** *slippers*

[2] **feu** *fire*

[3] **lunettes:** pour lire quand on ne voit pas très bien

[4] **chaussettes** *socks*

[5] **faire claquer sa langue** *to cluck one's tongue*

[6] **rance:** vieille, avec un mauvais goût

[7] **l'épicier:** une épicerie est un magasin où on achète de l'huile et d'autres ingrédients

[8] **coings** *quince*

Eugène Ionesco, *La cantatrice chauve*, © Éditions Gallimard

1. **Préparation.** Quels sont les commentaires qu'on entend *(hears)* pendant les repas?

   Modèle: *C'est délicieux.*
   Ce gâteau n'est pas assez sucré, etc.

2. **Première lecture**

a. **Le décor.** Regardez les indications données par l'auteur. C'est dans quel pays *(country)*? Où? À quelle heure? Qui sont les personnages *(characters)*?

   Modèle: *C'est en Angleterre, c'est à... Il y a...*

b. **Le dialogue.** Lisez le dialogue de cette première scène. Quel est le menu du dîner? Qui sont les membres de la famille Smith? Comment est cette famille?

   Modèle: *Au menu ce soir, il y a de la soupe,...*
   Dans la famille Smith, il y a...
   C'est une famille...

3. **Étude des détails**

a. **Le décor.** D'après l'introduction, quels adjectifs vont peut-être décrire cette scène, d'après vous? Justifiez votre réponse.

aimable	tragique	mystérieux
satirique	dangereux	innocent
cruel	comique	banal
naturel		

b. **La scène.** Combien de personnes parlent? De quoi est-ce qu'elle(s) parle(nt)? Pourquoi M. Smith fait-il claquer sa langue? Que pensez-vous du menu des Smith?

4. **Analyse de la scène**

a. **Les personnages**

   - **Mme Smith:** Comment est-elle? Qu'est-ce qui l'intéresse? Dans quel environnement est-ce qu'elle existe?

   - **M. Smith:** Que fait-il pendant toute la scène? Pourquoi? Comment réagit-il aux observations de Mme Smith? Qu'est-ce qui l'intéresse? Comment sont les relations entre M. et Mme Smith?

b. **Les idées.** Que pense l'auteur de ce type de personnes, de ce style d'existence? Que pense-t-il de leur monde *(world)*? Quel est son message pour nous? Comment exprime-t-il ses idées?

   Modèle: *Le monde des Smith est... La routine des Smith est...*
   Les gens (people) sont... L'auteur pense que...

Vocabulaire de base

CD1-20

Quel article? Things that are not usually counted are used in French with either the partitive article (**du beurre, de la glace, de l'eau**) or, in certain cases, with the definite article (**J'aime la glace. Où est le beurre?**). These kinds of nouns appear in the vocabulary lists with the definite article.

Noms

une banane *banana*
le beurre *butter*
la bière *beer*
le bœuf *beef*
le café *coffee, café*
une carotte *carrot*
les chips *(f.) potato chips*
le chocolat *chocolate*
un cracker *cracker*
une crevette *shrimp*
la cuisine *cooking, cuisine*
le déjeuner *lunch*
le dessert *dessert*
le dîner *dinner*
l'eau *(f.) water*
une fraise *strawberry*
des frites *(f.) (French) fries*
le fromage *cheese*
un fruit *fruit*
un gâteau (au chocolat) *(chocolate) cake*
la glace (au chocolat, à la vanille, à la fraise) *(chocolate, vanilla, strawberry) ice cream*
des *haricots verts *(m.) green beans*
une idée *idea*
le jambon *ham*
le jus de fruit *fruit juice*
le lait *milk*

un légume *vegetable*
le mouton *mutton*
un œuf *egg*
une orange *orange*
le pain *bread*
une pêche *peach*
le petit déjeuner *breakfast*
des petits pois *(m.) peas*
le poisson *fish*
le poivre *pepper*
une pomme *apple*
une pomme de terre *potato*
le porc *pork*
un poulet *chicken*
un réfrigérateur *refrigerator*
un repas *meal*
le riz *rice*
un rôti *roast*
la salade *salad*
un sandwich (au jambon, au fromage) *sandwich (ham, cheese)*
le saumon *salmon*
le sel *salt*
la soupe (de tomates) *(tomato) soup*
un steak *steak*
le sucre *sugar*
une tarte (aux pommes) *(apple) pie*
le thé *tea*
le thon *tuna*
une tomate *tomato*

la viande *meat*
le vin *wine*
le yaourt *yogurt*

Adjectifs

bon, bonne *(precedes noun) good*
chaud(e) *warm*
froid(e) *cold*
mauvais(e) *(precedes noun) bad*
meilleur(e) *(precedes noun) better*

Verbes

acheter *to buy*
boire *to drink*
prendre *to take, to have, to eat, to drink*

Divers

avant *before*
avoir faim *to be hungry*
avoir soif *to be thirsty*
entre *between*
être au régime *to be on a diet*
être en bonne/mauvaise santé *to be in good/bad health*
être en forme *to be in shape*
prendre (un petit) quelque chose *to have a snack*
quelque chose *something*
quelqu'un *somebody, someone*
surtout *especially*

Vocabulaire supplémentaire

Noms

l'apéritif (m.) *a drink (served before a meal)*
des asperges (f.) *asparagus*
une boisson *beverage*
un bonbon *(piece of) candy*
le café au lait *coffee with milk*
des céréales (f.) *cereal*
le champagne *champagne*
un champignon *mushroom*
la charcuterie *cold cuts*
un citron *lemon*
le coca *Coke*
le Coca-Cola *Coca-Cola, cola*
la confiture *jam*
un congélateur *freezer*
des conserves (f.) *canned food*
un croissant *croissant*
des crudités (f.) *raw vegetables*
une dinde *turkey*
l'eau minérale (f.) *mineral water*
l'entrée (f.) *first course (appetizer)*
des épinards (m.) *spinach*
le goûter *light meal eaten in the afternoon*
l'huile (d'olive) *(olive) oil*
le jambon cru *raw ham, prosciutto*
une laitue *lettuce*
la mayonnaise *mayonnaise*
un melon *melon (cantaloupe)*
la moutarde *mustard*

la nourriture *food*
un oignon *onion*
une omelette (au fromage) *(cheese) omelette*
le plat principal *main dish, main course*
un pamplemousse *grapefruit*
le pâté *pâté*
des pâtes (f.) *pasta, spaghetti, noodles*
une pizza *pizza*
une poire *pear*
une prune *plum*
le raisin *grapes*
une recette *recipe*
des restes (m.) *leftovers*
le saucisson *salami*
une soirée *party*
un steak haché *hamburger meat*
le vinaigre *vinegar*
la vinaigrette *oil and vinegar dressing*

Verbes

grignoter *to eat between meals*
inviter (quelqu'un à faire quelque chose) *to invite (someone to do something)*

Adjectifs

chinois(e) *Chinese*
délicieux, délicieuse *delicious*
épicé(e) *spicy (hot)*

excellent(e) *excellent*
gras, grasse *fatty*
italien(ne) *Italian*
japonais(e) *Japanese*
salé(e) *salted, salty*
sucré(e) *sweet*
surgelé(e) *frozen*
végétarien(ne) *vegetarian*

Divers

c'est bon/mauvais pour la santé *it's healthy/unhealthy (good/bad for your health)*
il faut + noun or infinitive *one needs/we need + noun; one has to/you have to + infinitive*
prendre un verre *to have a drink*

Le français tel qu'on le parle

À table! *Dinner (Lunch, Breakfast) is ready! Let's eat!*
À la vôtre! *Cheers!*
bon... *all right, OK*
Bon appétit! *Have a nice meal! Enjoy your meal!*
Hum! *H'm!*
Je n'en peux plus! *I'm full! (also: I'm exhausted!)*
oh là là! *oh la la!*
ouf! *whew!*
voyons... *let's see...*

l'apéro = l'apéritif

le coca = le Coca-Cola

un *hamburger = un steak haché

une patate = une pomme de terre

prendre un pot = prendre un
   verre

le p'tit déj = le petit déjeuner

un breuvage (Canada) = une boisson

un chien chaud (Canada) =
   un hot-dog

le déjeuner (Belgique, Canada) =
   le petit déjeuner

le dîner (Belgique, Canada) =
   le déjeuner

un pain chargé (Sénégal) =
   un sandwich

le souper (Belgique, Canada) =
   le dîner

Note de prononciation

The **h** of **hamburger**, like the **h** of **haricots verts**, is aspirate, that is, treated as if the words began with a consonant.

Tu as trouvé le hamburger et les haricots verts? [no z-sound]

Vêtements «tous temps»

Par tous les temps!

Par tous les temps! Nos vêtements s'adaptent à tous les temps. Le temps change? Ne changez pas, pensez seulement vêtements «**Tous Temps**»!

1. **On parle de quoi?** Choisissez!

   de mode   de vêtements
   d'économie   de temps
   de saison   de philosophie
   de changements   de qualité

2. **Pour qui?** Pour qui sont ces vêtements? Qui les porte? Quand est-ce qu'on les porte?

3. **Une réclame** *(ad).* Créez une réclame semblable pour des vêtements d'été.

Vêtements «tous temps»

Leçon

10

Qu'est-ce que vous portez?

Vêtements adaptés à tous les temps!

En bref

- Les vêtements, la mode et la publicité
- Les chiffres de 100 à 1.000
- Nouvelles couleurs
- Faire et recevoir des compliments
- Les verbes comme *finir*
- Le verbe *mettre*
- Raconter au passé: le passé composé avec *avoir*
- L'élégance masculine
- Lecture: *La jupe grise*

Vocabulaire

A. Les chiffres de 100 à 1.000

100	cent	*one hundred*
101	cent un	*one hundred one*
102	cent deux	*one hundred two*
200	deux cents	*two hundred*
220	deux cent vingt	*two hundred twenty*
500	cinq cents	*five hundred*
555	cinq cent cinquante-cinq	*five hundred fifty-five*
999	neuf cent quatre-vingt-dix-neuf	*nine hundred ninety-nine*
1.000	mille	*a (one) thousand*

B. Qu'est-ce que vous voulez acheter?

Les vêtements

A. *La robe* 119€
B. *Le blouson* 79€
C. *Le chemisier* 55€
D. *Le pantalon* 53€
E. *Le pull* 115€
F. *Le débardeur* 28€
G. *Le tailleur* 179€
H. *Les chaussures* 69€
I. *Le survêtement* 109€
J. *Les tennis* 99€
K. *La parka* 269€

Les sous-vêtements

L. *Le soutien-gorge* 25€

N. *Le caleçon* 6€

M. *Le slip* 8€

O. *Le slip* 5€

Et les couleurs?

- Le blouson de l'homme est bleu foncé (1) et son pantalon est beige, mais de quelle couleur est son polo? Le pull de l'autre homme est rose. Et son pantalon?

- La femme qui porte le tailleur bleu clair porte une jupe et une veste bleu clair (1); c'est normal! Mais qu'est-ce qu'elle porte sous la veste? Un débardeur jaune. Est-ce que ça va bien avec son tailleur? Quelles couleurs vont bien avec le bleu clair?

- Le survêtement de l'homme est gris foncé avec du bleu foncé, du bleu clair et du violet. Et ses tennis?

- De quelle couleur est la robe?

- De quelles couleurs sont le chemisier, le pantalon et le tee-shirt de la femme?

- De quelles couleurs est la parka?

- De quelles couleurs sont les chaussures?

- De quelles couleurs sont les sous-vêtements pour femme? Et les sous-vêtements pour homme?

- Quelles couleurs vont bien ensemble, pour des vêtements?

Et les prix?

- La parka coûte 269 euros. Elle coûte cher, n'est-ce pas? Et combien coûte le tailleur? Il coûte cher?

- Quels vêtements sont chers? Quels vêtements ne sont pas chers? Où est-ce que les vêtements sont plus chers, en France ou chez vous?

Les mots et la culture

1 **Vert foncé / gris clair.** Color terms made up of more than one word are invariable.

J'aime porter ma veste **vert foncé** avec ma jupe **gris clair.**   *I like to wear my dark green jacket with my light gray skirt.*

Comment sont-ils?

- Est-ce qu'il y a des chaussures de sport? des chaussures habillées (2)? Quels vêtements sont des vêtements de sport? des vêtements habillés? des vêtements confortables? des vêtements pratiques? des vêtements à la mode? des vêtements démodés? des vêtements originaux?

- Qui est bien habillé? mal habillé? élégant?

- Est-ce que la robe est courte ou longue? Qu'est-ce qui est à la mode pour les femmes en ce moment, les robes courtes ou les robes longues (3)? Qu'est-ce que vous préférez, vous?

- Quels vêtements voulez-vous acheter? Quels vêtements ne voulez-vous pas acheter? Pourquoi? Est-ce que vous avez le temps d'acheter beaucoup de vêtements? Combien de fois (4) par semaine (par mois? par an?) est-ce que vous achetez des vêtements?

C. La valise de Claude

des bijoux — une valise — des lunettes de soleil — un maillot de bain — un chemisier — des sandales — un short — un tee-shirt — un jean — un chapeau — une jupe — un polo

Regardez les vêtements de Claude. Est-ce que Claude est un garçon ou une fille? Claude a quel âge? Où est Claude? Qu'est-ce que Claude va faire aujourd'hui? De quelle couleur est sa jupe? son tee-shirt? son short? son maillot de bain? son jean?

Les mots et la culture

2 Habillé. Note the meaning of **habillé** in different contexts.

| Il est bien **habillé.** | *He's well dressed.* |
| C'est une robe **habillée.** | *It's a formal dress.* |

Est-ce que c'est important d'être bien habillé? Lisez ce que pensent les Français. Est-ce qu'on est d'accord avec les Français dans votre culture?

> Pour 60% des Français, il est important d'être bien habillé et pour 40%, ce n'est pas important. Qu'est-ce qui n'est pas élégant pour les Français? Porter une robe avec des tennis (77%) et pour les hommes, porter un pantalon avec des sandales (33%).

Adapté d'un sondage SOFRES pour *Figaro Madame*.

3 Long, longue. The adjective **long** normally precedes the noun it modifies. In reference to clothing, however, it generally follows the noun.

| une **longue** journée | *a long day* |
| une jupe **longue** | *a long skirt* |

4 Fois / temps. Fois means *time* in the sense of instances or occurrences that you can count. It expresses repetition.

une fois	*one time, once*
deux fois	*two times, twice*
trois fois	*three times*
combien de fois?	*how many times?*
combien de fois par semaine?	*how many times a week?*

Temps refers to *time* as something that is not counted.

Aujourd'hui je n'ai pas **le temps.**
Today I don't have (the) time.

1. Use **heure** in telling time.
   Quelle **heure** est-il?
   What time is it?
2. The word **temps** is also used to refer to the weather.
   Quel **temps** fait-il?
   What's the weather like?

D. La chambre d'hôtel de M. Lévy

un costume une chemise un imperméable une montre

des lunettes

des gants

un parapluie

une cravate

un pyjama

des chaussettes

Voilà la chambre de M. Lévy: Quel âge a M. Lévy? Est-ce que c'est un étudiant? Est-ce qu'il est chez lui? Où est-il? Quelle heure est-il? Qu'est-ce qu'il va faire aujourd'hui? De quelle couleur est son costume? sa cravate? sa chemise? son imperméable? son parapluie?

E. Dans un magasin de chaussures

Paulette a besoin de (5) chaussures pour aller avec son nouveau (6) tailleur. Elle et Jacques vont ensemble dans un magasin de chaussures à Nice.

—Je cherche des chaussures noires habillées, mais confortables!
—Oui, madame!

—Vous faites du combien?
—Du 38.

—Ça te va bien!
—Tu trouves? (7)

■ Qu'est-ce que Jacques porte aujourd'hui? Et Paulette? Est-ce qu'elle a l'air élégante? De quoi est-ce qu'elle a besoin? Pourquoi? Quelles chaussures est-ce qu'elle va acheter? Vous les aimez?

Les mots et la culture

5 **Avoir besoin de / avoir l'air (de) / avoir le temps de.** To say that you need something, use the expression **avoir besoin de** + *noun* or *infinitive*.

J'**ai besoin de manger** quelque chose.
I need to eat something.
Paulette **a besoin de** nouvelles **chaussures.**
Paulette needs new shoes.

To say what somebody looks like, use the expression **avoir l'air** + *adjective* or **avoir l'air de** + *infinitive*.

Paulette **a l'air élégante** aujourd'hui.
Paulette looks elegant today.
Jacques **a l'air d'être** heureux maintenant.
Jacques seems happy now.

(continues on next page)

F. Autres mots et usages

Here are some useful words and expressions not included in the preceding vocabulary presentation.

les affaires *(f.)*	*belongings, stuff*	un foulard	*scarf (dressy)*
un bonnet	*ski hat*	hier	*yesterday*
une casquette (de base-ball)	*(baseball) cap*	un manteau	*coat*
une écharpe	*scarf (for warmth), muffler*	la mode	*fashion*
en solde	*on sale*	un voyage	*trip*

Mise en pratique

Objectives, Act. 1: receptive vocabulary learning, solving lexical problems, working with semantic fields

1. **Chassez l'intrus.** Quel mot ne va pas avec les autres à cause du sens *(meaning)*?
   1. une jupe chaude / un pull / une parka / un maillot de bain / une écharpe
   2. un short / des sandales / une cravate / un polo
   3. un tailleur / un costume / des tennis / un chemisier
   4. un manteau / un imperméable / des chaussettes / un blouson
   5. un short / des gants / des lunettes de soleil / un débardeur
   6. des chaussettes / une montre / des chaussures / des sandales
   7. une robe / un pantalon / une jupe / un survêtement
   8. un chapeau / une cravate / un bonnet / une casquette

(continues from previous page)

Les mots et la culture

To say that you have time, use the expression **avoir le temps de** + infinitive.

Tu as le temps de me **parler?**
Do you have time to talk to me?
Je n'ai pas **le temps de manger.**
I don't have time to eat.

Don't forget the other expressions with **avoir** that you already know: **avoir chaud, avoir froid, avoir sommeil, avoir... ans, avoir faim, avoir soif,** and **avoir envie (de).**

6 **Nouveau. Nouveau** means *new.* It is placed in front of the noun it modifies. Here are its forms.

Tu as un **nouveau** stylo? *(masculine singular)*
J'aime bien ta **nouvelle** robe. *(feminine singular)*

J'ai besoin d'un **nouvel** imperméable. *(masculine singular before a vowel sound)*
Où sont les **nouveaux** rideaux? *(masculine plural)*
Voilà mes **nouvelles** lunettes de soleil! *(feminine plural)*

7 **Quelle jolie robe! Elle te va bien!** How appropriate is it to use the word "pretty" to compliment someone on their clothing? Would you use it for a man? a woman? How do people respond to a compliment where you live?

Complimenting people on the way they look is a less frequent occurrence in France than in North America. Should you receive such a compliment, the appropriate response is to pretend modestly that the object is unworthy of notice.

—Quelle jolie robe!   *What a pretty dress! It*
Elle te va bien!   *looks nice on you!*
—Oh, tu trouves?   *Oh, do you think so?*

Objectives, Act. 2–4: recognizing and reviewing clothing vocabulary, attaching words to context, recycling vocabulary from previous lessons, practicing numbers, expressing opinions

2. Ça va bien ensemble? En groupes, décidez si les vêtements vont bien ensemble. Si oui, dites *(say)* quand on peut porter ces vêtements ou comment vous les trouvez. Sinon *(If not)*, suggérez d'autres associations.

Modèles: une jupe orange avec un pull violet
Non, ça ne va pas ensemble! Une jupe blanche avec un pull violet, ça va ensemble. ou
Oui, ça va ensemble! J'adore l'orange avec le violet.

une petite robe noire avec des chaussures noires
Oui, ça va ensemble pour une fête habillée. ou
Oui, ça va ensemble mais ce n'est pas très original.

1. un maillot de bain avec un chapeau de soleil
2. une robe habillée avec des tennis
3. un pantalon gris foncé avec des chaussettes blanches
4. un bonnet avec une écharpe et des gants
5. un short blanc avec un polo blanc et des tennis
6. un short avec une parka
7. un tee-shirt avec une cravate
8. un chemisier rose avec un foulard gris
9. un imperméable avec un parapluie
10. un pull jaune avec un pantalon rouge

3. Des vêtements typiques et leurs prix

a. En groupes, faites une liste des vêtements typiques pour chaque catégorie. Comparez votre liste avec les autres groupes.

1. vêtements de femme
2. vêtements d'homme
3. vêtements d'un(e) étudiant(e) bien habillé(e)
4. vêtements d'un(e) étudiant(e) mal habillé(e)
5. vêtements chers
6. vêtements confortables

b. Et les prix? En groupes, choisissez un magasin de la ville où vous étudiez et indiquez le prix moyen *(average)* de ces vêtements dans ce magasin. Imaginez un budget (c'est à la classe de le déterminer) et demandez à un(e) camarade quels vêtements il/elle va acheter. Vous pouvez parler des prix en euros ou en dollars.

4. Vêtements appropriés. Avec un(e) partenaire, dites ce que vous portez dans les situations suivantes.

Modèle: À Québec, le 3 janvier. Vous faites des courses.
Je porte un manteau, des gants…

1. À Montréal, le vendredi 6 octobre. Vous allez au cinéma avec des copains le soir.
2. À Chicago, le lundi 3 décembre. Vous allez en cours le matin.
3. À Paris, le 15 avril à midi. Vous allez au restaurant.
4. À Rome, en juillet. Vous allez au musée.
5. À San Diego, en août. Vous allez à la plage.
6. À Aspen, en février. Vous allez skier.
7. À Dallas, le samedi premier mai. Vous allez danser.
8. À Kansas City, le dimanche 15 octobre. Vous allez faire du sport l'après-midi.

5. Vêtements nécessaires. Avec un(e) partenaire, décidez de quoi est-ce que vous avez besoin.

> **Modèle:** Vous allez à la plage.
> *J'ai besoin d'un maillot de bain, de mes lunettes de soleil...*

1. Vous allez chez vos parents pour le week-end.
2. Vous allez en cours.
3. Vous allez étudier chez un copain.
4. Vous partez faire du ski.
5. Vous allez à une fête habillée.

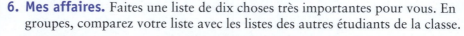

6. Mes affaires. Faites une liste de dix choses très importantes pour vous. En groupes, comparez votre liste avec les listes des autres étudiants de la classe.

> **Modèle:** *des jeans, mon ordinateur, mon violon...*

7. La mode. Discutez des questions suivantes en groupes, puis comparez vos réponses avec les autres groupes de la classe.

1. Qu'est-ce qui est à la mode cette année? Qu'est-ce qu'on ne porte plus parce que c'est démodé?
2. En ce moment, qu'est-ce qu'on porte pour aller danser en ville? pour aller à une soirée élégante? pour aller écouter de la musique classique? pour aller écouter du blues? pour aller en cours? pour aller chez des copains le soir?
3. Qu'est-ce que vous achetez souvent en solde? Qu'est-ce que vous n'achetez jamais en solde?

8. Les vêtements et la culture

a. Qu'est-ce que c'est, être bien habillé pour vous? Qu'est-ce que c'est, un vêtement habillé pour un homme? Et pour une femme? Quand est-ce qu'on doit porter des vêtements habillés dans votre culture? Quand est-ce qu'on peut porter des vêtements de sport?

b. Préparez 6 questions pour avoir plus d'informations sur ce sujet en France, dans un pays francophone et dans la culture d'un(e) camarade étranger (étrangère).

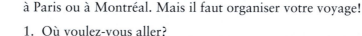

9. La tombola. Vous venez de gagner le grand prix dans un concours *(sweepstakes)* et vous pouvez partir une semaine avec trois amis à Tahiti, à Nice, à Monte-Carlo, à Paris ou à Montréal. Mais il faut organiser votre voyage!

1. Où voulez-vous aller?
2. Quand voulez-vous partir?
3. Qu'est-ce que vous allez faire là-bas *(over there)*?
4. Qu'est-ce que vous avez besoin de prendre avec vous? (Soyez raisonnable et ne prenez pas trop de choses parce que c'est vous qui allez les porter!)

10. Un(e) étudiant(e) à Laval. Inventez un(e) étudiant(e), canadien(ne) ou non, qui va à l'université Laval à Québec.

1. L'étudiant/L'étudiante. Son nom? Sa nationalité? Sa description physique?
2. Caractère et préférences. Comment est cet(te) étudiant(e)? Qu'est-ce qu'il/elle aime?
3. Sa chambre. Comment est sa chambre? Faites une liste des choses dans la chambre ou dessinez un plan.
4. Son placard. Quels vêtements est-ce qu'il y a dans le placard de cet(te) étudiant(e)? Pourquoi?

Structure 1

Les verbes comme *finir*

A group of verbs with infinitives ending in **-ir**, such as **finir**, are conjugated in the same way. They are called *second conjugation* or **-ir** verbs. To form the present tense of a verb in this group, remove the infinitive ending (**-ir**) and add the following endings.

finir *to finish*	
je fin**is**	nous fin**issons**
tu fin**is**	vous fin**issez**
il elle } fin**it**	ils elles } fin**issent**

Note de prononciation

English syllables tend to end with a consonant sound. French syllables tend to end with a vowel sound. Compare:

fin – ish (English)
fi – nit (French)

Here are some other verbs in this group.

choisir (**de** + infinitif)	*to choose (to do something)*
grossir	*to gain weight*
maigrir	*to lose weight*
réfléchir (à)	*to think (about), to reflect*

Elle **réfléchit** trop; elle est pénible.	*She thinks too much; she's a pain.*
Nous **grossissons** en hiver et nous **maigrissons** en été!	*We gain weight in winter and we lose weight in the summer!*

The imperative, or command, forms of verbs conjugated like **finir** are identical to their present tense forms.

Fin**is** vite!	*Finish fast!*
Réfléch**issez**!	*Think!*
Chois**issons** la robe bleue.	*Let's pick (choose) the blue dress.*

There are two groups of verbs with infinitives in **-ir**: those like **finir** (choisir, grossir, maigrir, réfléchir) and those like **sortir** (partir, dormir). They follow two different patterns of conjugation. As you come across other verbs ending in **-ir**, add them to the appropriate list.

Je grossis. Je ne dors pas assez. Je sors trop. Quelle vie!
I'm gaining weight. I'm not sleeping enough. I'm going out too much. What a life!

Mise en pratique

Objective, Act. 1: developing semantic fields with -ir verbs

1. Associations. Quel(s) verbe(s) associez-vous avec chaque chose?

sortir partir dormir finir choisir grossir maigrir réfléchir

1. un lit
2. manger tout le temps
3. avoir des problèmes
4. étudier
5. les copains
6. une université
7. les devoirs
8. faire de l'exercice
9. manger de la glace ou des gâteaux entre les repas

Objective, Act. 2–3: content-based and contextualized focus on the forms of -ir verbs

2. Grossir / maigrir? Lisez l'article et complétez les phrases avec les formes appropriées des verbes **grossir, réussir** ou **maigrir**.

> POURQUOI _____ -ON?
>
> Finis les régimes radicaux. Il faut savoir pourquoi nous _____ pour _____ un régime raisonnable. Selon **le Dr Maurice Larocque,** omnipraticien canadien spécialisé dans le traitement de l'obésité et auteur de LA NOUVELLE RÉVOLUTION DIÉTÉTIQUE, «C'est l'excès de sucre qui cause l'obésité.» Si on mange beaucoup de sucre, on a beaucoup de problèmes pour _____.
>
> Le **Dr Garrel,** endocrinologue, directeur du Département de nutrition de la faculté de médecine de l'Université de Montréal et auteur de QUESTION DE _____, CE QU'IL FAUT SAVOIR POUR CONTRÔLER SON POIDS, par contre, constate que: «On ignore toujours pourquoi les gens _____.» Selon lui, ce n'est pas le sucre qui cause l'obésité. La consommation calorique n'a pas beaucoup augmenté depuis les années 70. On soupçonne *(suspects)* que cette obésité est causée par la diminution de l'activité physique en général.
>
> COMMENT _____?
> **Dr Maurice Larocque:** Pour _____ et rester mince, faire plus d'activité et manger moins, ne pas manger les gras saturés et les sucres.
>
> **Dr Dominique Garrel:** Pour _____ et rester mince, mangez moins et bougez plus. Respectez la règle de 5: cinq ans pour avoir le poids voulu, cinq heures d'activité physique par semaine; 5 fois 5 indiquant la limite de l'apport quotidien en graisses égale à 25%.

3. Et eux? Complétez les phrases avec une forme des verbes **finir, choisir, grossir, maigrir** ou **réfléchir.**

1. —À quoi est-ce que vous _____?
   —À la meilleure façon de commencer un régime. Je _____ beaucoup en ce moment!
   —Un régime? Mangez simplement moins et vous allez _____!
2. —À quelle heure est-ce qu'ils vont finir?
   —Je ne sais pas. Et toi, tu _____ quand?
   —Je vais _____ à midi. Ça va?
   —Oui, oui, ça va.
3. —Et pour les vacances, qui _____ où vous allez, toi ou ton mari?
   —Nous _____ ensemble où nous allons, mais on _____ toujours par aller à la plage!
4. —Patrick! Tu prends le pull bleu ou le polo vert? Allez, _____! Nous partons dans deux minutes!

Structure 2

Le verbe *mettre*

Mettre means *to put*. Here is its conjugation in the present tense. Notice the double **t** in the plural forms.

je me**ts**	nous me**ttons**
tu me**ts**	vous me**ttez**
il elle } me**t**	ils elles } me**ttent**

Depending on context, **mettre** can also mean *to put on (clothes)*.

Ah non, tu ne **mets** pas de jean pour aller chez ta grand-mère! — *Oh no, you're not putting on jeans to go to your grandmother's!*

Je **mets** tes affaires sur la table? — *I'm putting your stuff on the table?*

The imperative, or command, forms of **mettre** are identical to the present tense forms.

Mets ton pull! Il fait froid! — *Put on your sweater! It's cold!*

Mettez une cravate. C'est un restaurant élégant. — *Put on a tie. It's a fancy restaurant.*

Mettons nos lunettes de soleil. On va avoir l'air mystérieux! — *Let's put on our sunglasses. We'll look mysterious!*

Mise en pratique

1. Des endroits et des objets. Qu'est-ce qu'on met...

> **Modèle:** dans une salle de classe?
> *On met des bureaux. On ne met pas de lit.*

1. dans un sac?
2. sous le lit?
3. sur une étagère?
4. dans une cuisine?
5. dans un tiroir?
6. dans un réfrigérateur?

*Objectives, Act. 1: using **mettre** in context, recycling articles and previous vocabulary*

2. On sort! Qu'est-ce qu'ils mettent? Où vont-ils?

> **Modèle:** Alceste / sa cravate
> *Alceste met sa cravate. Il va chez ses parents.*

1. Candide / son costume
2. Je / mes chaussures
3. Tu / ton chapeau
4. Vous / votre pantalon
5. Nous / notre manteau

*Objectives, Act. 2–3: using the affirmative and negative forms of **mettre** in context, recycling **aller** + place vocabulary*

3. Qu'est-ce qu'on met? Qu'est-ce qu'on ne met pas? On met des vêtements différents pour faire des choses différentes. Il y a aussi des vêtements qu'on ne met pas! Utilisez le verbe **mettre** pour expliquer ce qu'on met et ce qu'on ne met pas pour chaque occasion.

> **Modèle:** Il va à l'église. *Il met un costume. Il ne met pas de maillot de bain.*

1. Vous allez danser. Vous...
2. Ils vont à la bibliothèque. Ils...
3. Tu vas faire du jogging. Tu...
4. Elles vont à l'église. Elles...
5. Nous allons dans un restaurant élégant. Nous...
6. Il va jouer au tennis. Il...
7. Je vais nager. Je...

Structure 3

Raconter au passé: le passé composé avec *avoir*

There are several verbal forms that can be used to talk about the past in French. Of these, the most common is the **passé composé**, or *compound past*. It is called the compound past because it has two parts: a helping, or auxiliary, verb and a past participle. The majority of verbs in French form their **passé composé** with the helping verb **avoir**.

> Elle **a travaillé** avec moi.   *She worked with me.*
>
> (helping verb) (past participle)

The French **passé composé** may have more than one equivalent in English.

> —Tu as choisi ta cravate   *Have you picked out/Did you pick out your tie*
>   pour ce soir?   *for this evening?*
> —Oui, j'ai choisi la verte.   *Yes, I decided on (chose) the green one.*

Past participle of regular verbs

Verbs that belong to the first (**-er** verbs like **travailler**) and the second (**-ir** verbs like **finir**) conjugations have regular past participles. The past participle of these verbs is formed by adding endings to the verb stem as illustrated.

INFINITIVE	STEM	ENDING	PAST PARTICIPLE
parler	parl-	-é	parlé
étudier	étudi-	-é	étudié
travailler	travaill-	-é	travaillé
finir	fin-	-i	fini
choisir	chois-	-i	choisi
réfléchir	réfléch-	-i	réfléchi

travailler au passé composé

j'**ai** travaill**é**	nous **avons** travaillé
tu **as** travaill**é**	vous **avez** travaillé
il elle } **a** travaill**é**	ils elles } **ont** travaillé

finir au passé composé

j'**ai** fini	nous **avons** fini
tu **as** fini	vous **avez** fini
il elle } **a** fini	ils elles } **ont** fini

Past participle of irregular verbs conjugated with *avoir*

Some verbs have past participles that do not follow these rules. Of the verbs conjugated with **avoir** that you know, only five have irregular past participles. From this point on, verbs with irregular past participles are indicated as they appear.

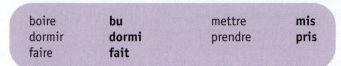

boire	**bu**	mettre	**mis**
dormir	**dormi**	prendre	**pris**
faire	**fait**		

Direct object pronouns in the *passé composé*

Direct object pronouns are placed in front of **avoir**, the helping verb. Le and **la** become l' in front of a vowel.

—Tu as mis **tes gants**?   *Did you put on your gloves?*
—Oui, je **les** ai mis.   *Yes, I put them on.*
—Et tu as aussi mis **ton chapeau**?   *And did you put your hat on too?*
—Oui, oui, je l'ai mis!   *Yeah, yeah, I put it on!*

NOTE: The verbs **être, avoir, vouloir, pouvoir,** and **devoir** are also conjugated with **avoir** in the *passé composé*. They are in **Leçon 17.** Certain other verbs you have studied do not use **avoir** as a helping verb; they use **être** instead. These verbs (for example, **aller, partir,** and **sortir**) are in **Leçon 11.** You do not need to use any of these verbs in the exercises and activities of this lesson.

Mise en pratique

1. **Les problèmes d'Alceste.** Alceste a fait la fête hier soir et, ce matin, il y a des conséquences. Regardez les phrases. Qu'est-ce qu'il a fait hier soir? Quels sont ses problèmes ce matin? Faites deux listes (hier soir et ce matin) et essayez *(try)* de trouver la cause et l'effet.

    Modèle: *(Hier soir) il a trop bu; (ce matin) il est malade.*

    1. Il cherche ses clés.
    2. Il a dansé pendant des heures.
    3. Il a mangé beaucoup de gâteaux.
    4. Candide est fâché.
    5. Il a porté sa chemise élégante et des lunettes de soleil.
    6. Il a mis ses clés sur l'étagère.
    7. Il est pauvre.
    8. Il n'a pas faim.
    9. Il est fatigué.
    10. Il a beaucoup parlé avec tout le monde.
    11. Il a joué aux cartes.
    12. Il a bu trop de vin.
    13. Il ne veut plus parler à personne.
    14. Il n'a plus ses lunettes de soleil et sa chemise n'est plus élégante.
    15. Il a téléphoné à Candide à 3 heures du matin.
    16. Il boit de l'eau.

Objectives, Act. 1: developing awareness of form-function relationships between past and present tense verbal forms, developing short contrasting sentences

2. Leur week-end. Aujourd'hui, c'est lundi. Qu'est-ce qu'ils ont fait ce week-end? Utilisez les verbes de la liste pour compléter les phrases au passé. Vous pouvez utiliser le même verbe plusieurs fois.

rencontrer   parler   manger   téléphoner   faire   dormir   grossir

1. Hier, j(e) _____ à Suzanne et nous _____ de toi!
2. Candide et Alceste sont au régime, mais ils _____!
3. Dimanche, nous _____ dans un petit restaurant en ville.
4. Est-ce que vous _____ du sport ou est-ce que vous _____ hier après-midi?
5. Tu _____ une fille merveilleuse au ski dimanche? Mais elle habite loin de chez toi? C'est triste!

 3. Hier... Voilà des activités. Qu'est-ce que vous avez fait hier? Faites une liste et comparez votre liste avec les autres étudiants.

ACTIVITÉS POSSIBLES: faire ses devoirs / mettre une robe élégante / réfléchir aux examens / donner des fleurs à un ami / jouer aux cartes / dormir / trouver 10 dollars / ranger l'appartement / faire le ménage / faire du sport / acheter du pain / boire un café avec des amis / prendre le dîner avec ses parents, etc.

 4. Un jeu! Faites une liste de trois choses que vous avez faites au moins une fois *(at least once)*. Donnez des détails et soyez original(e)! Comparez votre liste avec les autres étudiants. Est-ce que vous avez fait des choses que personne d'autre *(no one else)* n'a faites dans la classe?

DES VERBES UTILES: jouer / faire / finir / choisir / acheter / donner / regarder / parler / téléphoner / rencontrer / travailler / manger / boire / mettre / prendre

Modèle: *J'ai pris le petit déjeuner avec le président de l'université.*
    J'ai acheté deux jeans rouges en solde.

Scène de vie

Objectives: discussing what to wear; oral and nasal vowels

—Tu ne sors pas comme ça?

—Ben si...

—Avec un vieux jean? Et ce tee-shirt? Ah non, ça ne va pas, ça ne va pas du tout!

—Ben, pourquoi pas?

—Hein?! Mais on va au restaurant! Tu n'as pas autre chose à mettre?

—Je ne sais pas... Je n'ai pas envie...

—Écoute, moi, je ne sors pas avec toi comme ça!

—Oh, bon, d'accord... Mon pantalon beige, ça va?

—Oui, ça va... Avec une chemise blanche et ta veste bleu foncé.

—Une veste? Non, mais, ça ne va pas? Et une cravate peut-être? Non, non, pas question!

—Bon, bon, d'accord, pas de veste et pas de cravate...

—Et ma chemise rose, ça va, ma chemise rose?

—Avec ton pantalon beige? Oui, ça va... Mais pas de tennis, hein!

—Pas de tennis?

—Non, non... Mets tes chaussures brunes.

—Oh là là, tu es impossible!

—Qu'est-ce que tu veux, moi, j'aime les hommes élégants!

Pour écouter

a. Read the conversation above and underline all vowels that are followed by an **n** or an **m**. Now, listen to the conversation and pay special attention to the vowels you underlined. What are the differences in pronunciation that you hear?

French has both oral and nasal vowels. Oral vowels are produced mostly within the mouth cavity. Nasal vowels are produced by diverting air into the nose.

ORAL VOWELS: comme ça chemise une si
NASAL VOWELS: non blanche envie un impossible

French has four nasal vowels:

[ã] as in *man*teau, *vête*ment, *ch*ambre, *en*semble

[ɛ̃] as in *maillot de b*ain, *im*perméable, *exam*en, *f*aim, *magas*in, *végétari*en

[ɔ̃] as in *pantal*on, *f*oncé, *c*ompréhensif, *n*om

[œ̃] as in *br*un, *un*, *lun*di, *quelqu'*un

b. As you can see in the list above, the same nasal vowel can be spelled in different ways, although there is always an **n** or an **m** following it. For example, [ɛ̃] can be spelled **in**, **im**, **en**, **aim** or **ain**. However, in standard spoken French, the pronunciation is [ɛ̃] no matter what the spelling is. To practice pronouncing nasal vowels, repeat the words above after your teacher.

c. Listen to the conversation one more time and make a list of the nasal vowels that you hear. Which nasal vowel is the most common in this conversation? the least common?

[ã] as in *vent:*

[ɛ̃] as in *vin:*

[ɔ̃] as in *vont:*

[œ̃] as in *brun:*

d. Can you guess why some vowels followed by **n** or **m** are nasal and others are not?

Parlons! Qu'est-ce qu'il faut mettre?

Demain est un jour important pour vous et il faut être bien habillé. Mais qu'est-ce que vous allez porter?

a. Prenez cinq minutes pour décider pourquoi c'est un jour important pour vous (un entretien pour un travail *(job interview)*? une fête? un dîner au restaurant avec un(e) ami(e)?). Décidez des détails (C'est pour quel travail? C'est une fête habillée? On va danser? C'est un restaurant elégant?). Qu'est-ce que vous allez mettre pour cette occasion? Faites une liste avec des détails (couleurs, etc.).

b. Discutez avec votre partenaire et donnez-vous des conseils *(give each other advice)*. Quelle est l'occasion? Qu'est-ce que vous devez porter? Qu'est-ce que vous avez comme vêtements? Qu'est-ce que vous devez acheter? Qu'est-ce qu'il ne faut surtout pas porter? Est-ce que votre partenaire et vous, vous êtes d'accord sur les vêtements à porter?

Découvertes linguistiques

La Guerre est finie
(Film suédois, français (1966). Drame. Réalisé par Alain Resnais)

Objective: *making connections between form and function and understanding that one form may have multiple functions*

Le participe passé: formes verbales et...? You have already seen the French past participle as part of the verb system (the **passé composé**). What other uses does the past participle have? Look at the examples below, all taken from websites. What uses (including the **passé composé**) does the French past participle have?

Comment ils ont fait fortune
Comment devient-on un entrepreneur milliardaire quand on est parti
de rien? Douze super entrepreneurs livrent leurs secrets.

Noël Gallagher, finie la dope!
Ça y est, Noël Gallagher a enfin triomphé de sa dépendance aux drogues.

Archirès
Base de données des écoles d'architecture
Près de 40.000 notices (articles de périodiques d'architecture
et travaux de fin d'études des étudiants)

Accueil → Montréal en chiffres → Langues parlées
Une ville aux multiples visages
Le Grand Montréal a une population multiculturelle.

PRISES DE COURANT ET VOLTAGES DU MONDE ENTIER

L'année de tous les espoirs
Optimistes? Bien sûr. Les vœux de nouvel an ne sont pas faits
pour autre chose que promettre le bonheur.

Paris: Concert donné par l'Orchestre Philharmonique de Chine

Sondage
Avez-vous pris l'habitude de recycler (papier, verre, plastique, etc.)? (768 votes)
55,5% Toujours / 24,7% Souvent / 10,9% Occasionnellement / 8,9% Jamais

---

L'élégance masculine

1. **La mode, c'est pour qui?** La mode, c'est pour les hommes ou pour les femmes? Pourquoi, d'après vous?

   Modèle: *C'est pour les hommes parce que…*
   C'est pour les femmes parce que…

> **SONDAGE 1**
>
> **L'IMAGE DE L'HOMME QUI SUIT LA MODE**
>
> Question: Pour vous, un homme qui suit la mode, c'est un homme
>
> | | |
> |---|---|
> | Moderne et dans le coup | 70% |
> | Futile / superficiel | 21% |
> | Efféminé | 3% |

SONDAGE 2

PERCEPTIONS DE SA GARDE-ROBE

Question: Pour chaque type de vêtement que je vais vous citer, diriez-vous que les vôtres sont d'une manière générale plutôt à la mode, démodés ou classiques?

	À la mode %	Démodé %	Classique %	(NSP)*%	Total
Vos pantalons	32	2	65	1	100
Vos sous-vêtements (slips, caleçons…)	31	3	64	2	100
Vos chaussures	30	2	67	1	100
Vos chemises	29	3	63	5	100
Vos vestes	26	3	64	7	100
Vos chaussettes	26	3	69	2	100
Vos cravates	23	3	40	34	100

*NSP = ne se prononce pas

SONDAGE 3

INTÉRÊT VIS-À-VIS DE LA MODE MASCULINE

Question: À quelle fréquence regardez-vous des photos de mode masculine dans des magazines?

Systématiquement	Souvent	Rarement	Jamais	NSP
3	14	46	36	1

«L'élégance masculine se veut déstructurée»
http://www.ipsos.fr/Canalipsos/poll/226.asp— Ipsos / Galeries Lafayette

 2. Les sondages. Ces sondages ont-ils des éléments communs? Lesquels? Ont-ils des éléments contradictoires? Lesquels?

 3. Attitudes et culture

a. **Les Français.** D'après ces sondages, quelles sont les attitudes des Français envers la mode masculine? Ces attitudes sont-elles les mêmes dans votre culture?

b. **L'élégance masculine se veut déstructurée.** Expliquez le titre de ce sondage. Est-ce vrai dans votre culture aussi?

Lecture

La jupe grise

1. Une inconnue (stranger). Vous rencontrez une personne intéressante. Vous ne la connaissez (know) pas. Quels détails de ses vêtements font qu'elle est intéressante pour vous?

Modèle: *un chapeau bizarre*, etc.

Objectives: *creating a framework to read about a strange encounter, using and organizing vocabulary to gain general understanding, identifying the basic framework of the passage, extracting specific details to gain further understanding of the passage, analyzing characters and language, using language to interpret author's intentions, examining the structure of the text to analyze the scene and the characters and to identify the type of story, using critical thinking, solving problems*

La jupe grise

Max est un garçon raisonnable. En ce moment même où il sort pour rencontrer une jeune fille qui, probablement, va devenir sa femme, il ne pense à rien que de prosaïque: son costume bleu est-il trop usé? [...]

À vingt-cinq ans, Max Péralbe, bientôt fiancé à la riche Miss Arabella Graham, bientôt avocat[1], découvre son premier printemps au Jardin Botanique. [...]

C'est à ce moment précis qu'il aperçoit[2], à dix mètres de lui, une jupe grise. C'est une jupe très simple, d'après lui, tout à fait commune, une jupe bordée de broderie candide, de petits cercles blancs, imitant ceux qui courent le long des pelouses[3], bref une jupe comme il avait dû[4] en voir des milliers. Et pourtant cette jupe et la taille[5] flexible de sa propriétaire lui apparaissent en cet après-midi de mai comme une révélation. La faute en est à ce jardin, à ces pelouses, vertes et humides, mais surtout à cette jupe grise, à ce chemisier blanc incliné avec grâce sur un roman[6] à quatre sous, dans l'ombre d'un majestueux sycamore.

Il va s'approcher d'elle, ils vont avoir une passionnante conversation sur la botanique, et elle va lever vers lui ses beaux yeux[7] (de quelle couleur?). Deux fois elle regarde vers Max, et deux fois Max se lève[8] et se rassied[9]. Il se lève parce que le printemps le pousse, ce malicieux, il se rassied, parce qu'une pensée fatale, presque aussi puissante que l'odeur des arbres et des fleurs, lui coupe les jambes[10]: Miss Arabella Graham, dans le salon de Mrs. Page, l'attend pour chanter.

Françoise Mallet-Joris

François Mallet-Joris, *Cordélia*, © Éditions Julliard, 1951

[1] **avocat** *lawyer*
[2] **aperçoit** *catches sight of*
[3] **les pelouses** *the lawns*
[4] **comme il avait dû en voir:** comme il en avait probablement vu *(seen)*
[5] **la taille** *the waist*
[6] **un roman:** un livre
[7] **les yeux** *the eyes*
[8] **se lève** *gets up*
[9] **se rassied** *sits down again*
[10] **couper les jambes:** *to stun someone, to stop someone from doing something* (jambes *legs*)

2. Première lecture. Faites trois listes: (1) les mots qui se rapportent aux vêtements, (2) les mots qui se rapportent à la nature, (3) et les verbes d'action. Avec les mots que vous avez sélectionnés, faites trois phrases descriptives pour dire:

1. qui fait quoi
2. où et quand
3. ce qui arrive *(what happens)*

 3. Étude des détails. Combien de personnes, présentes ou absentes, sont mentionnées dans cette scène? Faites un portrait détaillé et critique de chaque personne: son caractère, son apparence physique, son rôle dans le passage. Décrivez aussi les rapports entre les personnages.

4. Analyse du texte

a. Le passage. Comment le passage est-il construit? En combien de parties peut-il être divisé? Quelles sont les parties?

b. Le personnage principal. Qui est le personage principal?

c. L'événement. Est-ce qu'il se passe *(happens)* quelque chose d'important? Quelle est la nature de cet événement? Qui nous décrit cette scène, l'auteur ou Max? Expliquez.

d. D'après ce qui arrive dans ce passage, dites si c'est une histoire...

comique	dramatique
épique	lyrique
psychologique	pastorale
narrative	impressionniste

5. Débat. Imaginez ce qui va arriver après ce passage. Max va-t-il parler avec «la jupe grise»? Si oui, qu'est-ce qui va arriver? Va-t-il aller retrouver Miss Arabella Graham? Donnez votre opinion et présentez vos arguments.

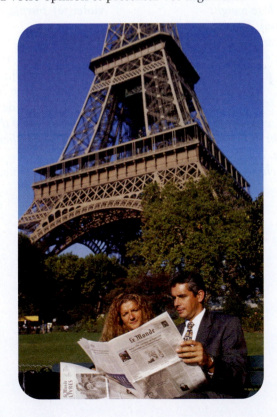

Vocabulaire de base

CD1-22

Les verbes et les prépositions

One group of French verbs is followed directly by an infinitive or a noun complement: **Il aime nager. Il aime la glace.** Another group requires that the preposition à be inserted: **Je commence** *à* **avoir faim. Tu réfléchis** *à* **demain?** Still another group requires the preposition **de: Elle a choisi** *de* **rentrer. Vous avez envie** *d'* **un café?** Vocabulary lists at the end of each lesson as well as the end-of-book vocabulary give you this information. Here are some of the abbreviations used in dictionaries to indicate this type of information:

inf. = infinitif
qqn = quelqu'un *(someone)*
qqch. = quelque chose *(something)*

Les chiffres de 100 à 1.000 (voir page 226)

Noms

les affaires *(f.pl.)* belongings, stuff
un chapeau *hat*
une chaussette *sock*
une chaussure *shoe*
une chemise *(man's) shirt*
un chemisier *(woman's) shirt*
un costume *(man's) suit*
une cravate *tie*
un euro *euro*
un gant *glove*
un imperméable *raincoat*
un jean *pair of jeans*
une jupe *skirt*
des lunettes *(f.pl.) eyeglasses*
un maillot de bain *swimsuit, bathing suit*
un manteau *coat*
une montre *wristwatch*
un pantalon *pair of pants*
un parapluie *umbrella*
un prix *price*
un pull *sweater*
une robe *dress*

un short *pair of shorts*
des sous-vêtements *(m.pl.) underwear*
un tailleur *(woman's) suit*
une valise *suitcase*
une veste *jacket, sport coat*
des vêtements *(m.pl.) clothes*
un voyage *trip*

Verbes

choisir (de + inf.) *to choose*
finir (de + inf.) *to finish*
grossir *to gain weight*
maigrir *to lose weight*
mettre *to put, to put on, to wear*
porter *to carry, to wear*
réfléchir (à + qqch.) *to think (about), to reflect*

Adjectifs

cher, chère *expensive*
clair(e) *light*
confortable *comfortable*
élégant(e) *elegant*

foncé(e) *dark*
habillé(e) *dressed, dressed up, formal*
long, longue *(precedes noun except for clothing) long*
nouveau, nouvel, nouveaux, nouvelle(s) *(precedes noun) new*
pratique *practical*

Adjectifs de couleur

beige *beige*
gris(e) *gray*
rose *rose*
violet(te) *purple*

Divers

avoir besoin de *to need*
avoir l'air + adj.; avoir l'air (de + inf.) *to look like, to seem*
avoir le temps (de + inf.) *to have time (to have the time to + inf.)*
ensemble *together*
hier *yesterday*
une fois *one time, once*

Vocabulaire supplémentaire

Noms

un bijou, des bijoux *piece of jewelry, jewelry*
un blouson *jacket (aviator-style)*
un bonnet *ski hat*
un caleçon *boxer shorts*
une casquette (de base-ball) *(base-ball) cap*
un débardeur *tank top*
une écharpe *a scarf (worn for warmth), a muffler*
un foulard *scarf (dressy)*
des lunettes de soleil *(f.pl.)sunglasses*
la mode *fashion*
une parka *parka, ski jacket*
un polo *polo shirt*
un pyjama *pair of pajamas*
une sandale *sandal*
un slip *briefs, panties*
un soulier (une paire de souliers) *a shoe (a pair of shoes)*
un soutien-gorge *bra*
un survêtement *sweatsuit*
un tee-shirt *T-shirt*
des tennis *(f.pl.) sneakers*

Verbe

coûter *to cost*

Adjectifs

bien habillé(e) *well dressed*
court(e) *short*
démodé(e) *out of fashion*
mal habillé(e) *badly dressed*
original(e) *original*

Divers

aller bien/mal avec *to go well/badly with*
aller bien/mal ensemble *to go well/badly together (to fit)*
Combien coûte... ? *How much does . . . cost?*
combien de fois (par jour, par semaine...) *how many times (a day, a week . . .)*
coûter cher; ça coûte cher *to be expensive; it's/that's expensive*
en solde *on sale*
être à la mode *to be in fashion*

Maisons et paysages

1. **Les régions de France.** Sur la carte de France à la fin de *Voilà!*, trouvez les régions qui correspondent à chaque *(each)* architecture régionale. Quelles sont les particularités géographiques de ces régions (villes, mers, lacs, fleuves, montagnes, etc.)? Indiquez quelques noms importants. Regardez les photos du document. Comment sont les maisons de chaque région?

   Modèle: *La Normandie est près de la Bretagne. Elle est en face de l'Angleterre. Les maisons sont vieilles.*

2. **Le prix de la plus belle maison.** Organisez un concours pour choisir la plus belle maison de France. Donnez sept points à la maison que vous préférez, puis six à la suivante, etc. Pour chaque maison, comptez les points attribués par les membres de votre classe, et faites le total. Annoncez la maison gagnante.

3. **Critères d'habitation.** Faites une liste des critères qui sont importants dans le choix d'une maison. Quels critères sont reflétés par l'architecture de ces maisons? Quelle est votre conclusion sur l'habitat traditionnel en France?

Les couleurs de la France sont les couleurs de la vie

LA NORMANDIE

L'ALSACE-LORRAINE

LA BRETAGNE

L'AUVERGNE

LA PROVENCE

LA SAVOIE

LE SUD-OUEST

"Les gens qui sont nés quelque part" ont à cœur de retrouver leurs racines, celles de leur région, de leur ville, de leur village. De revoir les couleurs qui ont marqué de leur empreinte des paysages familiers. Comme les peintres, les constructeurs ont toujours été influencés par le milieu dans lequel ils évoluent: nature du climat, de la lumière, des matériaux trouvés sur place. Ainsi l'habitat s'est diversifié, créant un style propre à chaque région et donnant à la vie sa coloration spécifique.

EDITIONS LE MONITEUR
17, RUE D'UZES - 75002 PARIS

Leçon

Où est-ce que vous habitez?

Où est-ce que vous habitez? Une maison ou un appartement?

En bref

- **Les couleurs de la France: maisons et régions en France**
- **Chez les Dubois, les Mabille et les Rasquin: maisons, appartements et meubles**
- **Une petite ville: retour à Cinet**
- **Demander son chemin**
- **Les chiffres supérieurs à 1.000**
- **Les verbes comme** *vendre*
- **Raconter au passé: le passé composé avec** *être*
- **Le passé composé: poser des questions et parler au négatif**
- **Choisir son habitation**
- **Lecture:** *Quitter sa maison*

Vocabulaire

A. 35 rue Minerve, 1060 Bruxelles: la maison des Mabille

Je m'appelle Annette Mabille et voilà ma maison à Bruxelles, en Belgique. C'est une maison de ville, ancienne et agréable. Au sous-sol, il y a un garage pour une voiture et une grande cave pratique pour le vin. Au rez-de-chaussée (1), il y a trois grandes pièces: un salon (2) qui donne sur le jardin, une cuisine moderne et une salle à manger. Il y a aussi des W.-C.

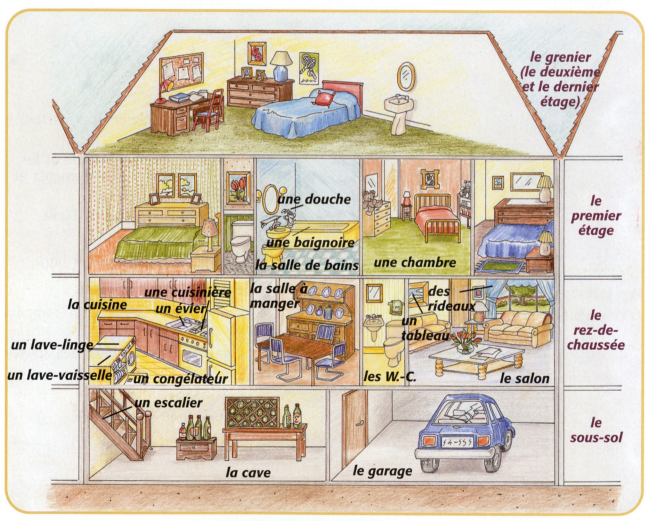

le grenier (le deuxième et le dernier étage)

le premier étage

une douche

une baignoire

la salle de bains

une chambre

le rez-de-chaussée

la cuisine

une cuisinière

un évier

la salle à manger

des rideaux

un tableau

un lave-linge

un lave-vaisselle

un congélateur

les W.-C.

le salon

un escalier

le sous-sol

la cave

le garage

Les mots et la culture

1 **Le rez-de-chaussée et les étages.** Look at the illustration of the Mabilles' house. Are the floors numbered in the same way as where you live? The **rez-de-chaussée** is the ground floor in France and other Francophone countries. The floor above it (the second floor according to the U.S. system) is then called the first floor or **premier étage**, the next floor (U.S. third floor) the **deuxième étage**, and so on.

2 **Salle de séjour** or simply **séjour** is often used as the equivalent of *living room* in real estate ads. Where there is a separate dining room, however, you often find **salon** used instead of **salle de séjour**.

Il y a deux étages. Au premier étage, il y a une salle de bains (3), des W.-C. et trois chambres: une pour moi, une pour ma fille Sylvie et une pour les amis. Au dernier (4) étage, dans le grenier, il y a la chambre de Suzanne. C'est une chambre assez sombre, mais elle l'adore parce qu'elle est très grande et Suzanne aime être à l'aise! Ma troisième fille, Catherine, est mariée et n'habite plus chez nous depuis trois ans.

Une maison typique à Bruxelles, comme la maison des Mabille. Qui habite ici? Quelles pièces sont au rez-de-chaussée? au premier étage? au deuxième étage? Où est le garage? Que pensez-vous de cette maison?

La salle de bains

■ **Leur maison.** Quelle est l'adresse des Mabille? Est-ce qu'ils habitent en France? Est-ce qu'ils ont une maison moderne ou ancienne? Est-ce que c'est une maison confortable, à votre avis? Combien d'étages est-ce qu'il y a? Qu'est-ce qu'il y a au sous-sol? Où est le salon? Et la chambre d'Annette Mabille? Et la chambre de Suzanne?

■ **Leurs meubles.** Qu'est-ce qu'il y a dans le salon? dans la salle à manger? dans la cuisine? dans la salle de bains? dans la chambre de Suzanne? Comment est sa chambre?

Les mots et la culture

3 La salle de bains. Look at the photo of the bathroom above. How is the bathroom in the photo similar to and different from bathrooms where you live? This is a traditional French **salle de bains,** with a sink, a bathtub (with a shower not attached to the wall), and a bidet. In modern French houses, however, there is no bidet anymore, but there is often a second bathroom with a shower and no bathtub, called **une salle d'eau.** There is usually no toilet in the bathroom. The toilet is found in **les W.-C.** (short for the English

water closet), which is a separate room. The term **les toilettes** is also used.

4 Jour, semaine et année + *dernier.* Note the use of **dernier** in these expressions.

dimanche **dernier**	*last Sunday*
la semaine **dernière**	*last week*
le mois **dernier**	*last month*
l'année **dernière**	*last year*

In all other cases, **dernier** precedes its noun.

Il habite au **dernier** étage.

He lives on the top floor.

B. 75 avenue Édith Cavell, 06000 Nice: la maison de Jacques Dubois

Je m'appelle Jacques Dubois et voilà ma maison à Nice. C'est une maison confortable dans un quartier calme assez loin du centre-ville. À l'intérieur, les pièces sont claires et agréables. En bas, il y a une cuisine et une grande salle de séjour avec un coin salle à manger. Il y a aussi deux chambres et une salle de bains. En haut, il y a une troisième chambre.

À l'extérieur, il y a un garage, une terrasse, une piscine et un grand jardin avec des arbres et des fleurs. J'ai aussi des légumes dans mon jardin, mais ils sont derrière la maison.

Je suis retraité depuis cinq ans et j'aime bien travailler chez moi. Par exemple, l'année dernière, j'ai mis une piscine pour mes enfants et mes petits-enfants. Et puis, pour entrer chez moi, il faut traverser la pelouse et ce n'est pas très pratique. Alors, je voudrais aussi faire un chemin qui traverse la pelouse et va jusqu'à la rue, mais je ne l'ai pas encore fait (5). Peut-être au printemps, si j'ai le temps! Finalement, si j'ai l'argent, je voudrais bien mettre la climatisation un jour. Il a fait très, très chaud cet été et je n'aime pas ça. Mais ça coûte cher et je ne veux pas devoir (6) de l'argent à la banque.

un arbre
le toit
des volets (m.)
un mur
la terrasse
la pelouse

- Où habite Jacques Dubois? Quelle est son adresse? Depuis combien de temps est-ce qu'il est retraité?

- Il y a combien de pièces dans la maison? Est-ce que vous préférez la maison des Mabille ou la maison de Jacques Dubois? Pourquoi?

- Qu'est-ce que Jacques a déjà fait dans la maison? Qu'est-ce qu'il voudrait faire? Pourquoi?

- À votre avis, quelle est la saison sur la photo? Qui est peut-être en vacances chez Jacques Dubois?

Les mots et la culture

5 La place des adverbes au passé composé.
In general, short, common adverbs are placed between the helping verb and the past participle in the **passé composé**.

Vous avez **bien** dormi? *Did you sleep well?*
Vincent a **trop** mangé. *Vincent ate too much.*
Tu n'as pas **encore** fini? *You have not finished yet?*

6 Combien est-ce que je vous dois? The verb **devoir** can also mean *to owe.*

Combien est-ce que je vous **dois**?
How much do I owe you?
Mais vous ne me **devez** rien!
But you don't owe me anything!

C. 23 rue des Taillandiers, 75011 Paris: l'appartement de Jean Rasquin

l'appartement de Jean Rasquin

un immeuble

Depuis l'automne, j'habite un trois pièces (7) au quatrième étage d'un immeuble moderne à Paris. Dans mon appartement, il y a une petite cuisine, un grand séjour avec un coin repas, deux chambres, des W.-C. et une salle de bains. Il y a aussi une entrée avec des placards et un couloir qui va à la cuisine et au séjour. La cuisine et le séjour donnent sur un grand balcon ensoleillé.

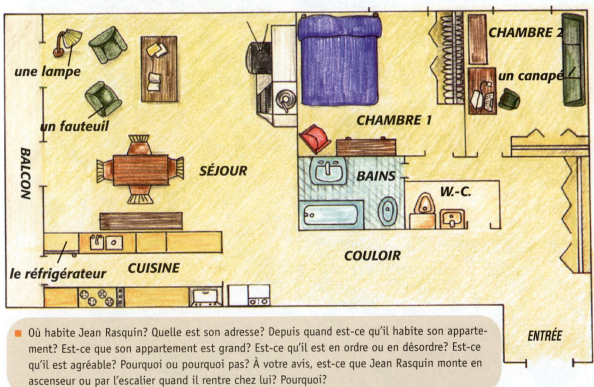

une lampe

un fauteuil

BALCON

SÉJOUR

le réfrigérateur   CUISINE

CHAMBRE 1

CHAMBRE 2

un canapé

BAINS

W.-C.

COULOIR

ENTRÉE

■ Où habite Jean Rasquin? Quelle est son adresse? Depuis quand est-ce qu'il habite son appartement? Est-ce que son appartement est grand? Est-ce qu'il est en ordre ou en désordre? Est-ce qu'il est agréable? Pourquoi ou pourquoi pas? À votre avis, est-ce que Jean Rasquin monte en ascenseur ou par l'escalier quand il rentre chez lui? Pourquoi?

Les mots et la culture

7 **Les pièces. Une pièce** is the generic term for *a room*. **Une salle** is a room used for public functions or a specific purpose (**une salle de classe, une salle de cinéma,** or **une salle à manger,** for example). **Une chambre** is *a bedroom*.

A **studio** is a one-room apartment; a **deux pièces** is a one-bedroom apartment; a **trois pièces** is a two-bedroom apartment. Since Jean Rasquin lives in a **trois pièces,** can you guess what rooms are counted as **une pièce** in French real estate advertisements?

D. Le plan d'une petite ville: Retournons à Cinet, la petite ville française de la *Leçon 6*

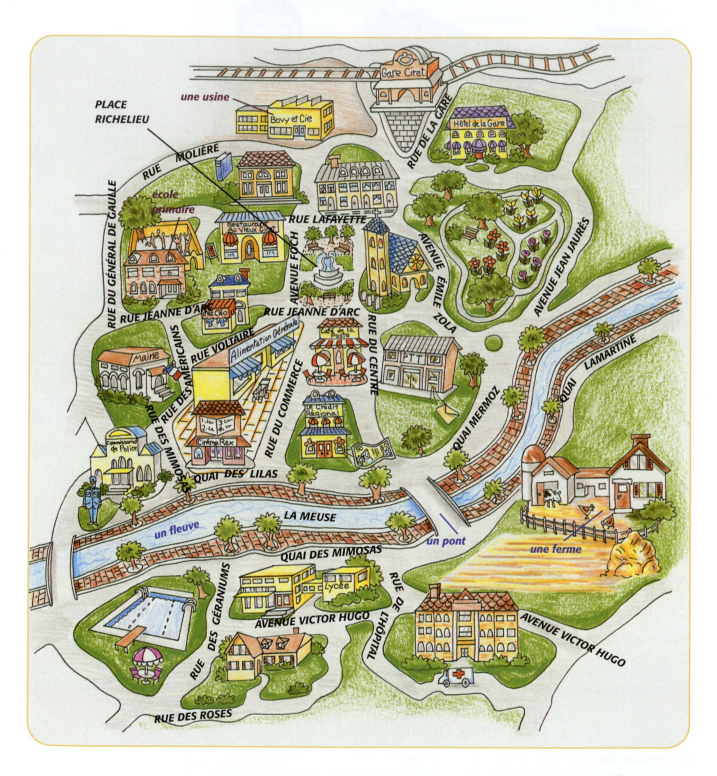

À Cinet, il y a un fleuve, la Meuse, et des ponts. Au centre-ville, il y a une église et, en face de l'église, il y a une place. Il y a aussi une mairie, un commissariat de police, une gare, une banque, une école primaire et un lycée. Et puis, un peu plus loin, il y a un hôpital et une usine, Bovy et Cie. Et parce que Cinet est à la campagne, il y a aussi des fermes.

Quelqu'un sort de la gare et demande son chemin (8):

—Pardon, madame, pour aller à l'hôpital, s'il vous plaît?
—C'est facile. D'abord, prenez la rue de la Gare et continuez tout droit jusqu'à l'église. À l'église, tournez à gauche dans l'avenue Émile Zola. Au bout de l'avenue, prenez le quai Mermoz à droite. Ensuite, traversez le premier pont à gauche et tournez à droite. L'hôpital est au coin de la rue de l'Hôpital et de l'avenue Victor Hugo.
—C'est loin?
—Oh, dix petites minutes à pied...
—Merci beaucoup, madame!
—Je vous en prie!

■ Visitons Cinet: Qu'est-ce qu'il y a d'autre à Cinet? Qu'est-ce qu'il n'y a pas à Cinet? Comment allez-vous à l'église si vous êtes à la mairie? Comment allez-vous au commissariat de police si vous êtes au parc? Comment allez-vous à l'école primaire si vous habitez dans la ferme?

E. Les chiffres au-dessus de 1.000 (9)

1.000	mille	*one thousand*
1.001	mille un	*one thousand one*
1.100	onze cents,	*eleven hundred,*
	mille cent	*one thousand one hundred*
1.500	quinze cents,	*fifteen hundred,*
	mille cinq cents	*one thousand five hundred*
2.000	deux mille	*two thousand*
10.000	dix mille	*ten thousand*
100.000	cent mille	*one hundred thousand*
1.000.000	un million	*one million*
1.000.000.000	un milliard	*one billion*

Les mots et la culture

8 Pour demander votre chemin. When you want to ask for directions, you may say one of the following:

—Pardon, monsieur (madame/mademoiselle), pour aller à la gare (à la poste/à l'hôpital), s'il vous plaît?

—Excusez-moi, monsieur (madame/mademoiselle), pourriez-vous me dire où se trouve la gare (la poste/l'hôpital), s'il vous plaît?

9 Les chiffres et l'argent. Voir la page 256.

Cette voiture coûte 10.999 euros.

Cette voiture est assez grande. Elle coûte 22.590 euros.

C'est une grande et belle maison.

C'est une vieille maison.

- Combien coûtent les voitures? Et les maisons?
- Quelle voiture préférez-vous? Pourquoi? Et quelle maison préférez-vous? Pourquoi?

Les mots et la culture

9 Les chiffres et l'argent. In written numbers, French uses a period where English uses a comma, and vice versa.

FRENCH	ENGLISH
12,25 (**douze virgule vingt-cinq**)	12.25
3.000 (**trois mille**)	3,000

In January 2002, the euro (€) became the sole common currency in France, Belgium, Germany, Spain, Ireland, Italy, Luxemburg, Holland, Austria, Portugal, and Finland. The official abbeviation for the euro is EUR. Each euro is divided into 100 parts or **centimes**.

Beyond 199, the word **cent** *(hundred)* is written with an -s when it is not followed by another number. Otherwise, it has no **-s.** The word **mille** *(thousand)* never has an **-s.**

100 **cent**   200 **deux cents**   4.000 **quatre mille**

The years before 2000 may be expressed using either **cent** or **mil.**
1999 **dix-neuf cent quatre-vingt-dix-neuf / mil neuf cent quatre-vingt-dix-neuf**

F. Autres mots et usages

1. Here are some useful words and expressions not included in the preceding vocabulary presentation.

au Canada	*in Canada*
aux États-Unis	*in the United States*
quelquefois	*sometimes*
un sèche-linge	*(clothes) dryer*

2. **Depuis.** Use **depuis** to say *how long* or *since when* something has been going on. French uses the present tense to say this. Use **depuis combien de temps** to ask *for how long* something has been going on. Use **depuis quand** to ask *since when* something has been going on.

Et les Mabille, ils habitent à Bruxelles **depuis combien de temps?**
*And the Mabilles, **how long** have they been living in Brussels?*

Les Mabille habitent à Bruxelles **depuis** toujours!
*The Mabilles have been living in Brussels **since** forever!*

Et Jacques Dubois, **depuis combien de temps** est-ce qu'il habite à Nice?
*And Jacques Dubois, **(for) how long** has he been living in Nice?*

Jacques Dubois habite Nice **depuis** cinq ans.
*Jacques Dubois has been living in Nice **for** five years.*

Et Jean Rasquin, **depuis quand** est-ce qu'il habite Paris?
*And Jean Rasquin, **how long (since when)** has he been living in Paris?*

Jean Rasquin habite Paris **depuis** 1985.
*Jean Rasquin has been living in Paris **since** 1985.*

Jean Rasquin, **depuis quand** est-ce qu'il habite son appartement?
***Since when (For how long)** has Jean Rasquin been living in his apartment?*

Il habite son appartement **depuis** l'automne.
*He's been living in his apartment **since** fall.*

3. **Les nombres ordinaux.** Here are the forms and abbreviations of the ordinal numbers 1–20.

premier,	1er, 1ère	douzième	12e
première		treizième	13e
deuxième	2e	quatorzième	14e
troisième	3e	quinzième	15e
quatrième	4e	seizième	16e
cinquième	5e	dix-septième	17e
sixième	6e	dix-huitième	18e
septième	7e	dix-neuvième	19e
huitième	8e	vingtième	20e
neuvième	9e	vingt-et-unième	21e
dixième	10e	vingt-deuxième	22e
onzième	11e		

4. **Si.** The word **si** has three different equivalents in English.

a. Affirmative response to negative question or statement:

—Tu ne travailles pas assez!	*You don't work enough!*
—**Si!** Je travaille trop!	*Yes I do! In fact, I work too much!*

b. **Si** meaning *if* or *whether:*

S'il fait beau, je vais jouer au tennis.
If it's nice, I'm going to play tennis.

Je ne sais pas **s'il** va faire beau demain.
I don't know whether it will be nice tomorrow.

The **-i** of **si** is dropped in front of **il** and **ils** only.

S'ils font la vaisselle, papa va être content!

Si elles font la vaisselle, papa va être content!

Si on ne fait pas la vaisselle, papa ne va pas être content!

c. **Si** meaning *so,* to intensify the meaning of an adjective or an adverb:

Il fait **si** beau aujourd'hui!   *It's so nice out today!*

Mise en pratique

Objectives, Act. 1: recognizing new vocabulary, solving lexical problems

1. Chassez l'intrus. Quel mot ne va pas avec les autres à cause du sens *(meaning)*?

1. le fauteuil / le canapé / le garage / la chaise
2. le fauteuil / la table / le lavabo / le canapé
3. la douche / le lavabo / l'évier / la baignoire
4. les W.-C. / le jardin / les arbres / les fleurs
5. l'immeuble / le meuble / la maison / l'appartement
6. l'ascenseur / le sous-sol / le rez-de-chaussée / le premier étage
7. la cuisine / la salle de bains / la terrasse / la salle à manger
8. une cuisinière / un tableau / un lave-vaisselle / un lave-linge

Objectives, Act. 2: using receptive vocabulary, making word associations, recycling vocabulary

2. Ça va ensemble. Avec quel(s) nom(s) de la boîte de gauche vont les adjectifs et les expressions de la boîte de droite?

Modèle: un réfrigérateur
C'est froid, c'est en bas, c'est pratique...

un jardin		sombre
le rez-de-chaussée		clair
une piscine		froid
le premier étage		à l'extérieur
une terrasse		vert
un couloir		grand
une cave	c'est	rouge
un balcon		à l'intérieur
un arbre		pratique
une fenêtre		en bas
une fleur		confortable
une salle de bains		en haut
un ascenseur		agréable
un lave-vaisselle		calme

Objectives, Act. 3: reviewing vocabulary in context; comparing experiences, cultures, and traditions

3. Les pièces. En groupes, faites des listes, puis comparez avec les autres groupes. Quelles pièces de la maison...

1. sont pour tout le monde?
2. ne sont pas pour tout le monde?
3. sont en haut?
4. sont en bas?
5. ont une télévision?
6. ont un téléphone?
7. ont un lave-linge?

C'est quelle pièce?

4. Où? Travaillez avec un(e) partenaire. Pour vous, où est-ce que ces choses arrivent *(happen)*? Où est-ce qu'elles n'arrivent jamais? Comparez avec vos camarades de classe.

> **Modèle:** j'étudie
>
> *À la bibliothèque, dans ma chambre, devant la télévision...*
> *Jamais au restaurant, chez mes parents...*

1. je parle au téléphone
2. je dors
3. je mange
4. je fais la vaisselle
5. j'étudie
6. j'ai souvent froid
7. j'ai souvent chaud
8. j'ai souvent sommeil

5. Et vous? Avec un(e) partenaire, posez des questions pour trouver depuis quand ou depuis combien de temps il/elle...

1. étudie le français?
2. est à l'université?
3. habite là où il/elle habite maintenant?

6. L'homme et la femme de l'année. En groupes, faites des listes. Quels sont les 10 hommes les plus importants de l'année? Et les 10 femmes les plus importantes de l'année? Organisez vos deux listes par ordre d'importance, puis comparez avec les autres listes de la classe et décidez qui est premier, deuxième, etc.

7. Les prix. Combien est-ce que ça coûte, à votre avis? Décidez avec un(e) partenaire, puis comparez avec les autres groupes.

1. un ordinateur portable
2. une grande maison à Beverly Hills
3. un très bon vélo
4. une petite voiture de sport italienne
5. un studio à New York, près de Central Park
6. une nuit dans un hôtel luxueux de San Francisco
7. un repas pour deux personnes dans un restaurant très élégant
8. un repas pour deux personnes à McDonald

8. Nos meubles. Vous venez de vous installer dans *(You have just gotten settled in)* un nouvel appartement avec deux amis. La cuisine et la salle de bains sont équipées, mais à part ça, il n'y a pas de meubles. En groupes, faites une liste de toutes les pièces. Puis décidez quels meubles vous voulez dans chaque pièce. Donnez des détails et des prix approximatifs. Combien d'argent est-ce que vous allez dépenser? Comparez avec les autres groupes.

Objectives, Act. 4: associating actions with places, recycling vocabulary from previous chapters and linking it to new vocabulary, reviewing prepositions, interacting orally, sharing experiences

*Objectives, Act. 5: practicing **depuis** in context, reviewing how to say years, interacting orally*

Objectives, Act. 6: reviewing ordinal numbers in context, interacting orally, making decisions, sharing opinions

Objectives, Act. 7: reviewing numbers in context, interacting orally, sharing information

Objectives, Act. 8: recycling vocabulary from this and previous lessons, practicing numbers, personalizing, interacting orally, making decisions, preparing for discourse-level expression

9. Les directions. La famille Bastin, qui a une ferme près de Cinet, loue *(rents)* des chambres à des touristes en été. Vous passez le week-end dans leur ferme et vous voulez visiter Cinet. Demandez les directions à Monsieur ou à Madame Bastin. Utilisez le plan, page 254, et jouez les deux rôles avec un(e) partenaire.

Modèle: Vous: *Pourriez-vous me dire où se trouve...*
M./Mme Bastin: *C'est facile! Vous prenez...*

Vous voulez aller: à la piscine / à l'église / au parc / au cinéma / au restaurant Au Vieux Cinet

10. À Paris... Vous êtes à Paris pour trois jours, à l'hôtel **Orléans Palace.** En groupes, décidez ce que vous allez faire. Qu'est-ce que vous allez visiter? Comparez avec les autres groupes.

a. **Pour ne pas se perdre** *(In order not to get lost)*:

■ Paris est divisé en arrondissements. Regardez le plan à la plage 261. Combien d'arrondissements est-ce qu'il y a à Paris?

■ L'adresse de votre hôtel est 185, boulevard Brune, 75014 Paris. C'est à la porte d'Orléans, au sud *(south)* de la ville. Est-ce que l'arrondissement est indiqué dans l'adresse de l'hôtel?

■ Regardez le plan. Dans quels arrondissements sont les principaux monuments?

b. **Activités.** Qu'est-ce que vous allez faire?

■ Vous aimez faire les musées?

■ Vous aimez visiter les églises?

■ Vous voulez admirer un beau panorama de Paris?

■ Vous aimez faire les magasins?

■ Vous voulez visiter les tombes *(graves)* de Balzac, d'Édith Piaf et de Jim Morrison?

■ Vous voulez visiter les tombes de Voltaire, d'Hugo et de Zola?

L'Arc de Triomphe

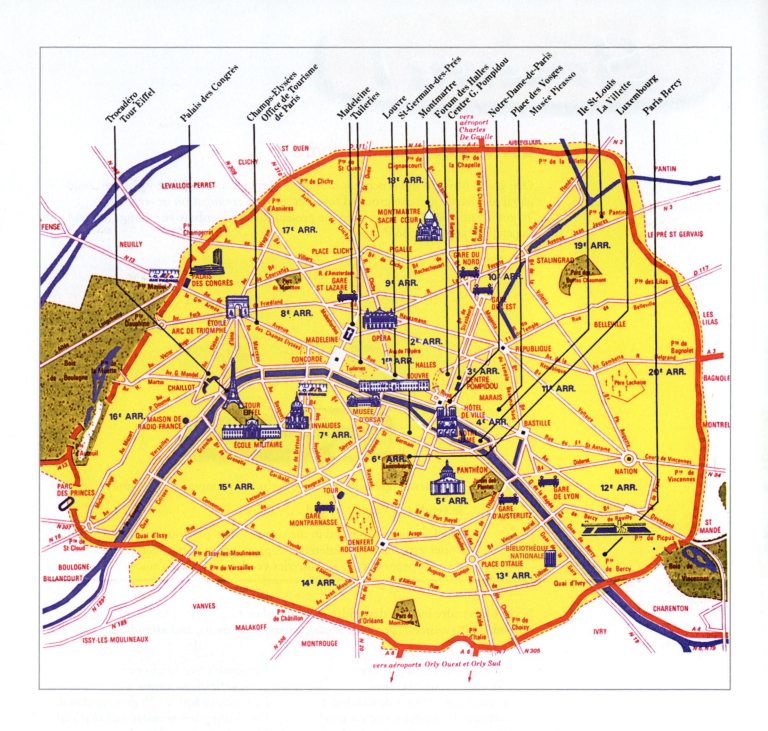

Structure 1

Les verbes comme *vendre*

One group of verbs in French has infinitives that end in **-re**. These verbs are conjugated identically and are grouped together as *third conjugation* or **-re** verbs.
To conjugate one of these verbs in the present, drop the infinitive ending (**-re**) and add the endings shown in bold type.

vendre *to sell*	
je vend**s**	nous vend**ons**
tu vend**s**	vous vend**ez**
il elle } vend *(no ending)*	ils elles } vend**ent**

Note de prononciation

- The three singular forms of **-re** verbs are pronounced the same:

  je vends / tu vends / il vend

- The **d** is not pronounced in the singular. It *is* pronounced in the plural. Notice especially the difference in pronunciation between **il/elle vend** (**d** is not pronounced) and **ils/elles vendent** (**d** is pronounced).

Verbs like **vendre** include **descendre** *(to descend* or *to go down; to take down)*, **répondre à** *(to answer)*, **perdre** *(to lose)*, **entendre** *(to hear)*, and **attendre** *(to wait* or *to wait for)*.

Il n'aime pas **répondre** aux questions superficielles.	He doesn't like to answer superficial questions.
Ne monte pas! Nous **descendons**!	Don't come up! We're coming down!
J'**attends** dix minutes et c'est tout!	I'm waiting ten minutes and that's it!
Elle **perd** ses clés tout le temps. C'est très ennuyeux.	She's always losing her keys. It's really irritating.
Tu **entends** quelque chose?	Do you hear something?

The imperative, or command, forms of third conjugation verbs are identical to their present tense forms.

Descends tout de suite!	Get down here right now!
Répondez, s'il vous plaît.	Please answer.
Attendons cinq minutes!	Let's wait for five minutes!

Third conjugation verbs like **vendre** form their past participle in **-u**.

Tu sais quoi? Candide a **vendu** son vélo!	You know what? Candide sold his bike!
J'ai **attendu** 10 minutes.	I waited for 10 minutes.

Mise en pratique

1. Les verbes comme *vendre*. Ça y est, tu es sur ma page!

Objective, Act. 1: recognizing the meaning and form of -re verbs

PRÉNOM: Lise

NOM: Lafontaine

ÂGE: Euuuh l'âge de raison et celui de faire des folies ;)

SEXE: Pour les stats, je suis une fille ;)

J'aime: la sieste, l'automne, l'été, le printemps, les voyages, sortir avec des amis, boire un café (ou un jus d'orange) avec Mathieu (ou avec Julie), aller au cinéma, le chocolat, les promenades en forêt l'automne avec mon chien, lire un bouquin, les jeux vidéo et l'informatique en général, le cinéma à tarif réduit, la ville de Montréal en été et profiter de la vie quoi! :), le cinéma... je l'ai déjà dit... surtout les films d'aventures, de science-fiction et les films humoristiques, parler pour rien dire 2 heures au téléphone avec Céleste (une amie), la musique (le rock, pas les trucs classiques)...

Je n'aime pas: attendre, l'hiver, le froid, la neige... les hypocrites, les gens qui ne m'aiment pas, les gens bêtes, les chats, perdre mes clés (je le fais souvent), la viande, le chocolat noir, la confiture de fraises, enfin tout ce qui est sucré, aussi... les petits pois (beurk), la bière, enfin, je n'aime pas les gens qui n'aiment pas!

Je crois que c'est tout ce que je peux vous dire sur moi...

■ La page perso de Lise. Indiquez si Lise a fait les choses suivantes ou pas.

❏ Je descends en ville pour passer du temps au café avec des copains.
❏ J'attends mes amis devant le cinéma... avec beaucoup de patience!
❏ Je vends ma collection de CD de musique classique.
❏ Je vends ma collection de CD de rock.
❏ Je perds mes clés.
❏ Je ne réponds pas aux questions bêtes!
❏ Quand j'entends le téléphone sonner, je suis contente! C'est pour moi!

■ Et vous? Est-ce que vous êtes comme Lise?

Modèle: *Moi aussi je... Moi, je ne...*

2. Maintenant ou hier? Utilisez une forme des verbes donnés au présent ou au passé composé pour compléter les phrases. Faites attention au temps du verbe.

Objective, Act. 2: practicing forms of -re verbs in a specific context

perdre / vendre / attendre / descendre / répondre / entendre

Modèle: Tu as _____ tes clés?   Tu as *perdu* tes clés?

1. Nous avons _____ notre appartement pour acheter une maison.
2. Patrick n'a jamais _____ à mes lettres!
3. Vous avez _____ votre voiture?
4. Alceste a _____ Candide pendant une heure!
5. Tu as _____? On doit partir!
6. Écoute! Tu as _____ quelque chose?

3. Vide-grenier *(Garage sale).* Vous avez fini l'université et vous partez. Vous et vos amis avez décidé de vendre les affaires que vous ne voulez plus parce que c'est trop difficile de les prendre avec vous.

Objectives, Act. 3: using -re verbs communicatively, reviewing vocabulary

1. Faites une liste des choses que vous voulez vendre et de leur prix.
2. Proposez vos affaires à la classe. La classe pose des questions et propose d'acheter ce que vous vendez. Vous voulez obtenir le meilleur prix possible!

Structure 2

Raconter au passé: le passé composé avec *être*

A relatively small group of verbs uses **être** as a helping, or auxiliary verb, in the **passé composé** instead of **avoir.**

tomber au passé composé	
je suis tombé(e)	nous sommes tombé(e)s
tu es tombé(e)	vous êtes tombé(e)(s)
il est tombé	ils sont tombés
elle est tombée	elles sont tombées

Notice that the past participle of a verb conjugated with **être** in the **passé composé** agrees with its subject.

Marie n'est pas là. Elle est allée à la poste.	*Marie isn't here. She went to the post office.*
Nous sommes sortis hier soir et nous n'avons pas travaillé.	*We went out last night and we didn't work.*
Mes copains sont partis pour New York.	*My friends left for New York.*
Ta grand-mère est descendue?	*Has your grandmother come downstairs?*

Here is a list of the verbs conjugated with **être** that have already been presented.

VERBE	PARTICIPE PASSÉ	VERBE	PARTICIPE PASSÉ
aller	allé	retourner	retourné
arriver	arrivé	rentrer	rentré
descendre	descendu	rester	resté
entrer	entré	sortir	sorti
monter	monté	tomber	tombé
partir	parti		

Note de prononciation

Past participle agreement with **être** is reflected in spelling. There is no change in pronunciation. For example, **parti** and **partie** are pronounced identically.

You can go about learning this list of verbs in several ways.

1. Many **être** verbs fall naturally into pairs of opposites (**arriver–partir, entrer–sortir**, etc.).
2. Verbs conjugated with **être** are always intransitive verbs; that is, they cannot be followed by a direct object. Another way of saying this is that when a verb is followed by a direct object, the auxiliary verb must be **avoir** and not **être.**
3. Many (but not all!) of these verbs have the idea of motion in their meaning.

Mise en pratique

1. **Avoir ou être?** Classez les verbes de ce journal de voyage. Quels verbes sont conjugués avec **être** au passé composé? Quels verbes sont conjugués avec **avoir**?

*Objective, Act. 1–2: distinguishing between **être** and **avoir** as auxiliaries*

Nous sommes arrivés à Paris très tôt le matin. Nous avons pris le petit déjeuner et ensuite nous sommes allés au musée. Nous avons pris le métro et nous sommes descendus à la station du Louvre. Nous avons acheté des billets pour une exposition spéciale sur Matisse, et nous sommes montés en ascenseur au deuxième étage. Nous sommes arrivés en même temps qu'un groupe de touristes scandinaves et nous avons attendu pour regarder tranquillement. Quand ils sont sortis, nous sommes entrés dans les salles et nous avons admiré les couleurs et les formes qui caractérisent sa peinture.

2. **Au passé!** Complétez avec **être** ou **avoir.**

1. Mon père _____ mis son manteau et il _____ parti.
2. Ma sœur _____ rentrée à quatre heures du matin.
3. Mes amis _____ allés en ville. Là, ils _____ acheté des jeans et des pulls et ils _____ rencontré des filles. Après, ils _____ sortis ensemble.
4. Vous n'_____ pas fini? Mais vous _____ commencé à dix heures!
5. Tu _____ tombé combien de fois?
6. Ma camarade de chambre _____ restée dans sa chambre pour réfléchir à ses problèmes.

3. **Hier.** Utilisez un des verbes de la liste pour dire ce qu'on a fait hier. N'oubliez pas l'accord du participe passé. Vous pouvez utiliser le même verbe plusieurs fois.

*Objective, Act. 3: focusing on form and meaning of the **passé composé** in context*

sortir / aller / entrer / descendre / partir / rentrer / arriver / rester / tomber

1. Nous _____ au cinéma, mais nous _____ avant la fin du film.
2. Tu as l'air fatigué. Tu _____ à quelle heure hier soir?
3. Ce n'est pas vrai! Tu _____ dans la chambre de Jean et de Marc!
4. Mes copains _____ danser mais moi, je _____ à la maison.
5. Ils _____ avant le cours pour parler au professeur.
6. Mais vous dormez! Est-ce que vous _____ hier soir?
7. Les Dumont _____ faire du ski.
8. Anne _____ dans l'escalier hier soir et elle _____ à l'hôpital.

4. La maison d'Alceste. Quels verbes sont conjugués avec **être**? Regardez la maison et utilisez l'illustration pour compléter l'histoire d'une journée dans la vie d'Alceste comme il la raconte dans une lettre à Candide.

Cher Candide,

Qu'est-ce que j'ai fait hier? Eh bien, à 10 heures du matin, (1) je _____ de la maison avec maman et (2) nous _____ au parc. (3) On _____ au parc vers *(around)* 10h30 et j'ai parlé avec des copains pendant une heure. Après, (4) on _____ pour le déjeuner à midi. Pour entrer dans la maison, il faut monter un petit escalier. Alors, (5) je _____ sans problème mais (6) maman_____. Mais pas de problème! (7) Je _____ la chercher. (8) On _____ dans la maison et (9) nous _____ chez nous tout l'après-midi. Puis, vers six heures, maman et moi, (10) on _____ chercher du pain pour le dîner. Et voilà ma journée!

Amicalement,

Alceste

Structure 3

Le passé composé: poser des questions et parler au négatif

To make a verb in the **passé composé** negative, put the negative expression around **avoir** or **être** (the helping verb). Note that the English equivalent usually requires a helping verb.

Il **n'**a **pas** fait ses devoirs.	He hasn't done (didn't do) his homework.
Tu **n'**as **rien** mangé? Tu dois être malade!	You haven't eaten (didn't eat) anything? You must be sick!
Candide **n'**a **pas** pris de dessert. C'est bien bizarre!	Candide didn't have (eat) any dessert. That's odd!
Je **ne** suis **jamais** allée à Lyon.	I've never been (gone) to Lyon.

To ask a question using the **passé composé**, you may use a rising intonation when speaking, you may use the expression **est-ce que**, or you may invert the subject and helping verb. Again, note that the English equivalent may require a helping verb.

Tu **as** bien **dormi**? C'est formidable!	Did you sleep well? That's great!
Tu **n'**as pas **attendu**?	You didn't wait?
Est-ce qu'il **a** acheté le livre? J'espère bien.	Did he buy (Has he bought) the book? I hope so.
Avez-vous **mangé**? Il faut manger pour vivre...	Have you eaten? You have to eat to stay alive . . .
Qu'est-ce qu'il **a** fait? Rien, comme d'habitude, n'est-ce pas?	What did he do? Nothing as usual, right?
Est-ce que Suzanne **est** sortie avec Hakim hier?	Did Suzanne go out with Hakim yesterday?
À quelle heure **êtes-**vous **rentrés**? Je n'ai rien entendu.	What time did you get home? I didn't hear a sound (anything).

Mise en pratique

1. **Le week-end de Lise.** Regardez la page Web de Lise (page 263). Quelles sont les activités que Lise a probablement faites le week-end dernier?

Ce que Lise a fait...

❏ Elle a fait la sieste.
❏ Elle a fait du ski.
❏ Elle a trouvé un chat dans la rue et elle l'a pris.
❏ Elle a mangé du chocolat noir.
❏ Elle a perdu ses clés.
❏ Elle a parlé deux minutes au téléphone avec Céleste.

Objective, Act. 1–3: moving gradually from comprehension to guided production in the past

2. **Qu'est-ce que Lise a fait pendant le week-end?** Selon l'Activité 1, présentez la liste de ce que Lise a fait et de ce qu'elle n'a pas fait pendant le week-end.

Elle a fait:
Elle n'a pas fait:

3. **Des questions sur le week-end de Lise.** Retournez à la page Web de Lise (page 263) et écrivez cinq questions sur les activités de Lise pendant le week-end dernier. Préparez les questions individuellement, puis en groupe de deux étudiants, répondez aux questions que votre camarade va vous poser. Après, votre camarade va répondre à vos questions.

> **Modèle:** —Est-ce que Lise a mangé des petits pois?
> —Non, elle n'a pas mangé de petits pois. (Elle les déteste!)

*Objective, Act. 4–5: personalizing in the **passé composé***

4. **La journée de Claudine.** Voilà les activités de Claudine hier. Est-ce que vous avez fait la même chose que Claudine?

> **Modèle:** CLAUDINE: *J'ai téléphoné à mes parents.*
> VOUS: *Je n'ai pas téléphoné à mes parents mais j'ai téléphoné à une amie.*

1. J'ai étudié cent pages de philosophie.
2. Je suis allée en ville à 10 heures du matin.
3. J'ai téléphoné à mon professeur d'anglais.
4. Je suis sortie le soir avec des copains.
5. J'ai acheté un disque compact de Mozart.
6. Je suis tombée.
7. J'ai pris le petit déjeuner avec des amis.
8. Je n'ai pas rangé ma chambre.
9. J'ai joué au tennis.
10. J'ai perdu mes clés.
11. Je n'ai pas fini mes devoirs.
12. Je n'ai pas fait mon lit.
13. Je suis rentrée à minuit.
14. J'ai réfléchi à ma vie.

5. **L'été de Marie-Claude.** Voilà une liste des choses que Marie-Claude a faites l'été dernier. Est-ce que vous avez fait les mêmes *(the same)* choses ou pas?

> **Modèle:** Elle a nagé dans la mer.
> *Moi aussi, j'ai nagé dans la mer. / Moi, je n'ai pas nagé dans la mer. / Moi, j'ai nagé dans une piscine.*

1. Elle est sortie avec son petit ami.
2. Elle a travaillé dans un restaurant.
3. En juillet, elle est partie en vacances avec sa famille pendant un mois.
4. Elle a grossi un peu.
5. Elle a joué au tennis.
6. Elle a commencé à fumer.
7. En août, son petit ami est parti en vacances sans elle.
8. Le 10 août, elle a rencontré un bel Espagnol et elle a beaucoup parlé espagnol!

*Objective, Act. 6: using the **passé composé** to ask questions*

6. **Vingt questions pour le professeur.** Qu'est-ce que le professeur a fait l'été dernier? Posez-lui beaucoup de questions!

> **Modèle:** *Est-ce que vous avez voyagé?*

Scène de vie

Objectives: describing where you live; regional and national French accents

Oui, de la ville de Québec. Et toi?

Alors, tu es de Québec, c'est ça?

—Alors, tu es de Québec, c'est ça?

—Oui, de la ville de Québec. Et toi?

—De Montpellier.

—C'est grand, Montpellier?

—Assez, oui, c'est la huitième ville de France, je pense...

—Et c'est bien comme ville?

—Ah oui... C'est une ville universitaire, alors il y a beaucoup de jeunes. Et il n'y a pas de voitures au centre. C'est très agréable pour marcher! Et tu sais, nous avons notre Arc de Triomphe aussi!

—C'est pas vrai!

—Si, si. Pas si grand qu'à Paris, mais bon... Et puis, il y a la vieille ville, la Place de la Comédie avec ses cafés, des nouveaux quartiers très modernes, des parcs, des cinémas, des théâtres... Montpellier, c'est une ville jeune où il y a beaucoup de choses à faire! Et c'est à dix minutes de la mer. Tu veux du pain?

—Non merci, le matin, je préfère les céréales.

—Mais parle-moi de Québec! Je ne suis jamais allée à Québec. C'est beau?

—Je pense bien! Le fleuve Saint-Laurent, la vieille ville, le Château Frontenac...

—C'est quoi, le Château Frontenac?

—Un vieil hôtel, très beau... Il est souvent sur les photos de Québec!

—Il ne fait pas trop froid en hiver?

—Ben si, il fait souvent froid, mais bon il y a les sports d'hiver, hein, et puis, il y a le carnaval d'hiver en février...

—C'est quand, la meilleure saison pour aller à Québec?

—Elles sont toutes belles, mais en automne, les arbres, c'est quelque chose!

—J'ai envie d'aller à Québec un jour... En automne, ce n'est pas possible... Mais peut-être en été, dans un an ou deux.

—Dans un an ou deux? Il faut m'écrire avant! Tu as une adresse e-mail?

—Oui, et toi?

—Moi aussi...

Pour écouter

a. Listen carefully to the conversation. Do you notice a difference in the way the two people speak? Pay special attention to the way some letters are pronounced. Listen also to the rhythmic groups and to the syllables that are stressed.

b. Now, listen to the same conversation recorded in standard French on your CD. Do you hear the difference?

Just as is the case in English, French is spoken differently in different countries of the world as well as in different regions of France. Words can be different (see the **On entend parfois...** section in the vocabulary lists) and each region has its particular accent: different syllables may be stressed, rhythmic groups may vary, and letters can be pronounced differently. The man in the conversation is from Quebec whereas the woman is from the South of France. Both regions have specific accents easily recognizable by other French speakers. For example, people from the south of France pronounce many e's that are dropped in standard spoken French. They also have their own way of pronouncing nasal vowels. Listen again to what the young woman says: **Montpellier, c'est une ville jeune où il y a beaucoup de choses à faire! Et c'est à dix minutes de la mer. Tu veux du pain?**

As first-year French students, you are not expected to learn and recognize different accents. Being aware of their existence, however, might help you see why it is easier for you to understand some speakers as opposed to others. At this point, the accent of your instructor, depending on his/her region of origin or where he/she learned French, is the most easily understandable for you because it is it the one you are used to. As you gain experience with French, you will find other accents both more noticeable and more understandable.

Parlons! Et chez vous?

a. Décrivez *(Describe)* l'endroit d'où vous êtes. Vous êtes d'une grande ville, d'une petite ville, d'un village? Vous habitez à la mer, près d'un lac, à la montagne? Quel temps fait-il en hiver? en été? Qu'est-ce qu'il y a chez vous? Qu'est-ce qu'il n'y a pas? Est-ce qu'il y a des endroits culturels intéressants? des endroits pour faire des courses? pour écouter de la musique? pour faire du sport? pour regarder un match de sport? Quelles sont les activités préférées des jeunes?, etc.

b. Comparez votre région ou votre ville avec un(e) partenaire d'une autre région ou d'une autre ville.

c. Dites *(Say)* à vos camarades de classe une ou deux choses intéressantes sur la région ou la ville de votre partenaire.

J'aime beaucoup ton piercing!

Objective: analyzing differences between the placement of adverbs in French and English

1. **Où mettre les mots comme *souvent* et *beaucoup*?** Where do words like **souvent** or **beaucoup** (adverbs of quantity and quality) go in French? Here are some sentences. Can you describe what usually happens? Is what happens in French similar to what happens in English?

   Suzanne joue souvent du piano, mais pas dans des concerts.
   Marc n'aime pas beaucoup les pommes.
   Suzanne a souvent joué du piano chez ses parents.
   Marc a beaucoup aimé les pommes dans sa jeunesse, mais plus maintenant.

2. **Pour aller plus loin.** What do you think you would find if you were to do a search of the *Television Corpus* looking for instances of **souvent** and **beaucoup**? Are **souvent** and **beaucoup** used in constructions other than verbal ones? Work in groups or as a class to list as many examples of **beaucoup** and **souvent** as you can think of.

3. **Des données** *(data)*. Here is a sample of the instances of **souvent** and **beaucoup** found in the *Television Corpus*. How does it compare with your lists from Activity 2? Can you come up with a generalization (rule) for the placement of **souvent** and **beaucoup** in French?

1. Oui, merci beaucoup, hein.
2. Il y a beaucoup d'adresses.
3. Ça va être beaucoup plus simple.
4. On parle beaucoup américain.
5. C'est beaucoup plus rapide.
6. On fait souvent ensemble un petit voyage.
7. Vous répétez souvent qu'Alceste est un héros.
8. Il faut souvent trois ans, quatre ans...
9. Très souvent, oui.
10. ... les performances sont souvent remarquables...

Choisir son habitation

Objectives: *observing and analyzing data regarding housing choices in France, skimming and scanning to identify important information, using critical thinking to justify opinions, learning about cultural changes and cultural preferences regarding housing, examining historical references and cultural data, reflecting on some cultural issues and comparing cultures*

45 millions de Français ont choisi de vivre en ville. 75% habitent dans des villes de plus de 2.000 habitants. En 1936 un sur deux vivait en zone urbaine.

La qualité de vie est le facteur prédominant. La situation géographique, les transports, les écoles, les commerces sont décisifs dans le choix d'un logement.

La moitié des Français sont propriétaires! Phénomène des années 80. Mais ce chiffre varie avec la profession, l'âge...

Une famille sur dix est propriétaire d'une résidence secondaire. Dans les années 70, les Français ont développé le goût de la résidence secondaire. Mais dans les années 80 et 90, on note une baisse de l'achat de ces résidences...

Une pièce de plus en plus importante: la salle de bains. Plus fonctionnelle, plus spacieuse, et on y passe plus de temps...

Plus d'espace dans les logements. En moyenne une résidence principale a augmenté de 11 m^2 en 11 ans!

Sans domicile! 90.000 personnes sont sans logement, 16.000 ont moins de 18 ans.

1. De quoi s'agit-il? D'après les gros titres *(headlines)*, quel est le sujet de cette section? Quels gros titres parlent de ces sujets: la qualité des logements, l'achat des maisons, les maisons de vacances, les personnes sans habitation.

> **Modèle:** la qualité des logements
> *articles 5 et 6*

 2. Vrai ou Faux. Justifiez ou corrigez ces assertions d'après les articles. Pour les Français:

- Les transports ne sont pas importants quand on choisit une maison.
- Aujourd'hui, tous les Français ont des résidences secondaires.
- En France, on choisit sa maison pour la qualité de vie.
- En France, les appartements et les maisons sont de plus en plus grands.
- La population française est essentiellement urbaine.
- La pièce la plus importante dans les maisons et les appartements est la cuisine.
- Personne ne dort dans la rue en France.

 3. Comparaisons. Donnez des titres semblables pour les mêmes sujets dans votre culture et donnez des informations appropriées. Quelles différences essentielles y a-t-il entre la culture française et la vôtre?

Eux	Nous
Ils aiment...	Nous aimons...
Ils ont...	Nous avons...

Lecture

Quitter sa maison

Objectives: introducing students to Francophone populations, reviewing familiar vocabulary, focusing on verbs to identify the actions of the people and to get the gist of the passage, identifying the moments of the narration to construct meaning, interpreting the text in search of emotions and traditions, identifying the tone and style of the passage, imagining a sequence to the story in writing

1. **Préparation.** Avant un long voyage, que fait votre famille pour préparer le départ?

2. **Première lecture**

a. **Les actions.** Faites la liste des verbes d'action et des personnes qui font ces actions.

qui	fait	quoi

b. **Qu'est-ce qui arrive?** Identifiez les événements de cette scène. Dans combien de lieux *(places)* se passent ces événements? Combien de temps dure chacun? Comment commence la scène? Comment finit-elle?

Où	Pendant combien de temps	Comment commence la scène?	Comment finit la scène?

3. **Analyse**

a. **Les préparatifs de voyage.** Quels sont les préparatifs de la famille? Qui fait ces préparatifs? Quelle est la préoccupation principale des personnages? D'après ce passage, expliquez les aspects particuliers de la culture vietnamienne.

b. **Les émotions.** Identifiez les phrases et les expressions qui indiquent des émotions. Quelles sont ces émotions? Lesquelles sont exprimées par des mots? par des actes?

c. **Les contrastes.** Quels éléments du texte sont en contraste et quelle impression ces contrastes créent-ils?

d. **Le style.** Regardez les phrases et le vocabulaire de ce passage. Comment est le style? Qui raconte cette histoire? Pourquoi?

 4. **«Partir, c'est mourir un peu.»** Est-ce que ce proverbe s'applique à Meng? Imaginez la suite des événements. Où va la famille? Quelles aventures va-t-elle trouver? Expliquez ce qui va mourir pour Meng et sa famille.

Quitter sa maison

Il est presque minuit. Meng entend soudain des coups de fusil[1]. Il s'assied sur le lit, se demandant s'il faut réveiller ses parents. Puis il se lève, va dans la chambre à côté, s'assied sur le lit et prend la main de sa mère qui pleure doucement. Une explosion formidable retentit[2]. Meng regarde à travers les planches[3] du mur: C'est la nuit de la lune descendante. De grandes lumières rouges éclatent, plus fortes que lorsque son père brûle[4] la forêt pour préparer les champs. [...] Meng et sa famille sont restés toute la nuit, serrés[5] les uns contre les autres: jusqu'à la première aube[6], le village a brûlé, et les gens ont hurlé[7].

À l'aurore[8], Meng a enfin ouvert la porte. La maison des Moua a brûlé, et celle de Xain, et celle de Koya Lo. Les champs autour sont tout noirs. Quand le soleil paraît à l'horizon, Meng va voir le village qui fume encore, les grands trous[9] noirs dans le sol, les champs brûlant de cendres[10] rouges, les groupes de gens qui pleurent.

Dans la maison, sa mère n'est pas à son travail habituel du matin. Elle enroule[11] dans une couverture les costumes du Nouvel An, les bijoux d'argent, les bracelets, les colliers, les boucles d'oreille, la plaque ciselée de Tsi. Il faut partir, et sans perdre de temps.

—Meng, viens avec moi maintenant, dit Tsi. Allons chercher l'autel[12] des ancêtres. Tu vas m'aider[13].

Avec beaucoup de respect, Meng aide son père à transporter l'autel, et tous les deux le descendent dans la petite fosse[14]. Puis Tsi prend deux bougies[15], des bâtons d'encens, et un bol de riz qu'il jette sur l'autel en disant: «Nous avons fait brûler l'encens pour que vous nous protégiez. Que le riz que je vous offre aujourd'hui vous donne la force de garder notre maison pendant notre absence.»

Et les uns derrière les autres, Tsi, Han Thao, Kang Mo et Yong, Niam et Pao[16] et Meng fermant la marche, sont partis de leur village. Pour ailleurs.

Marie-Christine Helgerson, *Quitter sa maison,* © Éditions Flammarion, Castor poche, 1981

[1]**un fusil:** une arme utilisée par les soldats
[2]**retentit:** fait un grand bruit
[3]**une planche:** un long morceau de bois
[4]**brûle:** met le feu
[5]**serrés:** les uns très près des autres
[6]**l'aube:** le début du jour
[7]**hurlé:** crié très très fort
[8]**l'aurore:** le début du jour
[9]**des trous:** des excavations dans la terre
[10]**les cendres:** quand le feu est presque fini
[11]**enroule:** enveloppe
[12]**un autel:** un emplacement sacré dans une église, un temple ou une maison qu'on peut parfois transporter
[13]**aider:** rendre service
[14]**une fosse:** un grand trou
[15]**une bougie:** un objet pour faire de la lumière
[16]**la famille de Meng:** Tsi (le père), Han Thao (un ami de la famille), Kang Mo et Yong (les deux petites sœurs), Niam (la mère) et Pao (le bébé)

Vocabulaire de base

CD2-4

Chiffres au-dessus de 1.000 (voir page 255)
Nombres ordinaux (voir page 257)

Noms

un arbre *tree*
l'argent *(m.) money*
une baignoire *bathtub*
un balcon *balcony*
une banque *bank*
un canapé *couch*
une cave *basement*
une douche *shower*
une église *church*
un escalier *staircase, stairs*
un étage (premier, deuxième, etc.) *(second, third, etc.) floor*
un fauteuil *armchair*
une ferme *farm*
une gare *train station*
un hôpital *hospital*
un immeuble *apartment house*
un jardin *garden, yard*
une lampe *lamp*
un meuble, des meubles *piece of furniture, furniture*
un mur *wall*
une pièce *room (general term)*
une place *square (in a town)*
un réfrigérateur *refrigerator*
le rez-de-chaussée *ground floor (American first floor)*
un rideau, des rideaux *curtain, curtains*
une rue *street*
une salle à manger *dining room*
une salle de bains *bathroom*
un salon *living room*

un tableau, des tableaux *painting, paintings*
une terrasse *patio, terrace*
une usine *factory*
les W.-C. *(m.pl.) toilet, restroom, water closet*
RAPPEL:
une cuisine *kitchen*
une salle de séjour *living room, family room*

Adjectifs

clair(e) *bright, full of light*
dernier, dernière *(precedes noun) last*
sombre *dark*

Verbes

attendre *to wait (for)*
continuer *to continue*
coûter *to cost*
descendre *to go down*
devoir *to owe; must, to have to*
entendre *to hear*
entrer *to go/come in, to enter*
monter *to go up*
perdre *to lose*
rentrer *to go/come home, to go/come back*
répondre (à quelqu'un ou à quelque chose) *to answer (someone or something), to reply (to someone or something)*
retourner *to go back, to return*

tourner *to turn*
vendre *to sell*

Divers

à droite (de) *to the right (of)*
à gauche (de) *to the left (of)*
à l'extérieur (de) *outside (of)*
à l'intérieur (de) *inside (of)*
alors *so (+ clause)*
assez *quite, sufficiently, enough*
au rez-de-chaussée, au premier étage, etc. *on the first floor, on the second floor, etc.*
Combien coûte... ? *How much does . . . cost?*
coûter cher; ça coûte cher *to be expensive; it's/that's expensive*
d'abord *first (of all)*
déjà *already*
depuis *since, for*
en bas *downstairs*
en désordre *messy*
en *haut *upstairs*
en ordre *straight, neat*
ensuite *next, then*
finalement *finally*
jusqu'à *until, up to*
pas encore *not yet*
puis... et puis *then . . . and then*
quelquefois *sometimes*
si *if; so; yes, on the contrary*
tout droit *straight ahead*

Vocabulaire supplémentaire

Noms

une adresse *address*
un ascenseur *elevator*
une avenue *avenue*
le centre-ville *center of town, downtown*
un chemin *path, way*
la climatisation *air conditioning*
un coin *corner*
un coin repas *breakfast nook, eating area*
un commissariat de police *police station*
un couloir *hall, corridor*
une cuisinière *stove*
une école primaire *elementary school*
une entrée *entranceway*
un évier *kitchen sink*
un fleuve *river*
un garage *garage*
un grenier *attic*
un lave-linge *washing machine*
un lave-vaisselle *dishwasher*
une mairie *city hall*
une pelouse *lawn*
un plan *(town, city) map*
un pont *bridge*
un quartier *neighborhood*
un sèche-linge *(clothes) dryer*
le sous-sol *basement level, underground*
un toit *roof*
des volets *(m.pl.) shutters*

Verbes

traverser *to go across, to cross*
visiter *to visit (a place)*

Adjectifs

à l'aise *at ease, comfortable (person)*
ancien, ancienne *antique, old*
belge *Belgian*
ensoleillé(e) *sunny*
moderne *modern, contemporary*

Divers

au bout (de) *at the end (of)*
au Canada *in Canada*
aux États-Unis *in the United States*
à votre avis *in your opinion*
demander le (son) chemin *to ask for directions*
le dernier étage *top floor*
donner sur *to overlook, to have a view of*
en Belgique *in Belgium*
en face (de) *across (from)*
en France *in France*
monter/descendre en ascenseur *to take the elevator (up/down)*
monter/descendre par l'escalier *to take the stairs (up/down)*
Pourriez-vous me dire où se trouve... ? *Could you tell me where to find . . . ?*

Le français tel qu'on le parle

excusez-moi / pardon *excuse me*
Je vous dois combien? *How much do I owe you?*
Où sont les toilettes? *Where's the restroom/bathroom?*

Le français familier

la clim = la climatisation
du fric = de l'argent
du pognon = de l'argent
relax(e) = à l'aise
une salle à vivre = une salle de séjour
un séjour = une salle de séjour
des sous = de l'argent

On entend parfois...

la bécosse (Canada) = les W.-C.
un char (Canada) = une voiture
la cour, la toilette (Belgique) = les W.-C., les toilettes
dispendieux, dispendieuse (Canada) = cher
un galetas (Suisse) = un grenier
un vivoir (Canada) = une salle de séjour

Quel est leur métier?

ET DES IDÉES ...

Styliste. Hotelier. Architecte. Attachée de presse. Chercheur. Agent immobi

À TOUS LES MÉTIERS

Voici un rapport des activités de six personnes. Regardez le document. De quelle personne est-ce qu'on parle?

1. Hier, elle a vendu une très belle maison à un jeune couple avec deux enfants.

2. Il travaille dans un institut de recherche et hier, il a trouvé une solution possible au problème de la faim dans le monde.

3. Hier, il a travaillé dur. Il a préparé un dîner pour 150 personnes!

4. Hier, elle a fini une publicité pour un grand magazine de mode féminine.

5. Elle prend l'avion et le train et elle va d'un continent à l'autre pour trouver toutes les informations importantes pour son journal.

6. On vient de lui donner un grand projet: la construction d'un complexe commercial à l'extérieur de Marseille.

Leçon 12

Au travail!

Financier.   Dessinatrice.   Entrepreneur.   Industriel.   Directrice du marketing.   Maire.

Quel métier rêvez-vous de faire?

En bref

Vocabulaire

Toujours à Cinet

A. Le Crédit Régional

> Et qu'est-ce que je peux faire pour vous, Monsieur Dubois?

Mlle Caron

M. Lionnet

Mme Renglet

Mme Domont M. Lacroix

M. Lacroix est banquier: c'est lui le directeur de la banque. Sa secrétaire, Mme Domont, aime travailler à l'ordinateur et elle tape très bien. Honnête, responsable et très efficace, elle aime beaucoup son travail et son patron. M. Lionnet et Mlle Caron sont employés de banque. Mlle Caron gagne le SMIC (1) parce qu'elle a commencé à travailler il y a deux mois, mais M. Lionnet, qui travaille à la banque depuis quarante ans, gagne assez bien sa vie. Mme Renglet est juriste (2) et elle travaille comme cadre (3) à la banque. Elle a un métier intéressant et elle est très bien payée: elle gagne 6.000 euros par mois.

> ■ Qu'est-ce que c'est, le Crédit Régional? Que fait M. Lacroix? Qui travaille pour lui? Comment est Mme Domont? Qui gagne beaucoup d'argent? Pourquoi? Qui n'a pas un très bon salaire? Pourquoi? Est-ce qu'il y a des clients aujourd'hui dans la banque?

Les mots et la culture

1 **Le SMIC.** Is there a minimum wage where you live? Do you know how much it is? Is it calculated per hour or per month? **Le SMIC** *(Salaire Minimum Interprofessionnel de Croissance)* is the minimum wage in France. It is updated for inflation every July 1.

2 **Juriste / avocat / notaire.** In your country, are there lawyers who don't go to court? In France, **un juriste** is a general term for people who have law degrees. **Un juriste d'entreprise,** for example, works in a corporation as an executive to make sure that everything is legal and that the corporation won't be sued. If there is a lawsuit, however, the corporation must hire **un avocat,** a lawyer who takes cases to trial. **Un notaire** is still another kind of lawyer, a private lawyer who counsels families and writes contracts such as wills, prenuptial agreements, etc. **Un notaire** is also a notary public.

3 **Les femmes et les métiers.** What do you visualize when you hear the word *chairman*? When you think of a doctor, an executive, or an engineer, do you picture a man or a woman? Traditionally in France, as in other countries, women have tended to be found in certain professions and not in others. Today, however, women have gained access to most professions, but the language has not always followed suit. Thus, some professions only have a masculine form that is used for both men and women.

(continued on page 281)

B. L'entreprise Bovy

C'est une petite entreprise de 50 personnes où on fait des ordinateurs. M. Bovy est chef d'entreprise. C'est un homme dynamique qui est toujours pressé, qui est souvent de mauvaise humeur et qui est assez dur avec ses employés. Pourtant, les affaires (4) marchent bien, mais il a beaucoup de responsabilités et il est souvent stressé. M. Saïdi, qui a trente-cinq ans, est un immigré (5) algérien qui est arrivé en France avec ses parents il y a trente ans. Lui et Mlle Jacob sont ingénieurs. Ils sont donc cadres et ce sont eux qui dirigent l'atelier. Alors, ils sont souvent avec les ouvriers et pas souvent dans leur bureau. Mme Collin est une ouvrière qui gagne 10 euros de l'heure. Elle est mère de famille et elle voudrait bien rester à la maison et être femme au foyer, mais elle doit travailler parce que son mari est au chômage.

■ Qui est M. Bovy? Comment est-il ? Est-ce que M. Saïdi est français? À quel âge est-ce qu'il est arrivé en France? Dans l'entreprise Bovy, qui est allé à l'université? Qui a un travail intéressant? Pourquoi? Qui voudrait faire autre chose? Pourquoi? Combien gagne Mme Collin? Ça fait combien par mois si elle travaille 35 heures par semaine? Et par an, ça fait combien? C'est beaucoup ou non, à votre avis?

Les mots et la culture

Elle est professeur.
Évelyne est un bon médecin.
Ma mère est cadre dans une grande entreprise.
Ta sœur veut être ingénieur?

If the context requires that you differentiate between men and women working in these jobs, you can add the word **femme** in front of the noun.

La vie des femmes policiers est quelquefois difficile mais toujours intéressante.

Note that in Canada, some of these profession names have acquired a feminine form, for example: **une professeure, une ingénieure, une écrivaine.**

4 Les affaires. Affaires can mean *business,* as in **un homme** or **une femme d'affaires** *(businessman, businesswoman)* or **les affaires marchent bien** *(business is good).* It can also mean *belongings,* as in **mes affaires** *(my belongings, my stuff).*

5 Les travailleurs immigrés. What words do you associate with **les travailleurs immigrés**? Are there differences between refugees, immigrants, and illegal aliens? In your area, what are the national origins of refugees, immigrants, and illegal aliens?

Look at this survey: In France, where do the immigrants come from?

Why do you think people emigrated from these countries? What are the consequences of immigration for French society, in your opinion?

Plus d'Africains que d'Européens

Les immigrés selon leur pays de naissance en 1999 (en milliers):

	0	100	200	300	400	500	600
Algérie							
Portugal							
Maroc							
Italie							
Espagne							
Tunisie							
Turquie							
Allemagne							
Pologne							

C. Le Café de la Poste

M. Caron est le gérant du Café de la Poste et Mlle Collin est la serveuse. Il est cinq heures de l'après-midi et il y a beaucoup de clients. M. Bastin est agriculteur et il a une ferme près de Cinet. M. Piette, qui parle avec M. Caron, est policier. M. et Mme Ségal sont retraités. Donc, ils ne travaillent plus. M. Meunier ne travaille pas, mais lui, c'est parce qu'il est chômeur. Il a perdu son travail il y a trois mois et il cherche du travail comme ouvrier, mais c'est difficile parce qu'il a cinquante ans. Pourtant, il est fort et en bonne santé et il peut travailler dur.

■ Qui est M. Caron? Que fait M. Piette? Et M. Bastin? Et Mlle Collin? Qui ne travaille pas? Pourquoi? Comment est M. Meunier? Comment va-t-il aujourd'hui?

D. Chez Cléo

Mme Renard est commerçante: elle est propriétaire d'un magasin de vêtements, Chez Cléo. Elle a deux employées: une caissière, Mme Derni, et une vendeuse, Mlle Caron, qui travaillent au SMIC. Et Mme Lacroix? C'est une cliente qui cherche une robe pour le mariage de son fils.

■ Qu'est-ce qu'on vend dans le magasin? Qui est la patronne? Que fait Mlle Caron? Et son père? Et sa sœur? Est-ce que Mlle Caron gagne bien sa vie? Qui est Mme Derni? Et Mme Lacroix?

E. Et les Dubois?

Qu'est-ce qui ne va pas? Tu peux expliquer?

Thérèse et Vincent habitent à Cinet aussi. Thérèse est allée à l'université et elle est psychologue (6). Elle aime vraiment son métier! Et Vincent? Il a toujours vendu des choses. Après le baccalauréat (7), il a d'abord vendu des voitures et ensuite, trois ans après, il a trouvé du travail chez Bovy comme vendeur d'ordinateurs. Il a beaucoup voyagé pour eux et après 10 ans, fatigué de voyager, il a décidé de prendre des cours pour être agent immobilier. Maintenant, il vend des maisons et il est enfin très content de sa vie, lui aussi. Et les enfants? Céline aime les sciences et elle voudrait être infirmière. Jean-Marc, lui, voudrait être garagiste ou pompier. On verra!

■ Qui est allé à l'université dans la famille Dubois? Que fait Vincent? Qu'est-ce qu'il vend maintenant? Et avant? Que veulent faire les enfants? Être pompier, est-ce que c'est dangereux? facile? À votre avis, est-ce que Jean-Marc va vraiment être pompier?

Les mots et la culture

6 **C'est / Il est + métier.** To say what a person does, use one of the following formulas:

■ **Il est (Elle est) / Ils sont (Elles sont) +** *profession (no article)*

Il est dentiste.   *He's a dentist.*
Elles sont étudiantes.   *They're students.*

■ **C'est (ce sont) + un/une (des) +** *profession*

C'est une secrétaire.   *She's a secretary.*
Ce sont des ingénieurs.   *They're engineers.*

If the word referring to a profession is modified by an article or an adjective, the second formula **(ce + être)** has to be used.

C'est l'avocat de mes parents.
He's my parents' lawyer.
C'est un avocat intelligent.
He's an intelligent lawyer.

7 **Le baccalauréat.** The **baccalauréat** is the high school graduation exam in France.

F. Et d'autres habitants de Cinet...

À Cinet, il y a aussi des avocats, des médecins, des dentistes, des cuisiniers, des instituteurs, des coiffeurs et des fonctionnaires (8).

M. Lacroix, avocat

Mlle Bastin, médecin

M. Renglet, dentiste

M. Derni, cuisinier

Mme Jacob, institutrice

Mme Meunier, employée de poste

M. Domont, employé de la S.N.C.F. (9)

Mlle Lionnet, employée de mairie

Mlle Meunier, coiffeuse

Les mots et la culture

8 Les fonctionnaires. Make a list of people in your country whose salary is paid by the government.

> **En vingt ans, le nombre des fonctionnaires s'est accru de près d'un million en France, un chiffre record parmi les pays développés.**
>
> D'après *Francoscopie* 2003, pp. 51–52.

Un fonctionnaire is someone who works for the government. In France, most services are centralized and government-run (education, transportation, etc.). Make a list of who might be a **fonctionnaire** in France and compare with the list you drew up for your country.

9 La S.N.C.F. Make a list of means of transportation and rank them from most to least used for where you live.

The **S.N.C.F. (Société Nationale des Chemins de Fer Français)** is responsible for rail traffic in France. The French rail system allows easy access to all parts of France and has the reputation of being on time. The **TGV (trains à grande vitesse)** have also reduced travel time considerably, for example putting Marseille within 3 hours' travel by rail from Paris. Because of this and because France is much smaller than the U.S., trains are frequently used for travel.

Mme Meunier, M. Domont et Mlle Lionnet sont fonctionnaires: ils travaillent pour l'État. Mme Jacob et M. Piette sont aussi fonctionnaires. M. Derni est le cuisinier du restaurant Au Vieux Cinet. C'est un métier dur parce que les journées de travail sont très longues, mais il adore faire la cuisine et il est très motivé. Un jour, il voudrait déménager et aller habiter à la mer, où il veut être propriétaire d'un restaurant avec sa femme.

- À votre avis, qui gagne bien sa vie? Qui ne gagne pas bien sa vie?

- Quels métiers sont durs? intéressants? ennuyeux?

- Pour quel(s) métier(s) est-ce qu'il faut être responsable? dynamique? efficace? motivé(e)?

- Qui travaille à la gare? Qui travaille à la mairie? Qui travaille avec les enfants? Qui fait du bruit? Qui attend? Qui est heureux? Qui est stressé?

- Qui est le père de M. Lacroix? Où est-ce qu'il travaille? Que fait le père de Mlle Bastin? Où travaille la femme de M. Renglet? Où travaille M. Derni? Et sa femme? Que fait la fille de Mme Jacob? Que fait Mlle Meunier? Et ses parents? Pour qui est-ce que la femme de M. Domont travaille? Que fait le père de Mlle Lionnet?

G. Autres mots et usages

Here are some useful words and expressions not included in the preceding vocabulary presentation.

aller chez le médecin / chez le dentiste	*to go to the doctor / the dentist*
tout à coup	*all of a sudden*

Mise en pratique

1. Associations. Quels verbes associez-vous avec…

sonner / décider / diriger / entendre / expliquer / gagner / oublier

1. un réveil?
2. beaucoup d'argent?
3. la grammaire française?
4. des clés?
5. du bruit?
6. un atelier?
7. fumer moins?

Objectives, Act. 1–2: receptive vocabulary activity, recycling vocabulary from previous lessons, connecting words to contexts, solving problems

2. Lieux de travail. Qui travaille et qui ne travaille pas dans… ?

1. **une banque:** un avocat / une juriste / un employé / un banquier / un cadre
2. **une usine:** un ingénieur / un instituteur / un chef d'entreprise / une ouvrière / un coiffeur / un directeur
3. **une entreprise:** un juriste / un ouvrier / une commerçante / un cadre / un agriculteur
4. **un hôpital:** un cuisinier / un infirmier / un agent immobilier / un médecin / un avocat
5. **une école:** une institutrice / un dentiste / un ouvrier / une psychologue / un professeur / un garagiste / un gérant
6. **une mairie:** un fonctionnaire / une serveuse / une employée / un pompier / un vendeur

Objectives, Act. 3: *practicing vocabulary in a receptive manner, connecting professions to clothes, recycling vocabulary, interacting orally, expressing opinions*

3. Les vêtements de travail. Avec un(e) partenaire, dites ce qu'ils portent et ce qu'ils ne portent pas au travail.

>   **Modèle**:   Les agriculteurs?
>   *Ils portent des jeans; ils ne portent pas de cravate.*

1. Les ouvriers?
2. Les cuisiniers?
3. Les avocats?
4. Les policiers?
5. Les banquiers?
6. Les serveurs?
7. Les serveuses?
8. Les chefs d'entreprise?

Objectives, Act. 4: *reviewing adjectives from this and previous lessons, connecting professions to personality traits, interacting orally, sharing and comparing opinions*

4. Des stéréotypes ou non? Comment est-ce qu'on doit être et ne pas être pour exercer ces professions?

>   **Modèle**:   *Les coiffeurs idéals sont polis, sérieux, etc. Les coiffeurs qui ne sont pas idéals sont bavards, stressés, etc.*

1. les coiffeurs
2. les pompiers
3. les psychologues
4. les pères et les mères de famille
5. les chefs d'entreprise
6. les secrétaires

Que portent les serveurs?

Objectives, Act. 5: *using new vocabulary, using work vocabulary to share opinions and experiences, using personal attitudes and knowledge, interacting orally, comparing cultures and traditions*

5. Classer les métiers. En groupes, faites une liste des métiers pour chaque catégorie. Comparez avec les autres groupes. Quels sont les métiers où...

1. on gagne beaucoup d'argent?
2. on ne gagne pas beaucoup d'argent?
3. on trouve beaucoup de femmes?
4. on trouve beaucoup d'hommes?
5. on a besoin d'un diplôme universitaire?
6. on n'a pas besoin de diplôme universitaire?
7. on doit souvent déménager?
8. on doit beaucoup voyager?
9. il y a beaucoup de stress?
10. il n'y a pas beaucoup de stress?
11. il faut être fort physiquement?
12. on travaille seul?

6. Et eux? En groupes, décidez qui ils sont, d'où ils sont, quel est leur métier et comment ils sont. Comparez avec les autres groupes.

Objectives, Act. 6: *describing, practicing new and previous vocabulary to start creating with language, interacting orally*

7. Le métier idéal. Un travail n'est jamais parfait. Quelles sont les trois choses les plus importantes dans un travail pour vous? Comparez avec les autres étudiants de la classe. Est-ce que vous êtes d'accord avec le point de vue des Français?

Objectives, Act. 7: *personalizing, connecting work vocabulary to a larger context, observing and analyzing data, using personal attitudes and knowledge, comparing cultures*

> «Pour les jeunes Français, il faut: avoir un métier intéressant (69%), bien gagner sa vie (58%), avoir la sécurité de l'emploi (57%), pouvoir organiser son temps (44%), être utile aux autres (33%), avoir de bons bénéfices dans l'entreprise (31%), avoir un métier prestigieux (28%).»
>
> Adapté d'un sondage CSA pour *Le Parisien*

Objectives, Act. 8: *using new and previous vocabulary to create with language, writing in preparation for oral presentation, using language to play a game*

8. Le jeu des métiers. En groupes, choisissez un métier et écrivez *(write)* ce qu'on doit faire dans ce métier et les qualités qu'on doit avoir. Les autres étudiants de la classe doivent deviner *(guess)* le métier que vous avez choisi d'après votre description.

Décrire au passé: l'imparfait

To talk about how things were in the past or about how things used to be, French uses a verb tense called the **imparfait** *(imperfect)*. The following text tells about a school in Montreal. Can you find the verbs in the **imparfait**? Why do you think French needs two forms (the **passé composé** and the **imparfait**) to talk about the past?

> «À l'école où j'allais avant, il y avait tellement de bruit dans les classes que je n'arrivais pas à prendre de notes. Les profs étaient dépassés et tout le monde «niaisait». Par exemple, on n'avait pas d'examen le lundi car c'était le premier jour de la semaine; ni le vendredi car c'était le dernier; ni le jeudi car c'était la veille du vendredi… Ici, c'est très différent.»
>
> —Katie Meilleur, diplômée de secondaire 5.

niaiser = *to waste time doing silly things*

diplômée de secondaire = *indicates that Katie is a high school graduate*

L'imparfait: formation

1. Take the first-person plural form of the present tense and remove the **-ons** ending. This gives you the **imparfait** stem.

PRESENT-TENSE FORM		IMPARFAIT STEM	
nous **aim**ons	nous **buv**ons	aim-	buv-
nous **finiss**ons	nous **mett**ons	finiss-	mett-
nous **vend**ons	nous **pren**ons	vend-	pren-
nous **dorm**ons	nous **voul**ons	dorm-	voul-
nous **all**ons	nous **pouv**ons	all-	pouv-
nous **av**ons	nous **dev**ons	av-	dev-

2. Add the **imparfait** endings (-ais, -ais, -ait, -ions, -iez, -aient) to this stem.

aller à l'imparfait			
j'all**ais**	nous all**ions**	il / elle } all**ait**	ils / elles } all**aient**
tu all**ais**	vous all**iez**		

The verb **être** has an irregular stem. It is the only verb whose **imparfait** forms cannot be derived from the **nous** form of the present tense.

être à l'imparfait	
j'**ét**ais	nous **ét**ions
tu **ét**ais	vous **ét**iez
il / elle } **ét**ait	ils / elles } **ét**aient

Quand **j'avais** dix ans, je **voulais** être médecin.	*When I was 10, I wanted to be a doctor.*
Ils **étaient** fatigués mais ils ont fini leurs devoirs.	*They were tired but they finished their homework.*
Où est-ce que vous **alliez** à l'école avant?	*Where did you go to school before?*

The endings **-ais, -ait,** and **-aient** are pronounced identically.

For example, **vendais, vendait,** and **vendaient** are identical orally but different in writing.

Note the following points:

1. Direct object pronouns function similarly with all one-word verbs (simple tenses), such as the **présent** and the **imparfait.** Note direct object pronoun placement in the following examples:

   PRÉSENT

Je **les** attends.	*I'm waiting for them.*
Je ne **les** attends plus!	*I'm not waiting for them any longer!*

   IMPARFAIT

Vous parliez et moi, je **vous** écoutais.	*You were talking and me, I was listening to you.*
Pardon, je ne **vous** écoutais pas.	*Sorry, I wasn't listening to you.*

2. Here are the English equivalents of **devoir** and **pouvoir** in the present and the imparfait.

	AU PRÉSENT	À L'IMPARFAIT
devoir	must, to have to, to have got to	was supposed to
pouvoir	can, to be able to	could

Tu **dois** moins fumer.	*You have to (must) smoke less.*
Hier soir, je **devais** étudier pour un examen important.	*Last night, I was supposed to study for an important test.*
Tu ne **peux** pas sortir! Tu n'as pas fini tes devoirs!	*You can't go out! You haven't finished your homework!*
Je ne **pouvais** rien entendre.	*I couldn't hear anything.*
Quand j'avais quinze ans, je ne **pouvais** pas sortir souvent et je **devais** toujours rentrer avant dix heures du soir.	*When I was fifteen, I couldn't go out often and I was always supposed to get home before 10:00 in the evening.*

3. The **imparfait** of **pleuvoir, neiger,** and **il y a.**

Il pleut aujourd'hui?	*It's raining today?*
Il **pleuvait** hier aussi.	*It was raining yesterday too.*
Il **neigeait** quand je suis arrivé.	*It was snowing when I got there.*
Il y avait beaucoup de clients hier.	*There were a lot of customers yesterday.*

4. The **imparfait** of verbs like **préférer** and **acheter.** Although verbs whose infinitives end in **-érer** or **-eter** have a spelling change in the present, they have no spelling change in the **imparfait.**

Verbs whose infinitives end in **-cer** add a cedilla to the **c** before an ending that begins with **a** in order to maintain the /s/ sound.

imparfait stem: **commen-**

je commençais	nous commencions
tu commençais	vous commenciez
il } commençait elle }	ils } commençaient elles }

Verbs whose infinitives end in **-ger** add **e** before an ending that begins with **a** in order to maintain a soft **g** sound.

imparfait stem: **mang-**

je mangeais	nous mangions
tu mangeais	vous mangiez
il } mangeait elle }	ils } mangeaient elles }

L'imparfait: usage

The **imparfait** is used:

1. To tell or describe what things were like in the past.

Il **faisait** beau hier. Les oiseaux **chantaient**, les enfants **jouaient** dans le parc et moi, j'**étais** très content.
It was nice out yesterday. The birds were singing, the children were playing in the park, and I was very happy.

2. To tell how things used to be in the past.

Quand j'**avais** dix ans, j'**allais** chez mes grands-parents le week-end.
Ils **habitaient** une grande maison à la campagne. **Il y avait** un jardin où je **jouais** avec les chiens. Je **mangeais** bien, je **dormais** bien, la vie **était** belle.
When I was 10, I used to go to my grandparents' for the weekend.
They lived in a big house in the country. There was a yard where I played with the dogs. I ate well, I slept well, and life was great.

3. To tell what was going on when something else happened.

Alceste **prenait** une douche quand le téléphone a sonné.
Alceste was taking a shower when the telephone rang.

Mise en pratique

*Objective, Act. 1: becoming aware of how the **imparfait** functions in discourse*

1. **Avoir 20 ans.** Qu'est-ce que cela signifie, avoir 20 ans? Voilà ce qu'a écrit un jeune Français. Trouvez les verbes à l'imparfait. Pourquoi ce jeune homme a-t-il choisi de mettre ces verbes à l'imparfait?

Enfin, j'avais vingt ans. Que faut-il raconter? Ce n'est pas compliqué! J'avais vingt ans. Je pouvais faire ce que je voulais. J'étais plus libre, je rentrais plus tard le soir. À la maison, je n'écoutais plus les «grands». Je ne parlais plus avec eux. Ce n'était plus nécessaire; J'avais 20 ans! J'allais aller à l'armée. Je n'avais besoin de personne!

2. Le bon vieux temps? Pour Monsieur Ségal, le monde *(world)* est moins bien maintenant qu'avant. Il préfère le bon vieux temps. Utilisez un verbe à l'imparfait pour compléter les phrases. Puis imaginez les réponses de la petite-fille de Monsieur Ségal à son grand-père. Et vous? Est-ce que vos idées sont comme les idées de Monsieur Ségal ou comme les idées de sa petite-fille?

Modèle: Les femmes _____ à la maison.

M. SÉGAL: *Les femmes restaient à la maison.*

SA PETITE FILLE: *Oui, mais maintenant, les femmes travaillent—à la maison et à l'université, dans les usines, etc.*

1. Les jeunes gens _____ polis.
2. Nous _____ en famille le soir.
3. Nous ne (n') _____ pas la télévision.
4. Les jeunes filles ne (n') _____ pas à l'université.
5. Les femmes _____ la cuisine pour leur mari.
6. Les ouvriers _____ bien.
7. Les enfants ne (n') _____ pas le rock.
8. On _____ bien! Ah! La cuisine de ma mère!
9. Les femmes ne (n') _____ pas de pantalon.
10. Les hommes _____ une cravate tous les jours.

3. Souvenirs de mes seize ans. Claude énumère les souvenirs de ses seize ans. Complétez les phrases avec un verbe de la liste à l'imparfait. Vous pouvez utiliser le même verbe plusieurs fois.

Quand j(e) _____ seize ans, ma sœur et moi, nous _____ au lycée. J(e) _____ beaucoup parce que j(e) _____ aller à l'université. Ma sœur n(e) _____ pas le lycée et elle n(e) _____ jamais. L'école _____ à quatre heures et nous _____ à la maison à quatre heures et demie. Nous _____ une tartine au chocolat et nous _____ un thé et puis, j(e) _____ mes devoirs. Mais ma sœur _____ toujours aller jouer au foot ou écouter des disques. Le soir, toute la famille _____ à huit heures. Après, nous _____ un peu la télévision ou nous _____ dans la salle de séjour. Le week-end, j(e) _____ avec des copains. On _____ quelquefois au cinéma et on _____ parler pendant des heures au café. Mais mes parents _____ sévères et j(e) _____ toujours avant minuit. Et vous, à seize ans, comment _____ -vous?

avoir / être / aller / commencer / parler / arriver / étudier / vouloir / regarder / aimer / sortir / rentrer / finir / préférer / manger / boire / prendre / travailler / faire

4. La vie à douze ans. Comment était la vie de Jean-Pierre quand il avait douze ans? Complétez l'histoire avec les verbes **devoir** et **pouvoir** à l'imparfait.

Quand j'avais douze ans, je _____ rentrer à la maison après l'école. Je ne _____ pas jouer avec mes copains, parce que je _____ d'abord faire mes devoirs. Ma sœur et moi, nous _____ aussi travailler dans la maison. Nous _____ faire la vaisselle et ranger notre chambre. Après, nous _____ quelquefois regarder la télévision. Mon père, lui, _____ regarder la télévision quand il voulait et il _____ aller au lit à minuit! Mais nous, nous _____ aller dormir à neuf heures.

5. Il y a trois ans... Comment était votre vie il y a trois ans?

Modèle: *J'avais quinze ans. J'allais à l'école, j'avais beaucoup de copains.*

6. Et vous à douze ans? Qu'est-ce que vous deviez faire à douze ans? Qu'est-ce que vous pouviez faire? Qu'est-ce que vous ne pouviez pas faire? Donnez des détails.

1. Je devais...   2. Je pouvais...   3. Je ne pouvais pas...

Structure 2

Décrire et raconter au passé: l'imparfait et le passé composé

You are now familiar with two ways of talking about the past in French, the **passé composé** and the **imparfait**. The **passé composé** is used to recount events in the past, to say what happened.

> Hakim **a rencontré** Suzanne. Ils **ont parlé**. Puis, ils **sont allés** au café.
> *Hakim met Suzanne. They talked. Then they went to the café.*

If, however, you want to describe how things were in the past, you must use the **imparfait**.

> Il **faisait** beau hier. Les oiseaux **chantaient**, les enfants **jouaient** dans le parc et moi, j'**étais** très content.
> *It was nice out yesterday. The birds were singing, the children were playing in the park, and I was very happy.*

If the action is to start up again after a description, the **passé composé** must be used.

> Il **faisait** beau hier. Les oiseaux **chantaient**, les enfants jouaient dans le parc et moi, j'**étais** très content. Et puis, tout à coup, il **a commencé** à pleuvoir!
> *It was nice out yesterday. The birds were singing, the children were playing in the park, and I was very happy. And then, all of a sudden, it started to rain!*

The difference in usage between these two past tenses can be summarized as follows:

PASSÉ COMPOSÉ

Tells what happened (recounts, narrates).
Frequently corresponds to the English simple past.
> Il **a neigé.** *It snowed.*

IMPARFAIT

Tells how things were (describes).
Tells how things used to be or what people used to do.
Tells what was going on when something else happened.
Frequently corresponds to the English progressive past.
> Il **neigeait.** *It was snowing. / It used to snow.*

J'ai oublié!	*I forgot (I've forgotten)!*
Qu'est-ce que tu **as oublié?**	*What did you forget (have you forgotten)?*
Je **dormais** bien quand le réveil **a sonné.**	*I was sleeping well when the alarm clock went off.*
Quand mon frère **avait** cinq ans, il **voulait** être policier.	*When my brother was five, he wanted to be a police officer.*
Avant, je **sortais** beaucoup, mais…	*Before, I used to go out a lot, but . . .*

Mise en pratique

1. Une blague (*joke*)! Expliquez la blague.

—T'as bien dormi?
—Je sais pas, je dormais.

2. Mon chat et moi. Regardez l'histoire. Quels verbes sont à l'imparfait? Quels verbes sont au passé composé? Pour chaque verbe, pourquoi est-ce que l'auteur a choisi l'imparfait ou le passé composé?

> C'était un soir d'automne. Il pleuvait et il y avait beaucoup de vent. J'étais à l'intérieur et j'écoutais du Mozart à la radio. Tout à coup, j'ai entendu du bruit dans le jardin… C'était comme si quelqu'un marchait. J'ai mis mon imperméable et je suis sorti sur la terrasse. Il n'y avait personne. Alors, je suis rentré. Mais deux minutes après, j'ai entendu un «plouf» et puis beaucoup de bruit. Il y avait quelque chose ou quelqu'un dans la piscine. Alors, je suis retourné dans le jardin et quand je suis arrivé à la piscine, j'ai trouvé un petit chat noir très malheureux qui nageait dans l'eau et qui avait très froid. Et moi, qu'est-ce que j'ai fait? Je suis entré dans l'eau et j'ai pris le petit chat noir. Voilà comment j'ai rencontré Moïse, mon chat!

3. Le rêve de Jacqueline. Jacqueline a fait un rêve la nuit dernière et ce matin, elle a décidé de le noter pour ne pas l'oublier. Mettez les verbes au passé composé ou à l'imparfait pour raconter (*tell*) son rêve (*dream*).

> Je (être) seule dans une grande ville sombre. Il (pleuvoir) et je (être) déprimée: je (ne pas avoir) d'amis, pas de métier, pas de famille. Je (réfléchir) à ma vie et je (ne pas regarder) où je (aller). Tout à coup, je (entendre) un bruit. Ce (être) une femme qui (chanter). Je (devoir) absolument rencontrer cette femme! Ce (être) très important!
>
> Alors, je (décider) de chercher où elle (être). Je (entrer) dans une vieille maison et je (regarder) dans toutes les pièces. Personne! Je (entrer) dans une église. Je (chercher) à l'intérieur, mais elle (ne pas être) là. Tout à coup, un cheval (*horse*) blanc (arriver) et sur le cheval, il y (avoir) une femme. Ce (être) ma grand-mère! Mais elle (être) jeune, jolie et très heureuse. Ce (être) elle qui (chanter)!

4. Un opéra moderne. Voici une série de phrases incohérentes que vous allez organiser pour écrire une histoire. Lisez *(Read)* les phrases et reconstruisez l'histoire. Regardez bien si les verbes sont au passé composé ou à l'imparfait.

Objectives, Act. 4: focusing on verb tenses to follow a narrative, reading closely and constructing meaning, problem solving

Il était une fois *(Once upon a time)* une jolie jeune fille…
Alors, elle a décidé de rester dans le magasin de chaussures.
Il adorait l'argent et, lui, il gagnait beaucoup d'argent…
La jeune fille ne voulait plus travailler pour lui…
… qui travaillait comme vendeuse dans un petit magasin de chaussures.
… mais les vendeuses qui travaillaient pour lui n'étaient pas bien payées.
Puis, un jour, un beau jeune homme est entré dans le magasin.
… mais elle n'était pas contente et elle pleurait souvent chez elle le soir…
Il n'a rien acheté, mais lui et la jeune fille ont parlé…
Elle n'aimait pas son patron parce qu'il était méchant.
… mais elle ne pouvait pas trouver d'autre travail.
… alors, elle a téléphoné chez lui.
Ils ont beaucoup parlé et la jeune fille a oublié l'heure.
… et il a invité la jeune fille à manger avec lui le soir.
… parce qu'elle n'avait pas assez à manger et parce qu'elle était si fatiguée.
Puis elle a regardé sa montre.
Et qui a répondu? Son patron!
Elle a expliqué le problème au jeune homme et ils sont partis.
Elle a regardé par terre et elle a trouvé les clés du jeune homme.
Ils sont allés dans un petit restaurant italien où ils ont pris des spaghetti et du Chianti.
Il était très bien habillé et il avait l'air sympathique.
Elle avait son numéro de téléphone,…
Il était minuit et elle devait être au magasin à sept heures du matin!
Le matin, elle sortait de son lit quand elle a entendu un bruit.
Le jeune homme était le fils de son patron!

5. Histoire en images. Voilà l'histoire de la vie de Monsieur Richard. Comment était sa vie quand il était petit? Qu'est-ce qui est arrivé *(happened)*?

Objective, Act. 5: using the passé composé and the imparfait creatively in context

1. À dix ans,…

2. À vingt ans,…

3. À quarante ans,…

Structure 3

Comment relier les phrases: les pronoms relatifs *qui* et *que*

Relative pronouns relate or connect two sentences that share the same noun so that speakers and writers can develop an idea or specify what they are referring to. When two sentences are connected by a relative pronoun, each one (now part of the new sentence) is called a clause.

J'entends un enfant. L'enfant pleure.	*I hear a child. The child is crying.*
J'entends un enfant **qui** pleure.	*I hear a child who is crying.*
C'est le professeur. Tu cherchais ce professeur.	*That's the instructor. You were looking for that instructor.*
C'est le professeur **que** tu cherchais.	*That's the instructor whom you were looking for.*

Qui

1. **Qui** is used as a subject. It is usually followed directly by its verb.
2. **Qui** may refer to either people or things. The English equivalent of **qui** may be *who, that,* or *which.*

   Voilà le professeur **qui** a travaillé avec Janine la semaine dernière.
   (**qui** = person)

   J'ai trouvé une robe **qui** est très belle.
   (**qui** = thing)

3. The verb following **qui** agrees with the noun that **qui** replaced.

   C'est moi **qui** suis malade!

Note de prononciation

The **i** of **qui** is never dropped in front of a vowel sound.
Avec **qui** est-ce qu'il sort?   *Who is he going out with?*

Que

1. **Que** is used as a direct object. It is usually followed by the noun or pronoun that is the subject of the clause.
2. **Que** may refer to either people or things. The English equivalent of **que** may be *who, whom, which,* or *that,* or it may even be omitted. **Que** may not be omitted in French.

   C'est l'homme **que** j'ai rencontré hier.
   (**que** = person)

   C'est le livre **qu'**il a acheté hier.
   (**que** = thing)

The **e** of **que** is dropped before a vowel sound.

Voilà le professeur **qu'**elle cherchait. *Here's the professor she was looking for.*

The words **qui** and **que** are also used as interrogative pronouns.

INTERROGATIVE PRONOUNS (AT THE BEGINNING OF A SENTENCE)	RELATIVE PRONOUNS (IN THE MIDDLE OF A SENTENCE)
qui = *who?*	**qui** = subject *(who, that, which)*
que = *what?*	**que** = direct object *(whom, which, that)*

Qui parle? (**qui** = interrogative pronoun)
C'est le professeur **qui** parle. (**qui** = relative pronoun)

Qu'est-ce que tu cherches? (**que** = interrogative pronoun)
Je cherche le livre **que** j'avais hier. (**que** = relative pronoun)

Mise en pratique

1. Quelle photo? Choisissez la photo qui va avec la phrase.

*Objective, Act. 1: focusing on the meaning of the relative pronouns **qui** and **que***

1. Voilà le chien que Stéphanie aime.

   A.  **B.**

2. Voilà M. Valat qui cherche son fils Julien.

   A.  **B.**

3. Voilà le chien qui aime Stéphanie.

   A.  **B.**

4. Voilà Julien qui cherche son père.

A.    B.

5. Voilà la femme que Candide attend.

A.    B.

6. Voilà la femme qui attend Candide.

A.    B.

*Objective, Act. 2–4: practicing the relative pronouns **qui** and **que** in a discourse context*

2. **Arnaud et les femmes.** Complétez avec **qui** ou **que**.

—Voilà Arnaud!
—C'est un étudiant _____ habite dans notre cité, n'est-ce pas?
—Oui. C'est un homme _____ toutes les femmes trouvent beau.
—Et toi?
—Moi, je n'aime pas les hommes _____ sont trop beaux, mais j'adore les hommes _____ sont intelligents.
—Et Arnaud est intelligent?
—Pas très, non! Mais voilà Aurélie.
—Qui est Aurélie?
—C'est l'étudiante _____ sort avec Arnaud. C'est une fille _____ je déteste!

3. **Une nouvelle maison.** Complétez avec **qui** ou **que**.

M. Bovy a trouvé une maison: «J'ai trouvé une maison _____ j'adore. Il y a un jardin _____ est très grand, avec des arbres _____ sont très vieux et des fleurs _____ ma femme va beaucoup aimer. Il y a des pièces _____ sont claires, une cuisine _____ j'aime beaucoup, une piscine _____ les enfants vont adorer et trois salles de bains _____ mes filles vont beaucoup utiliser!»

4. **Un peu d'imagination!** Complétez ces phrases.

1. Voilà une femme qui...
2. Voilà un homme que...
3. J'aime les professeurs qui...
4. C'est une université qui...
5. C'est un exercice que...

Voilà un jeune homme que...

Voilà une fille qui...

Le français parlé

CD2-5

Scène de vie

—Alors voilà, vous cherchez du travail comme serveur pour l'été…
—Oui…
—Et vous pensiez au restaurant Chez Michel à Montréal, c'est bien ça?
—Oui, c'est ça.
—Mais vous êtes américain. Vous êtes à l'aise en français?
—Oui, oui, ma mère est française, on parle français à la maison.
—Ah bon? Et vous avez de l'expérience?
—Oui, je travaille comme serveur le week-end pendant l'année et aussi l'été.
—Depuis combien de temps?
—Eh bien, j'ai commencé à l'âge de seize ans. Cela fait trois ans.
—D'accord. Et quand pouvez-vous commencer?
—Oh, le 16 ou le 17 mai. L'université finit le 15 mai, alors après le 15, ça va.
—Et jusqu'à quand?
—Jusqu'au 20 août. Est-ce que ça va?
—Oui, les dates, ça va. Mais parlez-moi un peu de vous.
—Eh bien, je suis sérieux, travailleur, motivé… Et puis, j'aime beaucoup le contact avec les clients, je ne suis pas timide… Euh… Et je suis toujours de bonne humeur!
—C'est important, ça. Et vous pouvez travailler de longues heures?
—Ah oui, pas de problème.
—Avez-vous des questions?
—Euh… Oui… Euh… combien de jours par semaine faut-il travailler?
—Six jours par semaine, pas le lundi.
—Et de quelle heure à quelle heure?
—De 17h à 1h du matin, parfois plus tard, ça dépend.
—Ah, pas pendant la journée, alors?
—Non, ils ont besoin de quelqu'un pour le soir, pas pour la journée. C'est un problème?
—Non, non, pas du tout. Et le salaire? C'est par heure ou au mois?
—Par heure… Vous gagnez le salaire minimum, mais les serveurs font toujours beaucoup plus, n'est-ce pas?
—Il y a combien de serveurs le soir?
—Trois. Et il y a beaucoup de travail, ils sont toujours très occupés.
—C'est bien, j'aime ça, être occupé.
—Alors, ce travail vous va?
—Oui, oui, ça me va très bien.
—Donnez-moi deux ou trois jours. Je vous téléphone avant vendredi, d'accord?
—D'accord. Merci beaucoup, madame.

Objectives: interviewing for a summer job; developing awareness of language registers

Pour écouter

a. Listen to the conversation and underline in the text all the characteristics of spoken French that you hear.

b. Did you notice a difference from the conversations that you heard in previous lessons? In spoken French, there are registers of language (levels of formality) according to the situation. You don't speak the same way with friends your age or with your family that you speak with people you don't know or people to whom you want to show respect. There are situations that require paying attention to the language used. For example, you saw in the conversation in *Leçon 9* that the doctor, as a professional talking to a patient, was speaking clearly and using standard French words. A job interview is another situation when the interviewee watches his/her language. Can you find in which way this conversation is at a higher register than the French that would be used between two friends?

Parlons! À la recherche d'un boulot d'été

a. Votre partenaire et vous cherchez un travail pour l'été pour gagner de l'argent mais aussi pour pratiquer votre français. Vous avez trouvé plusieurs possibilités dans un bureau de placement. Décidez quel(s) boulot(s) vous voulez prendre. Pourquoi? Quel(s) boulot(s) ne voulez-vous pas prendre? Pourquoi?

LES POSSIBILITÉS:

- employé(e) de bureau dans une entreprise française à Chicago
- ouvrier/ouvrière dans une usine de boîtes de conserve au Québec
- vendeur/vendeuse dans un magasin de souvenirs à Disneyland-Paris
- serveur/serveuse dans un restaurant à Disneyland-Paris
- secrétaire pour un(e) avocat(e) international(e) qui a beaucoup de clients français (le travail est à New York)
- femme de ménage dans un hôtel américain à Bruxelles
- garde d'enfant *(babysitter)* pour une famille française à Paris
- moniteur/monitrice *(instructor)* de voile dans un club de vacances en Guadeloupe

b. Vous avez choisi un travail et maintenant, il faut aller parler avec le directeur du bureau de placement. Mais attention, le directeur veut parler français avec vous pour vérifier si votre français est bon. Avec votre partenaire, faites une liste des choses que vous voulez savoir *(know)* avant d'accepter le travail. Faites aussi une liste des questions que vous voulez poser *(ask)*.

c. Seul(e), imaginez les réponses du directeur à vos questions et les questions qu'il/elle va probablement vous poser.

d. Pratiquez l'entretien d'embauche *(hiring interview)* avec votre partenaire, qui joue le rôle du directeur. Puis changez de rôle.

Découvertes linguistiques

> ## Au moment où la Lune entre dans cette période, elle vous invite à vous acheter un billet de loterie.
> (Astrologie: vos jours de lune favorables)

*Objective: discovering the use of **où** as a relative pronoun*

1. **Les pronoms relatifs.** You have just learned how the French pronouns **qui** and **que** relate or join two sentences. **Où** is another word in French that can be used to join or relate two sentences. Here is a chart showing the most frequent uses of **où** in the *Television Corpus*. (There were 722 occurrences of **où** altogether.) Look at the words that appeared in front of (one word to the left) and in back of (one word to the right) the French word **où** in this corpus. What evidence can you find that **où** is being used to relate or join sentences?

1-left	où	1-right
48 moment	où	97 il
39 là	où	69 on
27 mesure	où	51 les
15 pays	où	37 ils
15 et	où	32 la
13 l'endroit	où	29 je
13 jour	où	29 le
11 Mais	où	24 vous

mesure = *extent*

pays = *country*

l'endroit = *place,*

2. **Que veut dire le pronom relatif *où*?** Look at the examples below, all taken from various places in the *Television Corpus* (remember that these are isolated instances; they do not make a coherent text). What is the English equivalent of **où**?

1. Ah non mais ce jour-là, c'est le jour où on a fait au moins vingt kilomètres.
2. Ce beau pays où je suis né...
3. ... euh enfin il y a des jours où on a plus ou moins un peu le cafard...
4. À l'heure où la Chine communiste et les autres sociétés communistes ont besoin de s'ouvrir au monde...
5. ... et au moment où la guerre est arrivée...
6. Et dans la mesure où il a été sincère, direct, clair, vrai...
7. Alors le jour où j'ai cessé mon travail...
8. ... dans la mesure où le français est une langue universelle...
9. Mais le jour où je suis arrivé avec les cheveux verts et rouges...
10. Le principe est le suivant: là où il y a beaucoup d'argent...

Objectives: decoding cognate words, connecting professions and objects, recycling vocabulary, organizing and evaluating professions, discovering the cultural value of words, identifying cultural values, comparing cultures, inferring from the document, solving problems and applying critical thinking

Olympiades des métiers

Les 37e Olympiades des métiers: RÉSULTATS

Les 42 jeunes de l'équipe de France, tous âgés de moins de 23 ans, ont démontré la qualité de leurs compétences professionnelles dans 38 métiers lors du 37e Mondial des Métiers à St. Gall.

PALMARÈS 2003 Médailles:

Or	Coiffure	Philippe Koehler	19 ans	Alsace
Argent	Boulangerie	Mickaël Chesnouard	20 ans	Pays de la Loire
Argent	Arts Graphiques	Alexandre Desachy	21 ans	Nord-Pas-de-Calais
Bronze	Plomberie	Jeremy Bonnet	21 ans	Bourgogne

Diplômes d'honneur (+ de 500 points obtenus):

Art floral: 8e	Delphine Theis	22 ans	Île-de-France
Électricité courant fort: 4e	Vincent Haby	21 ans	Alsace
Gestion de réseaux informatique: 6e	Yannick Fassion	22 ans	Rhône-Alpes
Installation électrique: 11e	Nicolas Croce	21 ans	Pays de la Loire
Jardinier/paysagiste (binôme): 4e	Régis Reillon	20 ans	Rhône-Alpes
Maçonnerie: 4e	Romaric Hanrion	21 ans	Lorraine
Peinture/décoration: 4e	Anthony Raquin	22 ans	Auvergne
Réfrigération: 4e	Anthony Serre	21 ans	Languedoc

1. Observer

a. **Les professions.** Identifiez, dans ces documents, les professions qui sont en rapport avec:

le pain	le jardin	l'électricité
les salles de bains	la cuisine	les ordinateurs

b. **Choisissez:** Quels types de professions sont cités dans ce document?

des professions prestigieuses	des professions intellectuelles
des professions bien payeés	des professions manuelles
des professions indépendantes	des professions industrielles
des professions artisanales	des professions artistiques

2. Analyser

a. **Les mots.** Quels mots indiquent une valorisation du travail dans ce document?

b. **Questions.** Préparez cinq questions pour vous informer sur la valorisation des métiers mentionnés dans ce document.

Modèle: *Est-ce qu'on va à l'école ou à l'université pour ces métiers?*

3. Comparer.
Quelles professions citées dans ce document sont valorisées dans votre culture? Pourquoi? Quelles conclusions pouvez-vous tirer de cette comparaison?

Le blues du Businessman

1. Préparation. Une interview importante.

Groupe A: Vous allez interviewer le directeur d'une grande compagnie industrielle internationale. Préparez six questions sur sa routine et ses activités.

Group B: Préparez six phrases qui décrivent la vie et les activités du directeur d'une grande compagnie internationale.

2. Première lecture. Qui est ce businessman? Organisez les informations sur le businessman et ses habitudes en catégories appropriées et faites une phrase descriptive pour chacune.

Modèle: Le travail: *Il travaille dans un grand bureau; son bureau est moderne*, etc.

3. Analyse

a. **À la recherche des émotions.** Trouvez dans le texte les mots qui indiquent une ambivalence dans la vie du businessman. Quelles expressions expriment une attitude positive? Quelles expressions expriment une attitude négative?

Modèle:	Positif
	Il a du succès dans ses affaires, etc.
	Négatif
	Il n'est pas heureux, etc.

b. **Les mots et la chanson.** Trouvez les mots qui sont transformés par le rythme et observez ce qui arrive *(happens)*. Quelle voyelle est omise? Pourquoi? Prononcez ces expressions.

4. Je voudrais être un artiste. Imaginez quelle sorte d'artiste le businessman serait *(would be)* s'il le pouvait et quels changements il y aurait *(there would be)* dans sa vie?

Modèle: *Peut-être un acteur. Un acteur peut... Il aime... Il peut prétendre que... Il peut représenter... Il peut être...*

Objectives: conducting an interview and reviewing familiar vocabulary about work, jobs, daily life, and preference; skimming to find information and organizing it using familiar vocabulary, preparing descriptive statements, scanning to extract specific words and expressions, identifying feelings and emotions, observing the rhythm of language, using imagination to infer from words and create with language, expanding on the ideas and emotions of the text, using personal knowledge and feelings

Le blues du Businessman

J'ai du succès dans mes affaires
J'ai du succès dans mes amours
Je change souvent de secrétaire
J'ai mon bureau en haut d'une tour
5   D'où je vois la ville à l'envers°   à l'envers *upside down*
D'où je contrôle mon univers
J'passe la moitié d'ma vie en l'air
Entre New York et Singapour
Je voyage toujours en première
10   J'ai ma résidence secondaire
Dans tous les Hiltons de la terre
J'peux pas supporter la misère°   la misère: la grande pauvreté
J'suis pas heureux mais j'en ai l'air°   j'en ai l'air: j'ai l'air heureux
J'ai perdu le sens de l'humour
15   Depuis que j'ai l'sens des affaires
J'ai réussi et j'en suis fier
Au fond je n'ai qu'un seul regret
J' fais pas c'que j'aurais voulu faire
J'aurais voulu être un artiste…

Vocabulaire de base

CD2-6

Noms

les affaires *(f.pl.) business*
un agent immobilier *real estate agent*
un agriculteur *farmer*
un avocat, une avocate *(court) lawyer*
un banquier *banker*
un bruit *noise*
un cadre *executive*
un chef d'entreprise *company head, business owner*
un client, une cliente *client, customer*
un commerçant, une commerçante *shopkeeper, retail store owner*
un(e) dentiste *dentist*
un employé, une employée (de bureau) *(office) employee*
une entreprise *firm, business*
une femme au foyer *housewife*
un ingénieur *engineer*
un instituteur, une institutrice *teacher (elementary school)*
un(e) juriste *attorney*
un médecin *doctor, physician*
une mère de famille (un père de famille) *mother (father), head of family*
un métier *profession, trade*

un ouvrier, une ouvrière *(blue collar) worker*
un patron, une patronne *boss*
un policier *police officer*
un(e) propriétaire *owner*
un(e) psychologue *psychologist*
un retraité, une retraitée *retired person*
un salaire *salary*
un(e) secrétaire *secretary*
un serveur, une serveuse *waiter, waitress*
le travail (un travail), des travaux *work (job)*
un vendeur, une vendeuse *salesperson*

Adjectifs

dangereux(-euse) *dangerous*
dur(e) *hard*
fort(e) *strong*
honnête *honest*
intéressant(e) *interesting*
responsable *responsible*

Verbes

décider (de + inf.) *to decide (to do something)*
diriger *to manage, to run*

expliquer *to explain*
gagner *to earn, to win*
oublier (de + inf.) *to forget (to do something)*
sonner *to ring*

Divers

aller chez le médecin / chez le dentiste *to go to the doctor / the dentist*
avoir des responsabilités *to have responsibilities*
chercher du travail / un travail *to look for work / a job*
enfin *at last, finally*
être bien / mal payé(e) *to be paid well / badly*
il y a *ago*
perdre son travail *to lose one's job*
tout à coup *all of a sudden*
travailler dur *to work hard*
trouver du travail / un travail *to find work / a job*
vraiment *really, truly*

Vocabulaire supplémentaire

Noms

un atelier *workshop*
le baccalauréat *French high school graduation exam*
un caissier, une caissière *cashier*
un chômeur, une chômeuse *unemployed person*
un coiffeur, une coiffeuse *hairdresser*
un cuisinier, une cuisinière *cook*
un directeur, une directrice *manager (business, company)*
l'État (m.) *state, nation*
un(e) fonctionnaire *civil servant, government worker*
un garagiste *garage (car repair shop) owner*
un gérant, une gérante *manager (e.g., restaurant, hotel, shop)*
un habitant, une habitante *inhabitant*
un immigré, une immigrée *immigrant*
un infirmier, une infirmière *nurse*
un pompier *firefighter*
le SMIC *minimum wage*
la S.N.C.F. *French national railway*

Adjectifs

algérien, algérienne *Algerian*
dynamique *dynamic*
efficace *efficient*

motivé(e) *motivated*
pressé(e) *in a hurry*
stressé(e) *stressed*

Verbes

déménager *to move (from one home to another)*
taper *to type*

Divers

Les affaires marchent bien. *Business is good.*
être au chômage *to be unemployed*
faire du bruit *to make noise*
gagner... euros de l'heure / par jour / par semaine / par mois *to earn . . . euros per hour / per day / per week / per month*
gagner sa vie *to earn a living*
pourtant *however*
travailler au SMIC *to work for minimum wage*

Le français tel qu'on le parle

Enfin! *At last!*
(Mais) enfin! *For goodness' sake!*
Fais / Faites attention! *Pay attention! Watch out!*
On verra! *We will (We'll) see!*

Toc toc! *Knock knock!*
Une minute! *Just a minute!*

Le français familier

le bac = le baccalauréat
un beur, une beurette = jeune né(e) en France de parents du Maghreb (Algeria, Morocco or Tunisia) (not considered pejorative)
une boîte = une entreprise, une usine, un bureau
bosseur = travailleur
un boulot = un travail (job)
le boulot = le travail (work)
un flic = un policier
un instit = un instituteur
un job = un travail
un proprio = un propriétaire
un(e) psy = un(e) psychologue
un smicard = quelqu'un qui gagne le SMIC
le stress *stress*
un toubib = un médecin

On entend parfois...

une jobine (Canada) = un petit job
un(e) jobiste (Belgique) = un(e) étudiant(e) qui a un job

CHANSON 9: Dans les pharmacies

Charles Trenet nous offre une chanson humoristique sur les différences entre les pharmacies françaises et celles de l'Amérique du Nord.

1. Écoutons. Écoutez cette chanson, et dites pourquoi elle est humoristique.

2. Mots et expressions. Écoutez la chanson encore une fois. Quels mots décrivent (représentent) des choses qu'on mange? Entendez-vous d'autres mots ou expressions que vous connaissez? Lesquels?

3. Les pharmacies canadiennes. Qu'est-ce que l'auteur de cette chanson trouve amusant à propos des pharmacies canadiennes? Qu'est-ce que nous apprenons donc sur les pharmacies françaises?

CHANSON 10: Le petit pain au chocolat

Joe Dassin nous communique avec humour sa philosophie de la vie dans cette chanson qui raconte l'histoire d'un jeune homme timide et d'une belle boulangère.

1. Écoutons. Pendant que vous écoutez cette chanson, faites une liste de mots que vous associez avec elle. Notez sa mélodie, le ton et la voix du chanteur, le style, le rythme, les rimes, etc.

2. Mots et expressions. Écoutez cette chanson encore une fois et essayez d'identifier les adjectifs descriptifs, les noms des choses qu'on peut manger et les vêtements qui sont mentionnés dans la chanson.

3. Le bonheur. Quel rapport y a-t-il entre la musique et les paroles de cette chanson? Comment Joe Dassin exprime-t-il sa philosophie de la vie et de l'amour?

CHANSON 11: Parle-moi

Isabelle Boulay chante ce moment troublant où on sent la fin d'une histoire d'amour.

1. Écoutons. Comment qualifiez-vous cette chanson? Quelle impression crée-t-elle?

2. Mots et expressions. Quels mots et expressions indiquent le début d'une séparation?

3. Communication. Comparez le passé et le présent des relations entre ces amants. Quels sont les signes qui marquent leurs difficultés de communication?

CHANSON 12: Le blues du Businessman

Cette chanson est la lecture de la leçon 12. Cf pages 301–302.

Une invitation

Vous êtes invité!

La réception aura lieu à l'Hôtel de Genève, le 30 mars à 18:30
Place de Verdun à Royat

en présence de

**Monsieur le Préfet
et de Monsieur le Maire de Royat**

R.S.V.P. Compagnie Chardin Tél. 04-03-24-18-36

LE DIRECTEUR ET LES EMPLOYÉS

DE LA COMPAGNIE CHARDIN

vous prient de bien vouloir honorer de votre présence la réception

qu'ils offrent en l'honneur de Monsieur Durand, directeur honoraire

à l'occasion de sa retraite

après quarante ans de bons et loyaux services.

1. **Une invitation.** Regardez ces documents.

   Qui invite?
   Quelle est l'occasion?
   Qui va être présent?
   Où est la réception?
   Quelle sorte d'invitation est-ce?
   Quand est la réception?

2. **Nous invitons.** Imaginez que vous invitez
   quelqu'un au téléphone. Qui va être invité?
   Qu'allez-vous dire?

Leçon 13

Une invitation chez les Dumas

Voulez-vous travailler pour la compagnie Chardin?

Bon, alors, comme entrée...

Alain et Sophie Dumas ont des invités à dîner (1) ce soir: Monsieur et Madame Michaut. C'est une soirée importante pour eux parce que Monsieur Michaut est le patron de Sophie, alors ils sont très occupés tous les deux.

A. D'abord, il faut faire les courses.

LA CHARCUTERIE

LA BOULANGERIE

L'ÉPICERIE

LA PÂTISSERIE

LA BOUCHERIE

Les mots et la culture

1 **On est invité à dîner!** Where you live, what time are you supposed to arrive when you are invited to dinner? Should you bring a gift? Are there other traditions?

In France, 8:00 p.m. is the usual time to arrive when invited to dinner, except if another time is specified. Note that it is considered polite to arrive about 10 to 15 minutes after the time of the invitation. Dinner will normally be served around 9:00 p.m., after the **apéritif**. It is considered polite to bring a gift if you are invited to eat at someone's home, usually candy (especially chocolates) or flowers. It is also important to thank your host or hostess for an invitation to his or her home when leaving.

ALAIN: Bon, alors, moi je vais d'abord à la boulangerie (2) pour acheter du pain. Et puis, je vais à la pâtisserie pour acheter un gâteau... un gâteau ou des pâtisseries?

SOPHIE: Un gâteau, c'est mieux.

ALAIN: D'accord. Et puis, un rôti à la boucherie. Tu veux un rôti de bœuf ou un rôti de porc?

SOPHIE: Un rôti de porc, c'est plus facile.

ALAIN: Bon, à la charcuterie alors. Est-ce que j'achète aussi des tranches de jambon pour le melon?

SOPHIE: Bonne idée! Et prends 500 grammes de pâté, d'accord?

ALAIN: D'accord! Et après, je vais aller à l'épicerie; c'est à côté. Bon, alors, il faut un litre de lait pour la sauce et le café, deux boîtes de petits pois et deux ou trois fromages. C'est tout?

SOPHIE: Oui, je pense. On a assez de vin. On peut ouvrir une ou deux bonnes bouteilles de vin rouge.

ALAIN: Oui, ça va bien avec le rôti de porc.

SOPHIE: Bon, et moi, je vais au marché (3). Il faut un melon, deux kilos de pommes de terre, un kilo de carottes, un kilo de tomates, des champignons et une grosse laitue.

ALAIN: On a de l'huile et du vinaigre?

SOPHIE: Oui, pas de problème.

LE MARCHÉ

■ Qui est-ce que Sophie et Alain ont invité ce soir? Pourquoi est-ce que c'est une soirée importante, à votre avis? Qu'est-ce qu'Alain va acheter? Où? Et Sophie? À votre avis, qu'est-ce qu'ils vont préparer pour ce soir? Faites le menu (soupe? entrée? plat principal? après le plat principal? dessert? boissons?).

Les mots et la culture

2 Les magasins. When and where do you and your family do your grocery shopping (during the week? the weekend? in the morning? in the evening? at a supermarket? which one? in other stores?).

Although the French often do their shopping at a **supermarché** or even an enormous **hypermarché,** many people like to shop at smaller, more specialized stores in their neighborhoods. Most French people, for example, still buy their bread every day at the neighborhood bakery. Look at the photos on page 308: can you guess what is sold in each store? Here are some examples of stores:

- **une épicerie** *neighborhood grocery store*
- **une boucherie** *beef butcher (also sells mutton)*
- **une charcuterie** *pork butcher (also sells chicken, rabbit, and prepared dishes); resembles a delicatessen*
- **une boucherie-charcuterie** *combination of* **boucherie** *and* **charcuterie**
- **une pâtisserie** *pastry shop (may also sell candy, chocolates, and ice cream)*
- **une boulangerie** *bread bakery (may also sell croissants, cakes, and chocolates)*
- **une boulangerie-pâtisserie** *combination of* **boulangerie** *and* **pâtisserie**

3 Le marché. What do you associate with the words *outdoor market*? The **marché** is a common sight in French cities and towns. **Le marché** takes place in a central location at least once a week all year round. Farmers from neighboring villages come to sell their fresh produce. You can also buy dairy products, **charcuterie,** inexpensive clothing, and various other items. Prices at the market are usually similar to the prices in grocery stores, but the freshness of the produce causes many people to make a special effort to go to the **marché** once a week.

B. Ensuite, il faut mettre la table.

une nappe

une serviette

une assiette (4)

une assiette à soupe

une fourchette

des couverts

un couteau

un verre

une cuillère à soupe

une petite cuillère

■ Qu'est-ce qu'il y a au milieu de la table? Qu'est-ce qu'il y a à gauche des assiettes? À droite des assiettes? Qu'est-ce qu'il y a devant les verres? Pourquoi est-ce qu'il y a deux fourchettes? deux verres? Où sont les serviettes?

C. Malheureusement, dans la cuisine, tout va mal...

Mais qu'est-ce qu'on va faire?

Moi, j'en ai assez! J'abandonne!

une plante verte

un morceau de fromage

La sauce a débordé, le chat a renversé le lait, le chien a pris le fromage et le rôti a brûlé.

■ Qu'est-ce qu'il n'y a plus pour ce soir? Quel est le problème? Pourquoi? Comment sont les Dumas en ce moment?

Les mots et la culture

4 **Assiette / plat. Une assiette** is a *plate*. **Un plat** may be either a *serving dish* or the *food* on the serving dish.

D. Au restaurant (5) (6)

■ Où est-ce qu'ils mangent ce soir? Pourquoi? Est-ce que les Dumas sont heureux? Pourquoi, à votre avis?

Les mots et la culture

5 Au restaurant. Look at the menu of the restaurant Hippopotamus on p. 316. Does it look like menus in restaurants where you live? If not, what's different? **La carte** is a list of the various dishes available in a restaurant. It is the equivalent of the English *menu*. In a French restaurant, you have also a choice of fixed-price meals at different prices. This is called **le menu.** You pay one price and get your choice of two or three items for each course listed. At the restaurant Hippopotamus, for example, you may order the **menu à 21,50 euros** or the **menu à 9,50 euros**. It is almost always cheaper to order a **menu** than to order **à la carte.** The words **service compris** or **service inclus** on a menu mean that the service charge is included in the price. An additional tip **(un pourboire)** is not expected, although you may leave some change if you wish. If you want to ask whether a service charge is included or not, ask: **Est-ce que le service est compris?**

6 À table. How do you accept second helpings? And, more importantly, how do you refuse politely?

■ In French, to accept second helpings, you can say: **Oui, merci** or **Oui, je veux bien, merci.** If you just say **Merci,** in this context, it means *No, thank you.*

■ To refuse, you can say **(Non) merci** or, to be more polite, **(Non) merci, c'est délicieux, mais je n'ai vraiment plus faim.**

E. Et à deux heures du matin...

Le Belvédère

Le 10.4.06.
Table C
4 couverts

2 Soupes à l'oignon	13,00
1 Crudités	7,50
1 Pâté maison	7,60
1 Saumon grillé	19,50
1 Steak au poivre vert	24,00
1 Côte d'agneau	24,00
1 Tagliatelle aux champignons	16,00
1 Beaujolais	18,00
1 Evian	5,00
1 Mousse au chocolat	7,50
1 Crème brûlée	7,50
2 Cafés	4,00
1 Expresso	3,70
1 Thé	2,00

Montant 159,30

*Service compris

- Qu'est-ce qu'il y a sur la table? Qu'est-ce que les Michaut ont apporté comme cadeau? Et chez vous, qu'est-ce qu'on offre (7) quand on est invité à dîner?

- Regardez bien l'addition. Comment s'appelle le restaurant? Quelle sorte de restaurant est-ce que c'est? Combien a coûté le repas? Ça fait combien en dollars? C'est cher ou c'est bon marché? Est-ce que le service est compris dans l'addition ou est-ce qu'il faut laisser un pourboire? Est-ce que les Dumas ont payé en liquide, par chèque ou avec une carte de crédit?

- Quels sont les plats chauds? les plats froids? Quelles sont les entrées? les plats principaux? les desserts? les boissons? Qu'est-ce que c'est, le Beaujolais?

- À votre avis, qu'est-ce que Madame Michaut a commandé? Et Monsieur Michaut? Qui n'a pas pris de dessert? Est-ce qu'ils ont bu beaucoup de vin?

Les mots et la culture

7 Les verbes *ouvrir* et *offrir*. The verbs **ouvrir** *(to open)* and **offrir** *(to offer, to give)* are irregular. **Offrir** is conjugated like **ouvrir**.

PRÉSENT	j'ouvre	nous ouvrons
	tu ouvres	vous ouvrez
	il } elle } ouvre	ils } elles } ouvrent
IMPARFAIT	j'ouvrais, etc.	
PASSÉ COMPOSÉ	j'ai ouvert, etc.	
IMPÉRATIF	Ouvre! Ouvrez! Ouvrons!	

F. Dans la salle de bains

J'ai mal à la tête (8), 'y a pas d'aspirine?

Non, il faut aller chez le pharmacien (9)!

des médicaments

■ Où sont-ils maintenant? Quelle heure est-il, à votre avis? Qu'est-ce qu'Alain cherche? Pourquoi? Est-ce qu'il y a une pharmacie ouverte la nuit, à votre avis?

Les mots et la culture

8 **J'ai mal à la tête!** To say that you hurt somewhere, use the expression **avoir mal (à).**

J'**ai mal!**	*I hurt!*
Tu **as mal à** la tête?	*You have a headache?*
J'**ai mal à** la main.	*My hand hurts.*

9 **La pharmacie.** What do you buy in a pharmacy or drugstore where you live? Medicine, cosmetics, and similar products are sold at **une pharmacie. Une pharmacie** does not, however, stock the wide variety of merchandise found in an American drugstore. In France, pharmacists and physicians are organized so that one is always available in case of emergencies during the night, weekends, or holidays **(la pharmacie de garde, le médecin de garde). Le pharmacien** or **la pharmacienne** is frequently consulted about health matters.

G. Autres mots et usages

1. Here are some useful words and expressions not included in the preceding vocabulary presentation.

Combien est-ce que je vous dois?	*How much do I owe you?*
un doigt	*finger*
fermé(e)	*closed*
fermer	*to close*
gratuit(e)	*free (of charge)*
une main	*hand*
utiliser	*to use*

2. **Payer.** The verb **payer** has a spelling change in the present tense. The **y** changes to **i** in all but the **nous** and **vous** forms.

je paie	nous payons
tu paies	vous payez
il elle } paie	ils elles } paient

Note that no preposition is used with **payer.**

Qui va **payer** le repas?	*Who's going to pay for the meal?*

3. **Tout.** The adjective **tout** means *all*. Here are its forms.

	MASCULINE	FEMININE
SINGULAR	tout (le)	toute (la)
PLURAL	tous (les)	toutes (les)

In the following sentences, note the pattern **tout** + *definite article* + *noun*.

Ma sœur étudie **tout le temps.**	*My sister studies all the time.*
Tu as **tous les verres**?	*Do you have all the glasses?*
Le bébé du premier étage a pleuré **toute la nuit.**	*The baby on the second floor cried all night.*
Toutes les filles sont arrivées.	*All the girls have arrived.*

Tout as a pronoun means *all* or *everything*.

Tout va bien?	*Is everything going OK?*
C'est **tout**? C'est **tout**!	*Is that all? (Is that it?) That's all! (That's it!)*

Here are some common expressions using **tout.**

tout de suite	*right away, at once*
tout le monde	*everyone, everybody*
tout le temps	*all the time*
tous les jours	*every day*
tous les deux	*both*
tout à fait	*completely, absolutely*
tout à coup	*suddenly, all of a sudden*
pas du tout	*not at all*
tout droit	*straight ahead*

4. **Je n'ai plus faim.** Use the expression **Je n'ai plus faim** to say that you have had enough to eat or that you are full.

Mise en pratique

Objectives, Act. 1: using new vocabulary in a receptive manner, recycling vocabulary from previous lessons and connecting it to stores, comparing cultures

1. **Magasins.** Qu'est-ce qu'on vend?

1. **Dans une boulangerie:** du jambon / des lits / des croissants / des chaussures / du pain / des bonbons / du chocolat / des ascenseurs
2. **Dans une charcuterie:** du pâté / du saucisson / des livres / des plantes vertes / des crayons / du jambon
3. **Dans une boucherie:** des cadeaux / des gants / des fraises / un rôti / des ordinateurs / de la viande
4. **Dans une pâtisserie:** des jupes / des gâteaux / des boîtes de chocolats / des tartes / des fauteuils / des pâtisseries / des couteaux / de la glace / des tomates
5. **Dans une épicerie:** du sucre / du café / des chapeaux / du fromage / des légumes / des plats surgelés / des pulls / des tapis / du thé / des boîtes de conserve
6. **Dans une pharmacie:** du café / des stylos / des médicaments / des livres / de l'aspirine

2. Associations. Quel mot—**un kilo, une bouteille, une boîte, un morceau** ou **une tranche**—est-ce que vous associez aux produits suivants? Dans quel magasin est-ce que vous les achetez?

> **Modèle:** du saucisson
> *une tranche, un morceau… dans une charcuterie*

1. du lait	6. des petits pois
2. des tomates	7. des pommes de terre
3. de la soupe	8. du jambon
4. du vin	9. du pâté
5. du fromage	10. des haricots verts

3. Payons. Avec un(e) partenaire, décidez comment vous payez.

> **Modèle:** Vous achetez une veste.
> *Je paie en liquide (par chèque, avec une carte de crédit).*

1. Vous achetez une glace.
2. Vous achetez une robe élégante.
3. Vous passez une nuit à l'hôtel.
4. Vous prenez un repas dans un restaurant bon marché.
5. Vous achetez un ordinateur.
6. Vous allez au cinéma.
7. Vous achetez un gâteau à la pâtisserie.
8. Vous allez au supermarché.

4. Avec quoi? Avec un(e) partenaire, décidez ce qu'on utilise pour manger…

1. des petits pois?	5. une poire?
2. des frites?	6. de la salade?
3. du poulet?	7. une pizza?
4. un pamplemousse?	8. un sandwich?

5. Quel cadeau? Avec un(e) partenaire, décidez quel cadeau offrir.

> **Modèle:** Des grands-parents à leurs petits-enfants?
> *Ils offrent des bonbons, des livres…*

1. Mes parents pour mon anniversaire?
2. Un mari à sa femme pour la fête des mères?
3. Vous à des amis de vos parents chez qui vous allez dîner?
4. Nous à des copains pour une fête chez eux?
5. Moi à mes grands-parents?
6. Nous à une amie pour son mariage?
7. Vous à une famille française chez qui vous allez passer un mois cet été?

6. Qu'est-ce qu'on ouvre? En groupes, faites une liste de ce qu'on ouvre. Puis, comparez avec les autres groupes.

> **Modèle:** *On ouvre les fenêtres,…*

7. Chez… Vous allez ouvrir un nouveau bistrot français dans votre région.

1. Donnez un nom à votre restaurant.
2. Faites la carte. Est-ce qu'il va y avoir un menu? des plats à la carte? Combien vont-ils coûter?

Objectives, Act. 2: using new vocabulary in a receptive manner, recycling food vocabulary and connecting it to quantity expressions and stores

Objectives, Act. 3: recycling vocabulary from previous lessons and connecting it to ways of paying, interacting orally, sharing experiences

Objectives, Act. 4: recycling food vocabulary and associating it to ways of eating, interacting orally, sharing experiences

*Objectives, Act. 5: using the verb **offrir** in context, using partitive articles, recycling vocabulary from previous lessons, interacting orally, sharing experiences, solving problems, comparing traditions and cultures*

*Objectives, Act. 6: using the verb **ouvrir** in context, recycling vocabulary from previous lessons, interacting orally*

Objectives, Act. 7: interacting orally, thinking creatively, making decisions, applying knowledge about French food to create with language

8. Au restaurant Hippopotamus à Lyon

HIPPOP *TAMUS*

Les restaurants Hippopotamus sont ouverts tous les jours sans interruption de 11 h 30 à 1 h du matin.

Si vous réglez par chèque, merci de présenter une pièce d'identité. Pour tout paiement, un ticket doit être exigé. Bien sûr, vous pouvez payer par Carte Bleue, Visa et American Express, Eurochèque, Traveller chèque et chèques libellés en Euros, ainsi que par titre restaurant. Nous avons le regret de refuser la monnaie étrangère, les chèques sur pays étrangers et les chèques sociétés.

Prix Service Compris (16% / HT).

HIPPO ATOUT
21,90 EUROS

L'Entrée
Œufs pochés à la ciboulette
ou Carpaccio de tomates fraîches
ou Rillettes aux deux saumons
ou Tarama

Le Plat
Accompagné de pommes allumettes ou pomme au four ou haricots verts, servis à volonté.
Bavette
ou Brochette de bœuf
ou Chili con carne
ou Saumon à la plancha

Le Dessert
Mousse au chocolat
ou Crème caramel
ou Ananas en carpaccio
ou Coupe aux trois fraîcheurs
ou Coupe délice

La Boisson
Pichet (31 cl) de vin de pays
des Bouches-du-Rhône
ou de Côtes du Lubéron rosé
ou Tourtel Pur Malt (25 cl) sans alcool
ou Bière Gold de Kanterbräu (33 cl)
ou Coca-Cola (33 cl)
ou 1/2 Eau minérale (50 cl)

Les Entrées

Salade de saison	3,90 €
Tarama	4,50 €
Carpaccio de tomates fraîches	4,90 €
Œufs pochés à la ciboulette	4,80 €
Rillettes aux deux saumons	4,90 €
Terrine campagnarde	5,50 €
Cocktail de crevettes	6,80 €
Crottin de chèvre chaud	6,30 €

Les Grillés

Bavette	15,50 €
Hippo Mixed Grill	17,50 €
Entrecôte	17,90 €
T. Bone	19,50 €
Saumon à la plancha	13,50 €
Chili con carne	11,90 €
Assiette chinoise	12,50 €
Steak de thon nature	12,90 €

Les Sauces
Relevez vos grillés selon votre humeur avec:
une sauce béarnaise,
une sauce roquefort,
une sauce échalotes,
une sauce aux deux poivres,
un beurre maître d'hôtel ou la Spéciale Hippo.

Les Garnitures
Chacun de nos grillés est accompagné, au choix, de pommes allumettes, de pommes au four ou de haricots verts servis à volonté.

HIPPO MALIN
9,50 EUROS

Le Plat

Accompagné de pommes allumettes ou pommes au four ou haricots verts, servis à volonté.

Magic Hamburger
ou Steak Hippo
ou Poulet Super Grill

La Boisson

Un verre (12,5 cl)
de Vin de pays
des Bouches-du-Rhône

ou 1/2 Eau minérale (50 cl)

ou Bière Stella Artois (33 cl)

ou Tourtel Pur Malt (25 cl) sans alcool

ou Coca-Cola (33 cl)

1. Regardez la carte du restaurant Hippopotamus à Lyon et répondez aux questions en groupes.

   - Quand est-ce que le restaurant est ouvert?
   - Qu'est-ce qui est compris dans le prix?
   - Comment est-ce qu'on peut payer?
   - Qu'est-ce qui est moins cher, commander un menu ou commander à la carte?
   - Qu'est-ce qu'on peut avoir pour 21,90 euros? Et pour 9,50 euros?
   - Qu'est-ce qu'on peut commander avec la viande?
   - Si on prend le menu, qu'est-ce qu'on peut boire?

2. Voilà des personnes qui ont mangé au restaurant Hippopotamus. Qu'est-ce qu'elles ont commandé? Travaillez en groupes.

   - **Les Mercier:** M. Mercier, 36 ans, médecin; Mme Mercier, 35 ans, avocate. Ils ont mangé au restaurant Hippopotamus avec leurs deux enfants (4 ans et 6 ans) le dimanche 15 février à midi.

   - **M. et Mme Spalding:** M. Spalding, 70 ans, retraité, était professeur de français dans une université américaine; Mme Spalding, 68 ans, était professeur d'espagnol dans une université américaine. Ils ont déjeuné au restaurant Hippopotamus le mardi 8 juillet. M. Spalding était au régime.

   - **Christophe, Étienne et Brigitte:** des étudiants entre 18 et 20 ans. Ils sont arrivés au restaurant à 22h30 (après le cinéma) le samedi 22 avril. Ils avaient très faim.

   - **Alceste et Candide:** Ils sont arrivés au restaurant à 18 heures le vendredi 19 octobre avant d'aller au cinéma. Candide avait très faim. Alceste ne voulait pas passer des heures au restaurant parce que le film commençait à 19 heures.

Structure 1

Le verbe *venir*

The verb **venir** *(to come)* is irregular in the present tense. Notice the double **n** in the third-person plural form.

je viens	nous venons
tu viens	vous venez
il elle } vient	ils elles } vie**nn**ent

Il **vient** manger chez nous
après le film.

*He's coming to eat at our house
after the movie.*

Note de prononciation

The singular present tense forms of **venir** (**viens, viens, vient**) end with a nasal vowel and are pronounced identically.

The **nous** and **vous** forms (**venons, venez**) have two syllables: **ve-nons, ve-nez.** Be careful to pronounce the **n** sound at the beginning of the second syllable.

The third person plural present tense form of **venir** (**viennent**) is pronounced with an **n** sound at the end.

Venir is conjugated with **être** in the **passé composé.** The past participle of **venir** is **venu.**

Elle **est venue** le premier février.   *She came on the first of February.*

The **imparfait** of **venir** is regular.

Ils **venaient** toujours à huit heures.   *They always came at eight o'clock.*

The imperative, or command, forms of **venir** are identical to the present tense forms.

Viens chez moi!   *Come to my house!*
Venez à onze heures!   *Come at eleven!*
Venons-en maintenant aux   *Let us turn now to the traditions*
   traditions sénégalaises.   *of Senegal.*

Venir + **de** + *infinitive* means *to have just* + *verb (past participle)* or the equivalent expression in the simple past.

Je **viens de manger;** je n'ai   *I've just eaten (I just ate); I'm not*
   plus faim.   *hungry anymore.*

Mise en pratique

1. Une réunion de famille. Il y a une réunion de famille chez Thérèse et Vincent Dubois. Utilisez **venir** au présent pour compléter la conversation.

Objective, Act. 1–2: using forms of **venir** *in context*

THÉRÈSE: Suzanne _____ avec ses parents?
VINCENT: Non, elle et Hakim _____ ensemble.
THÉRÈSE: Bon, d'accord. Et ton père, il _____, n'est-ce pas?
VINCENT: Oui, et Paulette Gilmard _____ avec lui.
THÉRÈSE: Et toi, tu _____ ou non?
VINCENT: Moi, je ne sais pas. Je dois travailler mais, oui, je _____!

2. Après la réunion de famille. Il y a des membres de la famille Dubois qui ne sont pas partis avec les personnes avec qui ils sont arrivés! Utilisez **venir** et **partir** au passé composé pour le dire.

1. Cédric Rasquin _____ avec sa mère et son mari (son beau-père) mais il _____ avec son père.
2. Jacques Dubois et Paulette Gilmard _____ ensemble mais Paulette _____ seule.
3. Suzanne _____ avec Hakim mais elle _____ avec ses parents.
4. Jean Rasquin _____ seul mais il _____ avec son fils.

3. Les habitudes. M. Caron, le patron du Café de la Poste, discute des habitudes de ses anciens clients. Utilisez l'imparfait de **venir** pour le dire.

Objective, Act. 3: using forms of **venir** *in the* **imparfait** *in context*

Modèle: M. Ségal (tous les jours pour l'apéritif)
M. Ségal venait tous les jours pour l'apéritif.

1. Mme Ségal (ne… jamais)
2. M. Meunier (tout le temps)
3. M. Piette et sa femme (le dimanche)
4. Mme Renard et M. Renglet (quelquefois le samedi)

4. Mais pourquoi? Qu'est-ce qu'ils viennent de faire?

Objectives, Act. 4: using **venir de** *in a meaningful context, recycling vocabulary*

Modèle: Tu n'as plus soif.
C'est parce que tu viens de boire un Coca-Cola.

1. Hakim a soif.
2. Nous sommes fatigués.
3. Nous n'avons plus d'argent.
4. Les Dubois sont malades.
5. J'ai très froid.
6. Céline a très chaud.
7. Thérèse est contente.
8. Alceste est très triste.

5. D'où venez-vous? Utilisez ces questions pour trouver d'où vient tout le monde. De quelle ville…

Objective, Act. 5: using **venir** *communicatively*

1. vient votre père?
2. viennent vos grands-parents?
3. vient votre professeur de français?
4. venez-vous?

Structure 2

Dire combien: les expressions de quantité

Expressions of quantity are followed by **de** + *noun*. There is no article. Expressions of quantity may be either nouns (**un verre de lait**) or adverbs (**trop de lait**). In both cases, the pattern is *quantity expression* + **de** (**d'**) + *noun*.

Tu veux **un morceau de fromage?**	*Do you want a piece of cheese?*
Il mange **trop de chocolat.**	*He eats too much chocolate.*

Here is a list of quantity expressions that you already know.

assez de	*enough (of)*	**un morceau de**	*a piece of*
une assiette de	*a plate of*	**un peu de**	*a little, a little bit of*
beaucoup de	*a lot of*	**une tasse de**	*a cup of*
une boîte de	*a box of / a can of*	**une tranche de**	*a slice of*
		trop de	*too much of, too many of*
une bouteille de	*a bottle of*		
un kilo de	*one kilo of*	**un verre de**	*a glass of*

1. When talking in general and after verbs such as **aimer** and **détester**, use **le, la, l',** or **les** (definite articles).

Je n'**aime** pas **les** petits pois!	*I don't like peas.*
Mais **les** petits pois sont bons pour toi.	*But peas are good for your health.*

2. When you are not talking in general, use either the indefinite article or the partitive article.

   a. If you are talking about things you can count, use **un, une,** or **des** (indefinite articles).

Tu veux **des** petits pois?	*Do you want (some) peas?*
Mangeons **une** pomme!	*Let's eat an apple!*

   b. If you are talking about things that you cannot count, use **du, de la,** or **de l'** (partitive articles).

Tu veux **du** lait?	*Do you want (some) milk?*

3. After expressions of quantity, use **de** followed directly by a noun (no article).

Tu veux **un verre de** lait?	*Do you want a glass of milk?*
Il boit **beaucoup de** lait.	*He drinks a lot of milk.*
Vous mangez **trop de** frites.	*You eat too many French fries.*

4. After negative expressions, **un, une, du, de la, de l',** and **des** all become **de** (**d'**). **Le, la, l',** and **les** remain the same.

   Mes parents adorent **les** chiens mais ils détestent **les** chats, alors ils ont **un** chien mais ils **n'**ont **pas de** chat.

   Il **n'**y a **plus de** lait dans le frigo.
   Candide **ne** boit **jamais de** vin.

1. Toasts gratinés au fromage. Regardez la recette et...

Objective, Act. 1: processing and analyzing articles in an authentic context

1. trouvez des expressions de quantité + **de**.
2. trouvez des articles définis (**le, la, les**), indéfinis (**un, une, des**) et partitifs (**de la, du, de l'**).

Toasts Gratinés au Fromage

100 g de gruyère râpé
4 belles tranches de pain
  de campagne

2 verres de lait
2 œufs
sel, poivre et muscade

1. Préchauffez le gril de votre four au maximum.

2. Battez les œufs avec le lait. Ajoutez le fromage, du poivre, un peu de sel (n'oubliez pas que le fromage est salé) et de la muscade *(nutmeg)* fraîchement râpée.

3. Disposez les tranches de pain dans un plat à gratin, versez la préparation dessus.

4. Laissez gratiner une quinzaine de minutes environ. Servez bien chaud. Accompagnement possible: salade verte.

2. Normal ou pas? Est-ce que c'est normal ou pas normal, ou bien est-ce que ça dépend?

Objective, Act. 2–3: processing articles for meaning in a communicative context

1. une tasse de bière
2. un kilo de pommes de terre
3. un morceau de lait
4. une tranche de glace
5. un morceau de fromage
6. une tasse de thé
7. une boîte de petits pois
8. un kilo de Coca-Cola
9. une tranche de jambon
10. un verre de jus d'orange
11. une boîte de frites
12. une bouteille de sucre

3. Le frigo de Mlle Piggy. Complétez avec **un, une, d', des, le, la, l', les, du, de la, de l' ou de**).

Mlle Piggy aime Kermit la grenouille et elle aime aussi manger! Elle aime _____ gâteaux au chocolat, _____ glace et _____ bonbons. Elle aime aussi _____ tarte aux pommes et _____ pâtisseries. Maintenant, la pauvre Mlle Piggy est au régime parce que Kermit trouve qu'elle est trop grosse. Alors, dans son frigo, il y a beaucoup _____ légumes et _____ fruits. C'est tout. Le matin, elle prend _____ tasse _____ thé et _____ morceau _____ pain. À midi, elle prend _____ yaourt ou _____ assiette _____ crudités. Le soir, elle prend _____ salade avec _____ verre _____ lait. Elle ne mange jamais _____ frites et elle ne boit plus _____ bière. Mais elle peut prendre un peu _____ vin. Mais, même quand Mlle Piggy est mince et quand elle n'est pas au régime, il n'y a pas _____ jambon dans son frigo! Et est-ce qu'il y a _____ cuisses de grenouille *(frog legs)*? Mais non, il n'y a pas _____ cuisses de grenouille! Quelle horreur!

Le verbe *voir*

The present tense of the verb **voir** *(to see)* is irregular.

je vois	nous voyons
tu vois	vous voyez
il elle } voit	ils elles } voient

Qu'est-ce que tu **vois**?	*What do you see?*
Je ne **vois** rien.	*I don't see anything.*

Voir is regular in the **imparfait**.

Quand j'avais quinze ans, j'avais un petit ami que je **voyais** tous les jours.	*When I was 15, I had a boyfriend that I saw every day.*

The **passé composé** of **voir** is conjugated with **avoir** (past participle: **vu**).

Tu n'**as** pas **vu** mon chien?	*You haven't seen my dog?*

Mise en pratique

Objectives, Act. 1: *observing the meaning of* **voir** *in context, recycling vocabulary*

1. De la fenêtre... Voilà ce que tout le monde voit de sa fenêtre. Où sont-ils?

1. Alain Dumas voit des arbres, des fleurs, un banc, des enfants qui jouent...
2. Sophie Dumas voit la bibliothèque, des étudiants, des professeurs...
3. Alceste voit des voitures, une boulangerie, une boucherie...
4. Candide voit la mer, des bateaux, des enfants en maillot de bain...

2. Des citations avec *voir*. Ajoutez les lettres qui manquent *(are missing)* pour compléter les citations. Quelle citation préférez-vous? Quelle citation voulez-vous mettre sur un tee-shirt?

1. Nous ne __ __ __ __ns jamais les choses telles qu'elles sont, nous les __ __ __ __ns telles que nous sommes. (Anaïs Nin)
2. Avant de mordre *(bite)*, v__ __s si c'est pain ou pierre *(stone)*. (Proverbe serbo-croate)
3. Et quand je v__ __ __ passer un chat, je dis *(say)* «Il en sait long sur l'homme.» (Jules Supervielle, écrivain et poète français, 1884–1960)
4. Ne crois *(believe)* pas ce que tu ne vo__ __ pas. (Proverbe indochinois)
5. Quand je __ __ __ __ ce que je __ o__ s et j'entends ce que j'entends, je suis bien content de penser ce que je pense. (Fernand Raynaud, artiste comique français, 1926–1973)

Objective, Act. 2: *using the forms of* **voir** *in an interesting and meaningful context*

6. Le vrai ciel, c'est celui que vous __ __ y __ __ au fond de *(at the bottom of)* l'eau. (Jules Renard, écrivain français, 1864–1910)

7. Un homme passionné vo__ __ toutes les perfections dans ce qu'il aime. (Stendhal, écrivain français, 1783–1841)

8. Il y a ceux *(those)* qui __ __ __ __ nt les choses telles *(the way)* qu'elles sont et qui se demandent pourquoi. Moi, je les v__ __ __ telles qu'elles pourraient *(could)* être et je me dis pourquoi pas! (Marc Levy, écrivain et architecte franco-américain, né le 16 octobre 1961)

9. Les autres me voi__ __ __ donc je suis… Telle est la philosophie du comédien. (Extrait de Shakespeare)

10. Nous __ __ __r nous-mêmes comme les autres nous v__ __ __nt confirmerait *(would confirm)* sans aucun *(any)* doute la mauvaise opinion que nous avons d'eux. (Franklin P. Jones, homme d'affaires américain, 1887–1929)

3. Dans les rêves. Voilà ce que différentes personnes ont vu dans leur rêve la nuit dernière. Utilisez le verbe **voir** au passé composé pour le dire.

*Objective, Act. 3: using **voir** in the **passé composé** in context*

1. Je / un chien orange.
2. Candide / un chat vert qui parlait espagnol.
3. Alceste / un homme qui portait cinq chapeaux.
4. Nous / un monstre qui nous a demandé de venir avec lui.
5. Tu / le professeur qui marchait avec un grand chien noir?
6. Mes petites sœurs / une belle femme habillée en blanc.
7. Vous / une voiture qui était grande comme une maison!

4. Les contacts perdus. Il y a des personnes qu'on voyait avant mais qu'on ne voit plus maintenant. Utilisez le verbe **voir** à l'imparfait pour le dire.

*Objective, Act. 4: practicing **voir** in the **imparfait***

Modèle: En été, Claudine / sa tante Irène tout le temps, mais maintenant, elle…
En été, Claudine voyait sa tante Irène tout le temps, mais maintenant, elle ne la voit plus.

1. Avant, tu / tes cousins tout le temps, mais maintenant, tu…
2. L'année dernière, mon mari et moi, nous / les Dumont tout le temps, mais maintenant, nous…
3. Quand vous aviez dix ans, vous / vos grands-parents tout le temps, mais maintenant, vous…
4. Pendant l'hiver, Alceste / ses copains au café tout le temps, mais maintenant, il…
5. Quand elles étaient jeunes, Anne et Claire / leur père tout le temps, mais maintenant, elles…
6. À l'université, je / Jean-Luc tout le temps, mais maintenant, je…

Le français parlé

CD2-7

Scène de vie

Objectives: ordering a meal in a restaurant; changing your mind, interrupting yourself in mid-sentence, switching topics

> Monsieur, vous avez choisi?

> Oui, euh, non, euh... je ...

—Monsieur, vous avez choisi?

—Oui, euh, non, euh... Je... Il n'y a pas de dessert avec le menu Hippo Malin?

—Ah non, monsieur, seulement un plat et une boisson.

—Bon, je ne sais pas, euh... J'ai envie d'un dessert... Bon, ben, je vais prendre le menu à 21,90 euros alors. J'ai faim!

—Très bien. Et pour commencer?

—Voyons, pour commencer... Le tarama, ce sont des œufs de poisson roses, c'est bien ça?

—Oui, c'est ça...

—J'aime bien ça... Ou bien les œufs pochés... Non, finalement, donnez-moi le carpaccio de tomates fraîches. C'est toujours bon, les tomates en été.

—Bien... Et ensuite?

—Votre bavette est bonne?

—Délicieuse! Surtout avec la sauce aux deux poivres.

—Alors, va pour... Ah non, je ne peux pas, et mon cholestérol? Bon, ben, alors, je vais être raisonnable, je vais prendre l'assiette... Non, le saumon à la plancha, oui c'est ça, le saumon... avec des frites, s'il vous plaît.

—Alors, le saumon avec des pommes allumettes.

—Je ne peux pas avoir aussi des haricots verts?

—Ah non, il faut choisir.

—Bon, ben, pour une fois, va pour les pommes allumettes, alors...

—Et vous voulez une sauce avec ça?

—Oui, euh, de la sauce béarnaise, ça va bien avec le saumon...

—Très bien. Et comme dessert, monsieur?

—Je ne sais pas... voyons... Oui, je vais prendre la... Non, finalement, je vais prendre de la glace... La coupe aux trois fraîcheurs, c'est de la glace aux fruits?

—Oui, c'est ça: fraise, citron et melon.

—Alors oui, la coupe aux trois fraîcheurs, s'il vous plaît.

—Et pour boire?

—Une Tourtel... oui, une Tourtel... il fait chaud aujourd'hui... Et aussi de l'eau minérale. Qu'est-ce que vous avez comme eau minérale?

—De l'Évian ou du Perrier. Mais il y a un supplément si vous prenez deux boissons.

—Ah oui? Bon ben, pas de Tourtel, alors. Donnez-moi une bouteille d'É... Non, après tout, non, donnez-moi un pichet de rosé.

—Très bien, monsieur. C'est tout?

—Oui, c'est tout, merci.

a. Listen carefully to the conversation. Do you notice a difference between the two speakers?

b. Now, paying attention to M. Delvaux, did you notice that he changes his mind several times? For example, in the first sentence, M. Delvaux says that he is ready to order then changes his mind and asks a question. When speaking, people often change their mind, interrupt themselves in mid-sentence, and switch to something else. Can you find other instances when M. Delvaux changes his mind?

c. In the instances when M. Delvaux wants to order something then changes his mind, can you guess what he was going to order (look at the Hippopotamus menu on p. 316)?

Parlons! Au restaurant Hippopotamus

Vous voyagez en Europe pendant l'été. C'est le mois d'août et vous êtes à Lyon. Il est une heure de l'après-midi, vous avez très faim et vous décidez de manger au restaurant Hippopotamus.

a. Prenez deux minutes pour étudier le menu du restaurant (p. 316) et décidez ce que vous allez prendre. Est-ce que vous avez des questions?

b. Avec un(e) partenaire, jouez le rôle du client/de la cliente et du serveur/de la serveuse. Puis changez de rôles.

Découvertes linguistiques

Objective: using the distribution of **paie/paye** in French to give students the opportunity to reflect on the development of spelling systems, to analyze language phenomena, and to hypothesize about language change

paye/paie: Les deux formes sont correctes, mais la seconde est plus courante.

1. **Paie ou... paye?** In this chapter you learned that the verb **payer** has a spelling change in the present tense (**payer → je paie, tu paies, il[s] / elle[s] paie[nt]**). Although this is true, you will also find the following spelling: **je paye, tu payes, il(s)/elle(s) paye(nt).**

   A look at a grammar reference tells us: **Les formes en -*aie*- sont plus fréquentes que les formes en -*aye*-, qui ne sont pas néanmoins incorrectes.** Jean Girodet, *Dictionnaire Bordas, Pièges et difficultés de la langue française*, Paris: Bordas 1981, p. 577.

   What predictions could you make about the relative frequency of **paie** versus **paye** in the *Le Monde, 1998, 1999, 2000 Corpora* and the *Television Corpus*?

2. **Analysons.** Here are two tables. The first table gives you the frequency of **paie/paye** in four different corpora. The second gives you the words most frequently found in front of (1 to the left) and in back of (1 to the right) of **paie** in the *Le Monde 2000 Corpus*.

   Frequency of **paie** and **paye** in four corpora

CORPUS	paie	paye	TOTALS
Le Monde 2000	346	129	475
Le Monde 1999	329	124	453
Le Monde 1998	339	140	479
Telévision	8	33	41
TOTALS	1 022	426	1 448

   Distribution of words directly preceding and following **paie** in the *Le Monde 2000 Corpus*

1 to the left	paie/paye	1 to the right
44 ne	paie	34 pas
32 se	paie	30 le
27 de	paie	14 ses
20 qui	paie	12 un
18 le	paie	10 pour
11 on	paie	9 de
9 la	paie	9 en

   - Were your predictions supported or not? Explain.
   - Are all of the **paie** forms verb forms? Explain.
   - Can you suggest possible explanations for the different results found in the *Television Corpus* as compared to the three *Le Monde Corpora*?

3. **Réfléchissons.** Who decides how words are spelled? Why do you think two spellings are sometimes accepted in languages? How important is spelling?

Découvertes culturelles

Courses et dépenses familiales

Objectives: reviewing familiar vocabulary about shopping, using personal experience to make simple sentences, reporting on personal routines about shopping for food, scanning a document to get cultural information, observing and analyzing cultural data, making comparisons, generalizing and inferring from a document, constructing descriptive statements

1. Les courses familiales

a. Dans quels magasins allez-vous pour faire les courses familiales?

Modèle: *Je vais… Avec ma famille, nous allons… Avec mes amis, nous allons…*

b. Dans votre famille, combien de fois par semaine va-t-on dans ces magasins?

Modèle: à l'épicerie: *deux fois*

De la grande surface au marché: à chacun ses habitudes

Si au cours d'une semaine 87% des ménages* se rendent en grande surface alimentaire ou dans un maxidiscompte, 30% continuent de fréquenter les marchés et 65% les boulangeries. Cependant, près des trois quarts des dépenses alimentaires sont réalisées en hypermarchés, supermarchés et magasins de maxidiscomptes. Les supérettes** et petites alimentations générales recueillent surtout les achats de dépannage*** et servent une clientèle âgée. Les boucheries ou charcuteries ont en revanche davantage gardé des clients fréquentant les grandes surfaces.

Isabelle Eymard, Insee.

*des ménages: des familles (mot pour les statistiques)

** les supérettes: petits magasins d'alimentation générale

***le dépannage: les cas d'urgence

---

2. Les habitudes d'achat des Français

a. Observer. Identifiez les types de magasins cités dans ce document. Groupez-les en grands magasins d'alimentation et en magasins spécialisés.

b. Les Français achètent. Faites la liste des magasins où les Français vont par ordre de fréquence, des plus fréquentés aux moins fréquentés.

3. Analyser. Faites trois phrases sur les habitudes d'achat des Français en ce qui concerne l'alimentation. Est-ce que les habitudes d'achat des Français sont comme chez vous? Comparez ces habitudes aux habitudes de votre culture.

 L'addition

Objectives: *using personal knowledge, reviewing familiar vocabulary, listing actions sequentially, generalizing, developing a framework to read about a restaurant scene, skimming the text to extract main information, organizing information according to cultural knowledge, analyzing the meaning of the scene, identifying tone and character, inferring from the text, identifying the author's message, supporting opinions, investigating French menus, researching French dishes, organizing cultural information, initiating cultural inquiry, expanding understanding of cultural references to food*

1. Au restaurant. Qu'est-ce qu'on fait dans un restaurant? Faites une liste complète de toutes les actions.

Modèle: *On entre, on dit bonjour, on choisit une table,* etc.

CD2-8

L'addition

LE CLIENT:	Garçon! L'addition!
LE GARÇON:	Voilà! *(il sort son crayon et note)* Vous avez… Deux œufs durs, un veau, un petit pois, une asperge, un fromage avec beurre, une amande verte, un café filtre, un téléphone.
LE CLIENT:	Et puis des cigarettes!
LE GARÇON:	*(il commence à compter)* C'est ça même… des cigarettes… Alors ça fait…
LE CLIENT:	N'insistez pas, mon ami, c'est inutile, vous ne réussirez jamais.
LE GARÇON:	!!!
LE CLIENT:	On ne vous a donc pas appris à l'école que c'est ma-thé-ma-ti-que-ment impossible d'additionner des choses d'espèce différente!
LE GARÇON:	!!!
LE CLIENT:	Enfin, tout de même, de qui se moque-t-on? … Il faut réellement être insensé pour oser essayer de tenter d'additionner un veau avec des cigarettes, des cigarettes avec un café filtre, un café filtre avec une amande verte et des œufs durs avec des petits pois, des petits pois avec un téléphone… Pourquoi pas un petit pois avec un grand officier de la Légion d'Honneur, pendant que vous y êtes! *(il se lève)*
	Non, mon ami, croyez-moi, n'insistez pas, ne vous fatiguez pas, ça ne donnerait rien, vous entendez, rien, absolument rien… Pas même le pourboire!
	(Et il sort en emportant le rond de serviette à titre gracieux.)

Jacques Prévert

Jacques Prévert, *«L'addition»*, in *Histoires*, © Editions Gallimard

2. **Première lecture.** Faites la liste de ce que le client a mangé en indiquant la catégorie de chaque plat. Puis préparez l'addition du client mais séparez la nourriture et les autres services.

   Modèle: *entrée: deux œufs durs*

3. **Analyse**

   a. **L'addition.** Quelles actions de l'Activité 1 ce client ne fait-il pas? Identifiez le mot clé qui explique l'action du client. Le client utilise-t-il d'autres arguments? Lesquels?

   b. **Le ton.** Contrastez le ton de la première partie et de la deuxième partie de la scène.

   ■ Qui contribue à la première partie de la scène? Comment? Quel est le ton de cette partie? Pourquoi?

poli	aimable	traditionnel
réaliste	agréable	pressé
indifférent	impersonnel	courtois
professionnel	impoli	désagréable

   ■ Dans la deuxième partie, quel ton adopte le client? Pourquoi le client adopte-t-il ce ton?

autoritaire	aimable	condescendant
déterminé	assuré	insensible
résolu	ferme	logique
scandalisé	surpris	furieux
impoli	illogique	convaincu
menaçant		

   c. **Le message de l'auteur.** Quelle est l'attitude de l'auteur? Justifiez votre réponse. Pour qui êtes-vous, le garçon ou le client? Qui a raison *(is right)*?

   Modèle: *L'auteur est critique, il est... il aime... Il n'aime pas...*

   d. **Conclusion.** Quelle est la signification de cette scène?

   Modèle: *La scène critique... La scène est...*

4. **Recherches.** Le repas du client. Imaginez le menu que le client a regardé avant de choisir. Faites une liste, divisée en catégories appropriées, des plats spécifiques qu'on trouve sur les menus français (3 plats par catégorie). Utilisez Internet pour trouver des noms de plats très français.

   Modèle: *Entrées: Œufs durs mayonnaise au caviar de Russie*
   Pâté de campagne truffé au cognac

Vocabulaire de base

CD2-9

Noms

l'addition (f.) *restaurant bill, check*
une aspirine *aspirin*
une assiette (de) *plate (of)*
une boisson *beverage, drink*
une boîte (de) *can (of), box (of)*
une boucherie *butcher shop*
une boulangerie *bakery*
une bouteille (de) *bottle (of)*
la carte *restaurant menu*
une carte de crédit *credit card*
une charcuterie *pork shop,*
   delicatessen
un chèque *check*
un couteau *knife*
une cuillère *spoon*
une cuillère à soupe *soup spoon,*
   tablespoon
un doigt *finger*
une entrée *appetizer*
une épicerie *grocery store*
une fourchette *fork*
un(e) invité(e) *guest*
un kilo (de) *one kilogram (of)*
une liste (de) *list (of)*
une main *hand*
un marché *market*
un médicament *medicine*

un morceau (de) *piece (of)*
une pâtisserie *pastry shop, pastry*
une petite cuillère *teaspoon*
une pharmacie *pharmacy*
un pharmacien, une pharmacienne
   pharmacist
une plante verte *houseplant*
un plat *serving dish, dish of food*
le plat principal *main dish, main*
   course
une serviette *napkin*
une soirée *party, evening*
une tasse (de) *cup (of)*
une tranche (de) *slice (of)*
un verre (de) *glass (of)*

Adjectifs

bon marché *(invar.) cheap,*
   inexpensive
délicieux, délicieuse *delicious*
excellent(e) *excellent*
fermé(e) *closed*
ouvert(e) *open*
tout, tous, toute, toutes *all*

Verbes

apporter *to bring*
commander *to order*

fermer *to close*
inviter *to invite*
offrir *to offer, give*
ouvrir *to open*
payer *to pay*
utiliser *to use*
venir *to come (conj. with être)*
venir de *to have just*
voir *to see*

Divers

assez (de) *enough (of)*
au milieu (de) *in the middle (of)*
Combien est-ce que je vous dois?
   How much do I owe you?
heureusement *happily, luckily,*
   fortunately
malheureusement *unhappily,*
   unluckily, unfortunately
pas du tout *not at all*
Quelle sorte de... ? *What kind of ... ?*
   What sort of ... ?
tous les deux, toutes les deux *both*
tous les jours *every day*
tout à fait *absolutely, completely*
tout de suite *right away, at once*
trop (de) *too much (of)*

Vocabulaire supplémentaire

Noms

une assiette à soupe *soup plate*
une boîte de chocolats *box of chocolates*
une boulangerie-pâtisserie *bakery that also sells pastries*
un chéquier *checkbook*
un couvert *silverware, place setting*
un gramme (de) *one gram (of)*
un litre (de) *one liter (of)*
le menu (à... euros) *fixed-price meal (for . . . euros)*
la monnaie *change, coins*
une nappe *tablecloth*
une sauce *sauce, gravy*

Adjectif

gratuit(e) *free (of charge)*

Verbes

brûler *to burn*
déborder *to spill over*
préparer *to prepare*
renverser *to knock over*

Divers

à la carte *à la carte*
avoir mal *to hurt*
avoir mal à la tête *to have a headache*

laisser un pourboire *to leave a tip*
mettre la table *to set the table*
payer avec une carte de crédit *to pay by credit card*
payer en liquide *to pay cash*
payer par chèque *to pay by check*
service compris *tip included*

Le français tel qu'on le parle

Heureusement (que nous avions une carte de crédit)! *Thank goodness (we had a credit card)!*
J'abandonne! *I give up!*
J'en ai assez! *I've had it! I've had enough! I'm fed up!*
Mais qu'est-ce qu'on va faire? *But what are we going to do?*
Tu parles! *You bet! No kidding! You're telling me!*
y a pas = il n'y a pas

Pour offrir de payer quand on invite à boire un verre ou quand on invite au restaurant

C'est moi qui invite.* *It's my treat, I'm paying.*

Au restaurant

Est-ce que je pourrais avoir l'addition, s'il vous plaît? *Could I have the bill, please?*

Est-ce que le service est compris? *Is the tip included?*
Vous avez choisi? *Are you ready to order?*

À table

Encore un peu de vin? *Some more wine?*
Je n'ai plus faim! *I'm full!*
Merci. (Non, merci.) *No, thank you.*
Oui, je veux bien, merci. *Yes, please.*
Servez-vous! *Help yourself!*

Le français familier

j'en ai marre = j'en ai assez
j'en ai ras le bol = j'en ai assez

On entend parfois...

un dépanneur (Canada) *neighborhood grocery store with late hours*
donner une bonne-main (Suisse) = donner un pourboire
donner une dringuelle (Belgique) = donner un pourboire
gréyer la table (Canada) = mettre la table
un légumier (Belgique) = quelqu'un qui vend des légumes
payer (Afrique) = acheter
une praline (Belgique) = un chocolat

*C'est moi qui invite.

When you hear **C'est moi qui invite,** you can be sure that the person who said it will pay for the drink or meal. Although **C'est moi qui invite** literally means *I'm the one inviting,* it is really the equivalent of the English expression *It's my treat.* It is generally considered polite then for you to offer to pay the next time you are together. However, French students do tend to split the bill when they go out together. Similarly, if you take out a pack of cigarettes or something to eat when in the company of French people, you are expected to offer it around.

Bienvenue! Ici espace cartes postales

Envoyez des cartes postales

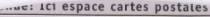

Bienvenue! Ici espace cartes postales

Cliquez et voilà! Vous envoyez de vraies cartes postales partout dans le monde! Pour faire plaisir à ceux que vous aimez, sans sortir de chez vous!

Choisissez parmi de nombreuses occasions:
Noël, Anniversaire, Jour de l'An, Naissance, Invitation, Félicitations, Voyages...

Votre carte, 100% personnelle

Vos images scannées, vos photos... Ajoutez aussi vos propres décorations et vos effets visuels!

Paiement par carte de crédit

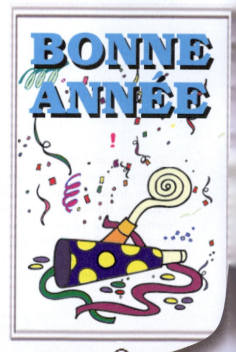

1. **Destinataires.** À qui est-ce que vous envoyez des cartes postales? Dans quelles circonstances allez-vous utiliser une page Web de cartes postales?

2. Choisissez trois occasions pour envoyer une carte postale et créez les textes de ces trois cartes postales (Bonne Année, etc.).

3. Choisissez un destinataire dans la classe et écrivez trois ou quatre phrases sur le verso d'une de vos cartes postales. Dites où vous êtes et ce que vous faites. Puis, passez votre carte à son/sa destinataire et répondez à la carte qu'il/elle va vous donner.

Leçon 14

Que faire un jour de pluie?

Utilisez-vous Internet pour envoyer des cartes postales?

Vocabulaire

nord
ouest — est
sud

Paris

La Baule

Damien (étudiant en droit), Laure (étudiante en médecine), Mathieu (étudiant en littérature anglaise et américaine) et Marine (étudiante en sciences économiques) sont des étudiants suisses qui viennent de Lausanne. Ils ont passé leurs examens en juin et ils les ont réussis. Maintenant, ils sont en vacances à La Baule, en Bretagne, où ils font du camping.

Aujourd'hui, il pleut. Alors, ils ont décidé d'écrire des lettres et des cartes postales, de lire des journaux et des magazines et d'aller dans un cybercafé pour vérifier leur courrier électronique et surfer sur Internet. Damien veut aussi téléphoner chez lui parce que c'est l'anniversaire de sa mère. Et ils veulent trouver le numéro de téléphone et l'adresse de La Palmeraie, un petit restaurant sympa où des amis de Marine ont bien mangé l'année dernière.

■ La Baule, c'est au nord, au sud, à l'ouest ou à l'est? Pourquoi est-ce qu'on va en vacances à La Baule? La Baule, c'est comme Lausanne? Pourquoi? Est-ce que c'est facile pour Damien, Laure, Mathieu et Marine de parler avec les personnes qui habitent à La Baule? Pourquoi?

■ Qu'est-ce qu'ils font à La Baule? Quel temps fait-il aujourd'hui? Qu'est-ce que vous faites quand il pleut en juillet? Et eux?

A. À la poste (1)

À la poste, Laure achète dix timbres pour cartes postales et deux timbres pour lettres. Damien a oublié son portable chez lui. Alors il achète une télécarte, mais il ne veut pas téléphoner de la poste parce qu'il y a trop de personnes qui attendent. Et Marine et Mathieu? Ils cherchent le numéro de téléphone et l'adresse du restaurant. La poste de La Baule est un bureau cyberposte et il y a des ordinateurs pour surfer sur Internet, mais il faut une carte cyberposte qui coûte 7 euros. Alors, ils préfèrent chercher dans l'annuaire de La Baule.

■ Qu'est-ce que Laure fait à la poste? Et Damien? Et Marine et Mathieu? Pourquoi est-ce qu'ils n'ont pas utilisé un des ordinateurs de la poste?

la poste

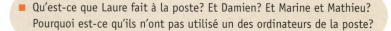

BRETAGNE — LA BAULE — LA CÔTE D'AMOUR

une carte postale

Les mots et la culture

1 La poste. Where you live, what can you do at the post office? The post office in France is run by the government and is known as **la poste.** This is where you go to mail letters, buy stamps and **télécartes,** make phone calls, consult the Internet (with **une carte cyberposte** that you also buy there), and even do your banking. You can also buy stamps and **télécartes** at tobacco shops **(les bureaux de tabac)** and mail letters in any yellow mailbox **(les boîtes aux lettres),** which you can probably find nearby.

une boîte aux lettres

POSTES

LA POSTE

Là, regarde!

Oui, c'est ça!

Alors, ça y est?

un annuaire

Marine Mathieu Laure

une enveloppe

un timbre

R. Cuvill
93, allée de l'Alsace
45770   SARAN

Madame Maria Tauvré
3, Place Pasteur
81500   LAVAUR

une lettre

une adresse

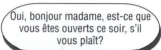

Trouver le plus grand choix de télécartes ?

Télécarte 120

une télécarte

B. Dans une cabine téléphonique (2)

Damien va téléphoner à sa mère.

Damien a trouvé une cabine téléphonique près de la plage et il téléphone à Lausanne avec sa télécarte. Marine téléphone au restaurant avec son portable puis elle envoie (3) un texto à sa petite sœur.

■ À qui est-ce que Damien téléphone? Et Marine? Pourquoi?

Oui, bonjour madame, est-ce que vous êtes ouverts ce soir, s'il vous plaît?

Les mots et la culture

2 Téléphoner en France. Where you live, what's the most practical way to call when you are on the move? In France, as in most of Europe, cell phones **(les téléphones portables** or **les portables)** are everywhere. It is not at all rare now for everybody in a family to have their own cell phone. Calls between cell phones usually cost less than between regular phones. Sending written messages by cell phone **(les textos)** is also very popular among young people.

The popularity of cell phones has greatly reduced the need for public phones, but these can still be found in post offices and in telephone booths, and require a telephone card, **une télécarte,** which can be purchased at the post office or in a **bureau de tabac.** Telephone directories and many other services have been computerized and can be accessed on the Internet or through minicomputers **(les**

Minitels) available on loan to home subscribers. **Minitels** can also be used to check the weather and traffic, to reserve train or plane tickets, to check schedules, to reserve theater tickets, to make purchases online, and to communicate with other **Minitel** users.

3 Envoyer. The **y** in the stem of the verb **envoyer** changes to **i** in the present tense when the ending is silent. This is the same pattern you learned for the verb **payer (je paie, nous payons).**

j'envoie	nous envoyons
tu envoies	vous envoyez
il elle } envoie	ils elles } envoient

C. Au bureau de tabac (4)

Tiens, un article sur la Suisse! Intéressant!

Zut! Il va pleuvoir demain!

un journal

un magazine

des cartes postales

Devant un bureau de tabac

Au bureau de tabac, ils achètent des cartes postales, des enveloppes, des bonbons, des journaux et des magazines. Mathieu voudrait aussi acheter des cigarettes mais les autres détestent les cigarettes et ils ne sont pas contents quand il fume!

■ Où sont-ils? Qu'est-ce qu'on vend dans ce magasin? Qui va souvent dans ce magasin? Et chez vous, où est-ce qu'on achète des journaux? des timbres? des cigarettes? Qu'est-ce que Marine et Damien sont en train de lire?

Chère (5) Dominique,
Il fait très beau.
La plage est merveilleuse!
Gros bisous,
Laure

Mlle Dominique Mercier
Rue Ste-Claire 6
CH-1800 Vevey
Suisse

Les mots et la culture

4 **Le bureau de tabac.** Where you live, where do you buy magazines? newspapers? candy? cigarettes? postcards?

In France, **un bureau de tabac** or **un tabac** is a small store where cigarettes, stamps, postcards, newspapers, magazines, comic books, matches, telephone cards, and candy can be bought. The French government has a monopoly on tobacco products, so that tobacco prod- ucts can only be bought in a **bureau de tabac** that is duly licensed by the government. This is not necessarily the case in other parts of the world where French is spoken. In Belgium, for example, tobacco products are commonly sold in grocery stores.

5 **Cher.** The adjective **cher, chère** has two different meanings in French. Placed before the noun, it means *dear;* after the noun, it means *expensive.*

Cher John,...
La BMW est une voiture **chère.**

Dear John, . . .
The BMW is an expensive car.

D. Dans un café

Mathieu est en train de lire *Paris Match* parce qu'il adore les photos de ce magazine et parce qu'il aime les articles sur les célébrités. En vacances, il déteste les choses culturelles. Et puis, toute l'année, il doit lire de la littérature, alors... Laure fait son courrier: elle veut envoyer des cartes postales à tous ses amis en Suisse. Damien est en train de lire *Ouest-France*. Il aime lire les gros titres, la page des sports, les bandes dessinées et les dessins humoristiques. Mais surtout, il veut lire la météo pour demain! Marine, elle, a acheté *L'Express* parce qu'il y avait un article sur la Suisse. Et puis, elle aime la politique et elle veut être au courant des événements importants de la semaine. Elle aime aussi les rubriques scientifiques et littéraires et elle est en train de lire un article sur le nouveau roman de l'écrivain Jean-Marie Le Clézio. C'est un beau roman d'amour et elle voudrait bien aller l'acheter dans une librairie pour pouvoir le lire s'il continue à pleuvoir.

■ Quel magazine américain ou canadien est comme *Paris Match*? Qui aime lire ces magazines? *Ouest-France*, c'est un journal pour toute la France? Quelles nouvelles est-ce qu'il y a dans la presse aujourd'hui? Est-ce que ce sont des nouvelles importantes, à votre avis? Quelle est la météo de demain pour La Baule? Où est-ce qu'il va faire beau? Où est-ce qu'il va faire mauvais?

■ Et vous, qu'est-ce que vous aimez lire en vacances? Où est-ce qu'on peut lire l'actualité sportive? l'actualité politique? Où est-ce qu'on trouve des bandes dessinées et des dessins humoristiques? Qui aime les lire? Pourquoi?

■ Regardez bien la carte postale de Laure à Dominique à la page 336. Dominique, c'est un homme ou une femme? C'est vrai qu'il faisait beau à La Baule ce jour-là?

■ Et vous, est-ce que vous aimez écrire des cartes postales quand vous êtes en vacances? Et des lettres? Sur les cartes postales de vacances, est-ce qu'il faut toujours dire la vérité? Quand est-ce que vous ne voulez pas la dire?

■ Quels magazines préférez-vous? Pourquoi? (SUGGESTIONS: les magazines d'information, de sport, de mode, de cuisine, de photo, de cinéma, de voyage; les magazines féminins, scientifiques, littéraires; les magazines sur les célébrités, sur les ordinateurs, sur la médecine et la santé, sur les maisons, sur le jardinage, etc.)

■ Dans le journal, vous préférez la politique ou le sport? la publicité ou la météo? les petites annonces ou les dessins humoristiques? Quels renseignements est-ce qu'on peut trouver dans les petites annonces?

■ Quel est votre écrivain préféré? Vous préférez les romans ou les poèmes?

E. Dans un cybercafé (6)

Laure et Damien sont des internautes qui sont connectés à Internet chez eux. Alors, en voyage, ils aiment bien aller dans les cybercafés. Laure adore le courrier électronique, les discussions en ligne et les forums. Maintenant, elle est en train de lire ses messages. Damien aime mieux surfer sur la toile et il est en train de lire la page météo d'un site suisse. Après, s'il continue à pleuvoir, ils vont peut-être faire un jeu en ligne tous les quatre.

- Et vous, est-ce que vous aimez utiliser Internet? Pour faire quoi?
- Quel est votre site préféré?
- Qu'est-ce que vous aimez faire quand il pleut?

Les mots et la culture

6 L'Internet en France

Due to the success of the **Minitel** in the 80s, the Internet took more time to develop in France than it did in North America and in other European countries. The French **Minitel**, although very efficient and easy to use, is, however, limited to France. In the late 90s, the French began to develop the capacity to become active participants on the international Internet scene. For example, beginning in 1998 and continuing to the present, the French government has organized an annual Internet festival **(la fête de l'Internet)** to help promote Internet use. **France Télécom**, the French telephone company that developed the **Minitel**, has created **Wanadoo**, an Internet access provider **(un fournisseur d'accès à Internet)** and *Voilà!,* a Web search engine **(un moteur de recherche).** Cybercafés and cyberstations (computer terminals in hotels, stores, airports, etc., accessible with a card in much the same way as a public phone) are found everywhere in France, and increasing numbers of people are connected to the Internet at work and at home.

F. Autres mots et usages

Here are some useful words and expressions not included in the preceding vocabulary presentation.

demander (qqch. à qqn)	to ask (someone for something)
une dissertation	paper (written for a class)
un facteur	mail carrier
masculin(e)	masculine

mettre une lettre à la poste	to mail a letter
passé(e): la semaine passée, le mois passé	last (week, month)
poser une question (à qqn)	to ask (someone) a question
un sommaire	table of contents (of a magazine)

Mise en pratique

1. Chassez l'intrus. Quel mot ne va pas avec les autres à cause du sens *(meaning)*?

1. enveloppe / courrier / timbre / article / facteur
2. bureau de tabac / annuaire / cabine téléphonique / téléphone
3. journal / magazine / courrier / article / publicité
4. écrivain / événement / littérature / roman
5. petite annonce / titre / article / facteur
6. ensoleillé / littéraire / couvert / nuageux
7. droit / météo / médecine / sciences économiques / littérature

Objectives, Act. 1: recognizing new vocabulary, solving lexical problems, working with semantic fields

2. Trouvez la suite. Qu'est-ce qui va ensemble?

1. Je cherche le numéro de téléphone de la gare.
2. Tu dois absolument acheter le journal d'aujourd'hui!
3. Combien coûtent les timbres pour le Canada?
4. Où est-ce qu'on peut téléphoner, s'il vous plaît?
5. Où est-ce qu'il y a une cabine téléphonique?
6. Est-ce qu'il y a un bureau de tabac près de l'hôtel?
7. Je cherche un appartement pour l'été.
8. À quelle heure est le premier train pour Nice?

a. Il y a un article sur toi.

b. Pour une lettre ou pour une carte postale?

c. Je voudrais acheter un journal et des cigarettes.

d. Regarde dans les petites annonces du *Figaro*.

e. Regarde dans l'annuaire!

f. Mais à la poste, monsieur!

g. Tout près du supermarché, à droite.

h. Regarde sur le site Internet de la SNCF.

Objectives, Act. 2: recognizing new vocabulary, connecting words to context, assembling sentence segments, recycling vocabulary from previous lessons, developing awareness of cultural differences

3. Moi, je préfère! Avec un(e) partenaire, dites ce que vous aimez beaucoup, un peu, pas du tout.

lire le journal	lire des magazines féminins
lire des magazines	lire des magazines spécialisés
lire des lettres	lire des romans
écrire des lettres	écrire des romans
écrire des cartes postales	écrire des poèmes
écouter la radio	lire des essais philosophiques
regarder la télévision	lire des bandes dessinées
lire des magazines d'information	lire de la littérature classique
lire l'actualité politique	lire de la littérature moderne
dans le journal	envoyer des messages électroniques
lire des magazines qui ont des photos	participer à une discussion en ligne
lire votre courrier électronique	envoyer des textos à des amis
surfer sur Internet	

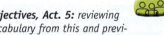

4. Les médias. Avec un(e) partenaire, décidez si c'est vrai ou faux.

1. Les nouvelles importantes sont à la première page du journal.
2. Il y a des articles sur la mode dans les magazines féminins.
3. Il y a des adresses dans les petites annonces.
4. Les petites annonces sont très faciles à lire.
5. On parle de littérature à la page du sport.
6. Vous pouvez lire les petites annonces pour trouver un appartement.
7. La météo n'est jamais dans le journal.
8. Pour trouver le numéro de téléphone de mes amis, je regarde dans les petites annonces.
9. Dans les magazines, les photos sont en couleurs.
10. Il y a des articles sur la cuisine dans les magazines scientifiques.
11. Dans l'annuaire, il n'y a pas d'adresses.
12. En France, les boîtes aux lettres sont bleues.
13. Les bureaux de tabac ne vendent pas de timbres.
14. En France, on peut téléphoner à la poste.

5. La météo. En groupes, répondez aux questions d'après la météo du jour. Puis comparez vos réponses avec les réponses des autres groupes.

> **Météo du jour**
>
> Temps pluvieux sur la moitié ouest du pays.
>
> Brume matinale sur le nord et les côtes de la Manche.
>
> Temps chaud et nuageux sur le centre.
>
> Vent persistant sur le midi de la France.
>
> Beau temps sur les côtes de la Méditerranée.
>
> Temps lourd et orageux sur les montagnes du centre.
>
> Temps frais et ensoleillé sur les montagnes du sud, avec vent léger.
>
> Temps nuageux sur la capitale le matin et l'après-midi.

1. Regardez la carte de France à la fin du livre. Quelles régions sont dans la moitié ouest de la France? dans le nord? dans le centre? dans le midi? sur la Méditerranée? De quelles montagnes parle-t-on? De quelle ville?
2. Quel temps préférez-vous en général? Quel temps n'aimez-vous pas? Regardez la météo du jour. Où est-ce que vous avez envie d'aller passer *(spend)* la journée? Qu'est-ce que vous allez faire?
3. Choisissez des vêtements appropriés et une activité appropriée au temps qu'il fait dans chaque région (ou ville) mentionnée dans la météo du jour.

6. Le voyage d'une carte postale. En groupes, dites quelles sont les étapes et les aventures du voyage d'une carte postale. (Où est-ce qu'on la vend? Pourquoi est-ce qu'on l'achète? Qui va l'écrire? Où est-ce qu'elle va arriver? Qui va la lire?) Comparez avec les autres groupes.

Objectives, Act. 6: practicing new and previously learned vocabulary, creating with language, interacting orally, using imagination, presenting orally

7. Journaux, magazines et Internet. En groupes, dites ce qu'ils cherchent dans un journal. Et dans un magazine? Et sur Internet?

une directrice d'école	un avocat
un cuisinier	une femme médecin
une mère de famille	un chômeur
une étudiante	un commerçant
un agriculteur	un cadre
une pianiste	une adolescente
un professeur	un secrétaire
un infirmier	un garagiste

Objectives, Act. 7–9: recycling vocabulary from previous lessons and connecting it to new vocabulary, going from segments to sentence-length discourse, interacting orally, sharing opinions and experiences, extracting information from documents

8. Où, quand, qui, à qui? En groupes, choisissez une profession et imaginez une personne de cette profession. Qu'est-ce que cette personne aime lire et écrire? déteste lire et écrire? Présentez votre personne aux autres groupes sans révéler *(reveal)* le nom de sa profession. Ils doivent la deviner *(guess)*.

9. Des magazines. Pour chaque magazine, répondez aux questions suivantes en groupes.

1. Quelle sorte de magazine est-ce?
2. Qu'est-ce qu'il y a sur la couverture *(cover)*?
3. De quoi est-ce qu'on parle probablement dans ce magazine?
4. Qui va le lire? Pourquoi?
5. Et vous? Quel magazine voulez-vous lire? Quel magazine ne voulez-vous pas lire? Pourquoi?

a.

b.

c.

d.

e.

f.

10. Qu'est-ce que vous aimez faire? Voilà ce que les Français de 16 à 25 ans aiment beaucoup faire:

	Ensemble %	Garçons %	Filles %
Écouter de la musique	83	82	84
Apprendre des choses nouvelles	79	76	83
Faire la fête avec des amis	78	79	78
Être en famille	63	55	72
Voyager	63	57	70
Aller au cinéma	55	51	59
Faire du sport	54	62	45
Lire	40	26	54
Dépenser de l'argent*	38	34	42
Surfer sur Internet	22	23	20

Source: 16–25 ans: valeurs et attentes de la nouvelle génération. Sondage Ifop

*dépenser de l'argent = utiliser de l'argent pour acheter des choses

1. En groupes, dites quelles sont les trois activités préférées des jeunes Français. Pour quelles activités est-ce qu'il y a beaucoup de différence entre les garçons et les filles? Comparez les filles et les garçons français d'après ce sondage.

2. Et vous? Seul(e), faites une liste de vos 10 activités préférées et comparez-les avec le reste de votre groupe puis avec la classe. Est-ce que vous êtes comme les jeunes Français? Est-ce qu'il y a des différences entre les garçons et les filles de la classe?

Les jeunes Français aiment beaucoup aller au cinéma.

Structure 1

Les verbes de communication: *dire, lire et écrire*

> **dire** *(to say, tell)*
>
> | | |
> |---|---|
> | je dis | nous disons |
> | tu dis | vous **dites** |
> | il elle } dit | ils elles } disent |

Note the **vous** form: **vous dites.**

Pourquoi est-ce que vous **dites** ça?	*Why do you say that?*

The imperative, or command, forms of **dire** are the same as the present tense forms.

Non, non, non, ne le **dis** pas!	*No, don't say it!*
Dites toujours la vérité.	*Always tell the truth.*
Disons, quoi, six heures. Ça te va?	*Let's say, what, six? How does that suit you?*

The past participle of **dire** is **dit. Dire** is conjugated with **avoir** in the **passé composé.**

Qu'est-ce qu'il **a dit?**	*What did he say?*

The **imparfait** of **dire** is regular.

Qu'est-ce qu'il **disait?**	*What was he saying?*

Note the pattern **dire quelque chose à quelqu'un** *(to say something to someone).*

François, **dis** merci à M. Laporte.	*François, say thank you to Mr. Laporte.*
Est-ce que vous **avez dit** la vérité à vos parents?	*Did you tell your parents the truth?*

The verb **dire** is used in two idiomatic expressions.

1. To ask for the French equivalent of a word in English:

Comment **dit**-on «then» en français?	*How do you say "then" in French?*

2. To find out what a word means:

Que **veut dire** «poche»?	*What does "poche" mean?*
Qu'est-ce que ça **veut dire?**	*What does that mean?*

écrire (to write)

j'écris	nous écrivons
tu écris	vous écrivez
il / elle } écrit	ils / elles } écrivent

The imperative, or command, forms of **écrire** are the same as the present tense forms.

Écris une lettre à ta grand-mère tout de suite!	*Write a letter to your grandmother right away!*
Écrivez votre nom, s'il vous plaît.	*Write your name, please.*
Écrivons un roman!	*Let's write a novel!*

The past participle of **écrire** is **écrit**. **Écrire** is conjugated with **avoir** in the **passé composé.**

J'ai écrit deux lettres hier.	*I wrote two letters yesterday.*

The **imparfait** of **écrire** is regular.

Elle **écrivait** une carte postale quand je suis entré.	*She was writing a postcard when I came in.*

The verb **décrire** *(to describe)* is conjugated like **écrire.**

lire (to read)

je lis	nous lisons
tu lis	vous lisez
il / elle } lit	ils / elles } lisent

Vous **lisez** beaucoup?	*Do you read a lot?*
Ma mère **lit** toujours le journal le matin.	*My mother always reads the newspaper in the morning.*

The imperative, or command, forms of **lire** are the same as the present tense forms.

Lis cet article avant demain.	*Read this article before tomorrow.*
Ne **lisez** pas ce roman!	*Don't read that novel!*
Lisons *Le rouge et le noir* cet été.	*Let's read* The Red and the Black *this summer.*

The past participle of **lire** is **lu. Lire** is conjugated with **avoir** in the **passé composé.**

Est-ce que tu **as lu** ce roman?	*Have you read this novel?*

The **imparfait** of **lire** is regular.

Avant, je **lisais** beaucoup, mais maintenant je n'ai plus le temps.	*I used to read a lot, but now I don't have (the) time.*

Mise en pratique

1. On lit? On écrit? On dit? Complétez les phrases avec **on lit, on écrit** ou **on dit.** Il y a plusieurs *(several)* réponses possibles.

*Objective, Act. 1: working with lexical meanings of **lire, dire,** and **écrire***

1. ... des lettres.
2. ... oui ou non.
3. ... un poème.
4. ... une carte postale.
5. ... la vérité.
6. ... un roman.
7. ... le ... avec des fleurs!
8. ... un numéro de téléphone.

2. Activités du week-end. Utilisez les verbes entre parenthèses pour dire ce que tout le monde fait ce week-end.

*Objective, Act. 2–4: focusing on forms of **lire, dire,** and **écrire***

1. Aline _____ un roman de Hawthorne. (lire)
2. Jacques et Alain _____ des dissertations. (écrire)
3. Nous _____ un article sur l'actualité politique dans un magazine très sérieux. (lire)
4. Tu _____ une lettre à ta sœur? (écrire)
5. J' _____ à un ami et je _____ ma vie à l'université. (écrire / décrire)

3. Activités du week-end (suite). Maintenant, utilisez le passé composé pour dire ce qu'on n'a pas fait ce week-end.

1. Aline _____ le roman de Hawthorne. Elle _____ un roman d'amour! (ne pas lire / lire)
2. Jacques et Alain _____ leurs dissertations. Ils _____ des poèmes pour leurs petites amies! (ne pas écrire / écrire)
3. Nous _____ l'article sur l'actualité politique. Nous _____ un article sur les sports! (ne pas lire / lire)
4. Tu _____ de lettre à ta sœur! Tu _____ une carte postale à toute ta famille! (ne pas écrire / écrire)
5. Je _____ à mon ami; je _____ ma vie à l'université au téléphone! (ne pas écrire / décrire)

4. La vie était belle à dix ans! La vie était plus facile avant. Utilisez les verbes à l'imparfait pour le dire.

1. Les professeurs _____ quand nous _____ des bandes dessinées. (ne rien dire / lire)
2. Je _____ de dissertations. (ne pas écrire)
3. Je _____ de livres sérieux. (ne pas lire)
4. Nous _____ des petits poèmes pour notre mère. Elle était très contente! (écrire)

5. Parlons un peu

*Objective, Act. 5: using **lire, dire,** and **écrire** communicatively*

1. Est-ce que vous écrivez des lettres? À qui?
2. Quels magazines est-ce que vous lisez? Quels magazines est-ce que vous ne lisez jamais? Pourquoi?
3. À qui est-ce que vous dites toujours la vérité? À qui est-ce que vous ne dites jamais la vérité?
4. Qu'est-ce que vous lisez à la plage?
5. Est-ce que vous voulez être journaliste? écrivain? Pourquoi ou pourquoi pas?
6. Est-ce que vous aimez lire des poèmes? écrire des poèmes?
7. Qu'est-ce que vous lisez en ce moment?

Structure 2

Les pronoms d'objet indirect

Indirect objects indicate the person to whom something is given, shown, said, and so forth.

> I talked to *my father* yesterday. (*my father* is the indirect object)

With verbs that have both a direct and an indirect object, English permits two different word orders. In these two sentences, *Joel* is the indirect object.

> He gave the book to *Joel*.　　　　He gave *Joel* the book.

In French, the preposition **à** appears in front of a noun used as an indirect object.

> Il a donné le livre **à Joël**.　　　　*He gave Joel the book.*
> 　　　　　　　　　　　　　　　　*(He gave the book to Joel.)*

Indirect object pronouns (**les pronoms d'objet indirect**) replace nouns used as indirect objects.

me	*(to) me*
te	*(to) you (familiar, singular)*
lui	*(to) him, (to) her*
nous	*(to) us*
vous	*(to) you (formal or plural)*
leur	*(to) them*

Note that **lui** can mean either *(to) him* or *(to) her*. The context almost always indicates which is meant. Indirect object pronouns follow the same placement rules as direct object pronouns.

1. In front of a one-word verb.

   Il **me** parle pendant des heures.　　*He talks to me for hours.*
   Je **leur** disais que...　　*I was telling them that . . .*

2. In front of the infinitive in a verb + infinitive combination.

   Tu vas **lui** parler demain?　　*Are you going to talk to him/*
   　　　　　　　　　　　　　　her tomorrow?

   Non, je ne peux pas **lui** parler　　*No, I can't talk to him/her tomorrow.*
   demain.

3. In front of the helping verb in the **passé composé**.

   Martin **lui** a donné le livre.　　*Martin gave him/her the book*
   　　　　　　　　　　　　　　(gave the book to him/her).

   Céline ne **leur** a pas écrit.　　*Céline didn't write (to) them.*

4. With imperative, or command, forms, indirect object pronouns, like direct object pronouns, follow affirmative imperatives and precede negative imperatives. Note that **me** and **te** become **moi** and **toi** when they follow the verb form.

Parlez-**moi** d'amour!	*Talk to me about love!*
Ne **lui** donne pas ce cadeau!	*Don't give him/her that present!*

Rappel

1. The indirect object pronoun **leur** is already plural. Do not add -s. The possessive adjective **leur** *(their)* does take -s when it modifies a plural noun.

—Il a parlé aux étudiants de **leurs** devoirs?	*Did he talk to the students about their assignments?*
—Oui, il **leur** a parlé de **leurs** devoirs!	*Yes, he talked to them about their assignments.*

2. A few verbs that are followed by direct objects in English are followed by indirect objects in French. Here are the ones you have already learned.
   - téléphoner **à**

Il a téléphoné **à** ses parents.	*He called his parents.*
Il **leur** a téléphoné.	*He called them.*

   - répondre **à**

Il n'a pas répondu **à** sa sœur.	*He didn't answer his sister.*
Il ne **lui** a pas répondu.	*He didn't answer her.*

   - demander **à**

Il a demandé de l'argent **à** Paul.	*He asked Paul for some money.*
Il **lui** a demandé de l'argent.	*He asked him for some money.*

Mise en pratique

1. **Cédric et son père.** La mère et le père de Cédric sont divorcés et Cédric habite avec sa mère. Son père, Jean Rasquin, habite à Paris. Cédric parle de son père. Est-ce qu'il aime son père? Est-ce que le père aime Cédric?

   1. Je ne le vois jamais.
   2. Il me téléphone le week-end.
   3. Il m'offre des cadeaux.
   4. Je n'aime pas les cadeaux qu'il m'offre.
   5. Il m'a acheté un vélo.
   6. Il m'invite à venir le voir à Paris l'été.
   7. Je lui envoie des photos de moi et de ma mère.
   8. Il me dit qu'il m'aime.
   9. Quand il est en vacances, il m'écrit des cartes postales.
   10. Quand je suis à Paris avec lui, il me dit qu'il est très occupé.

Objective, Act. 1: making form-meaning connections with indirect and direct object pronouns

2. **Parler avec des pronoms.** Remplacez les mots en italique par des pronoms d'objet indirect.

   Modèle: Je n'écris plus à mes parents; je téléphone *à mes parents*.
   Je n'écris plus à mes parents; je leur téléphone.

   1. Le professeur n'a pas dit la date de l'examen *aux étudiants*.
   2. Candide a apporté des fleurs *à sa mère*.
   3. Roméo a chanté une chanson *à Juliette*.
   4. Nous n'allons pas téléphoner *à nos parents* ce soir.
   5. Patrick a décrit sa sœur *à ses copains*.
   6. Le professeur veut écrire une lettre *à sa fille*.

Objective, Act. 2–3: practicing forms of indirect object pronouns

3. **Répondez avec des pronoms.** Répondez aux questions en utilisant des pronoms d'objet indirect.

Modèle: Tu vas envoyer ce cadeau *à ta sœur*? (oui)
Oui, je vais lui envoyer ce cadeau.

1. Tu ne donnes pas cette robe *à Claudine*? (si)
2. Est-ce que vous allez téléphoner *à vos parents* ce soir? (non)
3. Est-ce que tu as écrit *à ta grand-mère*? (oui)
4. Ton mari ne *t'*apporte plus de cadeaux? (non)
5. Tu as parlé *au professeur*? (non)

Objective, Act. 4–5: using indirect and direct object pronouns in context

4. **Je vais...** Utilisez des pronoms d'objet direct et indirect pour dire ce que vous allez faire cette semaine ou ce week-end.

Modèles: perdre mes clés   *Non, je ne vais pas les perdre.*
parler à mes parents *Oui, je vais leur parler.*

1. écrire à un(e) ami(e)
2. écouter mes amis
3. perdre mes affaires
4. parler au président de l'université
5. dire la vérité tout le temps
6. payer les repas à mes copains
7. envoyer douze roses au professeur de français
8. faire mon lit
9. lire les romans de Tolstoï
10. trouver la vérité

5. **Histoire d'amour.** Voilà la triste histoire d'amour de David, mais il y a trop de noms. Récrivez-la avec des pronoms sujets *(subject pronouns)*, des pronoms disjoints *(stress pronouns)*, des pronoms d'objet direct et des pronoms d'objet indirect. Mais faites attention: pour comprendre l'histoire, il ne faut pas remplacer tous les noms!

David aime Claudine mais Claudine n'aime pas David. David cherche Claudine toute la journée. David va à la bibliothèque. À la bibliothèque, David trouve Charles et Monique et David parle à Charles et Monique, mais David ne trouve pas Claudine. David va au restaurant universitaire. Devant le restaurant, David voit une étudiante. Est-ce que c'est Claudine? Non, ce n'est pas Claudine; c'est sa copine Mireille.

David rentre dans sa chambre où David téléphone à Claudine pour inviter Claudine au cinéma, mais Claudine ne répond pas. David ne peut pas trouver Claudine! Enfin, à onze heures du soir, David trouve Claudine. Mais Claudine n'est pas seule—Claudine est avec Robert!

Après, le pauvre David voit Claudine partout. David va à la bibliothèque. Voilà Claudine—mais avec Robert! David voit Claudine et Robert au restaurant universitaire. David voit Claudine et Robert au cinéma. Claudine regarde Robert tout le temps et Claudine parle à Robert avec beaucoup d'enthousiasme! David n'est pas content. David commence vraiment à détester Claudine et Robert! Alors, David décide de téléphoner à la copine de Claudine—Mireille. Si David va au cinéma avec Mireille, Mireille va peut-être aimer David. Mireille va peut-être parler à David avec beaucoup d'enthousiasme. David rêve!

Structure 3

L'accord du participe passé

You have already learned that the past participle of verbs conjugated with **être** in the **passé composé** agrees with the subject of the sentence.

Martine est rentrée chez elle et
  elle a regardé la télévision.

*Martine came home and
  she watched television.*

The past participle of verbs conjugated with **avoir** in the **passé composé** agrees instead with a direct object when the direct object precedes the verb. This occurs in three instances.

1. With a direct object pronoun.

   —Les Lemont ont vendu
     leur maison?

   *Have the Lemonts sold
     their house?*

   —Oui, ils l'ont vendue la semaine
     passée.

   Yes, they sold it last week.

   —Tu as envoyé **les cartes** de Noël?

   Did you send the Christmas cards?

   —Oui, je **les** ai envoyées hier.

   Yes, I sent them yesterday.

2. In a question using **quel.**

   Quelle chemise est-ce que Paul a achetée?

   Which shirt did Paul buy?

   Quels magazines est-ce que tu as achetés?

   Which magazines did you buy?

3. In a sentence containing the relative pronoun **que.** In this case, **que** functions as a preceding direct object. The past participle agrees with the noun that **que** has replaced.

   C'est **la lettre que** j'ai écrite hier.

   *That's the letter (that)
     I wrote yesterday.*

   Où sont **les magazines que** tu as lus?

   *Where are the magazines that
     you read?*

Note that past participles agree only with preceding direct objects, not with indirect objects.

Martin **leur** a donné les fleurs.

Martin gave them the flowers.

Les fleurs? Martin **les** a données
  à ses parents.

*The flowers? Martin gave them
  to his parents.*

Note de prononciation

As with verbs conjugated with **être** in the **passé composé**, past participle agreement in verbs conjugated with **avoir** in the **passé composé** is primarily a written phenomenon. There are only a few verbs where this agreement is reflected in pronunciation.

1. For verbs with a past participle that ends in a consonant, the addition of **-e** because of a preceding feminine direct object causes the final consonant to be pronounced.

—Où est-ce que tu as **mis** mes chaussettes? — *Where did you put my socks?*

—Je les ai **mises** dans le tiroir. — *I put them in the drawer.*

—Tu as **ouvert** la fenêtre? — *Did you open the window?*

—Oui, je l'ai **ouverte.** — *Yes, I opened it.*

—Tu as **écrit** la lettre à Marc? — *Did you write the letter to Marc?*

—Oui, je l'ai **écrite** hier. — *Yes, I wrote it yesterday.*

2. As is the case for adjectives, past participles ending in **-s** are identical in the masculine singular and plural.

—Est-ce que Michel a **pris** ses gants? — *Did Michael take his gloves?*

—Non, il ne les a pas **pris.** Les voilà, sur la table. — *No, he didn't take them. There they are, on the table.*

Mise en pratique

Objective, Act. 1–2: using pronouns and past participle agreement in context

1. **Les préparatifs de la fête.** Il y a une fête ce soir et voilà ce que tout le monde a fait:

- Patrick a acheté les fleurs et le vin.
- Aline a fait le ménage.
- Jean-Michel a fait la cuisine.
- Patrice a mis la table.
- Daniel est allé au supermarché pour acheter le fromage, les légumes et les jus de fruit.
- Véronique est allée chercher le pain à la boulangerie.
- Luc est allé chercher les tartes et le gâteau à la pâtisserie.
- Bruno a préparé les crudités.
- Diane a fait la sangria.

Mais Philippe veut être sûr que tout est vraiment prêt *(ready)*.
Répondez aux questions de Philippe. Jouez les rôles!

Modèle: —On a fait la cuisine?
              —*Oui, Jean-Michel l'a faite.*

1. On a acheté le fromage?
2. On a mis la table?
3. On a acheté le gâteau?
4. On a fait le ménage?
5. On a acheté le pain?
6. On a acheté les jus de fruit?
7. On a préparé les crudités?
8. On a fait la sangria?

Philippe

2. **Des vacances à Barcelone.** Voilà l'histoire de Pierre et d'Ingrid à Barcelone l'été
   passé. Mais il y a trop de noms dans leur histoire. Récrivez l'histoire avec des
   pronoms, mais faites attention: il ne faut pas remplacer tous les noms par des
   pronoms si on veut comprendre l'histoire! Quand vous avez fini, relisez votre texte
   pour voir si on peut le comprendre.

> Pierre et Ingrid sont allés à Barcelone l'été passé. Ingrid a fait les valises. Pierre
> a choisi ses vêtements. Pierre a mis ses vêtements sur le lit et Ingrid a mis les
> vêtements de Pierre dans une valise. Ingrid a aussi pris sa jupe bleue et sa robe
> orange. Ingrid a mis sa jupe bleue et sa robe orange dans la valise.
>
> À Barcelone, Pierre et Ingrid ont trouvé un hôtel pas cher. Pierre a aimé l'hôtel
> mais Ingrid n'a pas aimé l'hôtel parce qu'Ingrid aime les grandes chambres claires.
> Dans cet hôtel, Pierre et Ingrid ont parlé avec une Espagnole sympathique.
> L'Espagnole sympathique s'appelait Mercedes. Pierre et Ingrid ont invité Mercedes
> à Paris. Mercedes va venir chez Pierre et Ingrid pour les vacances de Noël. Pierre
> et Ingrid vont donner un cadeau à Mercedes parce que Mercedes a invité Pierre et
> Ingrid chez Mercedes à Ségovie. Pierre et Ingrid ont fait un beau voyage.

Le français parlé

CD2-10

Scène de vie

—Excuse-moi, je vois que tu lis *L'Express*… Tu es français?

—Oui, et toi?

—Non, non, je suis américain.

—C'est vrai? Mais tu parles français?

—Ben oui, j'ai étudié à Paris l'année dernière.

—Et tu as aimé la vie à Paris?

—Ah oui, j'ai adoré! Et toi, qu'est-ce que tu fais ici?

—Ben, j'étudie, je suis étudiant en histoire, j'étudie l'histoire américaine.

—Ici?

—Oui, pour un an… Et je fais de l'anglais aussi… L'anglais, c'est important pour moi… Oui, c'est vraiment important quand on étudie l'histoire américaine…

—Mais pourquoi est-ce que tu as choisi d'étudier ici et pas à New York ou, je ne sais pas moi, à Boston ou à Washington… hein, pour l'histoire américaine?

—Ben oui, mais ici, il y a un prof célèbre. Elle écrit beaucoup, elle a écrit beaucoup de bouquins et d'articles. Je voulais étudier avec elle, tu comprends, c'est vraiment intéressant pour moi d'étudier avec elle!

—Ah oui, je comprends… Mais bon, ici, c'est loin de tout…

—Mais New York, est-ce que c'est l'Amérique? Hein? New York ou Washington, est-ce que c'est vraiment l'Amérique, dis?

—Ben, je ne sais pas moi, c'est plus intéressant, non?

—Plus intéressant? Oui, pour sortir et pour tout ce qui est culture, oui, ça c'est vrai, c'est plus intéressant… Mais ici… Ici, tu vois, c'est la vie américaine, la vie des Américains de tous les jours…

—Je vois… Et ce n'est pas ennuyeux, la vie des Américains de tous les jours?

—Ah mais pas du tout, pas du tout! J'ai rencontré beaucoup de personnes intéressantes… Non, vraiment, ce n'est pas ennuyeux du tout!

—Et qu'est-ce que tu préfères à l'université?

—Les contacts avec les profs, les profs ici sont plus près des étudiants, c'est plus facile d'aller leur parler dans leur bureau. J'aime bien ça!

—Et il y a des choses que tu n'aimes pas?

—Les chambres, je déteste les chambres à la fac, elles sont beaucoup trop petites! Mais… pardon, tu as l'heure?

—Oui, il est… trois heures moins dix.

—Trois heures moins dix? Oh là là, j'ai un cours à trois heures! Je dois partir!

—Oui, moi aussi… Tu as un portable? Je peux avoir ton numéro?

—Oui, le voilà…

a. Listen to the conversation. Do the speakers use **tu** or **vous** when speaking to each other? Why do you think so? Do they speak in the same way? What characteristics of spoken French do you hear in this conversation?

b. Now, pay attention to the French speaker. Did you notice that he has a tendency to repeat himself? Why do you think so?

c. Underline in the text all the instances when the French speaker repeats himself. When spoken French is transcribed in written form, the language seems heavier, less fluid, and more redundant. Do you have the same feeling when listening?

Parlons! Une rencontre

Il fait beau aujourd'hui et vous faites une petite promenade dehors. Vous voyez un(e) étudiant(e) qui est en train de lire *L'Express*. Comme vous avez envie de parler français, vous engagez la conversation.

a. Avec un(e) partenaire, choisissez les rôles. Qui va être lui-même/elle-même *(himself/herself)*? Qui va être le visiteur/la visiteuse?

b. Seul(e), prenez deux minutes pour préparer la conversation:

- Si vous êtes vous-même: Comment allez-vous engager la conversation? Quelles questions voulez-vous poser à un visiteur/une visiteuse francophone? Comment allez-vous finir la conversation?

- Si vous êtes le visiteur/la visiteuse, décidez qui vous êtes, d'où vous venez, pourquoi vous êtes en Amérique, ce que vous aimez ici, ce que vous n'aimez pas, etc.

c. Essayez d'avoir une conversation de deux ou trois minutes avec votre partenaire.

Objectives: *reflecting on the use of multiple pronouns in English and French, and thinking about the mechanisms underlying first and second language learning*

Vous l'aimez, vous voulez le lui dire. Ce tee-shirt est fait pour vous.

1. **En anglais.** Here are some sentences in English. Rewrite them replacing nouns with pronouns. Are there restrictions on what can be done? How do you know what is possible and not possible? Can you speculate as to possible "rules" that might be helpful to someone learning English as a second language?

   a. Julie gave Beth the book.
   b. Beth donated the book to the library.
   c. The library sent the book to Andrea in London.
   d. Andrea contributed the book to a charity drive.

2. **En français.** How does French work? Can you use more than one pronoun in a sentence? If you do, what order do they go in? Here are some examples of third-person direct object and indirect object pronouns taken from the *Le Monde 2000 Corpus*. What combinations seem to be possible? What combinations do you not find? Do you think that you have enough examples to draw tentative conclusions? If not, how many more would you need?

   > 1. ... je le lui ai encore dit récemment...
   >
   > 2. ... la préfecture la lui refuse...
   >
   > 3. ... au contraire il voulait les leur imposer...
   >
   > 4. ... quand on les lui propose...
   >
   > 5. Nous les lui donnons...
   >
   > 6. ... il ne le lui a jamais pardonné...
   >
   > 7. On la leur offre...
   >
   > 8. ... comme le lui demandait le juge d'instruction belge...

3. **À vous.** Do you think that you tend to learn a second language in the same way that you learned your first language or are there differences?

Découvertes culturelles

Portraits croisés d'internautes français

Objectives: reflecting on one's use of the Internet, reviewing familiar vocabulary, extracting cultural information about people's lives and routines, comparing French use of the Internet with native culture, inquiring into causes and consequences of data and texts

1. **Les ordinateurs et vous.** Quand et comment utilisez-vous l'ordinateur? Dites combien de temps vous passez devant votre ordinateur pour chaque activité?

   Modèle: *Je fais mes devoirs: trois heures trente.*

Un Français sur trois informatisé
Evolution du taux d'équipement des ménages en ordinateurs (en %):
1990: 10, 1991: 10, 1992: 13, 1993: 13, 1994: 15, 1995: 17, 1996: 18, 1997: 19, 1998: 21, 1999: 22, 2000: 26, 2001: 31, 2002: 36

Marie-Claude B., allergique aux grandes surfaces, 38 ans, a découvert Pratic'shopping. Enseignante en biologie, elle rêvait du Web pour ses infos. Elle a immédiatement fait ses courses en ligne.

Cela fait des années que **Robert Cappa** rêve de chemises sur mesure. Son problème: les manches. Florence lui a commandé ses chemises en ligne, mais elle garde une réticence à l'égard du paiement en ligne.

Martial Édouard, technicien commercial, est un surfeur invétéré. «Je n'achète pas de grosses choses sur Internet.» Mais il fait ses choix de vins sur le Net.

Bernard Rouch a attrapé le virus d'Internet lors de son passage à l'École nationale supérieure de télécommunications. «Ma famille vit partout dans le monde, alors, je suis devenu le spécialiste des cybercadeaux.»

Son encyclopédie, c'est le Web. **Pierre Guillou** est un jeune homme pressé qui n'a ni le temps, ni l'envie de chercher dans les bibliothèques. Il se définit comme un internaute curieux des choses rares.

(Adapté d'un article de *L'Express*, février 2000, N° 2537.)

2. **Les Français et l'ordinateur**

a. **Qui sont ces Français?** Identifiez leur profession, leur âge et si possible leur statut socio-économique. Dites aussi quand et comment ces Français utilisent les ordinateurs.

Nom	Âge	Profession	Statut socio-économique	Usage de l'ordinateur
Marie-Claude	38 ans	enseignante en biologie	classe moyenne	elle fait ses courses sur Internet

b. **Comparez.** Utilisez-vous votre ordinateur pour les mêmes choses? pour des choses différentes? Lesquelles?

3. **Questions sur l'informatique en France.** Observez les graphiques et d'après ce que vous avez appris dans ce document, préparez cinq questions pour des Français sur l'informatique.

   Modèle: *Est-ce que les ordinateurs sont chers en France?*

5 millions d'internautes à domicile
Evolution du nombre et de la proportion de Français connectés à Internet à leur domicile (en millions et en %):
1997: 0,5 M / 2 %, 1998: 1,2 M / 5 %, 1999: 2,0 M / 8 %, 2000: 3,2 M / 13 %, 2001: 4,1 M / 17 %, 2002: 5,4 M / 22 %

Lecture

Poème

1. Préparation. Quelles émotions évoque la pluie pour vous? Quels adjectifs associez-vous avec ces émotions?

[1]**le cœur:** le cœur est l'organe de la vie

Il pleure dans mon cœur[1]
Comme il pleut sur la ville,
Quelle est cette langueur
Qui pénètre mon cœur?

5 Ô bruit doux de la pluie
Par terre et sur les toits!
Pour un cœur qui s'ennuie,
Ô le chant de la pluie!

Il pleure sans raison

10 Dans ce cœur qui s'écœure.
Quoi! Nulle trahison?
Ce deuil[2] est sans raison.

[2]**le deuil:** c'est la tristesse après la mort d'un être aimé
[3]**la peine:** c'est une grande tristesse, douloureuse aussi

C'est bien la pire peine[3]
De ne savoir pourquoi,
15 Sans amour et sans haine,
Mon cœur a tant de peine.

Paul Verlaine

2. Première lecture

a. Faites une liste des mots qui se réfèrent à la pluie.

b. Identifiez toutes les références à des émotions. Faites une liste.

c. D'après ces références, quel est le sujet du poème?

3. Analyse

a. Les mots

- le cœur: Quelle signification donne le poète à ce mot?
- écœurer: C'est être malade dans son cœur, être dégoûté. Quelle est la maladie du poète?
- la trahison: À quelle trahison possible le poète fait-il référence?
- le deuil: Quelle signification le poète donne-t-il à ce mot ici?
- la peine: Pourquoi cette peine est-elle pire (plus difficile, plus grande) pour le poète? Elle est pire que quoi?

b. Les symboles. Verlaine est un poète symboliste. En quoi ce poème est-il symboliste? Qu'est-ce qui est symbolisé? Quels sont les symboles utilisés par le poète?

c. Le rythme et les sons. Quels sons sont répétés souvent? Quel est l'effet produit par ces répétitions?

d. La ponctuation. Analysez la ponctuation. Quel est le ton du poème? À qui s'adresse le poète?

4. Êtes-vous poète?
Le poète crée une construction poétique avec le verbe **pleurer** et l'expression **il pleut.** Créez, vous aussi, une expression comme celle-ci pour exprimer un autre sentiment. Composez une ou deux phrases qui vont symboliser ce sentiment.

Modèle: *Il chante dans mon cœur...*

Claude Monet: Waterloo Bridge, Morning Fog, 1901

Vocabulaire de base

CD2-11

Noms

une adresse *address*
un article *article*
une bande dessinée *comic strip, comic book*
une boîte aux lettres *mailbox*
une cabine téléphonique *telephone booth*
une carte postale *postcard*
le courrier *mail, correspondence*
une dissertation *paper (written for class)*
le droit *law*
un écrivain *writer*
une enveloppe *envelope*
un facteur *mail carrier*
un jeu, des jeux *game(s)*
un journal, des journaux *newspapers*
une lettre *letter*
une librairie *bookstore*
la littérature *literature*
un magazine *magazine*
la médecine *medicine (studies, science)*
la météo *weather forecast*
un numéro (de téléphone) *(telephone) number*

une page *page*
une petite annonce *classified ad*
la pluie *rain*
la politique *politics*
un (téléphone) portable *cell phone*
la publicité *advertising*
une question *question*
un renseignement *piece of information*
les sciences économiques *(f.pl.) economics*
un timbre *stamp*
la vérité *truth*

Adjectifs

cher, chère *(precedes noun) dear*
cher, chère *(follows noun) expensive*
ensoleillé(e) *sunny*
passé(e) *last (day, month, etc.)*

Verbes

décrire *to describe*
demander (qqch. à qqn) *to ask (someone for something)*
dire (qqch. à qqn) *to say, to tell (something to someone)*

écrire (qqch. à qqn) *to write (something to someone)*
envoyer (qqch. à qqn) *to send (something to someone)*
lire *to read*
réussir à + inf. *(conj. like finir) to succeed in (doing something)*
réussir (à un examen) *(conj. like finir) to pass (a test), to succeed*

Divers

être au courant de + nom *to be informed, to know about*
être en train de + inf. *to be in the middle of (doing something)*
être étudiant(e) en (droit, médecine...) *to study (law, medicine . . .)*
poser une question (à qqn) *to ask (someone) a question*
Quel temps fait-il? *What's the weather like?*
vouloir dire *to mean*

Vocabulaire supplémentaire

Noms

l'actualité *news*
l'amour (m.) *love*
un annuaire (du téléphone) *telephone book*
un bureau de tabac *tobacco shop*
une célébrité *celebrity*
un dessin humoristique *cartoon (in a newspaper or magazine)*
l'est (m.) *east*
un événement *event*
le Minitel *Minitel*
le nord *north*
une nouvelle *piece of news*
l'ouest (m.) *west*
un poème *poem*
la presse *press, (news)papers*
un roman *novel*
une rubrique *section, column (in a periodical)*
le sommaire *table of contents of a magazine*
le sud *south*
la Suisse *Switzerland*
une télécarte *phone card*
un texto *text message (cell phone)*
un titre (les gros titres) *title (headlines)*

Adjectifs

culturel, culturelle *cultural*
féminin(e) *feminine*
littéraire *literary*
masculin(e) *masculine*
scientifique *scientific*
suisse *Swiss*
un temps...
   couvert *overcast*
   nuageux *cloudy*

Verbe

vérifier *to verify*

Divers

en Bretagne *in Brittany*
en Suisse *in Switzerland*
être habitué(e) à *to be used to*
faire du camping *to go camping, to camp*

mettre une lettre à la poste *to mail a letter*
passer un examen *to take a test*

Internet

une adresse électronique *e-mail address*
le courrier électronique *ou* le courriel (la messagerie électronique)* *e-mail*
une discussion en ligne, une discussion en temps réel *chat*
en ligne *online*
être connecté(e) à *to be connected to*
un forum (de discussion) *newsgroup*
un(e) internaute *cybernaut, internet user*
Internet (m.) *Internet*
un message électronique *e-mail (message)*
une page Web (une adresse, un site) *Web page (address, website)*
un site *site*
surfer *to surf*
la toile *Web, WWW*

Pour écrire des lettres

■ INFORMAL LETTERS TO PEOPLE YOU KNOW WELL:

Cher Paul, *Dear Paul,*
Mon chéri, Ma chérie, (Mon amour,) *Darling, My love,*
Amicalement, (Très amicalement, Bien amicalement,) *Cordially,*
Gros bisous, (Bisous, Grosses bises,) *Love,*
Je t'embrasse, *Hugs and kisses,*

■ FORMAL LETTERS:

Monsieur, (Madame, Mademoiselle,) *Dear Sir (Madam, Miss),*
Je vous prie d'agréer, Monsieur, (Madame, Mademoiselle,) l'expression de mes sentiments les meilleurs *Very truly yours, Sincerely,*

Au téléphone

Allô! *Hello!*
Ici Stéphane Martin. *This is Stéphane Martin. (formal)*
C'est Stéphane! *This is Stéphane. (informal)*
Qui est à l'appareil? *Who is it?*
C'est à quel sujet? *What is it about?*
Pouvez-vous rappeler? *Can you call back?*
Quel est votre numéro de téléphone? *What's your (tele)phone number?*
Excusez-moi, j'ai fait un faux numéro. *Excuse me, I dialed a/the wrong number.*
Ne quittez pas. *Could you hold? Don't hang up. Stay on the line.*
Je vous le/la passe. *I am putting you through to him/her.*

Le français familier

une dissert = une dissertation
donner (passer) un coup de fil = téléphoner
un e-mail, l'e-mail *e-mail*
un mail = un message électronique
une pub = une annonce publicitaire, une publicité
un t'chat = une discussion en ligne
t'chatter = parler en ligne
le Web = la toile

Le français tel qu'on le parle

C'est ça. *That's it. (depends on context)*
Tiens! *Ah! (to express surprise)*
Zut! *Darn!*

On entend parfois...

les annonces classées (Canada) = les petites annonces
une carte-vue (Belgique) = une carte postale
le clavardage (Canada) = la discussion en ligne
le postillon (Canada) = le facteur
une tabagie (Canada) = un bureau de tabac

*On business cards, letters, etc., the e-mail address can be preceded by **Mél** (for **Messagerie électronique**): Michel Chardin 15, avenue de la Mer 30240 Le Grau du Roi **Tél: 04 66 51 33 16 Mél: m-chardin@wanadoo.fr** To say the e-mail address above, say: **m tiret chardin arobase wanadoo point fr.**

Vie de couple

La condition féminine a beaucoup évolué et les femmes participent plus à la vie économique.
En conséquence, les rapports dans le couple ont changé et transformé la société...

Les quarante dernières années ont vu apparaître de nouveaux modèles de couple.
On change de partenaire plus souvent et le nombre d'unions et de divorces augmente...

Égalité dans les décisions. L'homme et la femme sont plus égaux dans les décisions familiales. L'évolution du couple est marquée par la participation grandissante de la femme dans les décisions importantes: profession, logement, vacances...

1. **Mots clés.** Trouvez les mots clés dans chaque texte. D'après ces mots, quel est le sujet de cette leçon?

2. **Message.** Utilisez les mots et phrases que vous comprenez pour décider si ces phrases sont vraies (V) ou fausses (F).
   - La condition féminine a peu évolué ces dernières années.
   - La nouvelle condition féminine a transfomé la condition masculine.
   - Les hommes assurent de plus en plus de tâches ménagères.
   - Les femmes continuent à faire les mêmes travaux dans la maison.
   - Les couples modernes sont différents des couples d'autrefois.
   - La nouvelle condition féminine a transformé la société.
   - Les femmes travaillent plus qu'avant et ça a transformé les couples.
   - Ce sont les hommes qui prennent encore toutes les décisions importantes dans le couple.

3. **Et chez vous?** Lesquels de ces textes de presse peuvent s'appliquer à votre culture?

Survie de la tradition dans le partage des tâches ménagères. Malgré les changements d'attitude, les hommes continuent à assumer moins de responsabilités que les femmes en ce qui concerne les tâches domestiques...

L'identité masculine change. Elle prend une nouvelle définition avec l'évolution des nouveaux rôles de la femme...

Leçon 15

Chez les Hanin

Vocabulaire

A. C'est le soir chez les Hanin. (1)

Julie et son frère Nicolas viennent de prendre un bain et vont aller au lit. Nicolas, neuf mois, est tout nu sur la table. Il a les cheveux (2) châtains et les yeux marron. C'est un bébé sage qui ne pleure pas souvent. Julie, trois ans, est en train de se sécher (3). Rousse et frisée, c'est une petite fille adorable, mais elle fait beaucoup de bêtises parce qu'elle est énergique et têtue. Elle ne s'ennuie jamais! Les deux enfants sont en bonne santé: ils n'ont pas souvent de rhume et ils n'ont jamais la grippe.

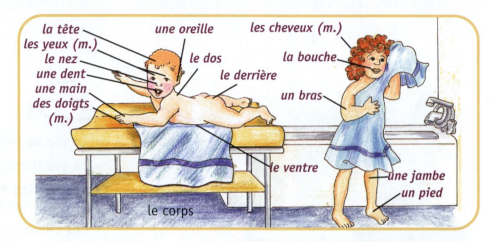

la tête   une oreille   les cheveux (m.)
les yeux (m.)   la bouche
le nez   le dos
une dent   le derrière   un bras
une main
des doigts (m.)   le ventre
une jambe
un pied
le corps

- C'est quelle pièce? Quelle heure est-il? Qui n'est pas dans la pièce? Pourquoi? Qui sont les enfants? Quel âge ont-ils? Est-ce qu'ils sont faciles ou difficiles? Pourquoi?
- Où est Nicolas? Et Julie? Comment sont-ils?

Les mots et la culture

1 Comment décrire les personnes? Here are some possible ways to describe people. The father of Julie and Nicolas, for example, might describe Julie as follows:

Julie a trois ans. Elle est petite, rousse et frisée. Elle a les yeux verts et elle a un petit nez adorable.

2 Les cheveux. Note that the word **cheveux** *(hair)* is plural in French. The singular is **un cheveu. Mon cheveu,** then, would mean *my one hair*!

3 Les verbes réfléchis. A *reflexive verb* is a verb whose action is reflected onto the person concerned. French has many verbs like this. You

can identify them by the reflexive pronoun that precedes the infinitive **(se laver).** English has a few verbs that act in this way (for example, *to cut oneself*), but frequently the *yourself* is implied or optional. Look at the following examples of a verb used nonreflexively and reflexively.

Bruno **habille** les enfants.
Bruno's dressing the children.

Bruno **s'habille.**
Bruno's getting (himself) dressed.

In the first sentence, Bruno is dressing someone else; in the second sentence, the reflexive pronoun **se (s')** indicates that Bruno is dressing himself. These verbs are described in more detail in **Structure 1** of this lesson.

B. Et maintenant, c'est le matin.

Le réveil sonne et Bruno Hanin se réveille. C'est le père de Julie et de Nicolas. Il est seul aujourd'hui parce que sa femme, Véronique, est en voyage d'affaires à San Francisco. C'est dur de se lever ce matin parce qu'il tousse et il a un peu mal à la gorge. Il faudrait se soigner, mais il n'a pas le temps! Et pas question de faire la sieste aujourd'hui: il faut travailler!

Le réveil sonne et Bruno se réveille.

Il va dans la salle de bains pour se préparer.

un gant de toilette

une serviette de bain

D'abord, il prend une douche et il se lave les cheveux.

une brosse à dents

du dentifrice

un savon   un rasoir

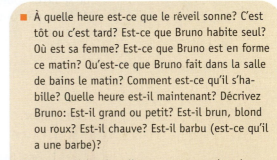

un peigne

une moustache

Ensuite, il se brosse les dents (4), il se rase et il se peigne.

Et finalement, il s'habille.

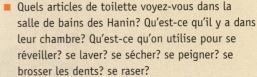

une brosse à cheveux

■ À quelle heure est-ce que le réveil sonne? C'est tôt ou c'est tard? Est-ce que Bruno habite seul? Où est sa femme? Est-ce que Bruno est en forme ce matin? Qu'est-ce que Bruno fait dans la salle de bains le matin? Comment est-ce qu'il s'habille? Quelle heure est-il maintenant? Décrivez Bruno: Est-il grand ou petit? Est-il brun, blond ou roux? Est-il chauve? Est-il barbu (est-ce qu'il a une barbe)?

■ Quels articles de toilette voyez-vous dans la salle de bains des Hanin? Qu'est-ce qu'il y a dans leur chambre? Qu'est-ce qu'on utilise pour se réveiller? se laver? se sécher? se peigner? se brosser les dents? se raser?

■ À votre avis, combien de fois par jour est-ce qu'il faut se brosser les dents? Combien de fois par semaine est-ce qu'il faut se laver les cheveux? Est-ce que vous aimez mieux prendre un bain ou une douche? Le matin ou le soir? Quel shampooing utilisez-vous? Utilisez-vous un séchoir à cheveux ou pas?

Les mots et la culture

4 **Les dents/ses dents.** In certain cases where possession is obvious, French tends to use a definite article **(le, la, les)** where English would use a possessive adjective (*my, your, his, her,* etc.).

Il va se laver **les** cheveux.

He's going to wash his hair.

Elle se brosse **les** dents trois fois par jour.

She brushes her teeth three times a day.

C. Et maintenant, les enfants.

D'habitude, la femme de Bruno l'aide le matin avec les enfants, mais cette semaine, il est tout seul et c'est beaucoup plus difficile.

> Allez, ma chérie, il est temps!

Nicolas et Julie partagent une chambre. Nicolas est réveillé mais Julie dort encore et elle est en train de rêver d'un gros chien noir. C'est un beau rêve? Pour Julie, oui: elle adore les chiens. Mais Bruno doit la réveiller: il faut aller à l'école.

Bruno change et lave Nicolas. Comme d'habitude, Julie essaie (5) de se laver toute seule et elle met de l'eau partout.

> Voyons, Julie! Fais attention!

un collant

> Oui, ma grande!

> Papa! Regarde!

Bruno habille Nicolas, mais bien sûr Julie veut s'habiller et se coiffer toute seule.

■ Est-ce que Nicolas est matinal? Et Julie? Que fait Bruno? Que fait Julie? Est-ce qu'elle est sage? Qu'est-ce qu'elle va mettre?

Les mots et la culture

5 Essayer. The verb **essayer** is conjugated like **payer.**   If followed by an infinitive, it takes the preposition **de.**

j'essaie	nous essayons
tu essaies	vous essayez
il ⎫	ils ⎫
elle ⎭ essaie	elles ⎭ essaient

Bruno **essaie d'**habiller les enfants.

Bruno tries to get the children dressed.

Je vais **essayer de** partir tôt.

I'm going to try to leave early.

D. Enfin, les enfants sont propres et habillés.

Bruno a préparé le petit déjeuner et maintenant, il est en train de boire son café et de lire son journal. Enfin, il essaie, parce que Nicolas s'amuse et ne mange pas et Julie n'a pas faim. Bruno commence à s'énerver parce que maintenant, la cuisine et les enfants sont sales... Mais il faut partir!

■ Décrivez le petit déjeuner chez les Hanin. Est-ce que c'est un petit déjeuner calme ou stressant pour Bruno? Pourquoi est-ce que Julie ne veut pas manger?

E. Finalement...

Bruno emmène (6) Nicolas à la crèche et Julie à l'école maternelle (7).

■ Où vont les enfants? Pourquoi?

■ Et maintenant, rêvons un peu avec Bruno. Décrivez une matinée idéale pour lui, à votre avis. Et pour vous?

Les mots et la culture

6 **Emmener.** The verb **emmener** is conjugated like **acheter**.

j'emm**è**ne	nous emmenons
tu emm**è**nes	vous emmenez
il	ils
elle } emm**è**ne	elles } emm**è**nent

Je t'**emmène**?   *Can I take you?*
Emmenons le chien avec nous!   *Let's take the dog with us!*

7 **L'école maternelle.** At what age do children start going to school in your country? In your opinion, what would be an ideal age to start school? Why? In France, the **école maternelle** (preschool) is open to children age 2 to 6. Although it is not mandatory, more than 99% of French children attend an **école maternelle** by age 3, most of them in free, public school programs. Attending the **école maternelle** is considered important in France for the development of social and language skills and for a better adjustment to school later on.

Mise en pratique

Objective, Act. 1–3: reviewing new body part vocabulary and connecting it to different contexts

1. Le corps. On en a combien?

1. On a deux yeux, deux…, deux…
2. On a un(e)…, un(e)…
3. On a dix…
4. On a beaucoup de…

2. Énigme. Quelle(s) partie(s) du corps est-ce que vous utilisez pour…

1. nager?
2. jouer du violon?
3. téléphoner?
4. pleurer?
5. jouer au football?
6. jouer aux cartes?

Qu'est-ce qu'on utilise pour jouer du violon?

3. À quoi ça sert? Sur quelle partie du corps est-ce que vous mettez ces choses?

1. des lunettes de soleil
2. du dentifrice
3. des chaussettes
4. des gants
5. un chapeau
6. du shampooing

Objectives, Act. 4: using the expression **avoir mal à,** reviewing vocabulary from this and previous chapters, sharing opinions

4. Problèmes. Où est-ce que vous avez mal?

1. Vous avez la grippe.
2. Vous avez un gros rhume.
3. Vous êtes tombé(e) de vélo.
4. Vous avez trop mangé.
5. Vous avez trop bu.
6. Vous avez tapé à l'ordinateur toute la nuit.
7. Vous êtes tombé(e) dans les escaliers.
8. Votre camarade de chambre a écouté de la musique rock toute la journée.

Objective, Act. 5: recognizing new reflexive verbs and connecting them to context

5. Normal ou bizarre? À votre avis, c'est normal ou c'est bizarre?

Modèle: Henri se lave les dents, puis il prend le petit déjeuner.
C'est bizarre. / C'est normal. / Ça dépend.

1. Alceste sort, puis il s'habille.
2. Denise se lève, puis elle prend une douche.
3. Bruno se sèche, puis il prend un bain.
4. Laurence se lève, puis elle se réveille.
5. Candide s'habille, puis il se lève.
6. Zoé se coiffe, puis elle se lave les cheveux.
7. Julien se lave le visage, puis il descend.
8. Cédric s'amuse, puis il étudie.

6. Réaction! Avec un(e) partenaire, dites ce que vous pensez des activités suivantes.

Ça m'amuse. / Ça m'énerve. / Ça m'ennuie.

1. regarder la télévision à midi quand je suis en train de manger
2. étudier à la bibliothèque le samedi soir
3. aller en classe à huit heures du matin
4. partir en voyage à huit heures du matin
5. emmener mon petit frère et ma petite sœur au cinéma
6. lire le journal au lit le dimanche matin
7. lire un article sur la politique américaine dans un magazine sérieux
8. faire les magasins pour trouver des vêtements
9. partir en vacances avec mes parents
10. mettre des vêtements élégants pour aller dans un bon restaurant avec mes parents et leurs amis

Objectives, Act. 6: connecting new verbs to different contexts, recycling vocabulary from previous lessons, sharing opinions

7. Conseils. En groupes, dites ce qu'il faut faire et ce qu'il ne faut pas faire.

1. Pour avoir des bonnes dents, il faut / il ne faut pas…
2. Pour avoir des beaux cheveux, il faut / il ne faut pas…
3. Pour être propre, il faut / il ne faut pas…
4. Pour aller travailler le matin, il faut / il ne faut pas…
5. Quand on est tout(e) nu(e), il faut / il ne faut pas…
6. Quand on est en vacances, il faut / il ne faut pas…
7. Quand on a la grippe, il faut / il ne faut pas…

Objectives, Act. 7: using new reflexive verbs in different contexts, recycling vocabulary from previous lessons, interacting orally, sharing and comparing opinions

8. Ressemblances. Discutez avec un(e) partenaire. Dans votre famille, qui est comme qui? Qui n'est pas comme qui? Pourquoi? Et vous, vous êtes comme qui?

Modèle: *Mon père n'est pas comme ma mère parce qu'il a les cheveux blonds et ma mère a les cheveux châtains…*

Objectives, Act. 8: describing people, making comparisons, starting to create with language, developing writing

9. Un monstre pour Hollywood! On vous a demandé de créer un monstre pour un film d'horreur. En groupes, dessinez le monstre que vous proposez et ajoutez le nom des différentes parties de son corps. Vous allez devoir décrire et défendre votre création.

Objectives, Act. 9: creating with new vocabulary, using imagination

10. Bonnes résolutions. Qu'est-ce qu'il faut faire pour être en bonne santé?

1. En groupes, faites une liste de 8 choses importantes qu'il faut faire pour être en bonne santé.
2. Regardez les bonnes résolutions des Français. Qu'est-ce qui est le plus important pour les hommes? Et pour les femmes? Qu'est-ce que ça révèle sur les Français et les Françaises?

Objectives, Act. 10: using new and previously learned vocabulary, creating with language, extracting information from a document, sharing experiences and opinions, comparing cultures

Quelles sont vos «bonnes résolutions» pour l'année 2000? (Total supérieur à 100, plusieurs réponses possibles)	Femmes (%)	Hommes (%)
Faire du sport, de l'exercice	19	22
Passer plus de temps avec sa famille	21	21
Moins fumer ou arrêter de fumer	20	22
Être moins stressé	25	11
Maigrir	14	11
Manger mieux	8	13
Se reposer plus, se coucher plus tôt	13	13
Moins boire ou arrêter de boire	2	3
Aucune	4	4

3. Comparez avec votre liste. Est-ce que vos idées sont similaires aux bonnes résolutions des Français? Est-ce qu'il y a des différences entre les hommes et les femmes de la classe?

Structure 1

Les verbes réfléchis

Reflexive verbs are verbs whose action reflects onto their subject. There are a few verbs like this in English.

I cut *myself.* She's looking at *herself* in the mirror.

In French, such verbs are called **verbes réfléchis.** They are listed in vocabulary lists and dictionaries with the reflexive pronoun **se** in front of the infinitive (for example, **se lever** = *to get up*). This reflexive pronoun changes as the verb is conjugated. Reflexive pronouns follow the same rules for placement as direct and indirect object pronouns.

Reflexive verbs are conjugated as follows:

se laver *to wash (oneself)*	
je me lave	nous nous lavons
tu te laves	vous vous lavez
il / elle se lave	ils / elles se lavent

To negate a reflexive verb, place **ne** in front of the reflexive pronoun. Place **pas** after the verb.

je ne me lave pas	nous ne nous lavons pas
tu ne te laves pas	vous ne vous lavez pas
il / elle ne se lave pas	ils / elles ne se lavent pas

To form questions with reflexive verbs, use intonation, put **est-ce que** in front of the sentence, or use inversion.

Tu te lèves tôt?	*Do you get up early?*
Est-ce que **tu te laves** les cheveux tous les jours?	*Do you wash your hair every day?*
À quelle heure **te lèves-tu?**	*What time do you get up?*

In the infinitive form, the reflexive pronoun is placed directly before the infinitive. This pronoun must agree with the subject of the sentence.

Nous allons **nous** habiller maintenant.	*We're going to get dressed now.*
Je ne veux pas **m'**habiller.	*I don't want to get dressed.*

Note that many verbs that are used reflexively in French can also be used nonreflexively. In this case, the action is directed toward someone or something else. Look at the following examples:

Bruno **se réveille** à six heures et demie.   *Bruno wakes up at 6:30.*

Bruno **réveille** les enfants à sept heures.   *Bruno wakes the children up (gets the children up) at 7:00.*

Nicolas **s'amuse** au lieu de manger.   *Nicolas is having fun instead of eating.*

Ça n'**amuse** pas son père!   *That doesn't amuse his father!*

Comment **vous appelez**-vous?   *What's your name?*

Appelle ton frère!   *Call your brother!*

Bruno **couche** les enfants et puis il **se couche.**   *Bruno puts the children to bed and then he goes to bed.*

Paulette n'aime pas **se promener** toute seule mais elle adore **promener** son chien.   *Paulette doesn't like to take walks by herself but she loves to walk her dog.*

Here are some additional verbs that may be used both reflexively and nonreflexively:

arrêter / s'arrêter	*to stop, to stop (oneself)*
changer / se changer	*to change, to change one's clothes*
déshabiller / se déshabiller	*to undress (someone else), to get undressed*
ennuyer / s'ennuyer	*to bore (someone else), to get bored*
maquiller / se maquiller	*to put makeup on (someone else), to put makeup on (oneself)*
soigner / se soigner	*to take care of (someone else), to take care of (oneself) (in the case of illness)*

 Rappel   Several verbs in this lesson have spelling changes in the present tense.

1. **appeler / s'appeler.** Doubles the letter **l** in front of silent endings: tu t'appelles (BUT vous vous appelez)

2. **changer / se changer.** Like **manger:**

   nous nous changeons

3. **ennuyer / s'ennuyer.** Like **envoyer:**

   je m'ennuie (BUT nous nous ennuyons)

4. **lever / se lever; promener / se promener.** Like **acheter:**

   il se lève (BUT vous vous levez)
   il se promène (BUT vous vous promenez)

5. **sécher / se sécher.** Like **préférer:**

   tu te sèches (BUT vous vous séchez)

Mise en pratique

Objective, Act. 1: using lexical meaning of reflexive verbs

1. Quand?

a. Normalement, quand est-ce qu'on fait ces activités? Complétez la grille. (Un verbe peut figurer dans plusieurs cases.)

VERBES: se changer / se déshabiller / s'amuser / se brosser les dents / se coucher / se laver / se lever / se promener / se réveiller / se raser

le matin	à midi	l'après-midi	le soir	n'importe quand *(no matter when)*

b. Avec un(e) partenaire, utilisez les verbes de la grille pour dire ce que vous faites le matin, à midi, l'après-midi et le soir.

Modèle: —*Jennifer, qu'est-ce que tu fais le matin?*
—*Je me lève, je m'habille…*

Objective, Act. 2–3: using reflexive verbs in context

2. Et vous? Voilà ce que font différentes personnes à différents moments de la journée. Et vous, faites-vous ces activités aux mêmes moments? Discutez de vos réponses avec un(e) partenaire.

Modèle: Jean-François se lève à six heures du matin. Et vous?
Moi aussi, je me lève à six heures. / Moi, je ne me lève pas à six heures.

1. Janine se lave les cheveux le matin. Et vous?
2. Magali se maquille tous les jours. Et vous?
3. Marc se rase tous les jours. Et vous?
4. Candide se promène l'après-midi. Et vous?
5. Alceste se regarde souvent dans le miroir. Et vous?
6. Mohammed se brosse les dents après tous les repas. Et vous?
7. Sylvie se réveille à dix heures du matin. Et vous?
8. Sandrine s'habille après le petit déjeuner. Et vous?

3. La vie n'est pas facile. Voilà ce que différentes personnes doivent faire, mais ce n'est pas ce qu'elles veulent faire! Utilisez les suggestions entre parenthèses pour dire ce que ces personnes veulent vraiment faire.

Modèle: Nous nous réveillons à cinq heures du matin. (midi)
Mais nous voulons nous réveiller à midi.

1. Mes frères se rasent deux fois par jour. (une fois par jour)
2. Ma petite sœur s'appelle Linda. (Mary)
3. Mon petit frère se couche à huit heures. (dix heures)
4. Candide se promène seul. (avec un copain)
5. Tu te lèves à sept heures. (neuf heures)
6. Nous nous arrêtons de travailler à sept heures. (cinq heures)
7. Vous vous préparez pour aller à la bibliothèque. (au restaurant)

4. Un jour dans la vie de X. En groupes, choisissez un(e) étudiant(e) de la classe ou votre professeur et répondez aux questions suivantes. Attention! Il faut deviner, non pas demander! Et ne parlez pas trop fort: les autres groupes ne doivent pas vous entendre! Après, vérifiez vos réponses avec la personne que vous avez choisie. Est-ce que vous avez bien deviné?

Objectives, Act. 4–7: using reflexive verbs meaningfully and creatively, solving problems, writing and asking questions, reviewing vocabulary, organizing a narrative, interacting orally, creating with language

1. Comment est-ce qu'il/elle s'appelle?
2. À quelle heure est-ce qu'il/elle se réveille?
3. Est-ce qu'il/elle se maquille?
4. À quelle heure est-ce qu'il/elle se lève?
5. Est-ce qu'il/elle prend une douche ou un bain?
6. Est-ce qu'il/elle se lave les cheveux tous les jours? Quand?
7. Est-ce qu'il/elle se regarde souvent dans le miroir?
8. Combien de fois par jour est-ce qu'il/elle se brosse les dents? Avec quel dentifrice?
9. Est-ce qu'il/elle aime se promener? Où? Avec qui?

5. La journée de Candide. Voilà la journée de Candide… mais en désordre et pas complète! Décrivez sa journée dans l'ordre chronologique (il y a plusieurs possibilités!). Rajoutez les activités qui manquent *(missing)*.

1. Il se couche.
2. Il se lave.
3. Il se rase.
4. Il prend une douche.
5. Il se lève.
6. Il se sèche.
7. Il va dans la salle de bains.
8. Il se peigne.
9. Il s'habille.
10. Il boit du café.
11. Il retourne chez lui.
12. Il met son manteau.
13. Il sort de la maison.
14. Il arrive au bureau.
15. Il dit au revoir à Alceste.
16. Il sort au restaurant avec un ami.
17. Il rentre au bureau.
18. Il dit bonjour à Alceste.
19. Il se réveille.
20. Il boit un verre de vin.
21. Il prépare le dîner.
22. Il fait la vaisselle.
23. Il se brosse les dents.
24. Il prend une aspirine.

6. Un sondage. En groupes de trois ou quatre, préparez des questions à poser à vos camarades de classe sur leurs habitudes de tous les jours (une question par personne de votre groupe). Choisissez une des questions de votre groupe et promenez-vous dans la classe pour la poser à tout le monde.

Quand vous avez fini, retournez dans votre groupe et organisez les résultats pour les présenter à la classe.

7. Voilà Georges... ou est-ce que c'est Georgette?

1. C'est à vous de décider. C'est Georges ou Georgette? Comment est-il/elle? Où habite-t-il/elle?
2. Décrivez une journée typique de Georges/Georgette.

Structure 2

Donner des conseils: les verbes réfléchis à l'impératif

The negative imperative of reflexive verbs is formed by putting **ne** in front of the reflexive pronoun and **pas** after the verb.

Ne t'énerve **pas.**	*Don't get annoyed.*
Ne vous déshabillez **pas!**	*Don't get undressed!*
Ne nous levons **pas** ce matin.	*Let's not get up this morning.*

The affirmative imperative of reflexive verbs is formed by adding the stressed form of the reflexive pronoun (**toi, vous,** or **nous**) after the verb, connected by a hyphen.

Lève-**toi!**	*Get up!*
Soignez-**vous!**	*Take care of yourself!*
Changeons-**nous** et allons en ville.	*Let's get changed and go downtown.*

Mise en pratique

Objective, Act. 1: making form-function connections with imperative forms of reflexive verbs

1. **Combattre le stress!** Voilà des idées pour combattre le stress. Ce sont de mauvaises ou de bonnes idées? Décidez.

   1. Couchez-vous tôt le soir.
   2. Levez-vous tard le dimanche.
   3. Sortez le week-end et amusez-vous bien.
   4. Énervez-vous sur vos amis.
   5. Ne vous promenez jamais.
   6. Arrêtez-vous de travailler à cinq heures du matin.

Objectives, Act. 2–3: using imperative forms in meaningful contexts, recycling vocabulary

 2. **Pour une vie heureuse.** Avec un(e) partenaire, utilisez les verbes suggérés et donnez des conseils pour avoir une vie heureuse.

   Modèle: s'énerver *Ne t'énerve pas avant les examens.*

   fumer, s'amuser, se coucher, être gentil(le), boire, aider les autres, s'énerver, se lever, se promener, manger, étudier, etc.

 3. **Marie-Claire a un problème!** Les parents de Marie-Claire arrivent dans une heure. Voilà la liste de tout ce qu'elle doit faire avant leur arrivée. Aidez-la. Qu'est-ce qu'elle doit faire d'abord? Est-ce qu'il y a d'autres choses qu'elle a oubliées?

   Modèle: *Écoute, Marie-Claire, d'abord, lave-toi les cheveux, puis…*

LA LISTE DE MARIE-CLAIRE

◆ ranger ma chambre	◆ me coiffer
◆ mettre une robe	◆ me sécher les cheveux
◆ trouver la photo de mes parents	◆ cacher les photos de mon ami
◆ faire la vaisselle	◆ me laver les cheveux
◆ me brosser les dents	◆ faire mon lit

Structure 3

Faire des comparaisons: la comparaison des adjectifs et des adverbes

Use the following expressions to compare people or things.

plus (... que)	*more (. . . than)*
aussi (... que)	*as (. . . as)*
moins (... que)	*less (. . . than)*

A noun or a stress pronoun is used after **que.** Note the various English equivalents possible.

Marie est **plus** belle **que moi,** mais je suis plus intelligente.	*Marie is prettier than I (am), but I'm smarter.*
Georges n'est pas **aussi** grand **que Jérôme,** mais il est plus fort.	*Georges isn't as tall as Jérôme, but he's stronger.*
Stéphane est **moins** têtu **que Marc.**	*Stéphane is less stubborn than Marc.*
Mon chien est **plus** intelligent **que mon chat.**	*My dog is more intelligent than my cat.*
Mon frère sort **plus** souvent **que toi.**	*My brother goes out more (often) than you.*
Est-ce que les professeurs travaillent **moins que les étudiants?**	*Do teachers work less than students?*

Bon / meilleur; bien / mieux

Bon *(good)* and **meilleur** *(better)* are adjectives. They agree with the nouns they modify.

Beth est une **bonne** étudiante. Elle est **meilleure** que sa copine Anne.	*Beth is a good student. She's better than her friend Anne.*

Bien *(well)* and **mieux** *(better)* are adverbs. They modify verbs. They are invariable.

Beth travaille **bien.** Elle travaille **mieux** que sa copine Anne.	*Beth works well. She works better than her friend Anne.*

Mauvais / mal

Mauvais *(bad)* is an adjective and, like **bon,** agrees with the noun it modifies. To say *worse* as an adjective, use **plus mauvais.**

—Il fait **mauvais** aujourd'hui.	*It's nasty out today.*
—Oui, mais il faisait **plus mauvais** hier.	*Yes, but yesterday it was worse.*

Mal *(badly)* is an adverb. Like **bien,** it modifies a verb. To say *worse* as an adverb, use **plus mal.**

—Elle joue **mal** aujourd'hui.	*She's playing badly today.*
—Oui, mais hier elle a joué **plus mal.**	*Yes, but yesterday she played worse.*

1. L'égocentrisme. Voilà une liste que Sandrine a faite pour se comparer à ses camarades de classe, à sa famille et à ses amis. Elle a utilisé les symboles +, − et = pour indiquer ses opinions. Interprétez sa liste.

Modèle: intelligent(e): Martine + , Gauthier −
Martine est plus intelligente que moi. Gauthier est moins intelligent que moi. (Je suis plus intelligente que Gauthier.)

1. beau (belle): Colette =, Danielle +, Valérie −
2. travailleur (travailleuse): mes frères −, ma mère =
3. riche: Bertrand +, Christophe −
4. fort(e) en maths: Annick +, Pierre −

2. Et les enfants? M. et Mme N'Somwé parlent de leurs enfants. Utilisez **bon, bien, meilleur(e)** ou **mieux** pour compléter ce qu'ils disent.

—Jacqueline est _____ en maths qu'Évelyne.
—Oui, mais Évelyne travaille _____ que Jacqueline. Jacqueline est un peu paresseuse, tu sais.
—Peut-être. Mais elle est _____ en langues que son frère.
—Oui, mais lui, il travaille plus. Et il est _____ que ses sœurs en sciences.

3. Comparez. Avec un(e) partenaire, faites les comparaisons suivantes.

1. les chats et les chiens
2. les étudiants et les professeurs
3. les hommes et les femmes
4. la ville et la campagne
5. Los Angeles et New York
6. Alceste et Candide
7. Julie et Nicolas Hanin

4. La décision de Marie-Laure. Deux jeunes gens ont invité Marie-Laure au Bal du printemps. Elle n'arrive pas à décider quelle invitation elle va accepter.

1. Marie-Laure compare. Lisez la liste et comparez Marc à Antoine.

Marc: intelligent / sérieux / gentil / bien équilibré / très grand / sportif / membre du club de foot / ne parle pas beaucoup / paie toujours / a une voiture de sport

Antoine: intellectuel / artiste / branché / adore le rock / assez petit mais très beau / adore parler de politique / aime s'amuser / a beaucoup d'amis / n'a jamais d'argent / fume

Modèle: *Marc est plus sérieux qu'Antoine, mais Antoine adore parler de politique.*

2. La décision. Quelle invitation est-ce que Marie-Laure va accepter, d'après vous? Pourquoi?

CD2-12

Objectives: *interviewing someone; learning to listen in order to build on what is being said, giving opinions, offering comments and reacting*

Scène de vie

—Virginie, tu viens de gagner ton match… Contente?

—Ah oui, alors… Surtout que je suis tombée hier et que j'ai encore mal au pied…

—On ne pensait pas que tu allais pouvoir jouer…

—Non, moi non plus, et puis tu vois… Heureusement, hein!

—Alors, tu es française et tu étudies dans une université américaine…

—Oui, c'est ça…

—Pourquoi es-tu venue étudier ici?

—Eh bien, en France, c'était le tennis ou l'université. Je devais choisir.

—Tu ne pouvais pas faire les deux?

—Ben non, ce n'était pas possible.

—Je vois… Et tu es contente d'être ici?

—Ah oui, je fais vraiment quelque chose que j'avais envie de faire!

—Ça ne doit pas être facile de faire du sport de compétition et d'étudier.

—Ah non, c'est très difficile… On est très occupé, on travaille bien plus que tout le monde!

—Parle-moi de ta vie à l'université…

—Ma vie à l'université? Euh…

—Tu te lèves à quelle heure le matin?

—Oh là là, très tôt… Je dois être au tennis à 6 heures tous les jours.

—À 6 heures? Combien de fois par semaine?

—Mais tous les jours… Nous faisons 2 heures de tennis tous les matins!

—Le week-end aussi?

—Ah non, le week-end, c'est différent, il y a des compétitions… On voyage ou on a des matchs ici, ça dépend… Maintenant, c'est la saison, alors on a des compétitions tous les week-ends.

—Ça doit être fatigant!

—Bien sûr, mais j'adore ça! Le tennis, c'est ma vie!

—Mais… tu as le temps de t'amuser un peu?

—Mais oui… Surtout quand ce n'est pas la saison. J'ai beaucoup d'amis, on aime bien sortir, mais pas trop tard, hein!

—Tu te couches à quelle heure?

—Oh, à 10 heures, 10 heures et demie. Il faut être en forme le matin.

—Et tu as le temps d'étudier?

—Ah, mais il faut! On est sévère avec les sportifs, ici.

—Ah oui?

—Si on n'étudie pas, pas question de faire du sport…

—Je vois… Dis-moi, c'est quoi, ton rêve?

—Mon rêve? Gagner, bien sûr! Être la meilleure joueuse de l'université!

—Quand on voit ton match d'aujourd'hui, c'est bien possible, oui.

—Merci! Je voudrais bien, oui! On verra, hein!

—Bonne chance, Virginie, et merci!

Pour écouter

a. To have real communication, you have to listen well in order to build on what is being said and continue the conversation. Listen to the conversation. Can you guess when the interviewer is asking questions he had prepared in advance and when he builds on the tennis player's answers to continue the interview?

b. Notice also that some of the questions are not questions at all, but statements to which each partner reacts. A conversation, even an interview, is not just a series of questions and answers. You can give your opinion, offer comments, and react to whatever is being said.

Parlons! Une interview

Aujourd'hui, vous allez interviewer une célébrité française ou francophone (de votre école ou quelqu'un en visite).

a. Avec un(e) partenaire, divisez les rôles. Quelle célébrité va être interviewée? Qui va jouer le rôle de la célébrité? Qui va être le/la reporter?

b. Seul(e), prenez deux minutes pour préparer l'interview.

- Si vous êtes le/la reporter: Quelles questions voulez-vous poser à votre célébrité? Comment allez-vous commencer l'interview? Comment allez-vous la finir?

- Si vous êtes la célébrité: Imaginez une journée typique pour vous et pensez aussi à d'autres choses dans votre vie.

c. Avec votre partenaire, essayez d'avoir une conversation de deux ou trois minutes. Si vous êtes le/la reporter, ne lisez pas toutes vos questions, mais écoutez bien les réponses de votre partenaire et continuez la conversation à partir de ses réponses. Si vous ne posez pas toutes vos questions, ce n'est pas important.

Découvertes linguistiques

ben ça commence bien...

Objective: analyzing spoken French

1. **Bien? Bon? Ben?** What do you already know about the distribution (use) of the words **bon, bien, ben**?

2. **Bien! Bon! Ben!** Below are excerpts from the *Situation Corpus* (a collection of role plays of service situations with a total of 6,519 words) that illustrate the ways native speakers of French used **bon, bien,** and **ben** in this context. Remember that these are examples and not a connected text. To what extent do these examples support the list of uses you made for Activity 1?

Bon (22 total instances found)

1. ... dans le sac, hein, il y avait... [**Bon**], hein, je veux pas toute votre vie, mais...
2. Ok d'accord, [**bon**], 30 euros, je vais payer, euh... 25 euros...
3. ... Voilà madame. Très bien, merci. [**Bon**] appétit. Je vais éteindre ma cigarette...
4. ... vais pas payer un poisson qui n'est pas [**bon**], quand même!
5. ... avez mangée... Oui, mais euh... Oui, mais [**bon**], je l'ai pas finie, mais envoyez-moi...
6. ... plat et je trouve de la viande dure! [**Bon**], je la mange parce que j'ai faim mais...

Bien (69 total instances found)

1. ... une très belle chambre et elle vaut [**bien**] plus que 75 euros. D'accord,...
2. ... pour la semaine? Oui, vous pouvez [**bien**] sûr l'avoir pour la semaine. Le...
3. ... votre carte de crédit. Ah, très [**bien**], euh... La voilà. Merci. Voilà monsieur...
4. ... Bonjour madame. Bonjour... Hum... C'est [**bien**] le bureau des objets trouvés?...
5. ... Oui... Ok... Ça marche très [**bien**], en général, hein. Vous êtes sûre?...
6. ... sérieux, hein! Oui, dis donc. Eh [**bien**], je vais vous chercher ça. Merci. ...

Ben (69 total instances found)

1. ... la chambre est très sale. Ah, oui, [**ben**], je suis désolée, les employés...
2. ... J'ai payé 50 euros quand même. Oui, [**ben**], c'est très bon marché pour Paris...
3. ... Le petit déjeuner compris? [**Ben**] non, le petit déjeuner en plus. En plus...
4. ... Oui. Merci quand même. [**Ben**], au revoir! Au revoir. Le...
5. ... où vous l'avez oublié dans le train? [**Ben**], c'est ça le problème, je ne sais pas...
6. ... d'ouvrir le sac, ok? D'accord. Ah [**ben**] regardez, il y a un passeport. Oui. ...

3. **Et vous?** How important is it for non-native speakers of a language to be able to use words like **bon, bien,** and **ben**?

Objectives: *organizing household tasks in categories, examining and analyzing data, making comparisons, developing investigative questions*

Scènes de ménage

 1. Tâches domestiques. Quelles sont traditionellement les tâches domestiques d'un couple? Faites une liste pour l'homme et une autre pour la femme.

> Modèle: *un homme: laver la voiture, promener les enfants, etc.*
> *une femme: préparer le petit déjeuner, emmener les enfants à l'école, etc.*

Évolution des temps moyens d'une journée moyenne entre 1986 et 1999

	Temps domestique total, dont :	Ménage, cuisine, linge, courses	Soins aux enfants et adultes	Bricolage	Jardinage, soins aux animaux
Hommes					
- Actifs occupés					
1986	**1h51**	1h00	9	25	18
1999	**1h59**	1h04	11	30	14
- Inactifs					
1986	**2h45**	1h33	5	30	38
1999	**2h55**	1h35	6	36	38
Femmes					
- Actives occupées					
1986	**3h49**	3h13	24	3	9
1999	**3h48**	3h06	27	4	11
- Inactives					
1986	**5h16**	4h26	32	2	17
1999	**4h47**	3h59	26	5	18

INSEE

2. Les données

a. Les mots. Comment les données sont-elle classées? D'après vous, qu'est-ce qu'un actif occupé? Qu'est-ce qu'un inactif?

b. Les dates. Combien d'années séparent chaque série de statistiques? Y a-t-il une différence importante entre le temps consacré à ces tâches en 1986 et en 1999?

c. Les différences. Dans quelle catégorie est-ce qu'il y a le plus de différence? Pour qui?

3. Analyse

a. Les évolutions. Quelles évolutions révèlent une attitude moderne? Quelles évolutions révèlent une attitude traditionnelle?

b. Comparaisons. Pour chaque différence, donnez une explication possible et comparez avec votre culture. Les évolutions sont-elles les mêmes? Les rôles des hommes et des femmes sont-ils les mêmes?

4. Questions. Trouvez les questions qu'on a posées pour obtenir les résultats de ces statistiques.

> Modèle: *Chez vous, qui fait le ménage?*
> *Pendant combien de temps par jour?, etc.*

La révolte des objets

Objectives: *focusing on familiar vocabulary to access general meaning, following a narrative structure, studying descriptive style, distinguishing between descriptions in the past and past actions, interpreting the meaning of an author's use of imagination and narrative structure, creating a conclusion to the story*

 1. Préparation. Faites une liste des pièces qu'on trouve dans une maison, et notez le nom de trois objets spécifiques à chaque pièce.

Modèle: *le salon: un fauteuil, une table, un tapis*

Les enfants s'appelaient Hermine, Jules, Éric et Jacques. Mais M. et Mme Petit-Minet les appelaient tout simplement: les enfants. Ce qu'on aime bien n'a pas de nom. [...] Les parents disaient: «Les enfants» et ils étaient très contents. Car c'étaient vraiment de très beaux enfants, quoiqu'un peu désobéissants.

5   Hermine, qui était l'aînée, avait des cheveux très blonds couleur de maïs, tressés en deux grandes nattes. Elle les nouait avec un ruban dont la couleur était différente chaque jour de la semaine: violet, indigo, bleu, vert, jaune, orange, rouge. Elle avait aussi de grands yeux couleur d'eau froide, des yeux raisonnables et attentifs. Éric, le second, était aussi brun que sa sœur était blonde, aussi bavard

10   qu'elle était calme, aussi malicieux[1] qu'elle était douce. «Cet enfant ne sait pas quoi inventer pour nous faire enrager» disaient les parents. Mais ce n'était pas vrai. [...] Jacques l'écoutait inventer des aventures [...] la bouche grand-ouverte-toute-ronde, tellement les inventions d'Éric l'étonnaient[2]. D'ailleurs, tout étonnait Jacques. Il ne parlait jamais que pour poser des questions. [...] Et c'est telle-

15   ment agréable d'interroger! [...] Jules ne parlait jamais [...]. On l'appelait le petit Jules, ou bien Bébé.

    À quelques jours de là, les parents durent[3] s'absenter. [...]

    —Surtout, soyez sages. Ne démontez pas la pendule du salon, et ne jouez pas avec les allumettes[4].

20   —Bien entendu, dirent les enfants qui étaient en train de jouer à l'île déserte.

    Et dès que les parents eurent[5] le dos tourné, il se précipitèrent au salon pour démonter la pendule, et à la cuisine pour chercher des allumettes. [...]

    Le lundi après-midi, ayant trouvé cela très amusant, très intéressant, (et très instructif), ils démontèrent le moulin à café[6] de Maria, la cuisinière.

25   Le mardi matin, ils démontèrent le piano à queue. [...]

    Le mardi après-midi, ils achevèrent de démonter le piano à queue.

    Le mercredi matin, ils démontèrent la suspension[7] de la salle à manger. [...]

    Le mercredi après-midi, ils démontèrent le poste de T.S.F.[8]. Le petit Jules ayant avalé le haut-parleur[9] se mit à parler en anglais, en allemand, en chinois et en espagnol. [...]

30   Le jeudi matin, tout changea. Quand Maria trouva le moulin à café en petits morceaux, elle estima cela très déplaisant, et se mit dans une grande colère. [...]

    —Il faut punir les enfants. Ils ont démonté le moulin à café.

[1] **malicieux:** qui aime se moquer des autres

[2] **étonnaient:** causaient une surprise

[3] **durent:** passé narratif du verbe devoir

[4] **les allumettes:** un objet pour faire du feu

[5] **eurent:** passé narratif du verbe avoir

[6] **le moulin à café:** un objet pour écraser les grains de café

[7] **la suspension:** la lampe au-dessus de la table
[8] **le poste de T.S.F.:** la radio
[9] **le haut-parleur:** l'instrument qui distribue les sons dans la radio

—C'est bien mon avis, dit Nounou. [...] Ils ont démonté la pendule du salon, le
moulin à café de Maria, le piano à queue, la suspension de la salle à manger, le
35 poste de T.S.F., et si on les laisse faire, ils vont démonter la maison toute entière.
[...]

—Ils vont démonter la maison toute entière, expliqua le perroquet Coco au chat
Léonard.

Et le chat Léonard, qui se promène dans toute la maison, confia à l'armoire à glace
40 du premier étage:

—Ils veulent démonter la maison tout entière.

L'armoire à glace qui est très raisonnable parce qu'elle réfléchit[10] beaucoup, glissa
à l'oreille des tisonniers[11]:

—Ils ont l'intention de démonter la maison de haut en bas. [...]
45 —Il faut passer à l'action, dirent les armoires à glace.
—Il faut passer à l'action, reprirent les chaises et les fauteuils.
—À l'action! s'écrièrent les miroirs.
—Action! conclurent les armoires. [...]

[10]**réfléchir**: deux significations:
1. refléter, 2. penser / [11]**un tisonnier**:
un objet pour activer les flammes du
feu

Claude Roy, *La maison qui s'envole*, © Éditions Gallimard

2. Première lecture

a. **Les personnes.** Combien de personnes habitent dans cette maison? Dites quel est
leur nom, leurs liens de parenté ou leur rôle dans la famille.

b. **Les objets.** Quels objets sont importants dans cette maison? Dans quelle pièce ils
sont situés?

3. Analyse

a. **Les personnes: portraits.** Relevez les caractéristiques physiques et psychologiques
de chaque enfant.

Modèle:	caractéristiques physiques	caractéristiques psychologiques
Hermine	*cheveux blonds,* etc.	*douce,* etc.

b. **Les animaux.** Quels animaux sont mentionnés dans le texte? Qu'est-ce qui arrive
aux objets? Comment l'auteur les présente-t-il à la fin du texte?

c. **L'action.** Comment cette histoire est-elle construite? Combien a-t-elle de parties? Quel est le sujet de la première partie? de la deuxième partie? de la troisième partie? Pour chaque partie, identifiez le temps des verbes et dites qui sont les acteurs, les victimes, le lieu des événements.

Comparez chaque section et donnez un titre à chaque partie.

d. **Le message de l'auteur.** Dans quelles productions artistiques les objets et les animaux parlent-ils? Est-il possible que parfois les objets semblent animés? Donnez un exemple personnel.

Pour l'auteur, est-ce qu'il y a une frontière entre le réel et l'imaginaire? Quelles phrases dans le texte révèlent la sensibilité et l'humour de l'auteur?

4. **La révolte des objets.** Imaginez comment les objets et les animaux vont se révolter. Que vont-ils faire? Comment? Écrivez un paragraphe pour terminer l'histoire.

Vocabulaire de base

CD2-13

Noms

un bébé *baby*
une bouche *mouth*
un bras *arm*
une brosse à dents *toothbrush*
un cheveu, des cheveux *hair*
un corps *body*
une dent *tooth*
un dos *back*
une jambe *leg*
un nez *nose*
un œil, des yeux *eye, eyes*
une oreille *ear*
un pied *foot*
une tête *head*

Rappel de vocabulaire

un doigt *finger*
une main *hand*

Adjectifs

roux, rousse *red (hair)*
têtu(e) *stubborn*

Verbes

aider (qqn à + inf.) *to help (someone do something)*
amuser *to amuse (someone)*
  s'amuser *to have a good time, to play*
appeler *to call*
s'appeler *to be named*
arrêter *to stop*
  s'arrêter *to stop (oneself)*
brosser *to brush*
  se brosser (les cheveux, par exemple) *to brush (one's hair, for example)*
coucher *to put to bed*
  se coucher *to go to bed*
emmener (conjugué comme acheter) *to take (somebody somewhere)*
énerver *to irritate, to annoy (someone)*
  s'énerver *to get irritated, annoyed*
ennuyer (conjugué comme envoyer) *to bore*
  s'ennuyer *to be bored*
essayer (de + inf.) *to try (to)*
habiller *to dress (someone else)*
  s'habiller *to get dressed*
laver *to wash (something, someone else)*
  se laver *to wash (oneself)*
lever (conjugué comme acheter) *to lift, to raise*
  se lever *to get up*
partager *to share*
pleurer *to cry*
promener (un chien, par exemple) (conjugué comme acheter) *to take for a walk (a dog, for example)*
  se promener *to take a walk*
regarder *to look at*
  se regarder *to look at oneself*
réveiller *to wake (someone else) up*
  se réveiller *to wake up (oneself)*
rêver (de) *to dream (about, of)*

Divers

avoir mal *to hurt*
avoir mal à la tête, à la gorge, au dos *to have a headache, a sore throat, a backache*
bien sûr *of course*
combien de fois (par jour/mois/an...) *how many times (a day/month/year . . .)*
d'habitude *usually*
encore *still, again*
mieux *better (adv.)*
partout *everywhere*
prendre une douche *to take a shower*
tard *late*
tôt *early*
tout(e) seul(e) *all alone, all by oneself*

Vocabulaire supplémentaire

Noms

un article de toilette *toilet article*
une barbe *beard*
un collant *tights, pantyhose*
une crèche *day-care center, nursery*
le dentifrice *toothpaste*
un derrière *rear end*
une école maternelle *nursery school, kindergarten, preschool*
un gant de toilette *washcloth*
une moustache *mustache*
un peigne *comb*
un rasoir *razor*
un rêve *dream*
le savon *soap*
un séchoir (à cheveux) *(hair) dryer*
une serviette de bain *bath towel*
le shampooing *shampoo*
un ventre *stomach, abdomen*
un visage *face*

Adjectifs

adorable *adorable*
barbu(e) *bearded*
châtain *light brown (hair)*
chauve *bald*
énervant(e) *annoying*
frisé(e) *curly*
matinal(e) *early riser, morning person*
nu(e) *naked*
propre *clean*
réveillé(e) *awake*
sale *dirty*
stressant(e) *stressful*

Verbes

changer *to change*
  se changer *to change one's clothes*
coiffer *to fix someone's hair*
  se coiffer *to fix one's own hair*
déshabiller *to undress (someone else)*
  se déshabiller *to get undressed*
maquiller *to put makeup on (someone else)*
  se maquiller *to put makeup on (oneself)*
peigner *to comb (someone else)*
  se peigner (les cheveux, par exemple) *to comb (one's own hair, for example)*
se préparer *to get (oneself) ready*
raser *to shave (someone else)*
  se raser *to shave (oneself)*
sécher (conjugué comme préférer) *to dry off (someone, something)*
  se sécher *to dry off (oneself)*
soigner *to treat (illness), to look after*
  se soigner *to treat oneself, to take care of oneself*
tousser *to cough*

Divers

avoir la grippe *to have the flu*
avoir un rhume *to have a cold*
faire des bêtises *to do dumb things*
faire la sieste *to take a nap*
il faudrait (+ inf.) *one should (+ infinitive)*
prendre un bain *to take a bath*
tout(e) nu(e) *stark naked*

Le français tel qu'on le parle

Allez! *Come on!*
mon chéri, ma chérie *darling, my love*
mon chou *darling, my love (literally: my cream puff or my cabbage)*
mon grand, ma grande *darling, my love (to one's child)*
Il est temps! *It's time!*
Voyons! *Come on now! For goodness' sake!*

Des expressions avec les parties du corps

arriver comme un cheveu sur la soupe = arriver à un mauvais moment
être bête comme ses pieds = être très bête
se lever du pied gauche = se lever de mauvaise humeur
il me casse les pieds = il m'ennuie beaucoup
jouer comme un pied = jouer très mal
avoir une bonne tête = avoir l'air sympathique
faire la tête = ne pas être content *(to make a face)*
à l'œil = gratis *(free)*
Mon œil! *My foot!*
coûter les yeux de la tête = coûter très cher
dormir sur ses deux oreilles = très bien dormir

Le français familier

être à poil = être nu
se barber = s'ennuyer
se débarbouiller = se laver (le visage)
s'éclater = s'amuser
Quelle barbe! *What a bore!*

On entend parfois...

avoir le temps long (Belgique) = s'ennuyer
crollé(e) (Belgique) = frisé(e)
une débarbouillette (Canada) = un gant de toilette
une lavette (Suisse) = un gant de toilette
un linge de bain (Suisse) = une serviette de bain
siester (Afrique) = faire la sieste

On peut tout rater* sauf ses vacances

NE RATEZ PAS VOS VACANCES!

Avec **Séjours Tours**, vous trouverez la magie du paradis tous les jours de l'année. N'attendez pas, contactez-nous au plus vite. Le bonheur est à votre porte.

Séjours Tours,
135, avenue des Champs-Élysées,
Paris,
Tél: 01-42-67-88-00

1. **Une réclame publicitaire.** Décrivez cette réclame. Qu'est-ce qu'il y a sur la photo? Pourquoi ce couple est-il là? C'est quel moment de l'année?

2. **On peut tout rater sauf ses vacances.** Est-ce vrai? Quelle valeur donne cette réclame aux vacances?

3. **On peut tout rater.** Quels autres événements de la vie peuvent être ratés? Pour chaque événement, dites quelles sont les conséquences.

   Modèle: *On peut rater un examen. Quand on rate un examen, on a une mauvaise note.*

4. **«J'ai raté...».** Interrogez un(e) camarade de classe sur une chose importante qu'il/elle a ratée. Demandez-lui des détails: quand? pourquoi? comment?

   Modèle: ÉTUDIANT(E) A: *Qu'est-ce que tu as raté?*

   ÉTUDIANT(E) B: *J'ai raté une interview. J'ai... Je suis..., etc.*

*rater = avoir une mauvaise conclusion, mal finir

Leçon

Une histoire d'amour

Et ne ratez pas votre vie...

Vocabulaire

A. Un jour d'été à Marrakech

Le souk, Marrakech

Valérie Tremblay, 30 ans, est une journaliste qui vient de Montréal mais qui habite toute seule à Paris à cause de son travail. Elle est en vacances au Club Med (1) à Marrakech, au Maroc.

Christophe Delcourt, 27 ans, est un médecin qui habite à Lyon avec ses parents et ses trois sœurs. Lui aussi est en vacances au Club Med à Marrakech.

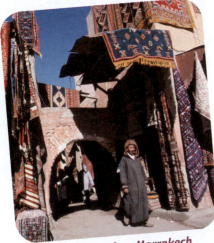

Tapis marocains, Marrakech

- Où est Valérie Tremblay maintenant? C'est loin de chez elle? C'est où, chez elle? Que fait-elle à Paris? Pourquoi est-elle venue au Maroc? Décrivez Valérie.

- Et Christophe Delcourt, que fait-il maintenant? C'est où, chez lui? Que fait-il dans la vie? Décrivez Christophe.

Les mots et la culture

1 Le Club Med. How do you like to travel? Do you prefer to stay in a resort or to travel around? What are the advantages and disadvantages of each style of travel?

Le Club Méditerranée was created in 1950 as a response to the need for organized vacations in postwar France. From its beginnings as a small vacation club, Club Med has gone on to become a large enterprise with resorts in many countries around the world. The democratic atmosphere that it promotes (informal dress, meals at group tables, etc.) and its relatively inexpensive prices have made travel abroad more widely available.

B. La rencontre

C'est dans la rue qu'ils se rencontrent (2) pour la première fois. Elle se promène pour prendre des photos pendant que lui, il cherche un tapis pour ses parents. Et qu'est-ce qui se passe? Ils se voient, ils s'arrêtent, ils se regardent et… c'est le coup de foudre; ils tombent amoureux!

—Pardon, euh… Je ne vous ai pas vue au Club Med?
—C'est possible, oui… Vous aussi, vous êtes au Club Med?

■ Où est-ce qu'ils se rencontrent pour la première fois? Qu'est-ce qu'elle faisait? Et lui? Qu'est-ce qu'il pense quand il la voit? Et elle, qu'est-ce qu'elle pense quand elle le voit? Et vous, est-ce que vous pensez qu'ils vont bien ensemble? Ou bien vous pensez qu'ils se trompent? (3)

Les mots et la culture

2 Les verbes réciproques. In French, the reflexive pronoun is also used to express the idea of reciprocity (**se regarder** = *to look at oneself* or *to look at each other*).

Elles **se** parlent au téléphone.	*They talk (to each other) on the phone.*
Ils **se** rencontrent au café.	*They meet each other at the café.*

This is discussed further in **Structure 1** of this lesson.

3 Les verbes réfléchis et réciproques idiomatiques. A small group of reflexive and reciprocal verbs are idiomatic. Their meaning and use must be learned individually.

se demander	*to wonder*
se dépêcher	*to hurry*
se disputer	*to argue, to fight*
s'entendre bien / mal (avec)	*to get along well / badly (with)*
se marier (avec)	*to marry, to get married*
s'occuper de	*to take care of*
se reposer	*to rest*
se retrouver	*to get together, to meet (again)*
se souvenir (de)	*to remember*
se tromper	*to be wrong, to make a mistake*

Ma camarade de chambre et moi, **nous nous entendons bien.**	*My roommate and I get along well.*
Je **m'entends avec** tout le monde.	*I get along with everybody.*
Est-ce que Christophe et Valérie vont **se marier**?	*Are Christophe and Valérie going to get married?*
Tu **te maries avec** Marc?	*You're marrying Marc?*
On va **se retrouver** après le film?	*Shall we get together after the film?*
Tu **te souviens de** nos vacances à Marrakech?	*Do you remember our vacation in Marrakech?*
Vous devez **vous reposer.**	*You've got to rest.*

C. Une soirée à la Mamounia

Ce soir, ils sortent ensemble à la Mamounia, l'hôtel célèbre de Marrakech. Ils se parlent pendant des heures et se racontent leur vie. Ils sont amoureux, ils s'entendent bien… La vie est belle! Mais ils ont seulement un jour ensemble: Christophe vient d'arriver et c'est le dernier jour de vacances de Valérie. Demain, elle doit rentrer à Paris.

■ Où sont-ils? Qu'est-ce qu'ils portent ce soir? Quelle heure est-il, à votre avis? Qu'est-ce qu'ils font? Est-ce que Christophe va pouvoir sortir avec Valérie longtemps?

D. La fin des vacances de Valérie

Ils doivent se séparer, mais ils ne veulent pas se quitter. Il la serre dans ses bras, ils s'embrassent longtemps, ils se disent qu'(4) ils s'aiment et qu'ils vont se retrouver un jour. Mais maintenant, Valérie doit se dépêcher…

■ Où va Valérie? Et Christophe? Qu'est-ce qu'ils font? Qu'est-ce qu'ils se disent?

■ Et après les vacances, qui va appeler le premier, à votre avis? Qu'est-ce qu'ils vont se dire? Qu'est-ce qui va se passer?

Les mots et la culture

4 Que: conjonction. In the following sentence, **que** is used as a subordinating conjunction to link two clauses.

Christophe dit **qu'**il aime Valérie.
Christophe says (that) he loves Valérie.

E. Le mariage

C'est le grand amour! En automne, ils se retrouvent souvent à Paris ou à Lyon. En décembre, ils se fiancent. À Noël, Valérie emmène son fiancé à Montréal, où il rencontre sa famille. Et en juin, ils se marient.

■ À votre avis, où est-ce qu'ils se marient? Où vont-ils en lune de miel? Et où va habiter le nouveau ménage?

F. La vie de couple (5)

Ils veulent fonder une famille et en octobre, Valérie est enceinte. Ils attendent le bébé avec impatience et ils ont un petit garçon en juillet. Tous les deux adorent l'enfant. Mais Valérie s'ennuie à la maison et elle commence à penser à son travail. Et puis, elle déteste le ménage et c'est toujours elle qui prépare les repas, qui passe l'aspirateur, qui fait la lessive, qui repasse… Elle n'a jamais le temps de se reposer. Christophe a bon caractère, c'est un homme sérieux et honnête, mais il ne fait rien à la maison et il n'a jamais le temps de s'occuper de l'enfant. Si seulement il pouvait aider Valérie! Elle est déçue de sa vie et n'a plus de courage… Pourtant, elle se souvient aussi de Marrakech, de leur amour, de leur mariage, de leur première année ensemble… Est-elle heureuse? Parfois elle pense que oui, parfois elle pense que non… Elle ne sait pas quoi penser!

J'en ai assez, moi!

■ Qu'est-ce qui se passe en octobre? en juillet? Est-ce que c'est un couple heureux? Quand Christophe rentre le soir, que dit Valérie? Que répond Christophe? Que pense Valérie? Qu'est-ce qui va se passer?

■ Et vous, que pensez-vous de Christophe? Et de Valérie?

Les mots et la culture

5 **Liberté, égalité, fraternité?!** Where you live, what is a typical lifestyle for women? for men? Traditionally, the role of women in French society was limited by religious beliefs, social taboos, and strict legislation that made women legally dependent on their husbands. Now, with the lessening influence of the Catholic Church, the repeal of repressive legislation, and the change in the socioeconomic status of women that followed, women share much more equally in French society.

G. La crise

S'il te plaît!

Je m'en vais!

Après un an, Valérie n'a plus de patience. Elle veut faire quelque chose d'autre (6) dans la vie et elle a décidé de retourner travailler, mais Christophe n'est pas d'accord (7). Ils sont en crise et ils se disputent souvent:

—Oh là là, qu'est-ce que tu as mauvais caractère! Tu n'es jamais contente!

—Et tu es surpris? Tu voudrais, toi, rester à la maison toute la journée? Hein? Tu ne comprends pas! Tu ne comprends jamais rien!

—Mais si, je comprends, mais le petit a encore besoin de toi et je gagne assez d'argent pour deux. Dans deux ou trois ans, oui, d'accord, mais pas maintenant… Aie un peu de patience!

—Être patiente? Non, moi, je ne peux plus… J'en ai assez, tu m'entends!

— C'est à cause de (8) moi, dis?

(à suivre)

Les mots et la culture

6 Quelqu'un de + adjectif / quelque chose de + adjectif.

The adjective following **quelqu'un de** and **quelque chose de** is always masculine singular.

Ta sœur est **quelqu'un d'important**?	*Is your sister someone important?*

7 Être d'accord. D'accord used alone means *all right, OK,* in the sense that you agree to something. Therefore, **être d'accord** means *to agree.*

—On va au cinéma?	*Let's go to the movies!*
—D'accord!	*OK!*
—Il y a trop de violence à la télévision!	*There is too much violence on television!*
—Je suis d'accord avec toi, mais qu'est-ce qu'on peut faire?	*I agree with you, but what can we do?*

When you want to say that you are/feel OK, use the verb **aller** instead.

—Comment vas-tu?	*How are you doing?*
—Ça va. Aujourd'hui, je vais bien.	*Fine. Today I'm OK.*

8 Préposition ou conjonction? Sometimes English words have more than one equivalent in French. Note these differences in usage.

■ preposition + noun / pronoun

Il vient **à cause de toi.**	*He's coming because of you.*
Il est resté là **pendant une heure.**	*He stayed there for an hour.*

■ conjunction + subject + verb

Il vient **parce qu'il veut** te rencontrer.	*He's coming because he wants to meet you.*
Il est resté là **pendant que je travaillais.**	*He stayed there while I was working.*

(suite)

—Non, ce n'est pas à cause de toi. J'ai besoin de travailler, c'est tout!

—Valérie, il y a autre chose, non? Tu me caches quelque chose! Tu as rencontré quelqu'un, c'est ça?

—Mais ça ne va pas?!

—Je me demande si tu m'es fidèle, moi... Tu me trompes, n'est-ce pas?

—Écoute-moi bien, Christophe: il n'y a personne d'autre dans ma vie, tu m'entends? Personne! Mais fais attention... Moi, je n'aime pas les hommes jaloux! Si tu es jaloux, je te quitte (9). C'est compris?

■ Que veut faire Valérie? Que pense Christophe de cette idée? Comment est-ce qu'il trouve sa femme? Qu'est-ce qu'il se demande? Comment va le ménage maintenant?

■ À votre avis, où va Valérie? Pourquoi?

■ À votre avis, qu'est-ce qui va se passer? Est-ce que c'est la fin de leur histoire? Est-ce qu'ils vont se réconcilier? se quitter? divorcer (10)?

H. Autres mots et usages

Here are some useful words and expressions not included in the preceding vocabulary presentation.

le divorce	*divorce*
s'endormir	*to fall asleep*
infidèle	*unfaithful*

Mise en pratique

1. Chassez l'intrus. Quel mot ne va pas avec les autres à cause du sens?

1. s'aimer / se séparer / se disputer / divorcer
2. sortir ensemble / se détester / se marier / se fiancer
3. s'entendre / s'embrasser / tomber amoureux / se quitter
4. amour / coup de foudre / divorce / lune de miel
5. repasser / se reposer / passer l'aspirateur / faire la lessive

Objective, Act. 1: recognizing new words and semantic fields

2. Les contraires. Trouvez le contraire.

1. se marier
2. travailler
3. se détester
4. s'ennuyer
5. s'entendre bien
6. se réveiller
7. oublier
8. se réconcilier
9. se quitter

Objectives, Act. 2: recycling vocabulary from previous lessons and recognizing new words, producing new words, solving word problems

Les mots et la culture

9 Quitter / partir / sortir. Quitter means *to leave someone or something.* It must be followed by a direct object.

Vous **n'allez** pas **quitter l'université**?!   *You're not going to leave school?!*

Sortir means *to go out.* It is the opposite of **entrer** *(to enter, to go in, to come in).* **Partir** means *to leave.* It is the opposite of **arriver** *(to arrive).*

Both **sortir** and **partir** are intransitive verbs. They may be followed by a prepositional phrase or an adverb. They are never followed by a direct object.

Valérie **est sortie** hier soir.   *Valérie went out last night.*
Christophe **part** pour Paris demain.   *Christophe is leaving for Paris tomorrow.*

10 Divorcer. Note that although **se marier** is a reflexive verb, **divorcer** is not. Also, unlike English, **divorcer** is never followed by a direct object.

Je **divorce**!   *I'm getting a divorce!*
Jean et Béatrice **ont divorcé** en 1990.   *Jean and Béatrice got divorced in 1990.*
Est-ce que Valérie et Christophe **vont divorcer**?   *Are Valérie and Christophe going to get divorced?*

3. Choisissez. Complétez avec **que, pendant que, parce que, pendant** ou **à cause de.**

1. La sœur de mon fiancé nous a raconté _____ elle allait divorcer.
2. J'ai lu votre article _____ je mangeais et je l'ai trouvé intéressant.
3. Ils se séparent _____ ses chats: elle n'aime pas les chats et lui, il les adore.
4. J'ai rencontré mon mari _____ les vacances.
5. Candide et Alceste disent _____ ils vont partir à Montréal.
6. Solange veut quitter son petit ami _____ il est infidèle.
7. Je voudrais habiter à Nice, mais nous devons habiter à Paris _____ travail de ma femme.

4. Problèmes de couple. Choisissez le bon verbe et mettez-le à l'imparfait ou à l'infinitif dans la phrase.

1. Quand il _____ (arriver / sortir) à la maison le soir, Christophe était si fatigué qu'il ne voulait pas _____ (sortir / quitter)! Mais Valérie, elle, s'ennuyait et elle voulait _____ (sortir / quitter) de la maison pour s'amuser un peu.
2. Christophe, lui, _____ (se demander / demander) si Valérie était fidèle ou si elle _____ (se tromper / le tromper).
3. Un matin, Valérie a décidé de _____ (quitter / partir) la maison. Est-ce qu'elle voulait _____ (quitter / divorcer) Christophe ou est-ce qu'elle voulait _____ (partir / quitter) travailler?
4. Et vous, vous pensez vraiment que Valérie va _____ (quitter / partir) Christophe? Ou bien vous pensez que le couple va _____ (se disputer / se réconcilier)?

5. Conseils. Avec un(e) partenaire, dites ce qu'il faut faire et ce qu'il ne faut pas faire...

Modèle: quand on veut s'amuser le soir.
Il faut sortir avec un(e) ami(e). Il ne faut pas se reposer.

1. quand on rencontre quelqu'un d'intéressant.
2. quand on s'ennuie.
3. quand on sort tard la nuit.
4. quand on retrouve quelqu'un de sa famille après des années.
5. quand on s'aime.
6. quand son mari ou sa femme est infidèle.
7. quand on a des enfants.
8. quand on a un mari jaloux ou une femme jalouse.

6. Le couple idéal, la famille idéale. Qu'est-ce que c'est pour vous, le couple idéal? Et la famille idéale? Écrivez vos idées en groupes de deux ou trois et puis comparez-les avec les idées des autres groupes.

1. Le mari idéal: Il est sérieux? Il est amusant? ...
2. La femme idéale: Elle est sérieuse? Elle est amusante? ...
3. La rencontre idéale: Où? Quand? ...
4. La demande en mariage: Qui? Où? Quand? ...
5. Le mariage idéal: Où? Quand? À quel âge? ...
6. La lune de miel idéale: Où? Pourquoi? ...
7. Le couple idéal: Qui fait quoi? Qui décide quoi? Comment sont-ils ensemble? ...
8. La famille idéale: Combien d'enfants? Quand? ...

Sophie et Jean-Luc, Antibes

La famille Moreau, Rouen

7. Chez le conseiller conjugal *(marriage counselor).* Christophe et Valérie ont décidé d'essayer de mieux s'entendre et ils vont chez le conseiller conjugal.

En groupes:

1. Faites une liste des choses qui ne vont pas du point de vue de Valérie (Il ne fait rien à la maison, etc.).
2. Faites une liste des choses qui ne vont pas du point de vue de Christophe (Elle n'est jamais contente, etc.).
3. Essayez de trouver des solutions.

8. L'histoire de Christophe et de Valérie. En groupes, finissez l'histoire de Christophe et de Valérie.

1. Où est-ce qu'ils habitent, à Lyon, à Paris ou à Montréal? Pourquoi?
2. Ils ont un enfant. Comment s'appelle-t-il? Comment est-il?
3. Est-ce qu'ils vont avoir d'autres enfants? Pourquoi ou pourquoi pas?
4. Qu'est-ce que Valérie pense de Christophe et qu'est-ce que Christophe pense de Valérie?
5. Quels sont les problèmes du couple?
6. Racontez la fin de l'histoire. Est-ce qu'ils vont rester ensemble ou est-ce qu'ils vont divorcer?

9. Réussir sa vie. Pour vous, réussir sa vie, qu'est-ce que c'est avant tout? Voilà ce que des Français de 16 à 25 ans ont répondu:

Objectives, Act. 9: using new and previously learned vocabulary to start creating with language, extracting information from a document, sharing experiences and opinions, comparing cultures

	Ensemble %	Garçons %	Filles %
Fonder une famille	52	49	54
Avoir un métier à responsabilité	16	14	18
Réussir sa vie sentimentale	14	17	11
Défendre une grande cause	8	8	8
Avoir beaucoup de temps libre	6	7	6
Gagner beaucoup d'argent	4	5	3
TOTAL	100	100	100

1. Qu'est-ce que ça veut dire? Expliquez chaque réponse avec vos propres mots et donnez des détails.

   Modèle: *Fonder une famille, c'est se marier, avoir des enfants…*

2. Qu'est-ce qui est très important pour les jeunes Français? Est-ce que les garçons et les filles pensent la même chose?

3. Pour vous, est-ce qu'il y a des choses qui ne sont pas sur la liste mais qui sont importantes pour réussir sa vie? Faites-en une liste.

4. Avec toute la classe, choisissez les six choses les plus importantes pour réussir sa vie (dans la liste des Français et dans votre liste) et faites le même sondage: Quelle est **la** chose la plus importante pour vous? Est-ce que vous pensez comme les Français ou est-ce que vous êtes très différents?

Les verbes réciproques

Reciprocal verbs (**verbes réciproques**) indicate reciprocal action. In English, this is expressed by the use of a reciprocal pronoun or prepositional phrase: *(to) each other* or *(to) one another*. In French, the reflexive pronouns (**nous, vous, se**) serve this purpose.

Candide et Alceste **se** parlent.	*Candide and Alceste are talking to each other.*
Vous ne **vous** parlez plus?	*You're not speaking (to each other) anymore?*

Note that many verbs can be used both reflexively and reciprocally. In French, this is ambiguous, and speakers must depend on context to distinguish between these meanings. In English, no such ambiguity exists.

Ils **se** parlent.	*They're talking to themselves. /*
	They're talking to each other.

Mise en pratique

Objective, Act. 1: practicing lexical meanings of reciprocal verbs in context

1. Bonne nouvelle / mauvaise nouvelle? Décidez si c'est une bonne ou une mauvaise nouvelle.

1. Candide et Alceste ne se parlent plus.
2. Valérie et Christophe se réconcilient.
3. Vincent et Thérèse Dubois se séparent.
4. Vous vous disputez avec un(e) ami(e).
5. Alceste et sa mère se téléphonent tous les jours.

Objective, Act. 2–3: using reciprocal verbs in a meaningful context

2. Choisissez. Complétez les phrases avec un des verbes entre parenthèses au présent. C'est bien ou ce n'est pas bien?

1. Christophe et Valérie _____ (aimer / s'aimer) et ils _____ (écrire / s'écrire) tous les jours.
2. Alceste _____ (téléphoner / se téléphoner) souvent à sa mère et ils _____ (parler / se parler) pendant des heures.
3. Adrien _____ (tromper / se tromper) sa femme avec une secrétaire de vingt ans.
4. Martine _____ (voir / se voir) souvent sa copine Mireille et elles _____ (raconter / se raconter) tous leurs problèmes.
5. Monsieur et Madame Renglet _____ (séparer / se séparer) après vingt ans de mariage parce qu'ils ne _____ (entendre / s'entendre) plus.

3. Des nouvelles de Cinet. Voilà les dernières nouvelles de Cinet. Faites des phrases complètes au présent. Ensuite, décidez si ce sont des bonnes nouvelles ou des mauvaises nouvelles.

1. Monsieur Lionnet et Mademoiselle Caron / se marier.
2. Monsieur Bovy et Monsieur Saïdi / ne plus / se parler.
3. Monsieur et Madame Ségal / se disputer / tout le temps.
4. Monsieur et Madame Domont / ne pas / s'entendre. Ils vont divorcer.
5. Madame Renard et Monsieur Renglet / se retrouver / au café le soir.

Structure 2

Les verbes réfléchis et réciproques au passé

Reflexive and reciprocal verbs follow the rules you already know for formation of the **imparfait**.

À seize ans, je ne **m'entendais** pas **bien**
avec mes parents.

*When I was 16, I didn't get along well
with my parents.*

Nous **nous reposions** quand le
téléphone a sonné.

*We were resting when the telephone
rang.*

Reflexive and reciprocal verbs are always conjugated with **être** in the **passé composé**. The past participle of these verbs agrees in most cases with the subject of the verb.

Ma sœur **s'est mariée** l'année dernière.

My sister got married last year.

Nous **nous sommes amusés**.

We had a good time.

Ils **se sont rencontrés** à Paris.

They met in Paris.

The rules governing past participle agreement with reflexive and reciprocal verbs are complex. Although such verbs use **être** as a helping verb, their past participles really agree with a preceding direct object (if one exists). Since the reflexive or reciprocal pronoun usually represents a direct object, this means that the past participle agrees with both the preceding direct object (the reflexive pronoun) and the subject.

Sometimes the reflexive or reciprocal pronoun represents an indirect object rather than a direct object. In these cases, there is no past participle agreement.

This happens with two specific types of verbs.

1. Verbs with indirect objects (no past participle agreement): **se dire, se parler, s'écrire, se donner, se raconter, se téléphoner, se demander**

   Les deux sœurs **se sont téléphoné** et
   elles **se sont parlé** pendant des heures.

   *The two sisters called each other
   and talked for hours.*

2. Reflexive verbs having reference to a part of the body (no past participle agreement):

   Marie **s'est lavé** les mains.

   Marie washed her hands.

In this sentence, **mains** is the direct object, and **se** is the indirect object, telling to whom the hands belong.

Mise en pratique

 1. Ordre logique? Avec un(e) partenaire, mettez les activités dans l'ordre logique (il y a plusieurs possibilités).

1. ils se sont remariés, ils ont divorcé, ils se sont rencontrés, ils se sont mariés, ils se sont parlé, ils sont sortis ensemble
2. j'ai bien dormi, je me suis levé, je me suis réveillé, je me suis couché
3. j'ai bu un grand verre d'eau, je me suis déshabillée, je me suis brossé les dents, je suis rentrée tard le soir, je me suis lavé le visage et les mains

Objective, Act. 1: comprehending past tense forms of reflexive and reciprocal verbs in a meaningful context

2. **Mariages.** Avec qui est-ce qu'ils se sont mariés? Choisissez parmi: Martha / Napoléon / Marie-Antoinette / mon grand-père / Franklin / Anne Boleyn / Joe DiMaggio.

   Modèle: Marilyn Monroe
   Elle s'est mariée avec Joe DiMaggio.

   1. George Washington
   2. Henri VIII
   3. Eleanor Roosevelt
   4. ma grand-mère
   5. Joséphine
   6. Louis XVI

3. **Qu'est-ce qu'ils ont fait?** Soyez logique.

   Modèle: Philippe a utilisé une serviette de bain.
   Il s'est séché.

   1. Marguerite a utilisé du savon.
   2. Richard a utilisé une brosse à dents.
   3. Charles a mis une chemise, un costume, une cravate et des chaussures.
   4. Donna a entendu le réveil.
   5. Alceste et Candide ont utilisé une brosse à cheveux.

4. **Qu'est-ce qu'ils ont fait?** Faites l'accord des participes passés quand c'est nécessaire.

   1. Paulette s'est couché _____ tôt hier soir.
   2. Est-ce que Candide et Alceste se sont brossé _____ les cheveux?
   3. Martine et Valérie se sont retrouvé _____ au café. Elles se sont parlé _____ pendant une heure, et puis elles sont parti _____ ensemble.
   4. Ils se sont rasé _____ la tête! Mais pourquoi?
   5. Nous nous sommes bien amusé _____ hier soir.
   6. Christophe et Valérie se sont vu _____ et ils sont tombés amoureux.
   7. Valérie s'est demandé _____ si elle allait divorcer.

5. **Les souvenirs d'un vieux couple.** Monsieur et Madame Ségal sont mariés depuis longtemps et ils se souviennent de leur vie pendant les premières années de leur mariage. Complétez le dialogue avec les verbes entre parenthèses à l'imparfait.

   —Tu te souviens quand tu m' _____ (apporter) le café au lit le matin?
   —Oh, oui, tu _____ (ne jamais se lever) avant huit heures.
   —Oui, mais je _____ (se coucher) toujours tard parce que je _____ (s'occuper) du ménage le soir.
   —C'est vrai, et moi, je _____ (se coucher) tard aussi parce que je _____ (vouloir) rester avec toi.
   —Nous _____ (s'entendre) si bien!
   —Oui, nous _____ (ne jamais se disputer).

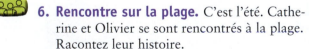

6. **Rencontre sur la plage.** C'est l'été. Catherine et Olivier se sont rencontrés à la plage. Racontez leur histoire.

   SUGGESTIONS: se regarder / se parler / s'embrasser / se disputer / se séparer / se rencontrer / se retrouver / s'amuser / se téléphoner / sortir ensemble / s'écrire / se dire au revoir / se voir / s'entendre bien (avec)

Catherine et Olivier, Le Grau du Roi

7. Racontez l'histoire. Imaginez que vous êtes une des personnes suivantes. Racontez votre histoire.

1. Béatrice Dubois: 37 ans, divorcée, remariée avec Paul Pinel
   Jean Rasquin: 45 ans, divorcé, premier mari de Béatrice Dubois

2. Jacques Dubois: 68 ans, retraité, veuf (sa femme est morte)
   Paulette Gilmard: 66 ans, retraitée, a rencontré Jacques Dubois à Nice

3. M. Ségal: 69 ans, retraité, marié, se dispute tout le temps avec sa femme
   Mme Ségal: 67 ans, retraitée, mariée, se dispute tout le temps avec son mari

4. M. Domont: 40 ans, employé de la S.N.C.F., marié
   Mme Domont: 40 ans, secrétaire, mariée mais veut divorcer

5. M. Renglet: 50 ans, dentiste, marié, retrouve Madame Renard au café le soir
   Mme Renglet: 45 ans, cadre dans une banque, mariée

6. Bruno Hanin: 29 ans, écrivain, marié, deux enfants, s'occupe beaucoup de ses enfants
   Véronique Hanin: 27 ans, ingénieur, mariée, deux enfants, voyage beaucoup pour son travail

Structure 3

Les verbes *savoir* et *connaître*

Savoir means *to know a fact* or *to know how to;* **connaître** means *to know* in the sense of *to be acquainted with.* Here are the forms of the verbs **connaître** and **savoir** in the present tense.

connaître	
je connais	nous connaissons
tu connais	vous connaissez
il } connaît	ils } connaissent
elle	elles

—Vous **connaissez** Christophe?   *Do you know Christophe?*
—Oui, je le **connais.**   *Yes, I know him.*

savoir	
je sais	nous savons
tu sais	vous savez
il } sait	ils } savent
elle	elles

—Vous **savez** pourquoi Valérie   *Do you know why Valérie*
  est partie?   *left?*
—Non, je ne **sais** pas.   *No, I don't know.*

Savoir et *connaître* au passé

Both **savoir** and **connaître** are regular in the **imparfait.**

Quand elle avait vingt ans, Valérie   *When she was 20, Valérie knew Montreal*
  connaissait bien Montréal et elle   *well and she knew where to go to have a*
  savait où aller pour s'amuser.   *good time.*

Both **savoir** and **connaître** are conjugated with **avoir** in the **passé composé.**
The past participle of **connaître** is **connu.** The past participle of **savoir** is **su.**
The **passé composé** of **connaître** can have the meaning *to have met.*
The **passé composé** of **savoir** can mean *to have found out* as well as *to have learned.*

Valérie **a connu** Christophe à   *Valérie met Christophe in*
  Marrakech.   *Marrakech.*
J'ai su la vérité quand je lui   *I found out (learned) the truth when*
  ai parlé.   *I talked to him/her.*

Savoir ou *connaître*?

Both **connaître** and **savoir** can be translated by the English verb *to know*. They are not, however, interchangeable.

- **connaître**

1. Means *to know* in the sense of knowing a person or being familiar with a place or a situation.
2. Must have a direct object.
3. Cannot be followed by a **que** clause.

Est-ce que vous **connaissez** Paul? Il **connaît** très bien la France.	*Do you know Paul? He knows (is well acquainted with) France very well.*
Quand j'avais vingt ans, je **connaissais** toutes les boîtes de Toulouse.	*When I was 20, I knew (was familiar with) all the nightclubs in Toulouse.*
Il l'**a connue** chez moi.	*He met her at my place.*

- **savoir**

1. Means *to know* by fact or learning.
2. When followed by an infinitive, means *to know how to.*
3. May be used with or without a direct object.
4. May be followed by a clause beginning with **que** *(to know that)*, **pourquoi** *(to know why)*, **quand** *(to know when)*, etc.

Tu **sais** quand il vient?	*Do you know when he's coming?*
Tu ne **sais** pas **nager**?	*You don't know how to swim?*
Je **sais** qu'il est allé à Montréal.	*I know (that) he went to Montreal.*
Tu ne **savais** pas ça?	*You didn't know (weren't aware of) that?*
Quand est-ce que vous l'**avez su**?	*When did you find out about it?*

Mise en pratique

1. Savoir ou connaître? Lisez les phrases suivantes et décidez si les verbes anglais *(know, met, find out)* correspondent au verbe **savoir** ou au verbe **connaître** en français. Ne traduisez pas!

1. Do you *know* the Joneses?
2. Yes, I *met* them in New York.
3. Did you *know* that Mary got married last weekend?
4. No! How *did* you *find out*?
5. Who *knows* how this works?
6. Paul *knows*, but I don't *know* where he is.
7. Do you *know* where the Art Institute is?
8. No, I'm sorry. I just moved here and I don't *know* the city very well yet.

Objective, Act. 1: distinguishing between English and French in the distribution of to know *vs.* **savoir** / **connaître**

2. Connaissances. Qui connaît qui?

Modèle: Il connaît Jeanne? Oui, il _____.
Oui, il *la connaît.*

1. Elle connaît Paul? Oui, elle _____.
2. Tu connais les Durand? Non, je _____.
3. Vous connaissez mon père? Non, nous _____.
4. Tes parents connaissent ton camarade de chambre? Oui, ils _____.
5. Candide connaît Alceste? Oui, il _____.

Objectives, Act. 2: focusing on the forms of **connaître**, *recycling direct object pronouns*

3. Les métiers et le savoir-faire. Qu'est-ce qu'ils savent faire? Suivez le modèle.

Modèle: Christophe est médecin.
Il sait soigner, écouter, etc.

1. Valérie est journaliste.
2. M. Hécan est professeur.
3. Mlle Verdier et M. Dupont sont secrétaires.
4. Janine est femme au foyer.
5. Patrick et Jean-Paul sont cuisiniers.
6. Nous sommes étudiants.

Et eux? Quels sont leurs métiers? Qu'est-ce qu'ils savent faire?

4. Un voyage à Montréal. Complétez le dialogue avec **connaître** ou **savoir** au présent.

—Est-ce que tu _____ que nous allons à Montréal cet été?
—C'est vrai? Tu _____ la ville?
—Moi, non. Mais ma femme la _____ un peu et nous _____ des Canadiens. Ils vont nous montrer des choses intéressantes.
—Vous _____ où vous allez dormir?
—Oui, dans un petit hôtel pas cher, rue Saint-Denis.
—Je _____ un bon restaurant rue Saint-Denis. Ils _____ faire des frites comme à Bruxelles.
—C'est vrai? C'est quel numéro, rue Saint-Denis?
—Je ne _____ pas, mais c'est facile à trouver.

5. La femme de Monsieur Vilar. Un ami de Monsieur Vilar lui a demandé comment il a rencontré sa femme. Complétez le dialogue avec **savoir** ou **connaître** au passé composé ou à l'imparfait.

—Comment est-ce que tu _____ ta femme?
—Eh bien, j'avais vingt ans et j'étais étudiant à Montpellier. Je n'étais pas de Montpellier et je ne _____ pas beaucoup d'autres étudiants. Je ne _____ même pas comment leur parler. J'étais très seul et très timide. Mais un jour, je _____ qu'il y avait une maison pour étudiants étrangers et un soir, pendant que j'étais là, une jolie jeune fille anglaise est entrée. Nous nous sommes parlé et je _____ que ses parents venaient souvent en vacances près de chez moi et qu'ils _____ mes parents! Alors, on est sorti et… mais tu connais la fin de l'histoire!

Le français parlé

CD2-14

Scène de vie

Objectives: telling a story; recognizing past tenses and their uses

—Moi, un jour, j'ai rencontré quelqu'un de célèbre!

—C'est vrai? Raconte!

—Eh bien, c'était l'été et ma copine et moi, on allait à la mer, mais on n'avait pas beaucoup d'argent, alors on faisait de l'auto-stop et…

—Quoi? Vous faisiez de l'auto-stop? Deux filles? Mais c'est dangereux, non?

faire de l'auto-stop = *to hitchhike*

—Oui, je sais, mais c'était il y a longtemps, on ne pensait pas comme ça dans les années soixante…

—Tu avais quel âge?

—Je ne me souviens pas bien… Dix-neuf, vingt ans, je pense. J'étais étudiante.

—Donc vous faisiez de l'auto-stop…

—Oui, et une voiture de sport rouge s'est arrêtée. C'était un homme jeune, assez beau garçon… Il n'avait pas l'air dangereux, alors nous sommes montées, moi à côté de lui et ma copine derrière. C'était la première fois qu'on montait dans une si belle voiture et on était très contentes toutes les deux!

—Et c'était qui, cet homme?

—Mais attends un peu! Bon, alors, il m'a demandé mon nom et on a commencé à parler, mais il avait l'air surpris et je ne savais pas pourquoi… Finalement, il m'a demandé: «Mais vous ne savez pas qui je suis?» Je l'ai bien regardé et puis j'ai répondu que non, je ne le connaissais pas! Il était encore plus surpris et il m'a dit: «Mais je suis Johnny Hallyday!»

—Johnny Hallyday? Le rocker? C'est pas vrai!

—Ben si… Et moi, je ne savais pas qui c'était, alors j'ai répondu: «Et alors?»

—Ça alors, tu es montée dans la voiture de Johnny Hallyday?! Et tu ne savais pas qui c'était?!

—Ben non… Tu comprends, j'étais étudiante aux États-Unis depuis des années et je rentrais en France seulement l'été. Je connaissais Elvis, mais pas Johnny!

—Eh bien, dis donc, je comprends qu'il était surpris! Et comment il était?

—Très sympa! On a beaucoup parlé, il voulait savoir comment c'était, les États-Unis…

—Et c'est tout?

—C'est tout… On est arrivés à la mer, on s'est dit au revoir, et voilà…

—Eh bien dis donc! Et après, tu as cherché ses disques?

—Bien sûr! C'est alors que j'ai vraiment su qui il était!

Pour écouter. In this lesson and the next, you will practice listening to stories. When listening to a story, it is important to make a distinction between the **imparfait** and the **passé composé,** so as to understand if the narrator is telling how things were or used to be, or if he/she is telling what happened. If you cannot tell the difference, you may misunderstand the speaker and think, for example, that something just happened once while the speaker meant that it is the way things used to be. It is also important to know when the narrator is speaking in the past and when he/she is speaking in the present, to distinguish the story from present feelings/facts expressed by the speaker.

a. First, read the conversation in your book. For each verb, say what tense is being used and why. Pay attention to context and also to words such as **un jour, alors, et puis,** etc, to give you clues.

b. It's one thing to recognize tenses in writing but another thing altogether to recognize them while listening. Close your book and listen to the conversation again, focusing on the verbs. How do you recognize that a verb is in the **passé composé?** How do you tell the difference between a verb in the **imparfait** and a verb in the **présent?** What words give you clues about how the story moves through time?

Parlons! Une rencontre intéressante

Et maintenant, c'est vous qui allez raconter une histoire. Avez-vous rencontré quelqu'un d'intéressant un jour? Un grand amour peut-être? Ou quelqu'un qui est maintenant votre meilleur(e) ami(e)? Ou quelqu'un de célèbre? Ou quelqu'un de bizarre? Ou quelqu'un qui vous a apporté quelque chose d'important dans la vie? Racontez l'histoire!

a. Travaillez tout(e) seul(e) pour organiser votre histoire. Faites deux colonnes. Dans une colonne, écrivez comment étaient les choses (description/à l'imparfait); dans l'autre colonne, écrivez ce qui s'est passé (narration/au passé composé).

b. Racontez votre histoire à votre partenaire. Puis votre partenaire va vous raconter son histoire aussi. Attention, c'est une conversation, pas un monologue. Réagissez *(React)*, posez des questions et demandez des détails.

Découvertes linguistiques

Plus je connais les gens, et plus j'aime mon chien.

Objective: providing an opportunity for students to work at effective translating and to consider the complexities of translating from one language to another

1. Comment dire? Does English have ways of expressing the nuances coded by the choice of **savoir** or **connaître** in French? Work with a partner or in a group and decide on the best way to translate these examples taken from French websites.

Ben oui tout est dans le titre, «Je connais rien à la politique» …
je connais rien à tout ça.

À cet instant elle savait qu'elle l'aimait. (L'amour sans décodeur)

Sartre, *je connais*!

Gérard Lemarié

Une appproche originale de la vie et de l'œuvre littéraire et philosophique du père de l'existentialisme.

ISBN: 2-84372-017-6

80 pages; 6,5 €

Paul Éluard, poète de l'avant-garde et ami des cubistes, dadaïstes et surréalistes, est né le 14 octobre 1895. En 1913, il a rencontré sa première femme, une jeune Russe, Helena Diakonova qu'il appelait Gala. Éluard a publié son recueil *Premiers poèmes* la même année. La grande guerre a beaucoup touché le poète. Il a connu le front en 1917 et il a fini la guerre avec des nouvelles idées pacifistes.

Je sais les hivers, je sais le froid

Mais la vie sans toi, je sais pas (Chanson de Céline Dion)

---

2. À vous. What does it mean to translate something from one language to another? Does a career as a translator sound like something you might like?

Objectives: *identifying personal values about marriage, collecting information and data about French laws and attitudes towards marriage, inquiring about how things used to be, comparing cultural attitudes, arguing a point of view*

L'amour et le mariage

1. **Sondage.** Qu'est-ce que vous pensez du mariage? Quelle sorte d'engagement est-ce? Préparez quatre questions que vous allez poser à vos camarades de classe concernant ce sujet.

   Modèle: *Est-ce que le mariage est un engagement sérieux?, etc.*

Trois mariages et un divorce

Evolution du nombre de divorces (en milliers) :

116,7

104,2

30,0

22,0

7,4

1900   1930   1960   1990 2000

—L'égalité des époux* dans la gestion** des biens de la famille et des enfants date de 1985. La capacité civile (droit de passer contrat et d'ester*** en justice) date de 1942.

—76% des Français pensent que le mariage est un engagement pour la vie (82% en 1996). Mais 61% considèrent qu'il a moins de valeur qu'il y a dix ans, 10% plus de valeur, 27% autant. 65% pensent qu'il redevient à la mode.

*mari et femme
**la direction et l'organisation des affaires
***soutenir une action en justice

Francoscopie 2003, pp. 159, 161.

2. Observer

a. Mots clés. Trouvez les mots clés *(key words)* dans chaque phrase.

b. Les dates. À quoi correspondent ces dates: 1942, 1985, 1996, 2003?

c. Les faits. Résumez les faits principaux mentionnés dans ces statistiques.

> **Modèle:** *Ce paragraphe explique…*

3. Analyser

a. L'égalité des époux. Préparez cinq questions sur la situation des époux et des enfants avant 1942 et avant 1985. D'après vous, qui a probablement bénéficié le plus de la nouvelle législation?

> **Modèle:** *Avant 1942, est-ce que la femme avait des droits? Est-ce qu'elle pouvait…*

b. Comparaisons. Comparez ces attitudes envers le mariage avec celles de vos compatriotes. Comment expliquez-vous les changements d'attitudes?

4. Débat. Se marier jeune ou se marier tard? Décidez ce qui est mieux.

Quand ont-elles obtenu le droit de vote?

- En Suède: en 1862 (pour les élections municipales), en 1918 pour les autres scrutins.
- Aux États-Unis: dès 1869, puis 1893 et 1896 dans quatre états de l'Ouest. En 1920 dans tout le pays.
- En Nouvelle-Zélande: en 1893.
- En Norvège: en 1901 (pour les élections municipales), en 1913 pour tous les scrutins.
- En Australie: en 1902.
- En Finlande: en 1907.
- Au Danemark: en 1915.
- En Pologne: en 1917.
- En Grande-Bretagne: en 1918 pour les femmes de plus de 30 ans, en 1928, pour toutes.
- Au Canada: en 1918.
- En Allemagne: en 1918.
- En Russie: en 1918.
- En Islande et aux Pays-Bas: en 1919.
- En Afrique du Sud: en 1930.
- En Espagne, au Portugal et au Brésil: en 1931.
- En France: en 1944.
- En Italie: en 1945.
- En Chine: en 1949.
- En Grèce: en 1954.
- À Monaco: en 1962.
- En Suisse: en 1971.
- Au Liechtenstein: en 1984.

Les femmes et le droit de vote

Objectives: *referring to personal experience as an approach to reading a poem, using and reviewing familiar language, skimming to identify the gist of the poem, scanning to extract main elements and key details, following the narrative and descriptive structure of a poem using verb analysis, uncovering emotions, examining versification and poetic effects, writing about a personal story*

1. Préparation. D'après votre expérience personnelle, qu'est-ce qui fait qu'on tombe amoureux?

Modèle: *Les yeux d'une personne, la façon de…*

Chanson

Quand il est entré dans mon logis clos
J'ourlais[1] un drap lourd près de la fenêtre
L'hiver dans les doigts, l'ombre sur le dos…
Sais-je depuis quand j'étais là sans être?

Et je cousais[2], je cousais, je cousais…
—Mon cœur qu'est-ce que tu faisais?

Il m'a demandé des outils[3] à nous.
Mes pieds ont couru, si vifs, dans la salle,
Qu'ils semblaient — si gais, si légers, si doux, —
Deux petits oiseaux caressant la dalle[4].

De-ci, de-là, j'allais, j'allais, j'allais…
Mon cœur, qu'est-ce que tu voulais?

Il m'a demandé du beurre, du pain
—Ma main en l'ouvrant caressait la huche[5],
—Du cidre nouveau, j'allais et ma main
Caressait les bols, la table, la cruche[6].

Deux fois, dix fois, vingt fois je les touchais…
—Mon cœur, qu'est-ce que tu cherchais?

Il m'a fait sur tout trente-six pourquoi.
J'ai parlé de tout, des poules, des chèvres[7],
Du froid et du chaud, des gens, et ma voix
En sortant de moi caressait mes lèvres…

Et je causais, je causais, je causais[8]…
—Mon cœur qu'est-ce que tu disais?

Quand il est parti, pour finir l'ourlet
Que j'avais laissé, je me suis assise…
L'aiguille[9] chantait, l'aiguille volait,
Mes doigts caressaient notre toile bise[10]…

Et je cousais, je cousais, je cousais…
—Mon cœur, qu'est-ce que tu faisais?

Marie Noël, «Chanson» dans *Les Chansons et les Heures* © Éditions Gallimard

---

[1] **ourlais:** ourler, c'est finir à la main le bas d'un vêtement

[2] **cousais:** coudre, c'est assembler les morceaux d'un vêtement pour le finir

[3] **outils:** un outil est un objet pour construire ou réparer un meuble, une maison, etc.

[4] **la dalle:** un carré de pierre ou de marbre qui constitue le sol d'une pièce

[5] **la huche:** un objet dans lequel on conservait le pain autrefois

[6] **la cruche:** un objet dans lequel on garde l'eau fraîche

[7] **des poules, des chèvres:** les animaux d'une ferme

[8] **je causais:** je parlais

[9] **l'aiguille:** un objet mince et pointu qu'on utilise pour coudre / [10] **notre toile bise:** les morceaux du vêtement d'une couleur gris/beige

2. Première lecture

a. **Les personnes.** Il y a combien de personnes dans ce poème? Qui sont ces personnes?

b. **Les actions.** Identifiez les éléments linguistiques qui créent une narration. Dans quelle période de temps ce poème se passe-t-il? Identifiez toutes les actions du poème et résumez les événements.

> **Modèle**: *il est entré, mes pieds ont couru*, etc.

c. **Les gestes et les émotions.** Faites une liste des gestes et actions de la femme du poème. Quels verbes expriment des émotions? Quelles émotions? Répondez à la question de l'auteur à la fin du refrain.

> **Modèle**: *Elle ourlait un drap*, etc.
> *Son cœur voulait...*, etc.

3. Analyse

a. **Le poème.** Pourquoi le titre de ce poème est-il *Chanson*? Trouvez les procédés employés par l'auteur pour créer une «chanson» sans musique. Quel type de «chanson» est-ce?

b. **La jeune amoureuse.** Comment est la femme de la chanson? Analysez sa personnalité d'après ses actions, ses réactions, ses gestes, ses émotions.

4. Votre premier amour.
Comme vous l'avez fait pour ce poème, analysez vos gestes et vos actions lorsque vous êtes tombé(e) amoureux(-euse) pour la première fois.

Vocabulaire de base

Noms

l'amour *(m.) love*
le couple *couple*
le divorce *divorce*
la fin *end*
une histoire *story*

Verbes

connaître *to know (be familiar with)*
se demander *to wonder*
se dépêcher *to hurry (up)*
se disputer (avec) *to argue (with)*
divorcer *to divorce*
embrasser *to kiss, to embrace*
s'endormir (conjugué comme dormir) *to fall asleep*
s'entendre (bien / mal) (avec qqn) *to get along (well / badly) (with someone)*
se marier (avec) *to marry, to get married (to)*

s'occuper (de) *to take care (of)*
penser (à / de) *to think (about / of)*
quitter *to leave (someone, someplace)*
raconter *to tell (a story)*
repasser *to iron*
se reposer *to rest*
se retrouver *to get together, to meet (again)*
savoir *to know*
se souvenir (de) (conjugué comme venir) *to remember*
se tromper (de) *to be wrong, to make a mistake*

Adjectifs

amoureux, amoureuse (de) *in love (with)*
jaloux, jalouse *jealous*
patient(e) *patient*

Divers

à cause de *because of*
être d'accord *to agree*
faire attention *to pay attention, to be careful*
faire la lessive *to do the laundry*
longtemps *a long time*
passer l'aspirateur *to vacuum*
pendant que *while*
que *that*
quelque chose (d'intéressant, d'autre...) *something (interesting, else . . .)*
quelqu'un (d'intéressant, d'autre...) *someone (interesting, else . . .)*
Qu'est-ce qui se passe? *What's happening?*
seulement *only*
tomber amoureux, amoureuse (de) *to fall in love (with)*

Vocabulaire supplémentaire

Noms

un coup de foudre *love at first sight*
une crise *crisis*
un(e) fiancé(e) *fiancé(e)*
un(e) journaliste *journalist, reporter*
la lune de miel *honeymoon*
un ménage *household, couple*
la patience *patience*
une rencontre *encounter, meeting*

Verbes

cacher *to hide*
se fiancer *to get engaged*
se réconcilier *to make up*
se séparer *to separate, to break up*
tromper *to fool, to cheat*

Adjectifs

déçu(e) *disappointed*
enceinte *pregnant*
fidèle (à) *faithful (to)*
infidèle *unfaithful*
surpris(e) *surprised*

Divers

attendre quelque chose avec impatience *to be excited about something, not to be able to wait for something*
au Maroc *in Morocco*
avoir bon / mauvais caractère *to be easy / hard to get along with*
avoir de la patience *to be patient, have patience*
avoir du courage *to have courage, to be courageous*
être en crise *to be in a crisis*
fonder une famille *to start a family*
serrer quelqu'un dans ses bras *to hug somebody*
sortir avec *to go out with, to date*
sortir ensemble *to go out together, to date*

Le français tel qu'on le parle

Ça alors! *You don't say! Whoa!*
C'est compris? *Understood?*
C'est promis! *I promise!*

Dis donc! *Say! Whoa!*
Et alors? *So what?*
Je m'en vais! *I'm leaving!*
Je ne sais pas quoi penser. *I don't know what to think.*
Mon amour! *My love!*

Le français familier

draguer *to be looking for action*
un dragueur *guy who's always after girls*
faire gaffe = faire attention
Super! *Great! Super!*

On entend parfois...

attendre famille (Belgique) = être enceinte
avoir un coup de soleil (pour) (Haïti) = avoir un coup de foudre (pour)
être en famille (Canada) = être enceinte
tomber en amour (Canada) = tomber amoureux(-euse)

CHANSON 13: Chanson pour l'Auvergnat

Poursuivant une longue tradition de ballades chantées par des criminels, voici une chanson classique que Brassens dédie à la générosité des pauvres gens.

1. Écoutons. Écoutez cette chanson. Elle est écrite comme une ballade traditionnelle. Quels sont les éléments qui montrent que c'est une ballade?

2. Mots et expressions. Dans chacun des trois couplets et dans le refrain, l'auteur remercie une personne différente. Indiquez dans quel couplet/refrain les mots suivants sont mentionnés dans la chanson.

	Sujet	Couplet et refrain
Modèle:	Un étranger	*3*
	Un Auvergnat	
	Des bouts de pain	
	Un sourire	
	Des bouts de bois	
	Une hôtesse	

3. Un portrait. D'après cette ballade, quelle sorte de personne est l'auteur de la chanson? Quelle est sa vision de l'humanité?

CHANSON 14: Non, je ne regrette rien

Édith Piaf chante l'ennui d'une vie solitaire et sans intérêt.

1. Écoutons. Comment cette chanson exprime-t-elle l'ennui *(boredom)*?

2. Mots et expressions. Quels mots et expressions sont répétés? Quels autres mots reconnaissez-vous *(do you recognize)* dans la chanson?

3. Ennui. Quels éléments contribuent à l'ennui de l'auteur? Est-ce que ces choses sont personnelles (internes) ou bien est-ce qu'elles sont plutôt liées *(related to)* à des événements et/ou autres choses (externes)?

CHANSON 15: Déjeuner en paix

Cette chanson, chantée par Stéphane Eicher, raconte la vie quotidienne d'un jeune couple à la recherche de son identité dans le monde moderne.

1. Écoutons. Faites une liste de six mots que cette chanson évoque pour vous. Utilisez les mots que vous entendez, la musique, le façon dont le chanteur s'exprime ou encore le rythme et le style du chanteur.

2. Mots et expressions. Quelles actions sont celles du chanteur? Lesquelles sont celles de la femme?

3. Le monde et nous. Quel contraste y a-t-il entre la scène, le titre et les paroles de la chanson?

CHANSON 16: Hymne à l'amour

Une chanson typique d'Édith Piaf, qui chante un amour qui lui ferait faire tout et n'importe quoi pour celui qu'elle aime.

1. Écoutons. Quel est le sentiment que la chanteuse exprime par sa mélodie et sa façon de s'exprimer? Change-t-elle sa façon de s'exprimer au cours de la chanson?

2. Mots et expressions. Quel verbe est répété et quel rapport a-t-il avec le sujet de la chanson?

3. Hymne à l'amour. Qu'est-ce qui, dans les paroles et dans la mélodie, fait de cette chanson un «hymne»?

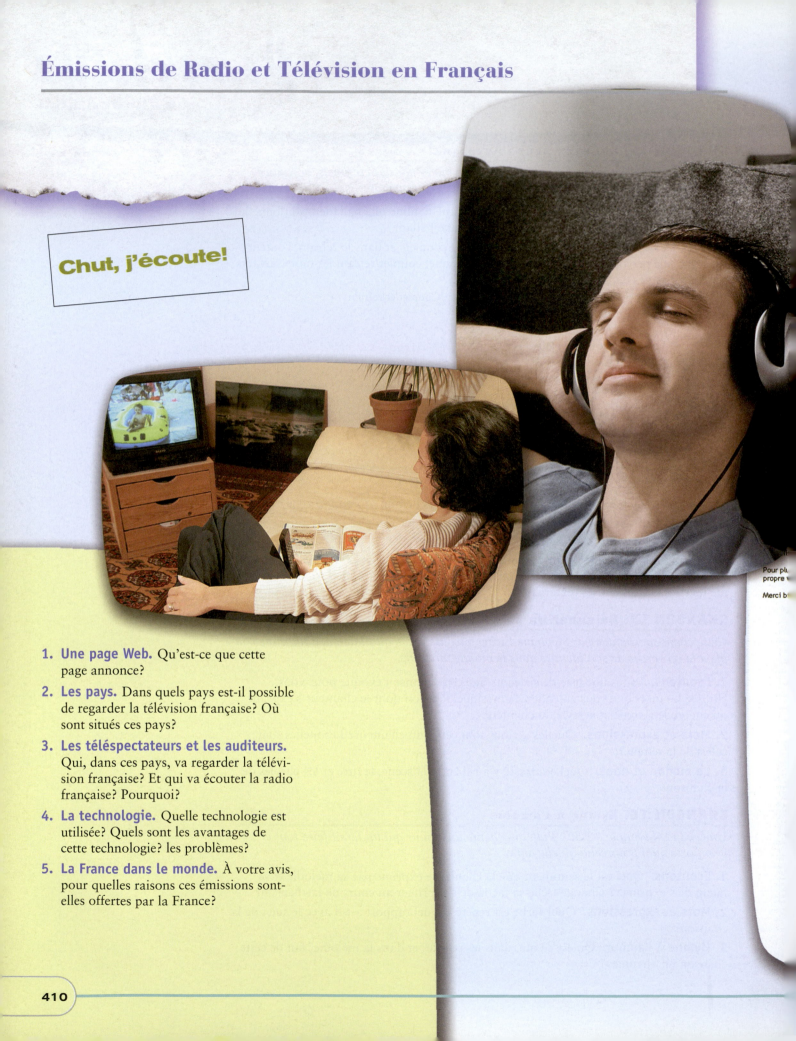

Chut, j'écoute!

1. **Une page Web.** Qu'est-ce que cette page annonce?

2. **Les pays.** Dans quels pays est-il possible de regarder la télévision française? Où sont situés ces pays?

3. **Les téléspectateurs et les auditeurs.** Qui, dans ces pays, va regarder la télévision française? Et qui va écouter la radio française? Pourquoi?

4. **La technologie.** Quelle technologie est utilisée? Quels sont les avantages de cette technologie? les problèmes?

5. **La France dans le monde.** À votre avis, pour quelles raisons ces émissions sont-elles offertes par la France?

Leçon 17

Une soirée devant la télévision

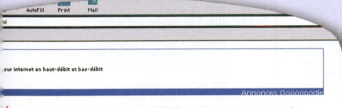

sur internet en haut-débit et bas-débit

Annonces Goooooogle

Émissions de Radio et Télévision en Français

| News | ▼ | | Music | ▼ | | Sports | ▼ | | Foreign | ▼ | | Language | ▼ | | Newspaper | ▼ | | Support | ▼ |

...net de regarder la télévision française et d'écouter les émissions de radio en français. Elle vous offre ...sions du Canada, de la Belgique, de la France, de l'Allemagne, des Etats-Unis et de la Hollande. Les ...sponibles en Real Audio, Real Video et Windows Media Format.

...n sur comment obtenir une copie du logiciel "Real Player" ou pour offrir la télévision ou radio de votre ...lez choisir l'option "Help" sur le cadre de navigation au dessus de cette page.

...e visite!

City	Radio Station	Home	Genre	Language	Low	High	Format
Estrie	CIMF	Home	Rock Music	French	28		RealAudio
Montreal	CBF Chaine Culturelle	Home	Classical Music	French	28	64	RealAudio
Montreal	CBF Premiere Chaine	Home	News & Talk	French	28		RealAudio
Montreal	Kioxnet	Home	Top 40 Hits	French	28	128	Media Player
Montreal	Kioxnet.com	Home	Top 40 Hits	French		128	Media Player
Ottawa	RCI - Radio Canada Live	Home	News	French	28		RealAudio
Outaouais	CIMF	Home	Rock Music	French	28		RealAudio
Quebec	CITF	Home	Rock Music	French	28		RealAudio
Quebec City	CJMF	Home	Rock Music	French		96	Media Player
Toronto	RCI - News in French	Home	News	French	28	56	RealAudio
Prague	Radio Prague	Home	News	French	28		RealAudio
Paris	Europe 1	Home	News & Talk	French			RealAudio
Paris	Pulsession	Home	Rock Music	French	28	132	RealAudio
Paris	Radio13.net Classic	Home	Classical Music	French		56	Media Player
Guadeloupe	Radio Caraibes	Home	News & Talk	French			RealAudio
Paris	Radio 13	Home	Top 40 Hits	French		56	Media Player
Tel Aviv	Voice of Israel	Home	News	French	28		RealAudio
Tokyo	NHK World Radio	Home	News	French	28		RealAudio
Madagascar	Radiomada	Home	Pop Music	French	28	56	RealAudio
Moscow	Voice of Russia	Home	News	French	28		RealAudio
Tunis	Radio Tunis	Home	News	French	28		RealAudio
London	BBC World Service	Home	News	French	28		RealAudio
Washington	Voice of America	Home	News	French	28		RealAudio
Rome	Radio Vaticana	Home	News	French	28		RealAudio

Télévision Française	Les Journaux en Français	La Radio Internationale

En bref

- Radio et télévision sur Internet
- La télévision en France: les programmes et les téléspectateurs
- Parler de cinéma
- Le pronom *en*
- Certains verbes au passé: les verbes *être, avoir, devoir, pouvoir* et *vouloir*
- Les verbes *croire, vivre* et *suivre*
- Nouvelles technologies
- Lecture: *Pas assez de couleurs à la télévision*

Vocabulaire

A. À la télévision (1) ce soir

6 juin

SAMEDI

TF1

19.00 SOUS LE SOLEIL
Série française. «Jeu dangereux» Xavier part en Patagonie et Blandine est seule pendant quelques mois.
19.55 MÉTÉO
20.00 JOURNAL
20.55 Julie Lescaut
Série policière française avec Véronique Genest.
Tina, un jeune mannequin, est tombée du balcon d'un immeuble de Paris. Est-ce un suicide, un accident ou un crime? Le commissaire Lescaut fait une enquête et découvre que la victime avait des ennemis comme par exemple son frère, sa rivale et son patron.
22.20 Vis ma vie
Magazine présenté par Laurence Ferrari. Des personnes que tout oppose vont partager leur vie pendant quelques jours. Aujourd'hui: **Vis ma vie de policier de la route, 'Vis ma vie de boulanger de campagne', Vis ma vie dans le désert.**

arte

19.00 LE FORUM DES EUROPÉENS
19.45 ARTE INFO
20.00 LE JOURNAL DE LA CULTURE
20.10 MÉTÉO
20.15 CHRONIQUE DES URGENCES.
Documentaire. 24 heures aux urgences de Paris. Aujourd'hui: 8h00–14h00 (No 1/5)
20.45 STUPEUR ET TREMBLEMENTS.
Film français d'Alain Corneau (2002). **Comédie dramatique** basée sur le roman autobiographique d'Amélie Nothomb. Amélie a vécu au Japon quand elle était enfant et parle parfaitement japonais. Après ses études, elle retourne au Japon pour faire un stage dans une entreprise à Tokyo. Là-bas, elle va de choc culturel en choc culturel pour finalement terminer son stage dans les toilettes de l'entreprise.
22.40 LE MISANTHROPE
Pièce de théâtre en cinq actes de Molière.
Comédie. Alceste déteste la société mais il est amoureux de Célimène, une jeune veuve coquette et mondaine.

france 2

18.05 URGENCES
Série américaine. À l'hôpital Cook County de Chicago, on n'est pas d'accord: faut-il essayer de sauver un bébé prématuré même s'il va être malade toute sa vie?
19.00 TENNIS: ROLAND-GARROS
20.00 JOURNAL
20.45 MÉTÉO
20.50 ENVOYÉ SPÉCIAL
Magazine d'information présenté par Guilaine Chenu et Françoise Joly.
Le sucre: un ami qui vous fait du mal; L'Arabie Saoudite: pays de contradictions; Ces étrangers qui choisissent d'habiter en France
23.10 ÇA SE DISCUTE. *Débat* avec Jean-Luc Delarue. Aujourd'hui: quand les jeunes choisissent des métiers que leurs parents n'approuvent pas.

france 5

19.00 BONSOIR LES ZOUZOUS.
Émission pour enfants
21.20 C DANS L'AIR. *Magazine d'information.* Aujourd'hui: Élections européennes
22.15 LE JOURNAL DE LA SANTÉ.
22.35 AFGHANISTAN, RETOUR À L'ÉCOLE. *Reportage*
23.30 LES PETITS BOUDDHAS ET LES TIGRES. *Documentaire français.* En Thaïlande, les jeunes moines d'un monastère s'occupent de jeunes tigres orphelins.

CANAL+

18.40 SAMEDI SPORT. *Magazine*
19.20 JOURNAL
20.15 FOOTBALL EN DIRECT
Toulouse—Marseille.
22.45 JOUE-LA COMME BECKHAM
Film britannique de Gurinder Chadha (2002).
Comédie. Jess, qui habite en Angleterre, est passionnée de football. Son idole? David Beckham. Excellente joueuse, elle voudrait faire partie de l'équipe féminine régionale avec sa copine Jules. Mais voilà, Jess est d'origine indienne et dans sa famille, les filles portent le sari et ne jouent pas au football.

france 3

18.15 UN LIVRE UN JOUR. *Magazine littéraire*
18.20 QUESTIONS POUR UN CHAMPION. *Jeu*
18.45 LE 19–20 *Journal régional et national*
20.05 LE FABULEUX DESTIN DE…
Divertissement. Cette semaine le chanteur québécois Robert Charlebois.
20.30 TOUT LE SPORT
20.55 THALASSA *Magazine de la mer* de Georges Pernoud.
Aujourd'hui: Le Queen Mary II. Visite du plus grand paquebot jamais construit par les Chantiers de l'Atlantique à Saint-Nazaire.
22.45 ÉTÉ 44. *Documentaire.* Le débarquement des forces alliées en Normandie, la libération de Paris, l'épuration.

M6

19.15 UNE NOUNOU D'ENFER. *Série américaine* Fran part en vacances avec une amie, mais Maxwell et toute la famille décident de partir avec elle.
19.50 6 MINUTES. *Infos et météo*
20.00 CINÉSIX *L'actualité du cinéma.*
20.10 IL FAUT SAUVER LE SOLDAT RYAN
Film américain de Steven Spielberg (1998). Guerre. Le matin du 6 juin 1944, le capitaine Miller débarque avec ses hommes sur la plage d'Omaha Beach en Normandie. Mais une mission encore plus difficile les attend.
23.05 CAPITAL
Magazine d'information économique. Aujourd'hui: Les vacances en France sont-elles trop chères?

Les mots et la culture

1 **À la télé / à la radio.** To talk about what is on television or on the radio, use **à la télévision** or **à la radio.**

Qu'est-ce qu'il y a **à la télévision** ce soir?   *What's on television tonight?*

B. Vingt heures

Aujourd'hui, c'est le 6 juin et il est vingt heures.

■ Qu'est-ce qu'on fait au rez-de-chaussée? Est-ce qu'on fait autre chose en même (2) temps? Et au premier étage, qu'est-ce qu'on fait? Et au deuxième étage? Où habite le chien? Est-ce qu'il y a des enfants dans l'immeuble? Où?

Au premier étage, on a déjà regardé un jeu télévisé sur France 3, un dessin animé pour enfants sur France 5 puis la vieille série américaine «Une nounou d'enfer» sur M6. Ils trouvent l'actrice Fran Drescher très drôle. Elle n'est pas célèbre en France, mais ils l'aiment bien quand même. Maintenant, ils regardent les infos et la météo sur la même chaîne, mais ils vont changer parce qu'ils veulent regarder le début de l'émission «Le fabuleux destin de...» sur France 3. C'est une émission de divertissement avec des interviews de vedettes de la chanson et du cinéma. Cette semaine, c'est un chanteur québécois très célèbre qui est invité, Robert Charlebois. Ils l'aiment beaucoup mais ils ne vont pas pouvoir voir la fin de l'émission parce qu'il y a du football sur Canal+ à 20h15 et ils adorent le football. Ce n'est pas grave: Robert Charlebois est l'invité de l'émission toute la semaine et ils vont encore le voir demain.

■ Regardez le programme de télévision et les illustrations. Comment s'appelle le jeu télévisé? Connaissez-vous le dessin animé qu'ils regardent? C'est à quelle heure? Comment s'appelle la série à dix-neuf heures quinze sur M6? C'est une série française ou américaine? La connaissez-vous? Jusqu'à quelle heure est-ce qu'elle dure? Est-ce que c'est amusant ou triste? Quel temps est-ce qu'on annonce en France pour demain? Qu'est-ce qu'ils regardent à 20h05? Connaissez-vous ce chanteur? Pourquoi est-ce qu'ils ne vont pas pouvoir voir la fin de l'émission?

Les mots et la culture

2 **Même.** The word **même** can mean *same* or *even*. Here are some expressions using **même**:

c'est la **même** chose	*it's the same thing, it's all the same*
quand **même**	*all the same, even so, nevertheless*
c'est toujours la **même** chose	*it's always the same old story*
même pas moi	*not even me*
en **même** temps	*at the same time*

Personne n'a aimé le repas, **même** pas moi!	*Nobody liked the meal, not even me!*
J'ai beaucoup de travail, mais j'ai quand **même** le temps de m'amuser.	*I have a lot of work, but I have (find) time to have fun even so.*

C'est une soirée France 2 au rez-de-chaussée! On a d'abord regardé la série américaine (3) «Urgences» et puis on a préparé le dîner. Maintenant, on mange et on regarde le journal télévisé, comme tous les soirs. On regarde toujours les informations sur France 2 parce qu'on aime bien le journaliste qui les présente. Elles durent quarante-cinq minutes et puis après, il y a la météo et la publicité. On va finir la soirée avec «Envoyé Spécial», un magazine d'information avec des reportages souvent intéressants.

■ Comment sont les personnes du rez-de-chaussée? Qu'est-ce qu'elles aiment? Qu'est-ce que c'est, «Urgences»? À quelle heure est-ce que ça commence? Est-ce que les nouvelles sont bonnes aujourd'hui aux informations? Qu'est-ce que c'est, «Envoyé Spécial»? Qu'est-ce qu'il y a au programme d'«Envoyé Spécial» aujourd'hui? C'est intéressant, vous pensez? À quelle heure la soirée va-t-elle se terminer pour les personnes du rez-de-chaussée?

Les mots et la culture

3 **French television and American shows.** Where you live, are there foreign television shows? What kind of programs might have a foreign source? What countries do they come from generally?

As you can see in the excerpt from the television program on p. 412, French programming is quite varied, but a significant amount of French television, especially series and soaps, originates in the United States and is dubbed in French. Thus, many of the perceptions that the French have of North America are colored by the series and soaps they see on television.

C. Et au deuxième étage?

Il est maintenant vingt-deux heures. Qu'est-ce qui se passe au deuxième étage? Pendant le dîner, ils ont écouté un concert de musique classique à la radio. Maintenant, ils vont regarder le programme (4) pour voir s'il y a quelque chose à la télévision. S'ils ne trouvent rien d'intéressant (5), ils vont peut-être regarder un film avec leur magnétoscope parce qu'ils adorent le cinéma et donc ils ont beaucoup de films classiques en cassettes vidéo. Ou bien ils vont louer un DVD et le regarder avec leur nouveau lecteur de DVD.

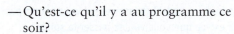

—Qu'est-ce qu'il y a au programme ce soir?

—Attends! Je regarde!

—Qu'est-ce qu'il y a au programme ce soir?
—Attends! Je regarde!… Sur TF1, il y a le magazine «Vis ma vie» qui commence dans vingt minutes.
—Y a pas autre chose?
—Sur France 2, il y avait «Envoyé Spécial», mais ça a déjà commencé. Oh, attends, sur France 3, il y a un documentaire sur la fin de la guerre, sur l'été 1944.
—Tu sais, moi, la guerre… C'est un peu ennuyeux, non?
—Bon, d'accord… Ah, à 22h45, il y a un film de la cinéaste Gurinder Chadha…
—Connais pas! C'est quoi, comme film?
—Une comédie… Une petite Indienne qui veut jouer au football et qui a des problèmes avec sa famille.
—22h45, c'est un peu tard, non?
—En effet… Oh non, il y avait «Stupeur et tremblements» ce soir!
—C'est pas vrai! À quelle heure?
—À 20h45.
—Trop tard! Dommage…
—Et après, il y a une pièce de Molière…
—Écoute, et si on regardait un vieux film d'horreur? Tu aimes avoir peur?
—Oui, j'adore ça et Christine aussi! Bonne idée!

■ Qui habite au deuxième étage? Où sont les deux hommes maintenant? Où sont les deux autres personnes, à votre avis? Pourquoi, à votre avis? Qu'est-ce qu'ils ont fait pendant le dîner? Qu'est-ce qu'ils vont faire maintenant? Qu'est-ce qu'il y a à la télévision ce soir après 22h? Comment s'appelle la pièce de Molière? Vous la connaissez?

Les mots et la culture

4 Un programme / une émission

—J'ai vu dans **le programme** qu'il y a **une émission** sur les tigres ce soir.   *I saw in the schedule that there's a program on tigers tonight.*

From the example above, can you guess what **programme** and **émission** refer to?

5 Ne… rien de / ne… personne de. As was the case with adjectives following the expressions **quelque chose de** and **quelqu'un de,** the adjective following **ne… rien de** and **ne… personne de** is always masculine singular.

—Il y a **quelque chose d'intéressant** ici?   *Is there anything interesting here?*
—Non, il **n'**y a **rien d'intéressant** ici.   *No, there's nothing interesting here.*

—Il y a **quelqu'un d'intéressant** ici?   *Is there anyone/anybody interesting here?*
—Non, il **n'**y a **personne d'intéressant** ici.   *No, there's no one/nobody interesting here.*

■ Regardez le programme de télévision du 6 juin à la page 412. Qu'est-ce qu'on va regarder ce soir si:

— on aime le sport?

— on aime le cinéma?

— on aime les films policiers?

— on aime les séries américaines?

— on aime les films de guerre?

— on aime les voyages?

— on aime l'histoire?

— on aime les émissions littéraires?

— on veut mieux comprendre (6) la société?

— on veut rire?

■ Vous pouvez choisir. Qu'est-ce que vous avez envie de regarder? Qu'est-ce que vous n'avez pas envie de regarder? Pourquoi? Avec quelle famille est-ce que vous voulez passer la soirée? Pourquoi?

D. Pour parler de cinéma

Est-ce que vous préférez les comédies ou les drames? Les comédies sont des films comiques (par exemple, les films de Laurel et Hardy) et les drames sont des films sérieux où on n'a pas envie de rire (par exemple, *La liste de Schindler*). Mais une comédie peut être aussi dramatique quand le film est en même temps amusant et sérieux (par exemple, *Forrest Gump*) ou bien romantique quand c'est une histoire d'amour amusante (*Quand Harry rencontre Sally* ou *Pretty Woman*). Préférez-vous les films d'amour (*Shakespeare in Love* ou *Roméo et Juliette*)? les films d'aventures (par exemple, les films qui racontent les aventures d'Indiana Jones)? les films d'horreur qui font peur (*L'exorciste* ou encore *Le vendredi treize*)? les westerns (par exemple, les films avec John Wayne)? les films d'espionnage (comme les James Bond)? les films de

Les mots et la culture

6 **Les familles de verbes: les verbes composés.** A verb family consists of verbs that have a common base form and are conjugated similarly but have different meanings.

■ Les verbes comme **prendre** *(to take)*

apprendre (à)	*to learn*
comprendre	*to understand*
surprendre	*to surprise*

Jacques **apprenait** à skier quand il est tombé. — *Jacques was learning to ski when he fell.*

Je n'**ai** rien **compris**. — *I didn't understand anything.*

■ Les verbes comme **mettre** *(to put)*

permettre (de) — *to permit, to allow*

promettre (de) — *to promise*

—Je veux sortir ce soir! — *I want to go out tonight!*

—Je ne vais pas te **permettre de** le faire. — *I'm not going to let you do it.*

—Mais tu m'**as promis**! — *But you promised me!*

■ Les verbes comme **venir** *(to come)*

revenir	*to come back*
devenir	*to become*

Quand est-ce que vous **revenez**? — *When are you coming back?*

Elle **est devenue** toute rouge, puis elle est sortie. — *She got all red and then she left.*

science-fiction (comme *The Matrix* ou *Le jour d'après*)? les dessins animés (*Le roi lion* ou *Le monde de Nemo*)? les films de guerre (comme *Le Jour le plus long* ou *Pearl Harbor*)? ou bien encore les films policiers et les thrillers (comme *Usual Suspects* ou *La firme*)?

Avez-vous un(e) cinéaste préféré(e)? Quels types de films est-ce qu'il/elle fait, d'habitude?

■ Regardez le programme de télévision du 6 juin à la page 412. Quels sont les films aujourd'hui? Est-ce que ce sont des films français ou des films étrangers (pour les Français)? Est-ce qu'il y a des comédies? des drames? des films violents? Quel film voulez-vous voir? Quel film ne voulez-vous pas voir? Pourquoi?

Qu'est-ce qu'on joue cette semaine?

E. Pour parler de films policiers

Dans un film policier, d'habitude, il y a souvent un meurtre et les mêmes personnages: un meurtrier ou une meurtrière (appelé aussi un tueur ou une tueuse), une victime (7), des suspects, un ou des témoins (7) et un inspecteur de police. Le meurtrier tue la victime et l'inspecteur fait une enquête pour apprendre la vérité. Il vérifie tout: il interroge les suspects et les témoins, il enquête sur le lieu du crime et il cherche l'arme du crime (par exemple un revolver ou un couteau).

■ Regardez le programme de télévision. Il y a une série policière sur TF1, «Julie Lescaut». Qui est la victime? Où est le lieu du crime? Qu'est-ce qui est arrivé? Qui fait l'enquête? Qui est suspect?

Les mots et la culture

7 **Victime et témoin.** The word **une victime** is always feminine in gender, even if it refers to a man, whereas the word **un témoin** is always masculine in gender even if it refers to a woman.

F. Autres mots et usage

Here are some useful words and expressions not included in the preceding vocabulary presentation.

un animateur, une animatrice	*TV show host*	les médias	*media*
		montrer	*to show*
le câble	*cable*	un musicien, une musicienne	*musician*
culturel(le)	*cultural*	national(e), nationaux, nationales	*national*
un danseur, une danseuse	*dancer*		
		pourtant	*however*
un débat	*talk show, debate*	un(e) reporter	*reporter*
le goût	*taste*	un satellite (la télévision par satellite)	*satellite (satellite television)*
international(e), internationaux, internationales	*international*	une station (de radio)	*(radio) station*
		une télécommande	*remote control*

Mise en pratique

Objectives, Act. 1: learning vocabulary in a receptive manner, solving lexical problems, working with semantic fields

1. Chassez l'intrus. Quel mot ne va pas avec les autres à cause du sens?

1. dramatique / violent / grave / comique
2. un documentaire / un acteur / le journal télévisé / les informations
3. un chanteur / un animateur / un jeu / une vedette de la télévision
4. un magnétoscope / un programme / une émission / une chaîne
5. une émission amusante / une pièce comique / un drame / une comédie

*Objectives, Act. 2: using the expression **avoir peur** in context, sharing experiences*

 2. J'ai peur! J'ai peur! Dites de quoi vous avez le plus peur.

1. Vous marchez seul dans la rue tard le soir et il n'y a personne.
2. Vous voyez un gros chien méchant quand vous faites du jogging.
3. Vous regardez le film *Psycho* tard le soir.
4. Vous entendez le téléphone à trois heures du matin.
5. C'est la nuit et vous entendez un bruit bizarre. Vous cherchez partout mais vous ne trouvez rien.
6. Vous faites du camping et un gros animal entre sous la tente pendant que vous dormez.
7. Vous marchez. Quelqu'un arrête sa voiture à côté de vous et vous propose de vous emmener là où vous voulez aller.

Est-ce que vous avez peur d'autre chose? En groupes, faites une liste et comparez avec les autres groupes.

Objectives, Act. 3: using new verbs in context, working with semantic fields, sharing experiences, interacting orally, creating with language

 3. Verbes. Travaillez en groupes.

1. Associations. Quels verbes est-ce que vous associez avec les idées suivantes?
   a. le français
   b. l'anglais
   c. être sage
   d. les vacances
   e. un cadeau
   f. la vie

2. Méli-mélo *(Mish-mash)*
   a. Qu'est-ce que vos parents ne vous permettaient pas de faire quand vous aviez dix ans?
   b. Quand est-ce que vous deveniez tout(e) rouge?
   c. Si vous ne comprenez pas quelque chose, qu'est-ce que vous faites?
   d. Qu'est-ce que vous voulez apprendre à faire?
   e. Qu'est-ce que vous avez promis de faire et que vous n'avez pas fait?
   f. Qu'est-ce qui vous a surpris(e) quand vous êtes arrivé(e) à l'université?

4. **Les émissions de télévision.** Quelle sorte d'émission est-ce, à votre avis?

   Modèles: «Urgences» *(C'est) une série américaine.*
   «Bonsoir les zouzous» *(C'est) une émission pour les enfants.*
   «Afghanistan, retour à l'école» *(C'est) un reportage sur l'Afghanistan.*

   1. «Tout Chopin»
   2. «Rugby: la Coupe du monde»
   3. «Planète animal»
   4. «Hamlet»
   5. «Qui veut gagner des millions?»
   6. «Astérix et Cléopâtre»
   7. «Buffy contre les vampires»
   8. «Céline Dion à Las Vegas»
   9. «Julie cuisine»
   10. «Casablanca»

5. **La télévision chez vous et en France.** Travaillez avec un(e) partenaire.

   1. La télévision chez vous: vrai ou faux? Si c'est faux, corrigez.
      a. On annonce la météo pendant le journal télévisé.
      b. Il n'y a pas de publicité à la télé.
      c. Il y a beaucoup de séries.
      d. Il y a beaucoup de sport le week-end.
      e. Le journal télévisé dure toujours entre trente et quarante minutes.
      f. Il y a des dessins animés tous les jours.

   2. Et en France? Lisez les informations suivantes sur la télévision française. Est-ce que c'est comme la télévision chez vous? Expliquez.
      a. Il y a des informations à une heure de l'après-midi.
      b. Il y a toujours des informations à huit heures du soir.
      c. Les dernières informations sont entre onze heures du soir et une heure du matin. C'est différent tous les jours.
      d. On annonce la météo après les informations.
      e. Il y a des séries américaines à la télévision.
      f. Il y a des séries françaises à la télévision.
      g. Les émissions ne commencent pas exactement à l'heure ou à la demi-heure.

6. **La télévision et les âges.** Discutez avec un(e) partenaire.

   1. Quelle sorte d'émissions est-ce que vous regardiez à cinq ans? à douze ans? à seize ans?
   2. Et maintenant? Quelle sorte d'émissions est-ce que les enfants regardent? Et les étudiants? Et les professeurs?
   3. Quelle sorte d'émissions est-ce que les enfants ne regardent pas? Et les personnes âgées? Et vous?

7. **Le film typique.** En groupes, décidez du film qui représente pour vous les catégories suivantes:

   ■ la comédie
   ■ le film d'amour
   ■ le film de science-fiction
   ■ le film d'aventures

   ■ la comédie romantique
   ■ le film policier
   ■ le film d'horreur
   ■ le film de guerre

   Comparez avec les autres groupes.

Objectives, Act. 4–6: talking about television, interacting orally, sharing personal information, comparing cultures

Objectives, Act. 7–8: talking about movies, sharing opinions, interacting orally, starting to create with language, getting information from a document, comparing cultures

8. Quelle sorte de film est-ce? Lisez les descriptions des films et discutez de ces films en groupes.

---

1 LES TEMPS MODERNES

Amér., muet, noir et blanc (1936), de Charles Chaplin: Charlot est ouvrier dans une usine et il devient fou à cause de son travail à la chaîne. Avec Charles Chaplin et Paulette Goddard.

2 LA GRANDE VADROUILLE

Franç. (1966), de Gérard Oury: pendant la guerre de 1940, trois parachutistes anglais se retrouvent en plein Paris occupé par les Allemands. Pour quitter la ville et retourner en zone libre, ils se font aider par Augustin, un peintre en bâtiment naïf, et Stanislas, un chef d'orchestre irascible. Un des films les plus comiques de l'histoire du cinéma français. Avec Louis de Funès (Stanislas) et Bourvil (Augustin).

3 TINTIN ET LE TEMPLE DU SOLEIL

Franco-belge (1969), dessin animé de Raymond Leblanc, d'après la B.D. d'Hergé. Tintin, Milou et le Capitaine Haddock partent en Amérique du Sud pour retrouver le Professeur Tournesol.

4 LE SIXIÈME SENS

Amér. (1999) de M. Night Shyamalan: un psychologue essaie d'aider un petit garçon qui voit des esprits autour de lui. Avec Bruce Willis et Haley Joel Osment.

5 L'AUBERGE ESPAGNOLE

Franç. (2002) de Cédric Klapisch: Xavier, étudiant français de 25 ans, va terminer son année universitaire à Barcelone. En Espagne, il trouve un appartement qu'il va partager avec 7 colocataires qui viennent chacun d'un pays différent d'Europe. Xavier va découvrir la vie en communauté... Avec Romain Duris, Cécile de France, Judith Godrèche, Audrey Tautou, Kelly Reilly.

6 TIGRE ET DRAGON

Amér., chin., hong-kong., taïw. (2000) de Ang Lee: Dans la Chine ancienne, Li Mu Baï revient de la montagne Wudang et ne veut plus se battre. Il confie son épée, Destinée, à la guerrière Yu Shu Lien, son amie de toujours, pour qu'elle la donne au seigneur Té. Dans la maison du seigneur Té, Yu Shu Lien rencontre Jen, la fille du gouverneur qui doit bientôt se marier. Pendant la nuit, la précieuse épée est volée... Avec Chow Yun-Fat, Ziyi Zhang, Michelle Yeoh, Chang Chen.

7 LES CHORISTES

Franç., (2004) de Christophe Barratier: À la fin des années 40, Clément Matthieu, un professeur de musique sans travail, devient surveillant dans une école pour garçons difficiles. Le directeur de l'école est très dur avec les enfants, mais Matthieu va leur apprendre le chant et va changer leur vie. Un beau film émouvant. Avec Gérard Jugnot.

8 LE JOUR D'APRÈS

Amér. (2004) de Roland Emmerich: Le réchauffement de la planète provoque un changement climatique catastrophique: tempête de neige à New Delhi, énormes grêlons à Tokyo, tornades à Los Angeles, raz-de-marée puis froid glacial à New York. Avec Dennis Quaid, Jake Gyllenhaal, Sela Ward, Emmy Rossum.

Quelles sortes de films sont sur la liste? Quels sont les films américains? français? autres? Quels sont les vieux films? Quel film n'est pas en couleurs? Pourquoi? Quels films ne sont pas pour les enfants, d'après vous? Quels films sont pour les enfants? Quels sont les films dramatiques? comiques? violents? Quels films avez-vous vus? Quels films avez-vous aimés? détestés? Pourquoi? Quel(s) film(s) voulez-vous voir? Quel film ne voulez-vous pas voir? Pourquoi?

9. Nouvelles d'un soir à la télévision. Vous êtes le directeur des informations à la télévision et c'est vous qui êtes responsable du journal télévisé de vingt heures. Voilà une liste des nouvelles de la journée.

Objectives, Act. 9: researching data, interacting orally, making decisions, presenting

Lisez-la et décidez quelles sont les cinq ou six nouvelles les plus importantes à annoncer ce soir. Faites attention: votre journal télévisé doit être équilibré.

- Le Président a parlé à la télévision.
- Un millionnaire a acheté un tableau de Van Gogh.
- Le nouveau film de Spielberg est sorti à Los Angeles.
- La chanteuse québécoise Céline Dion donne un concert à Paris.
- Le Président va aller à Montréal au mois d'août.
- Un accident de voiture a fait douze morts.
- Scandale et drogue dans le monde du football français.
- Des médecins suédois vont à Harvard pour travailler sur un projet biogénétique.
- On a trouvé des produits toxiques dangereux dans les poulets européens.
- La police a trouvé 100 kilos de cocaïne à Miami.
- Trois gangsters sont entrés dans une banque la nuit et ont pris un million d'euros.
- Trois astronautes sont partis pour Mars.
- Coupe du monde de football ce soir: Cameroun–Belgique.
- Une Américaine a gagné la finale de tennis à Roland-Garros.
- L'euro a diminué sur le marché international.

 10. À la télévision ce soir. Nous sommes le 6 juin et il est vingt heures trente. Regardez le programme de télévision à la page 412 et discutez de ce que vous voulez regarder avec un(e) partenaire.

Objectives, Act. 10: extracting data from a document, describing a television program, sharing opinions, making decisions

Qu'est-ce qu'on regarde?

Structure 1

Le pronom *en*

En is a personal pronoun that replaces nouns referring to persons and things in the following cases.

Quantité

The pronoun **en** may express the idea of quantity in the following cases (note that it is not always possible to translate **en** directly into English).

1. With a number expression (including **un/une**):

   —Il a trois livres?   *Does he have three books?*
   —Oui, il **en** a trois.   *Yes, he has three (of them).*

   —Vous avez une voiture?   *Do you have a car?*
   —Oui, j'**en** ai une.   *Yes, I have one.*

2. With an adverb of quantity:

   —Tu as **beaucoup de** travail?   *Do you have a lot of work?*
   —Non, je n'**en** ai pas **beaucoup**.   *No, I don't have a lot (of it).*

3. As a replacement for a partitive construction:

   —Il y a **du fromage**?   *Is there any cheese?*
   —Bien sûr, il y **en** a.   *Of course there is (some).*

   —Tu as **de l'argent**?   *Do you have (any) money?*
   —Oui, j'**en** ai.   *Yes, I do (have some).*

   —Il n'y a plus **de lait**?   *There isn't any more milk?*
   —Non, il n'y **en** a plus.   *No, there isn't any more.*

4. As a replacement for the plural indefinite article **des** + *a noun*:

   —Il y a **des pommes**?   *Are there any apples?*
   —Oui, oui, il y **en** a.   *Yes, there are (some).*

   —Il n'y a plus **d'oranges**?   *There aren't any more oranges?*
   —Non, il n'y **en** a plus.   *No, there aren't any more.*

De + nom

En may replace **de** + *noun* referring to an object or place.

   —Tu as peur **des chiens**?   *Are you afraid of dogs?*
   —Non, je n'**en** ai pas peur.   *No, I'm not afraid of them.*

   —Il a besoin **d'amour**.   *He needs (some) love.*
   —Oui, et moi aussi, j'**en** ai besoin.   *Yes, and I need it (some of it) too.*

Où placer le pronom *en*?

En follows the placement rules you already know for direct and indirect object pronouns. There is no past participle agreement with the pronoun **en**.

> Il **en** demande trois.
> Il **en** demandait trois.
> Il va **en** demander trois.
> Il **en** a demandé trois.
> Il n'**en** a pas demandé trois.

Note also that **en** always follows **y** in the expression **il y a**.

Est-ce qu'il **y en** a?	*Are (Is) there any?*
Il **y en** a.	*There are (is) some.*
Il n'**y en** a pas.	*There aren't (isn't) any.*

As was the case with direct and indirect object pronouns, **en** precedes a negative imperative form and follows an affirmative one.

N'**en** prenez pas.	*Don't take any.*
Prenez-**en**.	*Take some.*

Une expression avec *en*: s'en aller

S'en aller means **partir** and is commonly used:

Je m'**en** vais.	*I'm leaving.*
On s'**en** va?	*Shall we go?*
Allez-vous-**en**! (Va-t-en!)	*Go away!*

Note de prononciation

First-conjugation verbs add an **s** to the second-person singular form of the imperative when the pronoun **en** follows. This serves to facilitate pronunciation.

	Parle-lui!	*Talk to him!*
BUT	Parles-**en**!	*Talk about that!*

Mise en pratique

1. Devinez. Mais de quoi est-ce qu'on parle?

> **Modèle:** J'en ai mangé une.
> *J'ai mangé une pomme.*

1. Il y en a dans mon frigo.
2. Je n'en ai pas.
3. J'en veux beaucoup.
4. J'en ai un.
5. Les étudiants n'en ont pas beaucoup.
6. Les étudiants en boivent trop.

*Objective, Act. 1: understanding and using form-function relationships with **en** and various quantity expressions/ nouns*

2. **Dans votre chambre.** Qu'est-ce que vous avez dans votre chambre?

   Modèles: une télévision?
   Oui, j'en ai une. / Non, je n'en ai pas.

   des chaises?
   Oui, j'en ai. / Non, je n'en ai pas.

   1. un bureau?
   2. un ordinateur?
   3. des rideaux?
   4. un grand lit?
   5. un réveil?
   6. un chat?

3. **Dans le frigo.** Dans le frigo idéal, qu'est-ce qu'il y a?

   Modèle: du jus de fruit?
   Oui, il y en a. / Non, il n'y en a pas.

   1. du lait?
   2. de la bière?
   3. du Coca-Cola?
   4. du thé glacé *(iced)*?
   5. de l'eau?
   6. des tomates?

4. **Chez Georges.** Voilà où Georges (le monstre que vous avez rencontré dans la *Leçon 15*) habite. Remplacez les noms par des pronoms quand vous pensez que c'est nécessaire. Utilisez des pronoms sujets, des pronoms toniques, des pronoms d'objet direct, des pronoms d'objet indirect ou le pronom **en**.

Georges habite une chambre chez les Dupont. Georges aime beaucoup les Dupont parce que les Dupont sont très gentils avec Georges, mais Georges déteste sa chambre. Sa chambre a une grande fenêtre mais il n'y a pas de rideaux et Georges a besoin de rideaux. Georges n'a pas de bureau et Georges voudrait un bureau pour écrire sa biographie. Georges voudrait aussi avoir beaucoup d'étagères. Il y a une étagère, mais l'étagère est trop petite. Georges a parlé aux Dupont de la chambre et Georges a demandé aux Dupont d'acheter à Georges un bureau, des étagères et des rideaux. Les Dupont ont promis à Georges d'acheter une étagère, mais Georges veut deux étagères. Les Dupont ont dit à Georges que les Dupont allaient acheter un bureau aussi. Mais si Georges veut des rideaux, c'est Georges qui doit acheter les rideaux. Alors, Georges ne sait pas si Georges va rester chez les Dupont ou si Georges va quitter les Dupont pour chercher une autre chambre où il y a des rideaux. Les rideaux sont très importants pour Georges parce que Georges ne veut pas qu'on regarde Georges pendant que Georges est en train de travailler à son livre. C'est un monstre très timide!

Certains verbes au passé: les verbes *être, avoir, devoir, pouvoir* et *vouloir*

These verbs are often found in the **imparfait** rather than the **passé composé** since they tend to refer to states in the past (how things were).

In the **passé composé,** they express a change of state (an event, something that happened). Their exact English equivalent depends on the context. Note the form of the past participles of these verbs in the examples that follow:

- **vouloir (voulu)**

  M. Martin **voulait** aller au match de football mais Mme Martin n'**a** pas **voulu.** Donc, ils sont restés à la maison.
  Mr. Martin wanted (felt like = state of mind) to go to the soccer game, but Mrs. Martin didn't want to (she said no, decided not to go = something that happened). So they stayed home.

- **pouvoir (pu)**

  Vincent a bu trop de café et il n'**a** pas **pu** dormir.
  Vincent drank too much coffee and he couldn't sleep (what happened as a result of drinking too much coffee).

  Quand j'avais dix-huit ans, je ne **pouvais** pas sortir en boîte parce que mes parents étaient vieux jeu.
  When I was 18 (how things were), I couldn't go out to clubs to dance (wasn't allowed to = how things were) because my parents were old-fashioned.

- **devoir (dû)**

  Paul **devait** arriver à cinq heures et il n'est toujours pas là. Il **a dû** manquer le train.
  Paul was supposed to be here at five o'clock (how things were) and he's not here yet. He must have missed the train (something that happened).

- **avoir (eu)**

  Michel n'**avait** pas peur des chiens mais quand il a vu Oscar, il **a eu** peur…
  Michel didn't use to be afraid of dogs (how things were), but when he saw Oscar, he got scared . . . (became afraid, got frightened = something happened to make him afraid).

- **être (été)**

  Après ce long voyage, j'**étais** fatigué et j'**ai été** content quand le train est arrivé.
  After that long trip, I was tired (how things were), and I was happy (change in how things were = I became happy) when the train arrived.

Objective, Act. 1: *focusing on how English and French express past time*

1. En anglais. Traduisez le paragraphe en anglais. Pour chaque verbe, décidez pourquoi on a choisi le passé composé ou l'imparfait.

> Hier, j'ai invité ma famille au restaurant pour célébrer l'anniversaire de mariage de mes parents. Je voulais aller dans un restaurant italien parce que je voulais manger des pâtes. Mais mes parents n'ont pas voulu et ils ont choisi un restaurant grec. Ils voulaient manger de la moussaka. Le restaurant était plein et nous avons dû attendre. Heureusement, ce soir-là, je ne devais pas étudier. Il y avait beaucoup de choses nouvelles sur le menu et on ne pouvait pas choisir. Alors, on a décidé de commander des plats différents et de partager. J'ai beaucoup mangé parce que j'avais très faim, mais après le dîner—catastrophe! Je n'ai pas pu payer parce que je n'avais pas mon sac! Alors, c'est papa qui a dû payer. Et où était mon sac? Quand nous sommes rentrés, je l'ai vu sur la table; alors j'ai été contente et j'ai pu aller dormir.

Objective, Act. 2–3: *using past tenses in French to produce narrative texts*

2. Un crime à Cinet? Est-ce qu'il y a eu un crime à Cinet? Mettez les verbes entre parenthèses au passé composé ou à l'imparfait pour reconstituer l'histoire.

À cinq heures, hier soir, il y _____ (avoir) beaucoup de monde au Café de la Poste. M. Meunier _____ (parler) avec M. Bastin. Les Ségal _____ (boire) du thé. Tout _____ (être) calme. Puis, tout à coup, la porte s'est ouverte et M. Piette est apparu, l'air très sérieux. Il _____ (regarder) tout le monde pendant une ou deux minutes. Puis il _____ (aller) parler à M. Caron, le propriétaire.

—Où est Mlle Collin? Elle est serveuse ici, non?

—Oui, oui, mais elle _____ (finir) il y a deux heures et elle _____ (partir) juste après. Pourquoi? Il y a un problème?

—Peut-être. Ses parents _____ (téléphoner). Elle _____ (ne jamais arriver) chez elle!

Tout à coup, M. Caron _____ (avoir) très peur. Et puis, il _____ (se souvenir) que Mlle Collin _____ (avoir l'air) bizarre aujourd'hui. Elle _____ (regarder) sa montre tout le temps et elle _____ (ne rien écouter).

M. Piette _____ (demander) à tous les clients du café s'ils _____ (connaître) Mlle Collin et s'ils avaient vu quelque chose ou quelqu'un quand Mlle Collin _____ (partir). Alors, M. Ségal _____ (vouloir) parler seul avec M. Piette. Il lui _____ (dire) qu'il _____ (ne pas bien connaître) Mlle Collin, mais qu'il _____ (connaître) bien le fils du banquier, Jacques Lacroix, qui _____ (aller) se marier dans deux semaines avec une pharmacienne. Eh bien, à trois heures de l'après-midi, Monsieur et Madame Ségal _____ (se promener) dans la rue quand tout à coup, ils _____ (voir) Jacques Lacroix dans sa voiture au coin de la rue du Café de la Poste. Mlle Collin _____ (être) avec lui et ils _____ (s'embrasser)!

Alors, M. Piette _____ (téléphoner) aux parents de Jacques Lacroix et il _____ (apprendre) que personne dans la famille Lacroix ne _____ (savoir) où Jacques _____ (être). Alors, qu'est-ce qui _____ (se passer), à votre avis?

3. Histoire-squelette. Voilà le squelette d'une histoire. Donnez des détails pour la développer. N'oubliez pas d'utiliser l'imparfait pour dire comment étaient les choses *(description)* et le passé composé pour dire ce qui s'est passé *(narration)*.

Modèle: *Il était onze heures du soir. Je regardais la télé quand, tout à coup, j'ai entendu du bruit... (Continuez à raconter l'histoire.)*

J'ai entendu du bruit.	Je suis allé(e) voir.
J'ai eu peur.	J'ai vu quelque chose.
J'ai mis mon imperméable.	Je suis rentré(e).
J'ai pris une lampe.	Je suis allé(e) dormir.
Je suis sorti de la maison.	

Les verbes *croire, suivre* et *vivre*

The verbs **croire** *(to believe)*, **suivre** *(to follow)*, and **vivre** *(to live)* are irregular.

Le verbe *croire*

PRÉSENT	je crois	nous croyons
	tu crois	vous croyez
	il elle } croit	ils elles } croient

IMPARFAIT je croyais, etc.
PASSÉ COMPOSÉ j'ai cru, etc.   IMPÉRATIF crois! croyons! croyez!

Crois-moi! C'est la vérité!	*Believe me! It's the truth!*
Je ne te **crois** pas!	*I don't believe you!*
Quand nous avions 12 ans, nous ne **croyions** plus aux histoires de nos parents.	*When we were 12, we didn't believe our parents' stories anymore.*
On l'**a cru** mort!	*We thought he was dead!*

Expressions avec *croire*

- **croire + que** = *to believe that*
  Vous **croyez qu'**il se trompe?   *Do you think that he's wrong?*

- **croire + à** = *to believe in*
  Tu **crois au** Père Noël?   *Do you believe in Santa Claus?*

- **croire en Dieu** = *to believe in God*

- **croire que oui/non** = *to believe so/not to believe so*

Le verbe *suivre*

PRÉSENT	je suis	nous suivons
	tu suis	vous suivez
	il elle } suit	ils elles } suivent

IMPARFAIT je suivais, etc.
PASSÉ COMPOSÉ j'ai suivi, etc.   IMPÉRATIF suis! suivons! suivez!

Tu **suis** cette rue jusqu'à la poste, et puis...	*You take (follow) this road as far as the post office and then . . .*
Quand il était petit, mon frère me **suivait** partout!	*When he was little, my brother used to follow me everywhere!*
Suis-moi!	*Follow me!*
Suivez le guide!	*This way, please (in a museum, for example)!*

Expression avec *suivre*

- **suivre + cours** = *to take a class/course*
  Elle **suit trois cours** ce trimestre.   *She's taking three courses this quarter.*

Le verbe *vivre*

PRÉSENT	je vis	nous vivons
	tu vis	vous vivez
	il / elle } vit	ils / elles } vivent

IMPARFAIT je vivais, etc.

PASSÉ COMPOSÉ j'ai vécu, etc.   IMPÉRATIF vis! vivons! vivez!

Nous **vivons** bien maintenant que
j'ai trouvé du travail.

Il **vivait** à Londres quand il l'a su.

Vous **avez vécu** à Paris pendant
cinq ans?

Vivons ensemble. C'est moins cher.

*We live well (We're doing fine) now that
I've found a job.*

*He was living in London when he found
out about it.*

You lived in Paris for five years?

*Let's move in (live) together.
It's less expensive.*

Expression avec *vivre*

■ **être facile/difficile à vivre** = *to be easy/difficult to get along with*

Ma sœur a 12 ans et elle n'**est** pas
facile à vivre.

*My sister is 12 and she is not easy to get
along with.*

Mise en pratique

*Objectives, Act. 1–3: using
croire, suivre, and vivre in context,
recycling object pronouns*

1. **Qu'est-ce que vous croyez?** Avec un(e) partenaire, utilisez **je crois que oui** ou je
crois que non pour exprimer vos opinions.

   1. Il est plus important d'avoir un métier que vous aimez que d'avoir un métier où
   vous gagnez beaucoup d'argent.
   2. C'est très important d'avoir un diplôme d'université.
   3. Les hommes et les femmes doivent aller à l'armée pendant un an.
   4. La pollution est un gros problème.
   5. Tout le monde doit parler anglais.

2. **La réponse est non!** Répondez à la forme négative.

   Modèle: Elle vous croit?   *Non, elle ne me croit pas.*

   1. Vous croyez qu'il se trompe?   4. Vous suivez un cours de mathématiques?
   2. Il vous suit?   5. Ils vivent ensemble?
   3. Vous vivez là?   6. Vos enfants croient au Père Noël?

3. **Et maintenant...** Tout change avec l'âge.

   Modèle: Vous croyez les professeurs?
   Non, je les croyais avant, mais je ne les crois plus!

   1. Vos parents vous croient?   4. Les étudiants vivent bien à l'université?
   2. Patrick vit avec Georges?   5. Vous vivez avec vos parents?
   3. On suit des cours de latin au lycée?

*Objective, Act 4: using croire,
suivre, and vivre in context*

4. **Méli-mélo.** Utilisez les questions pour interviewer votre partenaire.

   1. Est-ce que vous croyez à la chance?
   2. Est-ce que vous croyiez au Père Noël quand vous aviez six ans?
   3. Est-ce que vous croyez que la vie est juste? Donnez un exemple.
   4. Combien de cours est-ce que vous suivez à l'université?
   5. S'il y a quelqu'un qui vous suit le soir, qu'est-ce que vous faites?
   6. Est-ce que vous vivez bien à l'université?
   7. Est-ce que vous êtes facile ou difficile à vivre? Pourquoi?

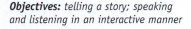

CD2-16

Scène de vie

—Un jour, il est arrivé une histoire bizarre à ma grand-mère…

—Ta grand-mère? La mère de ton père, hein, qui a eu 80 ans cette année, c'est ça? Je l'ai rencontrée une fois chez toi, une vieille dame bien sympathique…

—Oui, oui, c'est ça… Bon, pour revenir à l'histoire… C'était il y a longtemps, un jour d'avril en 1970, ou plutôt une nuit. Elle était en train de dormir quand tout à coup, elle s'est réveillée parce qu'elle avait peur.

—C'était un cauchemar?

—Non, non, elle ne rêvait pas… Elle dormait et puis tout à coup, elle a eu très peur et elle s'est réveillée. Et le plus bizarre, c'est qu'elle savait pourquoi elle avait peur!

—Ah bon? Et pourquoi elle avait peur?

—Tu ne vas pas le croire! Elle savait que les astronautes américains avaient des problèmes.

—Les astronautes américains? Attends un peu, en avril 1970, c'était pas Apollo 13?

—Oui, c'est ça! Alors, elle a réveillé mon grand-père, mais il lui a dit que c'était rien, que c'était un cauchemar. Mais ma grand-mère, elle, elle avait si peur qu'elle savait qu'il y avait quelque chose de grave.

—Elle ne savait pas quoi?

—Non, mais elle savait que c'était Apollo 13.

—Alors, qu'est-ce qu'elle a fait?

—Elle a regardé l'heure et elle l'a écrite sur un petit cahier qu'elle avait toujours sur sa table de nuit. C'était un peu après 4 heures du matin, je crois.

—Et c'était bien l'heure de l'explosion?

—Oui… C'était tôt le matin en France. C'est arrivé exactement à l'heure que ma grand-mère a écrite sur son cahier!

—Ça, c'est vraiment bizarre! Comment tu expliques ça, toi?

—Ben, je ne sais pas… Ma grand-mère non plus, elle ne peut pas l'expliquer! Et tu sais quoi?

—Non, quoi?

—Eh bien, pendant un voyage en Amérique, elle a rencontré Jim Lovell à Chicago, ma grand-mère!

—C'est pas vrai!

—Si, si!

—Et elle lui a raconté?

—Non, elle n'a pas voulu en parler… C'était trop bizarre, elle a pensé qu'il n'allait pas la croire…

—C'est vrai que c'est difficile à croire, cette histoire!

—Et pourtant, ma grand-mère est une femme sérieuse, tu sais. Elle ne raconte pas d'histoires…

Objectives: telling a story; speaking and listening in an interactive manner

Pour écouter. In this lesson, you continue to practice listening to and telling stories, this time with an emphasis on the interaction between the two speakers. When a story is written in a book or a magazine, for example, it is often linear, with a chronological progression from start to finish. When a story is told in a conversation, however, there are many interruptions and digressions. Listeners participate in the conversation by expressing their feelings, asking for more details, telling related stories of their own, etc. The storyteller, on the other hand, responds to the listener's interruptions, goes back to the main topic, tries to keep the interest of the listener, etc.

a. The linear story. Tell the story in your own words: **C'était pendant une nuit d'avril en 1970. Une femme dormait quand tout à coup, elle…**

b. Now, pay attention to the storyteller and decide why he says the following things. Choose among the following possibilities: starting the story, responding to the listener's interruptions, going back to his story, keeping the listener's interest, expressing his feelings.

—Un jour, il est arrivé une histoire bizarre…
—Oui, oui, c'est ça.
—Bon, pour revenir à l'histoire…
—C'était il y a longtemps…
—Non, non, elle ne rêvait pas!
—Et le plus bizarre…
—Tu ne vas pas le croire!
—Ben, je ne sais pas.
—Et tu sais quoi?
—Si, si!
—Non, elle n'a pas voulu…
—Et pourtant, ma grand-mère est une femme sérieuse, tu sais…

c. And finally, the story listener. Decide why she says the following things, choosing among the following possibilities: expressing her feelings, asking for more details, making associations, giving her interpretation, guessing, showing her interest.

—Ta grand-mère? La mère de ton père, hein, qui a eu 80 ans…
—C'était un cauchemar?
—Ah bon?
—Et pourquoi elle avait peur?
—Attends un peu… En avril 1970, c'était pas Apollo 13?
—Elle ne savait pas quoi?
—Alors, qu'est-ce qu'elle a fait?
—Et c'était bien l'heure de l'explosion?
—Ça, c'est vraiment bizarre!
—Comment tu expliques ça, toi?
—Non, quoi?
—C'est pas vrai!
—Et elle lui a raconté?
—C'est vrai que c'est difficile à croire, cette histoire!

Parlons! Une histoire vraie

Et maintenant, c'est vous qui allez raconter une histoire vraie qui vous est arrivée ou qui est arrivée à quelqu'un que vous connaissez. Votre histoire peut être bizarre, amusante, embarrassante ou effrayante *(scary)*.

a. Travaillez seul(e) pour organiser votre histoire. Comment allez-vous la commencer? Pensez aux détails importants: Qui? Quand? Où? Qu'est-ce qui est arrivé? N'oubliez pas d'utiliser l'imparfait quand vous dites comment étaient les choses et le passé composé quand vous dites ce qui est arrivé.

b. Racontez votre histoire à un(e) partenaire et écoutez son histoire. N'oubliez pas que c'est une conversation. Quand vous racontez votre histoire, ne la lisez pas. Donnez à votre partenaire la possibilité de réagir et écoutez ce qu'il/elle dit pour pouvoir lui répondre. Si vous écoutez l'histoire, interrompez votre partenaire pour demander des détails, exprimer vos émotions, montrer votre intérêt, etc.

Découvertes linguistiques

Voilà six ans que HOP IL A EU PEUR a sorti le bout de son nez et a commencé à s'épanouir dans l'univers musical.

50% funk + 50% ska = 100% fiesta

Objectives: reflecting on the ways English and French express time and aspect, thinking about the place of translation in second language learning and use

1. **Comment dire?** Work with a partner or in a group to come up with as polished a translation as possible of the French texts below. Pay attention to verb tenses. Why do you think the authors chose the verb forms they did? What's the best way to translate the passages into English while preserving the original meaning?

Un succès triomphal au box-office

Sorti sur les écrans en 1969, *Il était une fois dans l'Ouest (Once upon a time in the West)* a été un immense succès en Italie et dans toute l'Europe, mais c'est en France que le film de Sergio Leone a eu le plus d'impact. À la première place du box-office de cette année-là et de la décennie, il a été vu par près de 15 millions de spectateurs. C'est le troisième plus grand succès de l'histoire du cinéma en France, derrière *Titanic* et *La grande vadrouille*.

Dès le début vous avez toujours bien expliqué aux enfants qu'ils avaient été adoptés? [Oui] Il a fait une crise à une époque qui s'est résolue avec la mort de son arrière-grand-père. Il a pu comprendre qu'on pouvait aimer les gens sans les voir. Il a réalisé qu'il pouvait cultiver cet amour, en regardant des photos, en chantant les chansons qu'il chantait. [...] Il avait le droit de nous aimer et il ne nous décevait pas en aimant des gens qu'il ne voyait pas, ses parents biologiques. En sachant qu'il avait un autre papa, une autre maman, il pouvait cultiver cet amour.

L'avis des élèves

Rachel Hausfater-Douïeb. Rachel a voulu être écrivain le jour où elle a eu 10 sur 10 en orthographe. Elle a écrit plusieurs livres mais seuls sept ont été édités. *La danse interdite* devait parler d'amour et pas de déportation, mais c'est venu tout seul en écrivant. Elle voulait donner un titre juif mais cela n'allait pas alors elle a imaginé que cet amour était une danse.

---

2. **À vous!** How difficult is it to produce a polished translation? What do you think it would be like to be a simultaneous interpreter or to work as a professional translator? Does translating have a place as a strategy in learning a second language?

Découvertes culturelles

Les nouvelles technologies

Objectives: evaluating the role of technology in leisure activities, organizing data by age category, observing and analyzing the role of technology in French leisure activities, reviewing leisure activity vocabulary, reviewing numbers for age, statistics and percentages, writing hypothetical statements, translating statistics into prose paragraphs, inquiring about peer preferences

1. Vos loisirs et la technologie. Quel équipement technologique utilisez-vous pour vos loisirs? Et vos parents? Et vos grands-parents?

Faites trois listes, une pour chaque groupe, et présentez cet équipement par ordre de fréquence d'utilisation.

Modèle: *Mes grands-parents: le téléphone, la télévision, etc.*

L'équipement technologique qui fait rêver les Français

L'équipement dont rêvent les Français pour leur prochain anniversaire répond à des priorités budgétaires et familiales. Mais indépendamment de ces contraintes, quel équipement aurait le plus de faveur? Lequel leur ferait le plus plaisir?

Les goûts et les couleurs restent plus que jamais affaire de génération, même si le numérique convainc décidément presque tout le monde. Voici les cadeaux préférés des Français, par classe d'âge:

Le palmarès des 15-25 ans	
Home cinéma	25%
Ordinateur	20%
Caméscope numérique	17%
Appareil photo numérique	10%
Lecteur DVD	6%

Le palmarès des 26-34 ans	
Home cinéma	24%
Caméscope numérique	18%
Un an de cinéma gratuit	15%
Appareil photo numérique	13%
Ordinateur	11%

Le palmarès des 35-49 ans	
Appareil photo numérique	19%
Caméscope numérique	17%
Home cinéma	17%
Ordinateur	16%
Un an de cinéma gratuit	13%

Le palmarès des 50-64 ans	
Caméscope numérique	21%
Home cinéma	16%
Appareil photo numérique	15%
Un an de cinéma gratuit	13%
Ordinateur	12%

Le palmarès des plus de 64	
Appareil photo numérique	17%
Ordinateur	13%
Caméscope numérique	13%
Lecteur DVD	12%
Téléphone portable	10%

3% des personnes interrogées ne trouvent pas leur bonheur dans la liste citée, ou n'arrivent pas à se décider.

2. Observer

a. **L'équipement.** Quel équipement technologique mentionné dans cette étude est aussi représenté dans votre liste? dans celle de vos parents? dans celle de vos grands-parents? Qu'est-ce qui n'est pas mentionné?

b. **Les utilisations.** Imaginez comment chaque groupe utilise ce matériel. Travaillez en groupes.

> **Modèle**: Les 15–25 ans: *Home cinéma: pour regarder des films américains, pour regarder des documentaires, pour...*

c. **Les préférences.** Quel équipement choisit chaque groupe? D'après vous, pourquoi?

> **Modèle**: *Les 15–25 ans choisissent le home cinéma. Ils ont peut-être plus de temps pour regarder des films que les 34–49 ans parce qu'ils ont moins de responsabilités.*

3. **Un sondage.** Préparez une liste de quatre appareils ou objets qui font partie de l'équipement technologique. Circulez et demandez à vos camarades de les organiser par ordre de préférence. Ensuite, transformez les réponses obtenues en pourcentages. Comparez ces pourcentages avec ceux du groupe français du même âge. Quelles différences observez-vous? Pourquoi, à votre avis?

L'ordinateur est le cadeau préféré de 20% des jeunes Français.

Lecture

Pas assez de couleurs à la télévision

 1. Préparation. Comment interprétez-vous le titre et le sous-titre de cet article? Donnez trois interprétations.

Objectives: *developing hypothetical statements, linking one's own knowledge to the issues in the text, skimming for general information, organizing information and vocabulary, creating a summary, scanning for details and specific information, preparing pro/con arguments on a topic, debating a political decision, participating in an oral debate*

Absence de Beurs et de Noirs à la télévision!

Trop d'acteurs, de journalistes, d'animateurs "blancs", déclarent le «Collectif Égalité», un organisme qui s'occupe de la promotion des minorités en France.

Pour éveiller l'opinion publique au problème de l'isolement des minorités ethniques, le «Collectif Égalité» a organisé à Paris une «Marche des Peuples Noirs de France». Insistant pour installer un système de quotas dans les émissions de télévision, c'est-à-dire choisir un acteur noir ou beur plutôt qu'un acteur blanc de même talent, il veut que la télévision reflète le vrai visage de la population française du XXIième siècle.

«Il faut une politique volontariste pour que les minorités ethniques participent à la vie de ce pays», dit Calixthe Belaya, membre du «Collectif Égalité» et écrivain.

Pour voir un équilibre juste à la télévision il est nécessaire de faire travailler des personnes qui représentent toutes les communautés de la France actuelle. Pour cela, elle pense qu'il n'y a que la discrimination positive et cette politique pour donner une meilleure image des Noirs et des Arabes. Une telle politique peut aussi faciliter la lutte anti-raciste.

Mais le MRAP*, une organisation anti-raciste, ne veut pas voir les quotas s'installer en France. Son secrétaire général, Mouloud Aounit, pense que les quotas risquent de favoriser le racisme au lieu de le résoudre. «Il y a tant de minorités en France ou tant de personnes d'origine étrangère. Nous refusons cette logique des quotas, c'est une façon de régler le mal par un autre mal», déclare-t-il.

Pourtant, le Ministre de la Culture prépare une nouvelle réglementation qui s'appliquera à France 2 et France 3 et donnera une place plus importante aux minorités sans toutefois imposer de quotas. Voici où en sont les choses pour l'instant.

*MRAP: Mouvement contre le racisme et pour l'amitié entre les peuples.

D'après *Les Clés de l'Actualité*, juin 2000.

2. Première lecture

a. Les associations et les événements. Trouvez dans cet article les noms des associations et des événements cités par le journaliste. Complétez le tableau.

Association / Personne	Événement	Solution

b. Attitudes. Faites une liste des mots qui décrivent les attitudes des personnes ou mouvements cités.

Personnes / Associations	Attitude / Philosophie
Collectif Égalité	*Éveiller l'opinion publique au problème de...* *La télévision doit refléter le vrai visage de la population*, etc.

3. Analyse

a. Les mots. Trouvez, dans le texte, tous les mots qui ont la même origine en français et en anglais.

 b. Les opinions. Cet article présente deux solutions opposées pour résoudre le problème. Faites deux colonnes et indiquez dans chacune les arguments pour et contre chaque solution.

Pour	Contre
Refléter le vrai visage de la France	*Ne pas favoriser le racisme*

 4. Pour ou contre: un débat. Êtes-vous pour ou contre les quotas en général? Choisissez un point de vue et préparez des arguments pour le défendre.

Vocabulaire de base

CD2-17

Noms

un acteur, une actrice *actor, actress*
une chaîne (de télévision) *(television)*
 station, channel
une chanson *song*
un chanteur, une chanteuse *singer*
une comédie *comedy (movie, play)*
un concert *concert*
le début *beginning*
un dessin animé *(animated) cartoon*
un documentaire (sur) *documentary*
 (on)
un drame *drama*
une émission *program*
un film d'amour *romantic movie*
un film d'aventures *adventure movie*
un film de guerre *war movie*
un film de science-fiction *science*
 fiction movie
un film d'horreur *horror movie*
un film policier *detective/police*
 movie
les informations (f.pl.) *news*
un jeu (télévisé) *game show*
le journal (télévisé) *(television) news*
un(e) journaliste *journalist, reporter*
un magazine (littéraire, culturel,
 d'information…) *(literary,*
 cultural, news . . .) TV show

une pièce (de théâtre) *play*
un reportage *(news) report, (news)*
 story
une série *series*
une station *(radio) station*
une vedette (de la télévision, de
 cinéma…) *(television, movie, etc.)*
 celebrity
un western *western (movie)*

Adjectifs

célèbre *famous*
comique *funny, amusing, comic*
culturel, culturelle *cultural*
dramatique *dramatic*
ennuyeux, ennuyeuse *boring*
étranger, étrangère *foreign*
grave *serious*
littéraire *literary*
même *same; even*
violent(e) *violent*

Verbes

apprendre (à) *to learn (to)*
comprendre *to understand*
croire (à/que) *to believe (in/that)*
devenir (conjugué avec être) *to*
 become
durer *to last*

montrer *to show*
passer *to spend*
permettre (de) *to allow, to permit*
promettre (qqch. à qqn) *to promise*
 (something to someone)
revenir (conjugué avec être) *to come*
 back
suivre *to follow*
surprendre *to surprise*
vérifier *to verify, to check*
vivre *to live, to be alive*

Divers

à la radio *on the radio*
à la télévision *on television*
avoir peur (de) *to be afraid (of)*
croire que oui *to believe/think so*
croire que non *not to believe/to think*
 not
être facile/difficile à vivre *to be*
 easy/difficult to get along with
pourtant *however*
Qu'est-ce qui est arrivé? *What*
 happened?
suivre un cours *to take a class/course*

Vocabulaire supplémentaire

Noms

un animateur, une animatrice *TV show host*
le câble *cable*
une cassette vidéo *video cassette*
un(e) cinéaste *movie producer/director*
un danseur, une danseuse *dancer*
un débat *talk show, debate*
un DVD *DVD*
une émission de divertissement *entertainment (TV show)*
un film d'espionnage *spy movie*
le goût *taste*
une guerre *war*
une interview *interview*
un lecteur de DVD *DVD player*
un magnétoscope *video cassette recorder*
les médias *media*
un musicien, une musicienne *musician*
un programme *television/radio schedule*
un(e) reporter *reporter*
un satellite (la télévision par satellite) *satellite (satellite television)*
une télécommande *remote control*

Adjectifs

international(e), internationaux, internationales *international*
national(e), nationaux, nationales *national*
québécois(e) *from Quebec*
romantique *romantic*

Verbes

annoncer (conjugué comme commencer) *to announce*
louer *to rent*
présenter *to present, to introduce*

Divers

croire au Père Noël *to believe in Santa Claus*
croire en Dieu *to believe in God*
en effet *indeed, in fact*
en même temps *at the same time*
faire peur (à) *to scare*
ne... personne (de sympathique...) *no one (nice, etc.)*
ne... rien (de comique...) *nothing (funny, etc.)*
quand même *all the same, even so*
s'en aller *to leave*

Le français tel qu'on le parle

Allez-vous-en! (Va-t-en!) *Go away!*
Ça m'est égal! *I don't mind/care! It's all the same to me!*
Ça fait peur! *It's/That's scary!*
Ça me fait peur. *That scares me.*
Dommage! *Too bad!*
On change? *Shall we switch?*
Où est-ce qu'on va! *Where are we going!*
Suivez le guide. *This way, please. (lit. Follow the guide.)*

Pour parler des films et des romans policiers

l'arme du crime *(f.) crime weapon, murder weapon*
un crime *crime*
enquêter *to investigate*
faire une enquête *to hold / run an investigation*
l'inspecteur, l'inspectrice (de police) (le [la] lieutenant[e]) *(police) inspector*
interroger *to question, to interrogate*
le lieu du crime *crime scene*
un meurtre *murder*
le meurtrier, la meurtrière (le tueur, la tueuse) *murderer (killer)*
les personnages *(m.pl.) characters*
un revolver *revolver, gun*
le suspect, la suspecte *suspect*
le témoin *witness*
tuer *to kill*
la victime *victim*

Le français familier

avoir la frousse = avoir peur
avoir la trouille = avoir peur
les infos = les informations
un polar = un film policier
un poulet = un policier
une star (de cinéma, de la télévision, de la chanson) *(movie, television, pop music) star*
un thriller *thriller*
zapper = changer souvent de chaîne de télé

On entend parfois...

frousser (Rép. Dém. du Congo) = avoir peur

Partir... Partir... Partir... Partir... Partir... Partir... Partir... Partir... Partir... Partir... Partir... Partir... Partir...

1. **L'illustration.** Observez l'illustration et décrivez-la. Qu'est-ce qu'elle évoque?

   Modèle: *C'est un océan, il est... Il y a...*

2. **Les mots**

   a. **Des mots utiles**

   une île: un petit territoire au milieu de la mer
   le bonheur: c'est quand on est très heureux
   des conseils: ce sont des recommandations utiles

   b. **Des mots pour regarder.** Quels mots du titre et du texte associez-vous à l'image? Expliquez votre décision.

3. **Où partir?** Associez plusieurs destinations possibles à chaque sous-titre.

   Modèle: De grands espaces: *le désert du Sahara, l'océan Pacifique*, etc.

4. **Votre départ personnel.** Et vous, où allez-vous partir cet été? Faites votre itinéraire. Puis faites un autre itinéraire pour le voyage de vos rêves.

5. **Et toi?** Interrogez un(e) camarade de classe au sujet de ses deux itinéraires et comparez-les aux vôtres.

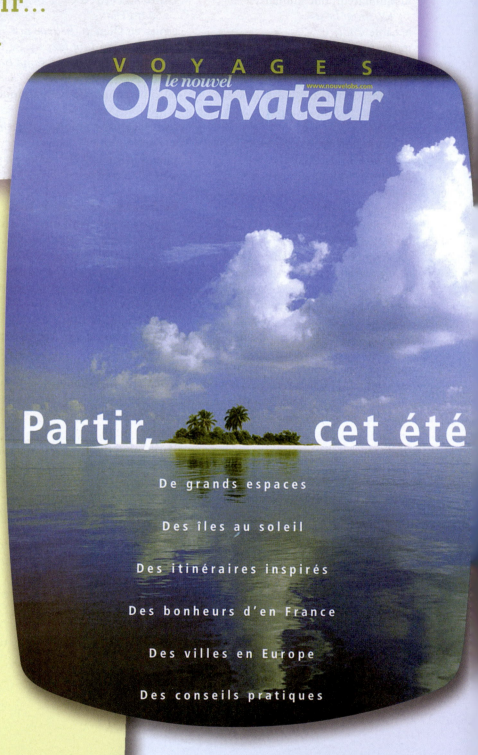

VOYAGES

le nouvel **Observateur** www.nouvelobs.com

Partir, cet été

De grands espaces

Des îles au soleil

Des itinéraires inspirés

Des bonheurs d'en France

Des villes en Europe

Des conseils pratiques

Leçon 18

Le tour du monde en 365 jours

Partir... Partir... Partir...

En bref

- Partir cet été
- Un voyage autour du monde
- Les pays du monde
- Les moyens de transport
- Faire des projets: le futur
- Le pronom *y*
- Les pronoms personnels: récapitulation
- L'euro et la mobilité des Européens
- Lecture: *En sortant de l'école*

Vocabulaire

A. Un grand voyage

Jean-Pierre et Anne se sont mariés le cinq septembre et, comme ils adorent voyager à l'étranger, ils ont décidé de faire le tour du monde pendant un an. Ils sont tous les deux professeurs dans un lycée de Bruxelles et ils ne sont pas très riches, mais ils ont fait des économies et ils ne vont pas aller dans des hôtels de luxe, bien sûr.

Ils détestent les voyages organisés parce que c'est trop cher et ils n'aiment pas voyager en groupe. Donc, ils vont partir seuls, avec un sac à dos. Ils veulent traverser cinq continents (l'Europe, l'Asie, l'Australie, l'Amérique et l'Afrique) et ils vont visiter beaucoup de pays en train (1), en avion, en voiture, en autocar, en bateau et même à vélo.

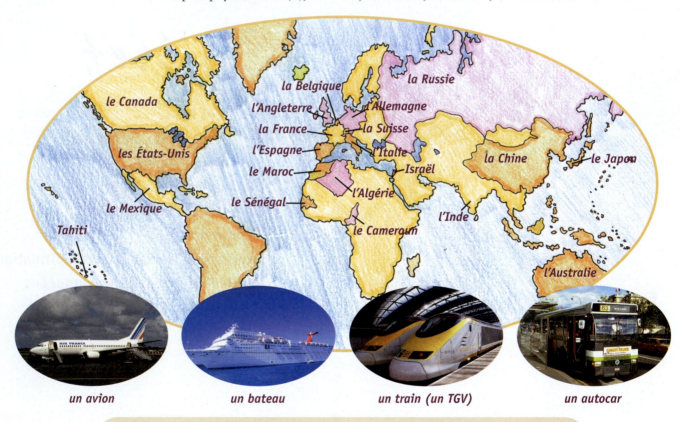

un avion   un bateau   un train (un TGV)   un autocar

■ Qui sont Jean-Pierre et Anne? Qu'est-ce qu'ils vont faire après leur mariage? Comment vont-ils voyager? Pourquoi? Qu'est-ce qu'ils vont voir? Quels moyens de transport vont-ils utiliser?

Les mots et la culture

1 **En train / en avion / en voiture / à pied.** To talk about how you get to various places, use one of the following expressions.

aller à pied	to walk, to go on foot
aller à vélo	to bicycle, to go by bicycle
aller en autobus, en autocar	to take the bus, to go by bus
aller en avion	to fly, to go by air
aller en bateau	to take the boat, to go by boat
aller en métro	to take the subway, to go by subway
aller en train	to take the train, to go by train
aller en voiture	to drive, to go by car
Est-ce que tu **vas** à Nice **en avion, en voiture** ou **en train**?	Are you flying, driving, or taking the train to Nice?
Je **vais** à la bibliothèque **à pied.**	I'm walking to the library.

Anne a essayé d'écrire l'histoire de leur voyage, mais il y avait trop de choses à faire…
Alors, elle a écrit seulement un résumé. Le voilà:

B. Bruxelles, 7 septembre

Voilà, c'est la veille du grand départ! Quel voyage nous allons faire! On a
réservé les premières nuits d'hôtel et on a fait nos bagages. Nous emportons
deux sacs à dos, un autre petit sac, nos passeports, les billets d'avion et de
train (pour le bateau, on verra), les chèques de voyage, nos cartes bancaires,
de l'argent, nos permis de conduire, les cartes, les plans, l'appareil photo, la
caméra… On est raisonnable: les sacs ne sont pas trop lourds. J'espère que
nous n'avons rien oublié!

Première étape: l'Europe en train… Nous allons d'abord traverser la
France en TGV. Ça va plus vite (2) et comme on la connaît bien, la France,
on ne va pas s'arrêter cette fois. Mais on veut visiter la Suisse et l'Italie plus
lentement: faire des randonnées à la montagne, faire les musées, se promener
dans les vieux quartiers des villes italiennes… Mais pas question de faire les
magasins: il n'y a pas de place dans les sacs!

Bon, il faut aller au lit maintenant. Le train part très tôt (3) demain matin
et il ne faut pas être en retard.

À notre voyage!

en Suisse

■ Qu'est-ce qu'ils emportent avec eux? Et comme vêtements?
Est-ce qu'ils oublient quelque chose, à votre avis? Est-ce que
leurs bagages sont lourds ou légers? Et vous, qu'est-ce que
vous emportez quand vous partez en voyage?

■ Quels endroits d'Europe est-ce qu'ils vont visiter? Pourquoi?
Quels pays d'Europe ne vont-ils pas visiter?

Les mots et la culture

2 Rapide / vite. Rapide is an adjective. Use it to modify nouns.
Vite is an adverb. Use it to modify verbs.

Elle a une voiture **rapide**.	*She has a fast car.*
Elle conduit **vite**.	*She drives fast.*

3 À l'heure / en retard / en avance / tôt / tard / à bientôt.
What does **être à l'heure** mean in your culture: just on time, a few
minutes late, or a few minutes early? When and where can you be **en
retard**? **en avance**?

If you are **à l'heure**, you are *on time*. If you are **en avance**, you are
early, and if you are **en retard**, you are *late*! It all depends on what
time you were supposed to be there.

Tôt *(early)* and **tard** *(late)*, by contrast, are general terms.
Remember that **à bientôt** means *see you soon*.

Il est huit heures dix et le film commence à huit heures. Nous sommes **en retard**.	*It's 8:10 and the movie starts at 8:00. We're late.*
J'arrive toujours **en avance** parce que je ne veux pas manquer le train.	*I always get there early because I don't want to miss the train.*
Le docteur Martin a beaucoup de travail. Il part **tôt** le matin et il rentre **tard** le soir.	*Dr. Martin has a lot of work. He leaves early in the morning and gets home late at night.*
Trop **tard**!	*Too late!*
Allez! Salut! **À bientôt**!	*OK. Bye. See you soon.*

C. Dans le train, Milan–Florence, 20 septembre

Quels problèmes à Milan! Hier soir, nous devions aller à la gare pour prendre le train pour Florence, mais notre taxi est arrivé en retard à l'hôtel. À la gare, comme nous ne comprenions pas l'italien, nous nous sommes trompés de quai et nous avons vu notre train qui partait de l'autre quai. Bien sûr, nous l'avons manqué. Alors, nous sommes retournés au guichet pour changer nos billets, mais il n'y avait plus de train et nous avons dû attendre le lendemain.

Malheureusement, aujourd'hui, tous les compartiments étaient pleins et il n'y avait plus de place (4) assise. Alors, voilà, nous sommes debout dans le couloir. Ce n'est pas facile d'écrire et je m'arrête.

Milan, Italie

Trop tard!

Là-bas!

- Quels (5) problèmes ont-ils eus à Milan? Où étaient-ils quand le train est parti? Qu'est-ce qu'ils ont dû faire? Où ont-ils passé la nuit, à votre avis? Quel est le problème aujourd'hui?
- Où se trouve Florence? Que vont-ils faire à Florence, à votre avis?

Les mots et la culture

4 Place. The French word **place** can mean *square*, *seat*, or *room (space)*.

À Cinet, il y a une église sur la **place.**	*In Cinet, there is a church in the square.*
Est-ce qu'il y a une **place** près de la fenêtre?	*Is there a seat near the window?*
Est-ce qu'il y a de la **place**?	*Is there (any) room?*

5 *Quel* (adjectif interrogatif) et *ce* (adjectif démonstratif)

- The demonstrative adjective **ce** means either *this* or *that*.

Ce passeport et **cette carte** sont à moi, **cet appareil photo** est à lui et **ces valises** sont à nous.

- The interrogative adjective **quel** means *which* or *what*. The noun it modifies may either immediately follow **quel** or be separated from it by the verb **être**.

Quel est **le problème**? **Quel aéroport** est-ce que tu cherches?

A form of **quel** may be placed in front of a noun to express a reaction.

Quelle affaire!	*What a deal!*
Quel voyage!	*What a trip!*

D. Dans l'avion, Pékin–Tokyo, 27 décembre

Découvrir (6) la Chine, c'était merveilleux! Hong Kong d'abord, et puis Guilin et ses montagnes, Hangzhou et son lac, Shanghai la moderne et Pékin bien sûr avec la Cité Interdite et la Grande Muraille... Quel pays magnifique! Et nous avons trouvé les habitants vraiment gentils. Mais on a souvent eu peur pendant les vols intérieurs surtout quand c'étaient des vieux avions russes! C'était horrible!

Et puis, à l'aéroport de Pékin, quelle affaire! Nous étions en avance et l'avion était à l'heure, mais on nous a dit que nos billets n'étaient pas bons et que nous devions en acheter d'autres. Mais avec quel argent? Finalement, ils les ont acceptés, mais alors, nous étions en retard! À la douane, heureusement, on n'a pas eu de problème: les douaniers ne nous ont rien demandé. Nous sommes arrivés à la porte quand on la fermait, mais enfin, on n'a pas manqué l'avion et nous voilà! L'avion est presque vide, le pilote vient de dire qu'il fait un temps magnifique à Tokyo, les hôtesses de l'air sont en train d'apporter des apéritifs aux passagers... Je crois que le vol va être agréable, cette fois.

Et maintenant, le Japon...

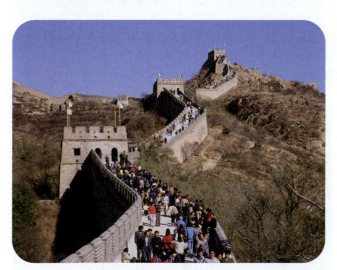

en Chine (la Grande Muraille)

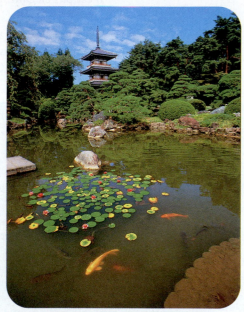

au Japon (un jardin japonais)

- Quand sont-ils arrivés en Chine, à votre avis? Combien de temps sont-ils restés dans ce pays? Qu'est-ce qu'ils en pensent? Qu'est-ce qui s'est passé à l'aéroport? Où vont-ils passer le Nouvel An?
- Qu'est-ce qu'il faut voir en Chine? Et au Japon?

Les mots et la culture

6 Découvrir. The verb **découvrir** is conjugated like **ouvrir.**

Nous **avons découvert** un petit restaurant sympathique.	*We discovered a nice little restaurant.*
J'ouvre la boîte et qu'est-ce que je **découvre**? Un petit chien blanc!	*I open the box and what do I find? A white puppy!*

E. Dans le bateau, Tahiti–Bora Bora, 9 avril

Après le désert, les îles… Temps chaud et ensoleillé tous les jours… Quel climat! Et la mer est d'un bleu, mais d'un bleu! Et puis, voyager en bateau, mon rêve de toujours! C'est beaucoup moins rapide que l'avion, c'est même très lent, mais la vie en mer est si agréable. Bien sûr, ce n'est pas une croisière. Il n'y a pas de piscine et le restaurant n'est pas élégant. Mais après l'Australie que nous avons traversée en autocar…

- Où sont-ils allés après le Japon? Comment est l'Australie? Comment ont-ils voyagé dans ce pays? Où sont-ils maintenant? Est-ce qu'Anne est contente? Expliquez.
- Qu'est-ce que c'est, Bora Bora? Qu'est-ce qu'on peut faire à Bora Bora, à votre avis?

en Australie (Sydney et son opéra)

à Bora Bora

l'Amérique en voiture

F. Carmel, 2 mai

Et nous voilà en Californie, aux États-Unis. Nous avons décidé de louer une voiture à Los Angeles parce que nous avons découvert que Los Angeles sans voiture, c'est difficile. Et puis, c'est si facile de conduire (7) ici! Les routes sont bonnes et il y a beaucoup d'autoroutes. L'Amérique, c'est vraiment le pays de l'avion et de la voiture. Les autres moyens de transport ne sont pas très pratiques, même s'il y a des autocars et des trains qui traversent le pays. Comme nous avons deux mois et que nous voulons voir du pays, ça va donc être la voiture.

Première étape: Los Angeles–San Francisco. Mais nous sommes tombés amoureux de Carmel et nous avons décidé de rester une semaine. Quel endroit merveilleux! Nous allons louer des vélos pour faire des promenades.
Deuxième étape: San Francisco–Reno–Salt Lake City.
Troisième étape: Yellowstone.
Quatrième étape: Mount Rushmore.
Cinquième étape: Chicago (rendre visite à (8) Frédéric).
Sixième étape: Montréal et Québec.
Septième étape: New York.

Je voulais voir la Louisiane et la Floride et Jean-Pierre voulait passer par le Texas et le Mexique, mais c'est vraiment impossible. Il faudrait six mois!

Carmel

la ville de Québec

- Qu'est-ce qu'ils ont décidé de voir aux États-Unis? Pourquoi? Et au Canada, pourquoi ont-ils choisi Montréal et Québec?

- Qui est Frédéric, à votre avis?

- Deux mois pour voir les États-Unis et le Canada, c'est assez, à votre avis? Qu'est-ce qu'il faut voir aux États-Unis et au Canada?

Les mots et la culture

7 Conduire. The verb **conduire** *(to drive)* refers to the physical act of driving. Its conjugation is irregular.

PRÉSENT:
je conduis	nous conduisons
tu conduis	vous conduisez
il / elle } conduit	ils / elles } conduisent

IMPARFAIT: je conduisais, etc.
PASSÉ COMPOSÉ: j'ai conduit, etc.

> J'adore **conduire.** Je vais partout en voiture.
>
> *I love driving. I drive everywhere.*

8 Visiter / rendre visite à / aller voir. Use **visiter** to express the idea of *visiting a place*. Use **rendre visite à** or **aller voir** to express the idea of *paying a visit to a person*.

> On va **visiter** Paris!
> *We're going to visit Paris!*
>
> Je vais **rendre visite à** Frédéric.
> *I'm going to pay a visit to Frédéric.*
>
> **Allons voir** Oncle Jean et Tante Georgette ce week-end!
> *Let's pay a visit to Uncle Jean and Aunt Georgette this weekend!*

G. Madrid, 2 septembre

Nous avons passé (9) un mois au Cameroun et au Sénégal. Il faisait très chaud et, en plus, c'était la saison des pluies, mais c'était vraiment intéressant. Au Cameroun, nous avons vécu huit jours chez Évelyne, qui passait l'été chez ses parents à Douala, près de la mer. C'était merveilleux de faire la connaissance d'une famille africaine et de pouvoir partager leur vie. Après le Cameroun et le Sénégal, on est allé quinze jours au Maroc, puis nous sommes partis pour l'Espagne. Et nous voilà! On est très fatigué et on n'a plus d'argent. Alors, on fait de l'auto-stop. On est arrivé à Madrid en camion et on espère (10) partir demain, mais comment?

Évelyne

■ Quels pays est-ce qu'ils ont visités en Afrique? Pourquoi faisait-il chaud là-bas, à votre avis? Est-ce qu'ils ont aimé l'Afrique? Pourquoi? Qui est Évelyne et comment l'ont-ils connue, à votre avis? Où habite-t-elle pendant l'année? Et que fait-elle?

■ Où sont-ils maintenant? Comment est-ce qu'ils vont rentrer chez eux?

au Sénégal
(la Grande Mosquée, Dakar)

Les mots et la culture

9 **Passer.** Passer is conjugated with **avoir** when it is transitive (has a direct object) but with **être** when it is intransitive.

Jean-Pierre et Anne **ont passé** la nuit à Milan.	*Jean-Pierre and Anne spent the night in Milan.*
Ils **sont passés** par la Suisse.	*They went through Switzerland.*

10 **Espérer.** The verb **espérer** changes the **é** to **è** in front of a silent ending. (**Préférer** and **sécher** are conjugated like **espérer.**)

J'**espère** que tu vas bien.	*I hope that you're fine.*
Nous **espérons** partir à huit heures.	*We hope to leave at eight o'clock.*

H. Autres mots et usages

1. Here are some useful words and expressions not included in the preceding vocabulary presentation.

changer (de train, d'avion, etc.)	to change (trains, planes, etc.)
être à	to belong to
une nationalité	nationality
un souvenir	souvenir
une station de métro	subway station
un steward	flight attendant, steward
un ticket	ticket (bus or subway)

2. Les continents, les pays et leurs habitants

l'Afrique (f.)	africain, africaine
l'Algérie (f.)	algérien, algérienne
l'Allemagne (f.) (Germany)	allemand, allemande
l'Amérique (f.)	américain, américaine
l'Angleterre (f.) (England)	anglais, anglaise
l'Asie (f.)	asiatique
l'Australie (f.)	australien, australienne
la Belgique	belge
le Cameroun	camerounais, camerounaise
le Canada	canadien, canadienne
la Chine	chinois, chinoise
l'Espagne (f.) (Spain)	espagnol, espagnole
les États-Unis (m.pl.)	américain, américaine
l'Europe (f.)	européen, européenne
l'Inde (f.)	indien, indienne
Israël (m.)	israélien, israélienne
l'Italie (f.)	italien, italienne
le Japon	japonais, japonaise
le Maroc	marocain, marocaine
le Mexique	mexicain, mexicaine
la Russie	russe
le Sénégal	sénégalais, sénégalaise
la Suisse	suisse
Tahiti (f.)	tahitien, tahitienne

3. **Les prépositions et les pays.** Here is how to express *to* or *in* with the name of a country.

en + *feminine country* (country whose name ends in -e)

en + *country beginning with a vowel* (masculine or feminine)

au + *masculine country* (except countries beginning with a vowel)

Il va **en France** en été.	*He's going to France in the summer.*
Namur est **en Belgique**?	*Namur is in Belgium?*
Vous allez **en Israël**?	*Are you going to Israel?*
Il fait beau **en Espagne** en mai.	*The weather is nice in Spain in May.*
Il est allé **au Canada**.	*He went to Canada.*

Note the following:

a. Use **aux** with **États-Unis** because it is plural.

Aux États-Unis, on aime beaucoup le Coca-Cola.	*In the United States, people like Coca-Cola a lot.*

b. Although **Mexique** (*Mexico*) ends in -e, it is masculine. Use **au.**

On parle espagnol **au Mexique**.	*Spanish is spoken in Mexico.*

c. Generally, states in the United States and provinces in Canada follow the rules for countries. Except for a few states and provinces, however, usage is not yet firmly fixed. But you will always hear **en Californie, en Floride, en Louisiane, au Québec,** and **au Texas.**

d. Although usage may vary, in general, you can use **à** for small islands: **à Tahiti, à la Martinique, à Saint-Martin, à la Guadeloupe.** Note that, for some islands, the definite article is also needed.

Mise en pratique

Objectives, Act. 1: *recognizing new vocabulary, solving lexical problems, working with semantic fields*

1. Chassez l'intrus. Trouvez les mots qui ne vont pas.

1. compartiment / quai / vol / train / TGV
2. autobus / taxi / croisière / métro
3. être en avance / être lent / être à l'heure / être en retard
4. hôtesse de l'air / carte / pilote / steward
5. merveilleux / magnifique / horrible / délicieux
6. avion / camion / route / autoroute

Objectives, Act. 2: *recognizing new vocabulary, connecting words to context, assembling mini-conversation segments*

2. En voyage. Quelles phrases vont ensemble? Il peut y avoir plus d'une possibilité.

1. Est-ce que le train est à l'heure?
2. L'avion de Paris est arrivé?
3. À quelle heure part l'avion pour Rome, s'il vous plaît?
4. Est-ce que tu es allé à la banque?
5. Est-ce que je dois changer de train?
6. Est-ce qu'il y a un autre vol pour New York?
7. C'est la saison des vacances.
8. Comment est-ce que je peux aller à l'hôtel?

a. Vous avez manqué votre avion?
b. Non, madame, il est en retard.
c. En taxi ou en métro.
d. Non, mademoiselle, il va arriver dans cinq minutes.
e. À 15h25, porte numéro 35.
f. Oui, à Lyon.
g. Oui, j'ai acheté des chèques de voyage.
h. Tu dois acheter ton billet à l'avance si tu veux une place assise.

Objectives, Act. 3: *using **rapide** and **vite** in context, assembling mini-conversation segments*

3. Rapide ou vite? Quelles phrases vont ensemble? Décidez puis complétez la deuxième partie avec **vite** ou **rapide**.

1. Je suis très pressée. Comment aller de Paris à Marseille?
2. M. Bovy a donné une augmentation de salaire à M. Saïdi. Vous savez pourquoi?
3. Ah toi, tu es toujours en retard. Mais dépêche-toi donc!
4. Mais qu'est-ce que tu dis? Je ne comprends rien!
5. Madame, nous avons combien de temps?
6. J'ai une lettre urgente à taper.

a. Vous avez vingt minutes, alors il faut travailler _____.
b. Pourquoi se dépêcher, tu vas bien trop _____!
c. Oui, je sais, je parle très _____.
d. Oui. Il est très professionnel et très _____.
e. Prenez l'avion, c'est plus _____.
f. Donne, je suis très _____ à l'ordinateur.

Objectives, Act. 4: *using means of transportation in context, sharing and comparing experiences, interacting orally*

4. Les moyens de transport. Faites des listes et discutez en groupes, puis comparez avec les autres groupes.

1. Quels sont les moyens de transport qui sont lents? rapides? chers? bon marché? agréables? pas agréables?

2. Quels sont les moyens de transport pratiques et pas pratiques...
   a. pour une famille de sept personnes?
   b. pour un chef d'entreprise?
   c. pour un étudiant pauvre?
   d. en hiver à Montréal?
   e. en été à Los Angeles?

3. Pour vous, quels sont les moyens de transport pratiques et pas pratiques...
   a. sur votre campus?
   b. où vous habitez?
   c. pour rentrer chez vous?
   d. pour aller en vacances en Floride ou en Californie?

4. Vous passez un an à Paris. Voici une liste de ce que vous voulez voir. Choisissez un moyen de transport pour aller...
   a. à Rome
   b. à la Tour Eiffel
   c. à Big Ben
   d. aux plages de la Côte d'Azur
   e. au Mont-Blanc (en Suisse)
   f. voir les pyramides d'Égypte

5. La vie et les voitures. Répondez aux questions avec un(e) partenaire.

1. À quel âge est-ce que vous pouvez avoir votre permis de conduire dans votre pays ou état *(state)*?
2. Quand avez-vous appris à conduire? Avec qui?
3. Est-ce que vous avez une voiture à l'université? Pourquoi ou pourquoi pas?
4. Quelle sorte de voiture est-ce que vous préférez?
5. Est-ce que vous préférez conduire sur les petites routes de campagne ou sur les autoroutes? Pourquoi?
6. Quand est-ce que vous conduisez?
7. Est-ce que vous conduisez bien? vite?
8. Quand est-ce qu'on ne doit pas conduire?
9. Est-ce que vous connaissez quelqu'un qui conduit mal? Qui?

Objectives, Act. 5: using the verb **conduire** *in context, interacting orally, sharing experiences and opinions*

6. Pays, géographie et associations. Discutez avec un(e) partenaire.

1. Quels pays est-ce que vous associez avec...
   a. le champagne?   f. les voitures de sport?
   b. le caviar?   g. la mode?
   c. les pâtes?   h. le soleil, les plages, les vacances?
   d. la bière?   i. l'art?
   e. le Coca-Cola?   j. la nature?

2. Dans quels pays sont ces villes?
   a. Madrid   f. Shanghai
   b. Toronto   g. Lausanne
   c. Casablanca   h. Toulouse
   d. Acapulco   i. Dakar
   e. Hiroshima

Objectives, Act. 6: reviewing countries, making associations, practicing prepositions used with countries, reviewing geography, interacting orally

7. Là-bas! Discutez en groupes. Qu'est-ce qu'il y a à voir dans ces pays? Quel temps fait-il? Quelle est la meilleure saison pour voyager là-bas? Qu'est-ce qu'il faut visiter? Qu'est-ce qu'on peut faire?

1. en Italie   4. au Japon
2. en Australie   5. en Inde
3. au Maroc   6. en Angleterre

Objectives, Act. 7: reviewing vocabulary from this and previous lessons, learning about geography, interacting orally, creating with language, sharing opinions, presenting

8. Devinez le pays

1. Trouvez des étudiants qui ont voyagé hors de *(outside of)* l'Amérique du Nord. Posez-leur des questions pour deviner quels pays ils ont visités.
2. Posez des questions à votre professeur sur ses voyages hors de l'Amérique du Nord. Devinez quels pays il/elle a visités.

9. Dix questions utiles quand on voyage. Vous faites un voyage dans un pays francophone. Quelles sont les dix questions les plus importantes et les plus utiles?

10. Un beau voyage. Quelle chance! Cet été, vous allez faire un voyage avec des amis dans un pays ou une région où on parle français. Vous avez votre billet d'avion mais vous devez organiser tout le voyage. Vous partez le 1er juillet et revenez le 12 juillet. En groupes, préparez votre voyage.

1. Où voulez-vous aller? Choisissez: la Suisse, la Belgique, le Québec, Tahiti, la Guadeloupe ou le Sénégal.
2. Choisissez trois endroits (villes ou régions) que vous voulez visiter et faites votre itinéraire. Vous pouvez l'indiquer sur une carte.
3. Les moyens de transport: Comment allez-vous voyager d'un endroit à l'autre?
4. Le logement: Allez-vous dormir à l'hôtel? Dans des hôtels de luxe ou des petits hôtels pas chers? Allez-vous faire du camping?
5. Les étapes: Combien de temps allez-vous rester dans chaque endroit? Qu'est-ce que vous allez faire là-bas?

Hôtel à Bora Bora

La Guadeloupe

La ville de Québec

Faire des projets: le futur

Formation du futur

You already know how to talk about things in the future by using the verb **aller** + *infinitive*. **Aller** + *infinitive* is called the **futur proche** or *near future*. It is the equivalent of the English *to be going to do something.*

Je **vais étudier** demain.　　　　　　*I'm going to study tomorrow.*

French also has a future tense. It corresponds to the English *will* + *verb.* To form the future tense in French, add the following endings to the infinitive form of the verb (for verbs ending in -**re,** drop the -**e** first).

manger	
je manger**ai**	nous manger**ons**
tu manger**as**	vous manger**ez**
il elle } manger**a**	ils elles } manger**ont**

choisir	
je choisir**ai**	nous choisir**ons**
tu choisir**as**	vous choisir**ez**
il elle } choisir**a**	ils elles } choisir**ont**

attendre	
j'attendr**ai**	nous attendr**ons**
tu attendr**as**	vous attendr**ez**
il elle } attendr**a**	ils elles } attendr**ont**

Je t'**attendrai** et nous **mangerons** en ville.　　　　*I'll wait for you and we'll eat downtown.*

Va dormir, on **parlera** demain.　　　　*Go to bed, we'll talk tomorrow.*

À quelle heure est-ce que vous **partirez**?　　　　*What time will you leave?*

J'espère que tu te **coucheras** tôt.　　　　*I hope (that) you'll go to bed early.*

Certain verbs have irregular future stems.

aller	ir-	Qui **ira** pour nous?	*Who'll go for us?*
avoir	aur-	Je l'**aurai** demain.	*I'll have it tomorrow.*
devoir	devr-	Tu **devras** partir.	*You'll have to go.*
envoyer	enverr-	Qui l'**enverra**?	*Who'll send it?*
être	ser-	Je **serai** ici.	*I'll be here.*
faire	fer-	Tu le **feras**?	*You'll do it?*
pouvoir	pourr-	Ils **pourront** venir.	*They'll be able to come.*
savoir	saur-	Tu le **sauras**!	*You'll find out!*
venir	viendr-	Nous **viendrons**.	*We'll come.*
voir	verr-	On **verra**.	*We'll see.*
vouloir	voudr-	Il **voudra** le savoir.	*He'll want to know it.*

Note the use of the future to indicate what will happen if something else occurs.

■ si + présent / futur

S'il **fait** mauvais demain, nous   *If it's bad out tomorrow, we'll go*
   irons au cinéma.   *to the movies.*

Les changements d'orthographe au futur

1. Verbs such as **lever** change the **e** to **è** in all forms of the future.
   Note that **appeler** changes the single **l** to **ll** in all forms of the future.

   Nous **achèterons** le journal demain.   *We'll buy the paper tomorrow.*
   Nous l'**appellerons** Minou.   *We'll call it Minou.*

2. Verbs such as **ennuyer** change the **y** to **i** in all forms of the future.
   Note that **envoyer** has an irregular future stem (**enverr-**).

   Il s'**ennuiera**.   *He'll be bored.*

3. Verbs such as **espérer** and **préférer** retain the **é** in all forms of the future.

   Il **espérera** réussir.   *He'll hope to succeed.*
   Tu **préféreras** cela.   *You'll prefer that.*

L'emploi du futur

In most cases, the use of the future in French parallels that of English. However, note the following:

1. The future tense is used after **quand** in French when the action is expected to occur in the future. In English, the present is used.

   Je te **téléphonerai** quand j'**arriverai**.   *I'll call you when I get there.*

2. The present tense is often used instead of the future when the context is clear. English usage is similar.

   Demain soir, nous **mangeons**   *Tomorrow night we're eating*
      chez les Dumont.   *at the Dumonts'.*
   L'année prochaine, je **vais**   *Next year, I'm going to France.*
      en France.

Mise en pratique

1. Hier ou demain? Complétez en utilisant **hier** ou **demain**.

1. —Tu prendras ta voiture _____?
   —Non, je l'ai vendue _____.
2. —Tu as écrit à ton frère _____?
   —Non, mais je lui écrirai _____.
3. —Vous ferez la vaisselle _____, non?
   —Oui, c'est vous qui l'avez faite _____ et il n'y en a pas aujourd'hui!
4. —Elle est allée en ville _____?
   —Oui, et elle ira en ville _____!
5. —On se parlera _____?
   —Non, non et non! On s'est déjà trop parlé _____.

Objective, Act. 1: focusing on the way adverbs and verbal forms interact in French to express time relationships

2. Les désirs de Julien. Julien voudrait être grand *(grown-up)*. Voilà ce qu'il doit faire maintenant. Dites ce qu'il fera quand il sera grand.

Modèle: Je me réveille à sept heures. (à midi)
Quand je serai grand, je me réveillerai à midi!

1. Je me lève à sept heures et demie. (à dix heures)
2. Je me couche à huit heures. (quand je voudrai)
3. Je prends une douche le soir. (ne pas prendre de douche)
4. Je mange des légumes. (ne pas manger de légumes)
5. Je bois du lait. (du Coca-Cola)
6. Je ne comprends pas les adultes. (comprendre les adultes)
7. Je ne peux pas regarder la télévision le soir. (pouvoir regarder la télévision le soir)
8. Je ne suis pas heureux! (être heureux)

Objective, Act. 2: using the future in context

3. Parlons un peu! Quels sont vos projets? Parlez avec un(e) partenaire.

1. En été,…
   a. où est-ce que vous serez?
   b. est-ce que vous travaillerez? Qu'est-ce que vous ferez?
   c. est-ce que vous voyagerez? Où? Avec qui? Comment?

2. Après l'université,…
   a. quel sera votre métier?
   b. où est-ce que vous habiterez?
   c. combien d'argent est-ce que vous gagnerez?
   d. est-ce que vous aurez des enfants? Combien? Quels seront leurs noms?
   e. quelle sorte de maison est-ce que vous aurez?
   f. est-ce que vous vous marierez? Avec qui?

Objective, Act. 3–5: using the future communicatively

4. La voyante *(fortune teller)*. Qui dans la classe…

1. aura dix enfants? n'aura pas d'enfants?
2. vendra des voitures pour gagner sa vie?
3. se mariera à l'âge de 22 ans? ne se mariera pas?
4. sera coiffeur/coiffeuse?
5. sera très riche? ne sera pas très riche?
6. sera pompier? sera avocat(e)? sera joueur/joueuse de football?
7. …

5. Prévision. Écrivez quatre prédictions (au futur, bien sûr) pour un(e) autre étudiant(e) de la classe. Échangez vos prédictions, lisez ce qu'on a écrit sur vous et réagissez. (**Je pense que oui/non. J'espère que oui/non. Je ne pense pas. Je ne sais pas. Pas question!…**)

Structure 2

Le pronom *y*

The pronoun *y* always refers to things. It varies in meaning according to its use.

1. **Il y a. Y** is part of a fixed expression. It has no independent meaning.

   —Est-ce qu'**il y a** de la confiture?   *Is there any jam?*
   —Non, **il n'y a** pas de confiture,   *No, there isn't any jam, but there's (some)*
   mais **il y a** du beurre.   *butter.*

2. **Y** replaces **à** + *thing*. **Y** functions as a sort of indirect object pronoun for things.

   Je ne veux pas répondre **à votre**   *I don't want to answer your*
   question.   *question.*
   Je ne veux pas **y** répondre.   *I don't want to answer it.*

3. **Y** is an adverb meaning *here/there*. **Y** replaces prepositional phrases indicating place (**à, dans, sous, sur, en...** + *place*).

   —Il va **au cinéma**?   *Is he going to the movies?*
   —Oui, il **y** va.   *Yes, he's going there.*

   —Tu penses qu'il est **en Italie**?   *Do you think he's in Italy?*
   —Je pense qu'il **y** est.   *I think he's there.*

   —Tu ne vas pas mettre le lait   *You're not going to put the milk in the*
   dans le frigo?   *refrigerator?*
   —Si, je vais **y** mettre le lait.   *Yes, I am going to put the milk there.*

Note that the pronoun *y* follows the placement rules you already know for direct and indirect object pronouns: in front of a one-word verb or a command form in the negative, after a command form in the affirmative, in front of the infinitive in a sentence with an infinitive, and in front of the helping verb in the **passé composé.** Note the spelling change in the **tu** form of **-er** (first conjugation) verbs and the verb **aller** when followed by **y**.

   Tu **y** vas?   *Are you going (there)?*
   N'**y** va pas!   *Don't go there!*
   Vas-**y**!   *Go ahead! (Go there!)*
   Il ne veut pas **y** aller.   *He doesn't want to go (there).*
   Nous n'**y** sommes jamais allés.   *We never went (there).*

When the noun following the preposition **à** is a *person*, replace it with an indirect object pronoun. If the noun following **à** is a *thing*, replace it with the pronoun **y**. Compare:

   Je réponds **au professeur.** Je **lui** réponds.
   Je réponds **aux questions.** J'**y** réponds.

Mise en pratique

1. Devinez. Mais où sont-ils?

> **Modèle:** Le livre y est.
> *Le livre est sur la table.*

1. Mes parents y habitent.
2. Le professeur y va souvent.
3. Je n'y vais jamais.
4. Mes clés y sont.
5. J'y suis.
6. J'y reste pendant des heures.

*Objective, Act. 1: focusing on form-function relationships in regard to the pronoun **y** in a meaningful context*

2. Les habitudes. Avec un(e) partenaire, utilisez le pronom y pour dire ce que vous faites souvent.

> **Modèle:** —Tu vas au cinéma?
> —*Oui, j'y vais (souvent). / Non, je n'y vais pas (souvent).*

1. Tu travailles à la bibliothèque?
2. Tu dors sur la plage?
3. Tu vas au restaurant?
4. Tu rentres à la maison le week-end?
5. Tu restes dans ta chambre le samedi soir?
6. Tu manges au lit?
7. Tu joues aux cartes avec tes copains?
8. Tu voyages à l'étranger?

*Objective, Act. 2: using the pronoun **y** meaningfully*

3. Une lettre de Jean-Pierre. C'est le 20 août et Jean-Pierre vient de finir une lettre à son ami Patrick. Il lui raconte le voyage qu'Anne et lui sont en train de faire mais il a mis trop de noms. Remplacez les noms par des pronoms quand c'est possible.

Objective, Act 3: using pronouns as part of producing a text

Cher Patrick,

Comment vas-tu? Tu as passé de bonnes vacances en Italie? Maman nous a écrit que ta sœur se mariait en octobre. Dis à ta sœur que nous sommes très contents pour ta sœur.

Tout va bien pour nous. Quel voyage, mon vieux! Nous sommes maintenant au Maroc. Nous restons quinze jours au Maroc et puis nous rentrons en Belgique par l'Espagne et la France. Anne est à la piscine, mais il faisait trop chaud à la piscine, alors je ne suis pas resté avec Anne et je suis rentré dans notre chambre. Il fait frais dans notre chambre et c'est très agréable.

J'ai adoré l'Australie et la Chine, mais Anne a préféré Tahiti. C'est parce qu'on a fait beaucoup de bateau à Tahiti. On a vu Frédéric à Chicago. Frédéric va très bien, mais Frédéric dit que Frédéric est très seul. Écris une lettre à Frédéric si tu as le temps… Je pense que Frédéric a besoin de lettres. Frédéric aime Chicago, mais Frédéric trouve que les hivers sont trop froids à Chicago. Sais-tu que la Belgique est plus petite que le lac Michigan?!

On pense rentrer à la fin du mois ou début septembre. On t'invitera pour te montrer les photos et les films. On a beaucoup de photos et de films!

À bientôt et bien amicalement,

Marrakech, 20 août

Structure 3

Les pronoms personnels: récapitulation

French has several kinds of personal pronouns. These pronouns are used to refer to people or things, and they serve to help speakers and writers avoid repetition and link discourse across sentences. You have already studied several different kinds of pronouns. In each of the example sentences, try to explain how the pronouns both avoid repetition and ensure discourse cohesion (tie sentences and phrases together through a sort of cross-referencing).

Personal pronouns

- subject   Voilà Paul. **Il** vient d'arriver.
- direct object   Voilà Paul! Tu ne **l'**as pas vu?
- indirect object   Voilà Paul! Tu veux **lui** parler, non?
- reflexive   Voilà Paul. Il vient de **se** lever!
- stress   C'est Paul? Non, ce n'est pas **lui,** c'est son frère.
- y   Paul va en ville? Non, il n'**y** va pas. Il rentre chez lui.
- en   Paul a trois frères? Non, il **en** a deux.

Here is a chart showing personal pronoun forms.

SUJET	OBJET DIRECT	OBJET INDIRECT	RÉFLÉCHIS	TONIQUES
je	me/m'	me/m'	me/m'	moi
tu	te/t'	te/t'	te/t'	toi
il	le/l'	lui	se/s'	lui
elle	la/l'	lui	se/s'	elle
nous	nous	nous	nous	nous
vous	vous	vous	vous	vous
ils	les	leur	se/s'	eux
elles	les	leur	se/s'	elles

Only stress, or tonic, pronouns can stand alone, without a verb. Stress pronouns refer to people.

> —Qui est là?
> —**Moi.**

Subject pronouns represent the person or thing that is the subject of the verb. The subject and the verb agree with one another.

> Monsieur Renglet est de Lille.
> Madame Renglet est de Strasbourg.
> **Ils** se sont rencontrés à Paris et **ils** habitent à Cinet.

Direct object pronouns represent the person or thing that receives the action of a verb. Verbs that take direct objects in French are not followed by a preposition. Verbs that require a preposition are found in constructions with indirect object pronouns or with the pronouns **y** or **en** (see below).

> Madame Renglet n'aime pas Monsieur Renglet… elle **le** déteste!

Indirect object pronouns are used after verbs that are followed by the preposition **à** (**parler à, répondre à, donner quelque chose à, téléphoner à,** etc.). Indirect object pronouns refer only to people.

> Quand Madame Renglet parle à Monsieur Renglet, il ne **lui** répond pas.

Reflexive pronouns are used when the subject and the object of a verb are the same person or persons. They are also used when a verb has reciprocal force.

> Pourquoi est-ce que Madame Renglet déteste Monsieur Renglet? C'est simple. Monsieur Renglet ne **s'**occupe jamais de Madame Renglet. Quand il **se** lève, il prend le petit déjeuner, il lit son journal et puis il sort. Il rentre très tard le soir et il **se** couche. Ils ne **se** parlent pas et Madame Renglet ne **s'**amuse pas!

The pronoun **y** is generally used to refer to a location or place.

> Madame Renglet décide d'aller en ville pour faire des courses. Mais quand elle **y** est, elle découvre Monsieur Renglet au Café de la Poste avec Madame Renard. Alors, elle va chez le pharmacien pour **y** acheter des médicaments.

The pronoun **en** is used to refer to a quantity or to replace **de** + *noun*. It can refer to people or things.

> Le pharmacien demande à Madame Renglet pourquoi elle a besoin de ces médicaments. Ce sont des médicaments dangereux! Madame Renglet lui répond qu'elle **en** a besoin pour son mari!

Une pharmacie

The unstressed personal pronouns (subject, direct object, indirect object, reflexive, **y,** and **en**) must be accompanied by a verb form.

- **One-word conjugated verbs:** pronoun in front of conjugated verb.

  > Le pharmacien regarde Madame Renglet. Madame Renglet **le** regarde aussi.

- **Conjugated verb + infinitive:** pronoun in front of infinitive.

  > Madame Renglet a les médicaments qu'elle a achetés. Est-ce qu'elle va **les** donner à son mari ou est-ce qu'elle ne va pas **les** donner à son mari?

- **Auxiliary (helping) verb + past participle:** pronoun in front of helping verb.

  > Madame Renglet est allée dans la cuisine. Elle **y** est allée chercher un verre d'eau pour son mari. Est-ce que Madame Renglet a mis les médicaments dans le verre ou non? Oui, elle **les** a mis dans le verre d'eau!

- **Imperative, or command, structures:** pronoun precedes verb in negative imperatives and follows verb in affirmative imperatives.

  > —Voilà de l'eau. Bois-**en**!
  > (Monsieur Renglet commence à boire.)
  > —Non, non, arrête, ne **la** bois pas!

Mise en pratique

Objectives, Act. 1–2: using pronouns in an authentic context, developing awareness of the use of personal pronouns

1. Une grand-mère. Trouvez et soulignez les pronoms utilisés dans ce texte. Trouvez le(s) nom(s) qu'ils représentent.

JANINE SUTTO

Tous les dimanches

Comédienne, grand-mère de Félix, trois ans, et de Sophie, un an, les enfants de sa fille Mireille Deyglun, comédienne elle aussi, et du journaliste Jean-François Lépine.

«Les brunchs du dimanche sont devenus une institution: je les passe toujours en compagnie de mes petits-enfants, Félix et Sophie. Mireille et moi avons toutes deux des horaires très chargés, mais je m'arrange pour voir les petits au moins une fois par semaine. Leur présence m'est indispensable.

Depuis que Félix sait parler, nous avons régulièrement des conversations au téléphone. Les enfants aiment qu'on leur parle, qu'on les écoute. Il me raconte sa journée, ce qu'il a appris. Il chante aussi, il adore ça. Il m'appelle «nonna», ce qui veut dire grand-maman en italien. C'est comme cela qu'on appelait ma grand-mère italienne. Je l'ai peu connue mais mon frère, de neuf ans mon aîné, m'a beaucoup parlé d'elle. Et je me souviens de ma grande tristesse lorsque j'ai dû la quitter pour venir au Canada, à l'âge de neuf ans. Ce fut une rupture difficile, douloureuse.

Je veux être très présente pour Félix et Sophie. Mais je ne les gâte pas trop. Un bonbon ou un petit jouet leur suffit; c'est la surprise qui les amuse. Je n'interviens pas dans leur éducation. Leurs parents doivent faire ça tous seuls. Mais je serai toujours là pour leur donner des conseils.»

L'Actualité

2. Un grand-père. Lisez le texte et choisissez le pronom entre parenthèses qui convient dans chaque cas.

Van Duong Ngo
Le choc des cultures

Retraité vietnamien. Onze petits-enfants. Vit avec sa fille Maï et sa petite-fille Anh, 13 ans.

«Mes petits-enfants sont éparpillés un peu partout dans le monde: en Californie, en Allemagne, en Australie et ici, au Canada. Forcément, il y a des différences culturelles entre (eux / vous / moi), mais tous parlent assez bien vietnamien pour que nous puissions communiquer.

Ma petite-fille Anh m'est la plus proche, puisque (elle / je / il) vis avec elle. Lorsque (vous / ils / nous) sommes arrivés à Montréal il y a huit ans, ma fille s'est rapidement trouvé un emploi et je (me / te / se) suis beaucoup occupé d'Anh. Je (la / l' / le) emmenais au parc, je l'accompagnais jusqu'à l'autobus d'écoliers. Nous étions toujours ensemble. Et encore aujourd'hui, c'est (lui / nous / moi) qui vais (les / le / la) chercher le soir, après ses cours de natation. Je (leur / lui / la) ai appris à lire sa langue maternelle et à jouer des instruments de musique traditionnelle...

Ma relation avec mes grands-parents, au Viêt Nam, était très différente. Par exemple, il m'était impossible de regarder mon grand-père dans les yeux, de (le / leur / lui) parler directement. Nos rapports étaient distants, très hiérarchisés. C'est beaucoup plus ouvert maintenant. Mais il y a des choses qui (me / te / le) choquent. Le fait que ma petite-fille regarde des émissions à la télévision que (moi / je / nous) peux difficilement supporter, par exemple. Je trouve ça trop permissif, trop... sexy. Je (te / se / me) considère comme plus sévère que la plupart des grands-parents québécois, qui entretiennent souvent une relation presque égalitaire avec leurs petits-enfants.»

L'Actualité

Objective, Act. 3: cumulative writing activity

3. Et vos grands-parents? Comment sont vos rapports avec vos grands-parents? Écrivez un paragraphe pour les décrire.

Le français parlé

CD2-18

Qu'est-ce que tu fais cet été?

Scène de vie

—Qu'est-ce que tu fais cet été?

—Je vais à Londres.

—À Londres?

—Ben oui, pour faire de l'anglais… Je vais habiter dans une famille.

—Tout l'été?

—Non, six semaines.

—Mais pourquoi en Angleterre?

—Ben, euh… Pour apprendre l'anglais je ne peux pas aller en Italie, hein!

—Je veux dire, il y a les États-Unis, le Canada, je ne sais pas, moi.

—C'est bien trop cher! L'Angleterre, c'est plus facile…

—Mais il y pleut tout le temps…

—Mais non, c'est vraiment bien, Londres en été! Et les Anglais sont très sympas! Et puis, pour mon métier, l'anglais, c'est vraiment important.

—Ah oui?

—Ben oui, tu sais bien, je veux devenir reporter, j'en aurai besoin plus tard.

—Ah oui, bien sûr…

—Et toi, tu pars cet été?

—Peut-être, enfin, non, je ne pense pas, non… J'ai besoin d'argent, je cherche du boulot.

—Qu'est-ce que tu voudrais faire?

—Je ne sais pas, peut-être serveur, oui, serveur, je crois.

—Tu veux rester à Paris?

—Pas vraiment, non… J'ai envie d'aller au soleil…

—Pourquoi tu n'essaies pas de trouver un job à Londres?

—Non, mais, tu veux rire ou quoi? Comme travail au soleil, on fait pas mieux!

—Non, non, je suis sérieuse… On aime bien les serveurs français en Angleterre! Tu verras, tu trouveras du boulot et tu apprendras l'anglais en même temps!

—Oui, après tout, pourquoi pas? On se verra et on pourra parler français!

—Oui… Euh… Enfin… On verra, hein…

Pour écouter. In this lesson, you practice recognizing when the speaker is speaking about plans and other future events.

a. There are different ways to express oneself in the future, one of which is using the future tense (**le futur simple**). There are seven verbs in the future tense in this conversation. Can you find them? When listening, how can you recognize that they are in the future?

b. As is the case in English, using the future tense is not the only way to speak about future events. In fact, in a conversation, the future tense is rather rare, and tends to be used only when the context is not clear. Look at the 7 verbs in the future. Why are they in the future? If they were in the present tense instead, how would the meaning change?

c. Listen again to the conversation and find other ways the speakers use to speak about future plans. How do you know that a verb in the present actually refers to a future event?

 ## Parlons! Parler de ses projets

Qu'est-ce que vous allez faire cet été? Et après l'université?

a. Prenez quelques minutes pour faire une liste de vos projets pour cet été et de vos projets pour après l'université. Attention: N'oubliez pas que vous ne devez pas toujours utiliser le futur pour parler de projets et d'événements au futur.

b. Avec un(e) partenaire, passez deux à trois minutes à parler du futur. Ne monopolisez pas la conversation et n'oubliez pas de poser des questions. Après votre conversation, décrivez les projets de votre partenaire à la classe.

Découvertes linguistiques

> **La vue que l'on y a de Nice est remarquable. [...] Le chanteur Elton John ne s'y est pas trompé puisqu'il a acquis l'immense villa, jaune, qui est au sommet...**

1. **Quand les pronoms se multiplient.** How many personal pronouns can you fit into one English sentence? Make a list of pronouns in English (subject, object, reflexive). Work in pairs or groups to see who can create the most pronoun-filled sentence.

2. **Et en français?** You have already looked at the use of third-person direct and indirect object pronouns in the *Découvertes linguistiques* in *Leçon 14.* What about the pronoun **y**? Can it be used together with other pronouns in the same sentence? The table below summarizes occurrences of **y** + other non-subject pronouns in both a written French corpus *(Le Monde 2000)* and a spoken French corpus *(Television Corpus)*. What tentative conclusions can you draw about (1) which pronouns occur with **y** and in what order and (2) the frequency of these constructions in French?

   Y + non-subject pronouns in *Le Monde 2000 Corpus* (30,781,744 words) and the *Television Corpus* (522,083 words)

	Le Monde Corpus	Television Corpus
le/la/l' + y (l'y)	136	0
y + le/la/l'	0	0
se + y (s'y)	2 813	37
y + se	0	0
lui + y	0	0
y + lui	0	0
les + y	69	0
y + les	0	0
leur + y	1	0
y + leur	0	0
en + y	0	0
y + en	468	145

3. **À vous!**
   If you look at the *Appendice de Grammaire* in the back of *Voilà!,* you will find a table giving all the possible combinations of personal pronouns in French. Do you think that all these possibilities are equally frequent in spoken and/or written French? Is it more effective for you to learn these kinds of constructions by learning them as you come across them (as individual items) or to learn them by memorizing a table such as that in the *Appendice de Grammaire*?

Découvertes culturelles

Objectives: *considering the role of money in daily life, problem solving, extracting and organizing information from a document, ranking and making decisions, comparing cultures and identifying cultural trends*

L'euro et la mobilité des Européens

1. La monnaie et la vie. Imaginez que chaque état dans votre pays va avoir une monnaie spécifique et unique. Qu'est-ce qui va changer dans votre vie?

L'euro et la mobilité, bilan un an après...

Principaux résultats de l'étude de l'Observatoire Thalys International

L'euro vecteur de mobilité

- 19% pensent profiter de l'euro pour voyager davantage.
- 22% des voyageurs occasionnels profiteront de l'euro pour traverser plus volontiers les frontières contre 19% pour les voyageurs plus assidus.

L'euro comme levier de croissance économique

- Pour 42% des sondés, l'euro a indéniablement contribué à développer les échanges économiques entre les pays membres.
- 63% des Européens pensent que l'euro facilite la comparaison du prix des produits entre les pays.
- Et dernier fait important qui confirme ces opinions positives: 53% des interviewés ne reviendraient pas à leur ancienne monnaie.

L'euro facteur de cohésion culturelle

- 40% des Européens pensent que l'euro contribue au rapprochement des Européens entre eux contre 36% en 2001.
- 24% estiment que la monnaie commune participe à la création d'une culture commune (+ 4 points par rapport à 2001).
- Et 68% d'entre eux sont convaincus que l'euro va contribuer à rendre l'Europe plus forte face au reste du monde.

D'après l'Étude de l'Observatoire Thalys International
http://www.observatoire.Thalys.com

---

2. Étude des données

a. Mots-clés. Pour chaque catégorie, identifiez les mots-clés.

la mobilité	la croissance économique	la cohésion culturelle
voyager davantage		

b. Importance de l'euro. Organisez les résultats du sondage par ordre d'importance pour les Européens, puis pour vous. Qu'est-ce qui est le plus important pour vous dans ces statistiques?

Pour les Européens	Pour moi
La comparaison des prix est plus facile (63%)?	?

3. Questions à poser aux Français au sujet de l'euro. Préparez 3 à 5 questions pour apprendre plus sur les attitudes envers l'euro.

Lecture

En sortant de l'école

Objectives: *connecting travel with personal experiences, using punctuation and skimming the text to gain general understanding, creating a summary, listening to the rhythm of a poem, experiencing surrealist poetry, creating surrealist images*

1. Préparation. Quelles associations faites-vous avec les voyages en train?

Modèle: *voyager, visiter des pays, partir, etc.*

[1]**chemin de fer:** 2 sens: le train ou bien les rails sur lesquels le train roule

[2]**doré:** qui a la couleur de l'or

[3]**coquillage (le):** un fruit de mer entre deux coquilles, comme l'huître par exemple / [4]**naufrage (le):** quand un bateau disparaît au fond de l'océan

[5]**manivelle (la):** un mécanisme qui a un mouvement de rotation

[6]**plongeant:** du verbe **plonger:** entrer dans la mer ou dans une piscine la tête la première; le plongeon est un sport de compétition olympique; / [7]**oursin (un):** un fruit de mer, noir et piquant / [8]**la voie:** les rails du chemin de fer / [9]**fuyait:** imparfait du verbe **fuir:** partir très vite pour ne pas être pris

[10]**attraper:** prendre, saisir

[11]**a écrasé:** quand un objet très lourd roule sur un autre objet et l'aplatit

En sortant de l'école
Nous avons rencontré
Un grand chemin de fer[1]
Qui nous a emmenés
5   Tout autour de la terre
Dans un wagon doré[2]
Tout autour de la terre
Nous avons rencontré
La mer qui se promenait
10 Avec tous ses coquillages[3]
Ses îles parfumées
Et puis ses beaux naufrages[4]
Et ses saumons fumés
Au dessus de la mer
15 Nous avons rencontré
La lune et les étoiles
Sur un bateau à voiles
Partant pour le Japon
Et les trois mousquetaires
20 Des cinq doigts de la main
Tournant la manivelle[5]
D'un petit sous-marin
Plongeant au fond des mers[6]
Pour chercher des oursins[7]
25 Revenant sur la terre
Nous avons rencontré
Sur la voie de chemin de fer[8]
Une maison qui fuyait[9]
Fuyait tout autour de la terre
30 Fuyait tout autour de la mer
Fuyait devant l'hiver
Qui voulait l'attraper[10]
Mais nous sur notre chemin de fer
On s'est mis à rouler
35 Rouler derrière l'hiver
Et on l'a écrasé[11]
Et la maison s'est arrêtée
Et le printemps nous a salués
…

Jacques Prévert

Jaques Prévert, «En sortant de l'école» in *Histoires*, © Éditions Gallimard

2. Première lecture

a. **La ponctuation.** Les points marquent les rencontres des voyageurs. Combien de rencontres sont décrites? Identifiez les choses que les voyageurs ont rencontrées pendant leur voyage.

b. **La narration.** À quel moment l'histoire du voyage change-t-elle? Quel mot et quel vers marquent ce changement dans le voyage?

c. **L'histoire.** Écrivez un petit paragraphe pour raconter ce qui arrive dans ce poème. Comment trouvez-vous cette histoire?

3. Analyse

a. **Les images.** Identifiez les expressions et adjectifs descriptifs et dites quelle sorte d'images ils créent pour le lecteur. Quelle est l'impression finale?

   Modèle: *doré: le soleil, briller, etc.*

b. **Le rythme.** Écoutez le poème et dites quelle impression il produit.
   - Comment est le rythme du poème?
   - À quoi ressemble-t-il?
   - À quel moment le rythme change-t-il?
   - Pourquoi?

c. **Le surréalisme.** C'est un mouvement littéraire qui laisse l'inspiration au subconscient. Les mots sont assemblés par associations comme dans un rêve. Trouvez, dans le poème, les expressions et les références qu'on peut attribuer au mouvement surréaliste.

4. Images surréalistes. Choisissez un objet, un moment ou une personne et développez cinq associations que vous faites avec ce mot. Utilisez votre imagination et donnez des détails.

   Modèle: *une fleur: une fleur bleue, le ciel d'été, la chaleur du soleil, l'or dans l'air, les parfums de midi*

Claude Monet: *La Gare Saint-Lazare, 1877*

Vocabulaire de base

CD2-19

Les pays et les continents (voir page 447)

Noms

un aéroport *airport*
un appareil photo *camera*
un autobus *bus (city)*
un autocar *bus (between cities)*
une autoroute *highway, expressway, freeway*
un avion *airplane*
des bagages *(m.pl.) luggage*
un billet (simple, aller-retour) *ticket (one-way, round-trip)*
une carte *map*
un endroit *place, spot*
un habitant, une habitante *native, inhabitant*
une île *island*
le métro *subway*
le monde *world*
un passeport *passport*
un pays *country*
une place *seat, room, square (town)*
un quartier *neighborhood*
une route *road*
un taxi *taxi*
un ticket *ticket (bus or subway)*
un train *train*

Verbes

conduire *to drive*
découvrir (conjugué comme ouvrir) *to discover*
emporter *to take, to carry (away)*

espérer (que) *to hope*
louer *to rent*
manquer (un train, un avion) *to miss (a train, a plane)*
passer (conjugué avec être) *to go by, to stop by, to pass*
rendre visite à *to visit (a person), to pay a visit to*
traverser *to go across, to cross*
visiter *to visit (a place)*

Adjectifs

assis(e) *seated, sitting down*
horrible *horrible*
léger, légère *light (weight)*
lent(e) *slow*
lourd(e) *heavy*
merveilleux, merveilleuse *marvelous, wonderful*
rapide *fast*
vide *empty*

Divers

aller à pied *to walk*
aller à vélo *to ride a bicycle*
aller en avion *to fly*
aller en voiture *to drive*
être à *to belong to*
être à l'heure *to be on time*
être debout *to be standing (up)*
être en avance *to be early*
être en retard *to be late*
faire la connaissance de (qqn) *to meet (someone for the first time)*
faire un voyage *to take a trip*

là-bas *over there*
lentement *slowly, slow*
On verra! *We will see!*
par *by, through*
Qu'est-ce qui s'est passé? *What happened?*
vite *fast, rapidly*

Les nationalités

algérien, algérienne *Algerian*
belge *Belgian*
chinois(e) *Chinese*
espagnol(e) *Spanish*
italien, italienne *Italian*
japonais(e) *Japanese*
marocain(e) *Moroccan*
sénégalais(e) *Senegalese*
suisse *Swiss*

Rappel

américain(e) *American*
canadien, canadienne *Canadian*
français(e) *French*

Vocabulaire supplémentaire

Noms

une caméra *camcorder*
un camion *truck*
une carte bancaire *bank card, credit card*
un chèque de voyage *traveler's check*
le climat *climate*
un compartiment *(train) compartment*
un continent *continent*
une croisière *cruise*
un départ *departure*
un désert *desert*
la douane *customs*
un douanier *customs officer*
une étape *step, stage, stop*
un guichet *ticket window*
une hôtesse de l'air *flight attendant, stewardess*
un journal *diary*
le lendemain *the day after*
un moyen de transport *means of transportation*
un passager, une passagère *passenger*
un permis de conduire *driver's license*
un pilote *pilot*
une porte *gate*
un quai *platform*
un sac à dos *backpack*
la saison des pluies *rainy season*
un souvenir *souvenir, memory*
une station de métro *subway station*
un steward *flight attendant, steward*
le TGV (train à grande vitesse) *very rapid French train*
la veille *the day before*
un vol *flight*
un voyage organisé *(package) tour*

Adjectifs

magnifique *magnificent, superb*
plein(e) *full, crowded*
quelque(s) *few, some*

Verbes

changer (de train, d'avion...) *to change (train, planes, . . .)*
réserver *to reserve*
se trouver *to be located*

Divers

à l'étranger *abroad*
de luxe *luxurious*
en groupe *as a group*
faire de l'auto-stop *to hitchhike*
faire des économies *to save money*
faire le tour du monde *to go around the world*
faire les (ses) bagages *to pack*
faire les magasins *to go shopping*
presque *almost*

Le français familier

un bus = un autobus
un car = un autocar

Les nationalités

africain(e) *African*
allemand(e) *German*
anglais(e) *English*
asiatique *Asian*
australien, australienne *Australian*
camerounais(e) *Cameroonian*
européen, européenne *European*
indien, indienne *Indian*
israélien, israélienne *Israeli*
mexicain(e) *Mexican*
russe *Russian*
tahitien, tahitienne *Tahitian*

Le français tel qu'on le parle

Il y a de la place? *Is there any room?*
Quelle affaire! *What a deal! What a mess! (depends on context)*
Trop tard! *Too late!*

La France des régions!

Venez découvrir les mille merveilles de la France

1. **La France des régions.** Découvrez les paysages de la France régionale. Regardez la carte de France à la page 470 pour localiser chaque région. Décrivez les photos. Identifiez les choix faits par le publiciste pour illustrer les régions et donnez trois adjectifs pour caractériser chaque région.

2. **La variété régionale.** La France, qui est un petit pays en comparaison avec le continent nord-américain, présente une grande variété régionale. D'après ces illustrations, identifiez en quoi consiste cette variété.

3. **Venez en France.** Imaginez que chaque photo est une carte postale. Vous voyagez en France et vous envoyez des cartes à vos amis français. Écrivez un paragraphe pour chaque carte pour raconter ce que vous avez vu et fait.

Leçon 19

Le Tour de France

Les plus beaux sites de France!

Vocabulaire

A. La France et ses régions (1)

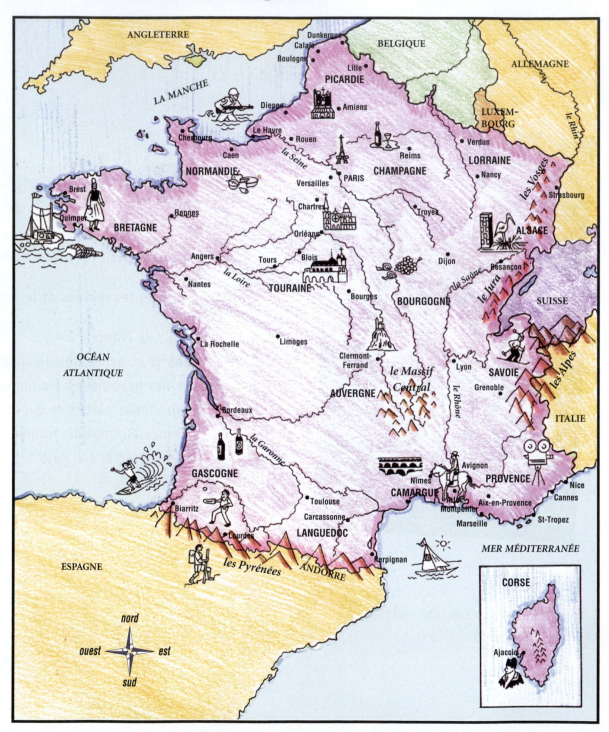

ANGLETERRE

BELGIQUE

ALLEMAGNE

LA MANCHE

LUXEM-BOURG

Dunkerque
Calais
Boulogne
Lille
PICARDIE
Amiens
Dieppe
Le Havre
Cherbourg
Rouen
Caen
Reims
Verdun
la Seine
PARIS
CHAMPAGNE
LORRAINE
Nancy
les Vosges
Strasbourg
NORMANDIE
Versailles
Chartres
Troyes
ALSACE
Brest
Quimper
Rennes
Orléans
Dijon
Besançon
BRETAGNE
Angers
Tours
Blois
la Loire
TOURAINE
Bourges
BOURGOGNE
le Jura
SUISSE
Nantes
la Saône
le Rhin

OCÉAN
ATLANTIQUE

La Rochelle
Limoges
Clermont-Ferrand
le Massif Central
Lyon
SAVOIE
Grenoble
les Alpes
AUVERGNE
le Rhône
ITALIE
Bordeaux
la Garonne
GASCOGNE
Biarritz
Toulouse
Carcassonne
LANGUEDOC
Lourdes
les Pyrénées
ANDORRE
Perpignan
Avignon
Nîmes
CAMARGUE
Arles
Montpellier
Aix-en-Provence
Marseille
St-Tropez
PROVENCE
Nice
Cannes

MER MÉDITERRANÉE

ESPAGNE

nord
ouest   est
sud

CORSE

Ajaccio

470 LEÇON 19

La France est entourée de mers et de pays. Quel(s) pays est (sont) au nord? à l'est? au sud? à l'ouest? Comment s'appellent les mers? Où sont-elles? Quelle est la différence entre une mer et un océan?

En France, il y a des montagnes. Comment s'appellent-elles? Où sont-elles? Quelles sont les montagnes les plus hautes? En France, il y a aussi des fleuves, comme par exemple la Seine, qui passe à Paris (c'est pourquoi il y a beaucoup de ponts à Paris). Quels autres fleuves sont indiqués sur la carte? Par quelles villes passent-ils? En France, il y a aussi, bien sûr, des forêts, des collines (plus petites que les montagnes), des rivières (plus petites que les fleuves) et des grandes plages de sable.

Regardez bien la carte. On fait du cheval en Camargue et on fait du surf sur la côte Atlantique près de Biarritz. Qu'est-ce qu'il y a à faire sur la Côte d'Azur à votre avis (la côte entre Saint-Tropez et Nice)? Et dans les Pyrénées? Et en Normandie? Qu'est-ce qui s'est passé sur les plages de Normandie? Savez-vous en quelle année c'était?

En France, chaque région a ses spécialités. Pouvez-vous trouver où on fait du vin sur la carte? Qu'est-ce qu'on fait en Normandie? Il y a beaucoup de cathédrales partout en France. Pouvez-vous en trouver deux sur la carte? Près de la Loire, il y a aussi beaucoup de châteaux magnifiques, comme par exemple Chenonceaux, qui se trouve sur l'eau. En connaissez-vous d'autres? En Provence, il y a des monuments romains, comme par exemple le Pont du Gard. Quel monument célèbre du dix-neuvième siècle se trouve aussi sur la carte?

■ Dans quelle région voulez-vous passer des vacances? Pourquoi?

Les mots et la culture

1 Histoire et géographie. What kinds of areas is your country divided into? Give some examples. What kinds of things are various areas famous for?

Until the French Revolution (1789), France was divided into 34 **provinces.** These **provinces** represented more or less natural physical divisions of France. Today France is divided into 95 **départements,** which are in turn grouped into 22 **régions.** These **régions** are roughly identical to the old **provinces. Départements** serve administrative functions (postal codes, telephone numbers, records, elections, etc.). The **régions** serve to link the local **départements** to the central, national government.

Although the **départements** and **régions** have officially replaced the **provinces** as administrative divisions, the French still tend to talk about their country in terms of the geographic and historical regions represented by **les provinces.**

Each **province** has its own historical traditions and special identity. **La Normandie,** for example, is associated with certain foods (apples, cider, calvados, butter, camembert, cream), countryside (cows in pastures, orchards, farms, beaches), architecture, traditions, and history (the Vikings, the Norman Conquest, World War II).

Le Mont-Saint-Michel

En Normandie:

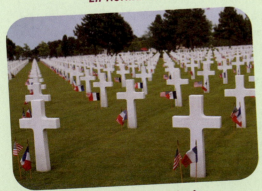

Un cimetière américain

Deauville

B. Le Tour de France

Tous les ans, en juillet, il y a une grande course cycliste en France qui s'appelle le Tour de France. En voilà des commentaires à la télévision.

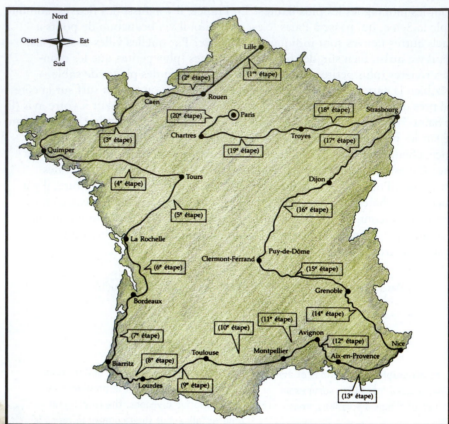

Sur les routes du nord

29 juin: Départ

Et voilà, ils sont partis pour 3.250 km! Première étape: Lille–Rouen… Pays plat mais étape difficile à cause des routes… Il n'y a pas beaucoup de monde (2) au bord des routes de campagne, mais à Lille ce matin, les gens (2) étaient tous dans la rue pour le grand départ. Aujourd'hui, il fait assez beau et très chaud. C'est rare dans le nord, région de nuages, de ciel gris et de temps frais…

Les mots et la culture

2 Les gens. There are various ways to express the meaning of the English word *people* in French.

a. Les gens *(m.pl.) = people* in a collective, indefinite sense.

J'ai rencontré des **gens** sympathiques pendant mes vacances.	*I met some nice people during my vacation.*

b. Une personne (des personnes) = *person (people)* when referring to specific people. The word can be either singular or plural, but it is always feminine, even when referring to males.

Chez les Berthier, j'ai rencontré **une personne** très sympathique.	*At the Berthiers', I met a very nice person.*

c. On = *people* or *they* in a collective, general sense.

On conduit à gauche en Australie.	*People (They) drive on the left in Australia.*
On dit qu'il va pleuvoir ce soir.	*They say that it's going to rain this evening.*

d. Monde *(m.sing.) = people* in certain idiomatic expressions. It is always masculine singular.

Il n'y a pas beaucoup de **monde.**	*There aren't many people.*
Il y a **du monde** sur la Côte d'Azur en été.	*There are a lot of people (It's crowded) on the French Riviera in the summer.*

30 juin: Deuxième étape, Rouen–Caen
Beaucoup de pluie sur les routes de Normandie pour cette deuxième étape. C'est vraiment la campagne (3), la Normandie, avec ses villages, ses fermes, ses vaches, son calme…

À Caen, malgré le mauvais temps, les habitants attendent tous au centre-ville pour voir l'arrivée des coureurs.

Sous la pluie

1er juillet: Troisième étape, Caen–Quimper
L'ouest: la Bretagne, avec ses forêts, sa côte et ses ports… Beaucoup d'étrangers là-bas cette année. Mais qu'est-ce qui se passe? Il y a eu un accident… Oh là là, c'est terrible! Un coureur est tombé! Non, non, ce n'est pas grave, ça va. Il a de la chance! Tant mieux!

Il y a eu un accident

Un petit port en Bretagne

Les mots et la culture

3 **La campagne.** When you think of the countryside, what comes to mind?

Distances between the borders of France are never more than about 800 miles. Yet within this relatively small country, the variety of landscapes, climates, and vegetation is as great as the variety of the architecture, traditions, and lifestyles embodied in each of the old provinces. Further, the French countryside still bears the mark of a long agricultural tradition, and many French people feel a strong attachment to the countryside. For them, **la campagne** represents a refuge from the polluted air and the noise of modern cities. In contrast to the stress and aggravation of the city, **la campagne** offers the urban dweller picturesque, pastoral landscapes for short trips, summer homes, and weekend outings.

La campagne

7 juillet: Huitième étape, Biarritz–Lourdes
Première étape de montagne aujourd'hui pour le Tour. Il fait très lourd; il y aura peut-être des orages l'après-midi. Beaucoup de touristes dans les Pyrénées cette année! Au bord de la route, des groupes de gens regardent passer les coureurs. Et voilà le Français Thomas Voeckler... La foule est enthousiaste! Mais il y a quelques personnes qui sont beaucoup trop près des coureurs... Elles devraient faire attention; c'est dangereux, ça!

Allez, vas-y!

Dans les Pyrénées

Sur les routes du sud

10 juillet: Onzième étape, Montpellier–Avignon
La Provence, terre de vacances, avec ses paysages pleins de soleil, ses platanes (4), ses monuments historiques... C'est le sud, où la vie est plus calme. Il n'y a pas beaucoup de monde aujourd'hui au bord des routes... Mais où sont donc les gens? Attendent-ils les coureurs à Avignon? Ou bien sont-ils tous sur les plages?

Les mots et la culture

4 Les platanes et la Provence
Platanes *(Plane trees)* are found everywhere in **Provence,** where they give shade in the streets, roads, and squares. Along with the climate, the regional accent, the regional cuisine, and the game of **pétanque, platanes** are associated by the French with **Provence** and the south of France.

Les platanes de Provence

17 juillet: Seizième étape, dans le centre
Étape fatigante et difficile au Puy-de-Dôme! À 1.465 mètres, ce n'est pas une montagne comme dans les Alpes ou dans les Pyrénées, mais ce n'est plus vraiment une colline! Dur, dur pour les coureurs.

La montée au Puy-de-Dôme

Le Puy-de-Dôme

La Cathédrale de Chartres

23 juillet: Dernière étape, Chartres–Paris
Étape courte et très rapide. La cathédrale est déjà loin. Il y a une foule sur les Champs-Élysées pour voir l'arrivée. Aujourd'hui, enfin, on saura qui va gagner!

- Quand est-ce que les coureurs sont dans le nord (5)? dans l'ouest? dans le sud? dans l'est? dans le centre?
- Comment est la Normandie? Où est-ce qu'elle se trouve?
- Qu'est-ce qu'il y a en Bretagne? Où est-ce qu'elle se trouve?
- Comment est la Provence? Où est-ce qu'elle se trouve?
- Où se trouve le Puy-de-Dôme? Qu'est-ce que c'est?
- Où se trouvent les Champs-Élysées?

Les Champs-Élysées et l'Arc de Triomphe

Les mots et la culture

5 Orientation. Note the following ways of indicating directions.

à / dans l'est (de)	to / in the east (of)
à / dans l'ouest (de)	to / in the west (of)
au bord (de)	at the side (of), on the edge (of), on the shore (of), on the bank (of)

dans le centre (de)	in the center (of)
au / dans le nord (de)	to / in the north (of)
au / dans le sud (de)	to / in the south (of)
à 20 km de*	20 kilometers from
sur la côte	on the coast

*un kilomètre (km) = 0.6214 mile;
un mètre = approx. 1 yard (3 feet);
(1 yard = 0.91 mètres)

C. Autres mots et usages

1. Here are some useful words and expressions not included in the preceding vocabulary presentation.

à ta (votre) place	*in your place, if I were you*
chasser	*to hunt*
une étoile	*star*
pêcher	*to fish*
un zoo	*zoo*

2. Le superlatif. The following constructions are used to say that something or some action is the "most extreme" compared with others.

Adjectives that precede the noun	Definite article + **plus/moins** + adjective + (noun) (**de...**)
	Paris est **la plus grande ville de France.**
	Alceste est **le moins beau de sa famille.**
Adjectives that follow the noun	Definite article + noun + definite article + **plus/moins** + adjective (**de...**)
	C'est la ville **la plus intéressante du monde.**
	C'est la personne **la moins sportive du groupe.**
With verbs (as adverbs)	Verb + **le plus/le moins**
	C'est lui qui **travaille le plus** mais qui **gagne le moins.**
bon	Definite article + **meilleur** + noun (**de...**)
	C'est **le meilleur étudiant de la classe.**
bien	Verb + **le mieux** (**de...**)
	Vous **chantez le mieux de la classe.**

Mise en pratique

Objectives, Act. 1: *recognizing new vocabulary and connecting it to feelings and emotions, sharing opinions and experiences*

 1. Réagissez. Quelle est votre réaction?

SUGGESTIONS: j'aime / je déteste / c'est agréable / ce n'est pas agréable / c'est ennuyeux / c'est intéressant / c'est horrible / c'est terrible / c'est merveilleux / c'est dangereux / ça dépend...

1. faire du surf à Biarritz
2. aller au Québec en hiver
3. passer ses vacances sur la Côte d'Azur au mois d'août
4. se promener dans une grande forêt
5. faire du cheval
6. pêcher dans une rivière
7. aller au zoo
8. s'embrasser sous les étoiles
9. chasser en Alaska
10. visiter un château du XVIe siècle
11. regarder passer le Tour de France
12. être coureur cycliste

2. La chance. Est-ce qu'ils ont de la chance? Utilisez **il/elle a de la chance** ou **il/elle n'a pas de chance** pour réagir.

Objectives, Act. 2: *using the expression **avoir de la chance** in context, sharing opinions*

1. Candide a trouvé 50 euros dans la rue.
2. Alceste a perdu son passeport.
3. La sœur de Candide va travailler comme femme de ménage dans un hôtel à Cannes cet été.
4. Alceste a fait la connaissance d'une femme à la plage pendant les vacances.
5. Candide va dans les Alpes avec sa famille cet été.

3. Qu'est-ce qui est... ? À quoi ou à qui est-ce que vous pensez quand vous entendez ces adjectifs?

> **Modèle:** merveilleux
>
> *un voyage en Afrique, le film* Le monde de Nemo, *l'actrice Catherine Deneuve, avoir un A en philosophie, passer ses vacances en France, regarder les étoiles la nuit...*

1. extraordinaire
2. historique
3. amusant
4. calme
5. dangereux
6. rare

Objectives, Act. 3: reviewing vocabulary from this and previous lessons, personalizing, interacting orally, sharing opinions

Objective, Act. 4: indicating directions and providing information

4. Où se trouve...? Ghislaine est une étudiante française dans votre université. Pendant les vacances, elle veut rendre visite à des amis qui habitent les États-Unis. Mais elle ne sait pas où se trouvent les villes où ils habitent. Avec un(e) partenaire, jouez les deux rôles.

> **Modèle:** Long Beach, Californie
>
> *C'est sur la côte ouest, au sud de Los Angeles.*

1. Milwaukee, Wisconsin
2. Ft. Lauderdale, Floride
3. Boulder, Colorado
4. Berkeley, Californie
5. Atlantic City, New Jersey
6. Lafayette, Louisiane

Objectives, Act. 5: practicing the superlative in context, sharing opinions and experiences, interacting orally

5. Des questions. Discutez avec un(e) partenaire.

1. Quelle est la meilleure marque de voiture: la Mercedes, la Cadillac ou la BMW?
2. Quelle est la moins grande ville: Paris, Lyon ou Lille?
3. Quelle est la plus belle ville: Boston, San Francisco ou Toronto?
4. Quel est l'animal le plus intelligent: le chien, le chat ou le dauphin?
5. Quel est le métier le plus dangereux: pompier, policier ou militaire?

6. Les vacances dans votre pays. Comment sont les vacances dans votre pays? Discutez avec un(e) partenaire.

1. Combien de semaines de vacances est-ce qu'on a par an?
2. Quand est-ce qu'on prend ses vacances? Où?
3. Est-ce qu'on passe ses vacances en famille? avec des copains?
4. Est-ce qu'on voyage beaucoup en voiture? en train? en avion?
5. Est-ce qu'on aime les voyages organisés quand on va à l'étranger? Est-ce que les jeunes aiment partir en vacances à l'étranger avec un sac à dos?
6. Est-ce que les jeunes vont à l'étranger pour apprendre des langues étrangères?

Objectives, Act 6: reviewing vocabulary from this and previous lessons, interacting orally, using sentence length discourse, sharing experiences, comparing cultures

7. Qu'est-ce qui fait la France?

1. Quand vous pensez à la France, à quoi pensez-vous? Faites des listes.
   a. monuments
   b. plats et aliments (ce qu'on mange et ce qu'on boit)

Objectives, Act. 7: extracting cultural information from a document, interacting orally, learning about the opinions of young people in France, making deductions, giving opinions, comparing cultures

2. Voilà les résultats d'un sondage de jeunes Français de 15 ans et plus sur ce qui représente le mieux leur pays:

a. Parmi les monuments suivants, quel est celui qui, aujourd'hui, représente le mieux la France?	Ensemble %
Le Stade de France	28
La Pyramide du Louvre	28
La Bibliothèque Nationale de France	14
Le Futuroscope	14
La Grande Arche de la Défense	9
La Cathédrale d'Évry	3
Ne se prononcent pas	4
TOTAL	100

b. Parmi les plats ou aliments suivants, quel est celui qui, aujourd'hui, représente le mieux la France?	Ensemble %
Un plateau de fromages	39
Du foie gras	26
Un steak-frites	17
Un gigot d'agneau	12
Un sandwich jambon-beurre	4
Un hamburger	1
Ne se prononcent pas	1
TOTAL	100

Source: *Qu'est-ce qui fait la France?*, Sondage Ifop–*Notre Temps* magazine, janvier 2000.

Comparez vos listes avec la liste des Français pour chaque catégorie. Est-ce que vous et les Français avez les mêmes idées sur ce qui représente le mieux la France? Quelle image de la France avez-vous? Quelle image de la France ont les Français? Pourquoi y a-t-il des différences, à votre avis?

8. Un voyage en France. Vous avez trouvé un billet d'avion bon marché pour la France et vous avez décidé d'y aller en vacances cet été. Mais comme vous devez aussi travailler, vous avez seulement dix jours. Vous avez donc décidé de passer quatre jours à Paris et puis de visiter une région de la France pendant six jours. Planifiez vos vacances!

1. Où dormirez-vous à Paris? Dans quel quartier de Paris voulez-vous rester? Pour vous aider, vous pouvez regarder la carte de Paris à la page 261.
2. Qu'est-ce que vous visiterez à Paris? Faites une liste et décidez combien de temps il vous faudra pour chaque activité. Comment irez-vous d'un endroit à l'autre?
3. Quelle région visiterez-vous après Paris?
4. Comment irez-vous de Paris à cette région?
5. Où dormirez-vous?
6. Qu'est-ce que vous ferez dans cette région? Faites une liste et décidez combien de temps il vous faudra pour chaque activité (vous avez six jours).
7. Mais vous avez encore un petit problème: l'argent! Écrivez une lettre à quelqu'un de votre famille (un grand-père ou une grand-mère? un oncle ou une tante?) et expliquez votre projet. Donnez des détails et expliquez pourquoi ce voyage est important pour vous. À la fin, demandez un peu d'argent avec beaucoup de diplomatie.

Souhaits et demandes: le conditionnel

You already know two expressions in the conditional.

je **voudrais**	*I would like*
il **faudrait**	*one should*

In general, the conditional is a French verb form that corresponds to the English *would + infinitive (he would go, we would listen).*

Formation

The conditional is formed by using the infinitive as the stem and then adding the following endings: **-ais, -ais, -ait, -ions, -iez, -aient.** The final **-e** of **-re** verbs is dropped before the endings are added. Another way to look at this is to say that the conditional is formed by using the future stem plus the **imparfait** endings.

manger

je manger**ais**	nous manger**ions**
tu manger**ais**	vous manger**iez**
il elle } manger**ait**	ils elles } manger**aient**

choisir

je choisir**ais**	nous choisir**ions**
tu choisir**ais**	vous choisir**iez**
il elle } choisir**ait**	ils elles } choisir**aient**

vendre

je vendr**ais**	nous vendr**ions**
tu vendr**ais**	vous vendr**iez**
il elle } vendr**ait**	ils elles } vendr**aient**

Verbs with irregular stems in the future use the same stem to form the conditional. Verbs with spelling changes in the future have identical changes in the conditional.

À ta place, je **dirais** la vérité.	*In your place (If I were you), I'd tell the truth.*
Est-ce que je **pourrais** venir te parler?	*Could I come talk to you?*
Est-ce que vous **auriez** un dollar?	*Would you have a dollar?*
J'**achèterais** ce manteau-là si j'avais l'argent.	*I'd buy that coat if I had the money.*

Usage

The conditional can be used to express wishes or requests. It lends a tone of deference or politeness that makes a request seem less abrupt. Compare the following:

Je **veux** un bonbon.	*I want a piece of candy.*
Je **voudrais** un bonbon.	*I would like a piece of candy.*
Il **faut** étudier!	*You have to study!/We have to study!/One has to study!*
Il **faudrait** étudier!	*You should study!/We should study!/One should study!*

Note that the verb **pouvoir** in the conditional corresponds to the English *could + infinitive* and that the verb **devoir** in the conditional corresponds to the English *should + infinitive.*

Pouvez-vous me donner un renseignement?	*Can you give me some information?*
Pourriez-vous me donner un renseignement?	*Could you give me some information?*
Tu **dois** travailler!	*You must work!*
Tu **devrais** travailler!	*You should work!*

The conditional can also be used to express something that depends on a condition that may or may not come true.

Si j'avais le temps, je **jouerais** au tennis.	*If I had the time, I would play tennis.*

Note that in French, you use the **imparfait** in the **si,** or *if,* clause, never the conditional.

Si tu **allais** à Paris, tu verrais la Tour Eiffel.	*If you went to Paris, you would see the Eiffel Tower.*

Would has two meanings in English. One corresponds to the French conditional, the other to the French **imparfait.** Compare these two sentences.

Quand j'étais en France, je **me levais** toujours à neuf heures.

When I was in France, I would always get up at nine o'clock.

(*would* = habitual action in the past = **imparfait**)

À votre place, je **prendrais** l'avion.

In your place (If I were you), I would take the plane.

(*would* = if possible = conditional)

Mise en pratique

1. La politesse. Voilà des situations de communication avec des suggestions. Quand est-ce qu'on utiliserait chacune *(each one)*? Laquelle est la plus polie?

Objective, Act. 1–2: focusing on the function of the conditional to indicate indirectness and politeness

1. Demander des informations:

   a. Madame, où se trouve la banque, s'il vous plaît?
   b. Pardon, madame, pourriez-vous me dire où se trouve la banque?
   c. Et la banque?

2. Demander à quelqu'un de faire quelque chose:

   a. Passe-moi le sel, s'il te plaît!
   b. Voudriez-vous me passer le sel, s'il vous plaît?
   c. Auriez-vous la gentillesse de me passer le sel, s'il vous plaît?

3. Demander à quelqu'un de faire quelque chose:

   a. Chut! Pas si fort!
   b. S'il vous plaît, ne parlez pas si fort!
   c. Excusez-moi, monsieur, est-ce que vous pourriez parler un peu moins fort?

4. Demander de répéter:

   a. Répétez, s'il vous plaît.
   b. Quoi?
   c. Pourriez-vous répéter?

2. On est poli. Utilisez **pouvoir** au conditionnel pour demander quelque chose poliment. Avec un(e) partenaire, jouez les deux rôles.

Modèle: M. Gaudin à Mme Gaudin / faire la cuisine ce soir
   —*Est-ce que tu pourrais faire la cuisine ce soir?*
   —*Ah non, moi, je préfère un bon repas au restaurant.*

1. Un(e) étudiant(e) à son (sa) camarade de chambre / faire ton lit
2. Une patronne à une secrétaire / taper cette lettre
3. Un professeur à un(e) étudiant(e) / répondre à ma question
4. Une mère à son fils / acheter des pommes au supermarché
5. Mme Gaudin à ses enfants / attendre deux minutes

3. Imaginez. Qu'est-ce que vous feriez dans chaque cas?

*Objective, Act. 3: limited production of **si** clauses*

1. Si j'avais faim à minuit, je…
2. Si mon ami(e) était malade, je…
3. Si j'habitais à Paris, je…
4. Si j'invitais un(e) ami(e) à dîner, je…
5. Si j'allais en France, je…
6. Si je gagnais un million à la loterie, je…
7. Si je perdais mon passeport à Marseille, je…
8. Si je manquais mon avion, je…

Structure 2

Faire des hypothèses: les phrases avec *si*

Use **si** to talk about *what if,* to make suggestions, or to express a wish.

a. If... To talk about what will probably happen if a certain condition is fulfilled, use **si** with a verb in the present tense (**si tu veux**) followed by a clause with a verb in the future (**je le ferai**). Note that **si** + *verb* can occur in either the first clause or the second clause of a sentence. The result clause (what will probably happen if the condition in the **si** clause is met) is in the other clause.

S'il **fait** beau demain, il y **aura** beaucoup de monde à la plage.	*If it's nice out tomorrow, there'll be a lot of people at the beach.*
Nous **mangerons** dans le jardin s'il ne **pleut** pas.	*We'll eat in the yard if it doesn't rain.*

To talk about *what might happen if,* use **si** with a verb in the **imparfait** followed by a clause with a verb in the **conditionnel**. Again, **si** + **imparfait** may be in either clause.

Si j'**avais** assez d'argent, j'**achèterais** ce livre.	*If I had enough money, I'd buy that book.*
Tu ne **serais** pas si fatigué **si** tu ne **sortais** pas le soir.	*You wouldn't be so tired if you didn't go out at night.*

TABLEAU RÉCAPITULATIF

SI CLAUSE	RESULT CLAUSE
présent	futur
imparfait	conditionnel

b. To make a suggestion. Use **si** + **imparfait** to suggest a course of action.

—J'ai faim.	*I'm hungry.*
—Moi aussi. **Si** on **allait** au restaurant?	*Me, too. How about going out to dinner?*
—D'accord.	*OK.*

c. To express a wish or regret. Use **si** + **imparfait** to express a wish or regret.

—Ah! **Si** nous **étions** riches!	*If only we were rich!*
—Tu rêves! On ne sera jamais riche!	*You're dreaming. We'll never be rich!*

*Objectives, Act. 1: using **si** in a meaningful context, recycling the Tour de France as a cultural construct*

Mise en pratique

1. **Dans la foule.** Voilà ce qu'on a entendu au Tour de France cette année. Utilisez le présent et le futur pour faire des phrases complètes.

   Modèle: si / tu / avoir soif / je / aller chercher / quelque chose à boire
   Si tu as soif, j'irai chercher quelque chose à boire.

   1. si / ils / ne pas faire attention / il y avoir / un accident
   2. je / ne pas avoir / mon parapluie. / Si / il / commencer à / pleuvoir / je / rentrer
   3. le coureur américain / gagner / si / il / continuer / comme ça
   4. il y avoir / un accident / si / cet enfant / rester / si près de la route

2. **Des proverbes.** Choisissez les deux proverbes que vous trouvez les plus justes. Comparez vos choix avec les choix des autres.

*Objective, Act. 2: comprehending **si** as used in an authentic context*

MOTS UTILES: **jeter** *to throw;* **parole** *word;* **les chèvres** *goats;* **attraper** *to catch;* **le roi** *king*

1. Si chaque homme chaque jour jetait une fleur sur le chemin de son prochain, les routes de la terre seraient tellement plus agréables! [Proverbe chinois]
2. Si l'on jette à la mer un homme qui a de la chance, il refera surface avec un poisson dans la bouche. [Proverbe arabe]
3. Si la parole que tu vas dire n'est pas plus belle que le silence, ne la dis pas. [Proverbe soufi]
4. Si les chats gardent les chèvres, qui attrapera les souris? [Proverbe français]
5. Si tous les gens qui vivent ensemble s'aimaient, la terre brillerait comme un soleil. [Proverbe français]
6. Si Dieu ne pardonnait pas, son paradis resterait vide. [Proverbe arabe]
7. Si la personne est âgée, son cœur ne l'est pas. [Proverbe chinois]
8. Si à midi le roi te dit qu'il fait nuit, contemple les étoiles. [Proverbe persan]

3. **Faites des suggestions.** Alceste a des problèmes et Candide voudrait l'aider. Jouez le rôle de Candide et faites des suggestions à Alceste.

*Objective, Act. 3–6: using **si** communicatively*

Modèle: ALCESTE: J'ai soif.
        CANDIDE: *Si on allait au café? Si tu buvais de l'eau?*

1. J'ai faim.
2. Je suis fatigué.
3. Je m'ennuie.
4. Je ne veux pas travailler.

4. **Faire des phrases.** Faites des phrases logiques avec les éléments des deux colonnes.

Modèle: *Si j'étais riche, j'achèterais une voiture.*

1. avoir le temps
2. être fatigué
3. avoir des vacances
4. être le professeur
5. avoir faim
6. être riche
7. dormir mal

a. me coucher
b. acheter une voiture
c. donner des A
d. faire du sport
e. regarder la télévision
f. aller en Australie
g. prendre quelque chose

5. **La vie serait belle!** Tout le monde a des problèmes, et vous, vous voulez aider tout le monde. Travaillez avec un(e) partenaire pour faire des suggestions.

Modèle: —Ma fille est paresseuse.
        —*Alors, si elle travaillait?!*

1. Je suis pauvre.
2. Mon camarade de chambre est toujours pessimiste.
3. Je n'ai pas de voiture.
4. Je n'ai pas d'amis.
5. Nous travaillons tout le temps.
6. Nous n'avons pas de vacances.

6. **La vie est belle!** Imaginez que les personnes suivantes obtiennent *(get)* ce qu'elles veulent. Quelles pourraient en être les conséquences? Qu'est-ce qu'elles pourraient faire?

Modèle: PATRICK: Oh, si j'avais une voiture… ou un vélo.
        Si Patrick avait une voiture ou un vélo, il pourrait arriver à l'université à l'heure!

1. CARINE: Si j'avais un petit ami!
2. DAVID: Si j'étais grand… et beau!
3. VALÉRIE: Si j'avais deux mois de vacances!
4. CHRISTOPHE: Si j'étais sportif!

Structure 3

Les pronoms relatifs *ce qui* et *ce que*

The relative pronouns **ce qui** and **ce que** are the equivalent of the English *what* in sentences such as *I don't know what happened* or *I don't know what you want*.

Ce qui functions as the subject of its clause (part of the sentence).

Je ne sais pas **ce qui** s'est passé.	*I don't know what happened.*

Ce que functions as the direct object of its clause.

Je ne comprends pas **ce que** tu veux.	*I don't understand what you want.*

The word **tout** can be placed in front of both **ce qui** and **ce que**.

J'aime **tout ce qui** est beau.	*I like everything (that is) beautiful.*
Je vais te dire **tout ce que** je sais.	*I'm going to tell you everything (all) that I know.*

The word *what* has three possible equivalents in French. The one used depends on the function of *what* in the sentence.

1. *What* = interrogative adjective. Use **quel.**

Quel homme?	*What man?*
Quelle est la date?	*What's the date?*

2. *What* = interrogative pronoun. Use **qu'est-ce qui** *(subject)* or **que/qu'est-ce que** *(direct object).*

Qu'est-ce qui se passe?	*What's going on?*
Qu'est-ce que tu veux?/ **Que** veux-tu?	*What do you want?*

3. *What* = relative pronoun. Use **ce qui** *(subject)* or **ce que** *(direct object).*

Je ne sais pas **ce qui** se passe.	*I don't know what's going on.*
Tu ne comprends pas **ce que** je veux dire?	*You don't understand what I mean?*

Mise en pratique

1. Des proverbes. Choisissez les deux proverbes que vous trouvez les plus justes. Comparez vos choix avec les choix des autres.

*Objective, Act. 1: comprehending **ce qui** and **ce que** in an authentic context*

MOTS UTILES: **enseigner** *to teach;* **vaut** *is worth;* **hâter** *make haste/hurry;* **or** *gold*

1. Tout ce qui est enseigné ne vaut pas d'être appris. [Proverbe chinois]
2. Dans tout ce que tu fais, hâte-toi lentement. [Proverbe français]
3. Tout ce qui brille n'est pas or. [Proverbe français]
4. Ce qui se pense clairement, s'énonce clairement. [Proverbe français]

2. Ce qui ou ce que? Complétez par **ce qui** ou **ce que**.

*Objective, Act. 2–3: using **ce qui** and **ce que** in a meaningful context*

—Tu ne sais pas _____ s'est passé?

—Non, j'étais à la bibliothèque et tout _____ je sais, c'est que j'ai trois examens et…

—Ah, oui, c'est terrible, ça. Mais _____ s'est passé ici, c'est qu'il y a eu un orage et on n'a pas eu d'électricité pendant trois heures! Nous nous sommes bien amusés! Tu veux savoir _____ on a fait?

—Non, non et non! Je ne veux pas savoir _____ vous avez fait!

—Bon, si c'est comme ça, tout _____ je vais te dire, c'est que tu dois regarder _____ se trouve dans ton lit et…

3. Quel, qu'est-ce qui, qu'est-ce que, ce qui ou ce que? Complétez avec **quel, qu'est-ce qui, qu'est-ce que, ce qui** ou **ce que**.

1. _____ est bon?
2. _____ pays avez-vous visités?
3. _____ tu as dit?
4. Je n'aime pas _____ tu as fait!
5. Est-ce que tu sais _____ se trouve dans la boîte?

4. Réactions. Qu'est-ce qui…

*Objective, Act. 4–5: using **ce qui** and **ce que** communicatively*

Modèle: vous amuse?
Ce qui m'amuse: sortir avec des amis, etc.

1. vous amuse?
2. vous endort?
3. vous ennuie?
4. vous énerve?

5. Goûts et obligations. Et les autres? Complétez les phrases.

1. Ce que le professeur doit faire, c'est…
2. Ce que les étudiants aiment faire, c'est…
3. Ce que mes amis détestent faire, c'est…

Le français parlé

CD2-20

Scène de vie

Felipe Toussaint, Bruxelles

Dans une école à Guatemala City

—Felipe, l'année dernière, après le lycée, tu es parti à l'étranger, c'est ça?

—Oui, je ne savais pas ce que je voulais faire dans la vie, alors, ben, j'ai décidé de partir au Guatemala pour six mois.

—Pourquoi le Guatemala?

—Eh bien, maman vient de Colombie... Donc... je voulais apprendre l'espagnol et puis euh... me retrouver un peu dans la culture de maman.

—Oui, je comprends... Et qu'est-ce que tu as fait là-bas?

—D'abord, je suis allé à l'école un mois et après, j'ai fait du travail humanitaire.

—Quoi, comme travail?

—J'ai surtout travaillé avec des enfants: des enfants malades à l'hôpital, des enfants handicapés... Mais euh... mon expérience la plus intéressante, et la plus dure aussi, c'était de travailler pour le projet Camino Seguro... euh... dans une école avec des enfants très pauvres à Guatemala City. Leurs parents passent leurs journées à la décharge publique° de la ville et les enfants aussi travailleraient à la décharge s'il n'y avait pas l'école du Camino Seguro.

—Et les parents acceptent? Ça ne doit pas être facile pour eux de ne pas faire travailler leurs enfants s'ils sont si pauvres?

—Oui, c'est vrai... Alors, on leur donne de la nourriture... euh... un gros sac par mois et par enfant.

—Et qu'est-ce que tu faisais dans cette école?

—Et bien, j'aidais les enfants à faire leurs devoirs, je jouais avec eux... Mais tu sais... euh... Le quartier était violent, les plus grands enfants étaient des vrais durs. Ce n'était pas facile tous les jours!

—Et pourtant, quand tu en parles, on voit que cette expérience a été vraiment quelque chose pour toi.

—Oui, c'est vrai... Ces enfants m'ont beaucoup apporté... Et euh... vivre comme cela, avec très peu de choses. En fait, ça a changé ma vie, je ne vois plus les choses comme avant...

—À 19 ans, tu as de la chance d'avoir connu cela!

—Oui, je sais, j'ai beaucoup de chance...

—Et maintenant, qu'est-ce que tu fais?

—J'étudie les langues étrangères dans une école à Bruxelles. J'aimerais voyager, voir le monde. Je ne sais pas ce que je ferai plus tard, mais je voyagerai sûrement. Si je pouvais, je partirais demain! Un jour, si je peux, je repartirai en Amérique du Sud. C'est drôle, hein... J'y suis comme chez moi.

—Tu te vois où dans dix ans?

—Je ne sais pas, mais je ne serai pas en Belgique, enfin je ne crois pas, hein...

décharge publique = *garbage dump*

Pour écouter. In this lesson, you practice recognizing if the speaker is speaking of past events, expressing present feelings and facts, referring to future events, or making a hypothesis.

a. First, read the conversation in your book. For each verb, say what tense or mood is used by the speaker and why. The first two are done for you.

> **tu es parti: passé composé:** something that happened in the past
> **je ne savais pas: imparfait:** a state of mind in the past

b. It is of course much easier to recognize tenses in a written text than when listening. You have already practiced recognizing the past, the present, and the future in previous lessons. But can you recognize the difference between the future tense and the conditional? It is important because in the first case, speakers are talking about things that they think will happen whereas in the second case, they are talking about wishes or requests that may not happen. Close your book and listen again to the end of the conversation, starting with **Et maintenant, qu'est-ce que tu fais?** How do you know when Felipe is talking of future plans and when he is expressing wishes?

 ## Parlons! Parler d'une expérience intéressante

Est-ce que vous avez eu une expérience intéressante un jour? Peut-être un voyage? un travail? une compétition sportive? un projet?

a. Travaillez seul(e) pour organiser vos idées. N'écrivez pas toute l'histoire, mais pensez aux détails importants et faites bien attention aux temps des verbes.

b. Racontez votre expérience à un(e) partenaire, qui va vous raconter son expérience aussi. Attention: Ne lisez pas votre texte et n'oubliez pas que c'est une conversation et non pas un monologue.

Découvertes linguistiques

Livres dont on parle...

1. **Analyse!** The Web excerpts below all contain the word **dont**. What is **dont**? How does it function? What might its English equivalents be?

> «Cet attentat a fait au total 14 morts dont 11 français et 12 blessés»
>
> «Une histoire d'Halloween dont tu es le héros»
>
> «Posté le: Mer Avr 14, 2004 2:06 am
> Sujet du message: Les îles dont on ne parle jamais... Vous en avez marre des îles d'été avec des plages de sable fin et des palmiers verts fluos? Pourquoi ne pas parler d'îles plus ou moins inconnues?»
>
> «Madrid: 3 médailles en plus dont une en or. Encore une bonne journée.»
>
> «Catégories dont le nom commence par la lettre "M"»
>
> «*Ce dont rêvent les filles (What a girl wants)*. Une comédie romantique»
>
> «Des choses dont on se souvient toute sa vie»

2. **Fréquence? Usage?** Here are tables giving the frequency and collocations (words found to the right and left of the search word) for **dont** in the *Le Monde 2000 Corpus* (newspaper/written) and the *Television Corpus* (television/spoken). How often is **dont** used in French? Do the data from the words that accompany **dont** in these two corpora support your conclusions from Activity 1?

	dont	total words
Le Monde 2000 Corpus	30 409	30 781 744
Televison Corpus	20	522 063

Four most frequent collocates of **dont** in the *Le Monde 2000 Corpus*.

2 left	1 left	dont	1 right	2 right
de	et	dont	le/la/les	est
la	manière	dont	il/on	a
des	façon	dont	une	ne
les	personnes	dont	elles/ils	de

Four most frequent collocates of **dont** in the *Television Corpus*.

2 left	1 left	dont	1 right	2 right
la	euh	dont	elle	suis
des	d'emprisonnement	dont	les	me
une	l'informatique	dont	on	avec
suis	erreur	dont	il	la

3. **À vous.** When do you think students should study **dont** in French classes? Why?

Découvertes culturelles

La France du bout du monde

1. Testez vos connaissances. Où dans le monde, parle-t-on français? Citez les pays et autres endroits francophones que vous connaissez.

La Guadeloupe. L'île aux belles eaux. Plantations de cannes à sucre, plages magnifiques, marché aux épices de Saint-Antoine à Pointe-à-Pitre, forêts tropicales et cascades vertigineuses, montagnes couvertes de cactus dans le nord.

La Martinique. L'île aux fleurs. Plages noires et volcaniques du nord, désertiques et paradisiaques dans le sud. Musée Gauguin, jardins botaniques, baie superbe de Fort-de-France.

La Réunion. Au cœur de l'océan Indien, forêts tropicales, sommets aux neiges fabuleuses, cascades géantes, île du dépaysement, et des émotions fortes.

La Polynésie. Les îles de Tahiti, Bora-Bora, Huahine. Îles du Vent et Îles Sous-le-Vent, paysages d'atolls aux jardins sous-marins. Refuge de Gauguin.

La Nouvelle-Calédonie. Soleil, étoiles, et douce nuit magique de la Croix du Sud. Forêts d'eucalyptus, savanes aux traditions ancestrales à l'ombre des totems et dans le rythme de la danse traditionnelle: le «pilou».

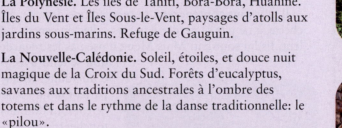
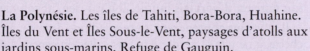

La Guyane. Terre française (au nord du Brésil), mission et bagne autrefois, maintenant base de lancement de la fusée Ariane. Forêts équatoriales aux papillons exotiques et rares, singes, jaguars et pumas.

2. Découverte de l'autre France

a. Géographie mondiale. Décrivez la situation géographique de chaque territoire d'après la carte de la francophonie.

> **Modèle**: *La Guadeloupe est une île dans l'océan Atlantique, à l'est de l'Amérique centrale, au sud de Haïti.*

b. Caractéristiques géographiques. Trouvez les mots clés qui décrivent l'aspect physique de chaque endroit.

3. Les DOM et les TOM: les départments d'outre-mer et les territoires d'outre-mer

a. Histoire des DOM-TOM. Savez-vous pourquoi ces îles et ces territoires sont français? Imaginez les raisons possibles, d'après vos connaissances historiques.

b. Le statut des DOM-TOM. Préparez 10 questions pour obtenir des informations sur le statut des DOM-TOM et leurs relations avec la France métropolitaine.

Lecture

Quitter son pays

1. Préparation. Imaginez que vous arrivez dans un pays étranger de votre choix. Quelles difficultés allez-vous rencontrer? Quelles vont être vos réactions?

«On nous appelle les barbares, les chats sauvages, mais nous nous appelons les Hmongs: les hommes libres.»

Ils sont allés de Paris à Limoges en train...

Limoges

De la gare, on les emmène jusqu'au centre d'hébergement. «Quand ces gens marchent-ils?» pense Meng. «Comment peuvent-ils voir en allant si vite?»

Et il comprend enfin ce que veut dire: quitter son pays. Tout ce qu'il sait et tout ce qu'il sait faire est désormais inutile. Il n'y a rien, absolument rien de connu, ici.

Il faut tout apprendre: à se servir d'une douche, à utiliser un mouchoir, une fourchette, à ne pas se perdre dans les salles du centre. Les gens sont gentils. Ils lui parlent. Ils lui sourient. Mais Meng n'ose pas les regarder en face. Un jeune Hmong doit se tenir avec beaucoup de respect en face d'un adulte. Meng baisse la tête quand on lui parle. On lui soulève le menton. Meng a horreur de ça. Qui donne à ces gens le droit de le toucher? Mais ils sont des adultes et il accepte en silence.

Pour avoir prise sur tous les objets qui l'entourent, Meng doit apprendre le français. Et il travaille avec toute son énergie et sa force.

Anne Cluzeau est le professeur de français. Elle est très calme et patiente. Pendant des heures et des heures, Meng essaie de reproduire les sons. Il tord sa langue et ses lèvres, et le «X», ces lettres comme le «P» et le «B», le «D» et le «T» qui n'ont pas le même son quand on parle français, mais qui semblent exactement pareilles pour un Hmong.

Anne dit «Xiong». Mais ça n'a vraiment rien à voir avec Xiong comme on le dit en Hmong. Men-G Xiong: c'est donc lui en français...

... Et pendant des jours et des jours Meng a répété, parfois découragé, parfois heureux quand Anne avec un grand sourire lui dit: Bravo Men-G.

Marie-Christine Helgerson, *Quitter son pays*, ©Éditions Flammarion, Castor Poche, 1981.

2. Première lecture

a. **Que se passe-t-il?** Trouvez dans le texte les mots qui se réfèrent aux personnes, aux objets, aux lieux *(places)* et aux activités.

les personnes	les objets	les lieux	les activités
Meng	en voiture	la gare	emmener

 b. **Comprendre le texte en détail.** Lisez le texte et, avec les éléments que vous avez compris, identifiez parmi les trois sommaires celui qui correspond le mieux au texte. Pour justifier votre décision, citez les phrases du texte qui correspondent au sommaire.

1. Une famille laotienne arrive à Limoges pour mettre ses enfants dans une école urbaine. Pour les enfants, il est difficile de comprendre les habitudes des Français. De plus, le français est difficile pour eux, mais le professeur parle laotien, et les enfants sont très heureux.
2. Une famille laotienne arrive à Limoges et Meng, le petit garçon, découvre la vie française. Il est très surpris par les habitudes et attitudes des gens. Il apprend aussi à parler et sa prononciation est excellente. Comme il est très bon élève, son professeur est très content de lui.
3. Une famille laotienne réfugiée vient d'arriver à Limoges. Meng est un jeune garçon et il ne sait pas utiliser les objets qui sont nouveaux pour lui. Il pense que les adultes sont très bizarres. Pour lui, le français est très difficile à cause des sons. Mais son professeur est gentil, et Meng répète beaucoup ces sons, alors elle le félicite.

 3. Analyse

a. **Les différences.** Expliquez les phrases suivantes d'après ce que vous avez compris.

- Quand ces gens marchent-ils?
- Comment peuvent-ils voir en allant si vite?
- Tout ce qu'il sait est désormais inutile.
- Meng a horreur de ça.
- Mais ils sont des adultes et il accepte en silence.
- Anne dit «Xiong», mais ça n'a vraiment rien à voir avec Xiong.

Quelle est la phrase la plus importante dans ce texte, à votre avis?

b. **Meng.** Faites le portrait de Meng d'après ce texte. Quelle sorte d'enfant est-il?

 4. Comparaisons

a. **La France et le Laos.** Il y a la France des Français et la France de Meng. En quoi sont-elles différentes? Qu'est-ce que les réactions de Meng vous apprennent sur la culture laotienne?

b. **Meng vient dans votre pays.** Imaginez que Meng arrive non pas en France mais dans votre pays. Qu'est-ce qu'il devra apprendre? Qu'est-ce qui sera une surprise pour lui? Qu'est-ce qui sera difficile? agréable? impossible?

Vocabulaire de base

CD2-21

Noms

l'arrivée *(f.) arrival*
le calme *calm, peace and quiet*
le centre *center*
le centre-ville *downtown*
un château, des châteaux *castle, mansion*
une colline *hill*
la côte *coast*
le départ *departure*
l'est *(m.) east*
une étoile *star*
un étranger, une étrangère *foreigner, stranger*
un fleuve *river (major)*
une forêt *forest*

une foule *crowd*
les gens *(m.pl.) people*
un groupe *group*
le nord *north*
un nuage *cloud*
l'ouest *(m.) west*
un paysage *landscape, scenery*
un pont *bridge*
une région *region, area*
le sable *sand*
le sud *south*
la terre *earth, ground*
un(e) touriste *tourist*
une vache *cow*

Adjectifs

plat(e) *flat*
terrible *terrible*

Verbe

se trouver *to be located*

Divers

à ta (votre) place *in your place, if I were you*
au bord (de) *at the side (of), on the edge (of), on the shore (of), on the bank (of)*
avoir de la chance *to be lucky*

Vocabulaire supplémentaire

Noms

un accident *accident*
les Alpes *(f.pl.)* *the Alps*
la Bretagne *Brittany*
une cathédrale *cathedral*
les Champs-Élysées *Champs-Élysées (main street in Paris)*
un commentaire *comment, remark*
la Côte d'Azur *French Riviera*
un coureur (cycliste) *cyclist*
une course (cycliste) *race (bicycle)*
un kilomètre (km) *kilometer*
un mètre *meter*
un monument *monument*
la Normandie *Normandy*
l'océan *(m.)* *ocean*
un orage *thunderstorm*
un platane *plane tree*
un port *port*
la Provence *Provence (south of France)*
les Pyrénées *(f.pl.)* *Pyrenees*
une rivière *river, stream*
un siècle *century*
une spécialité *specialty*
un zoo *zoo*

Adjectifs

historique *historical*
rare *rare*
romain(e) *Roman*

Verbes

chasser *to hunt*
indiquer *to indicate*
pêcher *to fish*

Divers

chaque *each*
être entouré(e) (de) *to be surrounded (by)*
être indiqué(e) *to be indicated*
faire du cheval *to go horseback riding*
faire du surf *to go surfing*
Il y a beaucoup de monde. *There are a lot of people. / It's crowded.*
malgré *in spite of, despite*
Qu'est-ce qu'il y a à faire? *What is there to do?*

Le français tel qu'on le parle

Il y a foule *There are a lot of people / It's very crowded*
Tant mieux! *So much the better! Good!*

Le français familier

avoir de la veine = avoir de la chance
terrible *terrific*
veinard(e) = quelqu'un qui a de la chance

On entend parfois

un morne (Antilles) = une colline
le temps bleu (Louisiane) = un orage

Changer de vie

Partir et tout abandonner! Prendre en main son destin. Avez-vous déjà fait ce rêve?

"Et qui change une fois peut changer tous les jours."
—Pierre Corneille

"Dans la vie il y a deux tragédies et l'une est de ne pas réaliser ses désirs."
—George Bernard Shaw

1. **Votre vie aujourd'hui.** Décrivez votre vie aujourd'hui. Qu'est-ce qu'elle a de bon? Qu'est-ce qu'elle a de mauvais?

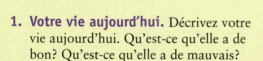

Bon	Mauvais

2. **Changer de vie.** Qu'est-ce que vous aimeriez changer dans votre vie si vous le pouviez?

3. **La vie idéale.** Qu'est-ce que c'est pour vous, la vie idéale? En quoi consiste-t-elle? Si vous décidiez d'adopter cette vie, quelles seraient les conséquences pour vous?

Leçon 20

Le bonheur, qu'est-ce que c'est?

À la recherche du bonheur!

Vocabulaire

Chaque personne a une opinion différente sur le bonheur. Voilà ce que pensent quelques membres de la famille Dubois.

A. Vincent Dubois

Je suis un optimiste qui aime profiter de la vie. J'ai beaucoup d'amis et j'adore sortir. Mes activités préférées? Manger, boire et bavarder. Dans la famille, on me dit matérialiste parce que j'apprécie beaucoup l'argent, le confort matériel et les voitures. Mais je suis aussi très généreux! Mon rêve? Prendre ma retraite à cinquante-cinq ans. Les grands problèmes du monde ne m'intéressent (1) pas vraiment. Je ne m'occupe pas de politique et je me méfie des gens qui en font, mais je suis assez conservateur. Je suis pour l'ordre et pour l'autorité. Et je pense aussi qu'il y a trop d'étrangers en France et qu'il y a un gros problème d'immigration. Mais attention! Je ne suis pas raciste! Je suis vraiment contre le racisme et l'intolérance! Mais à mon avis, il y aurait sûrement moins de chômage, de pauvreté, de drogue et de terrorisme si la police était plus sévère avec les immigrés. Qu'est-ce que c'est, le bonheur pour moi? Eh bien, c'est l'amitié, les sorties, les loisirs et l'argent.

Les mots et la culture

1 **Intéresser / s'intéresser à.** Use **intéresser** to say that something *interests* or *does not interest* you.

La politique ne	*Politics doesn't*
m'**intéresse** pas.	*interest me.*

Use **s'intéresser à** to say that you *are interested in* or *are not interested in* something.

Je **m'intéresse à**	*I'm interested in*
la politique.	*politics.*

B. Thérèse Dubois

Ma vie privée est très importante pour moi. Je suis individualiste et très indépendante, mais j'ai quelques bons amis que je vois souvent. Je suis assez pessimiste et je suis toujours inquiète pour mes enfants et pour Vincent. J'ai peur de la violence, des accidents de voiture, des maladies, surtout du cancer et du sida, et bien sûr de la mort. Comme Vincent, je ne m'intéresse pas trop aux grands problèmes sociaux actuels sauf quand ils concernent ma vie personnelle et ma famille. Le bonheur pour moi? Ma famille, mon travail, les voyages et les vacances.

—Céline, c'est toi? Mais où es-tu?

C. Jacques Dubois

Moi, j'ai besoin de sécurité et je n'aime pas les changements. Je vis dans une maison agréable dans le sud de la France et je n'ai pas de soucis financiers. Je déteste la solitude et j'ai beaucoup souffert (2) de la mort de ma femme avant de rencontrer Paulette. Mes passe-temps préférés? Faire du jardinage, faire du bricolage et faire de la musique avec Paulette. Je suis conscient des problèmes dans le monde et je sais que la vie peut être injuste, mais je suis réaliste et je n'ai pas beaucoup d'illusions: je ne vois vraiment pas ce que je pourrais faire pour aider. La spiritualité est importante pour moi et je crois en Dieu, mais je respecte la liberté des autres et je n'essaie pas d'imposer mes opinions. Je sais bien qu'on n'a pas toujours raison dans la vie et je pense que tout le monde a le droit de penser comme il veut. Pour moi, le bonheur, c'est la sécurité, la santé et l'amour.

Les mots et la culture

2 **Souffrir.** The verb **souffrir** is conjugated like **ouvrir**.

On **souffre** quand on a faim.	*You suffer when you're hungry.*
Jacques **a** beaucoup **souffert**.	*Jacques has suffered a lot.*
N'aie pas peur. Tu ne **souffriras** pas!	*Don't be afraid. It won't hurt.*

D. Suzanne Mabille

Je ne comprends pas ma famille! Je ne veux pas la critiquer, mais bon… Moi, je ne suis pas comme eux! Ce ne sont pas la richesse et le confort qui m'intéressent, mais tous les grands problèmes du monde. Je suis contre la guerre, contre la pauvreté, contre l'injustice, contre le racisme et contre l'intolérance. Je m'intéresse aussi à la recherche sur le sida et à la protection de l'environnement… À mon avis, la pollution sera un des grands problèmes de l'avenir et c'est pourquoi je suis pour l'écologie. Je ne suis pas du tout d'accord avec le gouvernement et je pense qu'il y a beaucoup de problèmes dans la société actuelle. Je suis peut-être idéaliste, mais je pense vraiment qu'on peut faire quelque chose, qu'il faut agir… J'ai beaucoup de projets pour l'avenir! Je veux faire de la politique et j'espère avoir un jour le pouvoir de changer le monde.

Je ne comprends pas mon oncle Vincent et je discute souvent avec lui. Je le trouve égoïste et matérialiste. Mon grand-père, Jacques, pense que je perdrai sûrement mes illusions quand je devrai gagner ma vie après l'université. Évidemment, il a tort (3), je ne suis pas du tout d'accord avec lui! Je refuse d'accepter ces idées traditionnelles et je veux montrer à toute ma famille qu'on peut changer les choses quand on le veut vraiment! Pour moi, le bonheur, ce serait une société juste où il y aurait l'égalité entre les gens, la liberté pour tout le monde et la paix dans le monde.

E. Hakim Hafid

Je suis le copain de Suzanne. Je suis venu du Maroc pour étudier la médecine à Bruxelles et j'ai rencontré Suzanne pendant une fête à la Maison des étudiants étrangers. Moi, je ne m'occupe pas de politique et je ne suis pas actif dans les groupes d'étudiants parce que j'ai beaucoup de travail et je veux réussir. Et puis, ma famille n'est pas riche et je n'aurai plus d'argent du gouvernement marocain si je ne

réussis pas à mes examens chaque année. Cependant, comme Suzanne, je suis plutôt idéaliste. Mon rêve? Travailler pour Médecins sans frontières ou Médecins du monde (4) et aller partout dans le monde où on a besoin de médecins. Je sais que c'est très difficile et souvent dangereux et que je ne pourrai probablement pas faire ça toute ma vie, mais je voudrais vraiment le faire quelques années avant de me marier et d'avoir des enfants.

Les mots et la culture

3 Avoir raison / avoir tort. Use **avoir raison** to say that someone *is right*. Use **avoir tort** to say that someone *is wrong*.

C'est vrai. Tu **as raison.**   *That's true. You're right.*
Ce n'est pas vrai. Tu **as tort!**   *That's not true. You're wrong!*

4 Médecins sans frontières et Médecins du monde. By their name, can you guess what these two French associations are about?

Médecins sans frontières and **Médecins du monde** send volunteer physicians and nurses whenever there is a need in the world due to wars, natural disasters, or famines. These doctors often work in very difficult and even dangerous situations. The concept of **action humanitaire** was started by Bernard Kouchner and a small group of young fellow physicians who created **Médecins sans frontières** in 1971. This organization received the Nobel Peace Prize in 1999.

F. Cédric Rasquin

J'ai eu un grand malheur quand j'avais dix ans: mes parents
ont divorcé. Maintenant, je vis avec maman et Paul, mon
beau-père, à Toulouse, mais je ne m'adapte pas du tout à ma
nouvelle vie. J'adore papa mais malheureusement, je ne le vois
pas assez souvent parce qu'il habite Paris. Je souffre beaucoup
de la solitude et je trouve ma vie quotidienne ennuyeuse. Je
voudrais avoir un groupe de copains et m'amuser comme les
autres. Et puis, je voudrais aussi trouver le grand amour, mais
je n'ose pas parler aux filles et je suis toujours déçu. Je ne suis
pas du tout satisfait de ma vie, alors je rêve pour oublier la
réalité... Pour moi, le bonheur, ce serait des parents qui s'en-
tendraient bien, un père qui s'occuperait de moi et une petite
amie qui me comprendrait.

Si seulement j'osais...

G. Guillaume Firket

Coucou,
mon lapin!

Il est très actif et plein de vie! Il a quelques besoins très simples: manger, boire, dormir,
être aimé. Il adore quand on l'embrasse et quand on le prend dans les bras. Il n'a pas
de soucis et il ne se pose pas de questions... Mais il n'est pas toujours heureux. Il fait
des cauchemars la nuit et il pleure quand il se réveille tout seul dans sa chambre. Pour
lui, le bonheur, c'est être tout le temps près de ses parents et avoir tout ce qu'il veut.

- Comme qui est-ce que vous êtes? Pourquoi?
- Comme qui est-ce que vous n'êtes pas du tout? Pourquoi?
- Comme qui est-ce que vous voudriez être? Pourquoi?
- Comme qui est-ce que vous ne voudriez pas être? Pourquoi?

H. Autres mots et usages

Here are some useful words and expressions not included in the preceding vocabulary presentation.

se droguer	*to take drugs*
un(e) drogué(e)	*drug addict (n.); stoned (adj.)*
un préservatif	*condom*
séropositif, séropositive	*HIV positive*

Mise en pratique

Objectives, Act. 1: *recognizing new vocabulary, making word associations*

1. Associations. Indiquez le verbe de la liste de droite que vous associez à chaque terme de la liste de gauche.

1. les copains	a. critiquer
2. la politique	b. refuser
3. l'autorité	c. bavarder
4. le confort	d. discuter
5. les parents	e. souffrir
6. les examens	f. se méfier
7. la vie à l'université	g. respecter
8. faire le tour du monde	h. s'adapter
seul avec un sac à dos	i. oser
9. le gouvernement	j. apprécier
10. la solitude	

Objectives, Act. 2: *recognizing new vocabulary, sharing opinions*

2. Pour ou contre? Est-ce que vous êtes pour ou contre…

1. la guerre?	7. l'autorité?
2. la violence?	8. l'écologie?
3. l'amitié?	9. le changement?
4. la paix?	10. le terrorisme?
5. le gouvernement?	11. la retraite à 60 ans?
6. le confort matériel?	

Objectives, Act. 3: *practicing the expressions **avoir raison** and **avoir tort** in context, sharing opinions*

3. Qui a raison? Qui a tort? Vincent Dubois et sa nièce Suzanne ne sont jamais d'accord. Ils ont raison ou ils ont tort? Dites ce que vous en pensez.

1. Il faut avoir des loisirs pour être équilibré. (Vincent)
2. Il n'y a pas trop de violence à la télévision. (Vincent)
3. Notre société est trop matérialiste. (Suzanne)
4. Il faut profiter de la vie. (Vincent)
5. La liberté est une illusion. (Suzanne)
6. La pollution est un des plus grands problèmes actuels. (Suzanne)
7. Il faut s'intéresser à la politique. (Suzanne)
8. La richesse est plus importante que la santé. (Vincent)

Objective, Act. 4: *reviewing new adjectives in context*

4. Descriptions. Trouvez l'adjectif.

1. Anne n'a pas d'illusions. Elle est _____.
2. Julien adore l'argent. Il est _____.
3. Damien est très content de sa vie. Il est _____.
4. Laure n'aime pas les maisons modernes. Elle aime les maisons _____.
5. Jérôme est _____ parce qu'il pense qu'il n'a pas réussi à un examen important.
6. Dominique n'invite pas beaucoup de monde chez elle. Elle veut avoir une vie _____.
7. Zoé pense que le monde peut devenir meilleur. Elle est _____.
8. Kader vient d'Algérie, mais il habite et travaille en France. Il est _____.

5. Façons d'être et opinions. Complétez chaque phrase seul(e), puis comparez et discutez avec un(e) partenaire.

1. Maintenant, je suis…
2. Maintenant, je ne suis pas…
3. Il y a cinq ans, j'étais…
4. Dans dix ans, je serai…
5. Malheureusement…
6. Évidemment…
7. Je souffre quand…
8. Je refuse de…
9. Mes parents sont pour…
10. Mes parents sont contre…

Objectives, Act. 5–8: reviewing new and previous vocabulary, speaking about oneself and others, interacting orally, sharing opinions and experiences, creating with language, using imagination

6. Une vie de rêve ou… un cauchemar? Imaginez une vie de rêve ou une vie de cauchemar pour chaque personne. Où est-ce qu'ils vivraient? Avec qui? Qu'est-ce qu'ils feraient? Pourquoi?

1. votre professeur
2. vos parents
3. un(e) camarade de classe
4. vous

7. Discutons. Discutez avec un(e) partenaire.

1. De quoi est-ce que vous discutez souvent avec vos amis? avec votre famille?
2. Qui doit s'occuper des enfants dans une famille?
3. À quel âge faut-il prendre sa retraite?
4. De qui ou de quoi doit-on se méfier?
5. Est-ce que vous faites des cauchemars? Est-ce que vous faisiez des cauchemars quand vous étiez plus jeune? Est-ce que vous vous en souvenez?
6. Est-ce que vous vous êtes vite adapté(e) à la vie à l'université? Pourquoi ou pourquoi pas?

8. Bonheur et malheur

1. Qu'est-ce qui est important pour votre bonheur? Pensez à cinq choses.
2. De quoi est-ce que vous avez peur? Pensez à cinq choses.
3. Comparez vos réponses en groupes. Qu'est-ce que c'est que le bonheur pour les étudiants de votre groupe? Est-ce que c'est le bonheur personnel? Est-ce que le bonheur concerne aussi le pays et le monde? De quoi est-ce qu'on a peur? Est-ce que ça concerne la vie personnelle ou le monde?

9. Agir! Pour quelles causes est-ce que vous voudriez agir (par exemple: lutter contre *[fight]* la faim dans le monde, combattre *[fight]* la violence, aider votre famille, aider les personnes âgées, faire de la politique, protéger les animaux, organiser des activités dans votre quartier, défendre votre pays, etc.)?

1. Tout(e) seul(e): faites une liste des 10 causes les plus importantes pour vous et mettez-les par ordre d'importance.

2. En groupes, comparez vos réponses et choisissez les dix causes les plus importantes pour le groupe.

Objectives, Act. 9: sharing experiences and opinions, extracting information from documents, comparing cultures

3. Et pour les jeunes Français? Voilà pour quelles causes les Français entre 16 et 25 ans aimeraient agir:

NSP (ne se prononcent pas) = ne répondent pas

défavorisés = pauvres

le tiers-monde = les pays pauvres

la parité = l'égalité

«Pour chacun des éléments suivants, dites-moi si vous auriez envie d'agir ou non.»	Oui %	Non %	NSP %
Pour votre famille	99	1	–
Pour faire avancer la recherche contre le sida	98	2	–
Pour défendre les droits de l'homme	98	2	–
Pour lutter contre la violence	97	3	–
Pour aider les personnes handicapées	97	3	–
Pour aider les jeunes défavorisés en France	97	3	–
Pour lutter contre la misère dans le tiers-monde	96	4	–
Pour combattre la pollution	96	4	–
Pour la parité hommes-femmes	91	8	1
Pour la protection des animaux	90	10	–
Pour défendre votre pays	90	10	–
Pour créer une association sportive	73	27	–
Pour créer une association de quartier	75	25	–
Pour un parti politique	30	70	–

Comparez la liste des jeunes Français avec votre liste. Est-ce qu'il y a des choses sur votre liste qui ne sont pas sur la liste des Français?

Objectives, Act. 10: completing an information gap activity, creating with language, using imagination, interacting orally, asking for and sharing personal information

10. **Voisins!** Voilà un petit immeuble français. Qui habite cet immeuble? Des familles? des couples? des enfants? Comment sont ces gens? Qu'est-ce qu'ils font? Qu'est-ce qu'ils aiment? Quelles sont leurs idées? Quelles sont leurs valeurs? Qu'est-ce qu'ils ne disent pas à leurs voisins? C'est à vous de décider!

1. Choisissez un appartement. Qui habite cet appartement? Un couple? une famille? Comment est-ce qu'ils s'appellent? Quel âge ont-ils? Est-ce qu'ils travaillent? Quel est leur métier?
2. Leurs loisirs. Qu'est-ce qu'ils font pour s'amuser?
3. Leurs idées et leurs valeurs. Qu'est-ce qu'ils pensent? Quelles sont leurs idées politiques? Comment trouvent-ils la société actuelle? Qu'est-ce qui est important pour eux?
4. Leur secret. La famille a un «secret», quelque chose qu'ils n'ont pas dit à leurs voisins. Ça peut être quelque chose de positif (comme par exemple avoir gagné beaucoup d'argent au loto) ou de négatif (comme par exemple, quelqu'un de la famille est en prison). Quel est ce secret?
5. La fête des voisins. Au printemps de chaque année, en France, il y a la fête des voisins. Pour cette occasion, les habitants de votre immeuble ont décidé de faire l'apéritif dehors. Bien sûr, le but, c'est de rencontrer tout le monde. Prenez l'identité d'un des habitants de l'appartement que vous avez choisi et allez parler à l'un de vos voisins. Essayez d'apprendre le plus possible sur lui/elle et essayez aussi de découvrir le secret de sa famille. Attention: Vous devrez dire à la classe une ou deux choses intéressantes que vous avez apprise sur votre voisin(e).

Le subjonctif, qu'est-ce que c'est?

The subjunctive is a mood, not a tense. Moods mark how a speaker considers an event. A mood may contain tenses, which deal with time. You have already used several moods in French.

1. The *indicative mood* deals with events as facts. Tenses refer to the different time periods in which events happen.

   présent: *what is happening*   Il **fait** beau.
   passé composé: *what did happen*   Il **a fait** beau hier.
   imparfait: *what was happening*   Il **faisait** beau quand tu es arrivée.
   futur: *what will happen*   Il **fera** beau demain.

2. The *conditional mood* deals with *what would happen if.*
   S'il faisait beau, nous **irions** à la plage.

3. The *imperative mood* gives direct commands.
   Fais tes devoirs!

4. The *subjunctive mood* deals with how one feels about an event.
   Je suis contente qu'il **fasse** beau.

Mise en pratique

1. **Identifiez le mode.** Identifiez le mode de chaque verbe en italique. Si le verbe est à l'indicatif, donnez le temps. Expliquez votre choix.

   1. Ne me *regarde* pas comme ça!
   2. Si Paul pouvait, il *serait* à la plage avec ses copains.
   3. Je ne lui *ai* pas encore *parlé.*
   4. Nous le *ferons* demain.
   5. Il ne veut pas que je le *fasse.*
   6. Il *faisait* beau quand nous sommes sortis.
   7. Nous sommes contents que tu *puisses* venir.

Objective, Act. 1–2: increasing awareness of verbal mood in various contexts

2. **Ce qu'on veut des vêtements.** Voilà un sondage où on pose aux hommes des questions sur la mode.

Question: Qu'attendez-vous en priorité d'un vêtement?	
Qu'il soit confortable	63%
Qu'il soit élégant	31%
Qu'il dure longtemps	22%
Qu'il fasse de vous un homme à la mode	12%
Qu'il vous valorise en société	9%
Qu'il vous aide à séduire	5%
Qu'il se fasse oublier	4%
Qu'il cache vos défauts	1%
(Autres) / (Ne se prononcent pas)	3%

Selon les informations données, est-ce que c'est **vrai** ou **faux**?

   1. Les hommes aiment les vêtements confortables.
   2. Les hommes aiment les vêtements pratiques.
   3. Les hommes suivent la mode.
   4. Les hommes ne veulent pas qu'on regarde leurs vêtements.
   5. Les hommes aiment les vêtements résistants.
   6. Les hommes pensent que les vêtements ont une signification sociale.

Structure 2

Formation du subjonctif

A. Les verbes à une racine

Although the subjunctive mood contains several tenses, only the *present* and *past subjunctive* are in general use. In *Voilà!*, you will deal only with the *present subjunctive*. From now on, when we refer to the subjunctive, we mean the present subjunctive.

The majority of French verbs have one stem in the subjunctive. It is derived from the **ils** form of the present tense of the indicative. The subjunctive endings are then added to this stem.

PRESENT TENSE (INDICATIVE)	SUBJUNCTIVE STEM	PRESENT TENSE (INDICATIVE)	SUBJUNCTIVE STEM
ils parlent	**parl-**	ils écrivent	**écriv-**
ils étudient	**étudi-**	ils mettent	**mett-**
ils finissent	**finiss-**	ils suivent	**suiv-**
ils vendent	**vend-**	ils vivent	**viv-**
ils sortent	**sort-**		

The subjunctive endings are added to this stem.

SUBJUNCTIVE ENDINGS

je **-e**	nous **-ions**
tu **-es**	vous **-iez**
il elle } **-e**	ils elles } **-ent**

lire au subjonctif

(que) je lise	(que) nous lisions
(que) tu lises	(que) vous lisiez
(qu')il (qu')elle } lise	(qu')ils (qu')elles } lisent

étudier au subjonctif

(que) j'étudie	(que) nous étudiions
(que) tu étudies	(que) vous étudiiez
(qu')il (qu')elle } étudie	(qu')ils (qu')elles } étudient

There are three irregular verbs in this group of verbs with one stem in the subjunctive.

VERB	SUBJUNCTIVE STEM
faire	**fass-**
savoir	**sach-**
pouvoir	**puiss-**

faire au subjonctif

(que) je fasse	(que) nous fassions
(que) tu fasses	(que) vous fassiez
(qu')il } (qu')elle } fasse	(qu')ils } (qu')elles } fassent

Note that some forms of the present indicative and imperfect are spelled the same as corresponding forms of the present subjunctive.

PRESENT INDICATIVE

je parle	nous parlons
tu parles	vous parlez
il } elle } parle	ils } elles } parlent

PRESENT SUBJUNCTIVE

(que) je parle	(que) nous parlions
(que) tu parles	(que) vous parliez
(qu')il } (qu')elle } parle	(qu')ils } (qu')elles } parlent

IMPERFECT INDICATIVE

je parlais	nous parlions
tu parlais	vous parliez
il } elle } parlait	ils } elles } parlaient

PRESENT SUBJUNCTIVE

(que) je parle	(que) nous parlions
(que) tu parles	(que) vous parliez
(qu')il } (qu')elle } parle	(qu')ils } (qu')elles } parlent

Mise en pratique

Objectives, Act. 1: focusing on form and understanding how the subjunctive functions in French, finding English equivalents

1. Mettez au subjonctif. Mettez les verbes entre parenthèses au subjonctif. Puis traduisez chaque phrase en anglais idiomatique. Pouvez-vous deviner pourquoi le subjonctif est utilisé dans ces phrases?

1. Il faut que tu _____: ton chien ou moi. (choisir)
2. Elle est triste qu'ils _____ sans elle. (partir)
3. Il fait froid. Je veux que tu _____ ton manteau. (mettre)
4. Ma grand-mère veut que je lui _____ à Noël. (rendre visite)
5. Je ne vous parle plus pour que vous _____ étudier dans le calme. (pouvoir)

B. Les verbes à deux racines

Several verbs have two stems in the subjunctive, one for the singular and third person plural forms, the other for the **nous** and **vous** forms. The first stem of these verbs is derived as described earlier. The second stem comes from the **nous** form of the present indicative. The regular subjunctive endings are used.

VERB	STEM 1 (je, tu, il, elle, ils, elles)	STEM 2 (nous, vous)
boire	**boiv-**	**buv-**
croire	**croi-**	**croy-**
devoir	**doiv-**	**dev-**
lever	**lèv-**	**lev-**
prendre	**prenn-**	**pren-**
venir	**vienn-**	**ven-**
voir	**voi-**	**voy**

boire au subjonctif

(que) je boive	(que) nous buvions
(que) tu boives	(que) vous buviez
(qu')il / (qu')elle } boive	(qu')ils / (qu')elles } boivent

There are two irregular verbs in this group.

VERB	STEM 1	STEM 2
aller	**aill-**	**all-**
vouloir	**veuill-**	**voul-**

Il faut **que tu ailles** en ville. / *You have to go to town.*
Il faut **que vous alliez** en ville. / *You have to go to town.*
Mes parents sont contents **que je veuille** continuer mes études. / *My parents are happy that I want to continue my studies.*

Objectives, Act. 1: focusing on form and understanding how the subjunctive functions in French, finding English equivalents

Mise en pratique

1. **Mettez au subjonctif.** Mettez les verbes entre parenthèses au subjonctif. Puis traduisez chaque phrase en anglais idiomatique. Pouvez-vous deviner pourquoi le subjonctif est utilisé dans ces phrases?

   1. Marie, il faut que tu _____; tu vas être en retard. (se lever)
   2. Nous sommes tristes que vous _____ avec nous à la soirée chez les Dumont. (ne pas venir)
   3. Mon médecin voudrait que je _____ des vacances mais je n'ai pas le temps. (prendre)

4. Je ne veux pas que tu _____ du vin le matin. (boire)
5. Nous ne sommes pas contents qu'ils _____ rester chez nous tout l'été. (vouloir)
6. Il faut que tu _____ le professeur. (voir)
7. Je suis content qu'elle _____ partir. (ne pas devoir)
8. Il faut que les Dubois _____ une nouvelle voiture. (acheter)

C. Les verbes *être* et *avoir* au subjonctif

The verbs **être** and **avoir** are irregular in the subjunctive and must be memorized.

être au subjonctif	
(que) je sois	(que) nous soyons
(que) tu sois	(que) vous soyez
(qu')il (qu')elle } soit	(qu')ils (qu')elles } soient

avoir au subjonctif	
(que) j'aie	(que) nous ayons
(que) tu aies	(que) vous ayez
(qu')il (qu')elle } ait	(qu')ils (qu')elles } aient

Mise en pratique

1. **Mettez au subjonctif.** Mettez les verbes entre parenthèses au subjonctif. Puis traduisez chaque phrase en anglais idiomatique. Pouvez-vous deviner pourquoi le subjonctif est utilisé dans ces phrases?

1. Je ne veux pas que vous _____ peur. (avoir)
2. Il ne faut pas qu'ils _____ froid. (avoir)
3. Je suis triste que tu _____ malade. (être)
4. Il n'est pas content que nous _____ raison. (avoir)
5. Je vais lui donner des gants pour qu'elle _____ froid. (ne pas avoir)
6. Je ne veux pas que vous _____ en colère contre moi. (être)

Objectives, Act. 1: focusing on form and understanding how the subjunctive functions in French, finding English equivalents

Structure 3

Usage du subjonctif

1. **En général.** The subjunctive is the second conjugated verb in a two-verb sentence. It follows the word **que.**

   Il faut **que tu sois** à l'heure.   *You have to be on time.*

2. **Il faut que + subjonctif / il faut + infinitif.** You already know the expression **il faut (il faudrait).** The subjunctive is used after **il faut que (il faudrait que)** when the subject is specified. If no subject is specified, **il faut (il faudrait)** + **infinitif** is used. Compare:

   Il faut qu'il **travaille.**   *He has to work.* (A particular specific person has to work.)
   Il faut **travailler.**   *You have to work.* (Nobody in particular; a general truth: one has to work.)
   Il faudrait **téléphoner.**   *We (someone/nonspecific) should call.*
   Il faudrait que tu **téléphones.**   *You (someone specific) should call.*

3. **Vouloir que / vouloir + infinitif.** The subjunctive is used after **vouloir que** when there is a change of subjects in the two parts of the sentence. **Vouloir que + subjonctif** is the only way to say an English sentence such as *I want you to be happy.* If there is no change of subject, **vouloir + infinitif** is used. Compare:

   Je **veux que** vous **soyez** heureux.   *I want you to be happy.* (change of subject = subjunctive)
   Je **veux être** heureux.   *I want to be happy.* (no change of subject = infinitive)

4. **Être content (triste) que + subjonctif / être content (triste) de + infinitif.** The subjunctive is used after the expressions **être content que** and **être triste que** when there is a change of subject. If there is no change of subject, the expression **être content (triste) de + infinitif** is used. Compare:

   Je **suis content que** tu **sois** ici.   *I'm glad (that) you're here.* (change of subject = subjunctive)
   Je **suis content d'être** ici.   *I'm glad to be here.* (no change of subject = **de** + infinitive)

5. **Pour que (avant que) + subjonctif / pour (avant de) + infinitif.** The subjunctive is used in clauses introduced by **pour que** and **avant que** when there is a change of subject. If there is no change of subject, the expression **pour + infinitif** or **avant de + infinitif** is used. Compare:

   Je veux te parler **avant que** tu **partes.**   *I want to talk to you before you leave.* (change of subject = subjunctive)
   Je veux te parler **avant de partir.**   *I want to talk to you before I leave.* (no change of subject = infinitive)
   Je le fais **pour que** tu **t'amuses.**   *I'm doing it so that you'll have a good time.* (change of subject = subjunctive)
   Je le fais **pour m'amuser.**   *I'm doing it (in order) to have a good time.* (no change of subject = infinitive)

Rappel

Although verbs in the subjunctive are usually found in **que** clauses, not every **que** clause has a subjunctive! For example, the following expressions are followed by the indicative:

dire que	*to say that*
savoir que	*to know that*
espérer que	*to hope that*
parce que	*because*

Elle m'a **dit** qu'elle venait.　　*She told me she was coming.*
Je **sais** qu'il **est parti**.　　*I know (that) he left.*
J'**espère** qu'elle comprendra.　　*I hope (that) she'll understand.*
Parce que c'est comme ça!　　*Because that's the way it is!*

Mise en pratique

1. **Subjonctif ou infinitif?** Mettez les verbes au subjonctif ou à l'infinitif.

Objectives, Act. 1–3: focus on form and choice of subjunctive, indicative or infinitive

1. Je veux _____ en France. (aller)
2. Il ne veut pas que vous _____ trop de gâteau. (manger)
3. Ils sont tristes de _____ d'appartement. (changer)
4. Il faut que tu _____ à la banque. (aller)
5. Je vais à la bibliothèque pour _____. (étudier)
6. Ils ne sont pas contents que nous ne leur _____ jamais. (écrire)
7. Je vais boire un verre de lait avant d(e) _____ dormir. (aller)
8. Je vais écrire ma lettre maintenant pour qu'elle _____ ce soir. (partir)

2. **Complétez.** Complétez les phrases par une des expressions suivantes: **je veux que / je sais que / je suis content(e) que / j'espère que / je suis triste que / il faut que.**

Modèles:　vous soyez à l'heure
　　Il faut que vous soyez à l'heure.

　　vous serez à l'heure
　　J'espère que vous serez à l'heure.

1. tu ne vas pas te tromper
2. la vie n'est pas facile
3. tu sois malade
4. il a eu un accident en Suisse
5. nous soyons sérieux
6. nous arrivions à l'heure
7. tu as trop bu hier soir
8. il fasse beau aujourd'hui
9. tu suives un cours de maths
10. vous vous couchiez plus tôt

Il faut que vous soyez à l'heure!

3. **Indicatif, subjonctif ou infinitif?** Mettez les verbes au subjonctif, à l'infinitif ou à l'indicatif.

   1. Je vais en ville pour _____ une robe longue. (chercher)
   2. Je sais que tu _____ parce que moi, j(e) _____ toujours raison! (se tromper; avoir)
   3. Christiane est contente d(e) _____ en vacances. (être)
   4. Il faut que nous _____ la vérité. (savoir)
   5. Mes amis ne savent pas que je _____ au Japon. (partir)
   6. Il faut _____ les dents trois fois par jour. (se brosser)
   7. J'espère qu'ils _____. (s'aimer)
   8. Il va partir avant que je _____ lui parler. (pouvoir)

Objective, Act. 4–6: using the subjunctive communicatively in context

4. **Avant de partir au bal.** Les sœurs de Cendrillon sont parties pour le bal. Mais avant de partir, elles lui ont parlé. Qu'est-ce qu'elles lui ont dit de faire? (Par exemple: **faire la vaisselle / faire les lits / laver les murs / travailler dans le jardin / préparer le café…**)

   Modèle: *Nous voulons que tu laves la salle de bains.*

5. **Le cauchemar du professeur.** Le professeur Parfait a fait un cauchemar la nuit dernière. Il a rêvé qu'un étudiant dirigeait l'université et faisait la loi *(was laying down the law)* pour les professeurs. Qu'est-ce que vous pensez que l'étudiant disait? Suivez le modèle.

   Modèle: *Il faut que vous ayez des heures de bureau le samedi!*

 6. **Chez le conseiller conjugal.** Monsieur et Madame Bataille ont des problèmes dans leur couple et sont allés voir un conseiller conjugal. Il leur a demandé de faire une liste des changements que chacun voudrait voir chez l'autre. Faites les deux listes.

   Modèle: *Je voudrais que tu ne sortes plus avec tes copains le soir.*

7. **Et en français?** Traduisez en français.

Objectives, Act. 7: focusing on contrasts between English and French, reinforcing form and use of the subjunctive, finding English equivalents

   1. I want you to leave.
   2. I want to leave.
   3. He is happy to be here.
   4. He is happy she is here.
   5. He is sad she must work Saturday night.
   6. He is sad he has to work Saturday night.
   7. He is sad because she has to work Saturday night.
   8. What do you want me to do?
   9. I want you to be happy.
   10. I don't want to be happy!

Le français parlé

CD2-22

Objectives: defending your opinion; interacting, agreeing and disagreeing

Scène de vie

—Oncle Vincent, je ne te comprends pas! L'injustice, la pauvreté, ça ne te concerne pas. Ce qui t'intéresse, c'est ta petite vie privée, ton petit confort, ton argent…

—Quand tu seras plus âgée, tu aimeras ton confort, toi aussi! Tu verras!

—Jamais!

—Et puis, qu'est-ce que tu veux qu'on fasse, hein? Tu es bien naïve, ma petite, si tu crois qu'on peut changer le monde!

—Tu ne veux même pas essayer, tu ne fais rien!

—Comment ça, je ne fais rien? Je suis un homme responsable, moi! Je travaille, j'aime ma famille, je m'occupe de mes enfants… Tu ne trouves pas que c'est beaucoup? Hein, à ton avis?

—Mais pas du tout! S'occuper de sa famille, c'est normal. Tout le monde fait ça!

—Mais non, tout le monde ne fait pas ça! Si tout le monde faisait ça, le monde irait mieux, crois-moi! Et puis, tu vois, je profite de la vie, je suis un homme heureux! Pas comme toi, qui n'es jamais contente, qui es toujours en train de critiquer…

—Parce que toi, tu ne critiques jamais? Tu dis toujours qu'il y a trop d'étrangers en France, que la police ne fait pas son travail… Tu ne vois pas que le vrai problème, c'est le racisme et l'intolérance?

—Je ne suis pas d'accord… La France est un pays ouvert et généreux…

—Généreux? Tu trouves, toi?

—Ben oui, généreux!

—Mais tu ne vois rien! Tu ne vois rien du tout! Ouvre les yeux!

—Mais je les ouvre, les yeux… C'est toi qui ne vois rien! Je suis réaliste, moi, bien plus réaliste que toi!

—Tu es égoïste, oui…

—Alors là, non, je ne suis pas d'accord avec toi! J'aime mon confort, oui, je suis peut-être matérialiste, oui, mais je ne suis pas égoïste!

—Bon, d'accord, Oncle Vincent, excuse-moi.

—Écoute, ma petite, tu es idéaliste, c'est normal à ton âge, mais tu perdras tes illusions un jour, tu verras!

—Moi? Jamais! Tu entends? Jamais!

—Bon, ben, on verra, hein… Et si on parlait d'autre chose?

—Oncle Vincent!

Pour écouter. In this lesson, you learn how to recognize when people agree and disagree with each other.

a. Vincent and his niece Suzanne don't have the same opinion on anything. Listen to the conversation and make two columns:

Ce qui intéresse Suzanne: **Ce qui intéresse Vincent:**

b. Now, pay attention to the way Vincent and Suzanne interact, express their opinions, agree and mostly disagree with each other.

Find one expression or sentence that Vincent uses to

- say that he disagrees with Suzanne
- give his opinion
- react to what Suzanne says
- ask for Suzanne's opinion
- show Suzanne that he is getting annoyed by what she says
- back down
- suggest another topic of conversation

Find one expression or sentence that Suzanne uses to:

- say that she disagrees with Vincent
- give her opinion
- react to what Vincent says
- back down
- show Vincent that she is getting annoyed by what he says

c. Now, listen to the conversation again and pay special attention to the tone of voice being used by the two speakers. Can you tell when the speakers are simply expressing their opinions? when they are getting annoyed? when they are disagreeing and reacting strongly? when they are backing down?

 ## Parlons! Défendre son opinion

Avec un(e) partenaire, choisissez un sujet de discussion où il y a plusieurs *(several)* points de vue possibles et choisissez chacun un point de vue opposé. (Par exemple, est-ce que vous êtes pour ou contre la violence à la télévision? la recherche sur les animaux? les régimes stricts pour maigrir? l'écologie? le droit d'avoir des armes chez soi? le gouvernement actuel?, etc.)

a. Seul(e), écrivez cinq arguments pour défendre votre opinion.

b. Discutez avec votre partenaire. Expliquez vos arguments, mais n'oubliez pas d'écouter aussi les arguments de votre partenaire pour pouvoir y réagir et y répondre.

Objectives: *using limited data to investigate the frequency and use of the subjunctive, reflecting on the role of the subjunctive in modern French*

> Et toi, le jour où tu auras un ami, comment l'aimerais-tu?
>
> —Moi, mon ami, je voudrais qu'il sache faire des bouquets de fleurs. *Lilo*
>
> —Je voudrais que mon ami fasse des bonshommes de neige comme moi. *Benjamin*
>
> —Moi, mon ami, j'aimerais qu'il soit collectionneur de malabars. *Laura*

1. **Le subjonctif? Combien?** How often are subjunctive forms used in French? Here are some data from the *Le Monde 2000* (written) *Corpus* and the *Television* (spoken) *Corpus*. What can you conclude from these data? What other data would you like to have?

	Le Monde 2000 (30,781,744 words)	*Television Corpus* (522,063 words)
fasse	69	4
sache	19	1
soit	1429	34
puisse	185	7
ait	527	9
aille	21	1

2. **Le subjonctif? Où?** Where are subjunctives found in these two corpora? The table below gives the data for those expressions that had four or more occurrences with **fasse** in the *Le Monde 2000 Corpus* plus the *Television Corpus* (total number of occurrences of **fasse** = 73). What conclusions would it be reasonable to draw from these data? What conclusions can you not draw without additional data?

il faut/fallait que (12 instances)	Il **faut** donc que cela se [fasse] avant les municipales *(Le Monde)* / il **faut** bien un petit peu, une fois par an que je me [fasse] gâter... *(Television)*
pour que (5 instances)	... trois journées **pour que** l'évidence se [fasse] claire *(Le Monde)*
vouloir (5 instances)	«Qu'aurait-on **voulu** que je [fasse]?», s'interroge le ministre des finances. *(Le Monde)*
attendre (4 instances)	**Attendons** d'abord que le président de la République [fasse] connaître sa position! *(Le Monde)*

3. **À vous.** It has been said that the subjunctive is gradually disappearing from French. Do you think there is any support for this statement?

Objectives: *reflecting on important and ideologically charged words, gaining information from data, analyzing and concluding from data, creating definitions, comparing cultures*

Les mots et les idées

1. **Les idées.** Quels mots représentent les idées importantes à votre culture? Organisez-les par ordre d'importance pour vous.

   Modèle: *la démocratie, les sports, etc.*

2. **Observation**

   a. **Définitions.** Choisissez cinq mots et préparez une définition de chacun.

      Modèle: *la participation: c'est quand on prend des décisions tous ensemble*

   b. **Les résultats.** Quel portrait de la société française ces chiffres donnent-ils? Est-ce comme cela que vous la conceviez?

      Modèle: *La société française est une société... qui aime... qui n'aime pas...*

3. **Comparaisons.** Imaginez une liste comme celle-ci pour votre culture mais avec ses propres mots, ses pourcentages, son positif et son négatif. Quelles sont les plus grandes différences?

Les mots et les idées

Perception de différents mots évoquant l'économie et la politique (en %) :

	Evocation positive	Evocation négative	Sans opinion
ECONOMIE			
-Participation	82	8	10
-Concurrence (1)	77	16	7
-Libre-échange	73	13	14
-Syndicat (2)	68	22	10
-Flexibilité	62	21	17
-Internet	61	22	17
-Socialisme	57	28	15
-Euro	57	32	11
-Planification	52	26	22
-Bourse (3)	49	33	18
-Profit	47	41	12
-Privatisation	42	40	18
-Mondialisation	42	44	14
-Nationalisation	40	45	15
-Protectionnisme	36	48	16
-Capitalisme	31	55	14
-Dirigisme	20	62	18
POLITIQUE			
-Ecologie	69	21	10
-Socialisme	60	26	14
-Gauche	57	26	17
-Centre	49	31	20
-Droite	38	46	16
-Communisme	21	63	16
-Conservatisme	14	67	19
-Marxisme	7	74	19

(1) **Concurrence:** l'effort pour être supérieur
(2) **Syndicat:** organisation des travailleurs
(3) **Bourse:** ce qu'il y a à Wall Street

Une manifestation

Lecture

Les grandes valeurs françaises

Objectives: *reflecting on personal values, skimming to extract important information, assembling data to understand the meaning of the document, defining and examining differences between tradition and modernity in French society, making guesses, comparing one's culture to French culture, using activities as the basis of essay writing*

1. Préparation. Qu'est-ce que le mot «valeur» signifie pour vous? Quelles sont les valeurs les plus importantes pour vous personnellement? les moins importantes?

Les valeurs des Français

1. «Quelles sont les grandes valeurs qui aujourd'hui structurent la société française?»

Il y a plusieurs manières de répondre à votre question. Les domaines de la vie qui comptent le plus pour les Français, ce sont d'abord la famille, puis le travail. On trouve ensuite la sociabilité de proximité (les amis, les relations) et les loisirs. La politique et la religion arrivent en queue de peloton. Ce qu'il est important de souligner, c'est que les valeurs familiales ont beaucoup évolué. Ce qui est valorisé aujourd'hui, c'est une famille fondée sur les sentiments et les relations bien plus qu'une famille conçue comme une institution. Avant, la famille, c'était un cadre institutionnel, une stabilité, assurée notamment par le mariage. Aujourd'hui, elle repose d'abord sur les sentiments individuels, ce qui explique qu'elle soit plus mouvante, qu'elle soit fragile et qu'elle puisse se recomposer. On retrouve finalement dans le domaine familial le mouvement d'individualisation qui caractérise l'évolution des valeurs de notre société dans tous les domaines. Il faut bien distinguer individualisation et individualisme. L'individualisme, c'est l'égoïsme, le repli sur soi. L'individualisation est différente: c'est la personnalisation des valeurs et des principes, adaptés à ses relations et son environnement proches. Chacun se bricole et expérimente ses valeurs dans son univers de proximité.

2. «Y a-t-il des valeurs en déclin? Et des valeurs en hausse?»

Oui, le conformisme, le traditionnel et l'institutionnel sont en déclin. Parallèlement, la valeur tolérance se renforce. Les Français considèrent que la société n'a pas à réguler, à intervenir dans la conduite de la vie privée. En revanche, la demande d'ordre et de régulation est forte dans le domaine de l'organisation sociale. Les gens estiment qu'il y a des choses à respecter, et expriment un besoin de civilité, de civisme même. Cette attente de bon ordre social est beaucoup plus forte qu'il y a 20 ans. On ne peut plus la qualifier de «réactionnaire»: elle a en effet le plus sensiblement augmenté depuis dix ans chez les jeunes de gauche.

3. «Quelles évolutions peut-on anticiper pour la prochaine décennie?»

On peut penser que les tendances lourdes, notamment les tendances à la sécularisation et à l'individualisation, vont se poursuivre et même se renforcer. Les jeunes générations sont en effet déjà beaucoup plus sécularisées et «individualisées» que celles de leurs aînés.

Adapté de http://www.ipsos.fr/Canallpsos/articles/285.asp?rubid=285
Les résultats français sont analysés dans le livre publié sous la direction de Pierre Bréchon, *Les valeurs des Français. Évolutions de 1980 à 2000*, Armand Colin, 280 p.

2. Première lecture

a. Les questions. Dans quel paragraphe allez-vous trouver des informations sur:

- l'évolution des valeurs?
- l'avenir des valeurs?
- les valeurs contemporaines?

b. Les mots et les valeurs. Faites la liste des mots du texte qui représentent des valeurs.

3. Analyse

a. Les définitions. L'auteur utilise un certain nombre de mots abstraits. Donnez une définition de ces mots tels qu'il les présente. Êtes-vous d'accord avec l'auteur?

Mots	Définitions
la sociabilité	*C'est passer du temps avec ses amis, avoir des activités avec eux, etc.*
l'individualisme	
l'institutionnel	
la tolérance	
la famille	
l'individualisation	
la sécularisation	
la civilité	

b. L'évolution des valeurs françaises. Identifiez dans le texte les valeurs d'aujourd'hui et les valeurs anciennes. Comment pouvez-vous expliquer ces changements?

les valeurs d'aujourd'hui	les valeurs anciennes

4. Essai. Utilisez les activités précédentes pour comparer les valeurs de votre culture avec celles de la culture française. Sont-elles les mêmes? Ont-elle le même ordre de priorité? Ont-elles subi les mêmes évolutions? Quelles sont les différences majeures et comment les expliquez-vous?

Vocabulaire de base

CD2-23

Noms

un accident *accident, crash*
l'amitié *(f.) friendship*
l'avenir *(m.) future*
le bonheur *happiness*
le chômage *unemployment*
l'environnement *(m.) environment*
une guerre *war*
l'immigration *(f.) immigration*
un(e) immigré(e) *immigrant*
une maladie *sickness, illness*
le malheur *misfortune*
la mort *death*
la paix *peace*
un passe-temps *pastime*
le pouvoir *power*
le racisme *racism*
un rêve *dream*
la santé *health*
la société *society*
la solitude *solitude*
une sortie *outing, evening/night out*
la violence *violence*

Adjectifs

actif, active *active*
chaque *each*

déçu(e) *disappointed*
idéaliste *idealistic*
indépendant(e) *independent*
individualiste *individualistic*
injuste *unfair*
inquiet, inquiète *worried*
juste *fair, just, right*
matérialiste *materialistic*
optimiste *optimistic*
pessimiste *pessimistic*
privé(e) *private*
quelque(s) *few, some*
réaliste *realistic*
satisfait(e) (de) *satisfied (with)*
social, sociale, sociaux, sociales *social*
traditionnel, traditionnelle *traditional*

Verbes

agir (conjugué comme finir) *to act*
critiquer *to criticize*
discuter (de) *to discuss*
intéresser *to interest*
s'intéresser à *to be interested in*
refuser (de + infinitif) *to refuse (to do something)*
respecter *to respect*

Divers

à mon (ton, son, etc.) avis *in my (your, his, her, etc.) opinion*
avant de + infinitif *before*
avant que *before*
avoir raison *to be right*
avoir tort *to be wrong*
cependant *nevertheless, however*
être contre *to be against*
être pour *to be for*
évidemment *obviously, of course*
faire de la musique *to make music*
faire du bricolage *to do odd jobs around the house*
faire du jardinage *to do gardening*
il faut (que) *one has to, it is necessary that*
pour (que) *so that, in order to*
probablement *probably*
sauf *except*
sûrement *certainly*

Vocabulaire supplémentaire

Noms

une activité *activity*
l'autorité *(f.) authority*
un besoin *need*
le cancer *cancer*
un cauchemar *nightmare*
un changement *change*
le confort *comfort*
Dieu *God*
la drogue *drug (illegal)*
un(e) drogué(e) *drug addict*
l'écologie *(f.) ecology*
l'égalité *(f.) equality*
un gouvernement *government*
une illusion *illusion*
l'injustice *(f.) injustice*
l'intolérance *(f.) intolerance*
la liberté *freedom*
les loisirs *(m.pl.) leisure (spare time)
  activities*
une opinion *opinion*
l'ordre *(m.) order*
la pauvreté *poverty*
la pollution *pollution*
un préservatif *condom*
la protection *protection*
la réalité *reality*
la recherche (sur) *research*
la richesse *wealth*
la sécurité *feeling of security, safety*
le sida *AIDS*
un souci *problem, worry*

la spiritualité *spirituality*
le terrorisme *terrorism*

Adjectifs

actuel, actuelle *present, current*
conservateur, conservatrice
  conservative
drogué(e) *stoned*
financier, financière *financial*
matériel, matérielle *material*
personnel, personnelle *personal*
raciste *racist*
séropositif, séropositive *HIV positive*
simple *simple*

Verbes

accepter (de + inf.) *to accept*
s'adapter à *to adapt to*
apprécier *to appreciate*
bavarder *to chat*
concerner *to concern*
se droguer *to take (illegal) drugs*
imposer *to impose*
se méfier (de) *to mistrust, not to trust*
oser *to dare*
souffrir (conjugué comme ouvrir) *to
  suffer*

Divers

avoir des illusions *to have illusions*
avoir des soucis *to have worries*
avoir le droit de *to have the right to*

être conscient(e) de *to be aware of*
faire de la politique *to be involved
  in politics*
plutôt *rather*
prendre sa retraite *to retire*
profiter de la vie *to make the most
  of life*
se poser des questions *to wonder, to
  have doubts*
la vie quotidienne *daily life*

Le français familier

avoir de la tchatche = parler beaucoup, être bavard
la came = la drogue
un leader *leader*
tchatcher = bavarder, parler pour ne
  rien dire

Le français tel qu'on le parle

Attention! *Watch out!*
Coucou! *Peek-a-boo!*
mon lapin *sweetheart, my love
  (like* mon chou *or* mon chéri)

On entend parfois...

avoir de la jasette (Canada) = être
  bavard
babiner (Canada) = bavarder
barjaquer (Suisse) = bavarder

CHANSON 17: Je suis de celles

Benabar chante l'histoire amère de Nathalie, jeune fille précoce et facile, exploitée et sans illusions sur le passé.

1. Écoutons. Quels mots associez-vous avec le style de cette chanson?

2. Mots et expressions. Dans la chanson, les verbes alternent entre le présent, l'imparfait et le passé composé. Quels verbes reconnaissez-vous et à quels temps sont-ils?

3. Souvenirs de jeunesse. Lisez cette chanson. À qui Nathalie raconte-t-elle son histoire? Comment se compare-t-elle aux autre filles? Quel portrait fait-elle des garçons qu'elle a connus? Exprime-t-elle des regrets ou de l'amertume quand elle pense au passé?

CHANSON 18: Nouveau western

Une chanson inquiétante de MC Solaar qui se moque de la tradition des films de style western mais montre que leur violence a pénétré la vie parisienne moderne.

1. Écoutons. Comparez cette chanson avec celles que vous connaissez. À quel type de chanson ressemble-t-elle? Pourquoi?

2. Mots et expressions. Cette chanson est pleine d'allusions au Far West. Quelles sont celles que vous reconnaissez?

3. Le «nouveau western». Lisez cette chanson et dites quel est:

- le sujet de la première strophe? Quelle est la signification de cette évocation?
- le sujet de la deuxième strophe? Identifiez les mots clés de cette strophe.
- le sujet de la troisième strophe? Définissez le «nouveau western».
- la conclusion de la chanson?

CHANSON 19: Ici

Cette chanson d'Isabelle Boulay évoque son pays natal, le Québec.

1. Écoutons. Écoutez cette chanson, sa mélodie, sa présentation, ses paroles et son rythme. Qu'est-ce qu'elle exprime?

2. Mots et expressions. Écoutez la chanson encore une fois. Quels mots et expressions expriment les sentiments qu'Isabelle Boulay a pour son pays?

3. Le pays natal. Les Français appellent leur pays «la douce France». Quelles phrases exprimeraient les sentiments de cette chanteuse pour son Québec natal?

CHANSON 20: Manhattan Kaboul

Pour terminer cette série de chansons, Renaud évoque les événements de ce début de siècle et les problèmes qu'ils ont causés.

1. Écoutons. Quel type de chanson est-ce? D'après ce que vous entendez et comprenez, quels sont les sentiments du chanteur?

2. Mots et expressions. Écoutez cette chanson encore une fois, et organisez les mots que vous comprenez par thèmes.

3. Le «rêve américain». Lisez les paroles de cette chanson, et expliquez l'attitude de l'auteur. Quels événements évoque-t-il? Qu'est-ce que «l'autel de la violence éternelle» pour lui? Le chanteur exprime-t-il une opinion? Laquelle?

Appendice de grammaire

- Les temps composés
- Le passé simple
- Le participe présent
- L'infinitif
- Les pronoms relatifs *dont* et *ce dont*
- Les pronoms démonstratifs
- Les pronoms possessifs
- L'ordre des pronoms d'objet, *y* et *en*
- La place des adjectifs

Les temps composés

A compound tense (**un temps composé**) has two parts: a helping verb and a past participle. The **passé composé,** for example, is a compound tense (present tense of **avoir/être** + past participle). The **passé composé** refers to an event in the past, to something that happened or has happened.

Ils **ont pris** ma radio!	*They took my radio!*
Sa mère **est allée** à Londres.	*His mother went/has gone to London.*
Mon oncle **a** déjà **lu** le journal.	*My uncle already read/has already read the newspaper.*
Nous nous **sommes regardés.**	*We looked at each other.*

Three other compound tenses besides the **passé composé** are in common use. These tenses are used to date events chronologically in a narration in the past or in the future. Each one is formed by using a form of **avoir** or **être** as a helping verb plus a past participle.

Le plus-que-parfait: avoir/être à l'imparfait + participe passé

The **plus-que-parfait** refers to an event in the past that happened before another event in the past, that is, to something that had happened before something else.

Il **avait** déjà **mangé** quand je suis arrivé.
He had already eaten when I got there.

Elle **était** déjà **partie** quand je lui ai téléphoné.
She had already left when I called her.

Je m'**étais** déjà **couché** quand l'inspecteur m'a téléphoné.
I had already gone to bed when the police inspector called me.

Le futur antérieur: avoir/être au futur + participe passé

The **futur antérieur** refers to an event in the future that will happen before another event in the future, that is, to something that will have happened before something else.

Mon père **aura mangé** avant que j'arrive.
My father will have eaten before I get there.

J'espère que Marie **sera rentrée** quand ses parents téléphoneront.
I hope Mary will have gotten back by the time that (when) her parents call.

Je me **serai lavé** les cheveux avant que tu arrives.
I will have washed my hair before you get here.

Le conditionnel passé: avoir/être au conditionnel + participe passé

The **conditionnel passé** refers to an event that would have happened if something else had happened.

Il t'**aurait dit** la vérité si tu lui avais parlé.
He would have told you the truth if you had talked to him.

Elle **serait partie** s'il y avait eu un train.
She would have left if there had been a train.

Tu te **serais souvenu** d'elle si tu l'avais vue.
You would have remembered her if you had seen her.

Note that past participles agree in all compound tenses as they do for the **passé composé.**

C'est elle la fille que j'avais rencontrée il y a deux ans!
Nous serons arrivés avant 18 heures demain.
Ils se seraient couchés de bonne heure, mais il y avait des examens et...

See the *Appendice de verbes* for examples of verbs conjugated in these tenses.

Le passé simple

The **passé simple** *(simple past tense)* in French is found in written narration where it is basically the equivalent of the **passé composé.** To read French narration such as that found in novels, fairy tales, or detective stories, you will need to be able to recognize verb forms in the **passé simple.**

1. The **passé simple** of regular **-er** verbs like **parler** is formed by adding the endings **-ai, -as, -a, -âmes, -âtes, -èrent** to the infinitive stem (**parl-**).

je parlai	nous parlâmes
tu parlas	vous parlâtes
il }	ils }
elle } parla	elles } parlèrent

2. The passé simple of regular **-ir** and **-re** verbs like **finir, partir,** and **vendre** is formed by adding the endings **-is, -is, -it, -îmes, -îtes, -irent** to the infinitive stem (**fin-, part-, vend-**).

je finis	nous finîmes	je vendis	nous vendîmes	je partis	nous partîmes
tu finis	vous finîtes	tu vendis	vous vendîtes	tu partis	vous partîtes
il }	ils }	il }	ils }	il }	ils }
elle } finit	elles } finirent	elle } vendit	elles } vendirent	elle } partit	elles } partirent

3. Other verbs. Many verbs have irregular **passé simple** forms. Frequently, but not always, the stem of the **passé simple** is based on the past participle. All verbs in this category take the same set of endings: **-s, -s, -t, -^mes, -^tes, -rent.**

VERB	STEM	
avoir	eu-	il **eut**
boire	bu-	elles **burent**
connaître	connu-	il **connut**
courir	couru-	elle **courut**
croire	cru-	il **crut**
devoir	du-	ils **durent**
dire	di-	elle **dit**
être	fu-	elle **fut**
faire	fi-	elles **firent**
falloir	fallu-	il **fallut**
lire	lu-	il **lut**
mettre	mi-	elles **mirent**
pouvoir	pu-	elle **put**
prendre	pri-	il **prit**
recevoir	reçu-	il **reçut**
rire	ri-	elles **rirent**
savoir	su-	elle **sut**
suivre	suivi-	il **suivit**
venir	vin-	il **vint**
vivre	vécu-	elle **vécut**
voir	vi-	ils **virent**
vouloir	voulu-	elle **voulut**

Appendice de grammaire

Le participe présent

The present participle is a verbal form ending in **-ant**. A present participle may be used either as an adjective or as a verb.

Formation

The present participle is formed by removing the **-ons** ending from the **nous** form of the present tense and adding **-ant**.

chanter	chantant
finir	finissant
attendre	attendant
sortir	sortant
prendre	prenant

Avoir, être, and **savoir** have irregular present participle forms.

être **étant**	avoir **ayant**	savoir **sachant**

1. Present participles used as adjectives agree with the noun they modify.

Nous avons vu **un film amusant** à la télévision hier.	*We saw a funny (amusing) film on television last night.*
Vous avez **des idées surprenantes.**	*You have surprising ideas.*

2. **En** followed by a present participle may be translated by a variety of English words (*by, in, on, as,* etc.). It explains how something is done.

Il a appris à faire la cuisine **en regardant** sa mère.	*He learned to cook by watching his mother.*

3. The phrase **tout en** + present participle expresses the idea of two actions going on at the same time. **Tout** does not always have an English equivalent.

Continue. Je peux t'écouter **tout en travaillant.**	*Keep going. I can listen to you while I work.*

ATTENTION! Verb forms in *-ing* are very common in English. They are only rarely, however, the equivalent of the French present participle. Compare the following:

Nous avons commencé à **étudier.**	*We started studying.*
Elle était **assise.**	*She was sitting down.*
Voilà la femme **de ménage.**	*There's the cleaning lady.*

The English progressive tenses have no direct equivalent in French.

He is singing. = Il **chante.**
She was singing. = Elle **chantait.**

L'infinitif

The infinitive of a verb is the form found in a vocabulary list or in the dictionary. Infinitives in French end in -er (**parler, aller, espérer**), -ir (**finir, sortir, ouvrir**), -re (**vendre, prendre, être**), or -oir (**vouloir, devoir, avoir**).

You have already seen infinitives used in a number of ways.

1. As the equivalent of the English *to + verb*:

Il ne veut pas **nager**.	*He doesn't want to swim.*
Vous ne m'avez pas dit de **faire** la vaisselle!	*You didn't tell me to do the dishes!*

2. As the equivalent of the English *verb + -ing*:

Il est parti sans **manger**.	*He left without eating.*
Qui a envie de **jouer** au tennis?	*Who feels like playing tennis?*

3. As part of a compound noun:

une salle à **manger**	*a dining room*
une machine à **écrire**	*a typewriter*

Verbe + infinitif

Verbs in French may be followed directly by an infinitive or may require the insertion of **à** or **de** in front of the infinitive.

Tu aimes **étudier?**	*You like to study?*
J'essaie **de t'aider.**	*I'm trying to help you.*
Elle a commencé **à étudier.**	*She's started to study.*

Here are two lists of verbs, one that inserts the preposition **à** before an infinitive and one that inserts the preposition **de**. These lists represent the verbs presented in *VOILÀ!* and so are not complete. You should continue to add to these lists as you study French.

VERBE + **à** + INFINITIF	VERBE + **de** + INFINITIF
aider qqn à	accepter de
apprendre à	choisir de
chercher à	décider de
commencer à	demander à qqn de
continuer à	dire à qqn de
inviter qqn à	essayer de
passer (du temps) à	finir de
réussir à	offrir de
s'amuser à	oublier de
se préparer à	permettre de
	promettre à qqn de
	refuser de
	rêver de
	venir de *(to have just)*

Les pronoms relatifs *dont* et *ce dont*

Dont

The relative pronoun **dont** connects two sentences sharing the same noun just as do the relative pronouns **qui** and **que**. **Dont**, however, indicates that the shared word is preceded by the preposition **de** in one of the sentences. In other words, **dont** replaces **de** plus the following word. The English equivalent is *of whom, of which, about whom, about which,* or *whose.* Although English allows some of these relative pronouns to be deleted, French does not.

C'est **le professeur.** + Je connais le fils **de ce professeur.** =
  C'est le professeur **dont** je connais le fils.
That's the instructor. + I know that instructor's son (the son of that instructor). =
  That's the instructor whose son I know.

J'ai vu **les étudiants.** + Tu m'as parlé **de ces étudiants.** =
  J'ai vu les étudiants **dont** tu m'as parlé.
I saw the students. + You talked to me about those students. =
  I saw the students you talked to me about.

Voilà **le crayon.** + J'ai besoin **de ce crayon.** =
  Voilà le crayon **dont** j'ai besoin.
There's the pencil. + I need that pencil. =
  There's the pencil I need (of which I have need).

Ce dont

Ce dont, like **ce qui** and **ce que,** means *what* and refers to something indefinite. It is used with expressions incorporating **de** such as **avoir besoin de, avoir peur de, se souvenir de,** etc.

Ce dont j'ai besoin, c'est de paix!   *What I need is some peace!*
Je ne sais pas **ce dont** j'ai envie.   *I don't know what I feel like having.*

Les pronoms démonstratifs: *celui, celle, ceux, celles*

You have already learned the forms and use of the demonstrative adjective **ce.**

Tu veux **cette** pomme?   *Do you want this/that apple?*
Vous voyez **cet** homme et   *Do you see that man and those women?*
  ces femmes?

A demonstrative pronoun replaces a demonstrative adjective and its noun. Here are some examples.

Tu veux cette pomme-ci ou **celle-là?**   *Do you want this apple or that one?*
   (celle-là = cette pomme-là)

—Vous voyez cet homme?   *Do you see that man?*
—Quel homme?   *What man?*
—**Celui** qui est derrière la table.   *The one behind the table.*
(celui qui est derrière la table = cet homme qui est derrière la table)

Demonstrative pronouns cannot stand alone. They must be followed by one of three structures:

1. **-ci** or **-là:**

   —Prenez une pomme.   *Take an apple.*
   —**Celle-ci** ou **celle-là?**   *This one or that one?*

2. A prepositional phrase:

   —Tu veux ces livres-ci ou   *Do you want these books or Marc's?*
   ceux de Marc?

3. A relative clause:

   —Tu veux un magazine?   *Do you want a magazine?*
   —Oui, mais je veux **celui que**   *Yes, but I want the one you're reading!*
   tu lis!

Les pronoms possessifs

You have already learned the forms and use of possessive adjectives.

   —C'est **ton** livre?   *Is this your book?*
   —Non, c'est **leur** livre.   *No, it's their book.*

A possessive pronoun replaces a possessive adjective and its noun.

   —C'est **le tien?**   *Is this yours?*
   —Non, c'est **le leur.**   *No, it's theirs.*

Here are the forms of the possessive pronouns.

MINE	YOURS *(familiar)*	HIS, HERS, ITS
le mien	le tien	le sien
la mienne	la tienne	la sienne
les miens	les tiens	les siens
les miennes	les tiennes	les siennes
OURS	YOURS *(formal, pl.)*	THEIRS
le nôtre	le vôtre	le leur
la nôtre	la vôtre	la leur
les nôtres	les vôtres	les leurs

Possessive pronouns agree in number and gender with the noun they replace.

Voilà mon affiche et voilà **la vôtre.** (**la vôtre = votre affiche**)	*Here's my poster and here's yours.*
David a pris tes clés et **les miennes!** (**les miennes = mes clés**)	*David took your keys and mine!*
—On prend ta voiture ou **la mienne?**	*Shall we take your car or mine?*
—Prenons **la tienne,** elle est moins sale.	*Let's take yours; it's less dirty.*
(**la mienne = ma voiture, la tienne = ta voiture**)	

L'ordre des pronoms d'objet, *y* et *en*

When more than one object pronoun is used, certain rules of order apply. For all cases except affirmative commands, Table 1 applies. Use Table 2 for affirmative commands.

TABLE 1: BEFORE THE VERB

me te se nous vous	BEFORE	le la les	BEFORE	lui leur	BEFORE	y	BEFORE	en

TABLE 2: AFFIRMATIVE COMMANDS (AFTER THE VERB)

le la les	BEFORE	moi (m') toi (t') lui nous vous leur	BEFORE	y	BEFORE	en

Fatima donne **des fleurs à sa mère.**	Fatima **lui en** donne.
La mère de Fatima donne **les fleurs à sa mère!**	Elle **les lui** donne!
Donne **ces fleurs à ton père.**	Donne-**les-lui.**
On ne va plus parler **de cela aux enfants!**	On ne va plus **leur en** parler!
On **m'**a donné **des fleurs** hier.	On **m'en** a donné hier.
Donnez-**moi ce crayon.**	Donnez-**le-moi.**
Donnez-**moi des crayons.**	Donnez-**m'en.**
Il y a **des crayons?**	Il **y en** a?

La place des adjectifs

As you have already learned, the majority of adjectives in French follow the noun they modify.

Candide n'aime pas les films **violents**.   *Candide doesn't like violent movies.*

A small group of adjectives, however, precede the noun they modify.

beau, (bel) belle, beaux, belles	Jacques Dubois a une **belle** maison.
bon, bonne	J'ai une **bonne** idée.
grand, grande	Suzanne a une **grande** chambre.
gros, grosse	Quel **gros** chien!
jeune	François est un **jeune** enfant.
joli, jolie	Sylvie a une **jolie** chambre.
long, longue	Quelle **longue** journée!
mauvais, mauvaise	Ça, c'est une **mauvaise** idée.
nouveau, (nouvel) nouvelle, nouveaux, nouvelles	J'ai une **nouvelle** robe.
pauvre	La **pauvre** femme!
petit, petite	Tu vois le **petit** chat?
vieux (vieil), vieille, vieux, vieilles	M. Martin est un **vieil** homme.

Some adjectives may be found either before or after the noun they modify. These adjectives change meaning according to their position.

ADJECTIF	AVANT LE NOM	APRÈS LE NOM
dernier, dernière	*last of a series, final* le **dernier** jour de la semaine le **dernier** étage	*last, most recent* (for **semaine, mois, année**) la semaine **dernière**
cher, chère	*dear, beloved* **Chère** Aline, Je t'écris pour...	*expensive* La Mercédès est une voiture **chère**.
grand, grande	*great, important* (refers to people) On dit que Napoléon était un **grand** homme.	*tall* (refers to people) Mais on ne dit pas que c'était un homme **grand**!
même	*same* C'est la **même** chose.	*very, even, itself* Elle, c'est la bonté (*goodness*) **même**.
pauvre	*unfortunate, pitiful* Le **pauvre** garçon, il a tout perdu.	*without money* C'est un garçon **pauvre** mais intelligent.
propre	*own* C'est ma **propre** idée.	*clean* Tu as les mains **propres**?

Appendice de verbes

Appendice de verbes

A. Verbs *être* and *avoir*

INFINITIF: avoir (to have)

PARTICIPE PRÉSENT: ayant
PARTICIPE PASSÉ: eu

INDICATIF

PRÉSENT	IMPARFAIT	PASSÉ SIMPLE	FUTUR
ai	avais	eus	aurai
as	avais	eus	auras
a	avait	eut	aura
avons	avions	eûmes	aurons
avez	aviez	eûtes	aurez
ont	avaient	eurent	auront

PASSÉ COMPOSÉ	PLUS-QUE-PARFAIT	FUTUR ANTÉRIEUR
ai eu	avais eu	aurai eu
as eu	avais eu	auras eu
a eu	avait eu	aura eu
avons eu	avions eu	aurons eu
avez eu	aviez eu	aurez eu
ont eu	avaient eu	auront eu

CONDITIONNEL

PRÉSENT DU CONDITIONNEL	CONDITIONNEL PASSÉ
aurais	aurais eu
aurais	aurais eu
aurait	aurait eu
aurions	aurions eu
auriez	auriez eu
auraient	auraient eu

SUBJONCTIF

PRÉSENT DU SUBJONCTIF:
- que j'aie
- que tu aies
- qu'il/elle ait
- que nous ayons
- que vous ayez
- qu'ils/elles aient

IMPÉRATIF
- aie
- ayons
- ayez

INFINITIF: être (to be)

PARTICIPE PRÉSENT: étant
PARTICIPE PASSÉ: été

INDICATIF

PRÉSENT	IMPARFAIT	PASSÉ SIMPLE	FUTUR
suis	étais	fus	serai
es	étais	fus	seras
est	était	fut	sera
sommes	étions	fûmes	serons
êtes	étiez	fûtes	serez
sont	étaient	furent	seront

PASSÉ COMPOSÉ	PLUS-QUE-PARFAIT	FUTUR ANTÉRIEUR
ai été	avais été	aurai été
as été	avais été	auras été
a été	avait été	aura été
avons été	avions été	aurons été
avez été	aviez été	aurez été
ont été	avaient été	auront été

CONDITIONNEL

PRÉSENT DU CONDITIONNEL	CONDITIONNEL PASSÉ
serais	aurais été
serais	aurais été
serait	aurait été
serions	aurions été
seriez	auriez été
seraient	auraient été

SUBJONCTIF

PRÉSENT DU SUBJONCTIF:
- sois
- sois
- soit
- soyons
- soyez
- soient

IMPÉRATIF
- sois
- soyons
- soyez

B. Regular verbs

-er verbs

INFINITIF: parler *(to speak)*
PARTICIPE PRÉSENT: parlant
PARTICIPE PASSÉ: parlé

INDICATIF

PRÉSENT	IMPARFAIT	PASSÉ SIMPLE	FUTUR
parle	parlais	parlai	parlerai
parles	parlais	parlas	parleras
parle	parlait	parla	parlera
parlons	parlions	parlâmes	parlerons
parlez	parliez	parlâtes	parlerez
parlent	parlaient	parlèrent	parleront

PASSÉ COMPOSÉ	PLUS-QUE-PARFAIT	FUTUR ANTÉRIEUR
ai parlé	avais parlé	aurai parlé
as parlé	avais parlé	auras parlé
a parlé	avait parlé	aura parlé
avons parlé	avions parlé	aurons parlé
avez parlé	aviez parlé	aurez parlé
ont parlé	avaient parlé	auront parlé

CONDITIONNEL

CONDITIONNEL	CONDITIONNEL PASSÉ
parlerais	aurais parlé
parlerais	aurais parlé
parlerait	aurait parlé
parlerions	aurions parlé
parleriez	auriez parlé
parleraient	auraient parlé

SUBJONCTIF

PRÉSENT DU SUBJONCTIF
parle
parles
parle
parlions
parliez
parlent

IMPÉRATIF

IMPÉRATIF
parle
parlons
parlez

-ir verbs

INFINITIF: dormir* *(to sleep)*
PARTICIPE PRÉSENT: dormant
PARTICIPE PASSÉ: dormi

INDICATIF

PRÉSENT	IMPARFAIT	PASSÉ SIMPLE	FUTUR
dors	dormais	dormis	dormirai
dors	dormais	dormis	dormiras
dort	dormait	dormit	dormira
dormons	dormions	dormîmes	dormirons
dormez	dormiez	dormîtes	dormirez
dorment	dormaient	dormirent	dormiront

PASSÉ COMPOSÉ	PLUS-QUE-PARFAIT	FUTUR ANTÉRIEUR
ai dormi	avais dormi	aurai dormi
as dormi	avais dormi	auras dormi
a dormi	avait dormi	aura dormi
avons dormi	avions dormi	aurons dormi
avez dormi	aviez dormi	aurez dormi
ont dormi	avaient dormi	auront dormi

CONDITIONNEL

CONDITIONNEL	CONDITIONNEL PASSÉ
dormirais	aurais dormi
dormirais	aurais dormi
dormirait	aurait dormi
dormirions	aurions dormi
dormiriez	auriez dormi
dormiraient	auraient dormi

SUBJONCTIF

PRÉSENT DU SUBJONCTIF
dorme
dormes
dorme
dormions
dormiez
dorment

IMPÉRATIF

IMPÉRATIF
dors
dormons
dormez

*Other verbs like **dormir** are **mentir, partir, sortir, s'endormir**. Note that **partir, sortir,** and **s'endormir** are conjugated with **être** in the **passé composé.**

Appendice de verbes

-ir verbs

INFINITIF: finir* (to finish)
PARTICIPE PRÉSENT: finissant
PARTICIPE PASSÉ: fini

INDICATIF

PRÉSENT	IMPARFAIT	PASSÉ SIMPLE	FUTUR
finis	finissais	finis	finirai
finis	finissais	finis	finiras
finit	finissait	finit	finira
finissons	finissions	finîmes	finirons
finissez	finissiez	finîtes	finirez
finissent	finissaient	finirent	finiront

PASSÉ COMPOSÉ	PLUS-QUE-PARFAIT	FUTUR ANTÉRIEUR
ai fini	avais fini	aurai fini
as fini	avais fini	auras fini
a fini	avait fini	aura fini
avons fini	avions fini	aurons fini
avez fini	aviez fini	aurez fini
ont fini	avaient fini	auront fini

CONDITIONNEL

CONDITIONNEL	CONDITIONNEL PASSÉ
finirais	aurais fini
finirais	aurais fini
finirait	aurait fini
finirions	aurions fini
finiriez	auriez fini
finiraient	auraient fini

SUBJONCTIF

PRÉSENT DU SUBJONCTIF
finisse
finisses
finisse
finissions
finissiez
finissent

IMPÉRATIF

finis
finissons
finissez

-re verbs

INFINITIF: vendre† (to sell)
PARTICIPE PRÉSENT: vendant
PARTICIPE PASSÉ: vendu

INDICATIF

PRÉSENT	IMPARFAIT	PASSÉ SIMPLE	FUTUR
vends	vendais	vendis	vendrai
vends	vendais	vendis	vendras
vend	vendait	vendit	vendra
vendons	vendions	vendîmes	vendrons
vendez	vendiez	vendîtes	vendrez
vendent	vendaient	vendirent	vendront

PASSÉ COMPOSÉ	PLUS-QUE-PARFAIT	FUTUR ANTÉRIEUR
ai vendu	avais vendu	aurai vendu
as vendu	avais vendu	auras vendu
a vendu	avait vendu	aura vendu
avons vendu	avions vendu	aurons vendu
avez vendu	aviez vendu	aurez vendu
ont vendu	avaient vendu	auront vendu

CONDITIONNEL

CONDITIONNEL	CONDITIONNEL PASSÉ
vendrais	aurais vendu
vendrais	aurais vendu
vendrait	aurait vendu
vendrions	aurions vendu
vendriez	auriez vendu
vendraient	auraient vendu

SUBJONCTIF

PRÉSENT DU SUBJONCTIF
vende
vendes
vende
vendions
vendiez
vendent

IMPÉRATIF

vends
vendons
vendez

*Other verbs like **finir** are **agir, choisir, grossir, maigrir, réfléchir, réussir.**
†Other verbs like **vendre** are **attendre, descendre, perdre, rendre, répondre.** Note that **descendre** is conjugated with **être** in the passé composé.

C. Reflexive verbs

VERBE	INDICATIF					CONDITIONNEL		SUBJONCTIF	IMPÉRATIF
	PRÉSENT	IMPARFAIT	PASSÉ SIMPLE	FUTUR		CONDITIONNEL		PRÉSENT DU SUBJONCTIF	
INFINITIF **se laver** *(to wash oneself)*	me lave	me lavais	me lavai	me laverai		me laverais		me lave	
	te laves	te lavais	te lavas	te laveras		te laverais		te laves	lave-toi
	se lave	se lavait	se lava	se lavera		se laverait		se lave	
PARTICIPE PRÉSENT se lavant	nous lavons	nous lavions	nous lavâmes	nous laverons		nous laverions		nous lavions	lavons-nous
	vous lavez	vous laviez	vous lavâtes	vous laverez		vous laveriez		vous laviez	lavez-vous
	se lavent	se lavaient	se lavèrent	se laveront		se laveraient		se lavent	
	PASSÉ COMPOSÉ	PLUS-QUE-PARFAIT	FUTUR ANTÉRIEUR			CONDITIONNEL PASSÉ			
PARTICIPE PASSÉ lavé	me suis lavé(e)	m'étais lavé(e)	me serai lavé(e)			me serais lavé(e)			
	t'es lavé(e)	t'étais lavé(e)	te seras lavé(e)			te serais lavé(e)			
	s'est lavé(e)	s'était lavé(e)	se sera lavé(e)			se serait lavé(e)			
	nous sommes lavé(e)s	nous étions lavé(e)s	nous serons lavé(e)s			nous serions lavé(e)s			
	vous êtes lavé(e)(s)	vous étiez lavé(e)(s)	vous serez lavé(e)(s)			vous seriez lavé(e)(s)			
	se sont lavé(e)s	s'étaient lavé(e)s	se seront lavé(e)s			se seraient lavé(e)s			

D. Verbs with spelling changes

VERBE	PRÉSENT	IMPARFAIT	PASSÉ COMPOSÉ	PASSÉ SIMPLE	FUTUR	CONDITIONNEL	PRÉSENT DU SUBJONCTIF	IMPÉRATIF
manger *(to eat)* mangeant mangé	mange	mangeais	ai mangé	mangeai	mangerai	mangerais	mange	
	manges	mangeais	as mangé	mangeas	mangeras	mangerais	manges	mange
	mange	mangeait	a mangé	mangea	mangera	mangerait	mange	
	mangeons	mangions	avons mangé	mangeâmes	mangerons	mangerions	mangions	mangeons
	mangez	mangiez	avez mangé	mangeâtes	mangerez	mangeriez	mangiez	mangez
	mangent	mangeaient	ont mangé	mangèrent	mangeront	mangeraient	mangent	

*Other verbs like **manger** are **bouger, changer, déménager, diriger, interroger, loger, nager, neiger, partager, ranger, voyager.**

Appendice de verbes

VERBE	PRÉSENT	IMPARFAIT	PASSÉ COMPOSÉ	PASSÉ SIMPLE	FUTUR	CONDITIONNEL	PRÉSENT DU SUBJONCTIF	IMPÉRATIF
commencer*	commence	commençais	ai commencé	commençai	commencerai	commencerais	commence	
(to begin)	commences	commençais	as commencé	commenças	commenceras	commencerais	commences	commence
commençant	commence	commençait	a commencé	commença	commencera	commencerait	commence	
commencé	commençons	commencions	avons commencé	commençâmes	commencerons	commencerions	commencions	commençons
	commencez	commenciez	avez commencé	commençâtes	commencerez	commenceriez	commenciez	commencez
	commencent	commençaient	ont commencé	commencèrent	commenceront	commenceraient	commencent	
essayer†	essaie	essayais	ai essayé	essayai	essaierai	essaierais	essaie	
(to try)	essaies	essayais	as essayé	essayas	essaieras	essaierais	essaies	essaie
essayant	essaie	essayait	a essayé	essaya	essaiera	essaierait	essaie	
essayé	essayons	essayions	avons essayé	essayâmes	essaierons	essaierions	essayions	essayons
	essayez	essayiez	avez essayé	essayâtes	essaierez	essaieriez	essayiez	essayez
	essaient	essayaient	ont essayé	essayèrent	essaieront	essaieraient	essaient	
acheter‡	achète	achetais	ai acheté	achetai	achèterai	achèterais	achète	
(to buy)	achètes	achetais	as acheté	achetas	achèteras	achèterais	achètes	achète
achetant	achète	achetait	a acheté	acheta	achètera	achèterait	achète	
acheté	achetons	achetions	avons acheté	achetâmes	achèterons	achèterions	achetions	achetons
	achetez	achetiez	avez acheté	achetâtes	achèterez	achèteriez	achetiez	achetez
	achètent	achetaient	ont acheté	achetèrent	achèteront	achèteraient	achètent	
préférer§	préfère	préférais	ai préféré	préférai	préférerai	préférerais	préfère	
(to prefer)	préfères	préférais	as préféré	préféras	préféreras	préférerais	préfères	préfère
préférant	préfère	préférait	a préféré	préféra	préférera	préférerait	préfère	
préféré	préférons	préférions	avons préféré	préférâmes	préférerons	préférerions	préférions	préférons
	préférez	préfériez	avez préféré	préférâtes	préférerez	préféreriez	préfériez	préférez
	préfèrent	préféraient	ont préféré	préférèrent	préféreront	préféreraient	préfèrent	
appeler	appelle	appelais	ai appelé	appelai	appellerai	appellerais	appelle	
(to call)	appelles	appelais	as appelé	appelas	appelleras	appellerais	appelles	appelle
appelant	appelle	appelait	a appelé	appela	appellera	appellerait	appelle	
appelé	appelons	appelions	avons appelé	appelâmes	appellerons	appellerions	appelions	appelons
	appelez	appeliez	avez appelé	appelâtes	appellerez	appelleriez	appeliez	appelez
	appellent	appelaient	ont appelé	appelèrent	appelleront	appelleraient	appellent	

*Other verbs like **commencer** are **divorcer, se fiancer, menacer.**
†Other verbs like **essayer** are **employer, (s')ennuyer, payer.**
‡Other verbs like **acheter** are **emmener, (se) lever, (se) promener.**
§Other verbs like **préférer** are **espérer, (se) sécher.**

E. Irregular verbs

VERBE	PRÉSENT	IMPARFAIT	PASSÉ COMPOSÉ	PASSÉ SIMPLE	FUTUR	CONDITIONNEL	PRÉSENT DU SUBJONCTIF	IMPÉRATIF
aller (to go) allant allé	vais vas va allons allez vont	allais allais allait allions alliez allaient	suis allé(e) es allé(e) est allé(e) sommes allé(e)s êtes allé(e)(s) sont allé(e)s	allai allas alla allâmes allâtes allèrent	irai iras ira irons irez iront	irais irais irait irions iriez iraient	aille ailles aille allions alliez aillent	va allons allez
boire (to drink) buvant bu	bois bois boit buvons buvez boivent	buvais buvais buvait buvions buviez buvaient	ai bu as bu a bu avons bu avez bu ont bu	bus bus but bûmes bûtes burent	boirai boiras boira boirons boirez boiront	boirais boirais boirait boirions boiriez boiraient	boive boives boive buvions buviez boivent	bois buvons buvez
conduire (to lead, to drive) conduisant conduit	conduis conduis conduit conduisons conduisez conduisent	conduisais conduisais conduisait conduisions conduisiez conduisaient	ai conduit as conduit a conduit avons conduit avez conduit ont conduit	conduisis conduisis conduisit conduisîmes conduisîtes conduisirent	conduirai conduiras conduira conduirons conduirez conduiront	conduirais conduirais conduirait conduirions conduiriez conduiraient	conduise conduises conduise conduisions conduisiez conduisent	conduis conduisons conduisez
connaître (to know) connaissant connu	connais connais connaît connaissons connaissez connaissent	connaissais connaissais connaissait connaissions connaissiez connaissaient	ai connu as connu a connu avons connu avez connu ont connu	connus connus connut connûmes connûtes connurent	connaîtrai connaîtras connaîtra connaîtrons connaîtrez connaîtront	connaîtrais connaîtrais connaîtrait connaîtrions connaîtriez connaîtraient	connaisse connaisses connaisse connaissions connaissiez connaissent	connais connaissons connaissez
courir (to run) courant couru	cours cours court courons courez courent	courais courais courait courions couriez couraient	ai couru as couru a couru avons couru avez couru ont couru	courus courus courut courûmes courûtes coururent	courrai courras courra courrons courrez courront	courrais courrais courrait courrions courriez courraient	coure coures coure courions couriez courent	cours courons courez
croire (to believe) croyant cru	crois crois croit croyons croyez croient	croyais croyais croyait croyions croyiez croyaient	ai cru as cru a cru avons cru avez cru ont cru	crus crus crut crûmes crûtes crurent	croirai croiras croira croirons croirez croiront	croirais croirais croirait croirions croiriez croiraient	croie croies croie croyions croyiez croient	crois croyons croyez

Appendice de verbes

VERBE	PRÉSENT	IMPARFAIT	PASSÉ COMPOSÉ	PASSÉ SIMPLE	FUTUR	CONDITIONNEL	PRÉSENT DU SUBJONCTIF	IMPÉRATIF
devoir (to have to, to owe) devant dû	dois dois doit devons devez doivent	devais devais devait devions deviez devaient	ai dû as dû a dû avons dû avez dû ont dû	dus dus dut dûmes dûtes durent	devrai devras devra devrons devrez devront	devrais devrais devrait devrions devriez devraient	doive doives doive devions deviez doivent	dois devons devez
dire (to say, to tell) disant dit	dis dis dit disons dites disent	disais disais disait disions disiez disaient	ai dit as dit a dit avons dit avez dit ont dit	dis dis dit dîmes dîtes dirent	dirai diras dira dirons direz diront	dirais dirais dirait dirions diriez diraient	dise dises dise disions disiez disent	dis disons dites
écrire* (to write) écrivant écrit	écris écris écrit écrivons écrivez écrivent	écrivais écrivais écrivait écrivions écriviez écrivaient	ai écrit as écrit a écrit avons écrit avez écrit ont écrit	écrivis écrivis écrivit écrivîmes écrivîtes écrivirent	écrirai écriras écrira écrirons écrirez écriront	écrirais écrirais écrirait écririons écririez écriraient	écrive écrives écrive écrivions écriviez écrivent	écris écrivons écrivez
envoyer (to send) envoyant envoyé	envoie envoies envoie envoyons envoyez envoient	envoyais envoyais envoyait envoyions envoyiez envoyaient	ai envoyé as envoyé a envoyé avons envoyé avez envoyé ont envoyé	envoyai envoyas envoya envoyâmes envoyâtes envoyèrent	enverrai enverras enverra enverrons enverrez enverront	enverrais enverrais enverrait enverrions enverriez enverraient	envoie envoies envoie envoyions envoyiez envoient	envoie envoyons envoyez
faire (to do, to make) faisant fait	fais fais fait faisons faites font	faisais faisais faisait faisions faisiez faisaient	ai fait as fait a fait avons fait avez fait ont fait	fis fis fit fîmes fîtes firent	ferai feras fera ferons ferez feront	ferais ferais ferait ferions feriez feraient	fasse fasses fasse fassions fassiez fassent	fais faisons faites
falloir (to be necessary) fallu	il faut	il fallait	il a fallu	il fallut	il faudra	il faudrait	il faille	

*Other verb conjugated like **écrire: décrire.**

VERBE	PRÉSENT	IMPARFAIT	PASSÉ COMPOSÉ	PASSÉ SIMPLE	FUTUR	CONDITIONNEL	PRÉSENT DU SUBJONCTIF	IMPÉRATIF
lire *(to read)* lisant lu	lis lis lit lisons lisez lisent	lisais lisais lisait lisions lisiez lisaient	ai lu as lu a lu avons lu avez lu ont lu	lus lus lut lûmes lûtes lurent	lirai liras lira lirons lirez liront	lirais lirais lirait lirions liriez liraient	lise lises lise lisions lisiez lisent	lis lisons lisez
mettre* *(to put)* mettant mis	mets mets met mettons mettez mettent	mettais mettais mettait mettions mettiez mettaient	ai mis as mis a mis avons mis avez mis ont mis	mis mis mit mîmes mîtes mirent	mettrai mettras mettra mettrons mettrez mettront	mettrais mettrais mettrait mettrions mettriez mettraient	mette mettes mette mettions mettiez mettent	mets mettons mettez
ouvrir† *(to open)* ouvrant ouvert	ouvre ouvres ouvre ouvrons ouvrez ouvrent	ouvrais ouvrais ouvrait ouvrions ouvriez ouvraient	ai ouvert as ouvert a ouvert avons ouvert avez ouvert ont ouvert	ouvris ouvris ouvrit ouvrîmes ouvrîtes ouvrirent	ouvrirai ouvriras ouvrira ouvrirons ouvrirez ouvriront	ouvrirais ouvrirais ouvrirait ouvririons ouvririez ouvriraient	ouvre ouvres ouvre ouvrions ouvriez ouvrent	ouvre ouvrons ouvrez
pleuvoir *(to rain)* pleuvant plu	il pleut	il pleuvait	il a plu	il plut	il pleuvra	il pleuvrait	il pleuve	
pouvoir *(to be able)* pouvant pu	peux peux peut pouvons pouvez peuvent	pouvais pouvais pouvait pouvions pouviez pouvaient	ai pu as pu a pu avons pu avez pu ont pu	pus pus put pûmes pûtes purent	pourrai pourras pourra pourrons pourrez pourront	pourrais pourrais pourrait pourrions pourriez pourraient	puisse puisses puisse puissions puissiez puissent	
prendre‡ *(to take)* prenant pris	prends prends prend prenons prenez prennent	prenais prenais prenait prenions preniez prenaient	ai pris as pris a pris avons pris avez pris ont pris	pris pris prit prîmes prîtes prirent	prendrai prendras prendra prendrons prendrez prendront	prendrais prendrais prendrait prendrions prendriez prendraient	prenne prennes prenne prenions preniez prennent	prends prenons prenez

*Other verbs conjugated like **mettre: permettre, promettre.**
†Other verbs conjugated like **ouvrir: découvrir, offrir, souffrir.**
‡Other verbs conjugated like **prendre: apprendre, comprendre, surprendre.**

Appendice de verbes

Appendice de verbes

VERBE	PRÉSENT	IMPARFAIT	PASSÉ COMPOSÉ	PASSÉ SIMPLE	FUTUR	CONDITIONNEL	PRÉSENT DU SUBJONCTIF	IMPÉRATIF
recevoir	reçois	recevais	ai reçu	reçus	recevrai	recevrais	reçoive	
(to receive)	reçois	recevais	as reçu	reçus	recevras	recevrais	reçoives	reçois
recevant	reçoit	recevait	a reçu	reçut	recevra	recevrait	reçoive	
reçu	recevons	recevions	avons reçu	reçûmes	recevrons	recevrions	recevions	recevons
	recevez	receviez	avez reçu	reçûtes	recevrez	recevriez	receviez	recevez
	reçoivent	recevaient	ont reçu	reçurent	recevront	recevraient	reçoivent	
rire*	ris	riais	ai ri	ris	rirai	rirais	rie	
(to laugh)	ris	riais	as ri	ris	riras	rirais	ries	ris
riant	rit	riait	a ri	rit	rira	rirait	rie	
ri	rions	riions	avons ri	rîmes	rirons	ririons	riions	rions
	riez	riiez	avez ri	rîtes	rirez	ririez	riiez	riez
	rient	riaient	ont ri	rirent	riront	riraient	rient	
savoir	sais	savais	ai su	sus	saurai	saurais	sache	
(to know)	sais	savais	as su	sus	sauras	saurais	saches	sache
sachant	sait	savait	a su	sut	saura	saurait	sache	
su	savons	savions	avons su	sûmes	saurons	saurions	sachions	sachons
	savez	saviez	avez su	sûtes	saurez	sauriez	sachiez	sachez
	savent	savaient	ont su	surent	sauront	sauraient	sachent	
suivre	suis	suivais	ai suivi	suivis	suivrai	suivrais	suive	
(to follow)	suis	suivais	as suivi	suivis	suivras	suivrais	suives	suis
suivant	suit	suivait	a suivi	suivit	suivra	suivrait	suive	
suivi	suivons	suivions	avons suivi	suivîmes	suivrons	suivrions	suivions	suivons
	suivez	suiviez	avez suivi	suivîtes	suivrez	suivriez	suiviez	suivez
	suivent	suivaient	ont suivi	suivirent	suivront	suivraient	suivent	
venir†	viens	venais	suis venu(e)	vins	viendrai	viendrais	vienne	
(to come)	viens	venais	es venu(e)	vins	viendras	viendrais	viennes	viens
venant	vient	venait	est venu(e)	vint	viendra	viendrait	vienne	
venu	venons	venions	sommes venu(e)s	vînmes	viendrons	viendrions	venions	venons
	venez	veniez	êtes venu(e)(s)	vîntes	viendrez	viendriez	veniez	venez
	viennent	venaient	sont venu(e)s	vinrent	viendront	viendraient	viennent	
vivre	vis	vivais	ai vécu	vécus	vivrai	vivrais	vive	
(to live)	vis	vivais	as vécu	vécus	vivras	vivrais	vives	vis
vivant	vit	vivait	a vécu	vécut	vivra	vivrait	vive	
vécu	vivons	vivions	avons vécu	vécûmes	vivrons	vivrions	vivions	vivons
	vivez	viviez	avez vécu	vécûtes	vivrez	vivriez	viviez	vivez
	vivent	vivaient	ont vécu	vécurent	vivront	vivraient	vivent	

*Other verb conjugated like **rire: sourire.**
†Other verbs conjugated like **venir: devenir, revenir, se souvenir.**

VERBE	PRÉSENT	IMPARFAIT	PASSÉ COMPOSÉ	PASSÉ SIMPLE	FUTUR	CONDITIONNEL	PRÉSENT DU SUBJONCTIF	IMPÉRATIF
voir	vois	voyais	ai vu	vis	verrai	verrais	voie	
(to see)	vois	voyais	as vu	vis	verras	verrais	voies	vois
voyant	voit	voyait	a vu	vit	verra	verrait	voie	
vu	voyons	voyions	avons vu	vîmes	verrons	verrions	voyions	voyons
	voyez	voyiez	avez vu	vîtes	verrez	verriez	voyiez	voyez
	voient	voyaient	ont vu	virent	verront	verraient	voient	
vouloir	veux	voulais	ai voulu	voulus	voudrai	voudrais	veuille	
(to wish,	veux	voulais	as voulu	voulus	voudras	voudrais	veuilles	veuille
to want)	veut	voulait	a voulu	voulut	voudra	voudrait	veuille	
voulant	voulons	voulions	avons voulu	voulûmes	voudrons	voudrions	voulions	veuillons
voulu	voulez	vouliez	avez voulu	voulûtes	voudrez	voudriez	vouliez	veuillez
	veulent	voulaient	ont voulu	voulurent	voudront	voudraient	veuillent	

Lexique

This list contains words and expressions found in the *Vocabulaires de base* and *Vocabulaires supplémentaires*. Words and expressions included in *Le français familier, Le français tel qu'on le parle*, the *On entend parfois* sections, the *Mini-lexiques de téléphone et de correspondance* (Leçon 14), and the *Expressions avec les parties du corps* section (Leçon 15) are not included. The number following each entry indicates the lesson in which a particular word appears as *Vocabulaire de base* (B) or as *Vocabulaire supplémentaire* (S). Additional information about the use of certain words and expressions may be found in the lesson vocabulary lists as well as in the lesson(s) where they appear.

ABRÉVIATIONS

adj.	adjectif	inf.	infinitif	qqch.	quelque chose
adv.	adverbe	invar.	invariable	qqn	quelqu'un
f.	féminin	m.	masculin	v.	verbe
fam.	familier	pl.	pluriel	*	h aspiré

Français-anglais

A

à in, at, to (5B); — **bientôt** see you soon (1B); — **cause de** because of (16B); — **côté de** next to, beside (5B); — **demain** see you tomorrow (1B); — **droite (de)** to the right (of) (11B); — **gauche (de)** to/on the left (of) (11B); — **l'aise** at ease, comfortable (person) (11S); — **l'extérieur (de)** outside (of) (11B); — **l'intérieur (de)** inside (of) (11B); — **l'étranger** abroad (18S); — **la carte** à la carte (13S); — **la radio** on the radio (17B); — **la télévision** on television (17B);—**mon avis** in my opinion (20B); — **pied** on foot (8B); — **quelle heure?** at what time? (6B); — **ta (votre) place** in your place, if I were you (19B); — **votre avis** according to you (11S); — **... heure(s)** at . . . o'clock (6B)
accepter (de + inf.) to accept (20S)

accident *(m.)* accident (19S/20B)
acheter to buy (9B)
acteur *(m.)*, **actrice** *(f.)* actor, actress (17B)
actif, active active (5S/20B)
activité *(f.)* activity (20S)
actualité *(f.)* news (14S)
actuel, actuelle present, current (20S)
(s')adapter à to adapt to (20S)
addition *(f.)* restaurant bill, check (13B)
adjectif *(m.)* adjective
adolescent *(m.)*, **adolescente** *(f.)* adolescent, teenager (5S)
adorable adorable (15S)
adorer to love (4B)
adresse *(f.)* address (11S/14B); — **électronique** email address (14S); — **web** web address (14S)
adulte *(m. ou f.)* adult (5B)
aéroport *(m.)* airport (18B)

affaires *(f.pl.)* belongings, stuff (10B); business (12B); **les affaires marchent bien** business is good (12S)

affiche *(f.)* poster (1S/3B)

africain(e) African (18S)

Afrique *(f.)* Africa (18B)

âgé(e) old, elderly (2S/5B)

agent immobilier *(m.)* real estate agent (4S/12B)

agir to act (20B)

agréable agreeable, nice, pleasant (3B)

agriculteur(-rice) farmer (12B)

aider (qqn à + inf.) to help (someone do something) (15B)

aimer to like, to love (4B); **— mieux (que)** to like better (than); to prefer (4B)

aîné(e) *(m. ou f.)* oldest (person in family) (7B)

alcool *(m.)* alcohol (4S)

Algérie *(f.)* Algeria (18B)

algérien, algérienne Algerian (12S/18B)

Allemagne *(f.)* Germany (18B)

allemand(e) German (18S)

aller to go (6B); **— à pied** to walk to (8S/18B); **— chez le médecin** to go to the doctor (12B); **— en avion** to fly (18B); **— à vélo** to ride a bicycle (18B); **— en voiture** to drive (18B); **— voir** to visit (a person); **s'en —** to leave (17S)

alors so (+ clause) (11B)

Alpes *(f.pl.)* Alps (19S)

américain(e) American (2B)

Amérique *(f.)* America (18B)

ami *(m.)*, **amie** *(f.)* friend (4B)

amitié *(f.)* friendship (20B)

amour *(m.)* love (14S/16B)

amoureux, amoureuse (de) in love (with) (16B)

amusant(e) fun (2S/4B)

amuser to amuse (someone) (15B)

s'amuser to have a good time, play (15B)

an *(m.)* year (5B)

ancien, ancienne antique, old (11S)

anglais *(m.)* English (language) (4B)

anglais(e) British (18S)

Angleterre *(f.)* England (18B)

animal *(m.)*, **animaux** *(pl.)* animal (4B)

animateur *(m.)*, **animatrice** *(f.)* TV show host (17S)

année *(f.)* year (1S/6B)

anniversaire *(m.)* birthday (1S)

annoncer to announce (17S)

annuaire (du téléphone) *(m.)* (telephone) book (14S)

août *(m.)* August (1B)

apéritif *(m.)* drink (served before a meal) (9S)

appareil photo *(m.)* camera (18B)

appartement *(m.)* apartment (6B)

appeler to call (15B); **s'appeler** to be named (15B)

apporter to bring (13B)

apprécier to appreciate (20S)

apprendre (à) to learn (to) (17B)

après after, afterwards (7B)

après-midi *(m.)* afternoon (6B)

arbre *(m.)* tree (6S/11B)

argent *(m.)* money (11B)

arme du crime *(f.)* crime weapon (17S)

armoire *(f.)* wardrobe (3S)

arrêter (de + inf.) to stop (15B); to stop oneself (from doing something) (15B)

arrivée *(f.)* arrival (19B)

arriver (à + inf.) to arrive (at), get (to) (7B)

article *(m.)* article (14B); **— de toilette** *(m.)* toilet article (15S)

artiste *(m. ou f.)* artist (8B)

ascenseur *(m.)* elevator (11S)

asiatique Asian (18S)

Asie *(f.)* Asia (18B)

asperges *(f.pl.)* asparagus (9S)

aspirine *(f.)* aspirin (13B)

assez quite, sufficiently, enough (11B); **— (de)** enough (of) (13B)

assiette (de) *(f.)* plate (of) (13B)

assiette à soupe *(f.)* soup plate (13S)

assis(e) seated, sitting down (18B)

atelier *(m.)* workshop (12S)

attendre to wait (for) (11B); **— qqch. avec impatience** to be excited about something, to not be able to wait for something (16S)

au bord de at the side of (19B)

au bout (de) at the end (of) (11S)

aujourd'hui today (1S/6B)

au milieu (de) in the middle (of) (13B)

au premier étage on the second floor (11B)

au revoir good-bye (1B)

au rez-de-chaussée on the first floor (11B)

aussi also (1B); **aussi... que** as . . . as (2B)

Australie *(f.)* Australia (18B)

australien, australienne Australian (18S)

autobus *(m.)* bus (city) (18B)

autocar *(m.)* bus (between cities) (18B)

automne *(m.)* autumn (1B)

autorité *(f.)* authority (20S)

autoroute *(f.)* highway, expressway (18B)

auto-stop *(m.)* hitchhiking (18S)

autre other (8B)

avant before (9B)

avant de (+ inf.) before (20B)

avant que (+ subjonctif) before (20B)

avec with (1B)

avenir *(m.)* future (20B)

avenue *(f.)* avenue (11S)

avion *(m.)* airplane (18B)

avocat *(m.)*, **avocate** *(f.)* (court) lawyer (12B)

avoir to have (3B); **— ... ans** to be . . . years old (5B); **— besoin de** to need (10B); **— bon/mauvais caractère** to be easy/hard to get along with (16S); **—**

chaud to be hot (6B); — **de la chance** to be lucky (19B); — **de la patience/ne pas avoir de patience** to have patience/to not have patience (16S); — **des illusions** to have illusions (20S); — **des responsabilités** to have responsibilities (12B); — **des soucis** to have worries (20S); — **du courage** to have courage, to be courageous (16S); — **envie de (+ inf.)** to feel like (+ inf.) (8B); — **faim** to be hungry (9B); — **froid** to be cold (6B); — **l'air (+ adj.)** to look like, to seem (10B); — **l'air (de + inf.)** to look like, to seem (10B); — **la/une grippe** to have the flu (15S); — **le droit (de + inf.)** to have the right (to) (20S); — **le temps (de + inf.)** to have time to (do something) (10B); — **avoir mal** to hurt (13S/15B); — **mal à la tête** to have a headache (13S/15B); — **mal à la gorge** to have a sore throat (15B); — **mal au dos** to have a backache (15B); — **peur (de)** to be afraid (of) (17S); — **raison** to be right (20B); — **soif** to be thirsty (9B); — **sommeil** to be sleepy (6B); — **tort** to be wrong (20B); — **un rhume** to have a cold (15S)

avril *(m.)* April (1B)

B

baccalauréat *(m.)* high school graduation exam (12S)

bagages *(m.pl.)* luggage (18B)

baignoire *(f.)* bathtub (11B)

baladeur *(m.)* walkman (3S)

balcon *(m.)* balcony (11B)

banane *(f.)* banana (9B)

banc *(m.)* bench (5S)

bande dessinée *(f.)* comic strip, comic book (5S/14B)

banque *(f.)* bank (6S/11B)

banquier *(m.)* banker (12B)

barbe *(f.)* beard (15S)

barbu(e) bearded (15S)

basket-ball *(m.)* basketball (8S)

bateau *(m.)*, **bateaux** *(pl.)* boat (6S/8B); — **à voile** *(m.)* sailboat (8S)

bavard(e) talkative (5B)

bavarder to chat (20S)

beau (bel), **belle**, **beaux**, **belles** beautiful, handsome (2B)

beaucoup a lot, much (4B); — **de** a lot of, many (4B)

bébé *(m.)* baby (5S/15B)

beige beige (10B)

belge Belgian (11S/18B)

Belgique *(f.)* Belgium (11S/18B)

besoin *(m.)* need (20S)

bête dumb, stupid (2B)

bêtise *(f.)* dumb thing (15S)

beurre *(m.)* butter (9B)

bibliothèque *(f.)* library (6B)

bien fine, good, well (1B); — **élevé(e)** well-mannered (5S); — **habillé(e)** well-dressed (10S); — **payé** well paid (12B); — **sûr** of course (15B)

bière *(f.)* beer (9B)

bijou *(m.)*, **bijoux** *(pl.)* piece of jewelry, jewelry (10S)

billet (aller-retour, simple) *(m.)* ticket (round trip, one way) (18B)

bizarre weird, strange, odd (2B)

blanc, blanche white (3B)

bleu(e) blue (3B)

blond(e) blond (2B)

blouson *(m.)* jacket (aviator) (10S)

bœuf *(m.)* beef (9B)

boire to drink (4S/9B)

boisson *(f.)* beverage (9S/13B)

boîte (de) *(f.)* can (of), box (of) (13B); — **aux lettres** *(f.)* mailbox (14B); — **de chocolats** *(f.)* box of chocolates (13S)

bon, bonne good (9B); **bon marché** *(invar.)* cheap, inexpensive (13B); **bon week-end!** have a nice weekend! (1S)

bonbon *(m.)* (piece of) candy (9S)

bonheur *(m.)* happiness (20B)

bonjour hello (1B)

bonnet *(m.)* ski hat (10S)

bouche *(f.)* mouth (15B)

boucherie *(f.)* butcher shop (13B)

boulangerie *(f.)* bakery (13B)

boulangerie-pâtisserie *(f.)* bakery that sells pastries (13S)

bouteille (de) *(f.)* bottle (of) (13B)

bras *(m.)* arm (15B)

Bretagne *(f.)* Brittany (14S/19B)

bric à brac *(m.)* rummage sale

briller to shine (6S)

brosse à dents *(f.)* toothbrush (15B)

brosser to brush (15B); **se brosser (les cheveux)** to brush (one's hair) (15B)

bruit *(m.)* noise (12B)

brûler to burn (13S)

brun(e) dark-haired (2B); brown (3B)

bureau *(m.)*, **bureaux** *(pl.)* desk, office (3B); — **de tabac** *(m.)* tobacco shop (14S)

bus *(m., fam.)* (city) bus (18S)

C

ça that; — **coûte cher** it's expensive (11B); — **dépend** that depends (1S); — **me fait peur** that scares me (17S); — **va?** how's it going? (1B); — **y est** that's it, done, finished (1S); **je n'aime pas** — I don't like that (4S)

cabine téléphonique *(f.)* telephone booth (14B)

câble *(m.)* cable (17 s)

cacher to hide (16S)

cadeau *(m.)*, **cadeaux** *(pl.)* present, gift (4B)

cadre *(m.)* executive (12B)

café *(m.)* café (6B); coffee (9B); — au lait *(m.)* coffee and milk (9S)

cahier *(m.)* notebook (1B)

caissier *(m.)*, caissière *(f.)* cashier (12S)

calculatrice *(f.)* calculator (3S)

caleçon *(m.)* boxer shorts (10S)

Californie *(f.)* California (18B)

calme calm (5S); *(m.)* calm, peace and quiet (19B)

camarade de chambre *(m. ou f.)* roommate (3B)

camarade de classe *(m. ou f.)* classmate (4B)

caméra *(f.)* **(un caméscope)** camcorder (18S)

Cameroun *(m.)* Cameroon (18B)

camerounais(e) Cameroonian (18S)

camion *(m.)* truck (18S)

campagne *(f.)* country, countryside (6B)

camping *(m.)* camping (14S)

Canada *(m.)* Canada (11S, 18B)

canadien, canadienne Canadian (2B)

canapé *(m.)* couch (11B)

cancer *(m.)* cancer (20S)

car *(m., fam.)* bus (between cities) (18S)

caractère *(m.)* personality (16S)

carotte *(f.)* carrot (9B)

carte *(f.)* card (8S); restaurant menu (13B); map (18B); — **bancaire** bank card, credit card (18S); — **de crédit** *(f.)* credit card (13B); — **postale** *(f.)* postcard (14B)

casquette (de base-ball) *(f.)* (baseball) cap (10S)

cassette *(f.)* cassette (3S); — **vidéo** *(f.)* video tape (17S)

cathédrale *(f.)* cathedral (19S)

cauchemar *(m.)* nightmare (20S)

cave *(f.)* basement (11B)

CD *(m.)* CD (3B)

ce, cet, cette/ces this, that/these, those (8B)

célèbre famous (8S/17B)

célébrité *(f.)* celebrity (14S)

célibataire unmarried, single (7B)

centime *(m.)* centime (1/100 franc)

centre *(m.)* center (19B)

centre-ville *(m.)* center of town, downtown (11S/19B)

cependant nevertheless, however (20B)

céréales *(f.pl.)* cereal (9S)

c'est (ce n'est pas) it is, he is, she is (isn't) (4B); — **à qui?** whose is it? (4S/5B); — **bon/mauvais pour la santé** it's healthy/unhealthy (good/bad for your health) (9S); — **quel jour aujourd'hui?** what's the date today? (1S/6B); — **tout** that's all (2S); — **vrai** that's true (4B)

chacun(e) each one

chaîne *(f.)* television station, channel (17B); — **hi-fi** *(f.)* stereo (3B)

chaise *(f.)* chair (3B)

chambre *(f.)* bedroom (3B)

champ *(m.)* field (6S)

Champs-Élysées *(m.pl.)* Champs-Élysées (main street in Paris) (19S)

champagne *(m.)* champagne (9S)

champignon *(m.)* mushroom (9S)

chance *(f.)* luck

changement *(m.)* change (20S)

changer to change (15S); — **(de train, d'avion)** to change (trains, planes) (18S); **se changer** to change one's clothes (15S)

chanson *(f.)* song (4S/17B)

chanter to sing (4B)

chanteur *(m.)*, chanteuse *(f.)* singer (17B)

chapeau *(m.)* hat (10B)

chaque each (20B)

charcuterie *(f.)* cold cuts (9S); pork shop, delicatessen (13B)

chasser to hunt (19S)

chat *(m.)* cat (1B)

châtain *(adj. invar.)* light brown (hair) (15S)

château *(m.)*, châteaux *(pl.)* castle, mansion (19B)

chaud(e) warm, hot (9B); **avoir** — to be hot (6B)

chaussette *(f.)* sock (10B)

chaussure *(f.)* shoe (10B)

chauve bald (15S)

chef d'entreprise *(m.)* business owner (12B)

chemin *(m.)* path, way (11S)

chemise *(f.)* shirt (man's) (10B)

chemisier *(m.)* shirt (woman's) (10B)

chèque *(m.)* check (13B); — **de voyage** *(m.)* traveler's check (18S)

chéquier *(m.)* checkbook (13S)

cher, chère expensive (10B); dear (14B)

chercher to look for, search (for) (6B); — **du travail/un travail** to look for work/a job (12B)

cheveu *(m.)*, cheveux *(pl.)* hair (15B)

chez at the house of (5B)

chien *(m.)* dog (1B)

chiffre *(m.)* number (1S)

Chine *(f.)* China (18B)

chinois(e) Chinese (9S/18S)

chips *(f.pl.)* potato chips (9B)

chocolat *(m.)* chocolate (9B)

choisir (de + inf.) to choose (10B)

chômage *(m.)* unemployment (20B)

chômeur *(m.)*, chômeuse *(f.)* unemployed person (12S)

chose *(f.)* thing (8B)

ciel *(m.)* sky (6S)

cigarette *(f.)* cigarette (4S)

cinéaste *(m./f.)* movie producer/director (17S)

cinéma *(m.)* movie theater, the movies (4B)

cinq five (1B)

cité universitaire *(f.)* dormitory (6B)

citron *(m.)* lemon (9S)

clair(e) bright, full of light (3S/11B); light (color) (10B)

clé *(f.)* key (3B)

client *(m.)*, **cliente** *(f.)* client, customer (12B)

climat *(m.)* climate (18S)

climatisation *(f.)* air conditioning (11S)

Coca-Cola *(m.)* Coca-Cola, cola (9S)

coiffer to fix someone's hair (15S); **se coiffer** to fix one's own hair (15S)

coiffeur *(m.)*, **coiffeuse** *(f.)* hairdresser (12S)

coin *(m.)* corner (11S)

coin-repas *(m.)* breakfast nook, eating area (11S)

collant *(m.)* tights, pantyhose (15S)

colline *(f.)* hill (19B)

colocataire *(m. ou f.)* co-tenant (3S)

combien (de) how many (of), how much (5B); — **coûte...?** how much does . . . cost? (10S/11B); — **de fois (par jour)** how many times (a day) (10S/15B); — **est-ce que je vous dois?** how much do I owe you? (13B)

comédie *(f.)* comedy (movie, play) (17B)

comique funny, amusing, comic (17B)

commander to order (13B)

comme like, as (4B)

commencer (à + inf.) to begin (to), start (to) (6B)

comment what, how (6B); **comment?** what did you say? (1S); — **allez-vous?** how are you? *(formal)* (1B); — **ça va?** how's it going? (1B); — **est Jean?** what is Jean like? (2S); — **t'appelles-tu?** *(fam.)* what's your name? (1S/15B); — **vous appelez-vous?** what's your name? (1S/15B)

commentaire *(m.)* comment, remark (19S)

commerçant(e) shopkeeper (12B)

commissariat de police *(m.)* police station (11S)

commode *(f.)* bureau, chest of drawers (3S)

compartiment *(m.)* (train) compartment (18S)

compréhensif, compréhensive understanding (5B)

comprendre to understand (17B)

concerner to concern (20S)

concert *(m.)* concert (4S/17B)

concours *(m.)* a sweepstakes

conduire to drive (18B)

confiture *(f.)* jam (9S)

confort *(m.)* comfort (20S)

confortable comfortable (3S/10B)

congélateur *(m.)* freezer (9S)

connaître to know (16B)

conservateur, conservatrice conservative (20S)

conserves *(f.pl.)* canned food (9S)

content(e) glad (5B)

continent *(m.)* continent (18S)

continuer (à + inf.) to continue (11B); — **jusqu'à** to continue as far as (11B)

corbeille à papier *(f.)* wastepaper basket (3S)

corps *(m.)* body (15B)

costume *(m.)* suit (man's) (10B)

côte *(f.)* coast (19B)

Côte d'Azur *(f.)* French Riviera (19S)

coucher to put to bed (15B); **se coucher** to go to bed (15B)

couleur *(f.)* color (3S)

couloir *(m.)* hall, corridor (11S)

coup de foudre *(m.)* love at first sight (16S)

couple *(m.)* couple (16B)

coureur (cycliste) *(m.)* racer (bicycle) (19S)

courriel *(m.)* email (14S)

courrier *(m.)* mail, correspondence (14B)

courrier électronique *(m.)* e-mail (14S)

cours *(m.)* course, class (2B)

course *(f.)* errand (7B)

course (cycliste) *(f.)* race (bicycle) (19S)

court(e) short (10S)

cousin *(m.)*, **cousine** *(f.)* cousin (7B)

couteau *(m.)*, **couteaux** *(pl.)* knife (13B)

coûter to cost (10S/11B); — **cher** to be expensive (10S/11B)

couvert *(m.)* silverware, place setting (13S)

couvert (le temps) overcast (14S)

couverture *(f.)* cover, blanket

cracker *(m)* cracker (9B)

cravate *(f.)* tie (10B)

crayon *(m.)* pencil (3B)

crèche *(f.)* day-care center, nursery (15S)

crevette *(f.)* shrimp (9B)

crime *(m.)* crime (17S)

crise *(f.)* crisis (16S)

critiquer to criticize (20B)

croire (à) (que) to believe (in) (that) (17B); — **au Père Noël** to believe in Santa Claus (17S); — **en Dieu** to believe in God (17S); — **que oui/non** to believe so/not to believe so (17B)

croisière *(f.)* cruise (18S)

croissant *(m.)* croissant (9S)

crudités *(f.pl.)* raw vegetables (9S)

cuillère *(f.)* spoon (13B); — **à soupe** *(f.)* soup spoon, tablespoon (13B)

cuisine *(f.)* cooking, cuisine (4S/9B); kitchen (7B)

cuisinier *(m.)*, **cuisinière** *(f.)* cook (12S)

cuisinière *(f.)* stove (11S)

culturel(le) cultural (14S/17B)

D

d'abord first (of all) (11B)

d'accord all right, OK (1B); **être —** to agree (7S)

dangereux, dangereuse dangerous (12B)

dans in, within (3B)

danser to dance (4B)

danseur (*m.*), danseuse (*f.*) dancer (17S)

date (*f.*) date (1S)

de of, from, about (1B)

de luxe luxurious (18S)

débat (*m.*) talk show, debate (17S)

débardeur (*m.*) tank top (10S)

déborder to spill over (13S)

débrouillard(e) resourceful (5B)

début (*m.*) beginning (17B)

décembre (*m.*) December (1B)

décider (de + inf.) to decide to (12B)

découvrir to discover (18B)

décrire to describe (14B)

déçu(e) disappointed (16S/20B)

déjà already, yet (11B)

déjeuner (*m.*) lunch (9B)

délicieux, délicieuse delicious (9S/13B)

demain tomorrow (6B)

demander to ask (14B); — le (son) chemin to ask for directions (11S); se demander to wonder (16B)

déménager to move (house) (12S)

démodé(e) out of fashion (10S)

dent (*f.*) tooth (15B)

dentifrice (*m.*) toothpaste (15S)

dentiste (*m. ou f.*) dentist (5S/12B)

départ (*m.*) departure (18S/19B)

se dépêcher to hurry (up) (16B)

déprimé(e) depressed (2S/5B)

depuis since, for (11B)

dernier, dernière last (11B); dernier étage (*m.*) top floor (11S)

derrière behind, in back of (5B); (*m.*) rear end (15S)

descendre to go down (11B)

désert (*m.*) desert (18S)

déshabiller to undress (someone else) (15S); se déshabiller to get undressed (15S)

dessert (*m.*) dessert (9B)

dessin animé (*m.*) animated cartoon (17B)

dessin humoristique (*m.*) cartoon (14S)

dessiner to draw

détester to hate (4B)

deux two (1B)

devant in front of (5B)

devenir to become (17B)

deviner to guess

devoir to have to, must (8B); to owe (11B)

devoir (*m.*) assignment (2B); devoirs (*m.pl.*) homework (2B)

d'habitude usually (15B)

dictionnaire (*m.*) dictionary (3S)

Dieu God (20S)

différent(e) different (8B)

difficile difficult (5B)

dimanche (*m.*) Sunday (1B)

dinde (*f.*) turkey (9S)

dîner (*m.*) dinner (8S/9B)

dire to say, to tell (14B)

directeur (*m.*), directrice (*f.*) manager (12S)

diriger to manage, run (12B)

discussion en ligne (discussion en temps réel) (*f.*) chat (14S)

discuter (de) to discuss (20B)

se disputer (avec) to argue (with) (16B)

disque (*m.*) record, disc (3S); — compact (*m.*) CD (3B)

disquette (*f.*) microdisk (3S)

dissertation (*f.*) paper (written for class) (14B)

divers(e) miscellaneous

divertissement (*m.*) entertainment

divorce (*m.*) divorce (16B)

divorcé(e) divorced (7B)

divorcer to divorce (16B)

dix ten (1B); dix-huit eighteen (1B); dix-neuf nineteen (1B); dix-sept seventeen (1B)

documentaire (sur) (*m.*) documentary (on) (17B)

doigt (*m.*) finger (13B)

donc therefore, thus, so (2B)

donner to give (4B); — sur to overlook (11S)

dormir to sleep (4S/5B)

dos (*m.*) back (15B)

douane (*f.*) customs (18S)

douanier (*m.*) customs officer (18S)

douche (*f.*) shower (11B)

dramatique dramatic (17B)

drame (*m.*) drama (17B)

drogue (*f.*) drug (illegal) (20S)

drogué(e) drug addict, stoned (*adj.*) (20S)

se droguer to take (illegal) drugs (20S)

droit (*m.*) law (5S/14B)

drôle funny (4S/5B)

dur(e) hard, tough (12B)

durer to last (17B)

DVD (*m.*) DVD (17S)

E

eau (*f.*) water (9B); — minérale (*f.*) mineral water (9S)

écharpe (*f.*) scarf (worn for warmth), muffler (10S)

école (*f.*) school (5B); — maternelle (*f.*) preschool, nursery school, kindergarten (15S); — primaire (*f.*) elementary school (11S)

écologie (*f.*) ecology (20S)

écouter to listen to (4B)

écrire to write (4S/14B)

écrivain (*m.*) writer (14B)

efficace efficient (12S)

égalité (*f.*) equality (20S)

église (*f.*) church (6S/11B)

égoïste selfish (2S/5B)

élégant(e) elegant (5S/10B)

embrasser to kiss, to embrace (16B)

émission *(f.)* program (17B); — **de diver-tissement** *(f.)* entertainment (TV) show (17S)

emmener to take (15B)

employé *(m.)*, employée *(f.)* employee (12B)

emporter take, carry (away) (18B)

en in (6B); — **bas** downstairs (11B); — **dé-sordre** messy (3S/11B); — **effet** indeed (17S); — **face (de)** across (from) (11S); — **forme** in shape (5S); — **groupe** as a group (18S); — ***haut**; upstairs (11B); — **même temps** at the same time (17S); — **ordre** straight, neat (3S/11B); — **solde** on sale (10S)

en ligne online (14S)

enceinte pregnant (16S)

encore still, again (15B)

s'endormir to fall asleep (16B)

endroit *(m.)* place, spot (6S/18B)

énergique energetic (5S)

énervant(e) annoying (15S)

énerver to irritate/annoy (someone) (15B); s'énerver to get irritated/ annoyed (15B)

enfant *(m. ou f.)* child (4B)

enfin at last, finally (12B)

ennuyer to bore (15B); s'ennuyer to be bored (15B)

ennuyeux, ennuyeuse boring (5S/17B)

enquêter to investigate (17S)

ensemble together (10B)

ensoleillé(e) sunny (11S/14B)

ensuite then, next (11B)

entendre to hear (11B); s'entendre **(bien/mal) (avec qqn)** to get along (well/badly) (with someone) (16B)

enthousiaste enthusiastic (5S)

entre between (9B)

entrée *(f.)* first course (appetizer) (9S/13B); entranceway (11S)

entreprise *(f.)* firm, business (12B)

entrer to come/go in, to enter (11B)

entretien *(m.)* (job) interview

enveloppe *(f.)* envelope (14B)

environnement *(m.)* environment (20B)

envoyer to send (14B)

épicé(e) spicy (hot) (9S)

épicerie *(f.)* grocery store (13B)

épinards *(m.pl.)* spinach (9S)

équilibré(e) well-adjusted (2S/5B)

équipe *(f.)* team (8S)

escalier *(m.)* staircase, stairs (11B)

Espagne *(f.)* Spain (18B)

espagnol *(m.)* Spanish (language) (4B)

Espagnol(e) Spaniard (18B)

espérer (que) to hope (that) (18B)

essayer (de + inf.) to try (to) (15B)

est *(m.)* east (14S/19B)

et and (1B); — **toi?** what about you? (1B); — **vous?** what about you? (1B)

étage *(m.)* floor (11B); **dernier —** *(m.)* top floor (11S)

étagère *(f.)* bookcase, shelf (3B)

étape *(f.)* step, stage (18S)

état *(m.)* state, nation (12S)

États-Unis *(m.pl.)* United States (11S/18B); **aux —** in the United States (11S/18B)

été *(m.)* summer (1B)

étoile *(f.)* star (19B)

étranger, étrangère foreign (17B); *(m. ou f.)* foreigner, stranger (19B)

être to be (2B); — **à** to belong to (18B); — **à la mode** to be in fashion (10S); — **à l'heure** to be on time (18B); — **au chô-mage** to be unemployed (12S); — **au courant de (+ nom)** to be informed, know about (14B); — **au régime** to be on a diet (5S/9B); — **(bien/mal) payé** to be paid (well/badly) (12B); — **connecté(e) à** to be connected to (14S); — **conscient(e) de** to be aware of (20S); — **contre** to be against (20B); — **d'ac-cord** to agree (7S, 16B); — **debout** to be standing (up) (18B); — **difficile à vivre** to be hard to get along with (17B); — **en avance** to be early (18B); — **en bonne/mauvaise santé** to be in good/bad health (9B); — **en crise** to be in a crisis (16S); — **en forme** to be in shape, to feel good (5S/9B); — **en retard** to be late (18B); — **entouré(e) de** to be surrounded by (19S); — **en train de (+ inf.)** to be in the middle of (14B); — **en vie** to be alive (7S); — **étudiant(e) en (droit, médecine...)** to study (law, medicine...) (14B); — **facile à vivre** to be easy to get along with (17B); — **habitué(e) (à)** to be used (to) (14S); — **indiqué(e)** to be indi-cated (19S); — **membre (de)** to be a member (of) (8S); — **pour** to be for (20B)

études *(f.pl.)* studies (5S)

étudiant *(m.)*, étudiante *(f.)* student (1B)

étudier to study (4B)

euro *(m.)* euro (10B)

Europe *(f.)* Europe (18B)

européen, européenne European (18S)

événement *(m.)* event (14S)

évidemment obviously, of course (20B)

évier *(m.)* kitchen sink (11S)

examen *(m.)* test, exam (2B)

excellent(e) excellent (9S/13B)

expliquer to explain (12B)

F

fâché(e) angry, mad, disgruntled (5S)

facile easy (5B)

facteur *(m.)* mail carrier (14B)

facultatif, facultative optional

faim *(f.)* hunger; **avoir —** to be hungry (9B)

faire to do, to make (7B); — **attention** to pay attention, to be careful (16B); — **de l'auto-stop** to hitchhike (18S); — **de la marche** to walk (for exercise) (8B); — **de la musique** to make/to play music (8S/20B); — **de la natation** to swim (8B); — **de la peinture** to paint (8S); — **de la photo** to take pictures (photos) (8S); — **de la planche à voile** to windsurf (8S); — **de la plongée sous-marine** to go scuba diving (8S); — **de la politique** to be involved in politics (20S); — **de la voile** to go sailing (8S); — **de l'exercice** to exercise (8B); — **des bêtises** to do dumb things (15S); — **des économies** to save money (18S); — **du bateau (à voile)** to go (sail) boating (8B); — **du bricolage** to do odd jobs around the house (8S/20B); — **du bruit** to make noise (12S); — **du camping** to go camping, camp (14S); — **du cheval** to go horseback riding (19S); — **du dessin** to draw (8S); — **du jardinage** to work in the garden, to garden (8S/20B); — **du jogging** to jog (8B); — **du patin (à roulettes)** to roller-skate, to go roller skating (8S); — **du patin à glace** to ice-skate, to go ice skating (8S); — **du roller** to roller-blade (8S); — **ski** to ski (8B); — **du sport** to participate in a sport (8B); — **du surf** to go surfing (19S); — **du vélo** to ride a bike, cycle (8B); — **la connaissance de (qqn)** to meet (someone) (18B); — **la cuisine** to cook (7B); — **la lessive** to do the laundry (7S/16B); — **la sieste** to take a nap (15S); — **la vaisselle** to do the dishes (7B); — **le ménage** to do housework (7B); — **les (ses) bagages** to pack (18S); — **les courses** to run errands (7B); — **les lits** to make the beds (7S); — **les magasins** to go shopping (18S); — **les musées** to do the museums (8B); — **le tour du monde** to go around the world (18S); — **peur (à)** to scare (17S); — **une enquête** to hold/run an investigation (17S); — **une promenade** to take a walk (8B); — **une randonnée** to hike (8B); — **un voyage** to take a trip (18B)

fait: il fait beau it's nice out (7B); **il fait bon** it's pleasant (mild) (7S); **il fait chaud** it's warm, it's hot (7B); **il fait frais** it's cool (7S); **il fait froid** it's cold (7B); **il fait gris** it's overcast (7S); **il fait lourd** it's hot and humid (7S); **il fait mauvais** it's nasty out (7B)

familier, familière familiar, informal

famille *(f.)* family (7B)

fatigant(e) tiring (8B)

fatigué(e) tired (2B)

fauteuil *(m.)* armchair (3S/11B)

faux, fausse false (4S)

féminin(e) feminine (14S)

femme *(f.)* woman (4B); wife (7B); — **au foyer** *(f.)* housewife (12B); — **de ménage** *(f.)* cleaning woman (7S)

fenêtre *(f.)* window (3B)

ferme *(f.)* farm (6S/11B)

fermé(e) closed (13B)

fermer to close (13B)

fête *(f.)* holiday, party (2B)

février *(m.)* February (1B)

fiancé *(m.)*, **fiancée** *(f.)* fiancé(e) (16S)

se fiancer to get engaged (16S)

fidèle (à) faithful (to) (16S)

fille *(f.)* girl (4B); daughter (7B)

film *(m.)* film, movie (4S/17B); — **d'amour** romantic movie (17B); — **d'aventures** adventure movie (17B); — **d'espionnage** spy movie (17S); — **de guerre** war movie (17B); — **d'horreur** horror movie (17B); — **de science-fiction** science fiction movie (17B); — **policier** detective/police movie (17B)

fils *(m.)* son (7B)

fin *(f.)* end (16B)

finalement finally (11B)

financier, financière financial (20S)

finir (de + inf.) to finish (doing something) (10B)

fleur *(f.)* flower (1S/3B)

fleuve *(m.)* river (major) (11S/19B)

Floride *(f.)* Florida (18B)

fois time; **combien de — ?** how many times? (10S, 15S); **une —** one time, once (10B)

foncé(e) dark (10B)

fonctionnaire *(m. ou f.)* civil servant (12S)

fonder une famille to start a family (16S)

football *(m.)* soccer (4S/8B)

football américain *(m.)* football (8S)

forêt *(f.)* forest (19B)

fort(e) strong, heavy (12B)

forum (de discussion) *(m.)* newsgroup (14S)

foulard *(m.)* scarf (dressy) (10S)

foule *(f.)* crowd (19B)

fourchette *(f.)* fork (13B)

fraise *(f.)* strawberry (9B)

franc *(m.)* franc

français *(m.)* French (language) (4B)

français(e) French (2B)

France *(f.)* France (11S/18B)

frère *(m.)* brother (4B)

frisé(e) curly (15S)

frites *(f.pl.)* (French) fries (9B)

froid(e) cold (9B); **avoir —** to be cold (6B);

fromage *(m.)* cheese (9B)

fruit *(m.)* fruit (9B)

fumer to smoke (4B)

G

gagner to earn (12B); to win (8B); — **sa vie** to earn a living (12S); — **X dollars/euros de l'heure, par jour, par semaine, par mois)** to earn X dollars/euros per hour, per day, per week, per month) (12S)

gant *(m.)* glove (10B); — **de toilette** washcloth (15S)

garage *(m.)* garage (11S)

garagiste *(m.)* garage owner (12S)

garçon *(m.)* boy (4B)

gare *(f.)* train station (6S/11B)

gâté(e) spoiled (5S)

gâteau (au chocolat) *(m.)*, **gâteaux** *(pl.)* cake (chocolate) (9B)

généreux, généreuse generous (2B)

génial(e) fantastic, great (8S)

gens *(m.pl.)* people (19B)

gentil, gentille kind, nice (5B)

géographie *(f.)* geography (5S)

gérant *(m.)*, **gérante** *(f.)* manager (hotel, shop, etc.) (12S)

glace *(f.)* ice cream (9B)

golf *(m.)* golf (8S)

gouvernement *(m.)* government (20S)

goût *(m.)* taste (17S)

goûter *(m.)* light afternoon meal (9S)

gramme (de) *(m.)* gram (of) (13S)

grand(e) tall (person) (2B); big (thing) (3B)

grand-mère *(f.)* grandmother (7B)

grand-père *(m.)* grandfather (7B)

grands-parents *(m.pl.)* grandparents (7B)

gras, grasse fatty (food) (9S)

gratuit(e) free (of charge) (13S)

grave serious (17B)

grec(-que) Greek

grenier *(m.)* attic (11S)

grenouille *(f.)* frog

grignoter to eat between meals (9S)

gris(e) gray (10B)

gros, grosse big, fat (2B)

grossir to gain weight (10B)

groupe *(m.)* group (19B)

guerre *(f.)* war (17S/20B)

guichet *(m.)* ticket window (18S)

guitare *(f.)* guitar (3S/5B)

H

habillé(e) dressed, dressed up, formal (10B)

habiller to dress (someone else) (15B); **s'habiller** to get dressed (15B)

habitant *(m.)*, **habitante** *(f.)* native, inhabitant (12S/18B)

habiter to live (inhabit) (5B)

*haricots verts *(m.pl.)* green beans (9B)

heure *(f.)* hour, time (6B)

heureusement fortunately (13B)

heureux, heureuse happy (2B)

hier yesterday (10B)

histoire *(f.)* history (5S); story (16B)

historique historical (19S)

hiver *(m.)* winter (1B)

homme *(m.)* man (4B)

honnête honest (12B)

hôpital *(m.)* hospital (6S/11B)

horrible horrible (8S/18B)

hôtel *(m.)* hotel (6B)

hôtesse de l'air *(f.)* flight attendant, stewardess (18S)

huile (d'olive) *(f.)* (olive) oil (9S)

*huit eight (1B)

humeur *(f.)*: **être de (bonne, mauvaise)** — to be in a (good, bad) mood (5S)

I

ici here (8B)

idéaliste idealistic (20B)

idée *(f.)* idea (9B)

il he, it (1B)

il fait beau it's nice out (7B); — **fait bon** it's pleasant (mild) (7S); — **fait chaud** it's warm, it's hot (7B); — **fait frais** it's cool (7S); — **fait froid** it's cold (7B); — **fait gris** it's overcast (7S); — **fait lourd** it's hot and humid (7S); — **fait mauvais** it's nasty out (7B)

il faudrait (+ inf.) one should (15S)

il faut (que) it is necessary that (20B); **il faut (+ nom ou inf.)** you have to (+ infinitive), one needs (+ noun) (9S)

il neige it's snowing (7B)

il n'y a pas de there is no, there are no (3B)

il pleut it's raining (7B)

il/elle s'appelle his/her name is (7S/15B)

île *(f.)* island (18B)

illusion *(f.)* illusion (20S)

il y a there is, there are (3B); **il y a...** . . . ago (12B); — **beaucoup de monde** it's crowded (19S); — **du soleil** it's sunny (7B); — **du vent** it's windy (7B); — **des nuages** it is cloudy (7S)

immeuble *(m.)* apartment house (11B)

immigration *(f.)* immigration (20B)

immigré *(m.)*, **immigrée** *(f.)* immigrant (12S/20B)

imperméable *(m.)* raincoat (10B)

impoli(e) impolite (5S)

important(e) important (3S/8B)

imposer to impose (20S)

impossible impossible (3S)

imprimante *(f.)* printer (3S)

indépendant(e) independent (20B)

indien(ne) Indian (18S)

indiquer to indicate (19S)

individualiste individualistic (20B)

infidèle unfaithful (16S)

infirmier *(m.)*, **infirmière** *(f.)* nurse (12S)

informations *(f.pl.)* news (17B)

ingénieur *(m.)* engineer (12B)

injuste unfair (20B)
injustice *(f.)* injustice (20S)
inquiet, inquiète worried (20B)
inspecteur *(m.),* inspectrice *(f.)* inspector (police) (17S)
instituteur *(m.),* institutrice *(f.)* teacher (grade school) (12B)
intellectuel, intellectuelle intellectual (4S/5B)
intelligent(e) smart, intelligent (2B)
intéressant(e) interesting (12B)
intéresser to interest (20B); s'intéresser à to be interested in (20B)
international(e), internationaux *(m.pl.)* international (17S)
internaute *(m./f.)* cybernaut, Internet user (14S)
Internet *(m.)* Internet (14S)
interroger to interrogate, to question (17S)
interview *(f.)* interview (17S)
intolérance *(f.)* intolerance (20S)
invité(e) *(m. ou f.)* guest (13B)
inviter to invite (9S/13B)
Israël *(m.)* Israel (18B)
israélien, israélienne Israeli (18S)
Italie *(f.)* Italy (18B)
italien, italienne Italian (9S/18B)

J

jaloux, jalouse jealous (16B)
jamais never (8B); — de la vie not on your life (8S)
jambe *(f.)* leg (15B)
jambon *(m.)* ham (9B); — cru raw ham, prosciutto (9S)
janvier *(m.)* January (1B)
Japon *(m.)* Japan (18B)
japonais(e) Japanese (9S/18B)
jardin *(m.)* garden, yard (11B)
jaune yellow (3B)
jazz *(m.)* jazz (2B)
je m'appelle my name is (1B)
je n'aime pas ça I don't like it (4S)
je pense que oui (je pense que non) I think so (I don't think so) (4S)
je voudrais (tu voudrais, il/elle voudrait) I would like (you would like, he/she would like) (7B)
jean *(m.)* jeans (pair of) (10B)
jeu *(m.) game* (14B); — électronique *(m.)* electronic game (3S); — télévisé *(m.)* game show (17B)
jeudi *(m.)* Thursday (1B)
jeune young (2S/5B); — fille *(f.)* girl (5B)
jeunes *(m.pl.)* young people (5B)
joli(e) pretty (5B)
jouer to play (4S, 5B); — au football to play soccer (8B); — au golf to play golf (8S); — au tennis to play tennis (8B); — aux cartes to play cards (8B); — de la

guitare to play the guitar (5S/8B); — du piano to play the piano (8B); — du violon to play the violin (8B)
joueur *(m.),* joueuse *(f.)* player (8S)
jour *(m.)* day (1S/6B)
journal *(m.),* journaux *(pl.)* newspaper (14B); diary, journal (18S); — (télévisé) *(m.)* (television) news (17B)
journaliste *(m. ou f.)* journalist, reporter (16S/17B)
journée *(f.)* day (period of time) (6B)
juillet *(m.)* July (1B)
juin *(m.)* June (1B)
jupe *(f.)* skirt (10B)
juriste *(m. ou f.)* attorney (12B)
jus de fruit *(m.)* fruit juice (9B)
jusqu'à as far as, up to, until (11B)
juste fair, just, right (20B)

K

kilo (de) *(m.)* kilogram (of) (13B)
kilomètre *(m.)* kilometer (19S)

L

là there, here (7B)
là-bas over there (18B)
laboratoire *(m.)* laboratory (6S)
lac *(m.)* lake (6B)
laid(e) ugly (2B)
laisser un pourboire to leave a tip (13S)
lait *(m.)* milk (9B)
laitue *(f.)* lettuce (9S)
lampe *(f.)* lamp (3S/11B)
langue étrangère *(f.)* foreign language (5S)
lavabo *(m.)* sink (3B)
lave-linge *(m.)* washing machine (11S)
laver to wash (15B); se laver to wash (oneself) (15B)
lave-vaisselle *(m.)* dishwasher (11S)
lecteur CD *(m.)* CD player (3S); — CD-ROM *(m.)* CD-ROM player (3S); — de cassette *(m.)* cassette player (3S); — de DVD DVD player (17S)
léger, légère light (weight) (18B)
légume *(m.)* vegetable (9B)
lendemain *(m.)* day after, next day (18S)
lent(e) slow (18B)
lentement slowly, slow (18B)
lettre *(f.)* letter (4S/14B)
lever to lift, to raise (15B); se lever to get up (15B)
liberté *(f.)* freedom (20S)
librairie *(f.)* bookstore (14B)
lieu du crime *(m.)* crime scene (17S)
lire to read (4S/14B)
liste (de) *(f.)* list (of) (13B)
lit *(m.)* bed (3B)
litre (de) *(m.)* liter (of) (13S)
littéraire literary (14S/17B)
littérature *(f.)* literature (5S/14B)

livre *(m.)* book (1B)
loin (de) far (from) (5B)
loisirs *(m.pl.)* leisure activities (20S)
long, longue long (10B)
longtemps a long time (16B)
louer to rent (17S/18B)
Louisiane *(f.)* Louisiana (18B)
lourd(e) heavy (18B)
lundi *(m.)* Monday (1B)
lune de miel *(f.)* honeymoon (16S)
lunettes *(f.pl.)* eyeglasses (10B); — de soleil *(f.pl.)* sunglasses (10S)
lycée *(m.)* high school (5B)

M

machine à écrire *(f.)* typewriter (3S)
Madame (Mme) ma'am, Mrs. (1B)
Mademoiselle (Mlle) miss, Miss, Ms. (1B)
magasin *(m.)* store (6B)
magazine *(m.)* magazine (14B); — culturel *(m.)* cultural TV magazine (17B); — littéraire *(m.)* literary TV magazine; — d'information *(m.)* news TV magazine (17B)
magnétoscope *(m.)* videocassette recorder (17S)
magnifique magnificent, superb (18S)
mai *(m.)* May (1B)
maigrir to lose weight (10B)
maillot de bain *(m.)* swimsuit, bathing suit (10B)
main *(f.)* hand (13B)
maintenant now (2B)
mairie *(f.)* city hall (11S)
mais but (1B)
maison *(f.)* house (4S/6B)
mal bad, badly (8B); — élevé(e) ill-mannered, rude (5S); — habillé(e) badly dressed (10S); — payé(e) badly paid (12B)
malade sick (2B)
maladie *(f.)* sickness, illness (20B)
malgré in spite of, despite (19S)
malheur *(m.)* misfortune (20B)
malheureusement unfortunately (13B)
malheureux, malheureuse unhappy (2B)
manger to eat (4B)
manquer (un train, un avion) to miss (a train, a plane) (18B)
manteau *(m.)*, manteaux *(pl.)* coat (10B)
maquiller to make up (someone else) (15S); se maquiller to put makeup on (oneself) (15S)
marche *(f.)* walking (8B)
marché *(m.)* market (13B)
marcher to walk (4B)
mardi *(m.)* Tuesday (1B)
mari *(m.)* husband (7B)
marié(e) married (7B)
se marier (avec) to marry, get married (to) (16B)

Maroc *(m.)* Morocco (16S/18B)
marocain(e) Moroccan (5S/18B)
marron *(adj. invar.)* brown (3B)
mars *(m.)* March (1B)
masculin(e) masculine (14S)
match *(m.)* game (4S)
matérialiste materialistic (20B)
matériel, matérielle material (20S)
mathématiques *(f.pl.)* mathematics (4S)
matin *(m.)* morning (6B)
matinal(e) early riser, morning person (15S)
mauvais(e) bad (9B)
mayonnaise *(f.)* mayonnaise (9S)
méchant(e) mean (2S/5B)
médecin *(m.)* doctor, physician (12B)
médecine *(f.)* medecine (studies, science) (5S/14B)
médias *(m.pl.)* media (17S)
médicament *(m.)* medicine (13B)
se méfier de to mistrust, not to trust (20S)
meilleur(e) better (9B)
melon *(m.)* melon (cantaloupe) (9S)
membre *(m.)* member (8S)
même same; even (17B)
ménage *(m.)* housework (4S/7B); household, couple (16S)
menu *(m.)* fixed-price meal (13S)
mer *(f.)* sea (6B)
merci thank you (1B)
mercredi *(m.)* Wednesday (1B)
mère *(f.)* mother (4B)
mère/père de famille *(f.)* mother, father (head of family) (12B)
merveilleux, merveilleuse wonderful, marvelous (8S/18B)
message électronique *(m.)* email message (14S)
messagerie électronique *(f.)* email (14S)
métier *(m.)* profession, trade (12B)
météo *(f.)* weather forecast (7S/14B)
mètre *(m.)* meter (19S)
métro *(m.)* subway (18B)
mettre to put, to put on, to wear (10B); — la table to set the table (13S); — une lettre à la poste to mail a letter (14S)
meuble *(m.)* piece of furniture (3S/11B);
meubles *(m.pl.)* furniture (11B)
meurtre *(m.)* murder (17S)
meurtrier *(m.)*, meurtrière *(f.)* murderer (17S)
mexicain(e) Mexican (18S)
Mexique *(m.)* Mexico (18B)
mieux better (15B)
mignon, mignonne cute (5B)
mince slim, thin (2B)
Minitel *(m.)* Minitel (14S)
minute *(f.)* minute (6S)
miroir *(m.)* mirror (3S)
mode *(f.)* fashion (10S)
mode *(m.)* mood

moderne modern, contemporary (11S)

moi me (1B); — **aussi** me too, so do I (1S/5B); — **non plus** me neither, neither do I (1S/5B)

moins (**moins... que**) less (less . . . than) (2B); **au** — **une fois** at least once

mois *(m.)* month (1S/6B)

moment *(m.)* moment (6S)

monde *(m.)* world (18B); **tout le** — everyone (11)

monnaie *(f.)* change, coins (13S)

Monsieur *(m.)* sir, Mr. (1B)

montagne *(f.)* mountain(s) (6B)

monter to go up (11B)

monter/descendre en ascenseur to take the elevator up/down (11S)

monter/descendre par l'escalier to take the stairs up/down (11S)

montre *(f.)* wristwatch (10B)

montrer to show (17B)

monument *(m.)* monument (19S)

morceau (**de**) *(m.)*, **morceaux** *(pl.)* piece (of) (13B)

mort *(f.)* death (20B)

mort(e) (**en**) dead (in) (7B)

motivé(e) motivated (12S)

moustache *(f.)* mustache (15S)

moutarde *(f.)* mustard (9S)

mouton *(m.)* mutton (9B)

moyen de transport *(m.)* means of transportation (18S)

mur *(m.)* wall (3S/11B)

musée *(m.)* museum (8B)

musicien *(m.)*, **musicienne** *(f.)* musician (17S)

musique *(f.)* music (2B); — **classique** *(f.)* classical music (2S)

N

nager to swim (6S/8B)

naïf, naïve naive (2B)

nappe *(f.)* tablecloth (13S)

natation *(f.)* swimming (8B)

national(e), nationaux, nationales national (17S)

nationalité *(f.)* nationality (18B)

ne... jamais not ever, never (8B)

ne... pas not (2B)

ne... personne not anyone, no one (8B)

ne... personne de (**gentil**) no one (nice) (17S)

ne... plus not anymore (8B)

ne... rien not anything, nothing (8B)

ne... rien de (**comique**) nothing (funny) (17S)

né(e) (**en**) born (in) (7B)

n'est-ce pas? isn't it? (4B)

neige *(f.)* snow (6B)

neiger to snow (7S)

neuf nine (1B)

neveu *(m.)* nephew (7B)

nez *(m.)* nose (15B)

nièce *(f.)* niece (7B)

noir(e) black (3B)

nom *(m.)* name (4B); noun; — **de famille** last name (4S)

non no (1B)

nord *(m.)* north (14S/19B)

normal(e), normaux, normales normal (2S/5B)

Normandie *(f.)* Normandy (19S)

nourriture *(f.)* food (9S)

nouveau (**nouvel**), **nouvelle, nouveaux, nouvelles** new (10B)

nouvelle *(f.)* piece of news (14S)

novembre *(m.)* November (1B)

nu(e) naked (15S); **tout(e)** — stark naked (15S)

nuage *(m.)* cloud (7S/19B)

nuageux, nuageuse cloudy (14S)

nuit *(f.)* night, darkness (6B)

numéro (**de téléphone**) *(m.)* (telephone) number (14B)

O

objet *(m.)* object (3S)

occupé(e) busy (2B)

s'occuper (**de**) to take care (of) (16B)

océan *(m.)* ocean (19S)

octobre *(m.)* October (1B)

œil *(m.)*, **yeux** *(pl.)* eye (15B)

œuf *(m.)* egg (9B)

offrir to offer (13B)

oignon *(m.)* onion (9S)

oiseau *(m.)*, **oiseaux** *(pl.)* bird (4S)

omelette (**au fromage**) *(f.)* omelette (cheese) (9S)

on one, they, people (3B); — **verra** we'll see (18B)

oncle *(m.)* uncle (7B)

onze eleven (1B)

opinion *(f.)* opinion (20S)

optimiste optimistic (5S/20B)

orage *(m.)* thunderstorm (19S)

orange *(adj. invar.)* orange (3B)

orange *(f.)* orange (9B)

ordinateur *(m.)* computer (3B); — **portable** laptop (3S)

ordre *(m.)* order (20S)

oreille *(f.)* ear (15B)

original(e) original (10S)

orthographe *(f.)* spelling

oser to dare (20S)

ou or (2B)

où where (2B); — **sont les toilettes?** where's the restroom? (11S)

oublier (**de + inf.**) to forget (to do something) (12B)

ouest *(m.)* west (14S/19B)

oui yes (1B)

ouvert(e) open (13B)

ouvrier *(m.)*, **ouvrière** *(f.)* worker (blue collar) (12B)
ouvrir to open (13B)

P

page *(f.)* page (14B)
page web *(f.)* web page (14S)
pain *(m.)* bread (9B)
paix *(f.)* peace (20B)
pamplemousse *(m.)* grapefruit (9S)
pantalon *(m.)* pants (pair of) (10B)
par by, through (18B); — **exemple** for example (4S); — **terre** on the floor (3S)
parapluie *(m.)* umbrella (10B)
parc *(m.)* park (6B)
parce que because (2B)
pardon excuse me (1B)
parent *(m.)* parent, relative (7B)
paresseux, paresseuse lazy (2B)
parfois sometimes (5B)
parka *(f.)* parka, ski jacket (10S)
parler to talk, to speak (4B)
partager to share (5S/15B)
partir to leave (5B)
partout everywhere (15B)
pas (ne…) not (2B); — **du tout** not at all (1S/13B); — **encore** not yet (11B); — **mal** not bad (1B); — **moi** not me (1S/5B); — **question** no way, out of the question (8B)
passager *(m.)*, **passagère** *(f.)* passenger (18S)
passé(e) last (day, month, etc.) (14B)
passeport *(m.)* passport (18B)
passer to spend (17B); to go by, to stop by, to pass (18B); — **l'aspirateur** to vacuum (7S/16B); — **un examen** to take a test (14S)
passe-temps *(m.)* pastime (8S/20B)
pâté *(m.)* pâté (9S)
pâtes *(f.pl.)* pasta, spaghetti, noodles (9S)
patience *(f.)* patience (16S)
patient(e) patient (16B)
pâtisserie *(f.)* pastry shop, pastry (13B)
patron *(m.)*, **patronne** *(f.)* boss (12B)
pauvre poor (5B)
pauvreté *(f.)* poverty (20S)
payer to pay (13B); — **avec une carte de crédit** to pay by credit card (13S); — **en liquide** to pay cash (13S); — **par chèque** to pay by check (13S)
pays *(m.)* country (18B)
paysage *(m.)* landscape, scenery (8S/19B)
pêche *(f.)* peach (9B)
pêcher to fish (19S)
peigne *(m.)* comb (15S)
peigner to comb (someone else's hair) (15S)
se peigner (les cheveux) to comb (one's hair) (15S)
pelouse *(f.)* lawn (11S)

pendant during (6B); — **que** while (16B)
pénible obnoxious (2B)
penser (à/de) to think (about/of) (16B); — **(que)** to think (that) (4B)
perdre to lose (11B); — **son travail** to lose one's job (12B)
père *(m.)* father (4B)
permettre (de) to allow, to permit (17B)
permis de conduire *(m.)* driver's license (18S)
personnage *(m.)* character (in play, book) (17S)
personne *(f.)* person (3S/4B); *(m.)* nobody, no one (8B); — **âgée** *(f.)* older person (5B)
personnel, personnelle personal (20S)
pessimiste pessimistic (5S/20B)
petit(e) little, small, short (3B); **petit ami** *(m.)* boyfriend; **petite amie** *(f.)* girlfriend (5B); **petit déjeuner** *(m.)* breakfast (9B); **petite annonce** *(f.)* classified ad (14B); **petite cuillère** *(f.)* teaspoon (13B); **petits pois** *(m.pl.)* peas (9B)
petite-fille *(f.)* granddaughter (7B)
petit-fils *(m.)* grandson (7B)
petits-enfants *(m.pl.)* grandchildren (7B)
peu (un) little (a) (4B)
peur *(f.)* fear; **avoir** — to be afraid (17S); **faire** — **(à)** to scare (17S)
peut-être maybe, perhaps (3B)
pharmacie *(f.)* pharmacy (13B)
pharmacien *(m.)*, **pharmacienne** *(f.)* pharmacist (13B)
photo *(f.)* photograph (3B)
photocopieuse *(f.)* copy machine (3S)
piano *(m.)* piano (8B)
pièce *(f.)* room (11B); — **(de théâtre)** *(f.)* play (17B)
pied *(m.)* foot (15B)
pilote *(m.)* pilot (18S)
pique-nique *(m.)* picnic (6S)
piscine *(f.)* swimming pool (6B)
pizza *(f.)* pizza (9S)
placard *(m.)* closet (3B)
place *(f.)* square (town) (11B); room (general term), place, seat (18S)
plage *(f.)* beach (6B)
plan *(m.)* (town, city) map (11S)
plante verte *(f.)* houseplant (13B)
plat(e) flat (19B)
plat *(m.)* serving dish, dish of food (13B); — **principal** *(m.)* main dish, main course (9S/13B)
platane *(m.)* plane tree (19S)
plein(e) full, crowded (18S)
pleurer to cry (5S/15B)
pleuvoir to rain (7S)
plongée sous-marine *(f.)* scuba diving (8S)
pluie *(f.)* rain (14B)
plus (plus… que) more (more … than)

(2B); **le/la — jeune** *(m.ou f.)* youngest (7B); **— ou moins** more or less (2S)

plusieurs several

plutôt rather (20S)

poème *(m.)* poem (14S)

poire *(f.)* pear (9S)

poisson *(m.)* fish (1S/9B)

poivre *(m.)* pepper (9S)

poli(e) polite (5S)

policier *(m.)* police officer (12B)

politique *(f.)* politics (14B)

pollution *(f.)* pollution (20S)

polo *(m.)* polo shirt (10S)

pomme *(f.)* apple (9B)

pomme de terre *(f.)* potato (9B)

pompier *(m.)* firefighter (12S)

pont *(m.)* bridge (11S)

porc *(m.)* pork (9B)

port *(m.)* port (19S)

portable (ordinateur) *(m.)* laptop (3S); **portable (téléphone)** *(m.)* cellular phone (3S/14B)

porte *(f.)* door (3B); gate (18S)

porter to carry, to wear (10B)

poser une question (à qqn) to ask a question (of someone) (14B); **se poser des questions** to wonder, to have doubts (20S)

possible possible (3S)

poste *(f.)* post office (6B)

poulet *(m.)* chicken (9B)

pour for, in order to (1B); **— que (+ subjonctif)** so that, in order to (20B)

pourboire *(m.)* tip (13S); **laisser un —** to leave a tip (13S)

pourquoi why (2S/6B)

pourtant however (12S/17B)

pouvoir *(m.)* power (20B)

pouvoir can, to be able to (8B)

pratique practical (3S/10B)

pratiquer un sport to play a sport (8S)

préféré(e) preferred, favorite (6S)

préférer to prefer (6B)

premier, première first (1B)

prendre to take; to have; to eat; to drink (9B); **— la retraite** to retire (20S); **— (un petit) quelque chose** to have a snack (9B); **— un bain** to take a bath (15S); **— une douche** to take a shower (15B); **— un verre** to have a drink (9S)

prénom *(m.)* first name (4S)

préparer to prepare (13S); **se préparer** to get (oneself) ready (15S)

près (de) near (to) (5B)

présenter to present, to introduce (17S)

préservatif *(m.)* condom (20S)

presque almost (18S)

presse *(f.)* press, (news)papers (14S)

pressé(e) in a hurry (12S)

prêt *(m.)* loan

prêt(e) ready

principe *(m.)* principle (20S)

printemps *(m.)* spring (1B)

privé(e) private (20B)

prix *(m.)* price (10B)

probablement probably (20B)

problème *(m.)* problem (5B)

professeur *(m.)* teacher (1B)

profiter de la vie to make the most of life (20S)

programme *(m.)* television/radio schedule (17S)

projet *(m.)* plan, project (8B)

promenade *(f.)* walk (8B)

promener to walk (a dog, for example) (15B); **se promener** to take a walk (15B)

promettre to promise (17B)

propre clean (15S)

propriétaire *(m. ou f.)* owner (12B)

protection *(f.)* protection (20S)

Provence *(f.)* Provence (south of France) (19S)

prune *(f.)* plum (9S)

psychologue *(m. ou f.)* psychologist (4S/12B)

publicité *(f.)* advertising (14B)

puis (et puis) then (and then) (11B)

pull *(m.)* sweater (10B)

punie(e) punished (5S)

pyjama *(m.)* pair of pajamas (10S)

Pyrénées *(f.pl.)* Pyrenees (19S)

Q

quai *(m.)* platform (18S)

quand when (5B); **— même** all the same, even so (17S)

quartier *(m.)* neighborhood (11S/18B)

quatorze fourteen (1B)

quatre four (1B)

que that (16B)

québécois(e) from Quebec (17S)

quel, quelle, quels, quelles which, what (6B); **quel âge as-tu (avez-vous)?** how old are you? (5S); **quelle est la date aujourd'hui?** what's the date today? (1S/6B); **quelle heure est-il?** what time is it? (6B); **quelle sorte de... ?** what kind/sort of . . . ? (13B); **quel temps fait-il?** what's the weather like? (7S/14B)

quelque(s) few, some (18S/20B); **— chose** something (9B); **— chose (d'intéressant)** something (interesting) (16B)

quelquefois sometimes (11B)

quelqu'un someone (9B); **— (d'intéressant)** someone (interesting) (16B)

qu'est-ce que... ? what . . . ? (8B); **— c'est?** what is this/that? (3B); **— tu aimes? (il/elle aime)** what do you like? (does he/she like) (4S); **qu'est ce qu'il y a à faire?** what is there to do? (19S)

qu'est-ce qui... ? what . . . ? (8B); — **est arrivé?** what happened? (17B); — **se passe?** what's happening? (16B) — **s'est passé?** what happened? (18B)

question *(f.)* question (14B)

qui... ? who . . . ? (2S/8B); **qui** who, that *(relative pronoun)* (7S/12B); — **est-ce que?** who/whom? (8B)

quinze fifteen (1B)

quitter to leave (16B)

quoi what (8B)

R

racisme *(m.)* racism (20B)

raciste racist (20S)

raconter to tell (a story) (16B)

radio *(f.)* radio (3B); **radio-réveil** *(m.)* clock radio (3S)

raisin *(m.)* grapes (9S)

raisonnable reasonable, sensible (2B)

randonnée *(f.)* hike (8B)

ranger to straighten up; to clean up (4B)

rapide fast, rapid (18B)

rare rare (19S)

raser to shave (someone else) (15S); **se raser** to shave (oneself) (15S)

rasoir *(m.)* razor (15S)

réaliste realistic (20B)

réalité *(f.)* reality (20S)

recette *(f.)* recipe (9S)

recherche (sur) *(f.)* research (on) (20S)

se réconcilier to make up (16S)

réfléchir (à + qqch.) to think (about), reflect (10B)

réfrigérateur *(m.)* refrigerator (3S/11B)

refuser (de + inf.) to refuse (to) (20B)

regarder to look at (4B); **se regarder** to look at oneself (15B)

régime *(m.)* diet (5S)

région *(f.)* region (19B)

rencontre *(f.)* encounter, meeting (16S)

rencontrer to meet (8B)

rendre visite à to visit (a person) (18B)

renseignement *(m.)* piece of information (14B)

rentrer to go/come home, back (11B)

renverser to knock over (13S)

repas *(m.)* meal (9B)

repasser to iron (7S/16B)

répondeur *(m.)* answering machine (3S)

répondre (à qqn) to answer (someone) (11B)

reportage *(m.)* report, story (television) (17B)

reporter *(m.)* reporter (17S)

se reposer to rest (16B)

réservé(e) reserved, quiet (5S)

réserver to reserve (18S)

respecter to respect (20B)

responsable responsible (12B)

restaurant *(m.)* restaurant (6B); — **universitaire** *(m.)* college cafeteria (6S)

rester to stay (someplace) (8B); — **à la maison** to stay home (4B)

restes *(m.pl.)* leftovers (9S)

retourner to go back, to return (11B)

retraité *(m.)*, **retraitée** *(f.)* retired person (5S/12B)

se retrouver to get together, to meet (again) (16B)

réussir (à + inf.) to succeed (in doing something) (14B); — **(à) un examen** to pass a test (14B)

rêve *(m.)* dream (15S/20B)

réveil *(m.)* alarm clock (3B)

réveillé(e) awake (15S)

réveiller to wake (someone up) (15B)

se réveiller to wake up (oneself) (15B)

revenir to come back (17B)

rêver (de) to dream (about, of) (15B)

revolver *(m.)* revolver, gun (17S)

rez-de-chaussée *(m.)* ground floor (first floor) (11B)

riche rich (5B)

richesse *(f.)* wealth (20S)

rideau *(m.)*, **rideaux** *(pl.)* curtain (3S/11B)

rien *(m.)* nothing (8B)

rire to laugh (4S)

rivière *(f.)* river, stream (19S)

riz *(m.)* rice (9B)

robe *(f.)* dress (10B)

rock *(m.)* rock (music) (2B)

romain(e) Roman (19S)

roman *(m.)* novel (14S); — **policier** *(m.)* murder mystery (17S)

romantique romantic (17S)

rose rose-colored, pink (10B)

rôti *(m.)* roast (9B)

rouge red (3B)

route *(f.)* road (18B)

roux, rousse red (hair) (15B)

rubrique *(f.)* section, column (periodical) (14S)

rue *(f.)* street (11B)

russe Russian (18S)

Russie *(f.)* Russia (18B)

S

sable *(m.)* sand (19B)

sac *(m.)* sack, purse (3B); — **à dos** *(m.)* backpack (18S)

sage well-behaved (5S)

saison *(f.)* season (1S); — **des pluies** *(f.)* rainy season (18S)

salade *(f.)* salad (9B)

salaire *(m.)* salary (12B)

sale dirty (15S)

salé(e) salted, salty (9S)

salle *(f.)* room; — **à manger** *(f.)* dining room (11B); — **de bains** *(f.)* bathroom

salle *(f.)* room; — **à manger** *(f.)* dining room (11B); — **de bains** *(f.)* bathroom (11B); — **de classe** *(f.)* classroom (3B); — **de séjour** *(f.)* living room, family room (7B)

salon *(m.)* living room (11B)

salut! hi! bye! (1B)

samedi *(m.)* Saturday (1B)

sandale *(f.)* sandal (10S)

sandwich *(m.)* sandwich (9B)

sans without (8B)

santé *(f.)* health (20B)

satellite (la télévision par satellite) *(m.)* satellite (satellite televison) (17S)

satisfait(e) (de) satisfied (with) (20B)

sauce *(f.)* sauce, gravy (13S)

saucisson *(m.)* salami (9S)

sauf except (20B)

saumon *(m.)* salmon (9B)

savoir to know (16B)

savon *(m.)* soap (15S)

sciences *(f.pl.)* sciences (4S); — **économiques** *(f.pl.)* economics (14B)

scientifique scientific (14S)

sèche-linge *(m.)* (clothes) dryer (11S)

sécher to dry (someone, something) (15S); **se sécher** to dry off (oneself) (15S)

séchoir (à cheveux) *(m.)* (hair) dryer (15S)

secrétaire *(m. ou f.)* secretary (12B)

sécurité *(f.)* security (20S)

seize sixteen (1B)

sel *(m.)* salt (9B)

semaine *(f.)* week (1S/6B)

s'en aller to leave (17S)

Sénégal *(m.)* Senegal (18B)

sénégalais(e) Senegalese (18B)

sens *(m.)* meaning

sentiment *(m.)* feeling (20S)

se séparer to separate, to break up (16S)

sept seven (1B)

septembre *(m.)* September (1B)

série *(f.)* series (17B)

sérieux, sérieuse serious, hardworking (2S/4B)

séropositif, séropositive HIV positive (20S)

serrer qqn dans ses bras to hug somebody (16S)

serveur *(m.)*, **serveuse** *(f.)* waiter, waitress (12B)

service compris tip included (13S)

serviette *(f.)* napkin (13B); — **de bain** *(f.)* bath towel (15S)

seul(e) alone (5B)

seulement only (16B)

sévère strict (5S)

shampooing *(m.)* shampoo (15S)

short *(m.)* pair of shorts (10B)

si yes (on the contrary) (7B); if, so (11B)

sida *(m.)* AIDS (20S)

siècle *(m.)* century (19S)

sieste *(f.)* nap (15S)

s'il te plaît *(fam.)* please (6B)

s'il vous plaît *(formal)* please (6B)

simplessssssssssss simple (20S)

sinon otherwise

site (web) *(m.)* (web) site (14S)

six six (1B)

ski *(m.)* skiing (8B)

skier to ski (6S/8B)

slip *(m.)* brief (men's), panties (women's) (10S)

SMIC *(m.)* minimum wage (12S)

S.N.C.F. *(f.)* French national railway (12S)

sociable sociable, gregarious (2B)

social, sociale, sociaux, sociales social (20B)

société *(f.)* society (20B)

sœur *(f.)* sister (4B)

soif *(f.)* thirst; **avoir** — to be thirsty (9B)

soigner to take care of (15S); **se soigner** to take care of oneself (15S)

soir *(m.)* evening (6B)

soirée *(f.)* party, evening (9S/13B)

soleil *(m.)* sun (6B)

solitude *(f.)* solitude (20B)

sombre dark (3S/11B)

sommaire *(m.)* table of contents (magazine) (14S)

sommeil *(m.)* sleep; **avoir** — to be sleepy (6B)

sonner to ring (12B)

sortie *(f.)* outing, evening/night out (20B)

sortir to go out (4S/5B); — **avec** to go out with, to date (16S); — **ensemble** to go out together, to date (16S)

souci *(m.)* problem, worry (20S)

souffrir to suffer (20S)

soupe (de tomates) *(f.)* (tomato) soup (9B)

sous under (3B)

sous-sol *(m.)* basement level, underground (11S)

sous-vêtements *(m.pl.)* underwear (10B)

soutien-gorge *(m.)* bra (10S)

souvenir *(m.)* souvenir, memory (18S); **se souvenir de** to remember (16B)

souvent often (5B)

spécialité *(f.)* specialty (19S)

spiritualité *(f.)* spirituality (20S)

sport *(m.)* sport(s) (4B)

sportif, sportive athletic (2B)

station *(f.)* (radio) station (17B); — **de métro** *(f.)* subway station (18S)

steak *(m.)* steak (9B); — **haché** *(m.)* hamburger meat (9S)

steward *(m.)* flight attendant, steward (18S)

stressant(e) stressful (15S)

stressé(e) stressed (12S)

stylo *(m.)* pen (1B)

sucre *(m.)* sugar (9B)

sucré(e) sweet (9S)

sud *(m.)* south (14S/19B)

Suisse *(f.)* Switzerland (14S/18B)

suisse Swiss (14S/18B)

suivre to follow (17B); — **un cours** to take a class, a course (17B)

supermarché *(m.)* supermarket (6B)

supplémentaire supplementary, extra

sur on, on top of (3B)

sûrement certainly (20B)

surfer to surf (14S)

surgelé(e) frozen (9S)

surprendre to surprise (17B)

surpris(e) surprised (16S)

surtout especially (4S/9B)

survêtement *(m.)* sweatsuit (10S)

suspect *(m.)*, **suspecte** *(f.)* suspect (17S)

sympathique nice, congenial, likable (2B)

T

table *(f.)* table (3B); — **de nuit** *(f.)* night-stand, night table (3S)

tableau *(m.)*, **tableaux** *(pl.)* painting (3S/11B)

Tahiti Tahiti (18B)

tahitien, tahitienne Tahitian (18S)

tailleur *(m.)* suit (woman's) (10B)

tante *(f.)* aunt (7B)

taper to type (12S)

tapis *(m.)* area rug (3B)

tard late (15B)

tarte (aux pommes) *(f.)* pie (apple) (9B)

tasse (de) *(f.)* cup (of) (13B)

taxi *(m.)* taxi (18B)

tee-shirt *(m.)* T-shirt (10S)

télécarte *(f.)* phone card (14S)

télécommande *(f.)* remote control (17S)

télécopieur *(m.)* fax machine (3S)

téléphone *(m.)* telephone (3B); — **portable** *(m.)* cellular phone (3S/14B)

téléphoner (à qqn) to telephone (someone) (6B)

télévision *(f.)* television (3B)

témoin *(m.)* witness (17S)

temps *(m.)* weather (7B); **quel — fait-il?** what's the weather like? (7S/14B); tense; **avoir le — (de + inf)** to have time (10B)

tennis *(m.)* tennis (4S); *(f.pl.)* sneakers (10S)

terminer to finish, to end (6B)

terrasse *(f.)* patio, terrace (11B)

terre *(f.)* earth, ground (19B)

terrible terrible (19B)

terrorisme *(m.)* terrorism (20S)

tête *(f.)* head (15B)

têtu(e) stubborn (5S/15B)

Texas *(m.)* Texas (18B)

texto *(m.)* text message (cell phone) (14S)

TGV (train à grande vitesse) *(m.)* high-speed French train (18S)

thé *(m.)* tea (9B)

théâtre *(m.)* theater (4S)

thon *(m.)* tuna (9B)

ticket *(m.)* ticket (bus or subway) (18B)

timbre *(m.)* stamp (14B)

timide shy (2B)

tiroir *(m.)* drawer (3S)

titre *(m.)* title (14S); **gros titres** headlines (14S)

toile *(f.)* Web (14S)

toilettes *(f.pl.)* toilet, bathroom (10S)

toit *(m.)* roof (11S)

tomate *(f.)* tomato (9B)

tombe *(f.)* tomb

tomber to fall (8B); — **amoureux, amoureuse (de)** to fall in love (with) (16B)

tôt early (15B)

toujours always (5B)

tour du monde *(m.)* trip around the world (18S)

touriste *(m. ou f.)* tourist (19B)

tourner to turn (11B)

tous (toutes) les deux both (13B); **tous les jours** every day (13B)

tousser to cough (15S)

tout, tous, toute, toutes all (13B); **tout à coup** all of a sudden (12B); **tout à fait** absolutely, completely (13B); **tout de suite** right away, at once (13B); **tout droit** straight (11B); **tout le monde** everybody, everyone (8B); **tout le temps** all the time (5B); **tout(e) nu(e)** stark naked (15S); **tout(e) seul(e)** all alone, all by oneself (15B)

traditionnel, traditionnelle traditional (20B)

traduire to translate

train *(m.)* train (18B)

tranche (de) *(f.)* slice (of) (13B)

travail, travaux *(m.)* work, job (12B)

travailler to work (4B); — **dur** to work hard (12B)

travailleur, travailleuse hardworking (2B)

traverser to go across, to cross (11S/18B)

treize thirteen (1B)

trente thirty (1B)

très very (2B); — **bien** fine, good, very good (1B)

triste sad (5B)

trois three (1B)

tromper to fool, to cheat (16S); **se tromper (de)** to be wrong, to make a mistake (16B)

trop too (too much) (2S/4B); — **(de)** too much (of) (13B)

trouver to find (6B); — **du travail/un travail** to find work/a job (12B); **se trouver** to be located (18S/19B)

tuer to kill (17S)

tueur *(m.)*, **tueuse** *(f.)* killer (17S)

typique typical (5S)

U

un(e) one, a (1B)
une fois once (10B)
universitaire *(adj.)* university (6B)
université *(f.)* university, college (2B)
usine *(f.)* factory (11B)
utiliser to use (13B)

V

vacances *(f.pl.)* vacation (2B)
vache *(f.)* cow (6S/19B)
vaisselle *(f.)* dishes (7B)
valise *(f.)* suitcase (10B)
vanille *(f.)* vanilla (9B)
vedette (de la télévision, du cinéma...) *(f.)* (television, movie, etc.) celebrity (17B)
végétarien, végétarienne vegetarian (9S)
veille *(f.)* day before, eve (18S)
vélo *(m.)* bicycle, bike (8B); **vélo tout terrain (VTT)** *(m.)* mountain bike
vendeur *(m.),* **vendeuse** *(f.)* salesperson (12B)
vendre to sell (11B)
vendredi *(m.)* Friday (1B)
venir to come (13B)
venir de to have just (13B)
vent *(m.)* wind (7B)
ventre *(m.)* stomach, abdomen (15S)
verbe *(m.)* verb
vérifier to verify, to check (14S, 17B)
vérité *(f.)* truth (14B)
verre (de) *(m.)* glass (of) (13B)
vert(e) green (3B)
veste *(f.)* jacket, sport coat (10B)
vêtements *(m.pl.)* clothes (10B)
veuf *(m.),* **veuve** *(f.)* widower, widow (7B)
viande *(f.)* meat (9B)
victime *(f.)* victim (17S)
vide empty (18B)
vie *(f.)* life (5B)
vie quotidienne *(f.)* daily life (20S)
vieux (vieil), vieille, vieux, vieilles old (5B)

village *(m.)* village (rural) (6B)
ville *(f.)* city, town (6B)
vin *(m.)* wine (9B)
vinaigre *(m.)* vinegar (9S)
vinaigrette *(f.)* oil and vinegar dressing (9S)
vingt *(m.)* twenty (1B)
violence *(f.)* violence (20B)
violent(e) violent (17B)
violet, violette purple (10B)
violon *(m.)* violin (8B)
visage *(m.)* face (15S)
visiter to visit (a place) (11S/18B)
vite fast, rapidly (18B)
vivre to be alive, to live (17B)
voici here is, here are (8B)
voilà there is/are; here is/are (2S/3B)
voir to see (13B)
voiture *(f.)* car (1B)
vol *(m.)* flight (18S)
volets *(m.pl.)* shutters (11S)
votre nom, s'il vous plaît? your name, please? (4B)
vouloir to want, to wish (7B); **— dire** to mean (14B)
voyage *(m.)* trip (10B); **— organisé** *(m.)* tour (package) (18S)
voyager to travel (4B)
vrai(e) true, right (4B)
vraiment really (12B)

W

W.C. *(m.pl.)* toilet, restroom (11B)
week-end *(m.)* weekend (1S)
western *(m.)* western (movie) (17B)

Y

yaourt *(m.)* yogurt (9B)
yeux *(m.pl.)* eyes (15B)

Z

zéro *(m.)* zero (1B)
zoo *(m.)* zoo (19S)

Anglais–français

A

abandon *(v.)* abandonner
abdomen ventre *(m.)*
about de, à peu près
abroad à l'étranger
absolutely tout à fait
accept *(v.)* accepter (de + inf.)
accident accident *(m.)*
according to d'après; — to you à votre avis
accountant comptable *(m. ou f.)*
acquaintance connaissance *(f.)*
across (from) en face (de)
act *(v.)* agir
active actif, active
activity activité *(f.)*
actor acteur *(m.)*
actress actrice *(f.)*
adapt to *(v.)* (s')adapter à
address adresse *(f.)*
adjective adjectif *(m.)*
adolescent adolescent *(m.)*, adolescente *(f.)*
adorable adorable
adult adulte *(m. ou f.)*
adventure movie film d'aventures *(m.)*
advertising, advertisement publicité *(f.)*
Africa Afrique *(f.)*
African africain(e)
after après
afternoon après-midi *(m.)*
afterwards après
again encore
ago il y a...
agree *(v.)* être d'accord
agreeable agréable
AIDS sida *(m.)*
air conditioning climatisation *(f.)*
airplane avion *(m.)*
airport aéroport *(m.)*
à la carte à la carte
alarm clock réveil *(m.)*
alcohol alcool *(m.)*
Algeria Algérie *(f.)*
Algerian algérien, algérienne
alive vivant(e); to be — être en vie
all tout, tous, toute, toutes; — alone, — by oneself tout(e) seul(e); — of a sudden tout à coup; — right d'accord; — the same quand même; — the time tout le temps
allergy allergie *(f.)*
allow *(v.)* permettre (de)
all right d'accord
almost à peu près, presque
alone seul(e)
Alps Alpes *(f.pl.)*
already déjà
also aussi
always toujours

America Amérique *(f.)*
American américain(e)
amuse (someone) *(v.)* amuser
amusing comique
and et
angry fâché(e)
animal animal *(m.)*, animaux *(pl.)*
animated cartoon dessin animé *(m.)*
ankle cheville *(f.)*
announce *(v.)* annoncer
annoy (someone) *(v.)* énerver
annoying énervant(e)
answer (someone) *(v.)* répondre (à qqn)
answering machine répondeur *(m.)*
antique ancien, ancienne
apartment appartement *(m.)*
apartment house/building immeuble *(m.)*
apple pomme *(f.)*
appreciate *(v.)* apprécier
April avril *(m.)*
are you ready to order? vous avez choisi?
argue (with) *(v.)* se disputer (avec)
arm bras *(m.)*
armchair fauteuil *(m.)*
arrival arrivée *(f.)*
arrive (at) *(v.)* arriver (à + inf.)
article article *(m.)*
artist artiste *(m. ou f.)*
as comme; — a group en groupe; — far as jusqu'à; — ... as aussi... que
Asia Asie *(f.)*
Asian asiatique
ask *(v.)* demander; — *(v.)* a question (of someone) poser une question (à qqn); — for directions demander le (son) chemin
asparagus asperges *(f.pl.)*
aspirin aspirine *(f.)*
assignment devoir *(m.)*
association association *(f.)*
at à; — ease à l'aise; — last enfin; — ... o'clock à... heure(s); — once tout de suite; — the house of chez; — the same time en même temps; — the side of au bord de; — what time? à quelle heure?
athletic sportif, sportive
attack (of) crise (de) *(f.)*
attic grenier *(m.)*
attorney avocat *(m.)*, avocate *(f.)*; juriste *(m. ou f.)*
August août *(m.)*
aunt tante *(f.)*
Australia Australie *(f.)*
Australian australien, australienne
authority autorité *(f.)*
autumn automne *(m.)*
avenue avenue *(f.)*
awake réveillé(e)

baby bébé *(m.)*
baby-sit *(v.)* garder des enfants
back dos *(m.)*
backpack sac à dos *(m.)*
bad mauvais(e)
badly mal; — **dressed** mal habillé(e); — **paid** mal payé(e)
bakery boulangerie *(f.);* — **that sells pastries** boulangerie-pâtisserie *(f.)*
balcony balcon *(m.)*
bald chauve
banana banane *(f.)*
Band-Aid sparadrap *(m.)*
bandage pansement *(m.)*
bank banque *(f.)*
banker banquier *(m.)*, banquière *(f.)*
basement cave *(f.);* — **level** sous-sol *(m.)*
basketball basket-ball *(m.)*
bathing suit maillot de bain *(m.)*
bathroom salle de bains *(f.);* toilettes *(f.pl.)*
bathtub baignoire *(f.)*
be *(v.)* être; — **a member (of)** être membre (de); — **able to** pouvoir; — **afraid (of)** avoir peur (de); — **against** être contre; — **alive** vivre, être vivant(e); — **allergic to** être allergique à; — **aware of** être conscient(e) de; — **bored** s'ennuyer; — **careful** faire attention; — **cold** avoir froid; — **connected to** être connecté(e) à; — **courageous** avoir du courage, être courageux; — **early** être en avance; — **easy to get along with** avoir bon caractère, être facile à vivre; — **expensive** coûter cher; — **for** être pour; — **free to** être libre de; — **good at** être fort(e) en; — **good at/in** être bon/bonne en; — **hard to get along with** avoir mauvais caractère, être difficile à vivre; — **hot** avoir chaud; — **hungry** avoir faim; — **in agreement** être d'accord; — **in shape** être en forme; — **in the middle of** être en train de (+ inf.); — **informed** être au courant de (+ noun); — **interested in** s'intéresser à; — **involved in politics** faire de la politique; — **late** être en retard; — **located** se trouver; — **lucky** avoir de la chance; — **mad at** être en colère contre; — **named** s'appeler; — **no good at/in** être nul/nulle en; — **on a diet** être au régime; — **on time** être à l'heure; — **over (a sickness)** être remis(e) (de); — **paid (well, badly)** être (bien, mal) payé(e); — **right** avoir raison; — **sleepy** avoir sommeil; — **standing (up)** être debout; — **the right (to)** avoir le droit (de); — **thirsty** avoir soif; — **to be used (to)** être habitué(e) (à); — **wrong** avoir tort, se tromper (de); — **...years old** avoir... ans
beach plage *(f.)*

beard barbe *(f.)*
beautiful beau (bel), belle, beaux, belles
because parce que
because of à cause de
become *(v.)* devenir
bed lit *(m.);* **to make one's** — faire son lit
bedroom chambre *(f.)*
beef bœuf *(m.)*
beer bière *(f.)*
before avant, avant de (+ inf.), avant que (+ subjonctif)
begin (to) *(v.)* commencer (à + inf.)
beginning début *(m.)*
behind derrière *(prep.);* derrière *(m.)*
beige beige
Belgian belge
Belgium Belgique *(f.)*
believe (in) *(v.)* croire (à); **to — in God** croire en Dieu
belong to *(v.)* être à
belongings affaires *(f.pl.)*
bench banc *(m.)*
beside à côté de
better meilleur(e) *(adj.)*, mieux *(adv.)*
between entre
beverage boisson *(f.)*
bicycle vélo *(m.)*
big grand(e); gros, grosse
bill addition *(f.)*
billion un milliard
biology biologie *(f.)*
bird oiseau *(m.)*, oiseaux *(pl.)*
birthday anniversaire *(m.)*
black noir(e)
blanket couverture *(f.)*
blond blond(e)
blow coup *(m.)*
blow one's nose *(v.)* se moucher
blue bleu(e)
boat bateau *(m.)*, bateaux *(pl.)*
body corps *(m.)*
book livre *(m.)*
bookcase étagère *(f.)*
bookstore librairie *(f.)*
bore *(v.)* ennuyer
boring ennuyeux, ennuyeuse
born (in) né(e) (en)
boss patron *(m.)*, patronne *(f.)*
both tous (toutes) les deux
bother *(v.)* gêner
bottle (of) bouteille (de) *(f.)*
box (of) boîte (de) *(f.)*
boy garçon *(m.)*
boyfriend petit ami *(m.)*
bra soutien-gorge *(m.)*
bread pain *(m.)*
break (one's arm, leg) *(v.)* se casser (le bras, la jambe); — **up** *(v.)* se séparer
breakfast petit déjeuner *(m.);* — **nook** coin-repas *(m.)*

bridge pont (m.)

briefs slip (m.)

bright clair(e)

bring (v.) apporter

British anglais(e)

Brittany Bretagne (f.)

brother frère (m.)

brother-in-law beau-frère (m.)

brown brun(e); marron (invar.); — (light, hair) châtain(e)

bruise bleu (m.)

brush (v.) brosser; — (one's hair) se brosser (les cheveux)

bureau commode (f.)

burn (v.) brûler; — oneself se brûler

bus (between cities) autocar (m.), car (m., fam.)

bus (city) autobus (m.), bus (m., fam.)

business affaires (f.pl.), entreprise (f.); — owner chef d'entreprise (m.); — is good les affaires marchent bien

busy occupé(e)

but mais

butcher shop boucherie (f.)

butter beurre (m.)

buy (v.) acheter

by par

by chance par hasard

bye! salut!

C

cable câble (m.)

café café (m.)

cake (chocolate) gâteau (au chocolat) (m.), gâteaux (pl.)

calculator calculatrice (f.)

California Californie (f.)

call (v.) appeler

calm calme (m.); calme (adj.)

camcorder caméra (f.), caméscope (m.)

camera appareil photo (m.)

Cameroon Cameroun (m.)

Cameroonian camerounais(e)

camp (v.) faire du camping

camping camping (m.)

can (v.) pouvoir

can (of) boîte (de) (f.)

Canada Canada (m.); in — au Canada

Canadian canadien, canadienne

cancer cancer (m.)

candy (piece of) bonbon (m.)

canned food conserves (f.pl.)

cap (baseball) casquette (de baseball) (f.)

car voiture (f.)

card carte (f.)

careful prudent(e)

carrot carotte (f.)

carry (v.) porter; — (away) emporter

cartoon dessin humoristique (m.)

cash argent (m.); pay — payer en liquide

cashier caissier (m.), caissière (f.)

cassette cassette (f.); — player lecteur de cassette (m.)

castle château (m.), châteaux (pl.)

cat chat (m.)

catastrophic catastrophique

catch (v.) attraper

cathedral cathédrale (f.)

CD disque compact (m.)

CD player lecteur CD (m.)

CD-ROM player lecteur CD-ROM (m.)

celebrate (v.) fêter

celebrity célébrité (f.); (movie, television) — vedette (du cinéma, de la télévision) (f.)

cellular phone téléphone portable (m.)

center centre (m.)

centime (1/100 franc) centime (m.)

century siècle (m.)

CEO PDG (président directeur général) (m.)

cereal céréales (f.pl.)

certainly sûrement

chair chaise (f.)

chairman PDG (président directeur général) (m.)

champagne champagne (m.)

chance *hasard (m.)

change (v.) changer; — (trains, planes) changer (de train, d'avion); — one's clothes se changer

change changement (m.); (currency) monnaie (f.)

channel (television) chaîne (f.)

character (in play, book) personnage (m.)

chat (v.) bavarder; (Internet) discussion en ligne (f.), t'chat (m.), chat (m.)

cheap bon marché (invar.)

cheat (on someone) (v.) tromper (qqn)

check (v.) vérifier

check chèque (m.); (restaurant) addition (f.)

checkbook chéquier (m.)

cheese fromage (m.)

chemistry chimie (f.)

chest of drawers commode (f.)

chicken poulet (m.)

child enfant (m. ou f.)

China Chine (f.)

Chinese chinois(e)

chocolate chocolat (m.)

choose (v.) choisir (de + inf.)

church église (f.)

cigarette cigarette (f.)

city ville (f.); — hall mairie (f.); — map plan (m.)

civil servant fonctionnaire (m. ou f.)

class cours (m.)

classical music musique classique (f.)

classified ad petite annonce (f.)

classmate camarade de classe (m. ou f.)

classroom salle de classe (f.)

clean propre; (v.) — up ranger
cleaning woman femme de ménage (f.)
client client (m.), cliente (f.)
climate climat (m.)
clock radio radio-réveil (m.)
close (v.) fermer
closed fermé(e)
closet placard (m.)
clothes vêtements (m.pl.)
cloud nuage (m.)
cloudy nuageux, nuageuse
coast côte (f.)
coat manteau (m.), manteaux (pl.)
Coca-Cola Coca-Cola (m.)
coffee café (m.); — with milk café au lait (m.)
coffeeshop café (m.)
cold froid (m.); froid(e) (adj.); to be — avoir froid; to have a — avoir un rhume; it's — (weather) il fait froid
cold cuts charcuterie (f.)
college université (f.); — cafeteria restaurant universitaire (m.)
color couleur (f.)
column (periodical) rubrique (f.)
comb (one's hair) (v.) se peigner (les cheveux); — (someone else's hair) peigner
comb peigne (m.)
come (v.) venir; — back revenir; — in (v.) entrer
comedy (movie, play) comédie (f.)
comfort confort (m.)
comfortable (thing) confortable; (person) à l'aise
comic comique; — book, — strip bande dessinée (f.)
comment commentaire (m.)
company société (f.) — head chef d'entreprise (m.)
competent compétent(e)
completely tout à fait
computer ordinateur (m.); — specialist informaticien (m.), informaticienne (f.)
concern (v.) concerner
concert concert (m.)
condom préservatif (m.)
conservative conservateur, conservatrice
contagious contagieux, contagieuse
contemporary moderne
content content(e)
continent continent (m.)
continue (v.) continuer (à + inf.); — as far as continuer jusqu'à
cook (v.) faire la cuisine
cook cuisinier (m.), cuisinière (f.)
cooking cuisine (f.)
copy machine photocopieuse (f.)
corner coin (m.)
correspondence courrier (m.)

corridor couloir (m.)
cost coûter (v.); how much does . . . —? combien coûte... ?
co-tenant colocataire (m. ou f.)
couch canapé (m.)
cough (v.) tousser
country campagne (f.); pays (m.)
countryside campagne (f.)
couple couple (m.), ménage (m.)
course cours (m.)
cousin cousin (m.), cousine (f.)
cover couverture (f.)
cow vache (f.)
cracker cracker (m.)
credit card carte de crédit (f.), carte bancaire (f.)
crime crime (m.)
crisis crise (f.); to be in a — être en crise
criticize (v.) critiquer
croissant croissant (m.)
cross (v.) traverser
crowd foule (f.)
crowded plein(e); it is — il y a beaucoup de monde
cruise croisière (f.)
cry (v.) pleurer
cuisine cuisine (f.)
cultural culturel(le); — TV magazine magazine culturel (m.)
cup (of) tasse (de) (f.)
curly frisé(e)
current actuel, actuelle
curtain rideau (m.), rideaux (pl.)
customer client (m.), cliente (f.)
customs douane (f.); — officer douanier (m.)
cut (v.) couper; — oneself se couper
cute mignon, mignonne
cybernaut, Internet user internaute (m/f)
cycle (v.) faire du vélo
cyclist coureur cycliste (m.)

D

daily life vie quotidienne (f.)
dance (v.) danser
dancer danseur (m.), danseuse (f.)
dangerous dangereux, dangereuse
dare (v.) oser
dark foncé(e), sombre
dark-haired brun(e)
date (v.) sortir avec, sortir ensemble
date date (f.)
daughter fille (f.)
daughter-in-law belle-fille (f.)
day jour (m.), journée (f.); — after le lendemain; — before la veille
day-care center crèche (f.)
dead mort(e)
dear cher, chère
death mort (f.)

Lexique: Anglais–français

debate débat *(m.)*

December décembre *(m.)*

decide (to do something) *(v.)* décider (de + inf.)

degree diplôme *(m.)*

deli meats charcuterie *(f.)*

delicate délicat(e)

delicatessen charcuterie *(f.)*

delicious délicieux, délicieuse

dentist dentiste *(m. ou f.)*

deodorant déodorant *(m.)*

departure départ *(m.)*

depressed déprimé(e)

descend *(v.)* descendre

describe *(v.)* décrire

desert désert *(m.)*

desk bureau *(m.)*, bureaux *(pl.)*

despite malgré

dessert dessert *(m.)*

detective/police movie film policier *(m.)*

diary journal *(m.)*, journaux *(pl.)*

dictionary dictionnaire *(m.)*

diet régime *(m.)*; **to be on a** — être au régime

different différent(e)

difficult difficile

dining room salle à manger *(f.)*

dinner dîner *(m.)*

diploma diplôme *(m.)*

dirty sale

disappointed déçu(e)

discotheque discothèque *(f.)*

discover *(v.)* découvrir

discuss *(v.)* discuter (de)

disgruntled fâché(e)

dish (of food) plat *(m.)*

dishes vaisselle *(f.)*; **to do the** — faire la vaisselle

dishwasher lave-vaisselle *(m.)*

divorce *(v.)* divorcer

divorce divorce *(m.)*

divorced divorcé(e)

do *(v.)* faire; — **dumb things** faire des bêtises; — **housework** faire le ménage; — **the dishes** faire la vaisselle; — **the museums** faire les musées

doctor médecin *(m.)*

documentary (on) documentaire (sur) *(m.)*

dog chien *(m.)*

done! ça y est!

door porte *(f.)*

dormitory cité universitaire *(f.)*

doubt doute *(m.)*; **to have —s** se poser des questions

downstairs en bas

downtown centre-ville *(m.)*, en ville

drama drame *(m.)*

dramatic dramatique

draw *(v.)* dessiner, **(hobby)** faire du dessin

drawer tiroir *(m.)*

dream rêve *(m.)*

dream (about, of) *(v.)* rêver (de)

dress robe *(f.)*

dress (someone else) *(v.)* habiller

dressed habillé(e); — **up** habillé(e); **well** — bien habillé(e); **badly** — mal habillé(e); **to get** — s'habiller

dressing (bandage) pansement *(m.)*

dressing (oil and vinegar) vinaigrette *(f.)*

drink *(v.)* boire, prendre

drink (served before a meal) apéritif *(m.)*

drive *(v.)* aller en voiture, conduire

driver's license permis de conduire *(m.)*

drug (medicine) médicament *(m.)*; — **(illegal)** drogue *(f.)*; — **addict** drogué(e), toxicomane; **to take (illegal)** — se droguer

dry (someone, something) *(v.)* sécher; — **off (oneself)** se sécher

dryer (clothes) sèche-linge *(m.)*; **(hair)** séchoir (à cheveux) *(m.)*, sèche-cheveux *(m.)*

dumb bête; — **thing** bêtise *(f.)*

during pendant

DVD DVD *(m.)*; — **player** lecteur de DVD *(m.)*

dynamic dynamique

E

each chaque

each one chacun(e)

ear oreille *(f.)*

early tôt

earn *(v.)* gagner; — **a living** gagner sa vie; — **X dollars/euros (per hour, per day, per week, per month)** gagner \$X/X€ (l'heure, par jour, par semaine, par mois)

earth terre *(f.)*

east est *(m.)*

easy facile

eat *(v.)* manger; — **between meals** grignoter

ecology écologie *(f.)*

economics sciences économiques *(f.pl.)*

efficient efficace

egg œuf *(m.)*

eight *huit

eighteen dix-huit

eighty quatre-vingts; — **-one** quatre-vingt-un

elderly âgé(e)

electronic game jeu électronique *(m.)*

elegant élégant(e)

elementary school école primaire *(f.)*

elevator ascenseur *(m.)*

eleven onze

email messagerie électronique *(f.)*, courrier électronique *(m.)*, courriel *(m.)*; — **address** adresse électronique *(f.)*; — **message** message électronique *(m.)*

embarrass *(v.)* gêner

embrace *(v.)* embrasser

employee employé *(m.)*, employée *(f.)*

empty vide

encounter rencontre *(f.)*

end fin *(f.)*; **at the — (of)** au bout (de)

end *(v.)* terminer

enemy ennemi *(m.)*, ennemie *(f.)*

energetic énergique

engineer ingénieur *(m.)*

England Angleterre *(f.)*

English anglais(e)

enough assez; **— (of)** assez (de)

enter *(v.)* entrer

entertainment divertissement *(m.)*; **— (TV) show** émission de divertissement *(f.)*

enthusiastic enthousiaste

entranceway entrée *(f.)*

envelope enveloppe *(f.)*

environment environnement *(m.)*

equality égalité *(f.)*

errand course *(f.)*; **to run —** faire les courses

especially surtout

Europe Europe *(f.)*

European européen, européenne

eve veille *(f.)*

even même; **— so** quand même

evening soir *(m.)*, soirée *(f.)*; **— (night) out** sortie *(f.)*

event événement *(m.)*

every chaque; **— day** tous les jours

everybody tout le monde

everyone tout le monde

everywhere partout

exam examen *(m.)*

example exemple *(m.)*; **for —** par exemple

excellent excellent(e)

except sauf

excuse me pardon, excusez-moi

executive cadre *(m.)*

exercise *(v.)* faire de l'exercice

exist *(v.)* exister

expensive cher, chère; **to be —** coûter cher

explain *(v.)* expliquer

expressway autoroute *(f.)*

extra supplémentaire

extract passage *(m.)*

eye œil *(m.)*, yeux *(pl.)*

F

face *(v.)* donner sur

face visage *(m.)*

factory usine *(f.)*

fail *(v.)* rater

fair juste

faithful **(to)** fidèle (à)

fall *(v.)* tomber; **— asleep** s'endormir; **— in love (with)** tomber amoureux, amoureuse (de)

false faux, fausse

familiar familier, familière

family famille *(f.)*; **— room** salle de séjour *(f.)*; **start a —** fonder une famille

famous célèbre

fantastic génial(e)

far **(from)** loin (de)

farm ferme *(f.)*

farmer agriculteur *(m.)*, agricultrice *(f.)*

fashion mode *(f.)*; **to be in —** être à la mode; **to be out of —** être démodé

fast *(adj.)* rapide; *(adv.)* vite

fat gros, grosse

fate *hasard *(m.)*, destin *(m.)*

father père *(m.)*

father-in-law beau-père *(m.)*

fatty **(food)** gras, grasse

favorite préféré(e)

fax machine télécopieur *(m.)*

fear peur *(f.)*

February février *(m.)*

feel bad *(v.)* aller mal

feel better *(v.)* aller mieux

feel good *(v.)* aller bien; être en forme

feel great *(v.)* être en forme

feel like **(doing something)** *(v.)* avoir envie de (+ inf.)

feeling sentiment *(m.)*

feminine féminin(e)

fever fièvre *(f.)*

few peu *(adv.)*, quelque *(adj.)*

fiancé(e) fiancé *(m.)*, fiancée *(f.)*

field champ *(m.)*

fifteen quinze

fifty cinquante

film film *(m.)*

filmmaker cinéaste *(m. ou f.)*

finally enfin, finalement

financial financier, financière

find *(v.)* trouver; **— work/a job** trouver du travail/un travail

fine bien

finger doigt *(m.)*

finish *(v.)* finir, terminer

finished! ça y est!

firefighter pompier *(m.)*

firm entreprise *(f.)*

first premier; **— (of all)** d'abord; **— course (appetizer)** entrée *(f.)*; **— floor** rez-de-chaussée *(m.)*

fish *(v.)* pêcher

fish poisson *(m.)*

five cinq

fix one's hair *(v.)* se coiffer; **— someone's hair** coiffer

fixed-price meal menu *(m.)*

flat plat(e)

flight vol *(m.)*; **— attendant** steward *(m.)*, hôtesse de l'air *(f.)*

floor étage *(m.)*; **on the first —** au rez-de-chaussée; **on the second —** au premier étage

flower fleur *(f.)*

flu grippe *(f.)*; **to have the —** avoir la

grippe

fly *(v.)* aller en avion
follow *(v.)* suivre
food nourriture *(f.)*
fool *(v.)* tromper
foot pied *(m.)*
football football américain *(m.)*; **to play —** jouer au football américain
for pour; **— example** par exemple
foreign étranger, étrangère
foreigner étranger *(m.)*, étrangère *(f.)*
forest forêt *(f.)*
forget (to do something) *(v.)* oublier (de + inf.)
fork fourchette *(f.)*
formal habillé(e)
fortunately heureusement
forty quarante
four quatre
fourteen quatorze
fragile fragile
franc franc *(m.)*
France France *(f.)*
free libre; **— (of charge)** gratuit(e)
freedom liberté *(f.)*
freezer congélateur *(m.)*
French français(e); **(language)** français *(m.)*
French fries frites *(f.pl.)*
French national railway S.N.C.F. *(f.)*
French Riviera Côte d'Azur *(f.)*
Friday vendredi *(m.)*
friend ami *(m.)*, amie *(f.)*
friendship amitié *(f.)*
from de
frozen surgelé(e)
fruit fruit *(m.)*; **— juice** jus de fruit *(m.)*
full plein(e); **— of light** clair(e)
funny comique, drôle
furniture meubles *(m.pl.)*; **piece of —** meuble *(m.)*
future avenir *(m.)*

G

gain weight *(v.)* grossir
game match *(m.)*; jeu *(m.)*; **— show** jeu (télévisé) *(m.)*
garage garage *(m.)*; **— owner (mechanic)** garagiste *(m.)*
garden jardin *(m.)*
garden *(v.)* faire du jardinage, jardiner
gate porte *(f.)*
generous généreux, généreuse
geography géographie *(f.)*
German allemand(e)
Germany Allemagne *(f.)*
get *(v.)* recevoir; **— (oneself) ready** se préparer; **— along (well/badly) (with someone)** s'entendre (bien/mal) (avec qqn); **— annoyed** s'énerver; **— dressed** s'habiller; **— engaged** se fiancer; **— irritated** s'énerver; **— married (to)** se marier (avec); **— sunburned** attraper un coup de soleil; **— together** se retrouver; **— undressed** se déshabiller; **— up** se lever

gift cadeau *(m.)*, cadeaux *(pl.)*
girl fille *(f.)*, jeune fille *(f.)*
girlfriend petite amie *(f.)*
give *(v.)* donner
glad content(e)
glass (of) verre (de) *(m.)*
glasses (eye) lunettes *(f.pl.)*
glove gant *(m.)*
go *(v.)* aller; **— (sail)boating** faire du bateau (à voile); **— across** traverser; **— around the world** faire le tour du monde; **— back** retourner, rentrer; **— by** passer; **— camping** faire du camping; **— home** rentrer **— down** descendre; **— home** rentrer; **— horseback riding** faire du cheval; **— in** entrer; **— out** sortir; **— out together** sortir ensemble; **— out with** sortir avec; **— sailing** faire de la voile; **— skating** faire du ski; **— scuba diving** faire de la plongée sous-marine; **— shopping** faire les magasins; **— surfing** faire du surf; **— to** aller jusqu'à; **— to bed** se coucher; **— to the doctor** aller chez le médecin; **— up** monter
God Dieu *(m.)*; **to believe in —** croire en Dieu
golf golf *(m.)*; **to play —** jouer au golf
good bien *(adv.)*; bon, bonne *(adj.)*
goodbye au revoir
government gouvernement *(m.)*
grade note *(f.)*
gram (of) gramme (de) *(m.)*
grandchildren petits-enfants *(m.pl.)*
granddaughter petite-fille *(f.)*
grandfather grand-père *(m.)*
grandmother grand-mère *(f.)*
grandparents grands-parents *(m.pl.)*
grandson petit-fils *(m.)*
grape raisin *(m.)*
grapefruit pamplemousse *(m.)*
gravy sauce *(f.)*
gray gris(e)
green vert(e); **— beans** *haricots verts *(m.pl.)*
grocery store épicerie *(f.)*
ground terre *(f.)*; **— floor** rez-de-chaussée *(m.)*; **on the —** par terre
group groupe *(m.)*
guess *(v.)* deviner
guest invité *(m.)*, invitée *(f.)*
guilty coupable
guitar guitare *(f.)*
gun revolver *(m.)*

H

hair cheveu *(m.)*, cheveux *(pl.)*

hairdresser coiffeur *(m.)*, coiffeuse *(f.)*; — **dryer** séchoir (à cheveux) *(m.)*
half brother demi-frère *(m.)*
half sister demi-sœur *(f.)*
hall couloir *(m.)*
ham jambon *(m.)*
hamburger steak haché, *hamburger *(m.)*
hand main *(f.)*
handsome beau (bel), belle, beaux, belles
happily heureusement
happiness bonheur *(m.)*
happy heureux, heureuse
hard dur(e)
hardworking sérieux, sérieuse; travailleur, travailleuse
hat chapeau *(m.)*
hate *(v.)* détester
have *(v.)* avoir; — **a bruise** avoir un bleu; — **a cold** avoir un rhume; — **a drink** prendre un verre; — **a fever** avoir de la fièvre; — **a good time** s'amuser; — **a grudge against** en vouloir à qqn; — **a nice weekend!** bon week-end!; — **a runny nose** avoir le nez qui coule; — **a snack** prendre (un petit) quelque chose; — **a sunburn** avoir un coup de soleil; — **courage** avoir du courage; — **(some) doubts** avoir des doutes; — **illusions** avoir des illusions; — **just** venir de (+ inf.); — **responsibilities** avoir des responsabilités; — **the choice** avoir le choix; — **the flu** avoir la/une grippe; — **time off** avoir congé; — **time to (+ inf.)** avoir le temps de (+ inf.); — **to** devoir; — **worries** avoir des soucis
head tête *(f.)* — **of family** chef de famille, père/mère de famille
headlines gros titres *(m.pl.)*
health santé *(f.)*; **to be in good/bad** — être en bonne/mauvaise santé
healthy (thing, activity) bon (bonne) pour la santé; **(person)** en bonne santé
hear *(v.)* entendre; — **from someone** recevoir des nouvelles de qqn
heavy fort(e), lourd(e)
hello bonjour
help *(v.)* aider (qqn à + inf.)
here ici; — **is,** — **are** voici; **here!** tiens!
hi! salut!
hide *(v.)* cacher
high school lycée *(m.)*; **(French)** — **graduation exam** baccalauréat *(m.)*
highway autoroute *(f.)*
hike *(v.)* faire une randonnée
hike randonnée *(f.)*
hill colline *(f.)*
historical historique
history histoire *(f.)*
hitchhike *(v.)* faire de l'auto-stop
hitchhiking auto-stop *(m.)*

HIV positive séropositif, séropositive
holiday fête *(f.)*
homework devoirs *(m.pl.)*
honest honnête
honeymoon lune de miel *(f.)*
hope (that) *(v.)* espérer (que)
horrible horrible
horror movie film d'horreur *(m.)*
horse cheval *(m.)* **go —back riding** faire du cheval
hospital hôpital *(m.)*
host (TV show) animateur, animatrice
hot chaud(e); **(food)** épicé(e); **to be** — avoir chaud; **it's** — **(weather)** il fait chaud
hotel hôtel *(m.)*
hour heure *(f.)*
house maison *(f.)*
household ménage *(m.)*
houseplant plante verte *(f.)*
housewife (househusband) femme au foyer *(f.)* (homme au foyer *(m.)*)
housework ménage *(m.)*; **to do** — faire le ménage
how comment; — **are you?** *(formal)* comment allez-vous?; — **many (of)** combien (de); — **many times (a day)** combien de fois (par jour); — **much** combien (de); — **much do I owe you?** combien est-ce que je vous dois?; — **much does . . . cost?** combien coûte... ?; — **old are you?** quel âge as-tu (avez-vous)?; —**'s it going?** ça va?; comment ça va?
however cependant, pourtant
hundred cent
hug *(v.)* serrer dans ses bras
hunger faim *(f.)*
hunt *(v.)* chasser
hurry (up) *(v.)* se dépêcher; **in a** — pressé(e)
hurt blessé(e)
hurt *(v.)* avoir mal; — **oneself** *(v.)* se faire mal; — **oneself badly** se blesser; — **(someplace)** avoir mal à (la tête, la gorge)
husband mari *(m.)*

I

I'm going je m'en vais
I'm kidding je plaisante
I'm leaving je m'en vais
I'm treating c'est moi qui invite
I've had enough j'en ai assez
I've had it j'en ai assez
ice cream glace *(f.)*
ice-skate *(v.)* faire du patin à glace
idea idée *(f.)*
idealistic idéaliste
if si
if I were you à ta (votre) place

ill-mannered mal élevé(e)
illness maladie *(f.)*
illusion illusion *(f.)*
immigrant immigré, immigrée
immigration immigration *(f.)*
impolite impoli(e)
important important(e)
impose *(v.)* imposer
impossible impossible
in à, dans, en; — **back of** derrière; — **front of** devant; — **love (with)** amoureux, amoureuse (de); — **my opinion** à mon avis; — **order to** pour, pour que (+ subjonctif); — **spite of** malgré; — **the middle (of)** au milieu (de); — **laws** beaux-parents *(m.pl.)*
including y compris
indeed en effet
independent indépendant(e)
Indian indien(ne)
indicate *(v.)* indiquer
indigestion indigestion *(f.)*
individualistic individualiste
inexpensive bon marché *(invar.)*
inhabitant habitant *(m.)*, habitante *(f.)*
injured blessé(e)
injustice injustice *(f.)*
innocent innocent(e)
inside (of) à l'intérieur (de)
inspector (police) inspecteur *(m.)*, inspectrice *(f.)* (de police), lieutenant(e) (de police)
intellectual intellectuel, intellectuelle
intelligent intelligent(e)
interest *(v.)* intéresser
interesting intéressant(e)
international international(e), internationaux, internationales
Internet Internet *(m.)*
interrogate *(v.)* interroger
interview interview *(f.)*; **(job)** entretien *(m.)*
intolerance intolérance *(f.)*
investigate *(v)* enquêter
investigation enquête *(f.)*
invite *(v.)* inviter
iron *(v.)* repasser
irritate (someone) *(v.)* énerver (qqn.)
is there any room? il y a de la place?
island île *(f.)*
isn't it?/isn't he?/isn't she?, etc. n'est-ce pas?
Israel Israël *(m.)*
Israeli israélien, israélienne
it is necessary that il faut que (+ subjonctif)
it's . . . : — **cloudy** il y a des nuages, il fait nuageux/couvert; — **cold** il fait froid; — **cool** il fait frais; — **crowded** il y a beaucoup de monde; — **expensive** ça coûte cher; — **hot** il fait chaud; — **hot and humid** il fait lourd; — **my treat** c'est moi qui invite; — **nasty out** il fait mauvais; — **nice out** il fait beau; — **overcast** il fait gris/couvert; — **pleasant (mild)** il fait bon; — **raining** il pleut; — **snowing** il neige; — **sunny** il y a du soleil; — **warm** il fait chaud; — **windy** il y a du vent
Italian italien, italienne
Italy Italie *(f.)*

J

jacket veste *(f.)*; — **(aviator)** blouson *(m.)*
jam confiture *(f.)*
January janvier *(m.)*
Japan Japon *(m.)*
Japanese japonais(e)
jazz jazz *(m.)*
jealous jaloux, jalouse
jeans jeans *(m.pl.)*
jewelry bijou *(m.)*, bijoux *(pl.)*
job travail *(m.)*
jog *(v.)* faire du jogging
journal journal *(m.)*, journaux *(pl.)*
journalist journaliste *(m. ou f.)*
July juillet *(m.)*
June juin *(m.)*

K

keep *(v.)* garder
key clé *(f.)*
kill *(v.)* tuer
killer tueur *(m.)*, tueuse *(f.)*
kilogram (of) kilo (de) *(m.)*
kilometer kilomètre *(m.)*
kind gentil, gentille
kindergarten école maternelle *(f.)*
kiss *(v.)* embrasser
kitchen cuisine *(f.)*
knee genou *(m.)*, genoux *(pl.)*
knife couteau *(m.)*, couteaux *(pl.)*
knock over *(v.)* renverser
know *(v.)* connaître, savoir; — **about** être au courant de (+ nom)

L

laboratory laboratoire *(m.)*
lake lac *(m.)*
lamp lampe *(f.)*
landscape paysage *(m.)*
language langue *(f.)*; **foreign** — langue étrangère *(f.)*
laptop ordinateur portable *(m.)*
last *(v.)* durer
last dernier, dernière; — **(month, year, etc.)** passé(e)
late tard
laugh *(v.)* rire
laundry lessive *(f.)*; **to do the** — faire la lessive
law droit *(m.)*
lawn pelouse *(f.)*

lawyer (**court**) avocat *(m.)*, avocate *(f.)*
lazy paresseux, paresseuse
learn (**to**) *(v.)* apprendre (à)
leave *(v.)* laisser, partir, quitter, s'en aller;
   — **a note for someone** laisser un mot
   pour qqn; — **a tip** laisser un pourboire
left gauche*(f.)*; **to the — (of)** à gauche
   (de)
leftovers restes *(m.pl.)*
leg jambe *(f.)*
leisure activities loisirs *(m.pl.)*
lemon citron *(m.)*
less (**less . . . than**) moins (moins... que)
let *(v.)* laisser
let's eat! à table!
letter lettre *(f.)*
lettuce laitue *(f.)*
library bibliothèque *(f.)*
lie *(v.)* mentir
life vie *(f.)*
lift *(v.)* lever
light clair(e), léger, légère
likable sympathique
like *(v.)* aimer — **better (than)** aimer mieux
   (que); **I don't — that!** Je n'aime pas ça!
like comme
list (**of**) liste (de) *(f.)*
listen to *(v.)* écouter
liter litre *(m.)*
literary littéraire; — **TV magazine** magazine littéraire *(m.)*
literature littérature *(f.)*
little petit(e) *(adj.)*; peu *(adv.)*; **a —** un peu
live *(v.)* vivre, habiter
liver foie *(m.)*
living room salle de séjour *(f.)*, salon
   (m.)
loan prêt *(m.)*
long long, longue; — **time** longtemps
look *(v.)* regarder; — **after children** garder
   des enfants; — **at** regarder; — **at oneself**
   se regarder; — **for** chercher; — **for**
   work/a job chercher du travail/un
   travail; — **healthy** avoir bonne mine;
   — **like** avoir l'air (+ adj.), avoir l'air
   (de + inf.); ressembler (à qqn); — **sick**
   avoir mauvaise mine; — **unwell** avoir
   mauvaise mine; — **well** avoir bonne
   mine
lose *(v.)* perdre; — **one's job** perdre son
   travail; — **weight** maigrir
lot (**of**) beaucoup de
Louisiana Louisiane *(f.)*
love *(v.)* adorer, aimer
love amour *(m.);* — **at first sight** coup de
   foudre *(m.)*
luckily heureusement
luggage bagages *(m.pl.)*
lunch déjeuner *(m.)*
luxurious de luxe

M

ma'am madame (Mme)
mad fâché(e)
magazine magazine *(m.)*
magnificent magnifique
mail courrier *(m.);* — **carrier** facteur *(m.)*
mail a letter *(v.)* mettre une lettre à la poste
mailbox boîte aux lettres *(f.)*
main dish plat principal *(m.)*
make *(v.)* faire; — **a mistake** se tromper
   (de); — **music** faire de la musique; — **the**
   beds faire les lits; — **the most of life**
   profiter de la vie; — **up** se réconcilier; —
   up (someone else) maquiller
man homme *(m.)*
manage *(v.)* diriger
manager (**business**) directeur *(m.)*, directrice *(f.);* — (**hotel, shop, etc.**) gérant
   (m.), gérante *(f.)*
mansion château *(m.)*, châteaux *(pl.)*
many beaucoup de
map carte *(f.);* (**town, city**) plan *(m.)*
March mars *(m.)*
market marché *(m.)*
married marié(e)
marry *(v.)* se marier (avec)
marvelous merveilleux, merveilleuse
masculine masculin(e)
material matériel, matérielle
materialistic matérialiste
mathematics mathématiques *(f.pl.)*
May mai *(m.)*
maybe peut-être
mayonnaise mayonnaise *(f.)*
me moi; — **neither** moi non plus; — **too**
   moi aussi; **not —** pas moi
meal repas *(m.);* **meal's ready!, meal's**
   served! à table!
mean *(v.)* vouloir dire
mean méchant(e)
means of transportation moyen de transport *(m.)*
meat viande *(f.)*
media médias *(m.pl.)*
medicine médicament *(m.);* (**studies, sci-**
   ence) médecine *(f.)*
meet *(v.)* rencontrer; — (**again**) se retrouver; — (**someone**) faire la connaissance
   de (qqn)
meeting rencontre *(f.)*
melon (**cantaloupe**) melon *(m.)*
member membre *(m.)*
memory souvenir *(m.)*
messy (**room**) en désordre; (**person**) désor-
   donné(e)
meter mètre *(m.)*
Mexican mexicain(e)
Mexico Mexique *(m.)*
microdisk (**computer**) disquette *(f.)*
middle (**in the —**) au milieu (de)

milk lait *(m.)*
million million *(m.)*
mineral water eau minérale *(f.)*
minute minute *(f.)*
mirror miroir *(m.)*
miscellaneous divers(e)
misfortune malheur *(m.)*
miss (a train, a plane) *(v.)* manquer (un train, un avion)
miss, Miss Mademoiselle (Mlle)
Mister Monsieur (M.)
mistrust *(v.)* se méfier de
modern moderne
moment moment *(m.)*
Monday lundi *(m.)*
money argent *(m.)*
mononucleosis mononucléose *(f.)*
monster monstre *(m.)*
month mois *(m.)*
monument monument *(m.)*
mood (good, bad) humeur (bonne, mauvaise) *(f.)*; **to be in a good/bad —** être de bonne/mauvaise humeur; mode *(m.)*
more (more . . . than) plus (plus... que)
more or less plus ou moins
morning matin *(m.)*
Moroccan marocain(e)
Morocco Maroc *(m.)*
mother mère *(f.)*
mother-in-law belle-mère *(f.)*
motivated motivé(e)
mountain(s) montagne *(f.)*; **— bike** vélo tout terrain (VTT) *(m.)*
mouth bouche *(f.)*
move (house) *(v.)* déménager
movie film *(m.)*; **— made for television** téléfilm *(m.)*; **— producer/director** cinéaste *(m/f)*; **— theater** cinéma *(m.)*
movies cinéma *(m.)*
Mr. Monsieur (M.)
Mrs. Madame (Mme)
much beaucoup
muffler cache-nez *(m)*, écharpe *(f)*
murder meurtre *(m.)*; **— mystery** roman policier *(m.)*
murderer meurtrier *(m.)*, meurtrière *(f.)*
mushroom champignon *(m.)*
music musique *(f.)*; **to make/play —** faire de la musique
musician musicien *(m.)*, musicienne *(f.)*
must devoir *(v.)*
mustache moustache *(f.)*
mustard moutarde *(f.)*
mutton mouton *(m.)*
my name is je m'appelle

N

naive naïf, naïve
naked nu(e); **stark naked** tout(e) nu(e)
name nom *(m.)*; **first —** prénom *(m.)*; **last**
— nom de famille *(m.)*; **my — is** je m'appelle; **your —, please?** votre nom, s'il vous plaît?
nap sieste *(f.)*
napkin serviette *(f.)*
nation (state) état *(m.)*
national national(e), nationaux, nationales
nationality nationalité *(f.)*
native habitant *(m.)*, habitante *(f.)*
near (to) près de
nearly à peu près
neat (thing) en ordre; **(person)** ordonné(e)
need *(v.)* avoir besoin de
need besoin *(m.)*
neighborhood quartier *(m.)*
neither do I moi non plus
nephew neveu *(m.)*
never jamais, ne... jamais
nevertheless cependant
new nouveau (nouvel), nouvelle, nouveaux, nouvelles
news informations *(f. pl.)*; **— (from someone)** nouvelles *(f. pl.)*; **— (television)** journal (télévisé) *(m.)*; **— (media)** actualité *(f.)*; **— TV magazine** magazine d'information *(m.)*
newsgroup forum de discussion *(m.)*
newspaper journal *(m.)*, journaux *(pl.)*
next ensuite; **— day** lendemain *(m.)*; **— to** à côté de
nice agréable; gentil, gentille; sympathique
niece nièce *(f.)*
night nuit *(f.)*
nightmare cauchemar *(m.)*
nightstand table de nuit *(f.)*
nine neuf
nineteen dix-neuf
ninety quatre-vingt-dix
no non; **— good in, at** nul, nulle en; **— one** personne, ne... personne; **— one (nice . . .)** ne... personne de (gentil...); **— way** pas question
nobody personne, ne... personne
noise bruit *(m.)*; **to make —** faire du bruit
noodles pâtes *(f.pl.)*
normal normal(e), normaux, normales
Normandy Normandie *(f.)*
North America Amérique du Nord *(f.)*
north nord *(m.)*
nose nez *(m.)*
not pas (ne...) ; **— any** aucun(e); **— anymore** ne... plus; **— anyone** ne... personne; **— anything** ne... rien; **— at all** pas du tout; **— bad** pas mal; **— ever** ne... jamais; **— me** pas moi; **— on your life** jamais de la vie; **— one** aucun(e); **— think so** *(v.)* penser que non; **— yet** pas encore
notebook cahier *(m.)*, carnet *(m.)*
nothing ne... rien; rien *(m.)*; **— (funny)**

ne... rien de (comique)
noun nom *(m.)*
novel roman *(m.)*
November novembre *(m.)*
now maintenant
number chiffre *(m.)*
nurse infirmier *(m.)*, infirmière *(f.)*
nursery crèche *(f.)*; — **school** école maternelle *(f.)*

O

object objet *(m.)*
obnoxious pénible *(fam.)*
obvious évident(e)
obviously évidemment
ocean océan *(m.)*
October octobre *(m.)*
odd bizarre
of de; — **course** bien sûr, évidemment; — **which (whom)** dont
offer *(v.)* offrir
office bureau *(m.)*, bureaux *(pl.)*
often souvent
oil huile *(f.)*
OK d'accord
old âgé(e); ancien, ancienne; vieux (vieil), vieille, vieux, vieilles
older person personne âgée *(f.)*
oldest (person in family) aîné *(m.)*, ainée *(f.)*
olive olive (f.); — **oil** huile d'olive *(f.)*
omelette (cheese) omelette (au fromage) *(f.)*
on sur; — **foot** à pied; — **purpose** exprès; — **sale** en solde; — **television** à la télévision; — **the contrary** si; — **the first floor** au rez-de-chaussée; — **the floor** par terre; — **the radio** à la radio; — **the second floor** au premier étage; — **top of** sur
once une fois
one on
one un(e); — **time** une fois
onion oignon *(m.)*
online en ligne
only seulement
open ouvert(e)
open *(v.)* ouvrir
opinion avis *(m.)*, opinion *(f.)*
optimistic optimiste
optional facultatif, facultative
or ou
orange *(adj.)* orange *(invar.)*
orange orange *(f.)*
order *(v.)* commander
order ordre *(m.)*
original original(e), originaux, originales
other autre
otherwise sinon
out of fashion démodé(e)
out of the question pas question

outing sortie *(f.)*
outside (of) à l'extérieur (de)
over there là-bas
overcast (weather) couvert
overlook *(v.)* donner sur
owe *(v.)* devoir; **how much do I — you?** combien est-ce que je vous dois?
owner propriétaire *(m. ou f.)*

P

pack *(v.)* faire les (ses) bagages
page *(f.)* page; **web —** page web
paint *(v.)* faire de la peinture
painting tableau *(m.)*, tableaux *(pl.)*
pajamas (pair of) pyjama *(m.)*
pale pâle
panties slip *(m.)*
pants (pair of) pantalon *(m.)*
panty hose collant *(m.)*, bas *(m.pl.)*
paper papier *(m.)*; **(written for class)** dissertation *(f.)*
parent parent *(m.)*
parents-in-law beaux-parents *(m.pl.)*
park parc *(m.)*
parka parka *(f.)*, anorak *(m.)*
participate in a sport *(v.)* faire du sport, pratiquer un sport
party fête *(f.)*, soirée *(f.)*
pass *(v.)* passer, réussir (un examen)
passage passage *(m.)*
passenger passager *(m.)*, passagère *(f.)*
passport passeport *(m.)*
pasta pâtes *(f.pl.)*
pastime passe-temps *(m.)*
pastry pâtisserie *(f.)*; — **shop** pâtisserie *(f.)*
pâté pâté *(m.)*
path chemin *(m.)*
patience patience *(f.)*; **to have —/to not have —** avoir de la patience/ne pas avoir de patience
patient patient(e)
patio terrasse *(f.)*
pay *(v.)* payer; — **attention** faire attention; — **by check** payer par chèque; — **by card** payer avec une carte de crédit (avec une carte bancaire); — **cash** payer en liquide
peace paix *(f.)*; — **and quiet** calme *(m.)*
peach pêche *(f.)*
pear poire *(f.)*
peas petits pois *(m.pl.)*
pen stylo *(m.)*
pencil crayon *(m.)*
people gens *(m.pl.)*, on
pepper poivre *(m.)*
perhaps peut-être
permit *(v.)* permettre (de)
person personne *(f.)*
personal personnel, personnelle
personality caractère *(m.)*

Lexique: Anglais–français

pessimistic pessimiste
pharmacist pharmacien *(m.)*, pharmacienne *(f.)*
pharmacy pharmacie *(f.)*
philosophy philosophie *(f.)*
phone card télécarte *(f.)*
photograph photo *(f.)*
physics physique *(f.)*
piano piano *(m.)*; **to play the** — jouer du
  piano
picnic pique-nique *(m.)*
picture photo *(f.)*; **to take pictures** prendre
  des photos; **(hobby)** faire de la photo
pie (apple) tarte (aux pommes) *(f.)*
piece (of) morceau (de) *(m.)*, morceaux
  (pl.); — **of furniture** meuble *(m.)*;
  — **of information** renseignement *(m.)*;
  — **of jewelry** bijou *(m.)*, bijoux *(pl.)*;
  — **of news** nouvelle *(f.)*
pilot pilote *(m.)*
pimple bouton *(m.)*
pink rose
pizza pizza *(f.)*
place endroit *(m.)*, place *(f.)*; — **setting** couvert *(m.)*; **in your** — à ta (votre) place
plan projet *(m.)*
plane (air) avion *(m.)*
plane tree platane *(m.)*
plate (of) assiette (de) *(f.)*
platform quai *(m.)*
play *(v.)* jouer; — **cards** jouer aux cartes;
  — **music** jouer / faire de la musique; —
  soccer jouer au football; — **tennis** jouer
  au tennis; — **the guitar** jouer de la guitare; — **the piano** jouer du piano; — **the
  violin** jouer du violon
play pièce (de théâtre) *(f.)*
player joueur *(m.)*, joueuse *(f.)*
pleasant agréable
please s'il te plaît *(fam.)*; s'il vous plaît
  (formal)
plum prune *(f.)*
poem poème *(m.)*
poison poison *(m.)*
police officer policier *(m.)*
police station commissariat de police *(m.)*
policeman gendarme *(m.)*
polite poli(e)
political science sciences politiques *(f.pl.)*
politics politique *(f.)*
pollution pollution *(f.)*
poor pauvre
pork porc *(m.)*; — **shop** charcuterie *(f.)*
port port *(m.)*
possible possible
post office poste *(f.)*
postcard carte postale *(f.)*
poster affiche *(f.)*
potato pomme de terre *(f.)*; — **chips** chips
  (f.pl.)

poverty pauvreté *(f.)*
power pouvoir *(m.)*
practical pratique
prefer *(v.)* aimer mieux (que), préférer
preferred préféré(e)
pregnant enceinte
prepare *(v.)* préparer
preschool école maternelle *(f.)*
present actuel, actuelle
present cadeau *(m.)*, cadeaux *(pl.)*
present *(v.)* présenter
president président *(m.)*; PDG (président
  directeur général) *(m.)*
press (newspapers) presse *(f.)*
pretty joli(e)
price prix *(m.)*
principle principe *(m.)*
printer imprimante *(f.)*
private privé(e)
probably probablement
problem problème *(m.)*, souci *(m.)*
profession métier *(m.)*
program émission *(f.)*
project projet *(m.)*
promise *(v.)* promettre
prosciutto jambon cru *(m.)*, jambon de
  pays *(m.)*
protection protection *(f.)*
Provence (south of France) Provence *(f.)*
psychologist psychologue *(m. ou f.)*
psychology psychologie *(f.)*
punished puni(e)
purple violet, violette
purse sac *(m.)*
put *(v.)* mettre; — **makeup on (oneself)** se
  maquiller; — **on** mettre; — **to bed**
  coucher
Pyrenees Pyrénées *(f.pl.)*

Q

Quebec Québec *(m.)*
Québécois québécois(e)
question *(v.)* interroger
question question *(f.)*
quiet réservé(e)
quite assez
quiz interrogation *(f.)*

R

race (bicycle) course (cycliste) *(f.)*
racer (bicycle) coureur (cycliste) *(m.)*
racism racisme *(m.)*
racist raciste
radio radio *(f.)*; — **station** station *(f.)*
rain *(v.)* pleuvoir; *(noun)* pluie *(f.)*
raincoat imperméable *(m.)*
rainy season saison des pluies *(f.)*
raise *(v.)* lever; **(a child)** élever
rapid rapide
rapidly vite

rare rare
rather plutôt
raw vegetables crudités (f.pl.)
razor rasoir (m.)
read (v.) lire
ready prêt(e)
real estate agent agent immobilier (m.)
realistic réaliste
reality réalité (f.)
really vraiment
rear end derrière (m.)
reasonable raisonnable
receive (v.) recevoir
recipe recette (f.)
record disque (m.)
red rouge; — (hair) roux, rousse
reflect (on, about) (v.) réfléchir (à + qqch.)
refrigerator réfrigérateur (m.)
refuse (v.) refuser (de + inf.)
region région (f.)
relative parent (m.)
remark commentaire (m.)
remedy remède (m.)
remember (v.) se souvenir de
remote control télécommande (f.)
rent (v.) louer
report rapport (m.); (television) reportage (m.)
reporter reporter (m.)
research (on) recherche (sur) (f.)
researcher chercheur (m.)
resemble (v.) (someone) ressembler (à qqn)
reserve (v.) réserver
reserved réservé(e)
resourceful débrouillard(e)
respect (v.) respecter
responsibility responsabilité (f.); to have responsibilities avoir des responsabilités
responsible responsable
rest (v.) se reposer
restaurant restaurant (m.); — menu carte (f.); — bill addition (f.)
restroom W.C. (m.pl.); toilettes (f.pl.)
result résultat (m.)
retire (v.) prendre la (sa) retraite
retired person retraité (m.), retraitée (f.)
return (v.) retourner
return retour (m.)
revolver revolver (m.)
rice riz (m.)
rich riche
ride a bicycle (v.) aller à vélo, faire du vélo
right droit(e); to the — (of) à droite (de); — away tout de suite
ring (v.) sonner
river rivière (f.); (major) fleuve (m.)
road route (f.)
roast rôti (m.)
robber voleur (m.), voleuse (f.)

rock (music) rock (m.)
roller-blade(v.) faire du roller
roller-skate (v.) faire du patin (à roulettes)
Roman romaine(e)
romantic romantique; — movie film d'amour (m.)
roof toit (m.)
room salle (f.), place (f.), pièce (f.)
roommate camarade de chambre (m. ou f.)
rose-colored rose
rude mal élevé(e); grossier, grossière
rug (area) tapis (m.)
run (v.) courir, diriger; — errands faire les courses
Russia Russie (f.)
Russian russe

S

sack sac (m.)
sad triste
sailboat bateau à voile (m.)
salad salade (f.)
salami saucisson (m.)
salary salaire (m.)
sale solde (f.) to be on — être en solde
salesperson vendeur (m.), vendeuse (f.)
salmon saumon (m.)
salt sel (m.)
salted salé(e)
salty salé(e)
same même
sand sable (m.)
sandal sandale (f.)
sandwich sandwich (m.)
Santa Claus le Père Noël
satellite (satellite television) satellite (la télévision par satellite) (m.)
satisfied (with) satisfait(e) (de)
Saturday samedi (m.)
sauce sauce (f.)
save money faire des économies
say (v.) dire
scar cicatrice (f.)
scare (v.) faire peur (à)
scarf (worn for warmth) écharpe (f.); (dressy) foulard (m.)
scary effrayant(e)
scenery paysage (m.)
school école (f.)
science fiction movie film de science-fiction(m.)
sciences sciences (f.pl.)
scientific scientifique
scientist chercheur (m.)
scream (v.) crier
scream cri (m.)
scuba diving plongée sous-marine (f.)
sea mer (f.)
search (for) (v.) chercher
season saison (f.)

seat place *(f.)*

seated assis(e)

secondary school-leaving exam baccalau-réat *(m.)*

secret secret *(m.)*

secretary secrétaire *(m. ou f.)*

section (newspaper, magazine) rubrique *(f.)*

security sécurité *(f.)*

see *(v.)* voir; — you soon à bientôt; — you tomorrow à demain

seem *(v.)* avoir l'air (+ adj.), (de + inf.)

selfish égoïste

sell *(v.)* vendre

send *(v.)* envoyer

Senegal Sénégal *(m.)*

Senegalese sénégalais(e)

sensible raisonnable

sentence phrase *(f.)*

separate *(v.)* se séparer

September septembre *(m.)*

series série *(f.)*

serious grave; sérieux, sérieuse

serving dish plat *(m.)*

set the table *(v.)* mettre la table

seven sept

seventeen dix-sept

seventy soixante-dix

several plusieurs

shampoo shampooing *(m.)*

shape: to be in — être en forme

share *(v.)* partager

shave (oneself) *(v.)* se raser; (someone else) raser

sheet of paper feuille de papier *(f.)*

shelf étagère *(f.)*

shine *(v.)* briller

shirt (man's) chemise *(f.)*, (woman's) chemisier *(m.)*

shoe chaussure *(f.)*

shoot (someone) *(v.)* tirer (sur qqn)

shopkeeper commerçant *(m.)*, com-merçante *(f.)*

shopping: to go — faire les magasins

short court(e), petit(e)

shorts (pair of) short *(m.)*; boxer — caleçon *(m.)*

shot coup de feu *(m.)*

shout *(v.)* crier

shout cri *(m.)*

show *(v.)* montrer

show (television) émission *(f.)*; news — magazine d'information *(m.)*

shower douche *(f.)*

shrimp crevette *(f.)*

shutters volets *(m.pl.)*

shy timide

sick malade

sickness maladie *(f.)*

silverware couvert *(m.)*

simple simple

since depuis *(prep.)*, depuis que *(conj.)*; puisque *(conj.)*

sing *(v.)* chanter

singer chanteur *(m.)*, chanteuse *(f.)*

single célibataire

sink lavabo *(m.)*; kitchen — évier *(m.)*

sir monsieur *(m.)*

sister sœur *(f.)*

sister-in-law belle-sœur *(f.)*

site site *(m.)*

sitting down assis(e)

situation situation *(f.)*

six six

sixteen seize

sixty soixante

ski *(v.)* faire du ski, skier

ski hat bonnet *(m.)*

ski jacket parka *(f.)*, anorak *(m.)*

skiing ski *(m.)*

skin peau *(f.)*

skirt jupe *(f.)*

sky ciel *(m.)*

sleep *(v.)* dormir

sleep sommeil *(m.)*

sleepy: to be — avoir sommeil

slice (of) tranche (de) *(f.)*

slim mince

slow lent(e)

slowly lentement

small petit(e)

smart intelligent(e)

smile *(v.)* sourire

smoke *(v.)* fumer

snack (afternoon) goûter *(m.)*; to have a — prendre (un petit) quelque chose

sneakers tennis *(f.pl.)*

sneeze *(v.)* éternuer

snow *(v.)* neiger

snow neige *(f.)*

so alors, si; — do I moi aussi; — that pour que (+ subjonctif)

soap savon *(m.)*; — opera feuilleton *(m.)*

soccer football *(m.)*; to play — jouer au football

sociable sociable

social social, sociale, sociaux, sociales

society société *(f.)*

sociology sociologie *(f.)*

sock chaussette *(f.)*

solitude solitude *(f.)*

some quelque

someone quelqu'un; — (interesting) quelqu'un (d'intéressant)

something quelque chose; — (interesting) quelque chose (d'intéressant)

sometimes parfois, quelquefois

son fils *(m.)*

son-in-law beau-fils *(m.)*, gendre *(m.)*

song chanson *(f.)*

soup (tomato) soupe (de tomates) (f.); — plate assiette à soupe (f.); — spoon cuillère à soupe (f.)

south sud (m.)

South America Amérique du Sud (f.)

souvenir souvenir (m.)

spaghetti pâtes (f.pl.)

Spain Espagne (f.)

Spaniard espagnole(e)

Spanish espagnol(e)

speak (v.) parler

specialty spécialité (f.)

spend (money) (v.) dépenser; (time) passer

spicy (hot) épicé(e)

spill over (v.) déborder

spinach épinards (m.pl.)

spirituality spiritualité (f.)

spoiled (person) gâté(e)

spoon cuillère (f.)

sport coat veste (f.)

sport(s) sport (m.)

spot endroit (m.)

sprain (v.) se fouler

spring printemps (m.)

square (town) place (f.)

stage étape (f.)

staircase escalier (m.)

stairs escalier (m.)

stamp timbre (m.)

star étoile (f.)

start (to) (v.) commencer (à + inf.)

state état (m.)

stay (someplace) (v.) rester; — home (v.) rester à la maison

steak steak (m.)

steal (v.) voler

step étape (f.)

stepbrother demi-frère (m.)

stepdaughter belle-fille (f.)

stepfather beau-père (m.)

stepmother belle-mère (f.)

stepsister demi-sœur (f.)

stepson beau-fils (m.)

stereo chaîne hi-fi (f.)

steward steward (m.)

stewardess hôtesse de l'air (f.)

still encore

stomach estomac (m.), ventre (m.)

stoned drogué(e)

stop (v.) arrêter; — by passer (par); — oneself s'arrêter

store magasin (m.)

story histoire (f.); (television) to do a story (on) faire un reportage (sur)

stove cuisinière (f.)

straight (tidy) en ordre

straight (ahead) tout droit

straighten up (v.) ranger

strange bizarre

stranger étranger, étrangère

strawberry fraise (f.)

stream rivière (f.)

street rue (f.)

stressed stressé(e)

stressful stressant(e)

strict sévère

strong fort(e)

stubborn têtu(e)

student étudiant (m.), étudiante (f.); to be a — in... être étudiant(e) en...

study (v.) étudier

stuff affaires (f.pl.)

stupid bête

subway métro (m.); — station station de métro (f.)

succeed (v.) réussir (à + inf.)

suffer (v.) souffrir

sugar sucre (m.)

suit (man's) costume (m.); — (woman's) tailleur (m.)

suitcase valise (f.)

summary résumé (m.)

summer été (m.); — camp colonie de vacances (f.)

sun soleil (m.)

sunburn coup de soleil (m.)

Sunday dimanche (m.)

sunglasses lunettes de soleil (f.pl.)

sunny ensoleillé(e)

suntan oil/lotion huile solaire (f.), lait solaire (m.)

supermarket supermarché (m.)

supplementary supplémentaire

sure sûr(e)

surf (the Internet) (v.) surfer (sur Internet)

surfing (to go) faire du surf

surprise (v.) surprendre

surprised surpris(e)

surrounded (by) entouré(e) (de)

suspect suspect (m.), suspecte (f.)

sweater pull (m.)

sweatsuit survêtement (m.)

sweet (food) sucré(e)

swim (v.) faire de la natation, nager

swimming natation (f.); — pool piscine (f.)

swimsuit maillot de bain (m.)

Swiss suisse

Switzerland Suisse (f.)

symptom symptôme (m.)

T

T-shirt tee-shirt (m.)

table table (f.); — of contents (magazine) sommaire (m.)

tablecloth nappe (f.)

tablespoon cuillère à soupe (f.)

Tahiti Tahiti

Tahitian tahitien, tahitienne

take (v.) prendre, emmener (someone somewhere), emporter (something some-

Lexique: Anglais–français

where); — **a bath** prendre un bain; — **a course** suivre un cours; — **a nap** faire la sieste; — **a shower** prendre une douche; — **a test** passer un examen; — **a trip** faire un voyage; — **a walk** faire une promenade, se promener; — **care of** s'occuper (de), soigner; — **care of one-self** se soigner; — **the elevator up/down** monter/ descendre en ascenseur; — **the stairs up/down** monter/descendre par l'escalier

talk *(v.)* parler

talkative bavard(e)

talk show, débat *(m.)*

tall (person) grand(e)

tan *(v.)* bronzer

tan, tanned bronzé(e)

tank top débardeur *(m.)*

taste goût *(m.)*

taxi taxi *(m.)*

tea thé *(m.)*

teacher professeur *(m.)*; **(grade school)** instituteur *(m.)*, institutrice *(f.)*

team équipe *(f.)*

teaspoon petite cuillère *(f.)*

teenager adolescent *(m.)*, adolescente *(f.)*

telephone (someone) *(v.)* téléphoner (à qqn)

telephone téléphone *(m.)*; **cellular —** téléphone portable; **— book** annuaire (du téléphone) *(m.)*; **— booth** cabine téléphonique *(f.)*; **— number** numéro (de téléphone) *(m.)*

television télévision *(f.)*; **— station** chaîne *(f.)*; **— /radio schedule** programme *(m.)*

tell *(v.)* dire; **(a story)** raconter

ten dix

tenant locataire *(m. ou f.)*

tennis tennis *(m.)*; **to play —** jouer au tennis

tense temps *(m.)*

terrace terrasse *(f.)*

terrible terrible

terrorism terrorisme *(m.)*

test examen *(m.)*

Texas Texas *(m.)*

text message (cell phone) texto *(m.)*

thank you merci

that ça; **— depends** ça dépend; **— hurts** ça fait mal; **— scares me** ça me fait peur; **that's all** c'est tout; **that's it** ça y est; **that's true** c'est vrai; **that's too bad** c'est dommage; **that's for sure** c'est sûr

that que, qui

theater théâtre *(m.)*

then ensuite; **— (and then)** puis (et puis)

there! tiens!

there là

there is/are il y a

therefore donc

they on; ils; elles

thief voleur *(m.)*, voleuse *(f.)*

thin mince

thing chose *(f.)*

think (about) *(v.)* réfléchir (à + qqch.), penser (à/de); **— that** penser que; **— so** penser que oui; **to not — so** penser que non

thirst soif *(f.)*

thirteen treize

thirty trente

this, that/these, those ce, cet, cette / ces

thousand mille

three trois

through par

thunderstorm orage *(m.)*

Thursday jeudi *(m.)*

thus donc

ticket (bus or subway) ticket *(m.)*; **— (round trip, one way)** billet (aller-retour, simple) *(m.)*; **— window** guichet *(m.)*

tie cravate *(f.)*

tights collant *(m.)*

time heure *(f.)*; temps *(m.)*; fois *(f.)*; **how many times (a day, a week . . .)** combien de fois (par jour, par semaine)...

time off congé *(m.)*

timed race course contre la montre *(f.)*

tip pourboire *(m.)*; **— included** service compris

tired fatigué(e)

tiring fatigant(e)

tissue mouchoir *(m.)* (en papier)

title titre *(m.)*

to à; **— /on the left (of)** à gauche (de); **— /on the right (of)** à droite (de)

tobacco shop bureau de tabac *(m.)*

today aujourd'hui

together ensemble

toilet toilettes *(f.pl.)*, W.C. *(m.pl.)*; **— article** article de toilette *(m.)*

tomato tomate *(f.)*; **— soup** soupe de tomates *(f.)*

tomorrow demain

too (too much) trop

too much (of) trop (de)

tooth dent *(f.)*

toothbrush brosse à dents *(f.)*

toothpaste dentifrice *(m.)*

top floor dernier étage *(m.)*

tough dur(e)

tour (package) voyage organisé *(m.)*

tourist touriste *(m. ou f.)*

towel (bath) serviette de bain *(f.)*

town ville *(f.)*

trade métier *(m.)*

traditional traditionnel, traditionnelle

tragic tragique

train train *(m.)*; **— compartment** compartiment *(m.)*; **— station** gare *(f.)*

travel *(v.)* voyager

traveler's check chèque de voyage *(m.)*

treat *(v.)* **(illness)** soigner; — **oneself (take care of oneself)** se soigner

tree arbre *(m.)*

trip voyage *(m.);* — **around the world** tour du monde *(m.)*

truck camion *(m.)*

true vrai(e)

truth vérité *(f.)*

try **(to)** *(v.)* essayer (de + inf.)

Tuesday mardi *(m.)*

tuna thon *(m.)*

turkey dinde *(f.)*

turn *(v.)* tourner

twenty vingt

twin jumeau, jumelle, jumeaux, jumelles

two deux

type *(v.)* taper (à la machine)

typewriter machine à écrire *(f.)*

typical typique

U

ugly laid(e)

umbrella parapluie *(m.)*

uncle oncle *(m.)*

uncommon original(e), originaux, originales

under sous

underground sous-sol *(m.)*

underpants **(women's)** slip *(m.)*

understand *(v.)* comprendre

understanding compréhensif, compréhensive

underwear sous-vêtements *(m.pl.)*

undress *(v.)* **(someone else)** déshabiller; — **(get undressed)** se déshabiller

unemployed person chômeur *(m.),* chômeuse *(f.);* **to be —** être au chômage

unemployment chômage *(m.)*

unfair injuste

unfaithful infidèle

unfortunately malheureusement

unhappily malheureusement

unhappy malheureux, malheureuse

unhealthy mauvais(e) pour la santé

United States États-Unis *(m.pl.);* **in the —** aux États-Unis

university **(noun)** université *(f.)*

university **(adj.)** universitaire

unmarried célibataire

until jusqu'à

upstairs en *haut

use *(v.)* utiliser

usually d'habitude

V

vacation vacances *(f.pl.)*

vacuum *(v.)* passer l'aspirateur

vanilla vanille *(f.)*

vegetable légume *(m.)*

vegetarian végétarien, végétarienne

verb verbe *(m.)*

verify *(v.)* vérifier

very très; — **good** très bien

victim victime *(f.)*

videocassette recorder magnétoscope *(m.)*

video tape cassette vidéo *(f.)*

village **(rural)** village *(m.)*

vinegar vinaigre *(m.)*

violin violon *(m.);* **to play the —** jouer du violon

violence violence *(f.)*

violent violent(e)

visit **(a person)** *(v.)* rendre visite à, aller voir; **(a place)** visiter

W

wage salaire *(m.);* **(French) minimum —** SMIC *(m.)*

wait **(for)** *(v.)* attendre

waiter serveur *(m.)*

waitress serveuse *(f.)*

wake **(someone up)** *(v.)* réveiller

wake up **(oneself)** *(v.)* se réveiller

walk *(v.)* marcher; — **(a dog, for example)** promener; — **(for exercise)** faire de la marche; — **to** aller à pied à (au, en)

walk promenade *(f.);* **to take a —** faire une promenade, se promener

walking marche *(f.)*

walkman baladeur *(m.)*

wall mur *(m.)*

want *(v.)* vouloir

war guerre *(f.);* — **movie** film de guerre *(m.)*

wardrobe armoire *(f.)*

warm chaud(e); **it's —** **(weather)** il fait chaud; **to be —** avoir chaud

wash *(v.)* laver; — **(oneself)** se laver

washcloth gant de toilette *(m.)*

washing machine lave-linge *(m.)*

wastepaper basket corbeille à papier *(f.)*

water eau *(f.)*

we'll see on verra

weak fragile

wealth richesse *(f.)*

weapon arme *(f.)*

wear *(v.)* mettre, porter

weather temps *(m.);* — **forecast** météo *(f.);* **what's the — like?** quel temps fait-il?

Web, WWW toile *(f.),* web *(m.);* — **address** adresse web *(f.)*

web address adresse web *(f.)*

web page page web *(f.)*

web site site web *(m.)*

Wednesday mercredi *(m.)*

week semaine *(f.)*

weekend week-end *(m.)*

weird bizarre

well bien; — **dressed** bien habillé(e); — **ad-justed** équilibré(c); — **behaved** sage; — **mannered** bien élevé(e); — **paid** bien payé(e)

west ouest *(m.)*

western **(movie)** western *(m.)*

what quel, quelle, quels, quelles, que, quoi; **what . . . ?** qu'est-ce que... ?; — **about you?** et toi?, et vous?; — **did you say?** comment?; — **happened?** qu'est-ce qui s'est passé?; — **is Jean like?** comment est Jean?; — **is there to do?** qu'est-ce qu'il y a à faire?; — **is this/that?** qu'est-ce que c'est?; — **kind/sort of . . . ?** quelle sorte de... ?; — **time is it?** quelle heure est-il?; —**'s the weather like?** quel temps fait-il? —**'s happening?** qu'est-ce qui se passe?; —**'s the date today?** quelle est la date au-jourd'hui? —**'s the matter with you?** qu'est-ce que vous avez?; —**'s your name?** comment t'appelles-tu? *(fam.)*; comment vous appelez-vous?

when quand

where où; — **is the restroom?** où sont les toilettes?

which quel, quelle, quels, quelles

while pendant que

white blanc, blanche

who qui; **who . . . ?** qui... ?, qui est-ce que?

whom? qui est-ce que?

whose dont; — **is it?** c'est à qui?

why pourquoi

widow veuve *(f.)*

widowed *(adj.)* veuf, veuve

widower veuf *(m.)*

wife femme *(f.);* — **and mother** mère de famille *(f.)*

win *(v.)* gagner

window fenêtre *(f.)*

windsurf *(v.)* faire de la planche à voile

wine vin *(m.)*

winter hiver *(m.)*

wipe one's nose *(v.)* se moucher

wish *(v.)* vouloir

with avec

within dans

without sans

witness témoin *(m.)*

woman femme *(f.)*

wonder *(v.)* se demander

wonderful merveilleux, merveilleuse; génial(e)

work travail, travaux *(m.);* **to look for —** chercher du travail

work *(v.)* travailler; — **hard** travailler dur

worker **(blue collar)** ouvrier *(m.)*, ouvrière *(f.)*

workshop atelier *(m.)*

world monde *(m.)*

worried inquiet, inquiète

worry souci *(m.)*

wounded blessé(e)

wrist poignet *(m.)*

wristwatch montre *(f.)*

write *(v.)* écrire; — **a note to someone** écrire un mot à qqn

writer écrivain *(m.)*

Y

yard jardin *(m.)*

year an *(m.)*, année *(f.)*

yellow jaune

yes oui; **(on the contrary)** si

yesterday hier

yet déjà

yogurt yaourt *(m.)*

you have to **(+ inf.)** il faut (+ inf.)

young jeune; — **people** jeunes *(m.pl.)*

youngest le/la plus jeune

Z

zero zéro *(m.)*

zoo zoo *(m.)*

Lexique: Anglais–français

Index

bon/meilleur vs. bien/mieux, 373
bonheur, 496–499
business establishments, 128

calendar, 9, 22–23
Calixthe, Belaya, 434
campagne, 128, 473
Canada, 177
Candide and Alceste, 10, 130
careers, 278–285
cars, 256
ce (demonstrative adjective), 176, 442
ce dont, 526
ce que, ce qui, 484
cédille, 26
celui, celle, ceux, celles, 526–527
c'est vs. il est, 75, 283
c'est moi qui invite, 331
chaînes, 412
chambre vs. salle vs. pièce, 253
chambre d'étudiant, 53, 65
cher, chère, 336
cheveux, 362
chez, 101
chiffres (see numbers)
cinéma, 416–417
Cinet, 254–255, 426
clothing, 224–230, 242–245
Club Med, 386
cognates, 179
colors, 52–54
    compound, 227
combien de, 102
comma vs. period (numbers), 256
commands (see imperative)
commencer, verbs like, 127, 534
comparison, adjectives and adverbs,
    31, 373
compliments, 230
compound tenses, 521–522
compound verbs, 416
conditionnel, 479–480
conditionnel passé, 522
conduire, 445, 535
conjunctions, 390
connaître, 398–399, 403, 535
corps humain, 362–366
countries, 440, 447
countryside, 128, 473
courir, 535
croire, 427

daily life in France, 143
daily routines, 362–366

dans vs. en, 127
dates, 9, 150
daylight savings time (France), 124
days of the week, 9, 72
de, 105
    contractions with, 105, 136
    prepositions ending in, 105
découvrir, 443
definite article, 16–17
    contractions with à and de, 105,
        136
    usage, 18
    vs. possessive adjective, 363
    with days of the week, 72, 129
    summary chart, 211
demonstrative adjectives, 176, 442
demonstrative pronouns, 526–527
départements français, 98–99, 471
depuis, 257
dernier, dernière, placement, 251
derrière vs. devant, 203
describing people, 30–31, 101–105,
    150–152, 362–366
devant vs. derrière, 203
devoir vs. devoirs, 32
devoir (verb), 183, 252, 425, 536
dire, 343, 536
direct object pronouns, 164–165
directions, 255, 475
divisions, regional, 98–99, 471
divorcer, 391
donc vs. aussi, 31
dont, ce dont (relative pronouns), 526
doors, open or closed, 52
dormir, verbs like, 109, 531
Dubois family, 72–74, 102–105,
    150–153, 496–497

école maternelle, 365
écouter vs. regarder, 74
écrire, 344, 536
electronic equipment, 54–55, 432–433
émission vs. programme, 415
emmener, 365
emploi du temps de François, 133
en (preposition), 127
    en avance vs. tôt vs. tard vs. à
        bientôt vs. à l'heure vs. en retard,
        441
en (pronoun), 422–423
envoyer, verbs like, 335, 536
-er verbs, 79–80
espérer, verbs like, 446
essayer, verbs like, 364, 534

Index

Text/Realia Credits

194	Texte de Kidi BEBEY © *Planète Jeunes*, Association Planète des Jeunes, 1998
206	G. Mermet, *Francoscopie 2003* © Larousse / VUEF 2002
218	Courtesy of Monadia, France
219	Eugène Ionesco, La cantatrice chauve © Éditions GALLIMARD
234	Courtesy of TVA Publication, Canada
242–243	Courtesy of Groupe Lafayette, France
244	Françoise Mallet-Joris, *Cordélia* © Éditions Julliard, 1951
248–249	Les Couleurs de la France, Courtesy of Éditions Le Moniteur, Paris, France
261	Courtesy of Normandies Impression, France
275	Marie-Christine Helgerson, *Quitter son pays* © Éditions Flammarion, Castor poche, 1981
278–279	«Et des idées... à tous les métiers», Courtesy of Canon France
281	Source: Insee – [Plus d'Africains que d'Européens – Les immigrés selon leurs pays de naissance en 1999 (en milliers)], France
284	Adapté de G. Mermet, *Francoscopie 2003* © Larousse
286	Adapté de www.csa-fr.com, sondage CSA pour *Le Parisien*, avril 2000
287	Extrait de «Une école pas comme les autres» de Daniel Pérusse, *Sélection*, octobre 1987, p. 37 © 1987, Périodique Reader's Digest Limitée, Montréal, Québec, Canada
289	D'après http://membres.lycos.fr
292	D'après http://lescopines.etpuis.com
299	D'après http://norja.net/carteduciel.html
300	http://www.cofom.org
302	Courtesy of Universal Music Publishing Canada
316	Courtesy of Hippopotamus Restaurant, France
327	Source: Insee – [De la grande surface au marché: à chacun ses habitudes], France
328	Jacques Prévert, «L'addition» in *Histoires* © Éditions GALLIMARD
334	Courtesy of Carte postale, Jack Éditions d'Art; La Poste, France
335	Courtesy of France Télécom
341	Copyright / *L'Express*, avril 2004; Copyright / *Lire*, avril 2004; *Micro Hebdo*, Hors-série no 21, Avril 2004, Paris, France; *L'Étudiant*, no 262, mai 2004, France; *Planète Jeunes*, no 66, décembre-janvier 2003, France
342	Sondage: 16–25 ans: valeurs et attentes de la nouvelle génération. Sondage Ifop-Ministère de la Jeunesse et des Sports, décembre 1999
355	Médiamétrie, France
355	Adapté d'un article de *L'Express*, février 2000, No 2537
360	Adapté de G. Mermet, *Francoscopie 2003* © Larousse
367	Adapté de www.ipsos.fr, sondage Ipsos pour *Top Santé*, février 2000
378	Source: Insee – [Évolution des temps moyens d'une journée moyenne entre 1986 et 1999], France
379–380	Claude Roy, *La maison qui s'envole* © Éditions GALLIMARD
393	Sondage: 16-25 ans: valeurs et attentes de la nouvelle génération. Sondage Ifop-Ministère de la Jeunesse et des Sports, décembre 1999
404	INED
406–407	Marie Noël, «Chanson» in *Les Chansons et les Heures* © Éditions GALLIMARD
411	D'après http://broadcast-live.com/francais.html
412	TF1; France 2; France 3; Canal Plus; Arte; France 5; M6
432	«Sondage réalisé auprès de consommateurs français par Sony Ipsos. Les nouvelles technologies révolutionnent les loisirs. 2003»
434	D'après *Les Clés de l'Actualité*, juin 2000
438	*Le Nouvel Observateur*, no 2011, 22 mai 2003, France
458–459	Janine Sutto (Tous les dimanches) et Van Duong Ngo (Le choc des cultures), *L'Actualité*, juillet 1994, Magazines MacLean Hunter

463 D'après l'Étude de l'Observatoire Thalys International, www. observatoire.Thalys.com

464 Jacques Prévert, «En sortant de l'école» in *Histoires* © Éditions GALLIMARD

490 Marie-Christine Helgerson, *Quitter son pays* © Éditions Flammarion, Castor poche, 1981

503 Sondage «L'élégance masculine se veut déstructurée: Ipsos pour les Galeries Lafayette, lundi 26 juillet 1999

514 Sofres, mai-juin 2001, France

515 «Les valeurs des Français», interview de Pierre Bréchon du 22 novembre 2000 pour Canal Ipsos sur les résultats de l'enquête European Values (ARVAL-Research International)

Text/Realia Credits

Photo Credits

All images not credited or designated © HIRB, are owned by ©The Thomson Corporation/Heinle Image Resource Bank.

Chapter 1

4	© R. Lucas/The Image Works
5	All: © Owen Franken
8	T: © John Coletti
10	TL: © Angelo Cavalli/Getty Images; TR: © Thomas Craig/Index Stock Imagery; BL: ©Annebicque Bernard/Corbis Sygma; BR: © Kader Meguedad/Alamy
11	TL: © Ulrike Welsch; TR: © Beryl Goldberg; BL: © Ulrike Welsch
13	BL: © Beryl Goldberg; BR: © Author
22	© Owen Franken/ Corbis

Chapter 2

32	TL: © Ulrike Welsch; TR: © Richard Lucas/The Image Works; ML: © Richard Lucas/The Image Works; MR: © Ulrike Welsch
34	© Author
36	L: © AbleStock/Index Open RF; R: © LLC/FogStock/Index Open RF
45	© ROB & SAS/Corbis
46 and 47	© Author

Chapter 3

50	L: © Rolf Bruderer/Corbis; R: © Rob Melnychuk/Getty Images
55	TL: © HIRB; TM: © Hemera Photo Objects; TR: © HIRB; ML: © Photodisc/Getty Images, RF; MM: © Comstock Images, RF; MR: © Hemera Photo Objects; BL: © HIRB; BR: © Wolfgang Kaehler/Corbis; BB: Wolfgang Kaehler/Corbis
60	T: © Bob Krist/Corbis; B: © Author
65	© Phil Cantor/Index Stock Imagery

Chapter 4

70	© Karl Weatherly/Photodisc/Getty Images
71	© Royalty-Free/Corbis
72	© Ryan McVay/Photodisc/Getty Images
85	© Author
89	© Karl Weatherly/Photodisc/Getty Images
90	TL: © Digital Vision/ Getty Images; BL: © Author; R: © Photodisc/Getty Images
91	© Remy de la Mauviniere, Staff/Associated Press/AP

Chapter 5

96	© Frank Simonetti/Index Stock Imagery
102	© Ludovic Maisant/Corbis
103	© Lee Snider/The Image Works

Photo Credits

Chapter 18

Chapter 19

Chapter 20